LA

CAMPAGNE DE 1814

PARIS. — IMPRIMERIE L. BAUDOIN, 2, RUE CHRISTINE.

LA
CAMPAGNE DE 1814

D'APRÈS LES DOCUMENTS
des Archives impériales et royales de la guerre à Vienne

LA CAVALERIE DES ARMÉES ALLIÉES
PENDANT LA CAMPAGNE DE 1814

PAR

le Commandant WEIL

TOME DEUXIÈME

Avec deux Cartes en couleurs

PARIS
LIBRAIRIE MILITAIRE DE L. BAUDOIN
IMPRIMEUR-ÉDITEUR
30, Rue et Passage Dauphine, 30

1892

Tous droits réservés.

LA CAMPAGNE DE 1814

(d'après les documents des Archives impériales et royales de la guerre à Vienne) [1]

LA CAVALERIE DES ARMÉES ALLIÉES

PENDANT LA CAMPAGNE DE 1814.

CHAPITRE VII.

OPÉRATIONS DE LA GRANDE ARMÉE DE BOHÊME DANS LA VALLÉE DE LA SEINE, DU 3 AU 16 FÉVRIER.

3 février. — Situation générale de l'armée de Bohême. — Retraite de l'armée française sur Troyes. — Mesures prises par l'Empereur. — Pendant que Blücher, impatient d'user de la liberté qui venait de lui être rendue à la conférence de Brienne, commençait, dès le 2 février, son mouvement vers la Marne, l'incertitude la plus complète continuait à régner au grand quartier général. Le combat de Rosnay, loin de dissiper les doutes qu'on avait sur la direction prise par l'Empereur, avait encore contribué à augmenter l'indécision. Bien que la cavalerie russe du général Oscharoffsky eût signalé, dès le 2 au soir, la présence de la cavalerie française aux environs de Villers-le-Brûlé, la grande armée avait pourtant en réalité perdu le contact, puisque ses chefs n'eurent que le 3 février au matin les renseignements qui permirent au généralissime de conclure à la probabilité de la retraite du gros de l'armée de Napoléon sur Troyes. Mais comme le mouvement de la cavalerie légère de la garde russe d'Oscharoffsky émanait de l'initiative personnelle de l'empereur Alexandre, on ne se décida à ajouter foi aux renseignements qu'elle avait transmis qu'après en avoir obtenu la confirmation dans la matinée du 3, alors que l'armée française presque tout entière était déjà arrivée à Troyes et y avait opéré sa jonction avec le corps du duc de Trévise. Pendant ce temps, Napoléon avait profité des lenteurs et des hésitations de son adversaire, et envoyé de Piney, dès quatre heures du matin, des instructions complémentaires à ses lieutenants. Informé par Grouchy et par Milhaud de la présence de la cavalerie russe du côté de Villers-le-Brûlé et craignant de voir les Alliés, en perçant de Brevonne, compromettre la retraite de Ney, il prescrivit au maréchal de partir d'Auzon pour se rendre au pont de Le Doyen, près de Brantigny, que Gérard devait garder jusqu'à l'arrivée de la division de jeune garde du général Meunier. Mortier allait en même temps envoyer au-devant de l'armée un fort détachement de cavalerie et diriger sur Arcis la colonne du général Bordesoulle, postée à Aubeterre, afin de maintenir les communications avec le maréchal Marmont, en marche sur Arcis. Victor avait ordre de porter, à sept heures et demie du matin, son corps d'armée sur Creney et d'y prendre une position militaire couvrant les chemins venant de Ramerupt, Coclois et Lesmont, sur Troyes. Quelques heures plus tard, sûr désormais de n'être pas inquiété par les Alliés, l'Empereur activait sa retraite. Il envoyait à Saint-Parres-aux-Tertres le général Gérard, chargeait Ney de faire l'arrière-garde avec son corps et la cavalerie de Milhaud et de relever le maréchal Oudinot à Piney, et ordonnait à la division Ricard de prendre position à Aubeterre, à peu près à mi-chemin entre Troyes et Arcis.

Enfin, toujours préoccupé de l'avenir, songeant au milieu des soucis de la retraite à l'opération contre Blücher qu'il méditait déjà depuis la veille, l'Empereur écrivait au Ministre de la guerre, le chargeant de prescrire au Ministre de l'intérieur de faire réparer de suite et d'urgence les ponts et les routes de Sézanne à La Ferté-Gaucher, à La Ferté-sous-Jouarre, à Montmirail, à Château-Thierry, à Étoges et à Vertus, à Épernay, à Arcis et à Ramerupt.

Inaction des Alliés. — Schwarzenberg modifie ses ordres. — Du côté des Alliés, on perdit complètement la journée du 3 février : d'une part, parce que, par suite de l'impossibilité de réparer le pont de Lesmont, on trouva bon d'immobiliser les IIIe, IVe, V[e] et VIe corps ; de l'autre, parce que, aussitôt que le généralissime ne put plus douter de la retraite de l'Empereur sur Troyes, il s'imagina de nouveau que son adversaire allait se diriger par Bar-sur-Seine et Langres contre sa gauche et ses derrières pour venir couper ses communications avec le midi de la France.

Poursuivi par cette idée fixe, le prince de Schwarzenberg[1] modifia les ordres donnés à ses corps en faisant obliquer vers la gauche le gros de son armée et marcher sur Troyes par la route de Bar-sur-Aube à Vendeuvre, et perdit ainsi de son plein gré et sans aucun motif la communication par Piney[2].

Mouvement du Ier corps. — Il résulta de ces dispositions, assurément très prudentes, trop prudentes même, que, malgré leur immense supériorité numérique, les Alliés ne purent opposer pendant toute la journée du 3 février, à l'armée française déjà en position autour de Troyes, que le seul Ier corps du comte Colloredo, qu'on avait inutilement fait marcher les jours précédents de Vendeuvre à Dienville et de Dienville à Vendeuvre. Ces allées et venues inutiles eurent pour conséquence de faire perdre à ce corps toute la journée du 3. En effet, par suite de l'état des chemins, Colloredo avait dû faire marcher son corps tout entier en une seule colonne sur la grande route de Vendeuvre à Troyes par Montiéramey. Aussi, lorsque son avant-garde atteignit Lusigny, elle trouva le pont de La Guillotière et les collines de la rive droite de la Barse si solidement occupées par les Français que Colloredo crut sage de renoncer à une attaque de front qui lui aurait coûté beaucoup de monde, et de remettre au lendemain un mouvement tournant qui l'aurait exposé à venir donner contre les derniers corps français encore en marche de Piney à Troyes. Il eût été, d'ailleurs, trop tard pour entreprendre le jour même ce mouvement que le feldzeugmeister préférait exécuter le 4, lorsque

---

[1] STÄRKE, Eintheilung und Tagesbegebenheiten der Haupt-Armee im Monate Februar. (*K. K. Kriegs Archiv.*, II, 1.)

[2] TAXIS, Tagebuch (*Ibid.*, XIII, 32). Cette crainte constante de Schwarzenberg pour sa gauche est du reste clairement exprimée dans la lettre qu'il adressait ce même jour, de Bar-sur-Aube, aux généraux comte Bellegarde et comte Colloredo Mannsfeld. (*Ibid.*, II, 68.)

les autres corps de la grande armée se seraient trouvés un peu moins loin de lui.

Un des adjoints du feld-maréchal-lieutenant comte Radetzky, chef d'état-major général de la grande armée alliée, le général major Trapp, chargé par Radetzky de le tenir au courant des mouvements de Colloredo, expose tout au long dans son rapport la situation du Ier corps :

« Conformément à vos ordres, je suis arrivé ici aujourd'hui avec la colonne du feldzeugmeister comte Colloredo (Ier corps). La tête de colonne ne s'est présentée qu'à deux heures, n'ayant pu, à cause des difficultés de la marche d'hier, quitter que fort tard Dienville.

« Les nouvelles vagues et contradictoires que nous avions sur la position de l'ennemi ont décidé le feldzeugmeister à attendre, avant de rien entreprendre, le retour des partis de cavalerie qu'il avait envoyés à Géraudot et vers Piney. Il a dirigé, en effet, sur Géraudot un bataillon d'infanterie et de la cavalerie pour se relier avec le IIIe corps et a poussé, en outre, un parti vers Piney, afin de se procurer des renseignements sur l'ennemi.

« Pendant cette reconnaissance, l'ennemi a déployé de 4,000 à 5,000 hommes sur les hauteurs en arrière de la Barse à La Folie. Il paraissait d'autant plus disposé à s'y maintenir qu'il a amené et mis en batterie 10 à 12 bouches à feu destinées à battre le défilé et qu'il a fait solidement barricader le pont. Il eût été évidemment insensé de songer à l'attaquer de front sur cette position.

« Il faut donc se résoudre à chercher à le tourner par Larrivour et à le chasser des bois ; ce qu'il est impossible de faire encore aujourd'hui, puisque nous ignorons encore à l'heure présente quel est l'effectif des forces ennemies en présence desquelles nous nous trouvons. D'autre part, vu l'heure avancée, il serait impossible de poursuivre l'ennemi battu et de tirer parti des avantages que nous aurions remportés.

« De plus, comme nous n'avons reçu aucune nouvelle de Piney, comme les rapports des généraux Oscharoffsky et Seslavin se contredisent sur plus d'un point, comme nous ne savons même rien de précis au sujet des mouvements des IIIe et IVe corps, le feldzeugmeister a cru sage et prudent de remettre l'attaque à demain. Il compte à cet effet marcher sur trois colonnes par Larrivour et faire en même temps une démonstration du côté de Ruvigny, à moins qu'il ne reçoive du quartier général des ordres contraires.

« D'ici, il nous a été impossible de rien apprendre de précis sur la direction suivie par l'ennemi en retraite. Le général Oscharoffsky est à Géraudot. Le général Seslavin a dû s'avancer vers Piney, mais nous ne savons pas s'il a fait ce mouvement.

« Ici l'ennemi est derrière la Barse qu'il garde soigneusement et en force. Il a détruit les ponts en amont du pont de La Guillotière.

« D'après les rapports d'avant-postes reçus à l'instant même, les Russes ont leurs avant-postes sur les bords du ruisseau qui passe à Villers et à Piney. Piney serait encore occupé par l'ennemi.

« Nous sommes absolument sans nouvelles du IIIe corps.

« Au lieu de me rendre ce soir chez Votre Excellence, je crois plus sage d'attendre le résultat de l'attaque de demain.

« Je prie seulement Votre Excellence de nous communiquer ce qu'elle aura appris au sujet des IIIe et IVe corps [1]. »

Colloredo se contenta d'établir le soir son corps d'armée et les divisions Bianchi et Nostitz entre Lusigny et la Barse, et d'étendre la ligne de ses avant-postes, depuis Larrivour sur sa droite, jusqu'à Rouilly-Saint-Loup sur sa gauche.

L'Empereur prend ses dispositions pour défendre Troyes. — Bien que rassuré par les événements de la journée du 2 et de la matinée du 3 février, l'Empereur ne pouvait pourtant se décider à admettre que les Alliés le laisseraient s'établir sans encombre à Troyes. Se mettant à la place de son adversaire, s'attendant toujours à le voir agir comme il l'aurait fait lui-même, il se préparait à résister à une attaque probable. C'est pour cette raison que, blâmant les dispositions prises par le 5e corps de cavalerie qui, devant la mollesse des Alliés, avait cru pouvoir s'établir quelque peu à l'aise, il prescrivait à Victor (Troyes, 3 heures et demie après midi) de concentrer à Creney cette cavalerie qui avait poussé des reconnaissances incessantes sur les routes conduisant à Arcis-sur-Aube et au pont de Lesmont, ainsi que sur les

---

[1] Général-major Trapp au feld-maréchal lieutenant comte Radetzky, Lusigny, 3 février. (*K. K. Kriegs Archiv.*, II, 71.)

chemins intermédiaires, afin de bien connaître les mouvements de l'ennemi. En outre, il envoyait au général Gérard, établi au pont de La Guillotière, la cavalerie du général de France, afin de le mettre à même de faire faire des patrouilles au delà de ce point. « Il ne s'agit pas de se cantonner, écrivait sur son ordre le major-général [1], on peut se battre d'un moment à l'autre : il faut donc être réunis. »

Position de la division légère Ignace Hardegg et du corps volant de Thurn. — Pendant ce temps, la division légère du comte Ignace Hardegg, quoique appartenant au Ier corps, continuait à rester à Chaource. Ce général, s'attendant à être rappelé sur Troyes, avait cru utile de prévenir de la probabilité de son départ le comte Thurn, qui avait bivouaqué près d'Ervy avec son corps volant. Comme, d'autre part, le général Dulong s'était replié de Bouilly sur Troyes, Thurn se porta sur Auxon où il arriva à midi et où, sur l'ordre du comte Hardegg, il arrêta un individu suspect qu'il lui envoya à Chaource. Mais l'escorte qui le conduisait fut attaquée entre Auxon et Chaource dans la nuit du 3 au 4 février par des paysans armés qui délivrèrent le prisonnier. Informé de cet événement le 4 au matin, Thurn désarma les habitants d'Auxon et brisa leurs fusils avant de se remettre en route [2].

Mouvement de la division Maurice Liechtenstein, des gardes et réserves. — Avant les dernières modifications apportées aux ordres, le prince Maurice Liechtenstein avait reçu du feldzeugmeister Colloredo la mission de faciliter l'attaque projetée contre le pont de La Guillotière en faisant une démonstration contre Les Maisons-Blanches par la rive gauche de la Seine et par la route de Troyes à Bar-sur-Seine. Il avait quitté ses cantonnements de Fouchères dès le matin et réussi à chasser les Français des Maisons-Blanches. Le prince y resta jusqu'au moment où, recevant communication des nouvelles dispositions générales, il se replia sur Fouchères. Quelques troupes de la division Michel réoccupèrent aussitôt après son départ Les Maisons-Blanches [3].

---

[1] Registres de Berthier. (*Archives de la guerre.*)
[2] Stärke, Eintheilung und Tagesbegebenheiten der Haupt-Armee im Monate Februar (*K. K. Kriegs Archiv.*, II, 1), et Rapport de Thurn à Schwarzenberg, de Chamoy, 4 février, 6 heures du soir. (*Ibid.*, II, 81.)
[3] L'Empereur avait, dans l'après-midi du 3 février, ordonné au duc de Tré-

A droite et un peu en arrière du Ier corps, les gardes russes et prussiennes et la 1re division de cuirassiers russes s'étaient, pendant le cours de la journée, avancées jusque vers Lusigny et cantonnées le soir dans les localités environnantes. Barclay de Tolly, imitant d'ailleurs la prudence de Schwarzenberg, n'avait pas encore rappelé à lui les grenadiers du général Raïeffsky et les 2e et 3e divisions de cuirassiers qu'il avait laissées sur leurs positions de Villers-le-Brûlé, afin de couvrir le flanc gauche et les derrières de Blücher [1].

Quant à la cavalerie légère de la garde russe du général Oscharoffsky et au corps volant de Seslavin, ils se tenaient aux environs de Piney, éclairant le pays compris entre les routes de Piney et de Vendeuvre à Troyes et attendant l'arrivée du IIIe corps.

Conséquences de la destruction du pont de Lesmont. — Mais le corps de Gyulay, arrêté comme les IVe et V^e corps par les difficultés que présenta le rétablissement du pont de Lesmont, resta toute la journée sur ce point. Le général Gyulay ne put jeter sur la rive gauche de l'Aube que ses troupes légères, auxquelles il fit passer la rivière à Blaincourt et Précy-Notre-Dame [2].

En se retirant, les Français avaient brûlé jusqu'au niveau de l'eau les piles du pont de Lesmont et avaient fait filer tous les bateaux qui auraient pu servir à jeter un pont de bateaux. Comme le courant était trop rapide pour permettre d'établir un pont de chevalets, comme on aurait perdu trop de temps à attendre l'arrivée de l'équipage de ponts autrichiens qu'on avait gardé à Chaumont, on fit de vaines tentatives pour traverser la rivière à Lesmont. On songea, enfin, à utiliser le pont de Dienville contre lequel les efforts du IIIe corps étaient venus se briser pendant toute la journée du 1er février, pont dont Barclay de Tolly

---

vise de le débarrasser dès le lendemain de ce qu'il appelait le parti ennemi qui est du côté de Bar-sur-Seine et de le pousser le plus loin possible. (*Correspondance*, n° 21175.)

[1] Diebitsch au prince Wolkonsky. Vendeuvre, 22 janvier/3 février. (*Archives de Saint-Pétersbourg*, Journal des pièces reçues, n° 14.)

[2] STÄRKE, Eintheilung und Tagesbegebenheiten der Haupt-Armee im Monate Februar 1814. (*K. K. Kriegs Archiv.*, II, 1.)

s'était servi la veille pour diriger sur Piney les grenadiers et les cuirassiers russes.

L'obstination mise par l'état-major général à passer à Lesmont devait non seulement faire perdre un temps précieux à l'armée de Bohême, mais encore imposer de terribles privations aux troupes qui eurent à souffrir de l'intempérie et du manque de vivres pendant le séjour forcé que les IIIe et IVe corps firent autour de Lesmont, le Ve corps à Rosnay, Perthes-en-Rothière et Brienne, dans une région déjà épuisée par la présence de deux armées, dans une région dont la plupart des villages avaient été détruits et saccagés et dont les habitants s'étaient enfuis à la hâte, emmenant leurs bestiaux et emportant avec eux leurs biens les plus précieux.

Marmont à Arcis. — Marche du VIe corps (Wittgenstein). — Grâce à toutes ces lenteurs, à tous ces arrêts, à tout ce temps perdu par les Alliés, grâce surtout à l'absence presque complète de toute poursuite, le maréchal Marmont avait réussi, après avoir opéré heureusement sa retraite sur Arcis-sur-Aube, à y prendre position. Comme le maréchal sentait toute l'importance de ce point, il s'était, aussitôt après l'établissement de son petit corps dans la ville, empressé de faire couper tous les ponts de l'Aube et observer tout le cours de la rivière par la cavalerie de Bordesoulle, qu'il avait trouvée à Arcis. Le maréchal, tranquille sur sa droite que la division Ricard couvrait à Aubeterre, fit occuper solidement Méry-sur-Seine, point vers lequel il comptait se retirer, s'il y était contraint par des forces supérieures et par lequel il établit sa ligne d'opérations[1].

Le VIe corps arriva seulement le 3 dans l'après-midi de Longchamp et de Saint-Dizier à Montier-en-Der[2]. Sa cavalerie et son

---

[1] Le maréchal Marmont au major-général Berthier :

« Arcis-sur-Aube, 3 février 1814.

« J'éprouve beaucoup de regret d'avoir à annoncer à Votre Altesse Sérénissime que 260 hommes du 37e léger (conscrits de l'Aube) ont disparu cette nuit. J'avais eu lieu d'être très content de ce régiment avant-hier au combat de Rosnay : il avait très bien fait. Il n'y a aucun fonds à faire sur les jeunes soldats lorsqu'on arrive dans leur pays. Deux cuirassiers qui étaient chargés d'escorter un officier supérieur prisonnier ont disparu cette nuit avec lui. » (*Archives de la guerre.*)

[2] STÄRKE, Eintheilung und Tagesbegebenheiten der Haupt-Armee im Monate Februar 1814. (*K. K. Kriegs Archiv.*, II, 1.)

avant-garde sous le général Pahlen atteignirent ce jour-là Grandville et Lhuître, se dirigeant sur Plancy, où cet officier général comptait arriver le 5[1]. A gauche et un peu en arrière de Pahlen, le général Ilowaïsky XII, avec son régiment de cosaques et la moitié du régiment cosaque de Wlassoff, avait continué sa marche vers Arcis et bordait à hauteur de Ramerupt la rive droite de l'Aube. A l'extrême gauche des Alliés, l'ataman Platoff était à Villeneuve-le-Roy (Villeneuve-sur-Yonne), où il s'attendait à être attaqué par des troupes françaises venant de Sens[2].

L'empereur de Russie et le prince de Schwarzenberg avaient établi leur quartier général à Vendeuvre ; l'empereur d'Autriche et le roi de Prusse étaient encore à Bar-sur-Aube.

Insignifiante au point de vue militaire, la journée du 3 février avait été marquée par deux gros événements politiques. On avait reçu, à Bar-sur-Aube, la notification officielle du honteux traité du 11 janvier 1814, par lequel le roi de Naples, Murat, adhérait à la Coalition, et la nouvelle que le congrès de Châtillon tiendrait le lendemain sa première séance.

4 février. — Conséquences des hésitations et des lenteurs des Alliés. — Leur mouvement vers leur gauche. — La journée du 4 février, bien que n'ayant été marquée par aucune action de guerre d'une importance quelconque, mérite cependant d'être étudiée avec un soin d'autant plus particulier qu'on peut, en l'examinant avec quelque attention, en tirer des enseignements auxquels le temps n'a rien fait perdre de leur valeur et y retrouver des principes qui sont restés et resteront toujours vrais et immuables. Les faits que nous allons exposer nous serviront, en effet, à mettre en lumière toute l'importance de l'offensive, à prouver que, tout en battant en retraite, une armée vaincue, fût-elle même inférieure en nombre, a tout intérêt et tout avan-

---

[1] Wittgenstein dans la dépêche que, de Montier-en-Der il adressa au généralissime, lui mandait qu'il se porterait le 4 vers Lesmont, le 5 sur Arcis. Il ajoutait : « J'ignore jusqu'à présent ce qui s'est passé du côté du général York. D'après sa lettre d'avant-hier il n'avait devant lui que le général Molitor et comptait l'attaquer aujourd'hui. Ce qu'il a dû faire assurément puisque nous avons entendu une canonnade qui, assez vive au début, a paru s'éloigner ensuite et me fait croire qu'il aura battu l'ennemi. (Il s'agit là du combat de La Chaussée.) Je lui envoie un courrier pour savoir les résultats de l'affaire. » (*K. K. Kriegs Archiv.*, II, 54.)

[2] Platoff à Schwarzenberg. (*Ibid.*, II, ad. 120.)

tage à profiter des moindres occasions, non seulement pour prendre pied et s'établir sur une position, mais pour exécuter de vigoureux retours offensifs qui donneront à réfléchir à l'adversaire, ralentiront dans la plupart des cas son mouvement et le contraindront à ne marcher que méthodiquement, prudemment et lentement, toutes les fois qu'il n'aura pas dès le début donné à la poursuite son caractère essentiel de vivacité et d'énergie.

Mouvement offensif des Français en avant de Troyes. — La lenteur même avec laquelle les Alliés avaient opéré pendant les journées des 2 et 3 février, la halte forcée que trois de leurs corps firent pendant ce temps à Lesmont, les craintes, les hésitations et les ordres contradictoires du commandement, permirent à l'Empereur, en profitant des fautes de ses adversaires, de reprendre 48 heures après une bataille perdue, l'offensive contre des forces plus de trois fois supérieures à son armée. Le généralissime obligé de changer la direction suivie par ses colonnes, va faire obliquer à gauche une partie de son armée pour tourner un obstacle insignifiant que, sans les allées et venues de certains de ses corps, il aurait pu faire tomber presque sans combat avant l'arrivée de l'Empereur sur ce point, un obstacle que sans l'entêtement inconcevable qu'on avait mis à vouloir passer à Lesmont, on aurait pu enlever, non pas le 7, mais au plus tard le 3 au matin.

Bien que les renseignements fournis au généralissime dans la nuit du 3 au 4 février par le général Oscharoffsky, bien que les rapports envoyés par Blücher de Saint-Ouen et par le général Seslavin de Mesnil-Sellières aient dû dissiper tous les doutes, bien que l'on sût à ce moment au grand quartier général que l'Empereur avait à peine 40,000 hommes autour de lui à Troyes, Schwarzenberg n'osa pas prononcer une attaque de front contre Les Maisons-Blanches et le pont de La Guillotière. Ne voulant pas, à cause des marais de la Barse, tenter un mouvement vers sa droite, il espérait que le Ier corps ne serait pas inquiété dans ses positions devant Troyes et qu'il pourrait prendre pendant cette journée les mesures nécessaires à l'exécution de l'opération qu'il méditait[1]. Cependant, l'attitude des Français autour de Troyes,

---

[1] STÄRKE, Eintheilung und Tagesbegebenheiten der Haupt-Armee im Monate Februar. (*K. K. Kriegs Archiv.*, II, 1.)

le fait que les troupes de la division Michel avaient réoccupé Les Maisons-Blanches aussitôt après la retraite de la division Maurice Liechtenstein, étaient, dès le moment qu'on savait l'Empereur à Troyes, autant d'indices d'une attaque prochaine sur laquelle le prince Liechtenstein appela, d'ailleurs, l'attention en temps utile.

Combats de Saint-Thibault et de Clerey. — Dès 4 heures du matin, bien qu'il n'eût pas encore reçu les rapports de la cavalerie qui observait la Barse à partir du pont de La Guillotière[1], l'Empereur avait déjà déterminé le rôle que devait jouer chacun de ses lieutenants. Renvoyant ses parcs d'artillerie, les équipages militaires et les bagages sur la rive gauche de la Seine, sur la route de Nogent, préparant déjà son mouvement sur Méry et sur Nogent, il prescrivait au duc de Bellune, posté à Pont-Hubert avec sa cavalerie à Creney, de faire reconnaître en aval de Troyes tous les ponts jusqu'à Villacerf. Le général Gérard avait ordre d'occuper le pont de La Guillotière, et, s'il était tourné, de tenir bon à Saint-Parres-aux-Tertres en défendant tous les ponts de la Seine depuis Les Maisons-Blanches en amont jusqu'à Saint-Parres, pendant que la division La Hamelinaye garderait les portes de Troyes et les faubourgs. Le duc de Trévise recevait en même temps l'ordre d'être, dès 8 heures du matin, en bataille avec 20 bataillons de vieille garde, son artillerie, les réserves de cette artillerie et les 3 divisions de cavalerie de la vieille garde, en avant du village de Sancey (aujourd'hui Saint-Julien). Le duc de Reggio, avec la division Rottembourg, et le prince de la Moskowa,

---

[1] Les rapports fournis pendant la nuit par le général Piquet établi à La Folie au général de France et transmis par le général Gérard au major-général à 6 heures 1/2 du matin, avaient permis de constater la présence de postes alliés à Lusigny, Courteranges et près du pont de La Guillotière. On savait que les Alliés avaient rétabli le pont de Larrivour et jeté quelque infanterie sur la rive droite de la Barse, qu'ils occupaient Vallières, qu'ils pouvaient par suite arriver facilement en deux heures en arrière du pont de La Guillotière sur La Folie et même sur Thennelières et que l'infanterie alliée s'était établie à Champigny en face des postes du 10e hussards chargé d'éclairer la gauche du général de France. Le général Gérard avait, au reçu de ces nouvelles, envoyé à La Folie un bataillon, à Thennelières 2 bataillons destinés à servir éventuellement de soutien à la cavalerie du général de France pour le cas où l'ennemi, en accentuant son mouvement sur sa gauche, aurait forcé cet officier général à se replier. (*Archives de la guerre.*)

avec les divisions Curial et Meunier, devaient se former en deuxième ligne, derrière la division Michel (2ᵉ de vieille garde), tandis que la 1ʳᵉ division (général Friant) se tiendrait en réserve en troisième ligne, que la division de dragons du général Briche se porterait sur Les Maisons-Blanches et que le duc de Trévise avec les bataillons déjà en position de la division Michel, commencerait l'attaque en enlevant le pont de Clérey[1].

Pendant ce temps, le prince Maurice Liechtenstein, tout en se repliant la veille au soir sur Fouchères, avait laissé en position ses avant-postes sous le prince Gustave de Hesse-Hombourg. Il avait, dès le matin, remarqué la concentration qui s'opérait en face de lui sur l'Hozain, et, craignant une attaque, il avait ramené son avant-garde à La Petite-Vacherie.

Vers 9 heures, la division Michel et les dragons de Briche débouchèrent des Maisons-Blanches et vinrent donner un peu avant midi, à hauteur d'Isle-Aumont et de Saint-Thibault, contre les troupes légères de Liechtenstein, qui, après une résistance honorable, se retirèrent sur Saint-Parre-les-Vaudes où elles furent inquiétées jusqu'à la tombée de la nuit[2].

Maître de Saint-Thibault, le général Michel avait, à 3 heures et demie, chassé du village de Clérey le détachement de cavalerie du major Eschbacher[3] qui avait dû se replier sur Fresnoy.

---

[1] Registres de Berthier et *Correspondance de Napoléon*, n° 21177.

[2] Stärke, Eintheilung und Tagesbegebenheiten der Haupt-Armee im Monate Februar (*K. K. Kriegs Archiv.*, II, 1); Rapports du prince Maurice Liechtenstein au feldzeugmeister Colloredo, Fouchères, 4 février, et dépêche de Colloredo à Schwarzenberg, Lusigny, 4 février. (*Ibid.*, II, 75, II, 75 a et II, 79.)
Le prince Maurice Liechtenstein informe le feldzeugmeister dans l'un de ses rapports de l'arrivée d'un parlementaire français demandant le libre passage pour un courrier envoyé au duc de Vicence à Châtillon. « Le prince Gustave de Hesse-Hombourg, écrit Liechtenstein, a eu le tort de ne pas le recevoir. J'aurais pu, en concluant avec le maréchal Mortier un armistice qui aurait duré jusqu'à demain, empêcher l'ennemi auquel je suis hors d'état de résister, de pousser jusqu'ici. » Le prince ajoutait qu'il chercherait à se maintenir le plus longtemps possible à Fouchères, que s'il y était forcé, il se replierait le 5 sur Virey où la position lui semblait meilleure et de là sur Bar-sur-Seine. « Mon effectif est tellement réduit que je ne puis parvenir à couvrir mon front et que je n'ai même plus assez de monde pour faire faire des patrouilles à ma cavalerie. De plus je perds beaucoup de monde dans ces combats partiels, mais journaliers, et le régiment de chevau-légers O'Reilly, la seule cavalerie que j'aie avec moi, ne compte plus que 200 chevaux. »

[3] Major Eschbacher au général-major von Geppert, Fresnoy, 4 février, 3 heures 1/2. (*K. K. Kriegs Archiv.*, ad II, 79.)

300 grenadiers flanqueurs occupèrent le village et le pont de Clérey.

Le combat de Saint-Thibault avait jeté l'alarme jusqu'au quartier général de Colloredo, à Lusigny, et le feld-maréchal-lieutenant Bianchi, dont la division occupait Montaulin, quittant ses cantonnements dès qu'il entendit la fusillade, se porta vers Clérey où il arriva à la nuit tombante. Il ordonna à sa brigade de tête (général von Haugwitz) d'enlever le village et le pont. Cette brigade, se faisant précéder par quatre compagnies des régiments Simbschen et Colloredo, parvint à arracher Clérey aux grenadiers flanqueurs qui ne se replièrent qu'après avoir brûlé toutes leurs cartouches et qu'il obligea à repasser la Seine.

« Le combat m'a coûté pas mal de monde, écrit Bianchi à Colloredo[1] ; j'ai éprouvé des pertes sensibles à l'attaque du pont : mes hommes, entraînés par leur ardeur, ont voulu pousser en avant vers La Vacherie et ont été sabrés par la cavalerie ennemie. »

Positions du Ier corps et des réserves le soir. — Reconnaissances de cavalerie et affaire d'Aubeterre. — La nuit mit fin au combat. Bianchi s'établit avec sa division au bivouac en arrière de Clérey, fit barricader le pont, dont il confia la garde à deux compagnies d'infanterie, et envoya au pont de Courcelles deux compagnies de chevau-légers, en même temps qu'il écrivait au prince Maurice de Liechtenstein pour lui conseiller de traverser la Seine à Fouchères même ou au pont de Chappes plutôt que de remonter par la rive gauche jusqu'à Bar-sur-Seine. La division Michel et les dragons de Briche passèrent la nuit à hauteur de La Vacherie. Mais comme le maréchal ne se croyait pas assez en force pour garder ce poste et comme les Autrichiens, manœuvrant par les deux rives de la Seine, pouvaient aisément

---

[1] Colloredo à Schwarzenberg, Lusigny, 5 février ; Bianchi à Colloredo, Clérey, 4 février, 4 heures 1/2 soir. (*K. K. Kriegs Archiv.* II, 110 et II ad 110.)
Le maréchal Mortier confirme naturellement ces faits dans son rapport au major-général et, chose singulière, il évalue les pertes causées à la brigade Haugwitz par les dragons de Briche au chiffre même indiqué par les généraux autrichiens (150 hommes). (Mortier au major-général, Saint-Thibault, 4 février, 10 heures soir ; *Archives de la guerre.*)
Voir également STÄRKE, Eintheilung und Tagesbegebenheiten der Haupt-Armee im Monate Februar. (*K. K. Kriegs Archiv.*, II, 1.)

le déborder, il donna à ses troupes l'ordre de se reporter le 5, avant le jour, sur leur ancienne position des Maisons-Blanches. Le reste du 1er corps, les gardes et réserves russes n'avaient pas quitté de toute la journée leurs cantonnements de Lusigny, Vendeuvre, Villers-le-Brûlé et Piney.

Une reconnaissance de chevau-légers de l'empereur, envoyée, sur l'ordre de Colloredo par le général-major von Geppert[1], par Dosches et Mesnil-Sellières, avait poussé jusqu'à Créney. Elle y avait trouvé deux escadrons de cavalerie légère russe qui devaient y être rejoints par les cuirassiers, et avait eu connaissance de la présence à Vailly du général Seslavin dont les partis, dépassant la route de Troyes à Arcis-sur-Aube, avaient poussé jusqu'à la Seine. En se portant vers la Seine, le corps volant de Seslavin avait intercepté un moment la route d'Arcis à Troyes et ramené vivement sur Aubeterre un détachement de dragons qui escortaient le colonel de La Bourdonnaye (aide de camp du major général) et le parc d'artillerie du 6e corps. Ils furent recueillis par le général Ricard, posté à Aubeterre. Le parc avait eu le temps de passer sans encombre[2].

Le corps volant du lieutenant-colonel Thurn avait quitté Auxon pour se rapprocher du comte Ignace Hardegg et s'était établi à Chamoy. Ses patrouilles vinrent jusqu'à Bouilly et ses coureurs jusqu'aux avant-postes français de Chevillelle et de Saint-Germain[3].

La reconnaissance exécutée par le général Michel et la cavalerie du général Briche avait en somme réussi au delà de toutes les espérances. Les petits combats de Saint-Thibault et de Clérey, livrés au moment même où le généralissime mettait la dernière main aux dispositions qui allaient faire obliquer à gauche une partie de son armée, servirent à corroborer l'idée, qui avait cours au grand quartier général, d'un mouvement offensif que l'Empereur songeait à exécuter de Troyes sur Bar-sur-Seine et Langres,

---

[1] Général-major von Geppert à Colloredo, Lusigny, 4 février. (*K. K. Kriegs Archiv.*, II, 85, b.)

[2] Colonel de La Bourdonnaye au major-général et rapport du général Ricard. (*Archives de la guerre.*)

[3] Stärke, Eintheilung und Tagesbegebenheiten der Haupt-Armee im Monate Februar (*K. K. Kriegs Archiv.*, II, 1), et Thurn à Schwarzenberg (*Ibid.*, II, 81.)

afin de menacer la gauche et les derrières de l'armée de Bohême et de la couper en même temps de l'armée de Lyon et de sa ligne d'opérations.

Position des autres corps alliés. — Les marches exécutées pendant cette journée du 4 par les autres corps de l'armée de Bohême furent très courtes. Au III⁰ corps, les troupes souffrirent énormément pendant l'étape, et l'artillerie ayant été à plusieurs reprises sur le point de s'embourber dans les chemins défoncés, la division Crenneville ne put arriver qu'à Montangon et Villevoque ; les deux autres divisions ne dépassèrent pas Brévonne et Villehardouin [1].

Le pont de Lesmont étant toujours impraticable, le VI⁰ corps dut passer l'Aube à Dienville et poussa quelques troupes de son extrême avant-garde jusqu'à Sacey et Bouy, en avant de Piney. Le V⁰ corps, à l'exception de la division Antoine Hardegg qu'on fit revenir de la Voire, ne bougea pas de ses cantonnements entre Brienne et Dienville [2].

Le comte Wrède avait profité de cette halte forcée pour envoyer auprès de Schwarzenberg Taxis qui rapporta à son chef, le soir vers minuit, les nouveaux ordres de marche dirigeant le V⁰ corps sur Vendeuvre [3].

Le gros du VI⁰ corps s'était porté sur Perthes et Lassicourt, et le comte Pahlen avait reçu l'ordre de pousser avec sa cavalerie dans la direction de Plancy.

Marmont évacue Arcis le 4 février au soir. — La veille au soir, Marmont, pris d'une de ces défaillances, malheureusement trop fréquentes chez lui pendant le cours de cette campagne, avait évacué les bois situés en face d'Arcis et brûlé les ponts d'Arcis, de Viâpres-le-Grand, de Viâpres-le-Petit et même de Plancy, « se séparant de Paris, de Châlons et de Macdonald, comme le major-général le lui reprochait, par sa dépêche du 4, compromettant de la sorte le sort de tous les convois en route et

---

[1] Stärke, Eintheilung und Tagesbegebenheiten der Haupt-Armee im Monate Februar. (*K. K. Kriegs Archiv.*, II, 1.)

[2] Stärke, ibid. (*Ibid.*, II, 1.)

[3] Taxis, Tagebuch. (*Ibid.*, XIII, 32.)

empêchant, par son passage sur la rive gauche, l'Empereur de se diriger sur Arcis [1]. »

Il semble, d'ailleurs, que Marmont se soit exagéré l'importance des mouvements exécutés par les Alliés du côté d'Arcis.

C'est ainsi que dans sa correspondance avec le major-général, peut-être pour justifier la précipitation avec laquelle il avait procédé à la destruction des ponts de l'Aube depuis Arcis jusqu'à son confluent avec la Seine, il prétend avoir vu défiler, de six à onze heures du matin, de la cavalerie descendant la rivière et allant vers Allibaudières, et avoir aperçu de l'infanterie et de l'artillerie qui débouchaient du Chêne. Tandis qu'il évaluait les forces des Alliés sur ce point à dix escadrons et six bataillons, il n'y avait en réalité devant lui [2] que les quelques escadrons d'Ilowaïsky XII, observant du Chêne et d'Ormes les abords d'Arcis. L'apparition des cosaques de Seslavin sur la route d'Arcis à Troyes et la nouvelle que le général Ricard se préparait à évacuer Aubeterre pour se replier sur Méry-sur-Seine, achevèrent de convaincre le maréchal de l'impossibilité de demeurer davantage à Arcis. Vers le soir, le 6ᵉ corps, quittant sur son ordre Arcis-sur-Aube pour se replier sur Méry-sur-Seine, prit position à Droupt-Sainte-Marie.

La destruction intempestive des ponts de l'Aube et cette retraite quelque peu prématurée sur Méry avaient l'inconvénient de découvrir Troyes du côté d'Arcis et d'obliger l'Empereur à renoncer à une concentration éventuelle sur Arcis. Napoléon semble, du reste, avoir prévu le mouvement de Marmont, car, dans l'après-midi même du 4, il faisait ordonner au général Pajol, qui n'avait encore avec lui que 800 chevaux et une compagnie d'artillerie légère, de bien lui *conserver les ponts de Nogent et de Pont-sur-Yonne*.

---

[1] Lettres du major-général à Marmont, de Troyes le 4 février à 10 heures du matin.
Berthier ajoutait encore : « Sa Majesté attend la nouvelle du rétablissement du pont et du replacement de tous vos postes sur l'autre rive. Aussitôt qu'elle l'aura reçue, en six heures de temps, toute l'armée sera à Arcis. » (Registres de Berthier ; *Archives de la guerre*.)

[2] Le maréchal paraît avoir été tellement troublé à ce moment qu'il crut d'abord avoir affaire aux Bavarois, puis aux Prussiens d'York, tandis qu'il n'avait devant lui, sur la rive droite de l'Aube, que quelques escadrons de cavalerie russe (Voir Correspondance générale, *Archives de la guerre*.)

Du côté de Sens, il n'y avait eu que des escarmouches absolument insignifiantes.

Lettres de Schwarzenberg à Wrède et à Blücher. — Nouveaux ordres. — Blücher, voyant que l'Empereur ne songeait pas encore à venir se placer entre Paris et l'armée de Silésie et à se faire rejoindre par Macdonald, établissait le 4 son quartier général à Fère-Champenoise. Schwarzenberg écrivait le même jour à Wrède que « *comme Blücher serait assez fort pour chasser devant lui Marmont et Macdonald et pour arriver en peu de jours devant Paris,* la grande armée de Bohême devait, fidèle au principe posé dans le plan d'opérations, chercher à déborder la droite des Français. » Aussi le 4 au soir, après avoir envoyé à ses commandants de corps l'ordre définitif d'obliquer à gauche, le généralissime exposait à Blücher les motifs pour lesquels il se décidait à un mouvement qui avait, entre autres inconvénients, celui d'augmenter inutilement et sans raison la distance qui séparait les deux principales masses des armées alliées. Ne voulant pas attaquer Troyes de front, affectant de croire à la possibilité de déborder la droite de son adversaire, de le précéder sur la route de Paris et de barrer tout au moins le chemin aux renforts qu'il attendait d'Espagne, ne pouvant s'empêcher toutefois d'avouer au feld-maréchal que de cette façon il sera *rassuré sur le sort de sa gauche* et s'assurera *la libre possession d'une excellente ligne de retraite sur Dijon,* Schwarzenberg détaillait au commandant de l'armée de Silésie les mouvements qu'il venait de prescrire.

Pendant que les avant-gardes des corps poussés vers Troyes resteraient sur leurs positions, le Ier corps (Colloredo) devait marcher par la route de Bar-sur-Seine et venir, par celle de Tonnerre, garnir la lisière de la forêt d'Aumont. Les gardes et réserves russes avaient ordre de se diriger également sur Bar-sur-Seine, avec le quartier général et de continuer de là sur Chaource. Les IIIe et V^e corps marcheraient de Vendeuvre sur Bar-sur-Seine, et le IVe corps resterait sur la route de Vendeuvre à Troyes, se reliant par des partis avec le VIe corps allant sur Arcis-sur-Aube. Le généralissime conseillait, en outre, à Blücher de se diriger sur Châlons et même, si faire se pouvait, d'obliquer, lui aussi, plus à gauche. Nous aurons lieu de parler en son temps de la réponse que Blücher adressa le lendemain à Schwarzenberg et d'examiner, lorsque nous exposerons les opérations de l'armée de Silésie pendant cette même période, les motifs pour lesquels le feld-maréchal refusa de renoncer à ses projets et de modifier la direction qu'il avait donnée à ses opérations.

L'exécution des ordres du généralissime ne fut pas cependant sans présenter des difficultés. C'est ainsi que Colloredo, par exemple, dont les troupes devaient être relevées par le IIIe corps, se trouva le 4 au soir dans un embarras assez grand pour se croire autorisé à demander une solution au grand quartier général. Les patrouilles, qu'il avait envoyées sur sa droite, lui avaient fait connaître qu'au lieu du IIIe corps, c'était au contraire le IVe qui, se trouvant à Piney, devait venir le lendemain 5 à Lusigny. « Je me demande, écrivait à ce propos le feldzeugmeister au généralissime, si je dois attendre ici le IIIe corps ou si ce sera le IVe qui me relèvera [1]. »

Cette question, cependant fort naturelle et parfaitement justifiée, valut à Colloredo une réponse par trop caractéristique pour ne pas être reproduite :

« Le feld-maréchal-lieutenant comte Radetzky au feldzeugmeister comte Colloredo.

« Vendeuvre, 4 février 1814, 11 heures 1/2 soir. — Peu doit importer au comte Colloredo de savoir s'il sera relevé demain par le IVe corps ou par un autre. L'essentiel est qu'il attaque de suite [2]. »

Des termes mêmes de cette réponse, on peut se faire une idée de l'agitation fébrile qui devait régner au grand quartier général. Non seulement on répond à un commandant de corps en lui disant qu'il doit lui être indifférent d'être relevé par des troupes autres que celles auxquelles il avait ordre de remettre ses positions, mais on lui prescrit d'attaquer alors que, quelques heures plus tôt, on lui avait ordonné de ne laisser devant Troyes que des avant-gardes et de prendre, avec le gros de ses forces, la route de Bar-sur-Seine.

---

[1] Colloredo à Schwarzenberg, Lusigny, 4 février. (*K. K. Kriegs Archiv.*, II, 85 a.)

[2] Radetzky à Colloredo, Vendeuvre, 4 février, 11 h. 1/2 du soir. (*Ibid.*, II, 85.)

Toutes ces manœuvres de l'armée de Schwarzenberg, effectuées avec la lenteur qui n'avait cessé de caractériser jusqu'ici ses opérations, n'étaient pas de nature à renseigner l'Empereur, qui avait d'autant plus hâte d'être fixé sur les projets de son adversaire, que l'apparition de la cavalerie russe du côté de Plancy et le mouvement rétrograde de Marmont lui inspiraient quelques craintes pour sa gauche. De plus, comme l'expectative et l'immobilité ne pouvaient qu'aggraver et compromettre sa situation, comme en raison même de la réunion du congrès de Châtillon, qui venait de tenir sa première séance, il avait tout intérêt à brusquer la solution, il résolut de tirer les choses au clair et, tout en préparant et en commençant son mouvement de concentration sur Nogent-sur-Seine, d'obliger ses adversaires à se déployer devant lui et à s'arrêter devant les quelques troupes laissées à Troyes et chargées de l'exécution d'une simple démonstration offensive en avant de cette ville.

5 février. — Mesures prises par Napoléon. — Dès trois heures du matin, dans la nuit du 4 au 5, Berthier[1] prescrivait, par ordre de l'Empereur, au général Ricard de se diriger vers Méry-sur-Seine, où il devait faire sa jonction avec les divisions venant en poste de l'armée d'Espagne et dont la tête était attendue du 6 au 7 février à Nogent-sur-Seine. Marmont devait se porter sur Nogent, y garder le pont, y prendre position sur la rive droite de la Seine qui commande cet important débouché et y demeurer jusqu'à l'arrivée de l'Empereur, qui comptait être le 5 au soir à Méry. Quelques heures plus tard, à dix heures, le major-général modifiait cependant les ordres primitivement donnés au duc de Raguse et lui mandait, dans le cas où les Alliés n'auraient pas poussé au delà de Plancy, de s'arrêter à Méry et d'y garder la rive gauche de la Seine, tout en se ménageant la possibilité d'arriver en temps utile à Nogent. En restant à Méry et en cherchant à s'emparer à Plancy d'un pont sur l'Aube et à y établir une tête de pont, Marmont devait, dans l'idée de l'Empereur, lui permettre de se maintenir plus longtemps à Troyes.

---

[1] *Correspondance de Napoléon*, nos 21180, 21181, 21182, 21183. — Registres de Berthier et ministre de la guerre au major-général. (*Archives de la guerre.*)

Napoléon, en effet, ne se trouvant pas encore suffisamment éclairé sur les véritables projets de son adversaire, avait résolu de le tâter une fois de plus en avant de Troyes. Aussi, dès six heures du matin, la vieille garde prenait position et se formait en colonnes en arrière de Troyes, à hauteur de La Chapelle Saint-Luc, entre la nouvelle et l'ancienne route de Paris. Ney s'établissait avec ses deux divisions à droite de la vieille garde et faisait occuper par un bataillon et deux pièces les hauteurs de Montgueux. Mortier avait dû d'abord se placer, dès six heures, à Saint-Julien, couper le pont des Maisons-Blanches et y laisser la division de dragons du général Briche jusqu'après l'évacuation complète de Troyes et l'arrivée au faubourg Saint-Jacques de Victor et de Gérard, chargés de couper les ponts de la Barse. De nouveaux ordres lui prescrivaient, au contraire, de se reporter en avant pour entreprendre, de concert avec Gérard, une reconnaissance offensive et repousser les Autrichiens jusqu'au moment où, vers quatre heures de l'après-midi, l'Empereur croira opportun de ramener en arrière les troupes du maréchal et celles de Gérard.

Affaires du pont de La Guillotière et des Maisons-Blanches. — Malgré le brouillard, les avant-postes du Ier corps n'avaient pas été sans remarquer le départ du poste français du pont de La Guillotière, que l'on fit immédiatement occuper par une compagnie de chasseurs et par deux escadrons de chevau-légers de l'empereur. Ces deux escadrons, poussant sur la rive droite de la Barse, vinrent donner à un kilomètre environ plus loin contre une colonne française qui les rejeta sur les chasseurs et débusqua, après un engagement assez vif, les Autrichiens du pont de La Guillotière. Les troupes du Ier corps prirent aussitôt les armes. Mais pendant qu'on s'engageait de la sorte du côté du pont de La Guillotière, le maréchal Mortier rejoignant, avec la division Friant, la division Michel postée aux Maisons-Blanches, se reportait en avant sur la rive gauche de la Seine, obligeait les Autrichiens à reculer jusqu'au delà de Clérey et les aurait même poussés plus loin, s'il n'avait reçu, dans l'après-midi, l'ordre de ramener la garde à Troyes. Colloredo crut pouvoir profiter du mouvement exécuté par les Français du côté des Maisons-Blanches pour leur enlever le pont de La Guillotière. Il n'y réussit pas et, atteint d'un coup de feu à la jambe, il fut obligé de céder provisoirement le commandement au général Nostitz, qui le remit le jour même au général Bianchi. Les Autrichiens ne tardèrent pas, d'ailleurs, à renoncer, pour ce jour-là, à leurs tentatives contre le pont de La Guillotière [1].

Vers le soir, le Ier corps, relevé du côté de la Barse et de Lusigny par les IIIe et IVe corps, obliqua à gauche et se dirigea sur Bar-sur-Seine et Virey-sous-Bar, où il arriva vers minuit. Après la rentrée des troupes du duc de Trévise, la division légère du prince Maurice Liechtenstein avait réoccupé ses positions de la veille. Ses avant-postes étaient revenus à hauteur de La Vacherie. Le prince Gustave de Hesse-Hombourg, établi à Saint-Parre-les-Vaudes, leur servait de soutien avec les chevau-légers O'Reilly, une batterie à cheval et cinq compagnies d'infanterie ; trois compagnies occupaient Chappes. Le prince Liechtenstein était à Fouchères avec le reste de sa petite division et une batterie.

Les gardes russes et prussiennes, parties de bonne heure de Lusigny et de Vendeuvre, n'arrivèrent qu'assez tard dans la soirée à Bar-sur-Seine.

Marche du IIIe corps et mouvement des IVe, V[e] et VIe corps, de la cavalerie de Pahlen et de Seslavin. — Le IIIe corps avait, conformément aux ordres du généralissime, quitté Piney vers huit heures du matin, se dirigeant vers la Barse, et la division Crenneville, qui formait sa tête de colonne, avait dans l'après-midi relevé entre Courteranges et Larrivour la droite du Ier corps. La division Weiss s'était établie à Géraudot, Fresnel à La Villeneuve-au-Chêne, et Gyulay, avec son quartier général, à Vendeuvre. Le IIIe corps allait ainsi se relier, par sa droite avec le VIe, par sa gauche avec le Ier corps.

Le prince royal de Wurtemberg [2] s'était également porté vers

---

[1] STÄRKE, *Eintheilung und Tagesbegebenheiten der Haupt-Armee im Monate Februar* (*K. K. Kriegs Archiv.*, II, 4) ; Schwarzenberg à Bianchi (*Ibid.*, II, 134) ; Rapport journalier à l'empereur d'Autriche. (*Ibid.*, II, 144.)

[2] Le prince royal de Wurtemberg au prince de Schwarzenberg :

« Montiéramey, 5 février 1814.

« J'ai l'honneur d'annoncer à Votre Altesse que je suis arrivé ici avec mon corps d'armée. Je me suis concerté avec le feldzeugmeister (il s'agit ici de Gyulay) et nous sommes convenus de nous établir, lui à droite, et moi à gauche de la chaussée.

la Barse et avait fait relever les postes fournis par la gauche du Ier corps. Le quartier général du prince était à Montiéramey.

Le Ve corps continuait à être en deuxième ligne des IIIe et IVe corps. Les Bavarois se cantonnèrent autour de Vendeuvre, tandis que les Autrichiens de Frimont restèrent à Spoy, Dolancourt et Bossancourt [1].

Le VIe corps avait pris position à Piney. Son avant-garde, sous les ordres du général Helfreich, était à Rouilly et Sacey, poussant vers Troyes. A sa gauche, un bataillon de chasseurs et deux escadrons se reliaient du côté de Géraudot avec le IIIe corps. A droite, la cavalerie de Pahlen occupait Charmont. Seslavin surveillait de Saint-Benoît-sur-Seine la rive gauche de la Seine, et Ilowaïski XII envoyait d'Arcis des partis sur Méry, occupé par les troupes de Marmont. « Je dirige également sur ce point le général Seslavin, écrivait Wittgenstein [2] le 5 de Piney à Schwarzenberg, et je lui prescris, dans le cas où Marmont tiendrait bon à Méry, de passer la Seine dans ces parages et d'agir sur les communications entre Troyes et Nogent où, d'après le dire de ce général, Napoléon se trouverait actuellement. »

Idées de Wittgenstein sur la situation. — Wittgenstein, qui ne pouvait oublier qu'il avait été lui aussi général en chef, croyait de son devoir, et surtout de sa dignité, de donner son opinion sur la situation et sur ses conséquences probables. « S'il en est ainsi, écrivait-il, Marmont résistera *coûte que coûte* à Méry pour assurer et couvrir la retraite de l'Empereur. Si le feldmaréchal Blücher était plus près et s'il se dirigeait sur Nogent, on pourrait inquiéter et compromettre sérieusement la situation

---

« Le combat d'avant-postes du pont de La Guillotière ayant pris fin, mon avant-garde a relevé celle du feldzeugmeister Colloredo. Elle s'étend de Lusigny par Montaulin à Daudes. J'ai un bataillon et 2 escadrons à Cléry. Un escadron posté à Verrières sert de liaison entre Cléry et l'avant-garde. Mon gros est cantonné à Montreuil, Montiéramey, Briel, Chauffour et Marolles.

« L'avant-garde du feldzeugmeister comte Gyulay a pris également le service des avant-postes à l'aile droite.

« J'attends les ordres de Votre Altesse pour la journée de demain. » (*K. K. Kriegs Archiv.*, II, 117.)

[1] STÄRKE, Einteilung und Tagesbegebenheiten der Haupt-Armee im Monate Februar. (*K. K. Kriegs Archiv.*, II, 1.)

[2] Wittgenstein à Schwarzenberg (*K. K. Kriegs Archiv.*, II, 119) et Schwarzenberg à Wittgenstein. (*Ibid.*, II, 98.)

de l'Empereur. On pourrait, d'ailleurs, arriver au même résultat à l'aide d'un mouvement par Sens sur Bray. Toutefois il est à craindre que Napoléon se décide à se retirer vivement et à se mettre en retraite sur Paris. »

Dans l'intérêt même de sa réputation militaire et de sa perspicacité, Wittgenstein aurait gagné à s'abstenir de ces considérations. S'il avait su se servir de sa cavalerie, il lui eût été facile, non pas de deviner les mouvements que l'Empereur méditait à ce moment, mais au moins de se rendre un compte exact du genre de résistance qu'il pouvait rencontrer à Méry [1]. Il n'avait pour cela qu'à faire contrôler les renseignements que Seslavin lui avait fait tenir dès le 5 au matin, renseignements qu'il transmit à Schwarzenberg et qui décidèrent le généralissime à envoyer aux commandants des corps placés en première ligne (à Wittgenstein et au prince royal de Wurtemberg, aux chefs des deux divisions légères, prince Maurice Liechtenstein et comte Ignace Hardegg) l'ordre de diriger le lendemain 6 février de fortes reconnaissances sur les routes de Piney, Vendeuvre et Fouchères à Troyes.

Renseignement fourni par Seslavin. — Dès dix heures du matin, dans son rapport à Toll, Seslavin affirmait d'une façon positive que les Français se retiraient de Troyes sur Nogent. Il lui faisait, en outre, savoir que, tout en cherchant un passage à travers les marais, il avait informé de ce mouvement Raïeffsky et

---

[1] Ordre de Marmont au général Ricard :

« Méry, 5 février. — Le général Ricard restera à Méry avec sa division pour garder le débouché et le défendre. Il fera continuer la coupure qui a été commencée sur le pont et se mettra en mesure de le défendre le plus longtemps possible.

« Si l'ennemi ne se présente pas et que le rapport de la reconnaissance envoyée sur Plancy, ainsi que les renseignements du pays, confirment la continuation du mouvement que l'ennemi poursuit depuis quarante-huit heures sur la rive droite de l'Aube, le général Ricard se mettra en marche pour rejoindre le corps d'armée à Nogent-sur-Seine et donnera de suite avis de sa marche au quartier impérial. Si, au contraire, le général Ricard est attaqué, il s'empressera d'en informer le major-général et le duc de Raguse, et défendra Méry. S'il était dans le cas de rejoindre le corps d'armée par suite de la continuation du mouvement de l'ennemi sur Nogent, le général Ricard laisserait à Méry 500 hommes et 2 pièces de canon pour défendre la ville contre les partis ennemis jusqu'à l'arrivée des troupes qui ont dû partir à cet effet de Troyes. » (*Archives de la guerre.*)

le prince royal de Wurtemberg, et qu'il faisait rechercher Blücher et Wittgenstein pour leur en donner avis.

Aussitôt après avoir reçu les rapports de Seslavin, le généralissime, croyant l'ataman Platoff encore à Villeneuve-le-Roi, alors qu'il s'était replié sur Joigny, lui envoya l'ordre de pousser sur Nemours et sur Moret et de chercher à savoir si l'Empereur allait réellement recevoir des renforts passant par Orléans et venant de l'armée d'Espagne. Ce fut aussi afin d'être plus complètement renseigné à ce sujet que, le 5 au soir, on prescrivit à Seslavin de quitter la droite de la grande armée pour se porter à l'extrême gauche, à gauche même de Platoff. Mais on jugea superflu d'informer Blücher de la nouvelle destination donnée à cette cavalerie dont le départ découvrait complètement sa gauche et permettait à l'armée française de continuer son mouvement vers la rive droite de la Seine, sans être le moins du monde suivie ou observée.

Ordres directs donnés par Barclay de Tolly à Seslavin. — Ici encore, nous nous trouvons en présence d'une de ces mesures qui serviront à mettre en lumière la mauvaise organisation du commandement et les procédés étranges des généraux alliés à l'égard du généralissime. C'est, en effet, Barclay de Tolly qui, parce qu'il s'agit de troupes légères russes, donne à Seslavin l'ordre de prendre à gauche vers la Seine, pour couvrir le flanc gauche de Platoff et renseigner les Alliés sur ce qui se passe entre Paris et l'armée de Suchet[1]. Barclay pense que Wittgenstein peut, avec ses troupes légères, relever Seslavin. « J'ai ren-

---

[1] Barclay à Schwarzenberg, Bar-sur-Seine. (*K. K. Kriegs Archiv.*, II, 163.)
La lettre par laquelle Toll complète les instructions de Seslavin est d'autant plus intéressante qu'elle fait bien ressortir le peu de confiance que l'on avait dans les capacités et l'énergie de Platoff :

« Bar-sur-Seine, 5 février.

« S. M. l'empereur a lu avec plaisir vos rapports envoyés de Saint-Benoît qui nous ont fait connaître que Napoléon se retirait de Troyes sur Nogent, bien que les avant-postes autrichiens ne nous en aient pas donné avis.

« Afin que vous puissiez régler d'après cela vos opérations, je vous fais connaître les mouvements de tous les corps d'armée. La grande armée du prince de Schwarzenberg se propose de déborder l'aile droite de Napoléon : à cet effet, ses corps qui ont atteint aujourd'hui Bar-sur-Seine continueront leur mouvement par Troyes (si l'ennemi évacue cette ville) et Auxon sur Sens, puis de là, par Fontainebleau sur Paris. Le corps de Wittgenstein doit arriver aujour-

forcé Seslavin, ajoute encore Barclay dans cette dépêche du 6 février à Schwarzenberg, et lui ai donné, en plus des troupes qu'il a actuellement avec lui, 2 escadrons de hussards (hussards de Soumy) et 2 pièces d'artillerie. »

Mais ce qu'il y a de plus singulier et de plus étonnant encore, c'est de voir, parce que Barclay en terminant cette dépêche a prié le généralissime de lui faire part des ordres donnés à Platoff, Schwarzenberg s'empresser de lui répondre[1] en s'excusant, en affirmant qu'il n'a jamais donné d'ordres directs à Platoff et approuver l'envoi de Seslavin dans ces parages. « L'ataman étant moins en l'air, écrit Schwarzenberg, pourra mieux conserver sa destination primitive qui consiste à aller sur Fontainebleau et à se procurer des renseignements positifs et certains sur les mouvements et les projets de l'ennemi. »

Néanmoins, tout en approuvant ce mouvement imprévu de Seslavin, il semble cependant qu'on n'ajouta pas une foi complète aux renseignements fournis par le général russe.

On jugea inutile de faire surveiller de près l'arrière-garde de l'armée française, mais on profita de cette nouvelle pour entreprendre, le 6, une de ces opérations fatalement condamnées à n'avoir aucun résultat, une de ces opérations qui plaisaient aux stratèges du grand quartier général et qu'on y avait décorées du nom pompeux de reconnaissances offensives.

---

d'hui à Piney et se portera vraisemblablement par Troyes sur Nogent pour observer de plus près les mouvements de l'ennemi.

« L'armée du feld-maréchal Blücher est entre Châlons et Arcis. Son avant-garde, sous Wassiltchikoff, était hier à Fère-Champenoise. Cette armée a pour mission d'empêcher la jonction des troupes de Macdonald, actuellement à Châlons, avec celles de Napoléon.

« Il résulte de ce qui précède qu'il serait utile de vous voir opérer sur les communications de l'ennemi du côté de Provins. Le comte Platoff est à Villeneuve-le-Roy, à peu de distance de Sens, et reçoit l'ordre de pousser sur Nemours et Moret, en appuyant autant que possible à gauche, afin de reconnaître les environs d'Orléans et de nous faire savoir si l'armée d'Espagne envoie des renforts à Napoléon. On lui prescrit également d'envoyer des partis entre Nogent et Melun, sur l'autre rive de la Seine, afin d'agir, autant que faire se peut, sur les communications de l'ennemi. *Je doute qu'il s'acquitte de cette dernière partie de sa tâche qui exige de la décision.* J'apprends à l'instant que le comte Barclay de Tolly vous a, sur l'ordre de l'empereur et du prince de Schwarzenberg, prescrit d'opérer dans la direction de la Loire. Vous aurez par suite à vous conformer à cet ordre. »

[1] Schwarzenberg à Barclay, Bar-sur-Seine, 6 février. (*K. K. Kriegs Archiv.*, II. 171.)

Avant d'en finir avec la journée du 5, il nous faut encore signaler, en passant, un fait, croyons-nous, peu connu et que nous trouvons dans le *Tagebuch* du major prince de Taxis[1].

« Pour la première fois, nous dit le major, on entendit parler ce jour-là, de la possibilité d'une restauration des Bourbons. »

Ordres de l'Empereur. — Le 5 février, au soir, alors que Schwarzenberg avait déjà reçu quelques heures auparavant les nouvelles que Blücher lui avait envoyées de Saint-Ouen, le 4 au matin[2], l'Empereur était informé par Macdonald, de l'obligation dans laquelle il s'était trouvé, après le combat de La Chaussée, d'abandonner Châlons au général York. Il en résulta qu'alors que Schwarzenberg se préparait encore à faire tâter Troyes par les troupes légères de Liechtenstein et de Hardegg, l'Empereur, désormais fixé sur les intentions de Blücher et prévoyant que le feld-maréchal n'hésiterait plus à se rapprocher d'York et à pousser pour son compte sur Paris, modifia ses projets et accentua sa retraite sur Nogent. Il voulait s'y faire rejoindre par les renforts qu'il attendait de Paris et de l'armée d'Espagne, puis, après avoir ramassé en route Marmont, dont le corps était posté le 5 au soir, le long de la rive gauche de la Seine, de Méry jus-

---

[1] Tagebuch des Majors Fürsten Taxis. ((*K. K. Kriegs Archiv.*, XIII, 32.)

[2] Le feld-maréchal Blücher au prince de Schwarzenberg :
« Saint-Ouen, 4 février 1814, 8 h. 1/2 matin.
« C'est aujourd'hui seulement qu'il m'est possible de pouvoir fournir à Votre Altesse des renseignements dont je sois absolument sûr.
« Le corps du maréchal Marmont a passé l'Aube à Arcis et occupe, en guise de tête de pont, la forêt située sur la rive droite de l'Aube.
« Le général-lieutenant comte Pahlen est à Lhuître. Vitry est encore occupé par l'ennemi. On dit qu'il y a là en tout 10,000 hommes malades, valides et blessés, et de plus, une grosse partie des bagages de l'armée. Il paraît que le général York n'a pu s'en emparer, parce que la place est entourée d'une enceinte protégée par des fossés pleins d'eau.
« Le général York s'est porté hier du côté de Châlons et a attaqué l'ennemi à Pogny. Des hauteurs, on a vu l'ennemi se diriger sur Châlons.
« Un parti a donné cette nuit à Songy dans l'ennemi fort de 2,000 hommes d'infanterie et de 4 escadrons de cavalerie. Ce parti a aperçu en outre, de grands feux de bivouac à Châlons.
« Je me porte de ce côté et je vais de ma personne au point de croisement de la route d'Arcis à Châlons avec celle qui va de Vitry à Fère-Champenoise. Arrivé sur ce point, j'espère y avoir des nouvelles du général York, nouvelles qui influeront sur mes mouvements ultérieurs dont j'informerai aussitôt Votre Altesse. » (*K. K. Kriegs Archiv.*, II, 78.)

qu'à Romilly, se jeter contre le flanc gauche des corps épars de l'armée de Silésie.

Loin de vouloir contester au maréchal Marmont l'honneur de s'être trouvé en communauté d'idées avec l'Empereur et d'avoir, comme lui, compris qu'il y aurait chance d'obtenir de grands avantages en marchant contre Blücher, il importe, cependant, de réduire à néant les prétentions du duc de Raguse, qui cherche à s'attribuer la paternité de ce beau mouvement. Pour prouver d'une façon péremptoire que l'Empereur y avait songé avant lui, il suffira de se reporter à la lettre qu'il adressait de Piney le lendemain même de La Rothière, à Clarke, et dans laquelle il exposait à son ministre, dès le 2 février, les opérations qu'il comptait entreprendre dans le cas où Blücher se porterait entre la Marne et l'Aube.

Ne pouvant, dans sa situation, rien laisser au hasard, l'Empereur n'eut garde de commencer, dès le 6 au matin, son mouvement sur Nogent. Laissant encore ses troupes sur les positions qu'elles occupaient la veille, il se borna à prescrire à Grouchy d'envoyer la division Piré garder et escorter le grand parc d'artillerie en marche sur Nogent depuis la veille. Il ramena Victor en arrière de la garde et chargea Gérard[1] de remplacer le 2e corps et de garder Pont-Hubert avec ses troupes et la division La Hamelinaye, soit un peu plus de 5,000 hommes et 27 bouches à feu.

Au moment même où l'Empereur se préparait à abandonner Troyes, on avait reçu à Bar-sur-Seine, au quartier général de Schwarzenberg et des souverains alliés, tous trois réunis sur ce point, les rapports de Seslavin signalant le mouvement de retraite des troupes de Marmont en marche sur Nogent-sur-Seine.

6 février. — Position du Ier corps, des gardes et réserves. — Reconnaissances et escarmouches de Villebertin, Moussey et Isle-Aumont. — Le 6 février, à la gauche des Alliés, le Ier corps est dans l'impossibilité de rien entreprendre parce qu'il est arrivé trop avant dans la nuit à Bar-sur-Seine, et qu'il faut absolument donner le temps de se refaire à des troupes épuisées par les escarmouches des jours précédents et par une marche de nuit.

---

[1] Registres de Berthier. (*Archives de la guerre.*)

Bianchi, dont la division est à Fouchères, prend le commandement de ce corps, et la division légère du prince Maurice Liechtenstein occupe Saint-Parre-les-Vaudes et Vaudes. Mais la division Wimpffen est enlevée au Ier corps et dirigée sur l'armée du Sud, et les grenadiers et les cuirassiers, que l'on a placés sous les ordres directs du feld-maréchal-lieutenant comte Nostitz, sont envoyés à Chaource [1].

Par contre, Bianchi avait tout près de lui les gardes et réserves cantonnées autour de Bar-sur-Seine, la garde russe à Villemorien, et, plus en arrière, la 1re division de cuirassiers et la cavalerie de la garde prussienne à Riceys, la division de cavalerie légère à Chesley.

Pendant que le comte Ignace Hardegg se portait en avant vers Ville-Bertin pour exécuter les ordres du généralissime, Mortier, voulant donner le change aux Alliés et masquer les mouvements du gros de l'armée, avait de son côté résolu d'attaquer les avant-postes établis sur la route de Bar-sur-Seine. Hardegg avait, il est vrai, commencé par obliger les vedettes et les petits postes français à se replier au delà de Roche, jusqu'aux jardins du château de Ville-Bertin. Mais, arrivé sur ce point, il trouva l'artillerie française en position et soutenue par 3,000 hommes et 1200 chevaux qui semblaient, dit-il, vouloir se porter en avant par leur gauche sur Isle-Aumont [2]. « J'ai canonné l'ennemi, ajoute le comte Ignace Hardegg dans son rapport à Schwarzenberg, daté de Mont-Chevreuil [3], au cœur même de la forêt d'Aumont et, après l'avoir obligé à se déployer, je me suis replié, tandis que l'ennemi réoccupait ses anciennes positions. »

Le général autrichien passe sous silence le mouvement rétrograde assez prononcé qu'il a été obligé de faire. Les troupes de Mortier, en se portant résolument en avant, avaient réussi à masquer sur toute la ligne la marche de l'Empereur et de son armée sur Nogent. Son rapport nous fournit cependant quelques indications intéressantes. « N'ayant avec moi [3], écrit Hardegg, après les déta-

---

[1] Stärke, Eintheilung und Tagesbegebenheiten der Haupt-Armee im Monate Februar. (*K. K. Kriegs Archiv.*, II, 1.)

[2] C'étaient la division de vieille garde du général Michel et la division de dragons du général Briche.

[3] Hardegg à Schwarzenberg, Mont-Chevreuil, 6 février 1814, 8 heures du soir. (*K. K. Kriegs Archiv.*, II, 157.)

chements que j'ai dû faire pour organiser des partis volants, que 900 hommes d'infanterie et 600 de cavalerie, je suis trop faible pour tenter l'attaque de cette position (celle de Ville-Bertin à Moussey, couverte par le ruisseau marécageux de la Magne). Je suis de plus fort loin de tout village et je suis forcé de faire bivouaquer mon monde. Le mauvais temps et les efforts qu'hommes et chevaux ont dû faire pour se tirer des chemins par lesquels j'ai eu à passer, ont épuisé mes troupes. Les routes sont tellement fangeuses et défoncées que deux de mes canons ont leurs affûts et leurs roues brisés et que j'ai dû sacrifier du monde pour sauver ces pièces. D'après le dire de quatre déserteurs, les Français manquent de vivres. Napoléon aurait été vu aujourd'hui à Troyes, et c'est Marmont [1] qui a dirigé en personne le combat que nous avons eu à soutenir. Je manque de munitions et, comme je me trouve à une assez grande distance du corps du comte Colloredo, je prie Votre Altesse de vouloir bien m'en envoyer directement. »

Pointe d'un parti de cavalerie sur la vieille route de Paris. — Un des partis envoyés par Hardegg avait pris à gauche par Bouilly, Souligny, Laines-aux-Bois, Lépine et Torvilliers. Il avait dépassé la route de Sens à Troyes par Villeneuve-sur-Vanne, poussé vers le soir jusqu'à la vieille route de Paris et avait enlevé dans ces parages quelques hommes à l'ennemi. L'infanterie française s'étant portée contre lui, il avait dû se replier et avait cru prudent de revenir pendant la nuit à Bouilly. Le chef de ce parti avait cependant réussi à apprendre que l'Empereur avait suivi cette route, escorté par la cavalerie de la garde, et devait passer la nuit au hameau des Grès.

Position du IIIe corps sur la Barse. — Du côté du IIIe corps, resté autour de Lusigny, avec ses avant-postes le long de la Barse vers Courteranges et son quartier général à La Villeneuve-au-Chêne, il n'y avait eu que quelques coups de fusils échangés entre les troupes avancées de la brigade Haecht et les grand'-gardes françaises de la rive droite de la Barse [2].

---

[1] Le général autrichien commet là une erreur. Il eut affaire aux troupes de Mortier, et Marmont était déjà à ce moment à Nogent-sur-Seine.
[2] STÄRKE, Eintheilung und Tagesbegebenheiten der Haupt-Armee im Monate Februar. (*K. K. Kriegs Archiv.*, II, 153.)

Mouvement du IV⁰ corps vers Laubressel. — Le prince royal de Wurtemberg, arrivé le 5 à Montiéramey, avait fait relever par ses troupes légères les postes fournis précédemment par le I⁰ʳ corps depuis le pont de La Guillotière jusqu'à Montaulin et Daudes, et fait occuper Clérey par un bataillon et deux escadrons. Le gros de son corps s'était établi de Montiéramey à Marolles-les-Bailly. A peine rendu sur ce point, il avait reçu du généralissime l'ordre de pousser vers Troyes, le 6 à la pointe du jour, une forte reconnaissance que Wittgenstein devait soutenir du côté de Piney, et le prince Maurice de Liechtenstein, du côté de Fouchères. « Le général Seslavin, lui écrivait Schwarzenberg [1], m'annonce que l'ennemi quitte Troyes. La reconnaissance que fera Votre Altesse aura donc pour but de découvrir la présence de l'ennemi et de tâter son attitude et sa tenue. Votre Altesse ne devra pas s'engager contre des forces supérieures en nombre. »

Laissant le gros de son corps aux environs de Montiéramey, le prince royal, qui se proposait de passer la Barse à Larrivour, de tourner le pont de La Guillotière et d'agir contre la gauche française pendant que Liechtenstein aurait inquiété sa droite, s'était mis en route à 9 heures du matin avec la brigade d'infanterie Döring et la cavalerie du général von Jett. Il avait, en outre, chargé le général von Stockmayer de se porter, avec deux escadrons et deux bataillons, de Daudes et de Montaulin dans la direction de Rouilly-Saint-Loup, dès que le prince de Liechtenstein serait arrivé, par la route de Bar-sur-Seine, aux environs des Maisons-Blanches. Mais la hauteur des eaux et l'inondation de la vallée de la Barse empêchèrent le prince d'exécuter le mouvement qu'il avait projeté. Obligé de se rejeter plus à droite et de prendre, pour gagner le chemin de Champigny à Laubressel, par des bois à travers lesquels ses troupes et surtout son artillerie eurent beaucoup de peine à passer, il ne trouva à Laubressel que deux bataillons et deux escadrons français qui, à son approche, se retirèrent sur Thennelières. « La nuit, dit le prince royal de Wurtemberg, m'a malheureusement empêché de m'engager dans la vallée de Thennelières où l'ennemi avait, outre le 10⁰ ré-

---

[1] Schwarzenberg au prince royal de Wurtemberg, Bar-sur-Seine, 5 février 1814, (*K. K. Kriegs Archiv.*, II, 153.)

giment de chasseurs, encore quelques autres régiments. Laubressel étant situé sur une hauteur d'où l'on découvre Troyes et les environs, j'y ai de suite envoyé quatre bataillons et deux escadrons qui, si Votre Altesse désire qu'on accentue demain la reconnaissance, pourront se porter, soit sur la gauche de l'ennemi, soit droit sur Troyes [1]. »

« J'ignore, écrivait encore le Prince [1], si le comte Wittgenstein a poussé jusqu'à Créney. En tous cas, le général von Stockmayer n'a pu aller de Clérey vers Rouilly, parce que le prince de Liechtenstein n'a pas réussi de son côté à dépasser Les Maisons-Blanches. »

Immobilité du Ve corps et mouvements du VIe corps. — Pendant toute la journée du 6, le Ve corps resta immobile autour de Vendœuvre. Wittgenstein [2], auquel Seslavin avait de nouveau, et d'une façon absolument positive, donné avis à Piney de la retraite des Français sur Nogent, avait envoyé dans l'après-midi à la seule avant-garde de Pahlen l'ordre de se porter de Charmont sur Méry, de s'y établir et d'agir énergiquement sur les communications de l'ennemi. Le reste du VIe corps (corps du prince Eugène de Wurtemberg et division Helfreich) devait former un deuxième échelon; le colonel Barony fut maintenu à Rouilly-les-Sacey pour surveiller la route de Troyes et relier le VIe corps avec le IVe.

Mais comme Pahlen avait commencé son mouvement assez tard, il n'arriva que vers le soir en vue de Méry que les Français occupaient encore assez fortement, et crut plus sage d'attendre pour les attaquer l'arrivée en ligne de Wittgenstein. L'infanterie de Pahlen resta donc le 6 au soir à Droupt-Saint-Basle, sa cavalerie à Rilly et à Droupt-Sainte-Marie avec des avant-postes vers Méry et le long de la Seine. Wittgenstein passa la nuit à Charmont avec le gros de son corps.

---

[1] Prince royal de Wurtemberg au prince de Schwarzenberg, Montiéramey, 6 février, 10 heures du soir (*K. K. Kriegs Archiv.*, II, 152), et STÄRKE, Eintheilung und Tagesbegenheiten der Haupt-Armee im Monate Februar. (*Ibid.*, II, 1.)

[2] Wittgenstein à Schwarzenberg, Piney, le 6 février 1814 (*K. K. Kriegs Archiv.*, II, 161), et STÄRKE, Eintheilung und Tagesbegebenheiten der Haupt-Armee im Monate Februar. (*Ibid.*, II, 1.)

Mouvements de Seslavin et de Thurn. — Position de Platoff. — Quant à Seslavin que Barclay voulait diriger vers l'extrême gauche des lignes alliées, Wittgenstein l'avait au contraire poussé vers sa droite, afin de se relier ainsi à Blücher. Wittgenstein avait de la sorte appris par les renseignements transmis par Seslavin et par Pahlen que le feld-maréchal était à Sézanne où son avant-garde était déjà arrivée le 5.

Avant de parler des ordres donnés dans la journée du 6 par l'Empereur et des mesures prescrites par Schwarzenberg pour le 7, il reste à dire quelques mots de Thurn et de Platoff. Le premier de ces deux chefs de corps volants était toujours à Chamoy. Ses patrouilles avaient pris l'ordonnance d'un capitaine français et su par cet homme que les Français se retiraient sur Nogent. Thurn[1] ajoutait que les Français devaient avoir des partis dans la forêt d'Othe, où une de ses petites patrouilles avait donné contre des vedettes françaises. Comme les cavaliers français s'étaient retirés sans même faire mine de s'arrêter, Thurn en concluait qu'il n'y avait presque personne de ce côté. Il avait cependant jugé bon de s'en assurer en envoyant vers Cerisiers un parti qui devait le rejoindre en revenant par Saint-Florentin. Thurn avait l'intention de se porter vers Bouilly et Laines-aux-Bois. Il informait cependant le généralissime que Platoff lui avait fait demander à deux reprises par le général Kaïssaroff de se joindre à lui, mais qu'il avait refusé de rien faire sans un ordre formel du prince. Platoff était, d'ailleurs, encore aux environs de Villeneuve-l'Archevêque.

Retraite de l'Empereur sur Nogent. — Pendant que les Alliés perdaient leur temps en reconnaissances stériles, pendant que le généralissime procédait devant Troyes comme il l'avait fait à Chaumont, l'Empereur mettait à profit les fautes de ses adversaires et expédiait, de 3 à 5 heures de l'après-midi, ses ordres de mouvement. Décidé à porter son quartier général aux Grès, afin de pouvoir être le 7 de bonne heure à Nogent, il se faisait escorter à partir des Granges par la division Piré et

---

[1] Thurn à Schwarzenberg, de Chamoy (*K. K. Kriegs Archiv.*, II, 184), et STARKE, Eintheilung und Tagesbegebenheiten der Haupt-Armee im Monate Februar. (*Ibid.*, II, 1.)

emmenait avec lui la division Friant. La cavalerie de la garde devait s'établir : une division à Châtres, une aux Granges, la troisième entre Châtres et Les Grès, Victor à Savières, Ney aux Grès ou à Fontaine-Saint-Georges, Oudinot à La Malmaison, et la cavalerie de Lhéritier au Pavillon.

Mortier allait encore fermer la marche, mais cette fois avec le général Gérard. Il devait essayer de faire filer sa cavalerie et son artillerie jusqu'aux faubourgs en arrière de Troyes, du côté de Nogent, confier le commandement de l'arrière-garde au général Gérard et laisser aux Maisons-Blanches 300 chevaux et une pièce d'artillerie à cheval. Ce poste avait l'ordre d'entretenir de grands feux pendant toute la nuit et de rejoindre ensuite le 7, à 7 heures du matin, en traversant Troyes et en gagnant la grande route. 30 hommes bien montés continueraient à garder Les Maisons-Blanches jusqu'à 10 heures du matin et plus longtemps même, jusqu'au moment où les Autrichiens se seraient aperçus de la retraite. Passant en dehors de Troyes, ils devaient reprendre à leur tour la grande route en arrière de la ville. Le maréchal, avec la 2e division de vieille garde, avait ordre de partir le 7, à 6 heures du matin, pour venir coucher le soir entre Les Grès et Les Granges, à 6 lieues environ de Nogent.

L'Empereur, en lui recommandant de prendre toutes ses mesures pour que l'ennemi ne s'aperçût de son départ que le 7, vers 10 heures du matin, lui mandait, en outre, que les dragons de Lhéritier seraient postés sur l'ancienne route de Paris, avec ordre de flanquer sa marche, et, qu'avant de quitter Troyes, il devrait signifier au maire et au commandant de la garde nationale d'avoir à barricader la ville.

Le général Gérard, placé sous les ordres du duc de Trévise, avait l'ordre de laisser jusqu'au lendemain 7, au pont de La Guillotière, 150 chevaux qui devaient, comme le poste des Maisons-Blanches, se retirer en deux échelons, et de faire garder, jusqu'à son départ, Troyes par une brigade dont les troupes avancées défendraient le pont de la Seine.

Quant à la cavalerie du général de France, elle devait passer la nuit à La Chapelle-Saint-Luc[1].

---

[1] *Correspondance de Napoléon*, n° 21192 et Registres de Berthier. (*Archives de la Guerre.*)

Marmont était déjà à Nogent; dès le 6, à 11 heures du matin, il avait prescrit au général Ricard de venir l'y rejoindre avec sa division postée à Pont-sur-Seine.

Par une dépêche de Troyes, 5 heures après-midi, l'Empereur en lui annonçant la marche de l'armée sur Nogent, « lui avait ordonné de réunir le plus de pain qu'il serait possible et de prendre tous les renseignements qu'il pourrait se procurer sur la route de Nogent à Meaux. Il lui avait encore prescrit d'envoyer à Meaux un officier pour savoir ce qui s'y passait et faire préparer des vivres sur la route. Le duc de Raguse devait, en outre, envoyer à sa rencontre un officier avec des détails sur les divisions d'Espagne, les divisions de la garde et les autres bataillons, ainsi que sur la situation du général Pajol [1].

Mais Pajol (l'Empereur ne pouvait pas encore le savoir à ce moment), ayant été remplacé à Nogent par le duc de Raguse et la cavalerie de Bordesoulle, en était parti le 5, à 10 heures du matin, pour se porter sur Montereau, où il arrivait le 6 [2]. Il comptait quitter cette ville le 7 pour aller en arrière de Pont-sur-Yonne, dans la direction de Nemours, rallier 600 hommes de renforts annoncés, soutenir Pont-sur-Yonne, éclairer le pays, couvrir Moret et la ligne du Loing, protéger Fontainebleau contre les coureurs ennemis et chercher à se relier avec le général Allix qui occupait Sens.

Les auteurs allemands, tout en étant obligés de reconnaître l'importance et l'à-propos du mouvement de l'Empereur sur Nogent, n'ont pas manqué d'insister sur l'état moral de l'armée française à ce moment.

Ils se sont empressés de reproduire à l'envi les phrases de Fain [3]: « L'abandon de Troyes et la prolongation de notre retraite dissipaient les dernières espérances : le soldat marchait dans une tristesse morne qu'on ne saurait décrire. *Où nous arrêterons-nous ?* Cette question était dans toutes les bouches. »

Mais l'influence personnelle de Napoléon était telle que cette armée démoralisée par la retraite, les privations, le froid et la faim, cette armée, presque exclusivement composée de conscrits

---

[1] *Correspondance*, n° 21191.
[2] Pajol au Ministre de la guerre, Montereau, 6 février. (*Archives de la Guerre.*)
[3] Fain, *Manuscrit de 1814.*

et avec laquelle les habitants du pays refusaient de partager leurs ressources, avait pu, par de simples démonstrations, arrêter les Alliés devant Troyes pendant près de quatre jours.

Le prestige de l'Empereur était encore si grand qu'au moment même où la fatalité semblait s'acharner contre lui, où les nouvelles défavorables se succédaient avec une désespérante continuité, après un nouveau mouvement de retraite qui avait dû mettre le comble au découragement des soldats, cette armée allait tout d'un coup reprendre confiance et espoir, infliger à la Coalition une série d'échecs retentissants et montrer aux Alliés que la bataille de La Rothière ne leur avait pas encore ouvert la route et les portes de Paris.

Ordres de Schwarzenberg pour la journée du 7. — Au quartier général des Alliés, à Bar-sur-Seine, on croyait d'autant moins à l'imminence de la reprise de l'offensive contre Blücher, qu'on s'attendait, en dépit de tous les renseignements fournis par la cavalerie, à rencontrer le 7 février une résistance sérieuse devant Troyes. Malgré les rapports de la cavalerie légère russe constatant tous la retraite des Français sur Nogent, on avait décidé, au grand quartier général, une reconnaissance offensive sur Troyes. On voulait se séparer davantage de Blücher et renforcer l'armée de Bohême au moment même où elle n'avait, pour ainsi dire, plus rien devant elle. On s'était donc absolument trompé sur le caractère de la résistance opposée aux troupes légères du IV⁰ corps dans la journée du 6, et ce fut vraisemblablement sous le coup de cette impression que le grand état-major rédigea et expédia les ordres de mouvement pour la journée du 7.

On prescrivit à Wittgenstein, qui formait l'aile droite de l'armée de Bohême, d'envoyer par Sainte-Maure ou par Saint-Benoit-sur-Seine, une colonne légère chargée de prendre Troyes à revers en poussant jusqu'à la route de Paris, pendant que le gros du VI⁰ corps, marchant de Piney sur Troyes, devra s'emparer du pont de Sainte-Marie et bombardera la ville, qu'il cherchera à enlever de ce côté. Gyulay devait concentrer son III⁰ corps de façon à venir, par Géraudot et Bouranton, prendre à revers le pont de La Guillotière et soutenir les opérations des VI⁰ et IV⁰ corps. Le prince royal de Wurtemberg eut l'ordre de réunir tout son monde à Lusigny, de tourner par Courteranges le pont de La Guillotière et de pousser ensuite, de concert avec le IIIe corps, droit contre Troyes. Bianchi[1] devait se diriger sur Les Maisons-Blanches et attirer l'attention des défenseurs de ce poste, que Liechtenstein devait déborder par Montceaux et Moussey. Le comte Nostitz, sous les ordres duquel on plaçait momentanément la division légère Ignace Hardegg, devait se porter de Chaource sur Troyes, envoyer sur sa droite une colonne coopérer au mouvement projeté contre Les Maisons-Blanches; il s'établirait ensuite en réserve avec son gros sur la route de Chaource à Troyes et chercherait à faire arriver à Saint-Germain une colonne dont l'artillerie prendrait, de ce côté, part au bombardement et à l'attaque de Troyes. Le Ve corps devait être à 1 heure de l'après-midi à La Villeneuve-au-Chêne. Enfin, les gardes et réserves russes et prussiennes devaient être rendues à la même heure à Virey-sous-Bar. L'attaque générale devait avoir lieu à 2 heures, et le généralissime se proposait de marcher de sa personne et de se tenir pendant l'attaque avec la colonne de Bianchi. Le généralissime avait poussé la précaution jusqu'à recommander aux Ier et IVe corps de ne commencer leur attaque sur le centre que lorsque les IIIe et VIe corps à la droite et le comte Hardegg à la gauche, se seraient engagés.

On ne croyait cependant pas encore l'armée de Bohême suffisamment forte pour opérer contre un ennemi qui, laissant devant elle un simple rideau, se portait avec son gros contre l'armée de Silésie. La lettre que le prince de Schwarzenberg adressait de Bar-sur-Seine à Blücher, en réponse à la dépêche du feld-maréchal du 5, nous en fournit la preuve indéniable. Bien qu'il lui soit impossible de contester la probabilité d'une retraite des Français sur Nogent, bien qu'il doive avouer que Marmont, après avoir évacué Arcis, semble se diriger lui aussi sur cette ville, tout en cherchant à expliquer à Blücher par le mauvais état des chemins la lenteur de sa marche sur Troyes (qu'il va faire, dit-il, reconnaître le 7), Schwarzenberg ajoute : « Si l'Empereur fait mine de tenir à

---

[1] Le Ier corps avait été divisé après la blessure de Colloredo. A Bianchi, on avait confié les deux divisions légères Ignace Hardegg et Maurice Liechtenstein et les divisions Wied-Runkel et Bianchi. Le feld-maréchal-lieutenant comte Nostitz était chargé des 24 escadrons de cuirassiers et des 6 bataillons de grenadiers. Cet état de choses dura jusque vers le 22 ou 23 février.

Nogent, je me porterai sur Sens et Fontainebleau, ne laissant devant Napoléon, d'Arcis à Nogent, que le corps de Wittgenstein. » Comme ce VI⁰ corps serait trop faible pour agir seul contre l'Empereur, le généralissime propose au feld-maréchald de diriger de ce côté le corps de Kleist « qui couvrirait à la fois la gauche de l'armée de Silésie pendant sa marche sur Paris et la droite de Wittgenstein pendant ses opérations contre Nogent, tout en étant à même de soutenir le VI⁰ corps si les Français cherchaient à l'écraser sous des forces supérieures. »

Lettre de l'empereur de Russie à Blücher. — Schwarzenberg avait, d'ailleurs, réussi à gagner à ses idées l'empereur Alexandre et à le décider à écrire le même jour à Blücher la curieuse lettre qu'on va lire [1] :

« D'après tous les renseignements que nous recevons, l'ennemi paraît vouloir se concentrer à Nogent-sur-Seine. *C'est le point vers lequel la grande armée va se diriger.* Comme le corps de Kleist vient d'arriver à Saint-Dizier, j'ai pensé qu'il serait utile qu'il vînt appuyer notre mouvement et rejoignît de nouveau le corps de Wittgenstein. Je pense, Monsieur le Maréchal, que ce renfort vous sera moins nécessaire, puisqu'il *semble que le corps de Macdonald vous est seul opposé*. Cependant, pour tous les cas, je mets à votre disposition le corps du général Winzingerode qui, d'après les dernières nouvelles, n'était plus qu'à quatre marches de Reims. Étant maintenant hors de portée de recevoir des instructions du prince royal de Suède, j'ai envoyé à ce général l'ordre de suivre les directions que vous lui donnerez et de coopérer avec votre armée.

« Bar-sur-Seine, le 25 janvier/6 février 1814. »

7 février. — **Mouvements du IV⁰ corps.** — Mais, pendant la nuit du 6 au 7 février, le maréchal Mortier, quittant, conformément aux ordres de l'empereur Napoléon, sa position des Maisons-Blanches et du pont de La Guillotière, avait traversé Troyes, se dirigeant sur Méry et ne laissant plus derrière lui qu'un

---

[1] En français dans l'original. — Il est bon de remarquer à ce propos qu'Alexandre, tout en consentant à l'envoi de Kleist, voulait marcher sur Nogent, alors que Schwarzenberg tenait toujours à son mouvement sur Sens et Fontainebleau.

faible rideau de cavalerie. A 6 heures du matin, au moment où il se préparait à se mettre en marche sur Laubressel, le prince royal de Wurtemberg était informé par ses avant-postes du départ de l'ennemi et de l'abandon du pont de La Guillotière. Le prince, ramassant les forces qu'il avait sous la main, se porta aussitôt en avant avec trois escadrons de cavalerie wurtembergeoise et deux escadrons de chevau-légers autrichiens de Klenau (faisant partie du IIIe corps). La brigade Stockmayer suivit ces escadrons dans la direction de Troyes. Renversant les barricades élevées à la hâte et se faisant ouvrir les portes de la ville dont les autorités lui apportèrent les clefs à 8 heures du matin, le prince royal de Wurtemberg traversa Troyes au plus vite et s'engagea avec sa cavalerie sur la route de Nogent. Mais malgré toute la rapidité qu'il imprima à sa marche, il ne parvint à découvrir l'arrière-garde française qu'entre La Malmaison et Les Grès. Trop faible pour l'attaquer avec ses cinq escadrons, il dut se contenter de l'observer, de ramasser en route 800 hussards et de pousser ses avant-postes de cavalerie jusque vers Les Grès [1]. Le reste du IVe corps, défilant par Troyes, était venu se cantonner sur la route de Sens, conformément aux ordres donnés par Schwarzenberg pour les journées des 7 et 8 février.

Mouvements des IIIe, V^e et VIe corps. — Affaire du pont de Méry. — Le 7 au soir, l'avant-garde du Ve corps vint relever la cavalerie wurtembergeoise, en avant-postes du côté des Grès. Celle-ci alla s'établir à Pavillon et Villeloup, reliant ainsi les IVe et V^e corps.

Une partie de la division légère Crenneville (IIIe corps) avait suivi la cavalerie du prince royal de Wurtemberg sur la route de Nogent; mais le gros de ce corps se cantonna de l'autre côté de Troyes, sur la route de Saint-Florentin à Bouilly et Saint-Pouange.

Le Ve corps, après avoir traversé Troyes et fait relever du côté des Grès les avant-postes du IVe corps, s'échelonna sur la route de Nogent. Frimont s'établit à Saint-Lyé, Spleny en avant de lui à Payns. La division légère du comte Antoine Hardegg

---

[1] Stänke, Eintheilung und Tagesbegebenheiten der Haupt-Armee im Monate Februar. (*K. K. Kriegs Archiv.*, II. 1.)

n'arriva qu'à minuit dans ses cantonnements de Barberey-aux-Moines [1]. Dès ce moment, le contact avec l'ennemi était perdu [2].

Wittgenstein, exécutant l'ordre qui le chargeait d'attaquer Troyes à revers, était déjà arrivé entre Créney et Argentolle, lorsqu'il reçut la nouvelle de l'évacuation de la ville et l'avis d'avoir à se reporter vers l'Aube. Le gros du VIe corps revint par suite s'établir à Charmont [3], d'où Pahlen était déjà parti dans l'après-midi du 6 pour se diriger vers Méry.

Arrivé le 6 au soir aux environs de Méry, Pahlen avait, après une reconnaissance préalable, tenté d'enlever la ville et le pont ; mais, à la suite d'un engagement assez chaud, il parvint seulement à s'établir dans la partie de la ville située sur la rive droite de la Seine [4], laissant ainsi aux Français la possibilité de détruire le pont [5].

Seslavin avait été dirigé à l'extrême gauche de l'armée, pour agir en partisan sur la Loire et faciliter ainsi les opérations des cosaques de Platoff. Il ne restait donc plus dans tout l'espace compris entre l'armée de Schwarzenberg et celle de Blücher que les quelques cosaques du colonel Wlassoff, chargés d'observer Sézanne et Villenauxe.

Quelque valeur qu'au point de vue politique on ait pu attacher à l'effet moral que devait produire l'apparition des cosaques sur le Loing, à Moret, à Nemours, vers Fontainebleau et vers Mon-

---

[1] STÄRKE, Eintheilung und Tagesbegebenheiten der Haupt-Armee im Monate Februar. (*K. K. Kriegs Archiv.*, II, 1.)

[2] TAXIS, Tagebuch. (*Ibid.*, XIII, 32.)

[3] C'est de Charmont que Wittgenstein envoya à Schwarzenberg le rapport suivant (*K. K. Kriegs Archiv.*, II, 186) :
« Le général York ne trouvera rien devant lui avant d'arriver à Meaux, et la marche sur Paris lui sera facilitée par le mouvement de Blücher qui se dirige également de ce côté et n'envoie vers Nogent qu'une partie de sa cavalerie légère. Le général comte Pahlen n'a pu rien entreprendre depuis hier contre Méry, qui est trop fortement occupé par l'ennemi. »

[4] « Viollet, commandant au 144e régiment, au général Ricard. — Lachy, 9 février 1814.
« L'ennemi m'a attaqué le 7 à midi, au pont de Méry, avec 2,000 hommes d'infanterie, 100 chevaux et 6 canons. Après avoir défendu la tête du village pendant une heure, j'ai fait retirer ma troupe derrière le pont que j'ai défendu jusqu'à 5 heures du soir. J'ai été alors relevé par deux bataillons (ces bataillons appartenaient au corps de Mortier). » (*Archives de la guerre.*)

[5] STÄRKE, Eintheilung und Tagesbegebenheiten der Haupt-Armee im Monate Februar. (*K. K. Kriegs Archiv.*, II, 1.)

targis, le moment était assez mal choisi pour dégarnir de cavalerie légère la droite de la grande armée et faire filer les corps volants, qui seuls assuraient, quoique incomplètement, les communications avec l'armée de Silésie.

Mouvements du Ier corps. — Remarques sur le service des avant-postes. — Corps volant de Thurn. — Le Ier corps était en marche sur Troyes, lorsqu'il reçut l'ordre de prendre ses cantonnements. Les cuirassiers et les grenadiers de Nostitz s'établirent à Saint-Germain et à Saint-Léger, la division du comte Ignace Hardegg à Sommeval, celle du prince de Wied à Lirey, celle de Bianchi à Javernant. Liechtenstein, avec une partie seulement de son monde, s'installa à Auxon; sa cavalerie, la brigade du prince Gustave de Hesse-Hombourg et le régiment d'infanterie de Reuss-Plauen formèrent la garnison provisoire de Troyes.

Toll nous fournit, au sujet de la façon dont les troupes avancées du Ier corps faisaient leur service, des renseignements tellement singuliers, qu'ils paraîtraient inadmissibles s'ils ne se trouvaient précisément confirmés par des dépêches adressées par le lieutenant-colonel comte Thurn au généralissime. Voulant se rendre un compte exact de la situation, Toll était arrivé de grand matin chez le prince Maurice Liechtenstein à Saint-Parres-les-Vaudes : « Je le trouvai, nous raconte-t-il [1], en robe de chambre, prenant son café et fumant sa pipe. Je lui annonçai l'arrivée prochaine du généralissime, et ce fut alors qu'il fit donner à ses troupes l'ordre de se tenir prêtes à marcher. Tenant à reconnaître par moi-même la position de l'ennemi, je me portai vers Les Maisons-Blanches, où je devais, d'après le dire de Liechtenstein, trouver les avant-postes français. En route, au delà de La Vacherie, je rencontrai un major de l'état-major autrichien qui revenait de reconnaissance et m'annonça qu'il n'y avait plus personne aux Maisons-Blanches. » Le lieutenant-colonel Thurn corrobore l'exactitude de l'assertion de Toll. Thurn, qui est à 11 *heures du matin* à Bouilly, écrit à ce moment à Schwarzenberg [2] pour lui dire que « Napoléon, parti de

---

[1] BERNHARDI, Denkwürdigkeiten aus dem Leben des Grafen Toll, t. IV. p. 352.

[2] Thurn au prince de Schwarzenberg, Bouilly, 7 février, 11 heures du matin. (*K. K. Kriegs Archiv.*, II, 184 a.)

Troyes, a couché aux Grès, et que son armée est en retraite sur les deux routes de Paris. » Or, il y a tout lieu de croire que s'il avait eu plus tôt connaissance de cette grosse nouvelle, le lieutenant-colonel se serait empressé d'en donner immédiatement avis au généralissime.

Signalons, à ce propos, combien le rôle du petit corps qu'il commandait et les relations de service du lieutenant-colonel avaient dû être mal déterminées. En effet, à 7 heures du soir, le feld-maréchal-lieutenant comte Ignace Hardegg demande de Sommeval au généralissime s'il doit faire rentrer le lieutenant-colonel comte Thurn à son corps ou, au contraire, s'il doit continuer à le pousser en avant et l'envoyer à Saint-Florentin [1]. Or, quelques heures auparavant, à 4 heures, Thurn, qui était à Messon [2], sur le point de déboucher sur la route de Sens à Troyes, écrivait au généralissime que, « afin de pouvoir donner un peu de repos à ses hommes et à ses chevaux, il allait revenir sur Saint-André, aux portes de Troyes, et y attendre les ordres directs du généralissime. » Dans de pareilles conditions, il devait être bien difficile de conserver le contact de l'ennemi et d'observer ses mouvements ; l'existence de corps volants de ce genre, n'obéissant à personne, ne relevant que pour la forme du généralissime, était un danger plutôt qu'une garantie pour les généraux opérant en arrière des points qu'ils avaient tout lieu de croire occupés par ces partisans.

Les gardes et réserves russes et prussiennes ne dépassèrent pas Clérey. Barclay resta à Bar-sur-Seine. Schwarzenberg établit son quartier général à Troyes. Deux bataillons de grenadiers autrichiens et le régiment Préobrajensky y prirent le service à partir de ce moment.

Les pluies continuelles avaient rendu les routes impraticables, grossi les moindres ruisseaux ; l'infanterie avait eu la plus grande peine à se traîner jusqu'à ses cantonnements ; elle avait semé le long des routes une grande partie de ses hommes, qui ne rejoignirent guère leur corps avant le 8 février. L'artillerie, qui ne

---

[1] Comte Ignace Hardegg au prince de Schwarzenberg, Sommeval, 7 février, 7 heures soir. (*K. K. Kriegs Archiv.*, II, 191.)

[2] Thurn à Schwarzenberg, Messon, 7 février, 4 heures soir. (*Ibid.*, II, 184, 6.)

pouvait se servir que des chaussées, fut obligée par suite à de nombreux détours.

Mesures prises par l'Empereur à Nogent le 7 février. — Quoi qu'il en soit, les excuses tirées du mauvais temps sont d'autant moins sérieuses, d'autant moins valables, que les mêmes pluies qui, d'après Schwarzenberg, ont été seules causes des lenteurs de sa marche, n'avaient pas retardé le mouvement des colonnes françaises. L'Empereur n'était pas homme à se laisser arrêter par le mauvais temps ou par les pluies et à perdre l'occasion presque inespérée qui s'offrait à lui. L'incurie et la mollesse des Alliés allaient lui permettre, grâce à son génie et à son indomptable énergie, non seulement de sauver son armée et de l'arracher aux dangers qui la menaçaient au lendemain de La Rothière, mais encore de préparer et bientôt même d'exécuter une de ses plus belles manœuvres, une manœuvre qui devait mettre l'armée de Silésie à deux doigts de sa perte.

Et cependant que de difficultés n'avait-il pas à vaincre! De même que Schwarzenberg et les généraux alliés, il a contre lui le mauvais temps, dont l'action dissolvante et démoralisatrice est d'autant plus redoutable pour lui qu'elle a plus de prise sur une armée battue, composée en grande partie de conscrits et complètement découragée par une longue et pénible retraite. Les courriers ne lui apportent que des nouvelles défavorables. Aix-la-Chapelle et Liège ont été, comme Macdonald l'avait prévu, occupés aussitôt après son départ. Anvers est bloqué. Bülow est entré à Bruxelles, forçant Maison à se replier sur nos anciennes frontières. Châlons est aux mains de Blücher. Macdonald, hors d'état de fermer au feld-maréchal la route de Paris, aura sans doute bien de la peine à se maintenir à Épernay pendant quelques heures.

Conservant son calme et son sang-froid, plus maître de lui que jamais, Napoléon fait créneler les maisons, miner le pont de Nogent, se disposant à tout événement à y tenir comme il a tenu à Troyes, et à arrêter Schwarzenberg sur la Seine comme il vient de le faire sur l'Aube. Et pendant qu'il indique presque heure par heure à Berthier les mouvements que ses maréchaux vont exécuter, il trouve encore le temps et la force morale nécessaires pour chercher à remonter les esprits à Paris. C'est au milieu de toutes ces angoisses, augmentées encore par les mauvaises nouvelles qu'il reçoit du congrès de Châtillon, qu'il expose ses idées à Joseph et lui indique les moyens de nature à constituer rapidement une réserve respectable à Paris, réserve qui doit être disponible pour le 10; qu'il fait bon marché des nouvelles répandues sur la marche des Prussiens sur La Ferté-sous-Jouarre et sur Meaux, et que, se préparant à l'exécution de son mouvement entre la Seine et la Marne, il lui annonce le départ de Marmont pour Sézanne. En même temps, il écrit à Cambacérès et lui dit : « Je vois qu'au lieu de soutenir l'Impératrice, vous la découragez. Qu'est-ce que c'est que ces *Miserere* et ces prières de 40 heures à la chapelle? Est-ce qu'on devient fou à Paris? Le ministre de la police dit et fait des sottises. » Pensant à tout et ne négligeant aucun détail, en même temps qu'il dirige le quartier général et le grand parc d'artillerie sur Rozoy et Nangis, il fait prescrire au comte Daru, ministre de l'Administration de la guerre, d'envoyer journellement, par la route directe de Brie-Comte-Robert et Nangis à Nogent-sur-Seine, 30,000 rations de pain biscuité, des bestiaux et de l'eau-de-vie. Le général Saint-Germain, qui doit être placé sous peu à la tête du 2e corps de cavalerie, reçoit l'ordre de prendre le commandement de toute la cavalerie de Meaux, de tenir avec elle Meaux et La Ferté-sous-Jouarre, pendant que lui-même il va tomber sur les derrières de tout ce qui chercherait à déboucher sur Meaux.

Marmont s'est déjà mis en mouvement avec ses deux divisions d'infanterie et la cavalerie des généraux Doumerc et Piquet; celle de Bordesoulle est seule restée à Nogent. Le duc de Raguse a ordre de pousser sur Sézanne et d'envoyer de là une grosse avant-garde sur Vitry et de fortes reconnaissances sur Montmirail. Le mauvais état des chemins l'empêchera, il est vrai, de dépasser Villenauxe et Fontaine-Denis, et la cavalerie légère du général Piquet, suivie par un bataillon d'infanterie, pourra seule aller jusqu'à Barbonne. Victor occupe, en arrière de Romilly, les hauteurs de Crancey, Saint-Hilaire et Gelannes. Sa gauche est à la Seine, et sa droite (le 5e corps de cavalerie de Milhaud) viendra, par la vieille route de Troyes à Nogent, à Saint-Martin de Bossenay, sur l'Ardusson. Le général Leval est à Provins; ses reconnaissances poussent sur les deux rives de l'Aube jusqu'à Saron. Pajol a ordre de se porter sur Sens et sur Pont-sur-Yonne.

A 3 heures de l'après-midi, les idées de l'Empereur sont plus nettes et plus précises encore : il songe de plus en plus à se porter contre Blücher : « Parlez-moi, écrit-il à Marmont, dans votre dépêche de ce soir que je compte recevoir avant minuit, de l'état des chemins. Je compte, d'après les nouvelles que je recevrai, me mettre en marche à la pointe du jour avec l'infanterie et la cavalerie de la garde et la division Leval, que je dirigerai de Provins sur le point où je me porterai ; *mais, comme je ne peux pas faire un faux mouvement, il me faut les renseignements précis que vous m'enverrez de Sézanne.* »

Dès ce moment, d'ailleurs, la marche sur Montmirail est tellement décidée dans son esprit qu'il l'annonce déjà dans sa lettre du 7 février à 4 heures, à Joseph. Trois heures plus tard, il donne de nouveau à son frère l'ordre de faire cesser les prières de 40 heures et les *Miserere*. « Si l'on nous faisait tant de singeries, lui écrit-il, nous aurions tous peur de la mort. Il y a longtemps que l'on dit que les prêtres et les médecins rendent la mort douloureuse. Le moment est difficile sans doute... Le mauvais esprit des Talleyrand et des hommes qui ont voulu endormir la nation m'a empêché de la faire courir aux armes, et voici quel en est le résultat. Dans cette situation des choses, il faut montrer de la confiance et prendre des mesures hardies. » Puis, revenant de suite aux affaires militaires et comme s'il eût, dès ce moment, prévu le rôle important, le rôle fatal que la place de Soissons allait jouer un peu moins d'un mois plus tard, il ajoutait : « Il serait possible que des partis de cavalerie allassent du côté de Soissons. L'ennemi a une cavalerie immense dont il inonde la France... Je suppose que le Ministre de la guerre a donné des ordres positifs pour que Soissons se défende. » Enfin, il terminait cette dépêche par ces mots en post-scriptum : « Tenez gaie l'impératrice, elle se meurt de consomption. »

Mais cette journée, déjà si remplie, n'était pas encore finie pour l'Empereur : à 9 heures du soir, il donnait au major-général ses instructions pour le lendemain. Mortier, qu'il supposait arrivé le 7 au soir à hauteur des Granges, devait venir à Nogent-sur-Seine avec la 2ᵉ division de vieille garde, la cavalerie du général de France et laisser, à Pont-sur-Seine, Gérard qui, faisant l'arrière-garde avec sa division et le 5ᵉ corps de cavalerie, relèverait, à Saint-Hilaire, les troupes de Victor. Le duc de Bellune avait à se tenir prêt à marcher sur Nogent, ainsi que le duc de Reggio. L'Empereur voulait disposer le 8 au matin, à Nogent, de la jeune garde, de la vieille garde et des deux divisions de Victor. La vieille garde et les deux divisions de jeune garde de Ney devaient être prêtes à partir de Nogent dès 5 heures du matin, dès qu'elles en recevraient l'ordre. Afin d'être en mesure d'exécuter, dès le 8 au matin, avec les troupes de Marmont, une division d'Espagne et la garde, le mouvement qu'il méditait contre Blücher, il faisait tenir à Mortier l'ordre de passer le 8, à la première heure, le pont de Nogent [1].

Première séance du Congrès de Châtillon. — Enfin, au moment où il venait de terminer ces dispositions, il recevait de Châtillon les dépêches annonçant que les Alliés, refusant d'accepter les bases proposées à Francfort, ne consentiraient à la paix que si l'Empereur se résignait à rentrer dans les anciennes frontières de la France. Ce fut à grand'peine que Berthier et le duc de Bassano parvinrent à arracher à Napoléon, résolu à rejeter de pareilles conditions, une réponse évasive qui permit à Caulaincourt de continuer les négociations.

Le congrès de Châtillon avait, en effet, tenu ce jour-là sa pre-

---

[1] *Correspondance*, nos 21193 à 21207, et Registres de Berthier. (*Archives de la guerre.*)

Pour se faire une idée exacte de l'état moral de l'armée de l'Empereur, de l'armée avec laquelle il allait entreprendre ses mémorables opérations contre Blücher, il suffit de lire la dépêche ci-dessous, prise un peu plus tard par les Alliés, lorsqu'ils enlevèrent, le 3 mars, les papiers de Gérard, et dans laquelle le major-général expose à ce général les mesures de rigueur que l'Empereur décrète contre les maraudeurs et les traînards.

« Le major-général au général Gérard. — Nogent-sur-Seine, le 7 février 1814.

« Monsieur le général Gérard, je vous envoie un ordre que l'Empereur vient de donner relativement aux traînards et maraudeurs qui doivent être décimés. L'instruction de Sa Majesté est que par un ordre du jour vous fassiez sentir la nécessité de cette mesure. Les officiers sont compris dans cet ordre. Recommandez aux chefs de corps de faire comprendre aux officiers que, si dans l'ordre on n'a pas mis en termes positifs que les officiers délinquants seront également fusillés, c'est pour ne pas déshonorer le titre d'officier aux yeux des soldats, mais que le mot générique de *soldat* comprend tout le monde. »

Suit l'ordre de formation des cinq colonnes de gendarmerie de 20 gendarmes chacune, se rendant, une à Provins, une entre Nogent et Sézanne, une entre Nogent et Bray, une entre Nogent et Nangis pour arrêter les isolés, les conduire à la prison la plus voisine, les traduire devant le grand-prévôt et les décimer. (*K. K. Kriegs Archiv.*, II, 207, et Registres de Berthier.)

mière séance ; mais, à vrai dire, les Alliés, pas plus que l'Empereur, ne songeaient à conclure la paix. Les Alliés, parce que la victoire de La Rothière les avait grisés, parce que la marche sur Paris leur semblait ne devoir être qu'une promenade, parce que l'empereur de Russie tenait par-dessus tout à y faire une entrée triomphale, et, enfin, parce que les royalistes, déjà très écoutés dans leurs conseils, travaillaient à la déchéance de Napoléon. L'Empereur, parce qu'après avoir, grâce à l'incurie et à la mollesse des Alliés, réussi à sauver son armée compromise par la perte de la bataille de La Rothière, il entrevoyait déjà la possibilité de leur faire payer cher ce succès d'un jour, parce qu'à la façon même dont on l'a suivi après sa défaite, il s'est rendu un compte exact des projets de ses adversaires, dont l'un met six jours à exécuter une marche de 40 kilomètres, tandis que l'autre, plus ardent et plus impatient, incapable de continuer à ronger son frein, se précipitant tête baissée dans le piège que l'Empereur va lui tendre, entreprend une marche de flanc d'une grande imprudence, échelonne et dissémine ses corps comme s'il avait anéanti l'armée française. Enfin, parce que, comme il l'avait déjà écrit à Caulaincourt, le 4 janvier : *Les chances les plus malheureuses de la guerre ne pourraient le faire consentir à ratifier ce qu'il regardait comme un déshonneur, et la France comme un opprobre.*

Loin de songer à la paix, ni les Alliés ni l'Empereur ne croyaient même pas à ce moment à la possibilité d'une suspension d'armes. Si Caulaincourt parlait timidement de l'armistice dans une de ses lettres à Metternich, l'empereur Alexandre était plus catégorique et plus net. Dans une note, tout entière de sa main, il déclarait « qu'un armistice ne saurait être avantageux qu'aux Français..., que, d'ailleurs, le moment de s'arrêter était loin d'être arrivé... »

Sans insister davantage sur les détails de ces négociations, il nous suffira de dire que, pendant que Caulaincourt rendait compte à Napoléon de la séance du 7 et des prétentions des plénipotentiaires, il était informé le 9 février, avant même d'avoir reçu la réponse de son souverain, de la cessation momentanée, exigée par le tzar, des séances du congrès. Elles ne devaient reprendre leur cours que dix jours après la première réunion, le 17 février, à un moment, il est vrai, où la situation avait complètement changé d'aspect.

Il est, d'ailleurs, assez facile de trouver la cause de cette interruption subite du congrès qui venait de s'ouvrir.

Lord Castelreagh et lord Burghersh, mieux placés que n'importe qui pour savoir ce qui se passait, se sont chargés de nous fournir à ce sujet des renseignements précieux. Depuis les derniers jours de janvier, s'il faut en croire leurs Mémoires et leur correspondance, il ne se passait presque pas une séance, soit au Parlement, soit à la Chambre des lords, sans qu'on adressât aux ministres une interpellation sur le but et l'objet final de la guerre. L'opposition des whigs gagnait du terrain. La grandeur de Napoléon était ouvertement reconnue. Le caractère anglais, sympathique à tout ce qui est grand, commençait à éprouver de l'admiration pour un ennemi dont l'adversité était telle que la crainte qu'il avait inspirée jusqu'à ce jour, faisait place à l'admiration. On ne voulait pas son renversement. On désirait seulement que la France rentrât dans les limites qu'elle avait avant 1792. On voyait, au contraire, d'un œil jaloux l'accroissement considérable d'influence et de puissance que cette guerre apportait à la Russie. On se demandait si l'Angleterre devait contribuer à augmenter cette influence. Le Parlement anglais pesa alors de sang-froid, comme il n'a jamais cessé de le faire, les rapports de puissance des États. C'est là la politique des intérêts anglais. On n'en connaît, on n'en consulte pas d'autres. Aussi, dans une conférence tenue le 28 janvier à Langres, lord Castelreagh insista pour l'ouverture des négociations et, soutenu par Metternich, il finit par faire céder Alexandre, qui n'avait pour lui que l'appui de la Prusse.

Le parti de la paix avait pu obtenir l'ouverture du congrès; mais le tzar n'était pas homme à accepter aussi facilement un échec. Les instructions qu'il avait données aux plénipotentiaires russes et prussiens allaient lui fournir une revanche éclatante et remettre tout en question.

8 février. — Immobilité de l'armée de Bohême. — L'armée de Bohême semble, d'ailleurs, avoir fait, dès le 8, tout ce qu'il fallait pour faciliter à Napoléon l'exécution des projets qu'il méditait depuis plusieurs jours, en lui permettant d'opérer avec une entière liberté contre l'armée de Silésie.

Une nouvelle période d'inaction commence, en effet, le 8 février pour la principale armée des Alliés. Le généralissime crut nécessaire de donner quarante-huit heures de repos à ses troupes qui, n'ayant pourtant parcouru que peu de chemin et n'ayant eu, à l'exception du V⁰ corps, que des escarmouches insignifiantes, s'étaient usées et affaiblies par une infinité de mouvements sur place, plus inutiles les uns que les autres et pour la plupart contremandés dès qu'ils avaient reçu un commencement d'exécution. Les corps de l'armée de Bohême restèrent le 8 dans les cantonnements qu'ils avaient occupés la veille au soir, profitant de cette halte pour ramasser les traînards et se faire rejoindre par leur artillerie. On crut avoir suffisamment rempli la journée en décidant le mouvement ultérieur de deux corps d'armée vers Sens et de deux autres vers Nogent[1]. Seules les avant-gardes du I⁰ʳ corps (division légère du comte Ignace Hardegg) et du IV⁰ corps devaient commencer le 9 à se diriger vers Sens, la première par Auxon, la deuxième par Villeneuve-l'Archevêque ; le même jour les V⁰ et VI⁰ corps devaient envoyer des partis, le premier par Trainel, le deuxième par Méry, sur Nogent. Enfin, la division légère du prince Maurice Liechtenstein était chargée de chasser d'Auxerre les partisans français et de couvrir l'extrême gauche de l'armée pendant le mouvement sur Sens, qu'elle exécutera quarante-huit heures plus tard.

Le I⁰ʳ corps resta donc absolument immobile ; mais, comme les chemins de traverse étaient impraticables, sa grosse artillerie arrivée à la Trinité (au nord et à peu de distance de la forêt d'Aumont) dut rétrograder jusqu'à Troyes et y prendre la grande route d'Auxerre par Saint-Florentin, pour gagner les cantonnements du corps.

Au III⁰ corps, personne ne bougea, à l'exception de Fresnel, qui vint à Saint-Pouange et à Roncenay et du quartier général de Gyulay, transféré de Troyes dans le premier de ces deux villages.

Au IV⁰ corps, l'immobilité fut complète.

Le V⁰ corps resta également dans ses positions de la veille, bien que l'arrière-garde française eut, dans la matinée du 8, quitté Les Grès pour se replier sur Les Granges, et que les troupes

---

[1] STÄRKE, Eintheilung und Tagesbegebenheiten der Haupt-Armee im Monate Februar. (*K. K. Kriegs Archiv.*, II, 1.)

qui avaient gardé la veille la partie de Méry située sur la rive gauche de la Seine, eussent effectué, elles aussi, pendant la nuit du 7 au 8, leur retraite sur Pont-sur-Seine.

Escarmouche de cavalerie vers Romilly. — Pahlen fit aussitôt occuper la rive gauche de la Seine et Mesgrigny, à 3 kilomètres au sud de Méry, par quelques compagnies d'infanterie de son avant-garde ; il fit suivre l'ennemi vers Nogent par les cosaques, qu'il avait pu jeter sur la rive gauche de la Seine ; ces cosaques vinrent donner dans l'extrême arrière-garde française au delà de Châtres, essayèrent vainement d'entrer à Romilly et furent assez vivement reconduits jusqu'à ce qu'ils fussent recueillis par quatre escadrons du 2e chevau-légers bavarois[1], dont les vedettes s'établirent le soir à hauteur de La Belle-Étoile.

Le gros du VIe corps était arrivé à Arcis ; Pahlen avait fait travailler au rétablissement du pont de Méry, qui fut achevé vers le soir. Comme les Français, en se retirant, avaient détruit tous les passages de l'Aube en aval d'Arcis, Pahlen avait été obligé de faire établir un pont de voitures à peu de distance de Baudement ; il put ainsi envoyer sur la rive droite de l'Aube le prince Lubomirsky avec un parti de 100 chevaux pour battre le pays entre Sézanne et Villenauxe[2].

---

[1] STÄRKE, Eintheilung und Tagesbegebenheiten der Haupt-Armee (K. K. Kriegs Archiv., II, 1), et Wrède à Schwarzenberg, Barberey, 8 février (Ibid., II, 216) :

« Me conformant aux ordres de Votre Altesse, j'ai poursuivi l'ennemi que j'ai rencontré près de Châtres. Le 2e régiment de chevau-légers bavarois, prince Taxis, lui a pris 120 hommes. L'arrière-garde ennemie a continué sa retraite et, d'après un rapport que je reçois à l'instant, elle a pris position aux Granges. Attaquée par ce même régiment de cavalerie, elle a été bousculée et on lui a pris 150 hommes.

« Ce même rapport m'annonce la retraite de l'ennemi vers Nogent... J'envoie à Votre Altesse un homme originaire de Troyes, mais venant de Paris, qu'il a quitté le 5, et qui donnera à Votre Altesse quelques nouvelles intéressantes. »

[2] Wittgenstein à Schwarzenberg, Charmont et Arcis-sur-Aube, 8 février 1814 (K. K. Kriegs Archiv., II, 215, et II, ad., 215). — « Charmont, 8 février 1814.

« Je cantonne mes troupes autour d'Arcis.

« Le général comte Pahlen, après une canonnade de peu de durée, a pris hier la partie de la ville de Méry qui est située de ce côté de la rivière. L'ennemi a détruit le pont et occupé l'autre partie de la ville. Le général Pahlen espère l'en chasser aujourd'hui, réparer le pont et poursuivre l'ennemi vers Nogent. Je fais repasser l'Aube à Plancy à la plus grande partie de cette avant-garde de Pahlen, et je la dirige par la rive droite sur Nogent, pour

Les gardes et réserves avaient profité de cette journée pour se rapprocher de Troyes. L'infanterie de la garde russe vint à Vaudes ; la 1re division de cuirassiers et la brigade de cavalerie de la garde prussienne à Saint-Parres-les-Vaudes, la brigade d'infanterie de la garde prussienne à Virey-sous-Bar, la division de cavalerie légère de la garde russe à Lantages, les grenadiers à Neuville-sur-Seine, les 2e et 3e divisions de grenadiers aux Riceys.

L'empereur de Russie, le roi de Prusse, Barclay de Tolly et Schwarzenberg étaient à Troyes avec le grand quartier général et leurs maisons militaires.

Lettre de l'empereur de Russie. — A son arrivée à Troyes, l'empereur Alexandre ne fut pas peu surpris d'être reçu par une députation qui, pour la première fois depuis qu'il avait foulé le sol français, émettait dans une adresse des vœux en faveur du rétablissement de la royauté. La réponse faite par le tzar ne fut guère de nature à encourager les espérances des signataires de cette adresse : « Avant de nous occuper des Bourbons, il s'agit de vaincre Napoléon. » Mais en revanche, l'empereur de Russie avait déjà donné la veille une preuve éclatante des sentiments nobles et généreux qui l'animaient et qui lui valurent, même pendant l'invasion, une certaine popularité. Informé par Schwarzenberg de l'évacuation de Troyes, sachant, d'autre part, que les troupes françaises s'y étaient mal conduites, il lui avait

---

observer les mouvements de l'ennemi, surtout ceux qu'il pourrait faire contre Blücher, et l'empêcher de détacher du monde contre le feld-maréchal.

« Pendant toute la journée d'hier, des troupes et des voitures ont filé de Troyes sur Nogent.

« Si l'on n'avait pas donné une autre destination à Seslavin, qui était auparavant chargé d'observer du côté de Nogent et de Provins, j'aurais pu dire à Votre Altesse ce qui se passe de ce côté. »

« Arcis, 8 février 1814. — Le général comte Pahlen m'informe que l'ennemi a évacué le reste de Méry. Il a fait passer aussitôt de l'infanterie qu'il avait installée à Mesgrigny. Le pont est réparé et a déjà servi au passage d'un régiment de cosaques, qu'il a dirigé sur Pont, avec l'ordre de suivre l'ennemi.

« Les routes d'ici à Plancy et de Plancy sur la rive droite de l'Aube et de la Seine sont inondées et impraticables. Celles qui passent par Saron-sur-Aube ne valent guère mieux par suite du dégel. Dois-je me porter par Méry sur Nogent ? J'ai envoyé le prince Lubomirsky avec quelques cents chevaux surveiller la rive droite de la Seine. Il est, à cause de l'état des chemins, absolument impossible d'y envoyer de l'artillerie. »

fait immédiatement écrire (en français), par le prince Wolkonsky, la lettre suivante [1] : « Sa Majesté l'empereur, me chargeant de remercier Votre Altesse de l'attention qu'elle a bien voulu avoir de lui annoncer l'occupation de Troyes, désire que Votre Altesse n'y fixe pas aujourd'hui son quartier général et qu'Elle y envoie de suite quelqu'un chez le prince royal de Wurtemberg, avec l'ordre sévère de ménager la ville autant que possible et d'y maintenir la plus grande discipline. Cette mesure paraît à Sa Majesté d'autant plus nécessaire que les habitants d'ici assurent qu'hier la ville de Troyes a été pillée par les Français ; donc, une bonne conduite de notre part pourra influer de beaucoup sur l'esprit de la nation et lui faire sentir la différence de traitement que nous lui accordons [2]. »

État de l'armée française. — La misère et la faim étaient les seules excuses de ces actes répréhensibles de maraudages ; mais c'est pour cette raison aussi que les Alliés auraient dû agir énergiquement, à un moment où leur inaction, ou tout au moins leurs lenteurs vinrent servir à merveille Napoléon. L'Empereur avait bien réussi à se tirer d'une position des plus critiques, mais il n'avait pas encore pu rendre à son armée de conscrits découragés par l'échec de La Rothière, démoralisés par la retraite, épuisés par les privations et les fatigues de toute sorte, une confiance et une énergie qui commençaient à abandonner même ses vieux régiments. La correspondance de l'Empereur est là

---

[1] Journal des pièces expédiées, n° 61. (*Archives de Saint-Pétersbourg.*)

[2] Il est curieux de voir qu'au même moment l'empereur Alexandre croyait à la chute immédiate de Paris, et qu'inquiet des lenteurs de Schwarzenberg, il écrivait à Blücher, afin de l'empêcher d'y entrer le premier, la lettre que voici :

« Je crois devoir vous prévenir, Monsieur le Maréchal, qu'après m'être concerté avec S. M. le roi, nous avons jugé qu'il serait utile qu'à l'approche des armées alliées de Paris, les troupes fussent cantonnées aux environs de la ville, mais pas dans la ville même. Je désirerais que tout passage de troupes par Paris soit évité jusqu'à l'arrivée du Roi et à la mienne, et que ce soient celles qui nous accompagnent qui entrent les premières dans cette capitale à notre suite. Je tiens beaucoup, Monsieur le Maréchal, à ce que cette détermination, prise d'un commun accord avec votre Souverain, soit exécutée généralement et vous m'obligeriez bien en la faisant strictement observer par les différents corps qui sont sous vos ordres. Des considérations politiques de la plus haute importance rendent cette mesure indispensable. » (Journal des dépêches expédiées, n° 62, *Archives de Saint-Pétersbourg.*)

pour nous donner une idée exacte de la situation, pour nous montrer que le moindre effort vigoureux tenté par les Alliés eût suffi pour mettre le comble à la désorganisation de l'armée française et pour obliger l'Empereur à renoncer à ses projets. La détresse de cette armée était à ce moment si horrible que l'Empereur[1], reprochant le 8 au matin à Marmont de s'être arrêté à Fontaine-Denis au lieu d'avoir continué sur Sézanne, lui disait en finissant : « Ramassez beaucoup de pain, mais ne gardez pas tout pour vous. Vous avez trois fois plus qu'il ne vous faut et nous mourons de faim[2]. »

Mesures prises par Napoléon. — Organisation donnée aux corps laissés sur la Seine. — Malgré cela, l'Empereur renonce moins que jamais à sa marche contre Blücher; mais avant de se diriger vers la Marne, il a reconnu la nécessité d'organiser la défense de la Seine, de créer un 7e corps sous les ordres du duc de Reggio avec les 7e et 9e divisions venant d'Espagne et se réunissant, la division Leval à Provins, la division Boyer à Nangis [3],

---

[1] *Correspondance*, n° 21208. — L'Empereur insistait encore plus vivement sur cette grave question des subsistances et traçait un tableau navrant de la misère de son armée, dans la lettre (*Correspondance*, n° 21214) qu'il adresse à Dauro, commissaire ordonnateur en chef de l'armée, à Sézanne, de Nogent, le 8 février 1814 :

« L'armée meurt de faim ; tous les rapports, que vous faites qu'elle est nourrie, sont controuvés. 12 hommes sont morts de faim, quoiqu'on ait mis tout à feu et à sang sur la route pour en tirer des subsistances. Cependant, si j'en crois vos rapports, l'armée est nourrie. Le duc de Bellune n'a rien, le général Gérard n'a rien, la cavalerie de la garde meurt de faim. C'est un double mal, mais qui devient sans remède lorsqu'on se fait illusion et qu'on trompe l'autorité. Il eût été facile de distribuer une livre de riz à Troyes et de faire suivre de la viande.

« On ne peut prendre aucune mesure lorsque l'administration se trompe et trompe l'état-major impérial. Faites-moi connaître l'état du riz qui existe dans les différents corps d'armée ; faites-moi connaître ce qui est arrivé ce soir. Mais donnez-moi le rapport exactement, sans doubler ce qui existe, et faites-moi connaître ce qu'il y a à espérer des dépôts. Enfin, à défaut de pain, il faudrait distribuer de la farine à la troupe. Envoyez au général Gérard, qui fait l'arrière-garde, une compagnie d'équipages chargée de foin avec de la farine ; il pourra faire du pain à Pont-sur-Seine et dans les villages voisins et nourrir ses troupes. »

[2] Nous avons intentionnellement passé sous silence les quelques affaires que la cavalerie de Marmont eut dans sa marche sur Sézanne, avec la cavalerie ennemie. Nous aurons lieu d'en parler au chapitre suivant lorsque nous examinerons les opérations de l'armée de Silésie.

[3] Le général Boyer, en faisant savoir au Ministre de la guerre qu'il serait

de former avec sa cavalerie, dont Grouchy devient le commandant en chef, non plus 6, mais 4 corps : le 1er sous Bordesoulle, le 2e sous Saint-Germain, le 5e sous Milhaud et le 6e sous le comte de Valmy [1]. Il ne se résout malheureusement pas à investir l'un de ses maréchaux du commandement en chef de ses forces, et se contente de déterminer à grands traits la zone d'action plus particulièrement affectée à chacun d'eux. Il laissa donc sur la Seine, outre le 7e corps d'Oudinot, le duc de Trévise, chargé, avec la 2e division de vieille garde et la 5e de jeune garde, de garder Nogent, de masquer son mouvement et de se tenir prêt à venir au premier ordre le rejoindre sur la Marne, et Victor avec le 2e corps, les deux divisions du général Gérard et les trois divisions du 5e corps de cavalerie. Il fit prévenir le duc de Bellune de la présence de Mortier à Nogent, de Pajol vers Montereau et Pont-sur-Yonne, d'Allix à Sens et d'Oudinot à Provins et Nangis. Il lui faisait connaître, en outre, que, s'il était sérieusement menacé, il

---

le 9 à Melun, le prévenait que ses troupes manquaient de chaussures, de vêtements et de capotes. (*Archives de la guerre*.)

[1] *Organisation de la cavalerie française en 4 corps, à la date du 9 février*:

1er CORPS : Général comte Bordesoulle.
1re division de cavalerie légère, général Merlin. — 1re brigade, général Wathier ; 2e brigade, N... (plus tard généraux Guyon et Delort).
Division de grosse cavalerie, général Bordesoulle. — Généraux Thiry et Laville.
2e CORPS : Général comte de Saint-Germain.
2e division de cavalerie légère, général Maurin. — 3e brigade, général Dommanget ; 4e brigade, général Delort.
2e division de grosse cavalerie, général de Saint-Germain. — 3e brigade, général Blancard ; 4e brigade, général Sopransi.
5e CORPS : Général comte Milhaud.
3e division de cavalerie légère, général baron de Piré. — Généraux de brigade Subervie et du Coëtlosquet.
3e division de grosse cavalerie, général Briche. — Généraux de brigade Montelégier et Ludot.
6e division de grosse cavalerie, général Lhéritier. — Généraux de brigade Lamothe et Collaert.
6e CORPS : Général comte de Valmy (Kellermann fils).
4e division de cavalerie légère, général Jacquinot. — Généraux de brigade Ameil et Wolf.
5e division de grosse cavalerie, général Trelliard. — Généraux de brigade Ismert et Ormancey.
6e division de grosse cavalerie, général Roussel. — Généraux de brigade Sparre et Rigaud.
Division de gardes d'honneur, général comte de France.
4 régiments et le 10e hussards.

devait se replier sur Nogent et sur la rive gauche « mais que cette opération serait malheureuse puisque, le pont de Bray étant détruit, on n'aurait plus aucun débouché pour en imposer à l'ennemi, et qu'il lui fallait donc se maintenir à l'arrière-garde, où il avait été placé, et à Nogent [1]. »

Mouvement des Cosaques sur Nemours et Montargis. — Du côté de Sens, il ne s'était rien passé de particulier. Pajol était avec 1200 chevaux, 1000 hommes d'infanterie et une compagnie d'artillerie à Saint-Denis, Soucy, Gisy-les-Nobles et Fleurigny, sur les routes de Pont à Villeneuve-l'Archevêque et Nogent-sur-Seine. Il avait envoyé un piquet de 25 chevaux à Trainel pour assurer les communications et les correspondances, et un parti de 200 chevaux à Dollot et Cheroy, tant pour éclairer le pays que pour savoir ce qui se passait entre Montargis et Nemours. Enfin, il avait laissé à Montereau le général Pacthod avec 3,000 gardes nationaux. Pendant ce temps, un piquet de dragons autrichiens s'était présenté à Villeneuve-l'Archevêque pour y faire préparer le logement et les vivres destinés à 20,000 hommes venant de Troyes [2].

Platoff [3] avait passé l'Yonne à Villeneuve-le-Roi, se dirigeant

---

[1] *Correspondance*, n° 21215, et Registres de Berthier. (*Archives de la guerre.*)
Il est bon de rappeler ici que Gérard devait prendre position, le 8 au matin, entre Romilly et Saint-Hilaire ; que Victor était à Pont-sur-Seine, et que le major général avait prévenu Grouchy et Milhaud de faire reconnaître 500 à 600 chevaux autrichiens venus le 8 au matin de Saint-Lupien (Sommefontaine) à Marcilly-le-Hayer.

[2] Correspondance des généraux Pajol et Allix avec le major-général et le ministre de la guerre, du major Legros, commandant de Montargis, avec le général Hulin. (*Archives de la guerre.*)

[3] Platoff, en quittant Villeneuve-le-Roi (Villeneuve-sur-Yonne), avait cru nécessaire d'adresser à Thurn les deux lettres curieuses (en français dans l'original) que nous reproduisons ci-dessous :
1° « Villeneuve-le-Roy, 7 février 1814. — J'ai fait la lecture de la lettre que vous avez adressée, colonel, aujourd'hui au général Kaïssaroff. Les nouvelles, que vous donnez sur la retraite de l'ennemi des environs de Troyes, sont conformes avec toutes celles que j'ai par mes partis. C'est justement ce cas qui m'engage de vous réitérer mon invitation d'avancer au plus vite possible sur Villeneuve-le-Roy, que je quitte demain dans la matinée. J'ai répété la même invitation au général comte (Iguatz) de Hardegg, et je ne saurais assez vous représenter la conséquence du poste que j'abandonne, comme l'unique par lequel je peux avoir communication avec l'armée, que probablement l'ennemi, qui se trouve à Sens, ne manquera pas d'occuper en même temps.

sur Courtenay et de là sur Nemours et Montargis. Plus au sud, le général Moreau, celui-là même qui devait, un mois plus tard, se rendre si tristement célèbre à Soissons, annonçait à Allix qu'il était menacé à Auxerre et que, loin de pouvoir compter sur les habitants, il avait lieu de croire qu'il existait de leur part un complot pour s'emparer de sa personne dès qu'il ferait mine de défendre la ville contre les attaques des Alliés.

« Je vous avertis, colonel, que prenant ma direction par la rive gauche de l'Yonne sur Fontainebleau, je laisse à Villeneuve-le-Roy beaucoup de mes blessés et malades qui, sitôt que vous ne vous empresserez pas de l'occuper, risquent de tomber entre les mains de l'ennemi, et qui l'éviteraient quand vous voudriez bien envoyer un faible détachement pour prendre possession de la ville, ce que je vous enjoins sur votre responsabilité personnelle en vous annonçant que j'envoie copie de celle-ci à S. A. le prince Maréchal.

« Je vous préviens en même temps que sur toute la direction de la rive droite de l'Yonne il ne se trouve pas d'ennemi nulle part, excepté quelques insignifiants individus restés à Auxerre avec une quarantaine de gendarmes.

« Si, au reste, votre direction, colonel, vous est strictement prescrite, qui en même temps pourrait permettre de vous approcher de Sens, j'aurais dans ce cas à vous proposer de faire avancer au moins vos patrouilles jusqu'à cette ville, en laissant un poste de ce côté-ci de Villeneuve-l'Archevêque, qui suffirait pour imposer (a) à une partie de la garnison de Sens de prendre possession de Villeneuve-le-Roy.

2º « Villeneuve-le-Roy, 8 février 1814. — C'est une seconde lettre que je vous adresse, Monsieur le Major, dans quelques heures de temps, car le sujet est de si grande conséquence.

« Je pars avec mon corps dans l'instant sur la direction de Fontainebleau, par la rive gauche de l'Yonne. J'ai gardé longtemps le poste de Villeneuve-le-Roy comme un de la plus grande conséquence et comme l'unique qui me serve de communication avec nos armées. J'y laisse beaucoup de mes blessés et malades dans la persuasion que quelques troupes de nos alliés viendront occuper la ville.

« Sur ce, je vous enjoins, Monsieur le Major, de vous porter sitôt après le reçu de ma lettre, au moins sur Brinon, d'où, observant Auxerre, vous devrez occuper, par un parti de votre détachement, Villeneuve-le-Roy, dont l'ennemi ne manquerait pas de prendre possession, arrivant de Sens, sitôt après ma sortie et de rendre prisonnier tout ce que j'y laisse.

« Vous voyez, Monsieur, d'après cela que le cas est trop urgent pour que vous ne vous empressiez pas d'exécuter ce que je vous expose, et je vous avertis que, si cela arrive, vous en serez uniquement responsable, car le poste de Tonnerre où vous vous trouvez ne sert de rien, vu que l'ennemi ne se trouve qu'en quelques insignifiants individus à Auxerre et pas du tout à Saint-Florentin, et plus loin jusqu'à Sens même, et que rien ne saurait vous arrêter d'agir sur ce que je vous propose.

« En quittant Villeneuve-le-Roy, il se présente encore un cas. C'est celui de l'expédition des courriers qui partent et arrivent de Châtillon-sur-Seine au quartier général de Napoléon. Outre la difficulté que vous aurez de les expé-

(a) Imposer est évidemment une erreur de plume. Platoff a voulu dire *empêcher*.

A partir du 8 février, les coureurs alliés et les partis cosaques avaient commencé à s'étendre sérieusement vers le Loing. L'aide de camp du général Gentil-Saint-Alphonse, en route pour rejoindre son général à l'armée d'Italie, échappa à grand peine aux cosaques, qui lui prirent 2 ordonnances et 6 chevaux entre Nemours et Montargis. 100 cosaques arrivèrent à La Selle sur le Bied et à La Chapelle-Saint-Sépulcre, et enlevèrent l'estafette portant des dépêches de Montargis au général Allix. Les gendarmes, surpris par les coureurs russes, eurent tout juste le temps de se sauver sur Nemours. Enfin, un autre parti cosaque, après avoir poussé sur Ferrières, avait laissé devant cette ville un poste d'observation et s'était dirigé sur Nemours [1].

9 février. — Immobilité du gros de l'armée de Bohême. — Reconnaissance de Sens. — Si l'on en excepte quelques engagements d'avant-postes, la journée du 9 février allait encore être une journée de repos pour les troupes de la grande armée. Le mouvement vers la gauche et la marche par Sens sur Fontainebleau sont toujours décidés en principe.

Le IVe corps, désigné pour servir d'aile marchante, n'en reste pas moins dans ses cantonnements. On veut tâter encore une fois l'ennemi du côté de Sens. Le major comte Wratislaw avec deux escadrons du régiment de hussards autrichiens Archiduc-Ferdinand, va à cet effet de Villeneuve-l'Archevêque jusqu'aux portes de Sens et apprend ainsi que le général Allix occupe la ville avec environ 1500 hommes. Les autres escadrons des hussards

---

dier jusqu'à Sens, n'ayant pas de poste intermédiaire, ces Messieurs seraient témoins du manque total de nos troupes de chez vous jusqu'à ladite ville, ce qui pourrait donner des avantages réels dont ne manquerait pas l'ennemi de profiter. Je serai dans l'attente de votre réponse, Monsieur, analogue à ma proposition, en vous avertissant que j'envoie copie de celle-ci au quartier général, où je prie de faire parvenir mes deux paquets et un reçu ci-dessus »

[1] Major Legros au général Hulin, et sous-préfet de Montargis au préfet du Loiret. (*Archives de la guerre.*)

« Le sous-préfet de Montargis au préfet du Loiret. — Montargis, le 8 février 1814.

« Dans l'après-midi, 100 cosaques se sont présentés devant Ferrières, en ayant soin de mettre des vedettes à droite et à gauche. Avec la rapidité de l'éclair, un des chefs a été chez le maire ; il y est resté quelques minutes. La troupe est repartie sur-le-champ, en prenant des guides pour se rendre sur la grand'route, se dirigeant sur Nemours. »

Archiduc-Ferdinand et le régiment de chasseurs à cheval wurtembergeois n° 5 forment le rideau de cavalerie et doivent se relier au V° corps, en marche sur Trainel. Ils envoient un parti à droite par Vallières (au nord de Thorigny), vers Marcilly-le-Hayer, tandis qu'un autre parti s'en va à gauche vers Cerisiers, avec l'ordre d'établir la communication avec la division légère du prince Maurice de Liechtenstein, venant d'Auxerre [1].

Affaire de cavalerie aux Granges, à Romilly et à Gélannes. — Au V° corps, la division légère du comte Antoine Hardegg, relevée aux avant-postes par quelques troupes de la division bavaroise du général La Motte, poussa jusqu'à hauteur des Granges. Elle y trouva le général Ilowaïsky XII qui, avec deux régiments cosaques de l'avant-garde de Pahlen (VI° corps) et deux régiments de chevau-légers bavarois, tiraillait depuis le matin avec les Français. A 4 heures, le comte Hardegg porta en avant le général Ilowaïsky, qu'il fit soutenir par quatre escadrons de ublans Schwarzenberg. Ceux-ci, contournant le village des Granges, se dirigèrent vers Romilly, où l'arrière-garde française (deux bataillons et un régiment de cavalerie) paraissait vouloir tenir bon. Attaquée par les uhlans de Schwarzenberg et les Cosaques du général Lissanovitch, cette arrière-garde, après avoir repoussé la cavalerie russe, dut céder les hauteurs près de Romilly et se replier sur la rive gauche de La Gélanne, dont elle coupa les ponts.

La nuit étant venue sur ces entrefaites, l'avant-garde du comte Antoine Hardegg, dont le gros bivouaqua en avant des Granges, s'arrêta sur les hauteurs, au sud-ouest de Romilly.

En même temps, la division bavaroise du général Rechberg s'était portée sur Géiannes, et sa cavalerie, sous les ordres du général von Vieregg, tentait vainement de débusquer les Français des hauteurs de Saint-Hilaire.

La division La Motte se tenait entre Charmoy et Traînel [2].

---

[1] STÄRKE, Eintheilung und Tagesbegebenheiten der Haupt-Armee im Monate Februar. (*K. K. Kriegs Archiv.*, II, 1.)

[2] STÄRKE, Eintheilung und Tagesbegebenheiten der Haupt-Armee im Monate Februar. (*K. K. Kriegs Archiv.*, II, 1.) — Wrède à Schwarzenberg, Barberey, 10 février; comte Antoine Hardegg à Wrède, Les Granges, 9 février, et Rapports d'avant-postes. (*Ibid.*, II, 259, 259 a, 259 b, 259 d.)

Mouvements du VIe corps. — Wittgenstein aurait voulu, en suivant la droite de l'Aube, déboucher d'Arcis-sur-Aube sur la rive droite de la Seine et passer par Saron-sur-Aube et Périgny-la-Rose, afin de déborder la gauche des positions françaises et de masquer le mouvement que le gros de l'armée devait exécuter sur les deux rives de la Seine. Mais le dégel et les pluies d'une part, la crue de l'Aube et les inondations de l'autre, obligèrent le général russe à prendre une autre direction. Les chemins passant à travers les marécages étant devenus impraticables, il dut se rejeter à gauche sur Méry et y établir son quartier général. Vers midi, il reçut l'ordre de pousser son avant-garde sur Nogent-sur-Seine; mais avant d'exécuter ce mouvement, il crut nécessaire de rendre au prince Eugène de Wurtemberg une brigade d'infanterie et ses six bouches à feu, de sorte que le IIe corps d'infanterie pût se cantonner tout entier entre Méry et Baudement. Wittgenstein n'avait pas pour cela affaibli l'avant-garde de Pahlen, à laquelle il avait attaché, outre les 4e et 34e régiments de chasseurs, deux régiments de la 14e division (25e régiment de chasseurs et régiment de Rével), sous les ordres du général-major Helfreich, six pièces de la batterie à cheval n° 23 venant du blocus de Strasbourg, les uhlans de Tchougouïeff et les régiments cosaques de Rebrikoff et d'Ilowaïsky. L'avant-garde de Pahlen ainsi constituée poussa vers Pont-sur-Seine. Le général Lissanowitch put, de cette façon, prendre part avec sa cavalerie aux affaires que l'avant-garde du Ve corps eut du côté des Granges, de Romilly et sur les bords de la Gélannes. Le gros de l'avant-garde de Pahlen s'établit, le 9 au soir, sur une ligne allant de Maizières-la-Grande-Paroisse à Pars-les-Romilly[1].

Dans le courant de l'après-midi, le colonel Wlassoff, qui battait l'estrade sur la rive droite de l'Aube, avait fait savoir à Wittgenstein « que de fortes colonnes ennemies se dirigeaient sur Villenauxe et Sézanne et que les Français occupaient solidement le premier de ces endroits. » On renforça aussitôt le détachement du colonel prince Lubomirsky en lui envoyant le régiment de dragons de l'Ingrie.

Les autres corps restèrent dans leurs cantonnements. Ignace

---

[1] STÄRKE, Eintheilung und Tagesbegebenheiten der Haupt-Armee im Monate Februar. (*K. K. Kriegs Archiv.*, II, 1.)

Hardegg, établi à Sommeval, avait été informé par Platoff de son départ imminent pour Fontainebleau. Invité par l'ataman à occuper Villeneuve-sur-Yonne, que les Cosaques allaient évacuer, le général Hardegg ne voulut pas prendre sur lui d'exécuter ce mouvement avant d'en avoir reçu l'ordre du généralissime. Toutefois, afin de ne pas retarder les opérations de l'ataman, afin de couvrir en partie ses derrières et d'assurer ses communications avec la grande armée, il prescrivit au parti posté à Tonnerre d'envoyer un détachement à Villeneuve-sur-Yonne [1].

Opérations du corps volant de Platoff. — Platoff, pressé par les ordres de l'empereur de Russie et du généralissime, et forcé de sortir de son inaction par la présence et les instances du général-major Kaïssaroff, qu'on lui avait adjoint, avait commencé son mouvement et était arrivé à Courtenay [2].

---

[1] Feld-maréchal-lieutenant comte Ignace Hardegg à Schwarzenberg, Sommeval, 9 février. (*K. K. Kriegs Archiv.*, II, 235.)

[2] 1° Lettre autographe du général-major Kaïssaroff (écrivant au nom de Platoff) au général-lieutenant von Toll (en français dans l'original) :

« En marche en avant de Villeneuve-le-Roy, 9 février 1814. — J'ai reçu hier la lettre n° 52 de Votre Excellence, et envoyé aussitôt, par Courtenay et Ferrières, un gros parti chargé d'occuper le pont de Château-Landon. Je continue aujourd'hui avec tout le corps ma marche sur cette route, et une fois arrivé à Château-Landon, j'agirai contre Nemours, Moret et Fontainebleau...

« J'ai l'honneur de vous informer que les partisans autrichiens, qui se trouvent derrière moi, restent dans l'immobilité la plus absolue, comme si les régiments cosaques étaient chargés d'assurer la sécurité de leur personne. Je vous donne copie de ce que j'ai écrit à ce propos au colonel comte Thurn, et je vous l'avoue bien franchement, je n'espère pas le voir se rendre à mes désirs et se porter en avant, ce qui serait cependant si désirable dans l'intérêt général.

« D'après les nouvelles reçues, l'ennemi se retire de Troyes ; mes partis qui, la nuit dernière, ont poussé jusque vers cette ville, y ont encore vu des feux de bivouacs assez nombreux pour révéler la présence sur ce point de forces considérables. »

2° Kaïssaroff (en son propre nom) au général-lieutenant von Toll (en français dans l'original) :

« Courtenay, le 9 février 1814. — Enfin, nous avons fait mouvement jusqu'ici, et demain matin nous serons à Ferrières, pendant que 700 hommes, sous Spehrberg, seront expédiés à Fontainebleau avec les ordres que vous trouverez, mon cher Charles Fedorovitch, dans les instructions dont je vous envoie ci-joint copie. Si vous me demandez pourquoi je ne prends pas personnellement part à cette expédition, je vous répondrai que j'ai oublié toute question d'ambition personnelle, forcé que je suis de rester sans cesse auprès du comte (Platoff), pour faire, n'importe de quelle façon, avancer nos affaires dans l'intérêt général ; car, sans ma présence et sans mon intervention, nous serions

Ordres de Schwarzenberg pour la journée du 20 février.
— « L'étonnement que cause la présence de la cavalerie française du côté de Saint-Aubin et de Saint-Hilaire, écrit Taxis, est si général et si profond, qu'on n'ose plus avancer avant de connaître la direction prise par le gros des forces ennemies. L'inquiétude est d'autant plus grande qu'on est sans nouvelles de Blücher. On veut toutefois tâter l'ennemi et voir s'il défendra la tête de pont formée par Nogent-sur-Seine. Les V⁰ et VI⁰ corps doivent,

---

encore du côté de Bar-sur-Seine. Si l'on ne trouve plus le pape à Fontainebleau, l'apparition des cosaques à si peu de distance de Paris ne manquera pas d'y causer une grande émotion. Du reste, il serait bon d'écrire de votre côté au comte et de lui dire que nous devons nous rapprocher de Paris. Je me charge du reste. Il est nécessaire que le comte ait peur de vous, le reste est mon affaire. Ne serait-il pas possible de nous donner un peu de monde, nous ne sommes, à vrai dire, qu'une poignée d'hommes. »

A cette lettre était jointe l'instruction suivante donnée au général-major Spehrberg.

« La mise en liberté du pape serait, dans les circonstances actuelles, un événement politique de haute importance. En raison des qualités personnelles de Votre Excellence, je me décide à lui confier la direction de l'expédition sur Fontainebleau, pour laquelle je désigne 700 cosaques d'élite et des officiers de choix. On m'affirme, d'une part, que le pape est encore dans cette ville, tandis que d'autres renseignements prétendent qu'il en est déjà parti. S'il y est encore, le succès dépend de la rapidité de la marche sur Fontainebleau. Vous devez donc, dès que vous aurez été ralliés par les 300 hommes que je vous envoie, vous porter de suite sur Ferrières ; vous y trouverez le capitaine Bergmann, de la garde, vous l'emmènerez avec vous et vous vous dirigerez immédiatement sur Château-Landon, et de là, après avoir fait manger vos chevaux, sur Nemours. Arrivé sur ce point, vous devrez savoir positivement si le pape est encore à Fontainebleau. S'il y est, vous vous porterez de nuit et par une marche forcée, laissant à partir de Nemours la forêt de Fontainebleau sur votre droite, passant entre la forêt et le village de Staffion (a) sur Franchard. A l'aube du jour, vous pénétrerez au galop dans Fontainebleau, en prenant cette ville à dos. Une fois dans la ville, vous jetterez le désordre parmi les troupes qui y seront, et si Sa Sainteté est encore dans cette ville, vous devrez sans perdre une minute l'escorter ici avec toute votre troupe et en l'entourant de tous les honneurs qui lui sont dus. En quittant Nemours, vous y laisserez un poste pour couvrir vos derrières et veiller surtout à ce qu'aucun des habitants ne signale votre arrivée.

« Si vous apprenez à Nemours, de façon positive que le pape n'est plus à Fontainebleau, vous resterez sur ce point et vous enverrez en avant le capitaine Bergmann, qui suivra la route que je vous ai indiquée, pour jeter l'alarme dans Fontainebleau. Cela fait, cet officier se repliera aussitôt sur le village de Staffion et enverra un petit poste à Milly, localité sur la route d'Orléans à Melun, afin de savoir si des troupes ennemies ne sont pas en marche en avant d'Orléans.

« Si vous restez à Nemours, vous enverrez un parti occuper Moret. Entre ces deux villes se trouve un canal qui joint la Seine à la Loire et qui sert à

(a) Il s'agit vraisemblablement ici du village de Larchant.

pendant que le IV⁰ ira vers Sens, faire cette reconnaissance, mais sans s'engager sérieusement ¹. »

Schwarzenberg explique, il est vrai, d'une façon toute différente les opérations qu'il va faire entreprendre à l'armée de Bohême. On lit, en effet, dans le journal d'opérations de l'armée de Bohême ², « que le prince de Schwarzenberg, ayant occupé Troyes et s'étant assuré une base nouvelle pour ses opérations, se propose désormais de pousser le gros de ses forces par Sens vers Fontainebleau, *dans l'espoir de forcer par cette marche de flanc l'ennemi à diviser ses forces et de parvenir ainsi à battre ses corps isolément*. Les V⁰ et VI⁰ corps sont, dans ce but, chargés d'amuser et d'occuper les Français sur leur front à Nogent et de les retenir sur la Seine. L. IV⁰ corps poussera le 10 jusque vers Sens ; le I⁰ʳ ira à Villeneuve-au-Chemin sur la route d'Auxerre à Troyes ; le III⁰ à Auxon ; le V⁰, laissant le VI⁰ devant Nogent, à Avon-la-Pèze ; les réserves à Bouilly et les gardes russes et prussiennes se cantonneront autour de Troyes. »

Il est curieux de constater qu'au moment même où l'Empereur venait de se mettre en route pour tirer parti des imprudences de Blücher, Schwarzenberg, écrivant au feld-maréchal, lui recom-

---

approvisionner Paris. Vous enlèverez les transports qui se trouveraient sur ce canal et vous détruirez les rames, mâts, etc., des bateaux, afin de les immobiliser, mais vous vous garderez d'abîmer les provisions. De Moret, vous pousserez des partis vers Montereau-sur-Yonne, et de Nemours, vers Soisy-Malesherbes. Je serai demain près de Ferrières et surveillerai Montargis. — 9 février. »

Ces mouvements n'avaient pas échappé à la vigilance de la cavalerie française. On s'attendait à une attaque sur Sens, grâce aux renseignements fournis par le général Delort. Cet officier général, placé aux avant-postes de Pajol à Fleurigny, avait signalé le passage à Villemaur et Villeneuve l'Archevêque de 1500 chevaux cosaques qui, après avoir requis des vivres pour 8,000 hommes, s'étaient dirigés sur Villeneuve-sur-Yonne.

2,000 cosaques, occupant Joigny, avaient détaché 5 à 600 chevaux sur Nemours. Ils devaient gagner cette ville en suivant le canal et les hauteurs qui le dominent, après avoir contraint les habitants de Nargis à rétablir le pont du Loing à Fontenay.

D'autres reconnaissances s'étaient montrées à Thorigny et y avaient été repoussées. Enfin, des bandes de cosaques avaient paru à Souppes, près de Nemours et près de Montargis, sans pouvoir s'emparer d'aucun de ces points. (PAJOL, *général en chef*.)

¹ TAXIS, Tagebuch. (*K. K. Kriegs Archiv.*, XIII, 32.)
² STÄRKE, Eintheilung und Tagesbegebenheiten der Haupt-Armee im Monate Februar. (*Ibid.*, II, 1.)

mandait de menacer l'aile gauche française, de ne pas trop s'éloigner du VI⁰ corps, afin que le comte Wittgenstein puisse le soutenir immédiatement; enfin, de chercher par-dessus tout à obliger l'Empereur à diviser ses forces.

L'Empereur se porte contre Blücher. — Organisation et répartition des forces françaises. — Marche sur Sézanne. — Mais l'Empereur était déjà en route pour Sézanne, et, comme il l'écrit à Joseph, il espérait attaquer le lendemain l'armée de Silésie. Le 9 au matin, lorsque le duc de Bassano se présenta avec les dépêches qu'il avait passé la nuit à préparer avant de les expédier à Caulaincourt à Châtillon, il trouva l'Empereur étendu sur ses cartes, le compas à la main, et n'obtint pour toute réponse que ces mots : « Ah! vous voilà! Il s'agit maintenant de bien d'autres choses. Je suis en ce moment à battre Blücher de l'œil; il s'avance par la route de Montmirail; je pars : je le battrai demain, je le battrai après-demain. Si ce mouvement a le succès qu'il doit avoir, l'état des affaires va entièrement changer, et nous verrons alors! [1] »

Décidé à se porter sur la Marne, il divisa son armée en trois groupes [2]. Les corps agissant sous ses ordres directs se composaient des deux divisions de vieille garde de Mortier, de deux de la jeune garde, sous les ordres de Ney; du corps de Marmont, de la cavalerie de la garde, du 1ᵉʳ corps de cavalerie et de la cavalerie du général de France; ils comptaient un peu moins de 30,000 hommes; le point d'appui de cette petite armée devait être, le 9 au soir, à Sézanne, ayant, pour exécuter son mouvement, les routes de Montmirail et de Château-Thierry. Au centre, Victor, avec ses deux divisions, la division du général Gérard et le 5ᵉ corps de cavalerie, en tout environ 13,000 hommes, devra défendre les hauteurs de Pont-sur-Seine et la ville de Nogent; faire sauter le pont et prendre position sur la rive droite si, toute l'armée de Schwarzenberg débouchant sur lui, il se trouvait dans l'impossibilité de se maintenir à Nogent.

Oudinot, avec le 7ᵉ corps, composé des deux divisions Leval et Boyer, venant d'Espagne, formera la droite de l'armée française.

---

[1] Fain, *Manuscrit de 1814*, page 97.
[2] *Correspondance*, nᵒˢ 21224 et 21227.

Il pourra éventuellement disposer de la division Rottembourg, qui garde à Provins le grand parc de l'armée et le quartier général administratif. Il aura, en outre, sous ses ordres la division de gardes nationales du général Pacthod postée à Montereau, la cavalerie de Pajol, les troupes que le général Allix a avec lui à Sens, et une brigade de cavalerie de 600 hommes, dont l'arrivée à Bray est imminente. « Si Schwarzenberg, masquant ou négligeant Nogent, marche de Troyes sur Sens et Pont-sur-Yonne, ou si, après avoir forcé cette ville, il jette Victor sur la rive droite, le duc de Reggio, devra se porter avec le duc de Bellune, si le mouvement de l'ennemi est sérieux, sur l'Yonne vers Montereau, où il réunira toutes ses troupes[1]. »

Pendant que l'Empereur envoyait ces instructions aux maréchaux auxquels il confiait la défense de la Seine, il avait fait partir pour Sézanne Grouchy avec la division de France qui devait laisser à Villenauxe 100 chevaux chargés d'éclairer Mortier. Le duc de Trévise, se dirigeant sur Sézanne, tâchera, tels sont les ordres de l'Empereur, de coucher à Villenauxe ou plus loin, sans cependant marcher de nuit, et le maréchal Ney ne pourra arriver à Sézanne que dans la journée. Marmont, qui avait dépassé Sézanne et couché à Chapton, avait cru prudent, afin de ne pas donner l'éveil, de se rapprocher des troupes postées à Sézanne.

Enfin, pendant qu'il faisait prévenir Macdonald du grand mouvement qui s'exécutait, l'Empereur ordonnait encore à Victor de porter son quartier général, le 9 au soir, à Nogent, et d'y amener le 10 au matin le 2ᵉ corps, afin de relever la division Rottembourg allant à Provins. Il le chargeait de faire savoir à Gérard, dont le quartier général devait être à Pont-sur-Seine, qu'il aurait en cas d'attaque sérieuse entreprise par des forces supérieures, à se retirer sur Nogent[2]. Des instructions analogues étaient adressées à Oudinot, et, dans l'une comme dans l'autre, le major-général insistait sur la nécessité de tenir Nogent le plus longtemps possible et de n'en faire sauter le pont qu'à la dernière extrémité.

---

[1] Pour se rendre un compte exact de la lucidité merveilleuse de l'Empereur, il suffit d'ajouter une seule phrase de cette même lettre à Joseph : « Si je réussis en deux ou trois jours à écraser l'armée de Silésie, je déboucherai sur Nogent ou sur Montereau. Je pourrai avec vos réserves avoir 80,000 hommes et donner aux affaires une tournure inattendue. »

[2] Registres de Berthier. (*Archives de la guerre.*)

10 février. — Mouvements des Iᵉʳ et IIIᵉ corps. — Le 10 février, l'armée de Bohême commençait la marche de flanc, grâce à laquelle le généralissime espérait déborder la droite des lignes françaises. Le Iᵉʳ corps, couvert en avant par la division légère du comte Ignace Hardegg, qui s'établit à Sormery, Chailley et Neuvy, alla prendre ses cantonnements aux environs de Villeneuve-au-Chemin. Plus à gauche, Bianchi occupa Coursan ; la division légère du prince Maurice Liechtenstein, dirigée vers Auxerre, avait poussé, par Saint-Florentin, jusqu'aux portes mêmes de la ville, une reconnaissance sous les ordres du capitaine von Wüsthoff, du régiment de chevau-légers O'Reilly [1].

Le gros du IIIᵉ corps s'étendait de Javernant à Roncenay, et la division Fresnel occupait Auxon [2].

Marche du IVᵉ corps. — Le IVᵉ corps cantonné, le 9, de Villemaur à Saint-Liébaut et Fontvannes, s'était mis en route dès le 10 au matin, et son gros atteignit Villeneuve-l'Archevêque, où il s'arrêta, pendant que le prince royal de Wurtemberg, avec l'avant-garde et la brigade du général von Stockmayer, poussait jusqu'aux portes de Sens. Le général Allix qui occupait, avec environ 1500 hommes, cette ville, protégée alors par de vieilles murailles et par un large fossé, avait eu le temps d'en organiser sommairement la défense et d'en barricader les portes. Les cavaliers wurtembergeois de la pointe d'avant-garde, traversant sans peine les faubourgs évacués, avaient sommé le général Allix de rendre la ville, pendant que les bataillons de tête de la brigade Stockmayer s'établissaient dans le faubourg Saint-Antoine. Trop faible pour essayer d'enlever Sens, que la garnison semblait vouloir défendre énergiquement, le prince royal essaya de l'intimider en bombardant la ville jusqu'à la tombée de la nuit. Dès que la batterie wurtembergeoise eut cessé le feu, le général Allix fit rentrer les quelques troupes qu'il avait tenues jusque-là à proximité des faubourgs, et le prince royal, de son côté, n'y laissant que des avant-postes, se rendit de sa personne

---

[1] STÄRKE, Eintheilung und Tagesbegebenheiten der Haupt-Armee im Monate Februar (*K. K. Kriegs Archiv.*, II, 1), et prince Maurice Liechtenstein au prince Schwarzenberg. (*Ibid.*, II, 277.)

[2] STÄRKE, Eintheilung und Tagesbegebenheiten der Haupt-Armee im Monate Februar. (*Ibid.*, II, 1.)

à Màlay-le-Vicomte. Décidé à continuer le lendemain le bombardement et à défoncer les portes, il ordonna au IVe corps de se masser, le 11 au matin, entre Pont-sur-Vanne et Sens. La cavalerie de son avant-garde couvrait sa droite et surveillait les routes de Pont-sur-Yonne et de Bray [1].

Ces mouvements avaient déterminé Pajol à quitter Pont-sur-Yonne, où il aurait pu être tourné, et à se replier sur Fossard, afin d'être à même de couvrir Fontainebleau et de défendre la ligne du Loing. Il avait toutefois laissé à Pont-sur-Yonne 900 hommes sous le général Montbrun, avec l'ordre de recueillir Allix dans le cas où ce général se trouverait dans l'impossibilité de se maintenir à Sens et serait contraint à se retirer sur Montereau.

Au lieu d'amuser les Français sur la Seine, du côté de Nogent, et de profiter des diversions exécutées par Wrède et Wittgenstein pour porter le gros de l'armée de Bohême sur l'Aube et sur Sézanne, le généralissime, loin de chercher à se rapprocher de Blücher, s'éloignait, au contraire, de lui en dirigeant les Ier, IIIe et IVe corps vers Sens et Fontainebleau.

Mouvement et position des réserves. — Les gardes et réserves russes et prussiennes étaient aux environs de Troyes, suivant lentement et d'assez loin le mouvement des Ier, IIIe et IVe corps. La garde russe et la brigade d'infanterie de la garde prussienne avaient défilé par Troyes et étaient venues s'établir, la première à Fontvannes et la deuxième à Torvilliers. Les grenadiers étaient encore aux Maisons-Blanches, la division de cavalerie légère de la garde à Créney, la 2e division de cuirassiers à Thennelières, la 3e à Lusigny, la 1re avec la brigade de cavalerie de la garde prussienne à Saint-Parre-aux-Tertres, de sorte que la cavalerie se trouvait tout entière à environ 24 kilomètres en arrière des points occupés par l'infanterie de la garde.

Le quartier général de Barclay de Tolly resta à Troyes.

Mouvements des Ve et VIe corps. — Combat de Saint-Aubin. — Après les affaires de Romilly, Victor avait pris posi-

---

[1] Stärke, Eintheilung und Tagesbegebenheiten der Haupt-Armee im Monate Februar (*K. K. Kriegs Archiv.*, II, 1), et prince royal de Wurtemberg au prince de Schwarzenberg, Màlay-le-Vicomte, 10 février. (*Ibid.*, II, 258.)

tion dans la nuit du 9 au 10, derrière l'Ardusson, ruisseau qui, à partir de La Chapelle-Godefroy, déverse ses eaux dans un large canal aux berges perpendiculaires. Les troupes du 2ᵉ corps et la réserve de Paris s'étaient à peine établies sur ce point, lorsque le maréchal s'aperçut qu'il allait avoir affaire non seulement à l'avant-garde de Pahlen débouchant du côté de Saint-Hilaire, mais encore à celle du Vᵉ corps venant de Saint-Martin-de-Bossenay. Le maréchal modifia en conséquence la position de son arrière-garde par un changement de front. Sa droite vint s'appuyer à Mâcon, sa gauche s'établit un peu en arrière de Saint-Aubin, couverte par la cavalerie légère de Piré. L'infanterie occupa solidement La Chapelle-Godefroy, et l'on prépara des emplacements pour l'artillerie en arrière de ce village, sur la rive gauche du canal.

L'avant-garde du Vᵉ corps (division Antoine Hardegg) s'était mise en mouvement à la pointe du jour et avait, à 8 heures du matin, chassé de Saint-Hilaire les derniers postes français, qui se retirèrent sans combat sur Pont-sur-Seine [1]. Pendant que la division Rechberg venait à Gélannes et se reliait avec lui, le comte Hardegg filait en avant avec sa cavalerie. A 11 heures, il était devant Pont-sur-Seine et informait Wrède de la présence de deux régiments de cavalerie et d'un assez gros corps d'infanterie française sur une hauteur en avant de Nogent [2]. Hardegg venait à peine d'opérer sa jonction avec les troupes de Pahlen (avant-garde du VIᵉ corps), poussées par Wittgenstein sur Nogent [3], lorsque le prince de Schwarzenberg et Radetzky les rejoignirent et ordonnèrent au comte Hardegg de se porter, sans plus tarder, par Saint-Aubin sur Nogent ; à Pahlen de couvrir la droite de la division autrichienne et de soutenir son attaque.

Hardegg, arrivé à hauteur de Saint-Aubin et de Mâcon, forma sa division en colonne de bataillon, l'artillerie devant son front ; sa cavalerie, renforcée par les hussards d'Olviopol et les cosaques

---

[1] STARKE, Eintheilung und Tagesbegebenheiten der Haupt-Armee im Monate Februar (*K. K. Kriegs Archiv.*, II, 1); Wrède à Schwarzenberg, Barberey, 10 février (*Ibid.*, II, 259 *e*), et Hardegg à Wrède, Saint-Hilaire, 8 heures du matin (*Ibid.*, II, 259 *h*).

[2] Wrède à Schwarzenberg (*Ibid.*, II, 259 *i*), et Hardegg à Wrède, près de Pont-sur-Seine, 10 février, 11 heures matin (*Ibid.*, II, 259 *k*).

[3] Wittgenstein à Schwarzenberg, Méry, 10 février. (*Ibid.*, II, 260.)

de Rebrikoff et d'Ilowaïsky, couvrait sa gauche. Pahlen, qui avait déjà fait occuper, à gauche de la chaussée de Nogent à Troyes, les bois de l'Étoile [1], et dont l'artillerie à cheval, escortée par les hussards de Grodno, avait dans la matinée forcé quelques piquets de cavalerie française à se replier, se porta de son côté en avant, afin de faciliter l'attaque de la division Hardegg. Après avoir rejeté les avant-postes français sur la rive gauche de l'Ardusson, il fit attaquer le pont du canal et le village de La Chapelle, dont il réussit à se rendre maître et d'où il canonna violemment l'aile gauche française. Mais malgré l'intervention de Pahlen et les avantages remportés par les Russes à sa droite, Wrède ne parvint pas à débusquer les Français.

Les troupes de Pahlen et de Wrède bivouaquèrent sur leurs positions, la cavalerie autrichienne à Mâcon, la division Hardegg à Saint-Aubin, les Russes de Pahlen à La Chapelle-Godefroy, leurs avant-postes et grand'gardes vers Nogent [2].

Les Bavarois du V⁰ corps étaient le 10 au soir à Avon-la-Pèze ; quelques partis battaient le pays du côté de Trainel, et la division Rechberg, qui s'était mise en route pour Quincey et Saint-Aubin, afin de soutenir Hardegg, s'était arrêtée le soir à Saint-Martin-de-Bossenay.

Aux avant-postes du VI⁰ corps on avait, pendant toute la journée, entendu une canonnade assez violente dans la direction de Sézanne. Wittgenstein, venu en personne à Méry, avait eu, pendant la journée du 10, connaissance du mouvement de l'Empereur vers Sézanne par les révélations de trois Mamelouks déserteurs, et confirmation de cette nouvelle par les rapports du prince Lubomirsky [3]. Bien que se refusant à ajouter foi à cette marche de l'Empereur, il allait, par l'effet d'une singulière coïncidence, être de tous les généraux alliés le premier à n'en plus pouvoir douter.

Ordres de Schwarzenberg pour les journées des 11 et 12 février. — Premières nouvelles de la marche de l'Empe-

---

[1] Ce sont les bois connus aujourd'hui sous la dénomination de Bois-Favier et de Parc-de-Pont.

[2] Wrède à Schwarzenberg (*K. K. Kriegs Archiv.*, II, 282), et Hardegg à Wrède, Saint-Aubin, 10 février, 7 h. 1/2 soir (*Ibid.*, II, ad, 282).

[3] Wittgenstein à Schwarzenberg, Méry, 10 février. (*K. K. Kriegs Archiv.*, II, 260.)

reur. — Mais ces premières indications auxquelles, très probablement le généralissime n'attacha pas plus d'importance que le général russe, ne parvinrent à Schwarzenberg que longtemps après l'expédition de la disposition suivante, réglant les opérations pour les journées des 11 et 12 février :

« Les V⁰ et VI⁰ corps devaient s'approcher de Nogent le 11, en chasser l'ennemi le 12 et s'emparer du pont de la Seine.

« Tous les autres corps avaient ordre de continuer leur mouvement sur Sens. Le IV⁰ corps arrivera le 11 à peu de distance de Sens, le I⁰ʳ corps le 11 à Arcis, le 12 à Cerisiers ; le III⁰ le 11 à Saint-Florentin et le 12 à Arcis ; le comte Nostitz, avec les grenadiers et les cuirassiers, le 11 à Auxon, et le 12 à Villeneuve-au-Chemin ; les gardes et réserves russes le 11 à Villemaur, le 12 entre Villeneuve-l'Archevêque et Thorigny. »

Ainsi, soit qu'on ignorât, soit qu'on s'exagérât au grand quartier général la force réelle des troupes françaises postées à Nogent, on crut nécessaire de concentrer, pendant la journée du 11 février, deux corps d'armée devant la position de Nogent et de remettre l'attaque définitive au 12 février.

Lettre de Wrède au roi de Bavière. — Bien que le document que nous allons mettre sous les yeux du lecteur ne se rattache que fort indirectement aux opérations militaires, il nous semble impossible de ne pas le reproduire, après l'avoir fait précéder toutefois de quelques explications. Lors du séjour des souverains à Troyes, le 8 février, Wrède avait été appelé d'abord par l'empereur de Russie qui lui avait fait part de son intention bien arrêtée de « faire défiler ses gardes par Paris ». Questionné avant et après cette audience par Schwarzenberg, Wrède raconte qu'arrivé chez le prince, celui-ci lui avait fait connaître son embarras, résultant de ce que l'empereur de Russie désirait qu'on poussât vigoureusement pour arriver à Paris. « Le généralissime me conjura en même temps, ajoute Wrède, de calmer de mon mieux le désir de l'empereur de Russie de faire l'entrée des armées alliées à Paris. » C'est de ces audiences chez les souverains alliés que Wrède rend compte au roi de Bavière, dans la lettre[1] qu'il lui adressait de Barberey le 10 février et qui, citée par le général

---

[1] La lettre originale est écrite en français.

Heilmann, fait partie des papiers de Wrède conservés aux Archives d'Ellingen. Mieux que des appréciations personnelles, cette pièce permettra de se faire une idée exacte des différents courants qui se manifestaient au grand quartier général, des tendances essentiellement différentes des souverains, des hommes d'État et des généraux alliés.

« Je crois de mon devoir d'expédier un courrier à Votre Majesté pour lui rendre compte des audiences que j'ai eues avant-hier et hier auprès des trois souverains alliés, ainsi que des conférences que j'ai eues avec les princes de Schwarzenberg et de Metternich. Arrivé avant-hier chez le prince de Schwarzenberg à Troyes, il m'a fait connaître son embarras de ce que l'empereur de Russie désire qu'on pousse vigoureusement pour arriver à Paris. Le maréchal m'a non seulement consulté sur mes vues à cet égard, sur mes vues militaires, mais il me communiqua en même temps de quoi il commençait déjà à s'agir sous les rapports politiques, et il me pria de passer sans délai chez l'empereur son maître, qui, ainsi que le prince de Metternich, désirait me parler. Il me conjura en en même temps de calmer de mon mieux le désir de l'empereur de Russie de faire l'entrée des armées alliées à Paris. Je me suis rendu de suite chez l'empereur d'Autriche, qui m'a reçu avec sa bonté ordinaire et m'assura, après une longue explication sur les affaires politiques et militaires, que l'empereur Napoléon ayant fait accéder, dans les conférences de Châtillon, à toutes les demandes qu'on lui avait faites pour la cession des anciens États de la rive gauche du Rhin, il ne pouvait de son côté que désirer que l'on terminât sans délai une lutte qui, si l'on voulait encore livrer une bataille, pourrait, en cas de perte pour nous, rechanger les offres de sacrifice que Napoléon veut apporter, et qui, si elle était gagnée, nous mènerait plus loin que nous ne pouvons le désirer.

« L'empereur François dit que sa haine personnelle contre son gendre était connue, mais qu'il croyait que la face de l'Europe ne gagnerait pas beaucoup en le détrônant et en réintégrant les Bourbons, parce que, dans ce dernier cas, l'Angleterre et le Nord pourraient gagner une influence et une prépondérance incalculables sur la politique de l'Europe. L'empereur François me demanda si je ne connaissais pas les vues de Votre Majesté à cet égard et me pria de m'en enquérir le plus tôt possible. Il me renouvela en cette occasion l'assurance de la conviction intime que Votre Majesté doit être agrandie et qu'il y contribuera de toutes ses forces et moyens.

« Ayant quitté l'empereur d'Autriche, je me rendis chez Sa Majesté l'empereur Alexandre, que je trouvai à son dîner. Il se leva de table, m'embrassa, laissa son dîner et me conduisit dans son appartement. Il me parla de suite de son désir qu'on pousse vigoureusement. Je lui répondis avec franchise que je ne doutais pas qu'on puisse réussir, qu'il me paraissait cependant qu'une modération d'un côté et de grandes précautions de l'autre étaient d'autant plus nécessaires que nos armées se fondaient tous les jours par des maladies, et qu'il me semblait aussi qu'il ne fallait pas exaspérer l'ennemi. L'empereur Alexandre me répondit que j'avais raison quant aux précautions à prendre, qu'il ne faudrait pas loger l'armée à Paris, mais à l'entour, mais qu'il fallait y aller, qu'il n'avait pas d'autre projet que de faire filer ses gardes par cette capitale. Sa Majesté m'a parlé avec la plus grande confiance de sa manière de voir à cet égard, et, quoique je me sois permis de lui parler toujours dans le sens de la modération et des précautions à observer, Elle a paru constamment très portée pour la marche sur Paris. Elle calcule sur les forces que Winzingerode et Bülow amènent par le Brabant et croit que, même si l'empereur Napoléon réunissait quelques troupes d'Espagne, il ne pourrait s'opposer à céder Paris.

« J'ai fait hier ma cour au roi de Prusse, dont les principes et les sentiments me paraissent très portés à ce qu'on accélère la signature des préliminaires de la paix.

« En quittant ce monarque, j'ai eu une très longue conférence avec les princes de Schwarzenberg et de Metternich, dans l'hôtel de ce dernier. Ce ministre, avec une franchise qui m'a surpris, m'a donné lecture des rapports du comte de Stadion, qu'il a reçus de Châtillon dans les derniers jours, et il m'a donné en même temps à lire une lettre que lord Castelreagh a reçue en dernier lieu du maréchal lord Wellington.

« Le comte de Stadion, dans son rapport daté de Châtillon, avant-hier, dit : « Voilà les affaires et les négociations avec le duc
« de Vicence assez avancées au point pour qu'on puisse établir les
« préliminaires. Il est temps, si les puissances alliées veulent recon-
« naître et traiter avec Napoléon, qu'on signe et qu'on arrête les

« mouvements des armées. Il est également temps, si on veut le
« détrôner, qu'on en parle au peuple français, et qu'enfin les
« puissances alliées se prononcent envers cette nation, qui com-
« mence à être fatiguée ; qu'on ne se déclare pas contre la personne
« de Napoléon, ou qu'on accède aux offres qu'il a fait faire. »

« Voilà à peu près l'essentiel de la dépêche du comte de Stadion que j'ai trouvée, autant que j'en ai pu juger, conçue avec
une grande circonspection sur la situation actuelle des choses.

« Lord Wellington écrit dans sa lettre à peu près ce qui suit :

« Me voilà sur le territoire français. Les vœux unanimes du
« peuple sont pour la paix et en grande partie contre Napoléon ;
« mais je ne vois pas que ces vœux se manifestent en faveur des
« Bourbons. Ces princes, par une absence de 22 ans hors de
« France, sont devenus aussi étrangers au peuple français que
« tous autres princes de l'Allemagne. Je pense que si l'on par
« vient à renvoyer l'empereur Napoléon dans des bornes qui con-
« solident une paix convenable aux puissances alliées, il cessera
« d'être nuisible au repos de l'Europe et s'occupera de régner
« pour les intérêts de ses peuples. »

« Lord Wellington dit, en outre, qu'il croyait qu'on ne devait
pas pousser les choses trop loin.

« A ce que le prince de Metternich m'assura, ce sont à peu près
les mêmes principes de lord Castelreagh, et en général, le cabinet
de Saint-James manifeste une grande modération et n'attache
aucun vœu prononcé pour le retour des Bourbons. Le prince de
Metternich m'a également demandé si je ne connaissais pas les
principes de Votre Majesté à l'égard d'un changement à donner
au gouvernement français. Je lui ai répondu que non, que je n'a-
vais aucune instruction à cet égard, et que j'allais expédier un
courrier à Votre Majesté pour qu'elle donne des ordres à ce sujet
au général baron Verger, mais qu'en attendant, je ne croyais pas
qu'il fût des principes de Votre Majesté qu'on pousse les choses
trop loin.

« Le prince de Metternich m'a également renouvelé que l'Empereur son maître désirait entrer dans la liaison la plus intime avec
Votre Majesté pour tout ce qui a rapport à la politique actuelle,
et d'agir de concert avec Elle pour assurer le repos et l'existence
future du midi de l'Allemagne.

« Autant j'augure que c'est le moment où les puissances alliées peuvent obtenir une paix honorable et solide, autant aussi je prévois que Votre Majesté peut profiter de cette époque pour s'agrandir. Je pense que son ministère s'est déjà occupé de faire son plan sous le rapport politique, financier, et même militaire. Les deux premiers objets étant uniquement du ressort du ministre comte Montgelas, ma faible opinion ne peut être bonne dans tout ceci que pour ce qui a rapport aux considérations militaires, ce dont je me suis déjà expliqué dans mes lettres précédentes au comte de Montgelas.

« En vous priant, Sire, de vouloir bien donner le plus tôt possible des instructions au général baron Verger, je suis avec le plus profond respect[1]... »

11 février. — Combat de Nogent. — Après un temps d'arrêt qui n'avait même pas permis aux troupes de se refaire, la grande armée alliée devait reprendre sa marche, le 11, sur deux colonnes séparées l'une de l'autre et opérant, celle de droite, par la rive gauche de la Seine ; celle de gauche, contre Sens.

Le maréchal Victor avait laissé à Nogent, qu'il avait fait retrancher en toute hâte, un millier d'hommes et du canon, sous les ordres du général de Bourmont. Il était venu s'établir, avec le 2ᵉ corps et le 5ᵉ corps de cavalerie, sur la belle position de Plessis-Mériot, d'où il commandait les deux routes de Nogent à Provins et Villenauxe.

Les avant-gardes des Vᵉ et VIᵉ corps étaient seules, à ce moment, devant Nogent, à cheval sur le chemin de Saint-Aubin à Troyes : les Russes de Pahlen, à droite ; les Autrichiens du comte Antoine Hardegg, à gauche[2].

« La ville de Nogent, ainsi s'exprime le *Journal d'opérations de l'armée de Bohême*[3], est bâtie sur les deux rives de la Seine. Un pont de pierre, miné par les Français, fait communiquer entre elles les deux parties de la ville. Le cimetière forme sur la rive gauche de la Seine une espèce de tête de pont naturelle. Les Français avaient crénelé les maisons voisines du pont et barricadé les débouchés des rues qui y conduisent. »

---

[1] Document tiré des papiers de Wrède et des Archives d'Ellingen et cité par le général Heilmann.
[2] Victor au major-général. (*Archives de la guerre.*)
[3] STÄNKE, Eintheilung und Tagesbegebenheiten der Haupt-Armee im Monate Februar. (*K. K. Kriegs Archiv.*, II. 1.)

Bourmont[1] avait placé 250 hommes du 18e de ligne aux barricades de droite, 250 autres à celles de gauche et gardé en réserve les 400 grenadiers et voltigeurs qui lui restaient afin de pouvoir soutenir les points les plus sérieusement menacés. Profitant de la matinée pour couvrir ses pièces par des épaulements, il avait envoyé les 200 dragons dont il disposait en avant de Mériot afin de surveiller de là les rives de la Seine en aval de Nogent. Enfin, des officiers placés dans le clocher de l'église l'informaient de la direction suivie par les colonnes austro-russes et devaient, grâce à leurs indications, lui permettre de prendre les mesures nécessaires pour les recevoir par des feux de front et de flanc.

Vers 9 heures du matin, Pahlen, soutenu par la division Antoine Hardegg, postée à sa gauche, résolut d'enlever Nogent par une attaque brusquée.

Gardant sa cavalerie en réserve, il se porta contre Nogent avec son infanterie, pendant que son artillerie montée bombardait la ville et que ses batteries à cheval cherchaient à enfiler le pont. Le 25e régiment de chasseurs longea la Seine pour attaquer Nogent par l'est, et le régiment d'infanterie de Revel se porta droit devant lui par la chaussée vers l'angle sud-est de la ville.

Le mouvement de l'artillerie à cheval avait été signalé par les observateurs placés dans le clocher, et jusque vers 10 h. 1/2, 100 voltigeurs envoyés de ce côté et embusqués dans un ravin obligèrent, par leur tir, l'artillerie à cheval russe à se tenir hors de portée. Le feu était devenu assez vif de l'autre côté, et l'arrivée des chasseurs russes obligea les voltigeurs à se replier pour occuper les jardins de la ville. Comme l'infanterie russe continuait à se déployer, sa droite à la Seine, Bourmont établit une pièce de canon entre les deux ponts et quelques tirailleurs dans les maisons de l'île. Les Russes arrivèrent jusqu'à vingt pas des jardins et des barricades. Décimés par la mitraille, ébranlés par des feux de front et de flanc, ils se retirèrent, après avoir tenté contre la première barricade élevée sur la route de Troyes, une charge de cavalerie qui n'eut pas plus de succès que l'attaque de leur infanterie et qui fut repoussée par les tirailleurs postés dans les maisons, derrière

---

[1] Bourmont au ministre de la guerre, Provins, 12 février. (*Archives de la guerre.*)

les murs crénelés et sur la barricade. Le régiment de Revel, qui s'était déployé, commença bientôt à menacer la droite de Bourmont et la partie ouest de la ville dont on n'avait pas eu le temps d'achever la mise en état de défense.

Vers midi, l'attaque recommença. Comme la première, elle avait complètement échoué au moment où Bourmont, blessé au genou, fut obligé de remettre le commandement au colonel Voirol, du 18e de ligne.

Devant la résistance acharnée qu'il venait de rencontrer, Pahlen fit demander au comte Hardegg de soutenir, en se portant contre les faces ouest et sud de la ville, l'attaque qu'il comptait renouveler dans l'après-midi. Hardegg n'avait alors avec lui que trois bataillons d'infanterie (2 de Szekler et 1 de chasseurs), deux escadrons de hussards Archiduc-Joseph, deux escadrons de uhlans et une batterie à cheval. Quittant aussitôt les environs de Saint-Aubin et passant par Mâcon, il déploya ses troupes entre ce village et la route de Bray et lança sur la ville ses colonnes d'assaut, qui pénétrèrent un moment jusqu'à peu de distance du cimetière. Mais, arrêtés par un feu terrible, les Autrichiens durent se retirer après avoir combattu jusqu'à la nuit, et se borner à occuper, par quelques tirailleurs, les premières maisons de la ville.

Pahlen, dont la troisième attaque avait été moins énergique et dont les troupes étaient découragées par les tentatives infructueuses de la matinée, n'avait réussi à arracher aux Français que quelques jardins et quelques maisons isolées situées sur les bords de la Seine [1].

Cette affaire, imprudemment engagée, et dans laquelle les attaques échouèrent surtout parce qu'elles manquèrent d'ensemble, avait coûté aux Ve et VIe corps un millier d'hommes dont plus de 800 aux Russes. Elle devait avoir des suites plus sérieuses, en faisant éclater le dissentiment qui existait jusqu'à ce moment à l'état latent entre Wrède et Wittgenstein, dissentiment d'autant plus grave que les corps de ces deux généraux se trouvaient, par suite même des dispositions de l'ordre de bataille, appelés à agir constamment de concert.

---

[1] STÄRKE, Eintheilung und Tagesbegebenheiten der Haupt-Armee im Monate Februar (*K. K. Kriegs Archiv.*, II, 1), et TAXIS, Tagebuch. (*Ibid.*, XIII, 32.)

Aussi, dès le soir même de l'affaire de Nogent, Wrède, après avoir concentré à Trainel trois des divisions de son corps, s'empressa d'écrire à Schwarzenberg[1] : « Mon avant-garde est à Trainel. La cavalerie ennemie s'est retirée sans combattre sur Bray. J'ai appris par un officier que le comte Hardegg était sérieusement engagé avec l'ennemi à Nogent. Le comte Wittgenstein va se porter à son secours avec le VIe corps ; mais Pahlen qui commandait l'avant-garde l'a laissé faire sans l'appuyer. J'ai toujours été l'adversaire d'attaques partielles et de mouvements qui ne sont pas combinés. Le comte Hardegg a agi contre mes ordres et sur la demande directe du comte Pahlen. Je voulais, au contraire, combiner une attaque de Nogent par l'ouest avec celle que je compte diriger contre Bray. Ce mouvement est d'autant plus nécessaire que l'Empereur va sur Sézanne. On a entendu le canon de ce côté. Mes patrouilles me relient au IVe corps. »

Comme on le voit, Wrède pense déjà à aller sur Bray, et s'il fait allusion à l'appui que Wittgenstein donnera à Hardegg du côté de Nogent, il se préoccupe bien plus de ce qui se passe à sa gauche. Wittgenstein, qui n'a pas encore pu se rendre compte des dispositions de Wrède à son égard, se charge au même moment de justifier la remarque que nous venons de faire. En portant à la connaissance de Schwarzenberg[2] les événements du 11, il écrit au généralissime en lui disant qu'un mouvement sur Bray, où l'on chercherait, s'il le fallait, à forcer le passage, faciliterait les opérations contre Nogent : « J'en ai fait part au général comte Wrède, ajoute-t-il, mais je n'ai pas reçu de réponse. » Il convient, du reste, d'ajouter que Wittgenstein n'est pas très conséquent avec lui-même, puisque, dans cette même dépêche, il faisait savoir au prince que son parc ne l'ayant pas rejoint et manquant de munitions qu'il a demandées à Barclay de Tolly, n'ayant pas d'équipages de pont à sa disposition, ne pouvant par suite passer la Seine qu'à Nogent, il invite Wrède *à venir le 12 sur Nogent.* Hâtons-nous d'ajouter que l'on renonça, comme nous le verrons, du reste, un peu plus tard, à l'attaque sur Nogent et qu'on finit par donner la préférence au mouvement sur Bray.

---

[1] Wrède à Schwarzenberg, Trainel, 11 février. (*K. Kriegs Archiv*, II, 283.)
[2] Wittgenstein à Schwarzenberg, Pont-sur-Seine, 11 février. (*K. K. Kriegs Archiv.*, II, 261.)

Prise de Sens. — Du côté de Sens, le hasard avait favorisé les Alliés. Le 11, à 10 heures du matin, le IV⁰ corps tout entier était arrivé devant Sens. Impatient d'en finir avec la résistance de cette ville devant laquelle Platoff avait si piteusement échoué et qui avait arrêté la veille sa propre avant-garde, le prince royal déploya immédiatement son infanterie dans les faubourgs Notre-Dame et Saint-Antoine, le plus près possible de l'enceinte. Mais après deux heures de bombardement, il ne put ni faire brèche, ni défoncer les portes, ni même ébranler le moral des habitants et des troupes de la défense, qui opposèrent partout une résistance acharnée et repoussèrent toutes les attaques [1].

Le prince royal de Wurtemberg, voyant que son artillerie établie sur la hauteur entre les faubourgs Saint-Antoine et Notre-Dame ne produisait aucun effet, ordonna à une batterie de 12 de prendre position à 200 mètres de l'enceinte, d'ouvrir une brèche et de frayer la route à son infanterie. A ce moment, son chef d'état-major, le colonel autrichien comte Baillet de Latour, découvrit l'existence d'une poterne qui faisait communiquer les caves du collège avec les promenades et qu'on avait oublié de murer. On enfonce cette porte, par laquelle le général-major prince de Hohenlohe pénètre, à la tête du 4⁰ régiment d'infanterie, d'abord dans le collège, puis dans la ville, pendant que deux autres colonnes, sous le général von Stockmayer et le lieutenant-colonel comte von Lippe, essayaient de détourner l'attention de la garnison en continuant les démonstrations contre les portes de la ville. Le général Allix, qui se préparait à exécuter une sortie par la porte de Bray, informé de ce qui venait de se passer au collège, eut le temps de se replier en bon ordre sur la rive gauche et sur le faubourg d'Yonne ; mais il ne put parvenir à faire sauter complètement le pont, dont le tablier seul fut légèrement endommagé.

Bien qu'il eût été facile de rendre de nouveau le pont praticable et qu'il disposât de forces infiniment supérieures en nombre, le prince royal se contenta d'occuper la ville [2] et d'entretenir

---

[1] STÄRKE, Eintheilung und Tagesbegebenheiten der Haupt-Armee im Monate Februar (*K. K. Kriegs Archiv.*, II, 1), et Journal d'opérations du IV⁰ corps. (*Ibid.*, XIII, 56.)

[2] « J'ai fait prisonnier à Sens le colonel Allemand, chef d'état-major du

pendant toute la nuit une fusillade nourrie contre les tirailleurs français de la rive gauche chargés de couvrir la retraite d'Allix sur Montereau, où il devait se rejoindre avec le général Pajol.

L'avant-garde du IV⁰ corps poussa cependant, le 11 au soir, par la rive droite, jusqu'à hauteur de Pont-sur-Yonne. Le général Allix, qui y avait pris position, en coupa le pont, avant de continuer sa retraite, le 12 au matin.

Affaire de Ville-Saint-Jacques. — Pajol, posté à Fossard, ne voulant pas abandonner la garnison de Sens et déjà devancé sur le Loing par les cosaques de Platoff, avait, dès le 10, détaché de Fossard la brigade de cavalerie du général du Coëtlosquet qui, au lieu de marcher militairement, s'avança sans précaution, précédée par les fourriers chargés de faire son logement.

Aux environs de Ville-Saint-Jacques, à la tombée de la nuit, ces fourriers donnèrent dans le bivouac des cosaques, furent ramenés grand train sur la brigade, et le général du Coëtlosquet crut devoir rétrograder sur Montereau, où il s'établit. Le général Pajol le blâma de s'être attiré cette échauffourée et envoya, pendant la nuit, 100 gendarmes à pied venant d'Espagne, réparer l'échec des hussards. Ce détachement, marchant dans le plus grand silence, tomba, à une heure du matin, dans le bivouac des cosaques, passa à la baïonnette tout ce qui ne put s'échapper et rentra ensuite à Fossard [1].

Bien que la division Boyer ne dût rejoindre que le 12 au matin, bien que la division Leval ne se composât encore que de 4,000 hommes, Oudinot, auquel Pajol avait envoyé à Provins l'avis des mouvements du IV⁰ corps sur Sens, avait néanmoins cru devoir se conformer aux ordres du major-général. Il avait donc fait partir cette division pour La Ferté-Gaucher avec ordre de continuer de là sur Montmirail et Viels-Maisons. Il ne lui

---

général Allix. Le colonel est grièvement blessé. J'ai eu la bonne fortune de m'emparer de ses papiers.

« L'ennemi occupe encore l'autre rive et cherche à détruire le pont. J'occupe la ville, et mon avant-garde est à Pont-sur-Yonne. » (Prince royal de Wurtemberg à Schwarzenberg, Sens, 11 février. — *K. K. Kriegs Archiv.*, II, 279.)

Le colonel Allemand mourut quelques jours après des suites de ses blessures.

[1] Général comte Pajol, *Pajol, général en chef*.

restait plus à ce moment, à Provins, que 2,000 hommes de la divison Rottembourg, chargés de la garde du parc et du quartier général [1].

Mouvement des cosaques sur Moret, Montargis, Nemours et Château-Landon. — Les cosaques de Platoff se maintenaient toujours sur la route de Moret à Fossard ; ils avaient essayé, sans pouvoir y parvenir, d'enlever par surprise Moret et Nemours pendant que les troupes, que Pajol avait sur la route de Bray, entre la Seine et l'Yonne, avaient été obligées de se replier devant la cavalerie bavaroise jusqu'à Marolles-sur-Seine.

D'ailleurs, la mollesse que les Wurtembergeois apportaient à la poursuite d'Allix, leur timidité et leur obstination à rester sur la rive droite de l'Yonne, faisaient croire à Pajol comme au duc de Reggio que le IVe corps suivrait le lendemain Platoff et chercherait à se porter sur Paris par Nemours.

Du côté de Montargis, les cosaques étaient arrivés à une lieue de la ville, et après avoir détaché un parti sur Égreville, ils avaient, dans l'après-midi du 11, tenté une première attaque contre Montargis. Ils avaient, en même temps, rétabli le pont de Souppes, passé le Loing, occupé Château-Landon et obligé les postes français de Nargis et de Cepoy à se replier sur Montargis, que le commandant, craignant d'être cerné le lendemain, évacuait à trois heures de l'après-midi pour se replier pendant la nuit d'abord sur Gien, puis sur Orléans.

Occupation d'Auxerre. — Le prince Maurice Liechtenstein était entré, le 11 février, à 4 heures à Auxerre, après avoir contourné la ville et après avoir pris ses mesures pour l'attaquer de deux côtés à la fois. « La ville, écrit-il à Schwarzenberg [2], s'est

---

[1] Oudinot au Ministre (*Archives de la guerre*). — Le duc de Reggio avait, dès le matin, informé Victor des mouvements des Alliés sur Sens et Nemours.

« J'ai appelé à moi la division Leval, écrira l'Empereur, deux jours après à Joseph, de la ferme de Lumeront, le 13 à 10 heures du matin, et comme je n'en ai pas eu besoin, ce mouvement devient un faux mouvement. » (*Correspondance*, n° 21236.)

[2] Prince Maurice Liechtenstein au prince de Schwarzenberg, Auxerre, 11 février. (*K. K. Kriegs Archiv.*, II, 277.)

Ces renseignements sont confirmés par une lettre du préfet de l'Yonne au ministre de la guerre, datée de Saint-Fargeau, le 12. (*Archives de la guerre.*)

rendue : le général Moreau s'est enfui en toute hâte par la route d'Orléans, et nous n'avons pu prendre que son ordonnance. 60 fantassins ont essayé de se retirer. Rejoints et chargés par les chevau-légers du régiment de l'Empereur, ils ont laissé entre nos mains 3 capitaines, 3 lieutenants et 40 hommes. Je resterai, ajoutait le prince, demain 12 à Auxerre ; je serai le 13 à Joigny et le 14 à Sens. J'aurais bien voulu envoyer des partis vers Orléans et surtout vers Dijon; mais la distance qui me sépare de ces deux villes est trop grande, et j'ai trop peu de cavalerie pour risquer une pareille entreprise. Je laisserai quelque infanterie à Auxerre. »

Mouvements des Ier et IIIe corps. — Le Ier corps se dirigeant sur Sens, avait eu énormément de mal à traverser la forêt d'Othe, absolument impraticable pour les voitures, et était péniblement arrivé jusqu'à Arces, à une grande journée de marche de Sens. Son avant-garde, la division légère du comte Ignace Hardegg était à Cerisiers; mais la division du prince de Wied-Runkel était encore assez loin en arrière à Chailley [1].

Le IIIe corps venait derrière le Ier et Gyulay avec la division Fresnel s'établissait le 11 au soir à Saint-Florentin, la division Crenneville en avant à Avrolles, la division Weiss en arrière à Neuvy. Sa réserve d'artillerie, qui devait venir de Sommeval à Saint-Florentin, avait été contrainte de rétrograder sur Troyes et d'y prendre la grande route de Sens, les chemins menant à Saint-Florentin étant devenus absolument impraticables [2].

Le comte Nostitz était resté à Auxon; les gardes et réserves russes et prussiennes, à Troyes, avec l'ordre de se tenir prêtes à marcher le lendemain sur Méry.

Nouvelles de la marche de l'Empereur et du combat de Champaubert. — Pendant que les troupes de l'armée de Bohême exécutaient ces quelques mouvements, que Sens tombait entre les mains du prince royal, que la résistance de l'arrière-

---

[1] STÄRKE, Eintheilung und Tagesbegebenheiten der Haupt-Armee im Monate Februar. (*K. K. Kriegs Archiv.*, II, 1.)
[2] *Ibid.*, II, 1.

garde de Victor arrêtait deux divisions devant Nogent, on avait reçu, dans le courant de l'après-midi, au grand quartier général, des nouvelles positives annonçant les premiers échecs de l'armée de Silésie. A 5 heures, le général Witte, expédié par Blücher la veille à 10 heures du soir, remettait au généralissime la lettre dans laquelle le feld-maréchal, l'informant de la défaite d'Olsufieff à Champaubert, lui exposait la situation de l'armée de Silésie, éparpillée entre la Seine et la Marne, et lui montrait que, par suite de l'inaction de l'armée de Bohême, il lui serait désormais très difficile, peut-être même impossible, d'opérer sa concentration. Il lui prouvait que Napoléon suivait les routes les plus courtes, ne tenant aucun compte des difficultés du terrain et s'attachant surtout à se porter rapidement contre chacun de ses corps, qu'il compte battre isolément [1].

Ces graves nouvelles furent encore confirmées à deux reprises à Schwarzenberg par Wittgenstein. Le prince Lubomirski, que Wittgenstein [2] avait fait partir de Méry avec son corps volant, s'était relié aux troupes du feld-maréchal et avait rencontré près de Pleurs le colonel Blücher. L'officier russe avait su de cette façon que le feld-maréchal était avec le gros de ses forces à Vertus, Kleist à Fère-Champenoise et Connantray, Kapsewitch vers Épernay, et qu'on était encore à l'armée de Silésie, à la date du 10, sans nouvelles d'York. Wittgenstein, en transmettant le 11 au matin ces renseignements au généralissime, ajoutait que, « comme Winzingerode se rapprochait de l'armée de Silésie, le feld-maréchal lui paraissait en mesure de résister pour le moment à l'armée de Napoléon. »

Le post-scriptum de la dépêche était, il est vrai, déjà moins rassurant. Blücher venait de l'informer qu' « Olsufieff est engagé à Champaubert, qu'il ignore encore le résultat du combat. L'ennemi s'avance en force par la route de La Ferté-sous-Jouarre à Vertus et paraît avoir l'intention de percer à travers l'armée de Silésie. »

« Le feld-maréchal, qui est avec Kleist et Kapsewitch à Ber-

---

[1] Stärke, Eintheilung und Tagesbegebenheiten der Haupt-Armee im Monate Februar. (*K. K. Kriegs Archiv.*, II, 1.)
[2] Wittgenstein à Schwarzenberg, Méry, 11 février. (*Ibid.*, II, 214.)

gères et Vertus, demande, écrit encore Wittgenstein, que *nous nous portions de suite sur les derrières de l'ennemi* pour l'arrêter et donner ainsi à York et à Sacken, qui sont à Château-Thierry et à La Ferté-sous-Jouarre, le temps de le rejoindre. » On savait donc dès lors, comme Wittgenstein le constate, que les corps disséminés de l'armée de Silésie n'occupaient pas les positions qu'on avait antérieurement indiquées [1].

Quelques heures plus tard, le général von Zieten, confirmant et complétant les nouvelles apportées par le général Witte, informait Wittgenstein [2] de l'occupation d'Étoges par les Français, et lui communiquait l'ordre par lequel Blücher le faisait revenir avec Kleist sur la position de Bergères et de Vertus, où le feld-maréchal espérait réussir à se concentrer.

Dès que ces différentes nouvelles lui furent parvenues à Troyes, l'empereur de Russie avait émis l'avis de se porter immédiatement sur Sézanne afin d'opérer avec toute l'armée de Bohême sur les derrières de Napoléon. Mais, devant l'impossibilité de faire accepter son idée à l'empereur d'Autriche et à Schwarzenberg, il se vit contraint de donner son consentement à une demi-mesure qui, comme toutes les résolutions de ce genre, ne pouvait amener aucun résultat sérieux.

Schwarzenberg modifie ses ordres. — Le prince de Schwarzenberg renonçant à faire agir son aile gauche au delà de Sens jusqu'à ce que les affaires se fussent rétablies du côté de l'armée de Silésie, se décida à pousser sa droite seule sur la rive droite de la Seine. Il crut que le mouvement d'une partie de son armée

---

[1] Wittgenstein fait évidemment allusion ici aux renseignements envoyés au généralissime par le major Mareschal que Schwarzenberg avait détaché au quartier général de l'armée de Silésie et dont nous aurons lieu de nous occuper plus d'une fois au chapitre suivant.

[2] Wittgenstein à Schwarzenberg, Méry, 11 février. (*K. K. Kriegs Archiv.*, II, 284.) Le général russe finit sa dépêche en disant : « Il est urgent que nous avancions et je prie Votre Altesse d'inviter le général Wrède à ne pas perdre un instant pour se joindre à moi. »

Wrède, de son côté, avait été prévenu directement par Blücher de la situation dans laquelle se trouvaient les corps de l'armée de Silésie. Nous aurons lieu de reproduire plus loin cette lettre de Blücher lorsque nous passerons en revue les événements de la journée du 12 février.

suffirait pour dégager Blücher en menaçant les derrières des Français et pour arrêter les progrès de l'Empereur [1].

Il ordonna, en conséquence, aux V⁰ et VI⁰ corps de forcer le passage à Nogent et de se porter sur Villenauxe. Les gardes et réserves se dirigeant le 12 sur Méry devaient suivre leur mouvement.

L'aile gauche de l'armée de Bohême (I⁰ʳ et III⁰ corps et les grenadiers et cuirassiers autrichiens) devait se masser avec le IV⁰ corps autour de Sens, dont le généralissime ignorait encore la prise et d'où, d'après ces ordres, ces quatre corps devaient chasser l'ennemi.

Au lieu de concentrer l'armée de Bohême, le généralissime préféra la diviser en deux groupes séparés l'un de l'autre par une distance considérable et par un grand fleuve et chercha à expliquer les motifs de cette singulière disposition dans la lettre qu'il adressa le 11 au soir de Troyes à Blücher :

« Il me semble, dit Schwarzenberg, que l'ennemi, en se jetant sur les colonnes qui s'approchent de lui, désire gagner du temps et espère nous amener à faire de faux mouvements.

« L'état des chemins le mettant, d'ailleurs, dans l'impossibilité de se mouvoir rapidement, Votre Excellence aura sans aucun doute le temps de relier entre eux les différents corps de son armée.

« Les colonnes que j'ai dirigées sur Sens ont déjà fait trop de chemin pour que je puisse les faire revenir sur leurs pas, et c'est pour cette raison que les I⁰ʳ, III⁰ et IV⁰ corps continueront à attaquer cette ville.

« Le comte Wittgenstein attaquera Nogent demain. S'il parvient à se rendre maître de ce point, il marchera par Villenauxe sur Sézanne ; s'il échoue dans son entreprise, je me verrai forcé de le faire revenir sur Méry pour l'envoyer de là à Sézanne.

« Afin de parer à toutes les éventualités, les gardes et réserves russes viendront demain à Méry [2], et mon quartier général restera

---

[1] Stärke, Eintheilung und Tagesbegebenheiten der Haupt-Armee im Monate Februar. (*K. K. Kriegs Archiv.*, II, 1.)

[2] Plotho et Damitz commettent une erreur en faisant marcher les gardes et réserves dès le 11 sur Méry. L'empereur de Russie n'osa pas de sa propre autorité modifier d'une façon aussi significative les ordres du généralissime. Il se contenta de faire partir, le 11 au soir, Diebitsch avec la cavalerie légère de la garde avec laquelle ce général passa l'Aube à Plancy, le 12 au matin.

à Troyes jusqu'à ce que je sois définitivement fixé sur le choix de la grande direction que je suivrai.

« Il me serait fort désagréable, je le reconnais, de devoir, à cause des mouvements de l'ennemi, faire obliquer mon armée à droite. L'état des chemins et le manque absolu de subsistances me font redouter une marche de ce genre.

« Je prie Votre Excellence de me donner le plus fréquemment possible de ses nouvelles et des renseignements sur les mouvements de l'ennemi. »

S'il faut en croire certains auteurs et certaines lettres particulières du généralissime, Schwarzenberg aurait eu de graves raisons politiques pour ne pas exécuter le mouvement demandé par Blücher et par l'empereur de Russie. L'Autriche à ce moment ne désespérait pas de faire accepter à Caulaincourt et à l'Empereur les conditions posées lors de la première séance du congrès, et l'empereur d'Autriche, Metternich et Schwarzenberg étaient loin de désapprouver ce que le généralissime appelait dans ses lettres intimes « la course folle de Blücher qui, dans sa hâte d'arriver au Palais Royal, pourrait bien, en disséminant ses forces, s'exposer en route à quelque désastre [1]. »

Ces ordres ne devaient, d'ailleurs, recevoir qu'une exécution partielle : d'une part, parce que la nouvelle de la prise de Sens amena Schwarzenberg lui-même à les modifier; de l'autre, parce que Wittgenstein et Wrède jugèrent avec raison inutile et même dangereux de s'entêter devant Nogent.

12 février. — Opérations des Ve et VIe corps contre Nogent et Bray. — Le combat sanglant et acharné du 11 et la force de la position occupée par Victor à Mériot, avaient démontré à Wittgenstein et surtout à Wrède qui, précédant le gros de son corps, s'était rendu devant Nogent, qu'il leur serait presque impossible de forcer le passage par une attaque de front. Les deux généraux, après avoir conféré ensemble, se décidèrent par suite à menacer les derrières de Victor, en passant la Seine en amont et en aval et à obliger par ce mouvement débordant le maréchal à rappeler à lui les défenseurs de Nogent [2].

---

[1] Lettre de Schwarzenberg à la princesse.
[2] STARKE, Eintheilung und Tagesbegebenheiten der Haupt-Armee im Monate Februar (*K. K. Kriegs Archiv.*, II, 1) et TAXIS, Tagebuch. (*Ibid.*, XIII, 32.)

Mais comme la division bavaroise du général Rechberg avait quitté Traînel le 12 à la pointe du jour, pour relever et soutenir la division du comte Hardegg, Wrède résolut de laisser ces deux divisions devant Nogent, que le gros du VI⁰ corps observerait pendant toute la journée. On devait se borner à tirailler avec l'ennemi, se contenter de se maintenir dans les quelques maisons occupées la veille et on attaquerait le soir seulement, si d'ici là les Français n'avaient pas évacué la ville. Du côté des Russes, la brigade Rosen avait relevé le 25ᵉ chasseurs et le régiment de Revel très éprouvés par le combat du 11.

Pendant ce temps, la division bavaroise La Motte s'était portée sur Bray et Frimont avait remplacé Rechberg à Traînel. Wrède semble, d'ailleurs, avoir décidé, en principe au moins, et avant son entretien avec Wittgenstein, le mouvement sur Bray, puisque plusieurs heures avant d'arriver à Nogent il avait de Traînel, le 12, à 2 heures du matin, envoyé à Schwarzenberg un billet contenant ces mots : « J'attaquerai ce matin Nogent et Bray.[1] »

---

[1] Wrède à Schwarzenberg, Traînel, 12 fév. (*K. K. Kriegs Archiv.*, II, 312.)
Wrède s'est, d'ailleurs, chargé de justifier lui-même cette appréciation. Le général Heilmann, dans sa biographie de Wrède, nous fournit, en effet, la preuve de ce que nous venons d'avancer en mettant sous nos yeux la lettre de Blücher reçue par Wrède dans la nuit du 11 au 12 et en nous faisant connaître la résolution à laquelle Wrède s'arrêta aussitôt après l'arrivée de la lettre du feld-maréchal.
Après Brienne, dit le général Heilmann, Blücher doit prendre par la vallée de la Marne. Schwarzenberg marchera par les deux rives de la Seine et se réunira sous Paris avec le feld-maréchal prussien. Le 4 février, Schwarzenberg s'illusionnant complètement sur la situation, écrit à Wrède : « Blücher sera assez fort pour chasser devant lui Macdonald et Marmont, et arriver dans peu de jours sous Paris. De notre côté nous devons, fidèles à notre principe, chercher constamment à déborder l'ennemi par sa droite. »
Huit jours s'étaient à peine écoulés que Wrède recevait dans la nuit du 11 au 12 février, la lettre suivante que Blücher lui avait écrite le 10 de Fère-Champenoise :
« L'ennemi, très supérieur en nombre, a attaqué cette après-midi le corps du général Olsufieff posté à Champaubert. Je n'ai pas jusqu'à présent reçu de nouvelles exactes sur l'issue de cet engagement. Tous mes renseignements me portent à croire que l'ennemi marche avec des forces considérables sur la route de Vertus à La Ferté-sous-Jouarre et qu'il aurait l'intention de chercher à crever et à couper en deux notre armée. Je me suis, par suite, décidé à partir d'ici avec les corps Kleist et Kapsewitch et à prendre position à Bergères, près de Vertus. En informant Votre Excellence de ce mouvement, je la prie, si faire se peut, d'empêcher la marche de l'ennemi par une démonstration faite sur ses derrières, afin de donner de cette façon aux corps York et Sacken, postés à Château-Thierry et à La Ferté-sous-Jouarre, le temps nécessaire pour opérer

En raison de la destruction partielle du pont de pierre de Bray dont on avait fait sauter une arche, Oudinot avait cru que quelques gardes nationaux suffiraient pour garder un passage aussi important. Cette négligence devait avoir, non seulement pour lui, mais pour toute l'armée française, des suites fâcheuses. Les Bavarois de La Motte, après avoir traversé le fleuve en barque, chassèrent sans peine des maisons de la rive gauche ces soldats improvisés, prirent pied sur la rive droite et occupèrent Mouy-sur-Seine. On commença aussitôt à réparer le pont que la division La Motte put passer à 10 heures du soir[1]. Frimont, informé du résultat de l'affaire de Bray, avait aussitôt quitté Traînel pour venir le soir s'établir avec ses Autrichiens entre Bray et Villuis[2].

Oudinot, posté à Provins, avait entendu la canonnade de Bray et avait été informé, à 3 heures de l'après-midi, de la perte de ce poste. Il prévint aussitôt le duc de Bellune de ce grave événement et lui fit savoir qu'évacuant Provins, il se rendait avec les troupes qui lui restaient (une partie de la division Rottembourg) à Donnemarie où il l'invitait à venir l'appuyer. A 8 heures du soir, le duc de Reggio était à Donnemarie avec 1500 hommes et 200 chevaux et envoyait au général Boyer (9e division) dont la 1re brigade (général Gauthier) venait d'arriver à Nangis, l'ordre de se mettre immédiatement en route pour venir le rejoindre sur sa nouvelle position d'où il espérait couvrir à la fois Bray et Provins[3].

La cavalerie de Rüdinger passe la Seine. — Évacuation de Nogent. — Ce même jour, le général Rüdinger, avec un

---

leur jonction. D'après les dernières nouvelles que je reçois, plusieurs colonnes se seraient mises en mouvement sur les derrières de l'ennemi. Mais, tant à cause du nombre considérable de traînards que du mauvais état des chemins dans lesquels l'artillerie s'embourbe, elles rencontrent beaucoup d'obstacles dans leur marche. Il y a peut-être là une raison de plus pour entreprendre un mouvement offensif sur les derrières de l'ennemi. »

Cette lettre de Blücher, ajoute Wrède, me décida à chercher à forcer le passage de la Seine sur un point quelconque et à me rendre aux vœux du feld-maréchal Blücher en manœuvrant sur les derrières de l'ennemi. (Général HEILMANN, *Wrède*, p. 341, 342.)

[1] A 4 heures du matin seulement le 13, d'après le général Heilmann.
[2] STÄRKE, Eintheilung und Tagesbegebenheiten der Haupt-Armee im Monate Februar (*Ibid.*, II, 1), et TAXIS, Tagebuch. (*Ibid.*, XIII, 32.)
[3] Oudinot au major-général, au ministre de la guerre et au général Boyer. (*Archives de la guerre.*)

détachement composé du régiment de hussards de Grodno, de deux escadrons de hussards de Soumy, des cosaques de Rebrikoff, de deux bataillons d'infanterie et de quatre pièces d'artillerie à cheval, avait, sur l'ordre de Wittgenstein [1], passé la Seine sur un pont de bateaux à Pont-sur-Seine et poussé jusqu'à Villenauxe, d'où il avait chassé quelques partis de cavalerie française appartenant au 5e corps de cavalerie.

Informé de l'apparition de l'ennemi sur la rive droite de la Seine en amont et en aval de Nogent, Victor dut se résigner à envoyer au colonel Voirol l'ordre d'évacuer Nogent. Cet officier, qui avait fait preuve d'une énergie et d'une intelligence remarquables, commença par retirer, vers le soir, les troupes postées dans le cimetière. Après avoir ramené tout son monde sur la rive droite, il réussit encore, par un dernier retour offensif, à arrêter les troupes qui le suivaient, à faire sauter le pont, au moment où les premières troupes russes venaient de s'y engager, et à rejoindre le duc de Bellune sur la route de Provins à l'entrée de la forêt de Sourdun [2].

Une faible brigade avait réussi à arrêter les Alliés pendant plus de quatre jours devant Nogent, et au moment où la négligence d'Oudinot obligea Victor à donner l'ordre d'évacuer la ville, Wrède et Wittgenstein avaient massé sur ce point quatre divisions, puisqu'on avait cru nécessaire d'envoyer la division Rechberg et une partie du corps du prince Eugène de Wurtemberg soutenir et relever les divisions Pahlen et Rechberg.

Mouvements des gardes et réserves et de la cavalerie de Diebitsch. — Les gardes et réserves russes appelées à suivre le mouvement des Ve et VIe corps se cantonnèrent autour de Méry, sur les deux rives de la Seine. Seule, la cavalerie légère de la

---

[1] « L'ennemi occupe toujours Nogent..... J'ai réussi à établir un passage à Pont-sur-Seine et depuis une heure je fais passer des troupes que je dirige sur Villenauxe.

« J'ai informé le comte Wrède.

« Je suis aujourd'hui sans nouvelles de Blücher : je n'entends pas le canon de son côté. Le prince Lubomirsky était à Marigny. » Wittgenstein à Schwarzenberg, Pont-sur-Seine, 11 février. (K. K. Kriegs Archiv., II, 310.)

[2] Le prince de Taxis, dans son Tagebuch (K. K. Kriegs Archiv., XIII, 32), rend justice à l'héroïsme des défenseurs de Nogent ; mais il en attribue tout l'honneur à Bourmont.

garde russe, sous les ordres de Diebitsch qui, dès le matin, avait passé l'Aube à Plancy, arriva jusqu'aux hauteurs qui s'élèvent au sud de Faux et poussa de là des patrouilles vers Sézanne et Fère-Champenoise. Les cavaliers envoyés à Fère-Champenoise en rapportèrent la nouvelle de la marche de Blücher de Vertus sur Montmirail[1]. On sut de cette façon, d'abord qu'il y avait eu de l'infanterie française à Sézanne, puis, par un rapport de Lubomirsky, que la cavalerie française s'était, elle aussi, retirée sur Montmirail[2].

---

[1] Stärke, Eintheilung und Tagesbegebenheiten der Haupt-Armee im Monate Februar. (*K. K. Kriegs Archiv.*, II, 1.)

Diebitsch adressait ses rapports directement au général Barclay. Le général lieutenant Sabanaïeff, chef d'état-major de Barclay, transmettait ensuite ces rapports rédigés en langue russe tant à l'empereur Alexandre qu'au grand quartier général de Schwarzenberg à l'adresse de Toll, qui les traduisait d'abord verbalement au feld-maréchal et à ses conseillers. Il est probable, bien que ce ne soit rien moins que certain, que les officiers de Toll en fournissaient ensuite la traduction écrite. C'est, d'ailleurs, à la minute même de ces différentes pièces que nous empruntons les documents suivants :

« Sabanaïeff à Toll. — Méry, le 12 février 1814 (reçu au quartier général à Troyes le 13).

« Par ordre de Son Excellence le commandant en chef (Barclay), j'ai l'honneur de vous transmettre le rapport suivant destiné à S. A. le feld-maréchal prince Schwarzenberg.

« L'avant-garde sous le général-lieutenant Diebitsch a atteint ce matin à 8 heures le village de Plancy et s'est arrêtée sur ce point sur la rive gauche de l'Aube, parce que l'ennemi a détruit le pont qui ne sera pas réparé avant ce soir.

« Le général-lieutenant Diebitsch a dirigé sur le village de Faux deux escadrons qui pousseront des patrouilles sur Sézanne et Fère-Champenoise et enverront quelques cosaques du côté de Villenauxe pour chercher la communication avec le comte Wittgenstein qui, nous avons tout lieu de le croire, a dû occuper Nogent, puisque, à l'exception de quelques coups de canon entendus ce matin dans la direction de Saint-Quentin (Saint-Quentin-le-Verger), tout a été tranquille de ce côté.

« Le commandant en chef a prescrit au colonel Bock de se rendre à Arcis avec 50 cosaques pour se relier au feld-maréchal Blücher et le renseigner exactement sur ce qui se passe à l'armée de ce maréchal. »

[2] Les pièces qui contiennent ces différents renseignements sont d'autant plus intéressantes à consulter qu'elles permettent de se rendre un compte exact des relations existant entre les généraux russes et autrichiens. Elles nous ont paru d'autant plus curieuses que nous avions déjà eu lieu de parler de la tension des rapports, entre Wrède et Schwarzenberg d'une part, entre Wrède et Wittgenstein de l'autre, et que, jointes à la pièce qui précède, elles nous ont mis à même de connaître le mode singulièrement lent et compliqué adopté pour l'envoi de renseignements qui auraient dû arriver directement au grand quartier général.

Le général Allix avait rejoint Pajol, et tous deux occupaient Montereau où ce dernier avait l'intention de rester, d'autant plus qu'Oudinot, en se retirant de Provins sur Nangis, l'avait laissé libre de le rejoindre ou de se replier, le cas échéant, sur Melun. Afin de couvrir sa droite, de protéger Fontainebleau et de savoir ce qui se passait sur le Loing, Pajol avait envoyé le général Montbrun à Moret et à Nemours, avec l'ordre de défendre ces deux ponts et de tenir jusqu'à la dernière extrémité.

« Barclay de Tolly à Toll. — Méry, le 13 février, 8 heures du matin (reçu le même jour à Troyes).

« Mon cher général, veuillez me faire connaître exactement et à tout instant les mouvements des différents corps d'armée. *Je ne sais si c'est à dessein ou par négligence que le quartier général autrichien ne m'envoie aucune communication.* Dans l'espoir de recevoir un ordre de marche, j'avais rassemblé mes troupes ce matin à 5 heures sur les points que je leur avais indiqués en cas de concentration. Je les cantonne de nouveau. Ci-joint une copie des rapports de Diebitsch et de Lubomirsky. Je pousserai la cavalerie de l'avant-garde jusqu'à Sézanne, mais j'en donnerai le commandement à un autre officier général parce que j'ai besoin de Diebitsch. Par suite des inondations, les ponts sur l'Aube et les routes de Plancy à Sézanne sont presque impraticables pour l'infanterie et l'artillerie. »

« Rapport du général-lieutenant Diebitsch à Barclay de Tolly. — Les Granges, 13 février 1814, 6 heures 1/2 du matin.

« J'ai l'honneur de transmettre à Votre Excellence le rapport adressé au général-major Tschalikoff par le colonel aide-de-camp prince Lubomirsky que mes patrouilles ont rencontré à Saint-Rémy près de Sézanne. Votre Excellence verra par ce rapport que l'ennemi se rapproche de Montmirail, où d'après le rapport du prince Lubomirsky, paraissent s'être également concentrées les troupes du feld-maréchal Blücher. Ce qui est d'autant plus vraisemblable que les partis que j'avais envoyés du côté de Vertus pour me relier aux Prussiens, me font savoir qu'ils n'ont pas trouvé de traces des troupes alliées et qu'ils continuent à les rechercher.

« Je me propose donc, si les partis que j'ai envoyés me confirment l'absence de toute troupe ennemie entre Sézanne et Vertus, de me porter avec la division de cavalerie de la garde sur Sézanne, d'où il sera plus aisé de rechercher les communications avec le feld-maréchal Blücher et d'opérer, en cas de besoin, soit contre Montmirail, soit contre Nogent. J'ai ordonné à l'infanterie et à l'artillerie de suivre par Savun (Saron) si le passage est possible sur ce point et, dans le cas contraire, de se réunir de nouveau avec le corps des grenadiers. J'attends à ce propos les instructions de Votre Excellence. »

« Rapport du prince Lubomirsky au général-major Tschalikoff, commandant le régiment de uhlans de la garde. — Saint-Rémy, près Sézanne, 12 février.

« J'ai occupé aujourd'hui Sézanne ; la cavalerie ennemie (1000 chevaux environ) s'est retirée sur Montmirail, et j'entends de ce côté une forte canonnade. Hier, au village de Pleurs, j'étais en communication avec les Prussiens qui ont hier encore continué leur mouvement vers la droite et, depuis lors, je n'ai pu me relier à eux de ce côté. J'ai envoyé deux partis dans cette direction

Halte du IVᵉ corps aux environs de Sens. — Marche du corps volant de Thurn sur Saint-Valérien. — Bien qu'il n'eût plus rien eu devant lui et que les Français n'eussent pu parvenir à faire sauter le pont de Sens, le IVᵉ corps bougea à peine le 13. La cavalerie d'avant-garde était, dès le matin, aux environs de Pont-sur-Yonne ; le lieutenant-colonel Rohrig avait deux escadrons à Soucy (au nord de Sens, sur la route de Nogent) d'où il envoyait sur la route de Bray quelques partis chargés de chercher la communication avec le Vᵉ corps[1]. Un peu plus tard, quand il eut connaissance de l'évacuation de Pont-sur-Yonne, le prince y envoya la brigade du général Walsleben.

Les vedettes de Pajol, postées à Villemanoche, avaient signalé ce mouvement des Wurtembergeois.

Le corps volant de Thurn, venant des environs de Troyes, était arrivé le 12 au matin à Sens, où, avec une partie de son petit corps, il passa le pont dès qu'il fut praticable pour la cavalerie. Le reste de sa troupe avait remonté l'Yonne jusqu'à Villeneuve-le-Roi et devait venir le rejoindre à Saint-Valérien. Ses patrouilles, poussant jusqu'aux environs de ce village, avaient signalé la présence à Dollot, Cheroy, Vallery et Blennes de deux régiments de dragons français (les 17ᵉ et 25ᵉ de la division Trelliard) venant

---

et deux autres du côté de Nogent. Mon détachement composé de 300 hommes est trop faible pour pouvoir maintenir la communication avec le comte Wittgenstein et avec le feld-maréchal Blücher. Si Votre Excellence pouvait envoyer quelqu'un à ma droite pour se relier avec moi et avec les Prussiens, il serait possible d'établir une communication constante qui ne saurait exister actuellement, forcé que je suis de me tenir davantage du côté de Nogent et de Provins. »

« Diebitsch à Barclay. — Les Granges, 13 février au matin (reçu à Troyes le même jour).

« Les partis envoyés à Fère-Champenoise me rapportent qu'il n'y a pas de troupes ennemies de ce côté, que les Alliés se sont portés vers Vertus et qu'ils ont entendu hier une forte canonnade de ce côté. Le feld-maréchal Blücher a passé la nuit du 10 au 11 à Fère-Champenoise et est parti pour Vertus, le 11 au matin. J'espère que l'officier que j'ai envoyé à Vertus, l'y trouvera. Comme il n'y a aucun ennemi sur mon flanc droit, je me porterai avec ma cavalerie à Sézanne et je chercherai de là la communication la plus courte. J'ai l'honneur de vous envoyer ci-joint les dispositions que j'ai prises pour le mouvement de la cavalerie et le rapport du colonel marquis de Boissaizon. »

[1] STÄRKE, Eintheilung und Tagesbegebenheiten der Haupt-Armee im Monate Februar (*K. K. Kriegs Archiv.*, II, 1), et Prince royal de Wurtemberg à Schwarzenberg, Sens, 12 février. (*Ibid.*, II, 314.)

d'Espagne et se dirigeant sur Montereau. Thurn se reliait ainsi par sa gauche aux cosaques de Platoff du côté d'Egreville, par sa droite aux avant-postes du prince royal de Wurtemberg [1].

Mouvement des Ier et IIIe corps. — Marche de Platoff sur Nemours et Fontainebleau. — Seslavin à Montargis. — Le Ier corps avait continué sa marche. La division légère du comte Ignace Hardegg avait obliqué à gauche et s'était portée de Cerisiers sur Véron et Rozoy. Son avant-garde était même arrivée jusqu'à Malay et à Sens. La division Bianchi avait poussé d'Arcis à Pont-sur-Vanne et la division du prince de Wied-Runkel était venue de Chailley à Cerisiers, où se trouvait encore le quartier général du corps. Le IIIe corps tout entier, venu de Saint-Florentin et d'Avrolles, se cantonna autour de Sens [2]. Nostitz alla d'Auxon à Villeneuve-au-Chemin.

Platoff était en forces à Souppes et se préparait à se porter sur Nemours. 50 à 60 de ses cosaques avaient franchi le Loing à hauteur de Nanteau, allant sur Chapelle-la-Reine ; un autre parti avait essayé de forcer le gué de Montigny. L'alarme était grande à Fontainebleau, où le préfet de Seine-et-Marne envoyait en toute hâte 300 chevaux et 200 hommes [3].

Seslavin, arrivé à Montargis, y avait fait referrer ses chevaux; après avoir obtenu de la municipalité des vivres et des fourrages, il avait aussitôt poussé de nombreux partis dans le Gâtinais et paraissait vouloir se diriger d'abord sur Pithiviers pour redescendre ensuite sur Orléans.

Schwarzenberg modifie ses ordres à la nouvelle de la prise de Sens. — Mais, pendant ce temps, Schwarzenberg, à la nouvelle de la prise de Sens, avait de nouveau modifié ses ordres [4]. C'est désormais le Ier corps qui sera chargé de la poursuite de l'ennemi dans la direction de Fontainebleau et qui occupera Pont-sur-Yonne le 13. Le IVe corps ira sur Bray. Le IIIe corps restera à Sens et aura derrière lui, à Cerisiers, les cuiras-

---

[1] Thurn au prince de Schwarzenberg. (*K. K. Kriegs Archiv.*, II, 314.)
[2] Journal d'opérations du IVe corps. (*Ibid.*, XIII, 56.)
[3] Colonel Lavigne au préfet de Seine-et-Marne et comte de Plancy au colonel Lavigne. (*Archives de la guerre.*)
[4] Stärke, Eintheilung und Tagesbegebenheiten der Haupt-Armee im Monate Februar. (*K. K. Kriegs Archiv.*, II, 1.)

siers et les grenadiers de Nostitz. La division légère du prince Maurice de Liechtenstein viendra elle aussi d'Auxerre à Sens, mais en marchant par la rive gauche de l'Yonne.

Maître de Sens, de Méry et de Troyes, ignorant encore au moment où il donnait ces ordres que les Bavarois tenaient le passage de Bray, les Russes celui de Pont-sur-Seine et que les Français avaient évacué Nogent, le prince de Schwarzenberg croyait devoir porter son armée entre la Seine et l'Yonne, où il n'avait rien devant lui. Il espérait pouvoir attendre sur cette position les événements qui devaient se dérouler du côté de l'armée de Silésie si le feld-maréchal continuait à entraîner l'Empereur à sa suite. Il pensait enfin que, dans le cas où l'Empereur abandonnerait l'armée de Silésie pour se retourner contre lui, il viendrait donner au milieu des différents corps de son armée, de ses corps qu'il croyait avoir postés de façon à pouvoir masser en une seule marche toute son armée sur une position qu'il se réservait de choisir ultérieurement.

13 février. — Schwarzenberg ne se décide pas à marcher au secours de Blücher. — En raison même des nouvelles inquiétantes de l'armée de Silésie, les principaux lieutenants du généralissime s'étaient attendus à le voir prendre une résolution énergique. On croyait si fort à une action immédiate, à un mouvement général exécuté tout au moins par l'aile droite que, comme nous l'avons indiqué plus haut, Barclay de Tolly, espérant recevoir l'ordre de marcher, avait tenu les gardes sous les armes dès cinq heures du matin. A huit heures seulement il se résigna à les faire rentrer dans leurs cantonnements.

Les avis de toute sorte n'avaient cependant pas manqué à Schwarzenberg. En dehors des renseignements que lui avaient transmis les commandants de corps d'armée, il avait déjà entre les mains les dépêches de Blücher des 9 et 10 février et un rapport en date du 10 de l'officier qu'il avait détaché au quartier général de l'armée de Silésie. Il se considérait comme assez bien renseigné sur la situation critique de cette armée pour pouvoir adresser à l'empereur d'Autriche un résumé, très optimiste, il est vrai, des nouvelles reçues de l'armée de Blücher du 10 au 13 février[1].

---

[1] Résumé des nouvelles reçues de l'armée de Silésie du 10 au 13 février. (*K. K. Kriegs Archiv.*, II, 362.)

« Napoléon, dit ce résumé, s'était porté, le 10, de Sézanne sur Champaubert, où se trouvait le 9e corps russe, et l'avait obligé à se replier sur Bergères, où se concentraient les corps Kleist et Kapsewitch. Le 11, l'Empereur avait marché sur Montmirail ; Sacken, venant de La Ferté-sous-Jouarre, et York, de Château-Thierry, avaient été à sa rencontre. Le combat engagé à Montmirail avait duré jusqu'à la nuit. Les deux adversaires avaient conservé leurs positions [1]. York avait ensuite jeté un pont sur la Marne à Château-Thierry, et les corps de Sacken et d'York avaient occupé à Viffort une forte position sur laquelle ils comptaient attendre l'ennemi. Comme on n'a pas entendu le canon le 12, il semble que les Français aient renoncé à cette attaque. »

Il est vrai que le généralissime n'avait pas encore reçu le rapport remis par Blücher, le 12 au soir, au major Mareschal, qui arriva à Troyes le 13, à midi, et que Blücher lui-même avait ignoré jusqu'au 12 au soir l'issue de l'affaire de Montmirail. Il faut, d'ailleurs, ajouter que Blücher avait eu soin, dans ce rapport, de déguiser la vérité et d'atténuer sensiblement l'importance des échecs que Napoléon avait infligés à ses lieutenants. Montmirail avait été, d'après lui, une affaire indécise ; Sacken s'était contenté de refuser son aile droite et de rejoindre, à Viffort, York dont l'artillerie n'aurait pu arriver le lendemain en position. Les avant-gardes étaient restées sur le champ de bataille. Les pertes étaient peu considérables, bien qu'elles fussent encore incomplètement fixées.

Malgré ces réticences, il était cependant aisé de pressentir la vérité. Blücher, en effet, préparait déjà le quartier général à la nouvelle de la retraite d'York et de Sacken sur la rive droite de la Marne. Il ajoutait, enfin, qu'il n'avait aucune idée de la force réelle des troupes françaises qu'il avait devant lui à Étoges ; que son manque de cavalerie l'avait empêché d'attaquer le 11 et le 12, mais qu'il avait l'intention de prendre l'offensive le 13.

On savait donc dès le 13 à midi, que malgré les défaites de ses lieutenants, malgré les pertes qu'ils avaient éprouvées et bien que son armée fût moins concentrée que jamais, Blücher était

---

[1] Dans son rapport journalier à l'empereur d'Autriche (*Ibid.*, II, 361), le généralissime reconnaît cependant que Sacken, battu à Montmirail, a dû se replier sur Viffort ; mais il prétend qu'il a été contraint à la retraite parce que York ayant quatre brigades seulement à Viffort, n'a pu le soutenir.

décidé à tenter à nouveau le sort des armes. Et cependant l'empereur de Russie lui-même ne put arracher à l'état-major général l'ordre d'une marche immédiate et générale sur Provins, obtenir l'exécution d'un mouvement qui, en menaçant les derrières de l'Empereur, pouvait seul dégager l'armée de Blücher.

La journée du 13 se serait même passée presque sans aucun incident si la cavalerie russe de Rüdinger et de Diebitsch n'avait pas poussé énergiquement en avant, et si les maréchaux Oudinot et Victor n'avaient pas essayé de réparer la faute commise au pont de Bray en cherchant à arrêter le Ve corps.

Marche du VIe corps sur Villenauxe. — Wittgenstein avait, dès le 13 au matin, passé la Seine avec le gros de son corps à Pont-sur-Seine. Poussant des partis à droite sur Sézanne et sur Barbonne, il s'établit à Villenauxe et fit prendre position à son avant-garde sous Pahlen à Saint-Martin-Chennetron et Léchelle sur la route de Provins. Le prince Lubomirsky, posté à son extrême droite à Saint-Rémy, lui avait fait savoir que l'on entendait le canon du côté d'Étoges et de Champaubert et que l'infanterie française réoccupait Sézanne.

Lubomirsky n'ayant pu naturellement détacher sur Sézanne que quelques faibles partis, Wittgenstein ordonna au général Ilowaïsky de se porter sur ce point, d'y attaquer l'ennemi et de se rendre un compte exact des forces dont il disposait. Les opérations de Diebitsch devaient, d'ailleurs, rendre l'intervention d'Ilowaïsky inutile.

Comme les différentes nouvelles reçues au VIe corps semblaient indiquer que Blücher et l'Empereur étaient encore sur leurs positions de la veille, Wittgenstein avait conçu le projet de se porter le 14 sur Sézanne dès que sa cavalerie lui aurait confirmé ces renseignements. Il fit part de ses intentions au généralissime et demanda à Barclay de Tolly de le soutenir [1].

---

[1] Wittgenstein à Schwarzenberg, Villenauxe, 13 février. (*K. K. Kriegs Archiv.*, II, 348.) Wittgenstein termine sa dépêche par les phrases suivantes :

« J'ignore quelles sont les forces que le général Wrède a devant lui et je ne peux lui demander de me soutenir tant qu'il ne se sera pas rendu maître de Provins. Il me suffit, d'ailleurs, qu'il couvre mes derrières ; car je ne crois pas que Napoléon reste sur sa position une fois que j'aurai exécuté ce mouvement.

« D'après le dire des gens du pays, Napoléon aurait passé ici avec plus de 40,000 hommes ; mais ses soldats sont harassés par les marches qu'il leur fait

A sa gauche, le général Rüdinger avait attendu à Villenauxe l'arrivée de l'avant-garde de Pahlen pour reprendre son mouvement par Montpothier, Le Plessis-Mériot et la forêt de Sourdun. Il avait rejoint près de Sourdun l'arrière-garde française qui, couvrant avec un millier de chevaux, la retraite du 2ᵉ corps et de la réserve de Paris, se replia sans combattre. Rüdinger la suivit vivement, occupa Provins vers le soir et établit ses avant-postes sur les routes de Lizines et de Nangis [1].

Combat de Cuterelles et de Luisetaine. — Vers 5 heures du matin, le pont de Bray était complètement remis en état. La division de La Motte le passait et rejoignait sur la rive droite de la Seine les trois bataillons qui, transportés successivement en bateau, avaient protégé les travaux de réfection du pont.

L'avant-garde bavaroise chassa sans peine des environs de Mouy les petits postes français d'Oudinot. Mais, à 8 heures du matin, alors que la plus grande partie du Vᵉ corps marchait conformément aux ordres de Schwarzenberg par la grande route de Provins, que la 1ʳᵉ brigade de la division La Motte (3ᵉ division bavaroise), trois bataillons de la 2ᵉ brigade de cette division, deux brigades de cavalerie bavaroise et deux régiments autrichiens (hussards de Szekler et dragons de Knesewitch) avaient déjà passé le pont, le général de La Motte fit savoir à Wrède qu'une grosse colonne française s'avançait par la route de Donnemarie et occupait Saint-Sauveur. En effet, le maréchal Oudinot, parti de Nangis avec les quelques troupes qu'il avait pu réunir, s'était porté à marches forcées vers Bray dans l'espoir d'y arriver encore à temps pour interdire le passage aux Alliés. Trouvant les Bavarois sur la rive droite, il s'était établi sur deux lignes entre Donnemarie et Luisetaines, et se portait à la rencontre des Alliés.

Wrède envoya aussitôt à la division de La Motte l'ordre de marcher sur Saint-Sauveur, et comme Frimont, avec les divisions Antoine Hardegg et Rechberg ne pouvait arriver en ligne que

---

faire et épuisés par les privations qu'ils ont à endurer. *Il est incroyable qu'avec une pareille armée, il ose se placer dans une telle position. Il agit comme s'il n'avait rien à redouter de la jonction des forces de Blücher et surtout comme s'il n'avait rien à craindre de la part d'York et de Sacken.* »

[1] Wittgenstein à Schwarzenberg. Villenauxe, 14 février (*K. K. Kriegs Archiv.*, II, 386), et Wittgenstein à Barclay de Tolly, nº 230.

vers midi, le commandant du Ve corps dirigea sur Provins Spleny avec les deux régiments de cavalerie autrichienne.

La Motte enleva vivement Saint-Sauveur, et la cavalerie du général Vieregg, soutenant l'avant-garde de la 3e division, aida à rejeter les Français jusque sur Cuterelles et culbuta un escadron français auquel elle enleva un officier et une trentaine de chasseurs[1]. Wrède avait, sur ces entrefaites, rejoint l'avant-garde de la division de La Motte. « Je vis, dit-il, que l'ennemi occupait solidement Cuterelles, qu'il avait établi de l'infanterie, de la cavalerie et de l'artillerie sur la belle position formée par les hauteurs de Donnemarie. Je reconnus de suite qu'il serait difficile de forcer de front cette position, mais qu'il était assez aisé de la déborder par ma droite, par Luisetaines. » Pendant que la division La Motte se déployait sur une petite hauteur entre Vimpelles et Savigny, Wrède prescrivait à son chef d'état-major, le général-major comte Antoine Rechberg, de se porter avec un bataillon d'infanterie et six escadrons sur Luisetaines, que cet officier général occupa presque sans coup férir. Le duc de Reggio dirigea aussitôt sur ce point trois bataillons qui auraient réussi à assurer au maréchal la possession de ce point important, si Wrède n'avait pas eu de son côté l'idée d'y envoyer trois bataillons et de faire prendre position à une batterie dont le tir obligea, après un combat acharné, les Français à renoncer à Luisetaines et à retourner sur la position de Donnemarie. Toutefois, au lieu de profiter immédiatement de ses avantages, Wrède attendit pour

---

[1] Wrède apprit ainsi qu'il avait affaire à Oudinot et à des troupes venant d'Espagne. Nous reproduisons ici l'interrogatoire de l'officier du 21e chasseurs pris par le 4e chevau-légers bavarois :

« Interrogatoire au quartier général du Ve corps d'un officier français (le capitaine Boudin, du 21e régiment de chasseurs à cheval) :

« Le régiment fait partie de la division du général Lorge, du corps du duc de Padoue.

« 200 chevaux du régiment, sous les ordres d'un major, ont reçu l'ordre d'escorter un parc d'artillerie de 300 canons de Châlons-sur-Marne à Troyes. En route on a reçu contre-ordre et on a dirigé le parc sur Sézanne d'où on l'a renvoyé à Provins. Ce parc doit vraisemblablement aller à Paris ; mais le capitaine ne saurait l'affirmer parce que de Provins on l'avait envoyé à Donnemarie rejoindre le corps du maréchal Oudinot.

« Il ignore également l'effectif du corps du maréchal. Il ne croit pas que le maréchal puisse se maintenir sur sa position et pense qu'il se retirera devant une attaque. » (*K. K. Kriegs Archiv.*, II, 349 *b*.)

dessiner son attaque sur Donnemarie[1] l'entrée en ligne de la division Rechberg qui n'arriva qu'à 4 heures, lorsqu'on venait de lui annoncer qu'une colonne française, forte de 6,000 à 7,000 hommes (c'était le corps de Victor), semblait se diriger vers Paroy et menacer sa droite. Comme la nuit approchait, ajoute Wrède[2], je crus prudent de m'en tenir là et de ne pas tenter l'at-

---

[1] « Si l'ennemi avait été entreprenant, il aurait pu me pousser vigoureusement dès sa première attaque et me faire un mal infini, attendu que j'étais sans cavalerie. » (Oudinot au major-général, Nangis, 14 février, *Archives de la guerre.*)

[2] Wrède à Schwarzenberg, Bray, 13 février. (*K. K. Kriegs Archiv.*, II, 349.)
Dans ce rapport, Wrède dit encore « que l'empereur Napoléon, après s'être porté à La Ferté-sous-Jouarre, se replie sur Paris décidé à livrer une bataille décisive sous les murs de sa capitale. » Nous aurons lieu de revenir sur cette nouvelle qui, arrivée le 14 à Nogent, au quartier général de Schwarzenberg, ne fut pas sans exercer une certaine influence sur les dispositions du généralissime. La marche de Victor avait été signalée à Wrède par le rapport ci-après de Frimont (*K. K. Kriegs Archiv.*, II, 349, a) que nous reproduisons en entier parce qu'il donne la position exacte des Autrichiens du Ve corps, le 13 au soir :

« Le général Frimont au général de cavalerie comte Wrède. — Everly, 13 février 1814, 5 heures 1/2 soir.

« Le feld-maréchal-lieutenant Spleny, avec sa cavalerie, le 3e bataillon de chasseurs et une batterie d'artillerie à cheval, a poussé en avant par Chalmaison sur Soisy. Deux escadrons de hussards de Szekler sont à Flamboin et couvrent ma droite. Ils se relient, vers Nogent, avec le corps du comte Wittgenstein. Le comte Hardegg est aux Ormes, avec les uhlans de Schwarzenberg, 4 pièces d'artillerie à cheval et 2 bataillons d'infanterie se reliant avec votre corps vers Donnemarie.

« Je suis avec 5 bataillons et 6 escadrons du régiment de hussards Archiduc-Joseph, sur la hauteur en avant d'Everly.

« L'ennemi s'est, à notre approche, replié de Chalmaison sur Soisy. Une de ses colonnes défile dans la direction de Provins à Donnemarie ; elle se compose de 6,000 à 7,000 hommes. On aperçoit également sur la hauteur en arrière de Savins une autre colonne, presque tout entière composée de cavalerie, dont je ne peux évaluer la force parce que je n'en aperçois que la tête.

« Le comte Hardegg m'informe de son côté qu'entre Les Ormes et Savins, ses patrouilles ont également donné dans l'ennemi.

« Sur ma droite, j'ai entendu quelques coups de canon du côté de Nogent.

« Un déserteur français prétend que le 6e corps français est à Provins.

« Je suis sans nouvelles du comte Wittgenstein. »

Pour compléter l'indication des positions occupées par le Ve corps le 13 au soir, il suffira de dire que la division de La Motte bivouaqua entre Vimpelles et Luisetaines et la division Rechberg à Cuterelles ; la brigade Maillot (3e brigade de la division Rechberg) gardait Nogent. Enfin, Wrède ajoutait encore qu'une colonne ennemie ayant paru dans l'après-midi sur la rive gauche de la Seine, venant de Montereau (il s'agit évidemment ici des dragons d'Espagne du général Trelliard), il avait dû, à cause de ce mouvement *bizarre*, envoyer des troupes sur cette rive.

Les différents documents du *K. K. Kriegs Archiv.* auxquels nous avons em-

taque de la position de Donnemarie. » Quelques instants plus tard, les troupes avancées du comte Ignace Hardegg, posté aux Ormes, vinrent donner contre la cavalerie française du côté de Paroy. Cette escarmouche décida le maréchal Victor à se replier d'abord sur Donnemarie, puis à devancer Oudinot dans son mouvement de retraite sur Nangis. Le duc de Reggio, débordé sur sa gauche qui avait beaucoup souffert à Luisetaines, ayant perdu 600 hommes, parmi lesquels le général Gauthier (mort quelques jours après des suites de ses blessures), sachant que l'ennemi avait débouché avec des forces supérieures sur la rive droite de la Seine, évacua vers minuit Donnemarie et se retira sur Nangis.

Deux escadrons bavarois et un bataillon occupèrent Donnemarie à 2 heures du matin.

Avant de quitter sa position, Oudinot, considérant que la présence de l'ennemi sur la rive droite de la Seine, rendait désormais Montereau intenable, avait envoyé à Pajol l'ordre d'en faire sauter le pont et de se replier sur Le Châtelet et de là sur Nangis où le maréchal crut indispensable de réunir le plus de forces possible.

La retraite de Victor et d'Oudinot sur Nangis était d'autant moins faite pour plaire à l'Empereur, que, le 12, il avait envoyé aux deux maréchaux l'ordre de se replier sur Montereau, dans le cas où ils seraient forcés à Nogent. Aussi Oudinot et Victor termineront leurs rapports en essayant de justifier la direction donnée à leur retraite par la perte de Sens et de Pont-sur-Yonne, par le mouvement des Alliés sur Moret et Nemours et, enfin, par l'apparition des Austro-Bavarois à Bray.

Il leur était, d'ailleurs, impossible, après l'affaire du 13, de songer à redescendre de Donnemarie sur Montereau. Malgré la

---

prunté le récit de ces faits (Rapport de Wrède à Schwarzenberg, II, 349 : Rapports de Frimont à Wrède, II, 349 a et II, 353 ; STÄRKE, Eintheilung und Tagesbegebenheiten der Haupt-Armee im Monate Februar, II, 4) concordent entièrement avec les dépêches d'Oudinot. (*Archives de la guerre.*)

Seul, le prince de Taxis dans son *Tagebuch* (*K. K. Kriegs Archiv.*, XIII, 32) passe sous silence l'affaire de Cuterelles ; il se contente simplement de dire : « On pousse en avant sur les routes de Provins et de Donnemarie ; on rejette quelques partis de cavalerie du corps Oudinot ; l'avant-garde bavaroise est après minuit à Donnemarie. » Wrède, on le voit, n'avait pas dû être satisfait de la journée.

résistance acharnée des troupes d'Oudinot à Cuterelles, il ne leur restait plus d'autre parti à prendre que de se replier sur Nangis. Le fait d'avoir confié la garde du pont de Bray à des gardes nationaux et la destruction incomplète de ce pont, allaient contrecarrer les projets de l'Empereur, l'empêcher de maintenir l'armée de Bohême même après l'évacuation de Nogent, sur la rive gauche de la Seine et lui faire perdre, après les lignes de l'Yonne et du Loing, la ligne bien autrement importante de la Seine.

Le IV⁰ corps reçoit trop tard les ordres du généralissime. — Son séjour à Sens arrête les I⁰ʳ et III⁰ corps. — A l'aile gauche des Alliés, le prince royal de Wurtemberg avait reçu l'ordre de marcher sur Bray, à une heure tellement avancée que dans l'impossibilité de réunir avant la nuit ses troupes cantonnées autour de Sens, il se vit contraint de remettre son mouvement au lendemain. La brigade Stockmayer et l'avant-garde purent seules se porter jusqu'à Bray, après le rétablissement du pont de Pont-sur-Yonne que le général Allix avait négligé de détruire complètement[1].

La halte forcée du IV⁰ corps contraria naturellement le mouvement des deux autres corps de l'aile gauche. Dans le I⁰ʳ corps, qui avait ordre de suivre l'ennemi et de s'établir à Pont-sur-Yonne, encore occupé par la cavalerie wurtembergeoise, la division Ignace Hardegg dut s'arrêter à Saint-Serotin, sur la rive gauche de l'Yonne ; la division Bianchi, à Soucy ; celle du prince de Wied-Runkel ne dépassa même pas Véron, et Nostitz se cantonna, avec ses grenadiers et ses cuirassiers, autour de Sens, où Bianchi transféra son quartier général.

---

[1] STÄRKE, Eintheilung und Tagesbegebenheiten der Haupt-Armee im Monate Februar (*K. K. Kriegs Archiv.*, II, 1) et prince royal de Wurtemberg à Schwarzenberg, Sens, 13 février (*Ibid.*, II, 344) :

« J'ai reçu à midi, à Pont-sur-Yonne, l'ordre par lequel Votre Altesse me prescrit de me diriger sur Bray. J'ai fait partir de suite trois bataillons et un régiment de cavalerie de l'avant garde. J'espère pouvoir réparer le pont de Bray et pousser demain des reconnaissances sur Donnemarie et Provins.

« Je serai le 14 à Bray avec tout mon corps. L'ennemi s'est retiré de Pont-sur-Yonne vers Montereau et ne paraît pas vouloir aller à Fontainebleau, puisque l'ataman Platoff est à Souppes et peut de là lui couper le chemin.

« Je m'entendrai avec le comte Wrède pour faire reconnaître Provins ou Nangis.

« J'apprends à l'instant que le V⁰ corps a passé la Seine et paraît être assez sérieusement engagé avec l'ennemi à Donnemarie. »

Le IIIe corps dut s'échelonner depuis Vaumort jusqu'à la Longueroie ; son gros occupait Cerisiers [1].

Affaire du corps volant de Thurn à Dollot. — Affaire des cosaques à Chapelle-la-Reine. — Mouvement de Seslavin vers la Loire. — A gauche de la division Ignace Hardegg, Thurn, qui se trouvait à Chéroy, avait inquiété, le 13 au matin, les postes de cavalerie française du côté de Dollot et réussi à les pousser par Voulx jusqu'à Esmans, à 5 kilomètres environ de Montereau, où il fut arrêté par une troupe d'infanterie. Une de ses patrouilles volantes envoyée vers Moret avait entendu une fusillade assez vive du côté de Nemours. « Il ne peut s'agir, écrit-il à Schwarzenberg, que de quelque engagement des cosaques de Platoff. » Enfin, quelques heures plus tard, ses coureurs lui annonçaient d'abord le départ des Français d'Esmans, puis l'évacuation de Montereau et leur passage sur les hauteurs de la rive droite de la Seine [2]. Ce dernier renseignement était, d'ailleurs, quelque peu prématuré, puisque Pajol ne quitta Montereau que le 13 à minuit [3].

Platoff était, avec le gros de ses cosaques à Souppes, d'où Kaïssaroff envoyait à Toll le rapport suivant :

« Lettre du général-major Kaïssaroff au général-lieutenant von Toll. — Souppes-sur-Loing, 13 février (reçu à Bray, le 16). — « J'ai eu la bonne fortune de mener à bonne fin l'entreprise la plus difficile qu'on m'ait confiée dans toute ma vie. J'ai réussi à décider le comte M. I. (Mathieu Ivanovitch) Platoff à passer sur la rive gauche du Loing et, posté entre cette rivière et la route d'Orléans, j'ai combiné nos opérations avec Seslavin. Seslavin se portera de Pithiviers vers Orléans, tandis que je pousserai de Malesherbes par Chapelle-la-Reine sur Fontainebleau et au delà, si faire se peut.

« Les partis que j'ai envoyés de ce côté me rapportent que depuis plusieurs jours des troupes, venant d'Espagne et estimées à 20,000 hommes, défilent de ce côté. C'est étrange !

---

[1] Stärke, Eintheilung und Tagesbegebenheiten der Haupt-Armee im Monate Februar. (*K. K. Kriegs Archiv.*, II, 1.)
[2] *Id.*, et Thurn à Schwarzenberg, Chéroy, 13 février. (*Ibid.*, II, 345.)
[3] Pajol au ministre de la guerre, Le Châtelet, 13 février, 6 heures matin. (*Archives de la guerre.*)

« Demain, nous allons à Verteau [1]. Seslavin est chargé d'avancer sur Pithiviers pour opérer avec ses 3,000 cavaliers faisant front du côté d'Orléans contre les troupes françaises qui filent par cette route et sont transportées en voiture. Approuvez-vous ce projet, mon cher Charles Fedorovitch ?

« Pour l'amour de Dieu, poussez tant que vous pourrez et secourez-nous le plus possible. Vrai, il faut avoir ma patience pour faire marcher quelque peu les affaires. Dieu et les honnêtes gens m'en sont témoins [2]. »

Grâce aux hésitations de Platoff, le préfet de Seine-et-Marne avait eu le temps d'envoyer au colonel Lavigne quelques troupes à l'aide desquelles il essaya de couvrir Fontainebleau et chassa de Chapelle-la-Reine les quelques cosaques qui s'y étaient montrés.

Seslavin ne perdait pas une minute. Il avait à peine occupé Montargis que ses cosaques se répandaient dans tout le départe-

---

[1] Verteau, hameau entre Chevrainvilliers et Guercheville.

[2] Le même jour, un des colonels du corps de Platoff écrivait de son côté, peut-être bien à l'instigation de Kaïssaroff, la lettre ci-dessous qui donne une triste idée du caractère de l'ataman et met en lumière les dangers d'une correspondance latérale, contraire aux principes les plus élémentaires de la discipline :

« Le colonel cosaque Krasnokitzky au général-lieutenant von Toll.—Souppes-sur-Loing, 13 février.

« Absolument à bout de patience, je m'enhardis au point de vous dire ouvertement que vous jugez justement le comte M.-I. Platoff et que votre manière de voir est unanimement approuvée. Platoff n'est plus bon maintenant que pour boire et pour dormir. Sa mollesse, sa torpeur qui s'accroissent de jour en jour, causent manifestement de graves préjudices au service de Sa Majesté l'empereur et actuellement plus encore que par le passé. Si le général Kaïssaroff n'était pas là constamment pour le pousser, si moi aussi je n'agissais pas dans ce sens, si nous ne l'obligions pas de la sorte à faire au moins quelques petites marches, il s'endormirait complètement. Si nous avions un chef actif à notre tête, nous pourrions faire des merveilles, entreprendre des diversions qui porteraient la terreur chez l'ennemi. Tous mes efforts sont inutiles. Platoff est irrité contre moi à cause des vérités que je lui dis, et force m'est de le laisser en paix. Mais pour ne pas avoir de part dans la responsabilité qu'il encourt, je prie Votre Excellence de me faire quitter son détachement, car sans cela l'honneur d'un innocent en souffrira. Malgré ma mauvaise santé, je m'efforce avec un zèle réel de l'assister en tout ce qui peut contribuer au bien du service ; mais au lieu de m'en remercier, il me fait journellement subir des désagréments insupportables qui m'enlèvent toute velléité d'action utile et énergique. Une fois encore, je supplie Votre Excellence de me délivrer de cet homme, même s'il faut pour cela être attaché à un détachement autrichien, et de m'envoyer n'importe où vous le jugerez convenable. J'espère en votre bienveillance qui exaucera la première prière que j'adresse à Votre Excellence. »

ment du Loiret, paraissaient à deux lieues de Pithiviers, battaient le pays du côté de Beaune-la-Rolande, à Batilly et à Courcelles, poussaient même jusqu'à Neuville-aux-Bois, à trois lieues d'Artenay et plus au sud, le 14 au matin, jusqu'à Bellegarde-du-Loiret, à peu de distance du canal d'Orléans. Le major Legros, qui avait d'abord eu l'intention de se retirer de Montargis sur Orléans, était resté, pour cette raison, à Gien, afin d'y défendre le pont de la Loire [1].

Position des gardes et réserves. — Diebitsch à Sézanne. — Les gardes et réserves de Barclay de Tolly étaient échelonnées dans des cantonnements qui s'étendaient depuis Saint-Aubin jusqu'à Saint-Hilaire et même jusqu'à Mesgrigny.

Diebitsch, continuant son mouvement sur Sézanne, y avait surpris un détachement de cavalerie française. Poussant des patrouilles en avant, il s'était relié avec l'armée de Silésie [2] et avait envoyé à Barclay une lettre de Müffling lui annonçant que Blücher, après avoir rallié son monde, avait attaqué l'avant-garde française à Étoges.

14 février 1814. — Ordres de Schwarzenberg pour les journées des 14 et 15 février. — Les nouvelles reçues au grand quartier général, dans la nuit et dans la matinée du 13, ne laissant plus aucun doute sur la situation critique de l'armée de Silésie, auraient dû, cette fois plus que jamais, décider le généralissime à prendre des mesures énergiques. Il savait qu'il n'avait plus devant lui que les troupes de Victor et d'Oudinot, en retraite sur Nangis. Maître des passages de la Seine, rien ne l'empêchait donc de donner immédiatement à son aile droite et

---

[1] *Archives de la guerre.*

[2] Barclay à Schwarzenberg, Pont-sur-Seine, 14 février, midi. (*K. K. Kriegs Archiv.*, II, 383 et II *ad* 383.)

« Le général Diebitsch m'informe que le général Kleist a chassé hier l'ennemi d'Etoges. Le général Kleist est sans nouvelles d'York et de Sacken ; il sait seulement qu'ils se sont rejoints à Château-Thierry et ont jeté deux ponts sur la Marne.

« Le général Diebitsch ira avec sa cavalerie et 2 canons par Boissy et Vauchamps à Montmirail où le terrain est favorable à l'action de la cavalerie et d'où il pourra se jeter sur le flanc de l'ennemi dans le cas où celui-ci se retirerait sur Montmirail. »

aux gardes l'ordre de forcer les marches pour dégager Blücher, et chercher à prendre de flanc et à revers la petite armée de Napoléon. On estima, au contraire, qu'il suffirait de donner à Blücher une satisfaction pour ainsi dire platonique. Comme le feld-maréchal avait, dans ses lettres à Wrède et à Wittgenstein, demandé à ces généraux de se porter sur Provins, on ordonna aux IVe et Ve corps d'exécuter ce mouvement pendant les journées des 14 et 15, au VIe corps de rester immobile à Villenauxe; aux gardes et réserves de se tenir sur la rive gauche de la Seine, de Villiers-sur-Seine et de Traînel à Nogent et Romilly, prêtes à se concentrer à Nogent, où le grand quartier général allait se transporter.

A l'aile gauche, le Ier corps avait ordre de continuer, le 14 sur Villeneuve-la-Guyard, le 15 sur Montereau, suivi à une petite journée de marche par le IIIe corps[1].

Sans même vouloir discuter ces ordres motivés, paraît-il, d'une part par la nouvelle envoyée par Wrède d'un mouvement rétrograde sur Paris, conformes d'autre part aux idées émises par Langenau, il y a lieu de remarquer qu'en divisant ainsi son armée en deux groupes, Schwarzenberg avait eu le soin de placer à la droite, du côté où une action sérieuse paraissait plus probable, les Wurtembergeois, les Bavarois et les Russes, et de faire marcher sur Montereau et Fontainebleau, où il ne s'attendait pas à rencontrer de résistance toute l'armée autrichienne, à l'exception des troupes qui, placées sous les ordres de Frimont, faisaient partie du Ve corps.

Dans ces conditions, la journée du 14 février ne pouvait présenter aucun événement important.

Les maréchaux opèrent leur jonction à Nangis. — Mouvements du Ve corps. — Escarmouche de Rampillon et affaire de Valjouan. — Victor et Oudinot avaient effectué leur jonction en avant de Nangis vers 4 heures du matin. Le duc de Bellune s'était aussitôt établi sur la route de Provins; Oudinot sur celle de Donnemarie, ayant en deuxième ligne la division Rottembourg, en première ligne la division Boyer, couverte en

---

[1] Stärke, Eintheilung und Tagesbegebenheiten der Haupt-Armee im Monate Februar. (*K. K. Kriegs Archiv.*, II, 1.)

avant par la cavalerie de Bordesoulle, qui éclairait la route de Bray à Nangis par Donnemarie et celle de Montereau à La Ferté-sous-Jouarre, pendant que les convois filaient sur Nangis.

A 10 heures du matin, Wrède avait rassemblé tout son corps à Donnemarie. Sans nouvelles du généralissime, ignorant jusqu'à la position du grand quartier général, ne sachant pas si un mouvement sur Nangis cadrerait avec l'ensemble des opérations, il hésitait à se porter en avant et à faire suivre à son avant-garde, soit la route directe de Donnemarie à Nangis, soit celle qui passe par Villeneuve-les-Bordes [1]. Il se décida néanmoins à faire tâter la position de Nangis par les Autrichiens de Frimont, et dans le courant de la journée il poussa en avant les divisions Antoine Hardegg et Spleny. Le premier de ces généraux occupa le bois Saint-Martin et vint s'établir à la ferme de La Haute-Saule, envoyant sa cavalerie, à droite sur Les Verrines et Lizines, en avant sur Rampillon, où ses patrouilles tiraillèrent avec un petit poste français, qui se replia le soir sur un groupe de 500 chevaux posté à un kilomètre plus loin dans le bois, entre Rampillon et Nangis. Frimont occupa Meigneux avec la division Spleny [2]. Wrède et ses Bavarois étaient arrivés à Donnemarie. A leur gauche, les avant-postes du général de La Motte, dont la division cantonnait à Gurcy-le-Châtel, couverte par la brigade de cavalerie du colonel Dietz postée à Villeneuve-les-Bordes, avaient eu une affaire assez chaude à Valjouan. La cavalerie française y avait attaqué les escadrons du major Karvinzky et les avait rejetés jusqu'à un kilomètre en arrière de Villeneuve, où ils furent recueillis par deux escadrons, qui parvinrent à arrêter les Français [3].

Lorsque la reconnaissance de cavalerie française, forte de 400 chevaux, se fut retirée, le colonel Dietz, au lieu de la poursuivre, se contenta de faire occuper Villeneuve-les-Bordes par un escadron et une compagnie. « Il craignait, dit-il, que l'ennemi n'eût tendu une embuscade dans les bois et, en outre, la

---

[1] Stärke, Eintheilung und Tagesbegebenheiten der Haupt-Armee im Monate Februar (*K. K. Kriegs Archiv.*, II, 4), et Wrède à Schwarzenberg, Bray, 14 février matin. (*Ibid.*, II, 380.)

[2] Frimont à Wrède, Meigneux, 14 février, 11 heures soir. (*K. K. Kriegs Archiv.*, II, 425 a.)

[3] Général de La Motte à Wrède, Gurcy, 14 février (*Ibid.*, II, 425 b), et colonel Dietz au général de La Motte. Villeneuve-les-Bordes. (*Ibid.*, II, 425 c.)

fatigue de ses hommes, l'épuisement de ses chevaux rendaient tout mouvement impossible[1]. »

Position du VIe corps. — Marche de Diebitsch sur Montmirail. — Le gros du VIe corps resta à Villenauxe[2], et l'avant-garde de Pahlen, que Wittgenstein avait fait partir dans la direction de Sézanne, reçut en route l'ordre de s'arrêter à Fontaine-Denis et à Béthon. Rüdinger était toujours à Provins et Lubomirsky avait poussé sur le Grand-Morin jusqu'à Meilleray.

A l'extrême droite, Diebitsch auquel les patrouilles, qu'il avait envoyées à Fère-Champenoise, avaient signalé le départ des Prussiens dans la direction de Montmirail, avait reçu du général Sabaneïeff, chef d'état-major de Barclay de Tolly, l'ordre de suivre leur mouvement. Laissant à Sézanne un escadron de dragons et sachant que les Français occupaient Montmirail, il s'était dirigé sur Maclaunay dans l'espoir d'opérer le 15, en attaquant Montmirail, une diversion au profit de Blücher qui, d'après le bruit du canon et de la fusillade, avait dû être forcé à reculer. Malgré cela, il avait poussé son avant-garde jusque sur Montmirail ; mais l'infanterie française, qui s'y trouvait, avait obligé sa cavalerie à se replier sur Maclaunay, et avait pris ensuite position dans le bois en avant de la ville[3].

Mouvement de Macdonald sur Guignes. — Pajol occupe Le Châtelet. — Pendant que le IVe corps atteignait enfin Bray et que seule la tête de son avant-garde y passait sur la rive droite de la Seine[4], l'Empereur avait reçu la nouvelle de la retraite

---

[1] Général de La Motte à Wrède, Gurcy, 14 février (*K. K. Kriegs Archiv.*, II, 425 *b*), et colonel Dietz au général de La Motte, Villeneuve-les-Bordes. (*Ibid.*, II, 425 *c*.)

[2] STÄRKE, Eintheilung und Tagesbegebenheiten der Haupt-Armee im Monate Februar. (*K. K. Kriegs Archiv.*, II, 1.)

[3] Diebitsch à Barclay de Tolly, Maclaunay, 14 février, 8 h. 1/2 soir.

[4] D'après certains auteurs et d'après les documents ayant plus particulièrement trait aux opérations des Wurtembergeois, la marche du IVe corps sur Bray aurait été imposée par l'empereur de Russie. Inquiet de la tournure prise par les affaires, redoutant les conséquences des premières défaites de l'armée de Silésie, il aurait désiré voir l'armée de Schwarzenberg se porter immédiatement sur Sézanne et manœuvrer sur les derrières de Napoléon.

Mais tout se borna à de simples démonstrations et, s'il faut ajouter foi aux documents en question, lorsque les maréchaux postés à Donnemarie se furent

des maréchaux et de la perte de la ligne de la Seine. Ne pouvant plus leur renvoyer la division Leval qu'il avait appelée à lui, et dont la présence aurait permis à Oudinot de garder solidement le pont de Bray et peut-être même de se maintenir à Donnemarie, il avait prescrit, dès le 13 au soir, à Macdonald [1], dont le corps se reformait à Meaux, de se porter en toute hâte sur Montereau, de diriger sur Guignes ce qu'il avait à Meaux, et sur Nangis ce qui était à Coulommiers, afin de pouvoir prendre selon les circonstances la direction de Melun ou celle de Montereau. La cavalerie de Saint-Germain se mettait également en route de Viels-Maisons sur Nangis, où le major-général comptait la voir arriver dans le courant de la journée, tandis que le quartier général du maréchal devait s'établir le 14 au soir à Guignes. Le major-général informait en même temps Victor et Oudinot de ces mouvements, et prescrivait au dernier de se faire suivre par les divisions Rottembourg, Boyer, Pacthod, par la cavalerie des généraux Pajol et Bordesoulle et, si faire se pouvait, par celle du comte de Valmy [2].

Au moment où les maréchaux commencèrent, dans la nuit du 14 au 15, leur mouvement de retraite derrière l'Yerres, Oudinot devait aviser Pajol de se tenir prêt à se porter le lendemain sur Moissy-Cramayel, occupant par sa droite Lieusaint, pour se relier à la division Charpentier postée à Corbeil et communiquant à gauche avec Soignolles. Pajol, après avoir fait sauter le pont de l'Yonne à Montereau, avait pris position au Châtelet; ses avant-postes étaient à L'Écluse, à près de 7 kilomètres du Châtelet et à environ 13 kilomètres de la rive droite de la Seine, à Montereau. En quittant Montereau, Pajol n'eût pu, d'ailleurs, rejoindre les maréchaux, puisque la cavalerie alliée interceptait déjà la route de Nangis [3].

---

repliés sur Nangis, on crut inutile d'exécuter le 15 le mouvement offensif contre Provins dont devaient se charger les IVe, V[e] et VIe corps, et l'on dirigea le IVe corps sur Montereau parce qu'on se proposait de reprendre la direction de Fontainebleau.

[1] Major général à Macdonald, 13 février, 6 heures soir, Château-Thierry. (Registres de Berthier; *Archives de la Guerre*.)

[2] Valmy, parti de Meaux le 14, pour prendre le commandement des dragons venant d'Espagne (division Trelliard) et de la cavalerie de Pajol, ne rejoignit qu'après Montereau.

[3] La situation faite au général Pajol eût été, d'ailleurs, peu enviable, même

La division Ignace Hardegg et le corps volant de Thurn occupent Montereau. — Positions des Ier et IIIe corps et des gardes. — L'avant-garde du Ier corps (division du comte Ignace Hardegg) avait poussé, le 14, de Saint-Sérotin jusqu'à Cannes, en s'étendant à gauche jusqu'à Noisy et en envoyant un parti de cavalerie vers Moret. Cette avant-garde avait été précédée, dès la veille, par le corps volant du lieutenant-colonel Thurn, dont les patrouilles avaient eu, le 13, à 11 heures du soir, une petite affaire avec l'arrière-garde française, qu'elles avaient suivie sur Montereau jusqu'aux palissades de la redoute élevée sur la route. Après être resté toute la nuit à portée de fusil de Montereau, le comte Thurn y entra le 14, à 8 heures du matin, et occupa la partie de la ville située sur la rive gauche de l'Yonne[1]. Relevé vers midi par les troupes d'Ignace Hardegg, le comte Thurn se dirigea vers Nanteau, pendant que le général Hardegg faisait réparer sommairement les ponts. Il parvint ainsi à faire passer sur la rive droite de la Seine quelques hussards qui rejoignirent l'arrière-garde française au delà de Valence et échangèrent quelques coups de fusil avec les avant-postes de L'Écluse[2]. Le reste du Ier corps se cantonna à Villeneuve-la-Guyard où Bianchi reçut du prince royal de Wurtemberg l'avis que Nemours était faiblement occupé.

Comme la queue des Ier et IVe corps encombrait encore Pont-

---

dans des circonstances moins critiques. Il n'avait ni chef d'état-major ni officier d'état-major. « Obligé de tout faire par moi-même, écrit-il au Ministre, du Châtelet le 14 à 6 heures du matin, je crains d'autant plus de ne pouvoir y parvenir que mes blessures ne se ferment pas. Je ferai tout et plus que le possible pour servir utilement Sa Majesté; mais il me faut quelqu'un qui fasse au moins mes états de situation. » (*Archives de la Guerre.*)

L'émoi semble avoir été bien grand dans Paris à la nouvelle de la retraite des maréchaux sur Nangis et de l'imminence de leur mouvement derrière l'Yerres, puisque Clarke écrivait le 14 à 5 heures du soir à l'Empereur : « Il me semble qu'il n'y a pas un instant à perdre pour que Votre Majesté vienne à sa droite avec la division Leval et surtout la vieille garde. *Voilà les choses poussées à l'extrême. Le Roi fait tout ce qu'il peut. Mais il faut celui auquel vos maréchaux sont habitués à obéir; sans cela ils croiront savoir tout mieux que personne.* » (*Archives de la Guerre.*)

[1] Thurn à Schwarzenberg, Montereau, 14 février, 10 heures du matin. (*K. K. Kriegs Archiv.*, II, 413.)

[2] STÄRKE, Eintheilung und Tagesbegebenheiten der Haupt-Armee im Monate Februar (*Ibid.*, II, 1), et Prince royal de Wurtemberg à Schwarzenberg. (*Ibid.*, II, 385.)

sur-Yonne, le feldzeugmeister Gyulay arrêta une partie de son corps d'armée à Sens où se trouvaient déjà les troupes de Nostitz. Il cantonna en avant de la ville la division Crenneville à Nolon, Jouancy et Soucy, et assigna à la division Fresnel des quartiers à l'est et au nord-est de la ville, à Saligny et Fontaine-la-Gaillarde.

Les gardes et réserves restèrent entre Trainel et Pont-sur-Seine. La division légère du prince Maurice Liechtenstein fut répartie entre Sens et Joigny.

Affaire de Chapelle-la-Reine. — Les lenteurs de Platoff avaient permis au général Montbrun d'arriver à Moret, au général Trelliard d'atteindre, avec les 14e, 16e, 17e et 27e dragons, Fontainebleau, qu'il devait d'ailleurs quitter dans la nuit du 14 au 15 pour rejoindre les maréchaux. Pendant sa marche, ce général avait été arrêté un instant à une lieue en avant de Chapelle-la-Reine, par un millier de cosaques, qui avaient tenté de lui barrer la route, mais qui, culbutés par le 14e régiment de dragons et la compagnie d'élite du 16e et poursuivis pendant une lieue, avaient disparu après avoir perdu une centaine d'hommes et quelques prisonniers [1].

Comme le gros des cosaques de Platoff [2] était encore aux environs de Nemours, le colonel Lavigne avait profité du passage des dragons pour communiquer avec le général Montbrun à Moret, pour ramener à Ury les postes qu'il avait établis la veille à Chapelle-la-Reine où, depuis l'évacuation de Montereau et à cause de la présence des cosaques sur la route d'Orléans à Fontainebleau, ils auraient été par trop en l'air.

Marche de Seslavin sur Pithiviers. — Seslavin continuait son mouvement vers Pithiviers et le canal d'Orléans avec tant de résolution que le sous-préfet de Montargis, écrivant de Gien au préfet du Loiret, lui disait : « Je ne conçois pas comment 1500 hommes, qui sont toutes les forces ennemies qui ont passé

---

[1] Trelliard au Ministre, Fontainebleau, 14 février. (*Archives de la Guerre.*)
[2] Prince royal de Wurtemberg à Schwarzenberg, Bray, 14 février (*K. K. Kriegs Archiv.*, II, 385), et STÄRKE, Eintheilung und Tagesbegebenheiten der Haupt-Armee im Monate Februar. (*Ibid.*, II, 1.)

à Montargis, peuvent s'avancer avec autant d'assurance dans un pays où elles sont si éloignées des corps qui pourraient les soutenir. »

Si Platoff avait déployé la même vigueur que Seslavin, si, comme lui, il avait marché résolument sans se laisser arrêter par quelques postes et quelques coups de fusil, l'entreprise sur Fontainebleau aurait eu de graves conséquences. La lettre que le roi Joseph écrivit au Ministre à la nouvelle de l'apparition des cosaques de Seslavin, entre Montargis et Pithiviers, les craintes que ce mouvement lui inspirait pour Chartres, Étampes et Rambouillet, prouvent qu'une action énergique de Platoff, soit sur Melun et Corbeil, soit sur Milly et Étampes, aurait achevé de jeter le trouble et le désarroi à Paris et conduit très probablement les cosaques jusqu'à hauteur de Juvisy, Longjumeau et Palaiseau[1], presque jusqu'aux portes de la capitale.

Positions de l'armée de Bohême le 14 février au soir. — Au moment où les maréchaux quittaient, le 14 au soir, leur position de Nangis pour se replier sur Guignes et y opérer leur jonction avec le duc de Tarente, la grande armée de Bohême occupait, de Méry et de Villenauxe jusqu'à Montereau et Moret, une ligne de plus de 15 lieues, en avant de laquelle ses avant-postes tenaient Provins, Villeneuve-les-Bordes et Valence.

Dans l'idée du généralissime, l'armée de Bohême pouvait, grâce à cette disposition, se porter indifféremment vers la Marne sur les derrières de Napoléon, ou se rejeter plus à gauche pour descendre la Seine et menacer Paris. Schwarzenberg, ajoutant foi aux nouvelles qui lui étaient parvenues de l'armée de Silésie et aux renseignements transmis par Wrède, croyait à ce moment que Blücher avait eu le 13 une affaire avantageuse à Étoges. On lui avait également fait savoir que l'Empereur, qui aurait passé la nuit du 12 au 13 à La Ferté-sous-Jouarre[2], et qui devait, si l'affaire contre

---

[1] Le roi Joseph au Ministre de la guerre, 14 février. (*Archives de la Guerre.*)
Ces craintes paraissent avoir été générales, puisque le général Chanez écrivait de Melun au général Hulin : « L'ennemi venant par Bray, Melun ne peut résister..... Où est l'Empereur? Il serait bien à désirer qu'il fût là, qu'il fût partout! » (*Archives de la Guerre.*)

[2] Napoléon était à ce moment dans les faubourgs de Château-Thierry.

Sacken lui réussissait, envoyer des renforts à Marmont, à Étoges, ne l'avait pas fait soutenir. Schwarzenberg en concluait que Napoléon se disposait par un mouvement rétrograde à prendre une position qui lui permettrait de couvrir Paris[1], et qu'il y avait lieu d'attendre des nouvelles plus positives de l'armée de Silésie, avant de déterminer la direction qu'on ferait suivre à la grande-armée.

15 février 1814. — Ordres de Schwarzenberg. — En attendant, le VIe corps eut ordre de se cantonner, le 15 février, autour de Provins, et son avant-garde, sous Pahlen, d'aller vers Nangis. Le Ve corps dut rester à Donnemarie et le IVe venir à Montereau. Le IIIe corps demeura immobile à Pont-sur-Yonne, prêt à venir soutenir, en cas de besoin, soit le Ve corps, en passant par Bray, soit le Ier, en se portant sur Villeneuve-la-Guyard. Le même rôle était attribué au comte Nostitz, dont les grenadiers et les cuirassiers étaient toujours à Sens. Les réserves et gardes russes et prussiennes devaient également faire halte et rester dans leurs quartiers le 15[2].

Retraite des maréchaux sur l'Yerres. — Mouvements des Ve, VIe, IVe et Ier corps. — L'inaction persistante de l'armée de Bohême qui aurait pu, sans rien risquer, en poussant quelque peu les maréchaux, les contraindre à une nouvelle retraite, soit sur Fontenay-Trésigny et La Houssaye, soit sur Villeneuve-Saint-Georges et Boissy-Saint-Léger, allait leur permettre d'exécuter sans encombre le mouvement qu'ils avaient résolu et d'at-

---

[1] Résumé des nouvelles reçues de l'armée du feld-maréchal Blücher. (*K. K. Kriegs Archiv.*, II, 362.)

Wrède était encore plus catégorique; il ajoutait dans une lettre de Donnemarie, 14 février (*Ibid.*, II, 379) :

« De tous côtés, on me confirme la nouvelle de la retraite de Napoléon sur Paris, par Meaux. Le gentilhomme chez lequel j'habite, est revenu il y a huit jours de Paris où il a conduit sa femme; il affirme que l'Impératrice avait déjà voulu quitter Paris et n'y était restée que sur les instances de Cambacérès.

« On fortifie les hauteurs de Montmartre, bien que les Parisiens n'aient guère envie de se battre.

« Partout de ce côté, on désire la paix. »

[2] STÄRKE, *Eintheilung und Tagesbegebenheiten der Haupt-Armee im Monate Februar.* (*K. K. Kriegs Archiv.*, II, 1.)

tendre l'Empereur sur leur position derrière l'Yerres. Dès le 13 au matin Napoléon avait, dans une lettre à Joseph, esquissé le plan d'opération qu'il allait suivre 48 heures plus tard [1].

Du reste, dès le moment où les maréchaux n'avaient pas réussi à conserver la ligne de la Seine, ils auraient eu tort de chercher à tenir bon dans les plaines de la Brie. Le parti de se retirer derrière l'Yerres, qui n'était pas guéable alors par suite des pluies et des inondations, était donc le plus sage, parce qu'ils avaient grande chance de s'y maintenir pendant quelques jours. Ils ne s'attendaient pas cependant à pouvoir effectuer leur retraite sans être inquiétés par la nombreuse cavalerie des Alliés.

L'arrière-garde d'Oudinot avait quitté Nangis, couverte par un rideau de cavalerie établi entre Rampillon et Nangis, qui se replia lentement devant la cavalerie du V° corps. Le colonel von Geramb, du régiment de hussards Archiduc-Joseph, fit peu après occuper Nangis par quatre escadrons de son régiment, un bataillon et une batterie à cheval, pendant que l'avant-garde (division Antoine Hardegg) s'établissait en cantonnement à Rampillon. Le colonel von Geramb poussa quelques partis jusqu'à Mormant où, après avoir pris le contact de la cavalerie de Piré postée à Aubepierre, ils furent relevés dans la journée par la cavalerie du général Rüdinger (VI° corps). Un autre parti avait pris plus à gauche et s'était établi à Fontenailles, sur la route de Melun [2].

Wittgenstein amena le VI° corps à Provins. Pahlen, avec l'avant-garde, s'établit à Maison-Rouge, et Rüdinger poussa de Nangis jusqu'à Mormant [3].

Le relèvement des Austro-Bavarois par les cosaques n'avait pas échappé à la cavalerie française. Les maréchaux, étonnés de l'inaction des Alliés, en vinrent à se demander si leurs adversaires, prenant une autre direction, ne masquaient pas de la sorte une marche de flanc sur Meaux ou sur La Ferté-sous-Jouarre par Coulommiers, ou bien s'ils réunissaient tous leurs moyens pour déboucher en force le lendemain.

---

[1] *Correspondance*, n° 21236. — L'Empereur au roi Joseph, Ferme de Lumeront, 13 février, 10 heures du matin.

[2] Schwarzenberg à l'empereur d'Autriche (K. K. Kriegs Archiv., II, 859), et Stärke, Eintheilung und Tagesbegebenheiten der Haupt-Armee im Monate Februar. (Ibid., II, 1.)

[3] Wittgenstein à Schwarzenberg, Provins, 15 février. (Ibid., II, 422.)

Le mouvement de la cavalerie du VIe corps, dont Wrède n'avait pas eu connaissance [1], avait eu d'autres conséquences. Il avait réveillé toute la vieille animosité de Wrède contre Wittgenstein et fourni au général bavarois l'occasion d'envoyer au grand quartier général son aide de camp, le major prince Taxis, chargé de remettre au généralissime une dépêche relative à ce mouvement [2] et d'exposer de vive voix les griefs de son chef contre le général russe.

Il est évident que ces tiraillements continuels n'étaient pas de nature à faciliter le service, mais d'autre part on ne peut s'empêcher de constater que Wrède n'avait pas absolument tort, puisque précisément ce jour-là Pahlen, qui d'après les dispositions du généralissime, devait arriver à Nangis, s'arrêta à Maison-Rouge, à 12 kilomètres de ce point.

Le IVe corps avait fait mouvement de Bray sur Montereau, poussant sur la rive droite son avant-garde, qui s'établit à Valence. Deux escadrons de cavalerie avaient continué sur Le Châtelet, que Pajol [3] avait évacué dès le matin sur l'ordre d'Ou-

---

[1] Taxis, *Tagebuch*. (*K. K. Kriegs Archiv.*, XIII, 32.)

[2] Wrède au prince de Schwarzenberg, Donnemarie, 15 février (*Ibid.*, II, 418) :

« J'ai reçu un rapport par lequel le général Rüdinger m'annonce que Blücher a eu, le 13, un combat favorable à nos armes à Étoges et a repoussé l'ennemi sur Montmirail.

« Je ne crois pas que *Blücher ait eu affaire au gros de l'armée ennemie* qui a dû se retirer par La Ferté-sous-Jouarre sur Meaux.

« Sans cela, en effet, les maréchaux Oudinot et Victor n'auraient pas quitté sans combattre l'excellente position de Nangis.

« Je vois, d'ailleurs, par le mouvement du général Rüdinger, que le VIe corps ne suit plus la même direction. Ce corps a par Maison-Rouge une route menant à Coulommiers; mais cette route est longue, et le VIe corps arrivera certainement trop tard pour inquiéter et compromettre la retraite de l'ennemi, d'autant plus que le comte Wittgenstein marche toujours lentement et arrive fort rarement à hauteur de ses voisins. »

Taxis raconte dans son *Tagebuch* qu'il trouva le généralissime de fort mauvaise humeur, très mécontent de Wittgenstein, très abattu par les nouvelles qu'on venait de recevoir des défaites successives de Blücher. Le major rapporta à 10 heures, à Donnemarie, les nouveaux ordres de Schwarzenberg pour les journées des 16, 17 et 18, ordres par lesquels le généralissime, craignant pour les derrières de son armée, veut refuser sa droite et exécuter un changement de front.

[3] Il semble que Pajol ait deviné les projets et les intentions des Alliés, puisque, dès le 15 à 8 heures du matin, il écrivait de Melun au major-général : « Je ne crois pas que l'ennemi marche par la rive gauche de la Seine; je ne crois même pas qu'il dépasse Nangis sur la rive droite. Depuis quelques jours,

dinot. A 4 heures de l'après-midi, son infanterie était établie à Evry et son avant-garde à Réau sur la route de Melun où, après avoir détruit le pont de la Seine, il avait laissé un poste. Sa cavalerie occupait Moissy-Cramayel et Limoges, éclairant à droite la route de Melun par Lieusaint, à gauche celle de Mormant par Champdeuil et Crisenoy.

Le prince royal de Wurtemberg, renforcé par les cinq bataillons de la brigade autrichienne Schaeffer, qui occupa Montereau et sur la rive droite le château de Surville, cantonna son corps dans les villages de la rive gauche, entre Montereau et Bazoches-lès-Bray[1].

Le Ier corps était à gauche du IVe, aux environs de Montereau, échelonné depuis Varennes et Ville-Saint-Jacques jusqu'à Noisy, Dormelles, Flagy et Thoury-Férottes.

Prise de Moret par la division Ignace Hardegg. — Aussitôt après l'arrivée à Montereau du feld-maréchal-lieutenant Bianchi avec le Ier corps d'armée, le feld-maréchal-lieutenant comte Ignace Hardegg s'était mis, le 15 au matin, en marche sur Moret. L'ordre spécial qu'il avait reçu portait qu'il aurait à cantonner le gros de sa division près de Villecerf, à pousser ses avant-postes sur une ligne courant de Saint-Mammès à Nemours, en passant par Epizy et Nonville, et à enlever Moret dans le cas où cette localité ne serait que faiblement occupée par l'ennemi. Sa division comptait à ce moment deux bataillons de Szekler (1100 hommes), six escadrons du régiment de dragons de Riesch (618 hommes), six escadrons du régiment de hussards de Hesse-Hombourg (648 hommes) et deux faibles régiments de cosaques (350 hommes), soit un total de 2,716 hommes dont 1,616 cavaliers. Son artillerie se composait de six pièces d'artillerie à cheval et quatre d'artillerie montée.

La marche du feld-maréchal-lieutenant s'effectua sans incident jusqu'à peu de distance de Moret. Le capitaine comte Schönborn, qui marchait avec la pointe de l'avant-garde, informa alors le général que les Français avaient pris des dispositions pour dé-

---

il met moins de vigueur dans ses attaques et montre moins de monde. Je pense que l'armée autrichienne qui a débouché de Troyes, ayant appris les succès de Sa Majesté, s'est arrêtée et n'a pas suivi son avant-garde. » (*Archives de la guerre.*)

[1] STÄRKE, Eintheilung und Tagesbegebenheiten der Haupt-Armee im Monate Februar. (*K. K. Kriegs Archiv.*, II, 1.)

fendre la ville. La division venait d'atteindre les hauteurs de Belle-Alliance, situées à 2 kilomètres environ de Moret, que l'on aperçoit clairement de ce point. Bâtie sur la rive gauche du Loing, à peu de distance du point où il se jette dans la Seine, la ville de Moret était alors entourée par une forte muraille. Un pont assez large et assez long, construit par les Romains sur le Loing, conduit dans le faubourg de Moret, que traverse une longue rue par laquelle passe la route de Sens à Fontainebleau. Ce faubourg est entouré par un canal artificiel large de 2 mètres, constituant un excellent moyen de défense, qui empêche de tourner le faubourg et le protège contre une attaque venant de la route de Sens. A une vingtaine de mètres en avant du pont, au point où la grande route franchit le canal, les Français avaient élevé une redoute, armée de deux canons, enfilant la route. Quelques jardins entourés de fortes haies protégeaient encore la rive du canal. La garnison de Moret, sous les ordres du général de brigade Montbrun, se composait de 1800 hommes avec 5 canons.

Pendant que les troupes de la garnison se formaient, sans se montrer, en arrière des hauteurs de Belle-Alliance, le comte Hardegg envoyait un parlementaire sommer Montbrun d'évacuer Moret. Mais l'officier autrichien chargé de cette mission fut arrêté avant d'arriver à la redoute, et on lui refusa l'autorisation de pénétrer dans la ville pour remettre sa missive au général français. Un officier français se chargea de la faire parvenir à son chef, et le parlementaire attendit en vain la réponse pendant près d'une heure. Après avoir fait sonner un appel par son trompette, il voulut tenter de s'approcher, mais on lui intima l'ordre de se retirer.

L'ennemi avait de la sorte gagné une heure, qu'il avait mise à profit pour prendre ses dispositions de défense. Il s'était fait pendant tout ce temps, dans la ville, des mouvements que le général Hardegg et ses officiers avaient pu suivre des hauteurs de Belle-Alliance et qui leur avaient prouvé que l'ennemi était décidé à se défendre. C'est ainsi qu'on avait pu voir une colonne d'infanterie défiler par le pont du Loing, passer le pont du canal et prendre position en avant et des deux côtés de ce pont. Cette colonne pouvait compter un millier d'hommes. La réserve avec deux canons était restée aux abords du pont du Loing, dont des portes crénelées défendaient l'accès.

La défense d'un pont est toujours une opération plus facile que son attaque, mais dans le cas présent les Français avaient, en outre, pour eux les avantages résultant de la configuration du terrain. Pour prendre Moret, il fallait enlever deux ponts et le faubourg qui les sépare. Essayer de forcer le passage avec aussi peu d'infanterie paraissait chose risquée, et de plus il fallait, en raison même de l'ensemble des circonstances, agir avec une extrême prudence. Le feld-maréchal-lieutenant, en attendant l'arrivée des renforts d'infanterie qu'il faisait demander, résolut d'engager avec la garnison une simple affaire d'avant-postes, une espèce de reconnaissance de nature à lui permettre de se rendre compte des dispositions prises par la défense et de tâter la tenue de ses troupes. Il poussa donc sur la grande route quatre compagnies du 1er bataillon du Banat (régiment de Szekler), en laissant entre elles des intervalles dans l'espoir que les Français les prendraient pour des têtes de colonnes. La troisième division du bataillon prit position comme soutien en arrière d'un mouvement de terrain ; le 2e bataillon était posté plus en arrière et servait de réserve. Le comte Hardegg voulait avant tout chasser l'ennemi du pont du canal. A cet effet, il dirigea à gauche de la route la compagnie placée à son extrême gauche et la fit soutenir par ses six pièces d'artillerie à cheval. Le général-major comte Henri Hardegg était chargé de cette opération ; il fit prendre position à sa batterie sur une petite hauteur et ouvrit le feu à 2 heures de l'après-midi. L'ennemi répondit assez vivement avec les deux pièces en batterie dans la redoute. La compagnie d'extrême droite reçut alors l'ordre de se porter en avant et d'attaquer. Son chef, se mettant à la tête de sa ligne de tirailleurs, pénétra dans les jardins, longea un mur et, toujours en tiraillant, gagna du terrain vers le flanc gauche de l'ouvrage. Les deux pièces françaises, exposées sur leur droite aux projectiles d'une artillerie plus nombreuse, sur leur gauche au tir de l'infanterie, étaient déjà contraintes à ralentir leur feu, lorsque les tirailleurs autrichiens, profitant de ce mouvement, se précipitèrent sur la redoute et l'enlevèrent d'assaut. Le reste des quatre compagnies se porta aussitôt en avant et vint les soutenir au moment même où des renforts ennemis s'approchaient. Les quatre compagnies autrichiennes restèrent maîtresses de la redoute, dans laquelle les Français abandonnèrent un canon.

On poursuivit aussitôt les Français, à la suite desquels on s'engagea dans la grande rue du faubourg, puis sur le pont du Loing. Les réserves françaises postées sur ce point furent rompues par les fuyards et évacuèrent la rive droite du Loing. La pièce mise en batterie à la porte de la ville, ne put tirer parce que les Autrichiens mêlés aux Français, sur le pont, poussèrent, malgré les feux de l'infanterie, jusqu'aux murs mêmes de la ville. Ne sachant pas si le pont était miné, l'officier qui commandait le 1er bataillon de Szekler, après avoir essuyé une décharge, s'arrêta à l'entrée du pont et se contenta d'en rejeter les défenseurs dans la ville.

On se hâta de déblayer le pont et déjà quelques Autrichiens avaient réussi à pénétrer dans la ville, lorsque, vers 4 heures, Montbrun fit sauter la troisième arche du pont, et avec elle les officiers et soldats qui s'y étaient engagés. Heureusement pour les Autrichiens, ils trouvèrent dans un moulin voisin assez de bois pour rétablir le passage, et comme le moral de la garnison était déjà très déprimé, la résistance fut tellement molle que le général Montbrun se vit contraint à évacuer la ville et à se retirer sur Corbeil, où il se réunit au général Charpentier.

Hardegg poussa aussitôt ses avant-postes à une lieue en avant de Moret, dans la forêt de Fontainebleau. La plus grande partie de sa cavalerie cantonna cependant en arrière de Moret, à Écuelles, Montarlot et Villecerf. Un poste établi à Nonville couvrait du côté de Nemours sa gauche, qui était encore protégée par le corps du lieutenant-colonel Thurn, posté aux environs de Nanteau [1].

Avant d'évacuer Moret, Montbrun avait essayé vainement de faire passer à la garnison de Nemours l'ordre de se replier. Entre temps, on avait appris au quartier général des Alliés que le pape n'était plus à Fontainebleau, et on avait enjoint à Platoff, qui se tenait toujours entre Chapelle-la-Reine et Nemours, de renoncer à l'entreprise projetée sur Fontainebleau.

---

[1] STÄRKE, Eintheilung und Tagesbegebenheiten der Haupt-Armee im Monate Februar (*K. K. Kriegs Archiv.*, II, 1); *Oesterreichische Militärische Zeitschrift*, 1842, I.

Thurn à Schwarzenberg. Nanteau, 16 février, 3 heures du matin (*K. K. Kriegs Archiv.*, II, 434); Schwarzenberg à l'Empereur d'Autriche, Bray, 16 février. (*Ibid.*, II, 859.)

Affaire de Pithiviers. — Mouvements des Alliés d'Auxerre sur Gien. — Seslavin avait continué son mouvement et était entré à Pithiviers le 15 au matin ; mais il avait dû évacuer la ville le jour même à l'approche du général Ismert, qui s'était porté contre lui avec le 26ᵉ dragons, une batterie à cheval, un bataillon d'infanterie et 300 gendarmes. Seslavin s'était replié sur Boynes, afin d'être à même de réoccuper Pithiviers aussitôt après le départ du général Ismert, qui se dirigea, sans s'arrêter, sur Maisse par Malesherbes[1].

Mais si la présence du général Ismert avait conjuré momentanément le danger du côté de Pithiviers, on avait reçu, d'autre part, à Orléans, des nouvelles des plus inquiétantes. Une colonne de troupes venant d'Auxerre se dirigeait par Rogny sur Gien, tandis qu'une autre colonne, qui avait couché, dans la nuit du 14 au 15, près de Saint-Sauveur en Puisaye, marchait par Saint-Fargeau et Bléneau sur Briare, et entrait de ce côté dans le Loiret.

Mouvement du IIIᵉ corps. — Position des gardes et de Diebitsch. — Le IIIᵉ corps, au lieu d'aller à Villeneuve-la-Guyard, reçut contre-ordre et fut dirigé sur Pont-sur-Yonne, Michery et Serbonnes ; son avant-garde seule se tint sur la rive gauche de l'Yonne, à Champigny-sur-Yonne, le Petit-Chaumont et Port-Renard. Nostitz resta à Sens, et Barclay, dont le quartier général était à Nogent-sur-Seine, informé par Diebitsch des défaites de Blücher, crut plus sage de ne rien modifier à l'emplacement des gardes et réserves avant l'arrivée des ordres du grand quartier général.

Diebitsch était, comme la veille, à Maclaunay, attendant son

---

[1] Rapport de Seslavin :

« Des 40,000 hommes qui combattaient en Espagne, la moitié environ, et dans ce nombre 6,000 cavaliers, a été dirigée, défalcation faite des pertes s'élevant à 2,000 hommes, sur l'armée de Napoléon. Ces 20,000 hommes ont été remplacés par des conscrits. La moitié de ce corps, qui a rallié, en outre, encore 10,000 hommes, marche par Pithiviers, Thoury et Melun et doit se réunir à Meaux. 30,000 hommes environ ont déjà défilé. On prétend que 10,000 hommes conduits par Suchet en personne et venant de Catalogne, marchent par Perpignan sur Lyon.

« J'ai occupé ce matin (le 15) Pithiviers, mais vu l'approche de l'ennemi fort de 6,000 hommes, j'ai été contraint de me replier sur la petite ville de Boynes. » (Boynes, 16 février 1814, 2 heures matin.)

infanterie pour attaquer Montmirail, où les Français n'avaient cependant laissé qu'une poignée d'hommes. Mais, comme le détachement de Diebitsch se composait exclusivement de cavalerie légère de la garde, comme cette division avait été forcée de fournir constamment des patrouilles, ses effectifs avaient fondu avec une rapidité qui inquiétait le général russe.

Nouvelles positives de l'armée de Silésie. — Si, pendant toute la journée du 14, on n'avait reçu au grand quartier général que des nouvelles vagues et contradictoires de l'armée de Silésie, si, par suite des renseignements envoyés par Wrède et Wittgenstein, on avait pu admettre un moment la possibilité d'un mouvement rétrograde de l'Empereur sur Melun, les nombreux rapports arrivés dans la nuit et dans la matinée du 15, allaient jeter un jour nouveau sur la situation du feld-maréchal et dissiper les bruits de retraite de l'Empereur dans la direction de Paris. Par deux rapports de Diebitsch, envoyés à Sabaneïeff et portés immédiatement à Toll par le capitaine Gourko, on apprit que l'Empereur avait réussi d'abord à empêcher la concentration de l'armée de Silésie, puis à lui interdire la marche sur Paris. L'Empereur avait battu les corps isolés de Blücher et l'avait finalement forcé à se replier sur la Marne. York et Sacken, après la sanglante affaire de Montmirail, avaient dû filer sur Château-Thierry et n'avaient échappé à une destruction complète que grâce aux lenteurs de Macdonald, chargé de leur couper la retraite. On savait, enfin, que Blücher, après le léger avantage remporté à Étoges le 13 contre Marmont, s'était porté le 14 sur Montmirail, avait été attaqué à Vauchamps par l'Empereur qui avait abandonné la poursuite de la gauche de l'armée de Silésie. Le feld-maréchal avait été complètement battu. La cavalerie française avait culbuté l'infanterie prussienne. Blücher n'avait pu qu'à grand peine se frayer le chemin jusqu'à Étoges, d'où il s'était replié sur Bergères et sur Châlons [1].

Le doute n'était plus permis : ce n'était pas l'Empereur qui se retirait sur Paris, c'était, au contraire, l'armée de Silésie, dont les débris s'enfuyaient vers la rive droite de la Marne. Les ren-

---

[1] Stärke, Eintheilung und Tagesbegebenheiten der Haupt-Armee im Monate Februar. (*K. K. Kriegs Archiv.*, II, 1.)

seignements envoyés par Diebitsch[1] étaient formels. Il avait pu voir le mouvement exécuté par les colonnes françaises. Il avait su par les prisonniers français l'arrivée des renforts venus d'Espagne et toute la gravité des échecs éprouvés par les corps d'York et de Sacken. Il avait pu constater par lui-même la tournure défavorable à Blücher prise dès le début par le combat de Vauchamps.

Des nouvelles encore plus précises et plus positives étaient arrivées à Pont-sur-Seine le 15, à la première heure, et avaient été envoyées aussitôt à Schwarzenberg, à Nogent.

« Le général Sabaneïeff au prince de Schwarzenberg[2]. — Pont-sur-Seine, 15 février 1814.

« Un officier de l'armée du feld-maréchal Blücher vient d'apporter le billet ci-dessous que j'envoie aussitôt en communication à Votre Altesse.

Billet de Blücher, au crayon[3]. (Sans date, est du 14 février 1814.)

« L'armée s'est mise aujourd'hui en mouvement sur Montmirail ; l'ennemi se retirait.

« Tout à coup, il fit volte-face et se jeta sur nous avec de grosses masses de cavalerie. On apprit par les prisonniers que l'empereur Napoléon était là. Il a fait marcher de nuit sur Montmirail tout ce qu'il avait de monde. Comme nous ne pouvions pas nous engager avec un ennemi aussi nombreux, et surtout si fort en cavalerie, l'armée se retire sur Champaubert, et, selon les événements, plus en arrière encore, pour donner le temps à la grande armée d'exécuter ses opérations. »

Conseil de guerre de Nogent. — Ordres de Schwarzenberg pour les journées des 16, 17 et 18 février. — Comme toujours, dès qu'il s'agissait de prendre une grave résolution, on réunit à Nogent un conseil de guerre. S'il faut en croire Toll et Radetzky, l'idée qui semblait prévaloir avant cette conférence

---

[1] « Les bruits de retraite de Napoléon sur Paris sont faux, écrivait Diebitsch à Barclay, de Maclaunay, le 14 février à 8 heures 1/2 du soir. J'ai vu moi-même de fortes colonnes françaises se porter de Montmirail sur Champaubert. Napoléon, après avoir rejeté Sacken de l'autre côté de la Marne, s'est retourné ce matin contre Blücher avec la plus grande partie de ses forces. » (Diebitsch à Barclay de Tolly, nos 236 et 244.)

[2] K. K. Kriegs Archiv., II, 409.

[3] Ibid., II, ad., 409.

consistait à faire marcher la grande armée par sa droite et à la porter de Provins, de Bray et de Nogent sur Montmirail et Sézanne, contre l'Empereur, qu'on avait encore tout lieu de croire occupé à poursuivre les restes de l'armée de Blücher. Mais avant même d'avoir reçu la lettre que Gneisenau, à peine arrivé à Châlons, écrivait au généralissime [1], avant de connaître la direction prise par Napoléon, on avait déjà changé d'avis, et le 15 à midi, Schwarzenberg envoyait à ses lieutenants une disposition nouvelle, réglant d'une façon toute différente les mouvements pour les journées des 16, 17 et 18 février. Copie de cet ordre, qui devait à peine recevoir un commencement d'exécution, fut immédiatement envoyée à Blücher. Cet ordre contenait, d'ailleurs, des contradictions tellement singulières, que nous croyons devoir le reproduire en entier.

« *Disposition pour les* 16, 17 *et* 18 *février*. — L'armée de Silésie allant probablement être obligée de se replier sur Châlons-sur-Marne, il est nécessaire que la grande armée se porte immédiatement contre l'ennemi.

---

[1] Le général von Gneisenau, chef d'état-major de l'armée de Silésie, au prince de Schwarzenberg. — Châlons, 15 février 1814, 12 heures 1/2 :

« Hier 14, l'avant-garde du corps Kleist a donné dans la cavalerie ennemie, au moment où elle s'avançait sur Montmirail. L'ennemi était de ce côté de Janvillers, sur la petite route de Paris. Le général von Kleist a été forcé de soutenir son avant-garde, et le corps du général Kapsewitch dut également s'engager. A ce moment, de grosses masses de cavalerie parurent sur notre droite et cherchèrent à nous tourner.

« On commença la retraite qui s'effectua en bon ordre. Entre Champaubert et la forêt en arrière de ce village, nous fûmes devancés par la cavalerie ennemie qui nous entoura, nous chargea hardiment et impétueusement et chercha à nous couper la retraite. Nos troupes, avec quelques canons placés en tête de colonne, se frayèrent à la baïonnette un passage à travers la cavalerie ennemie et continuèrent lentement leur retraite.

« A Etoges, il y eut pendant la nuit un combat corps à corps.

« Nos pertes sont loin d'être insignifiantes. Nous avons perdu des canons démontés.

« Ce matin, depuis 3 heures du matin, les troupes continuent leur retraite de Bergères et de Vertus pour atteindre la rive droite de la Marne et défilent pour le moment par la ville. On n'entend rien du côté de l'ennemi. Il est probable qu'il renonce à la poursuite et qu'il va se jeter contre le corps du comte Wittgenstein.

« Les généraux York et Sacken sont à Reims et se joindront à l'armée de Silésie.

« Le général baron Winzingerode était, il y a 3 jours, à Laon et doit rejoindre également sous peu l'armée de Silésie. » (*K. K. Kriegs Archiv.*, II, 410.)

« Les V⁰ et VI⁰ corps prendront l'offensive sur ses derrières, afin de dégager l'armée de Silésie. Ils couvriront la marche de l'armée sur Arcis et attireront sur eux l'attention de l'ennemi.

« Au reçu de cet ordre, les gardes et réserves russes se mettront en marche sur Arcis, où leur tête arrivera le 16 et leur queue le 17. On lèvera le pont de bateaux de Pont-sur-Seine et on le dirigera sur Arcis-sur-Aube où on l'établira immédiatement.

« Le VI⁰ corps ira, le 16, de Provins par Villenauxe à Sézanne, et le 17, selon les circonstances, à Fère-Champenoise ou à Sommesous. Le général Diebitsch servira d'avant-garde à ce corps.

« Le V⁰ corps se portera sur Sézanne au reçu de cet ordre et devra s'établir le 17, et au plus tard le 18, entre Semoine et Mailly. L'avant-garde du V⁰ corps restera en position le 16 et suivra le corps le 17.

« Le IV⁰ corps ira le 16 à Nogent-sur-Seine, le 17 à Méry, le 18 à Arcis-sur-Aube, mais il continuera d'occuper solidement jusqu'à nouvel ordre Bray et Nogent.

« Les réserves autrichiennes se porteront le 16 sur Villemaur, le 17 sur Troyes ; elles seront suivies par la division légère du prince Maurice Liechtenstein.

« Le III⁰ corps quittera ses cantonnements actuels de manière à être rendu à Troyes le 18 février.

« Le I⁰ʳ corps laissera le 16 une faible avant-garde sur les positions qu'il occupe aujourd'hui. Son gros occupera Sens. Une de ses brigades s'établira à Pont-sur-Yonne.

« Le grand quartier général sera le 16 à Méry, le 17 à Arcis-sur-Aube[1]. »

Comme on le voit, la teneur même de l'ordre, daté de Nogent, le 15 février 1814, à midi, répond bien peu à l'espèce d'exposé qui le précède. Il n'y est guère question de l'offensive contre l'ennemi. Le prince de Schwarzenberg veut en réalité concentrer entre la Seine, l'Aube et l'Yonne son armée, qu'il fait couvrir par les deux corps destinés à opérer sur la rive droite de la Seine, entre ce fleuve et la Marne.

---

[1] STÄRKE, Eintheilung und Tagesbegebenheiten der Haupt-Armee im Monate Februar (*K. K. Kriegs Archiv.*, II, 1), et Schwarzenberg, Rapport journalier à l'empereur d'Autriche. (*Ibid.*, II, 404.)

Barclay seul avait commencé à exécuter ces ordres dans l'après-midi du 15. Bien que, restant encore de sa personne à Pont-sur-Seine, il avait envoyé son quartier général à Méry et mis ses troupes en mouvement.

Wrède ne reçut la disposition qu'au retour de Taxis, qui ne le rejoignit que fort avant dans la soirée, et Wittgenstein n'eut garde de se diriger sur Villenauxe.

Influence exercée par les défaites de l'armée de Silésie sur les idées politiques des souverains alliés. — Mais ce n'était pas seulement sur les opérations militaires que les victoires de l'Empereur avaient exercé leur influence. Le contre-coup des échecs de Blücher s'était fait sentir dans l'entourage diplomatique des souverains, et les partisans de la paix, relevant la tête, s'étaient remis avec une ardeur nouvelle à l'œuvre à laquelle ils avaient dû renoncer devant l'enthousiasme belliqueux causé par le gain de la bataille de La Rothière. Metternich, se servant de la lettre que Caulaincourt lui avait écrite le 9 février, lettre que le chancelier autrichien n'avait communiquée qu'à son souverain, et dans laquelle le duc de Vicence lui demandait si la France, en consentant à rentrer dans ses anciennes limites, obtiendrait immédiatement un armistice, avait profité de la tournure nouvelle prise dans les derniers jours par les opérations militaires pour essayer de faire triompher ses idées pacifiques. Jusqu'au 15 au matin, les efforts tentés auprès de l'empereur de Russie par Metternich, par Hardenberg, par Castlereagh, avaient complètement échoué. A toutes leurs instances, à toutes leurs représentations, aux mémoires de Knesebeck, le tzar avait opposé jusque-là un refus péremptoire de reprendre les négociations interrompues depuis le 9 février, et manifesté nettement la résolution de continuer énergiquement la guerre sans accorder un armistice. A force d'insistances, on avait cependant obtenu de lui la promesse d'une reprise des séances du congrès, mais sous la condition formelle que les opérations ne subiraient aucun arrêt. L'arrivée des nouvelles transmises par Diebitsch offrit aux diplomates et aux représentants du parti de la paix l'occasion de tenter une suprême démarche. On se rendit de nouveau auprès d'Alexandre ; on lui fit remarquer que les moments étaient comptés, que bientôt peut-être une nouvelle défaite ferait perdre aux Alliés les dernières chances de traiter sur les bases indiquées dans la dépêche de Caulaincourt ; on lui arracha enfin, à grand peine, avec son consentement et l'ordre prescrivant à Razumoffsky de reprendre les négociations, les pouvoirs autorisant le plénipotentiaire russe à signer un traité de paix.

Les diplomates croyaient avoir déjà partie gagnée, et Metternich, après avoir annoncé à Caulaincourt que les plénipotentiaires allaient entrer en pourparlers avec lui, ajoutait dans une lettre particulière : « Nous venons de remettre en train vos négociations, et je réponds à Votre Excellence que ce n'est pas chose facile que d'être le ministre de la coalition [1]. » Faisant dans cette même lettre allusion aux regrets exprimés par Caulaincourt de ne pas le voir à Châtillon, Metternich lui disait encore : « Croyez bien que sous le rapport des affaires, je suis plus utile ici que chez vous. »

On envoya, en effet, à Châtillon les instructions nécessaires ; mais à ce moment déjà, Hardenberg devait, tout en conservant l'espoir de faire en fin de compte triompher ses idées, reconnaître dans sa lettre à Knesebeck « que le roi de Prusse, gagné au parti de la guerre, ne le soutient plus lorsqu'il essaie de convaincre le tzar de la nécessité d'en finir en signant la paix. » Malgré cela, on espérait encore réussir à chasser de l'esprit d'Alexandre les idées que Pozzo di Borgo, Stein et Gneisenau n'avaient pas peu contribué à lui faire accepter.

Les partisans de la paix devenaient, en effet, de plus en plus nombreux en Angleterre, et un ami politique de Castlereagh, un membre du ministère anglais, lui écrivait à cette époque : « Si Blücher et Sacken ont réellement éprouvé les défaites dont on parle et auxquelles je ne veux pas croire, cela servira au moins à rendre les gens un peu plus raisonnables [2]. »

Deux jours plus tard, les nouvelles instructions que Caulaincourt allait recevoir de l'Empereur, l'ordre qu'il lui envoyait de ne traiter que sur les bases proposées à Francfort, devaient réduire de nouveau à néant les espérances du parti de la paix et

---

[1] Metternich au duc de Vicence, Troyes, 15 février 1814. (Documents cités par FAIN, *Manuscrit de 1814*.)
[2] CASTLEREAGH, *Correspondance*, III, 1264.

faire disparaître les probabilités d'une solution immédiate obtenue par les voies diplomatiques.

Positions de l'armée française le 15 février au soir. — Pendant que l'armée de Schwarzenberg piétinait sur place et s'épuisait en mouvements inutiles, les maréchaux avaient pris position sur l'Yerres. A leur gauche, Victor s'étendait de Fontenay à Chaumes avec son quartier général à Forest. Le maréchal, s'étonnant fort de l'arrêt apporté aux opérations de la grande armée alliée, s'attendait presque à la voir le 16 se retirer derrière la Seine[1]. Oudinot formait le centre de la ligne à Guignes. Son quartier général était à Ozouer-le-Voulgis ; ses avant-postes se tenaient en avant de Mormant[2]. A sa droite, Macdonald s'étendait de Solers à Brie-Comte-Robert, où sur l'ordre du roi Joseph le dépôt général de Versailles devait lui envoyer toute la cavalerie disponible. Les escadrons venant d'Espagne recevaient également l'ordre de rejoindre au plus vite le duc de Tarente en passant soit par Melun, soit par Corbeil[3].

Plus à droite encore et sur la rive gauche de l'Yerres, Pajol avait son gros à Évry-les-Châteaux et sa cavalerie à Moissy-Cramayel, Limoges, Lissy et Fourches ; le détachement du général Allix était à Réau. Enfin, à l'extrême droite, la division Charpentier occupait Corbeil et Essonnes.

L'Empereur, renouvelant sa manœuvre de la campagne de Saxe en 1813, laissait à ce moment Mortier entre Soissons et Reims pour surveiller Sacken et donnait à Marmont l'ordre de tenir le plus longtemps possible à Étoges, de s'approcher de Montmirail et de balayer les partis alliés aperçus par Saint-Germain et Leval, afin de permettre à ces généraux de continuer leur marche sur La Ferté-sous-Jouarre et sur Meaux.

Parti de Montmirail avec la garde dans la matinée du 15, il arrivait le soir même à Meaux d'où le major-général[4], qui l'avait

---

[1] Victor au major-général, Forest, 15 février, 10 heures du soir. (*Archives de la Guerre.*)

[2] Oudinot au roi Joseph, Ozouer-le-Voulgis, 15 février, 5 heures 1/2 soir. (*Archives de la Guerre.*)

[3] Roi Joseph au Ministre de la guerre. (*Ibid.*)

[4] Registres de Berthier (*Archives de la Guerre*), et *Correspondance*. Nos 21256 à 21265.

précédé, avisait, dès 2 heures de l'après-midi, les maréchaux de la marche de l'Empereur. Il leur faisait savoir que la garde, après avoir atteint Meaux dans la nuit du 15 au 16, déboucherait dans l'après-midi du 16 par La Houssaye et Fontenay-Trésigny sur les positions que les maréchaux occupaient par son ordre derrière l'Yerres.

« Sa Majesté, leur écrivait le major général, me charge de vous prévenir qu'il ne faut pas livrer bataille demain (le 16). En passant la petite rivière d'Yerres, en occupant les ponts qui conduisent à Brie-Comte-Robert et à Fontenay, en coupant tous les autres intermédiaires, l'Empereur pense que cette position doit être telle qu'elle doive obliger l'ennemi à employer trois jours pour se mettre en bataille. Or, nous serons prêts à le recevoir après-demain 17. »

Du côté de l'Empereur il n'y aura, pas plus cette fois que les autres, la moindre hésitation. Son plan est si bien arrêté qu'il fait écrire à Leval, à Grouchy et à Saint-Germain, de presser leur marche *pour être le 17 à la bataille qui se donnera du côté de Guignes où il va porter son quartier général* [1].

Il annonce en outre à Marmont « qu'il va entreprendre Schwarzenberg qui a pris un peu trop vivement l'offensive sur Paris, que sans cela il se serait porté sur Châlons et Vitry et qu'au premier mouvement de retraite que fera cette armée, son intention est de gagner sur-le-champ Vitry et l'Alsace. C'est pour cette raison que l'Empereur désire retrouver le maréchal à Étoges ou à Montmirail ; qu'il appuyera alors sur lui à pas précipités pour obliger l'ennemi à faire de grandes marches et le mettre en déroute [2] ».

L'Empereur ne se trompait pas en disant qu'il faudrait au moins trois jours à Schwarzenberg pour concentrer une armée dont le front s'étendait de Méry jusque vers Fontainebleau et qui couvrait en profondeur tout le pays entre Nangis et Sens, en affirmant que le généralissime ne pourrait ni prendre l'offensive avec quelque chance de succès, ni résister dans de bonnes conditions à l'attaque qu'il allait exécuter à la tête de sa petite armée.

---

[1] *Correspondance*, 21261 et 21262, et Registres de Berthier (*Archives de la Guerre*).

[2] *Correspondance*, 21261 et 21262, et Registres de Berthier (*Archives de la Guerre*).

16 février 1814. — Arrivée à Pont-sur-Seine du général von Haacke. — Nouveaux ordres de Schwarzenberg. — La nuit du 15 au 16 et la journée du 16 allaient, comme les journées précédentes, continuer à fournir au quartier général des Alliés un contingent de nouvelles qui n'étaient rien moins que rassurantes. Un peu après minuit, le général von Haacke, envoyé par Blücher, arrivait à Pont-sur-Seine chez le roi de Prusse et l'empereur de Russie et leur annonçait que l'empereur Napoléon, renonçant à la poursuite de l'armée de Silésie, était retourné à Montmirail dès le 14 au soir. Le tzar, sans perdre une seule minute, rejoignit immédiatement Schwarzenberg à Nogent, afin de le décider à masser toute son armée autour de Provins. Mais après un long conciliabule, il dut se rendre à l'impossibilité de convaincre le généralissime, et ce dernier, se bornant à annuler la disposition qu'il venait d'expédier, envoya à ses différents corps l'ordre de reprendre leurs positions de la veille.

C'était assurément la plus mauvaise de toutes les mesures auxquelles on pût avoir recours dans de pareilles circonstances. Mais, chose plus singulière encore, bien que connaissant l'état précaire de l'armée de Blücher, l'empereur de Russie, probablement parce que les résistances du grand état-major l'avaient convaincu de la stérilité de ses efforts, écrivit à Blücher pour l'inviter à se remettre au plus vite en marche sur Sézanne, à former la droite de la grande armée et à ramener York et Sacken sur la rive gauche de la Marne, à Étoges ou à Vertus [1].

Un rapport de Diebitsch [2] avait encore confirmé l'exactitude des nouvelles apportées par le général von Haacke, sans modifier sensiblement la manière de voir du généralissime.

Positions de l'armée française le 16 février au matin. — Napoléon, au contraire, dont le quartier général devait être le 16 au soir à Guignes, n'avait pas attendu les événements pour envoyer ses ordres. Victor, qui devra tenir la tête de la colonne, viendra en avant de Mormant. Oudinot s'établira en avant de Guignes; son quartier général sera du côté du Moulin-de-l'Étang.

---

[1] Empereur Alexandre à Blücher, de Bray, 16 février 1814.
[2] STÄRKE, Eintheilung und Tagesbegebenheiten der Haupt-Armee im Monate Februar. (*K. K. Kriegs Archiv.*, II. 1.)

Macdonald réunira toutes ses troupes entre Les Étarts et Ozouer-le-Voulgis et fera passer le pont des Seigneurs à une division qu'il placera à Yèbles. Le parc de l'armée marchera toute la nuit pour arriver à Ozouer-le-Voulgis et parquera derrière ce village; le parc du génie viendra à Guignes avec le grand quartier général. La vieille garde partira de Meaux à 8 heures du matin; l'infanterie ira à Chaumes; la cavalerie sera placée en colonne, la tête à Chaumes, la queue à Fontenay. Ney avec ses divisions de jeune garde sera à La Houssaye. Toutes les troupes auront leur artillerie avec elles et seront prêtes à marcher et à combattre le 17 au matin. Pajol, enfin, recevait dans le courant de la journée du 16, à 3 heures de l'après-midi, l'ordre de diriger le général Allix sur Melun, de venir avec Pacthod à Saint-Germain-Laxis, à environ 6 kilomètres de Melun, et de pousser vers sa gauche des partis sur Châtillon-la-Borde [1].

Mouvements du VI⁰ corps. — Le comte Wittgenstein [2] avait reçu directement des nouvelles de l'ennemi et connaissait par Diebitsch la marche de l'Empereur sur La Ferté-sous-Jouarre et sur Meaux. Sans tenir compte des différents ordres du généralissime et surtout du dernier qui lui enjoignait de rester à Provins, il prit sur lui de continuer son mouvement dans la pensée que les Français cherchaient à s'établir derrière l'Yerres. Son extrême avant-garde (général Rüdinger) était encore vers Mormant, et ses partis, poussés sur sa droite du côté de Coulommiers à Chailly, y avaient appris que l'armée de l'Empereur se dirigeait sur Meaux. Toutes ces nouvelles le décidèrent à quitter Provins avec le gros de ses troupes et à se porter sur Nangis. A peine était-il entré dans cette ville qu'il reçut du prince Lubomirsky, posté à Meilleray, l'avis que cinq régiments de cavalerie et sept régiments d'infanterie française étaient entrés à La Ferté-Gaucher pour continuer sur Nangis. De Mormant le général Pahlen lui fit savoir que l'ennemi occupait toujours Guignes et Rozoy. Comme les avant-postes français avaient continué à se replier devant les

---

[1] Registres de Berthier : Disposition générale pour le 16 février. (*Archives de la Guerre.*)

[2] STÄRKE, Eintheilung und Tagesbegebenheiten der Haupt-Armee im Monate Februar. (*K. K. Kriegs Archiv.*, II, 1.)

cavaliers russes par les deux routes qui mènent de Mormant, l'une par Chaumes à Meaux, et l'autre par Guignes à Paris, Pahlen et Rüdinger résolurent de les suivre dans ces deux directions en envoyant les uhlans de Tchougouïeff et les cosaques d'Ilowaïsky sur Guignes, les hussards de Grodno et de Soumy et les cosaques de Rebrikoff sur Chaumes.

Les hussards d'Olviopol, avec l'infanterie et l'artillerie de l'avant-garde, restèrent en avant de Mormant, pendant que l'on poussait sur la route de Chaumes jusque vers Beauvoir, où la cavalerie de Piré avait pris position, et obligea par ses feux les hussards et les cosaques à s'arrêter [1].

Les uhlans et les cosaques s'étaient avancés sur la route de Guignes jusque vers L'Étang. Wittgenstein, après avoir envoyé à Lubomirsky l'ordre de se porter de Meilleray (sur le Grand-Morin) à La Ferté-Gaucher et d'observer la route de Coulommiers, avait détaché de Nangis sur sa droite, jusqu'à Courpalay, deux escadrons de uhlans de Tchougouïeff, qui lui signalèrent la présence des Français à Rozoy. Un escadron de hussards d'Olviopol éclairait, au sud-ouest de Mormant, la route de Melun.

De Nangis, où il arriva vers la fin de la journée et où il trouva la division du comte Antoine Hardegg (V⁰ corps), Wittgenstein avait encore envoyé vers La Ferté-Gaucher des partis de cavalerie appartenant à cette division avec l'ordre de lui rapporter des renseignements positifs. Enfin, comme les avant-postes de Pahlen et de Rüdinger avaient été inquiétés et vivement ramenés en arrière par les Français, tant du côté de Beauvoir que de celui de L'Étang, Wittgenstein avait dû, sur la demande de Pahlen, porter en avant de Nangis une partie de son infanterie et établir la brigade Rosen en avant de Bailly. Il avait, en outre, prescrit aux hussards de Grodno de se diriger par Jouy-le-Châtel sur Courtacon, pour surveiller les débouchés de La Ferté-Gaucher. Mais dans la nuit, le généralissime, irrité de l'indiscipline de Wittgenstein, inquiet de savoir le VI⁰ corps échelonné de Mormant à Nangis, où il était en danger, lui ordonna de se replier à la pointe du jour sur Provins [2].

---

[1] PETIET, *Journal de la 5ᵉ division de cavalerie légère.*

[2] Gneisenau apprécie sévèrement dans une lettre à Clausewitz datée de Paris, le 28 avril 1814, la conduite de Wittgenstein pendant les journées des 15 et 16 février :

Mouvement du V⁰ corps. — Wrède, au contraire, après avoir massé le 16 au matin le V⁰ corps de Donnemarie à Paroy, s'était mis en marche sur Provins, lorsqu'il reçut, en même temps que les nouvelles lui annonçant le mouvement de l'ennemi sur La Ferté, l'ordre de rester sur ses anciennes positions. Faisant immédiatement faire demi-tour à ses colonnes, il était retourné à Donnemarie. Après l'arrivée des Russes du VI⁰ corps à Nangis, la division légère du comte Antoine Hardegg avait été se cantonner à Rampillon, Landoy et Lizines [1].

Reconnaissance de Melun et de Brie-Comte-Robert par le IV⁰ corps. — Le prince royal de Wurtemberg, dont les coureurs s'étaient montrés au Châtelet le 15 février au soir, avait poussé en personne le 16 au matin avec le régiment de hussards autrichiens Archiduc-Ferdinand, une demi-batterie à cheval et un bataillon d'infanterie, une reconnaissance sur Melun, qu'il occupa à midi, après en avoir chassé sans peine quelques postes français établis au faubourg de Saint-Liesne. Il n'y resta, d'ailleurs, que quelques heures, et dès la rentrée des coureurs, qu'il avait envoyés sur la route de Brie-Comte-Robert et qui avaient été arrêtés par les Français en avant de Réau, il retourna à Montereau. Les hussards autrichiens s'établirent en avant-postes à Sivry, au Châtelet, aux Ecrennes et à Echouboulains, et la bri-

---

« Le 14 février, nous nous battions à Champaubert, le 15 nous étions à Châlons et le même jour, à midi, j'informai le comte Wittgenstein de nos échecs en lui faisant remarquer que l'ennemi, ne nous ayant pas poursuivis dans les plaines entre Etoges et Châlons, allait, selon toute probabilité à mon sens, se jeter sur les corps épars de la grande armée. Wittgenstein, avec sa légèreté habituelle, ne tint aucun compte de mon avis et poussa, au contraire, Pahlen jusqu'à Nangis. »

[1] STARKE, Eintheilung und Tagesbegebenheiten der Haupt-Armee im Monate Februar. (*K. K. Kriegs Archiv.*, II, 1.)
On lit à la journée du 16 les lignes suivantes dans le *Journal de Taxis*: « Napoléon a abandonné la poursuite de Blücher. Il a quitté Montmirail par un chemin de traverse et le 16 au soir, il est avec le gros de son armée à Guignes à 2 lieues de Mormant, occupé par l'avant-garde du VI⁰ corps. *Wrède n'en sait rien, et il est probable que Wittgenstein l'ignore également* ». (TAXIS, *Tagebuch, Ibid.*, XIII, 32.) Il est vrai de dire que l'infanterie de la garde avait fait une partie de la route en poste. Malgré cela, la marche de Montmirail sur Guignes n'en est pas moins un véritable tour de force (près de 100 kilomètres en 36 heures).

gade Stockmayer vint renforcer la brigade autrichienne déjà postée à Surville [1].

Occupation de Fontainebleau et prise de Nemours. — Les Ier et IIIe corps continuaient à ne pas bouger. Mais le comte Ignace Hardegg (division légère du Ier corps) ayant reçu à Moret trois bataillons de renfort, avait fait fouiller la forêt de Fontainebleau et envoyé le colonel Simony avec 100 chevaux à Fontainebleau même. Hardegg le fit soutenir le soir par un bataillon et demi d'infanterie. Les Français avaient évacué la ville dans la nuit du 15 au 16, à 2 heures du matin, se retirant sur Chailly. Quelques partis de cavalerie autrichienne avaient été poussés sur la route de Nemours à Paris, pour couper de Paris la garnison de Nemours [2].

A la gauche d'Hardegg, le lieutenant-colonel Thurn, établi à Nanteau depuis le 15 au soir, avait été prévenu à 3 heures du matin par son avant-garde, postée dans le bois de Nanteau, qu'on entendait une fusillade assez vive du côté de Nemours. Se portant immédiatement en avant avec son petit corps, Thurn, arrivé sur les hauteurs de la rive droite du Loing, y apprit de façon positive que les cosaques de Platoff investissaient et attaquaient, par la rive gauche, la ville dont le commandant avait refusé de capituler. A 4 heures 1/2 du matin, Platoff, après avoir fait mettre pied à terre à ses cosaques, s'emparait des faubourgs, pendant que Thurn détournait l'attention d'une partie de la garnison par les démonstrations qu'il exécutait de l'autre côté du Loing. L'ar-

---

[1] Prince de Schwarzenberg, Rapport journalier à l'empereur d'Autriche. K. K. Kriegs Archiv., II, 462.)
Le prince royal de Wurtemberg semble s'être conduit avec sa brutalité et sa rudesse ordinaires pendant sa reconnaissance sur Melun. Le maire du Châtelet rendant compte au préfet de Seine-et-Marne des événements dont sa commune a été le théâtre pendant la journée du 16, dit : « Il résulte de ce passage que notre commune est ruinée; les voitures des cultivateurs ont été brûlées, leurs meubles brisés, les granges pillées. Sans l'arrivée de nos troupes, notre pays n'existerait plus. Il n'y a pas de menaces, pas de mauvais traitements que les troupes alliées n'aient fait éprouver à nous tous. » (*Archives de la Guerre*.)

[2] STÄRKE, Eintheilung und Tagesbegebenheiten der Haupt-Armee im Monate Februar (*K. K. Kriegs Archiv.*, II, 1); colonel Simony au feld-maréchal-lieutenant Bianchi (*Ibid.*, II, ad, 437); prince de Schwarzenberg à l'empereur d'Autriche, Bray, 16 février. (*Ibid.*, II, 859.)

tillerie cosaque canonna la porte de la ville ; elle fit taire l'artillerie française, et après un combat assez acharné, les cosaques d'une part et les Autrichiens de l'autre, pénétrèrent simultanément dans Nemours. 600 hommes et 4 canons tombèrent entre les mains des cosaques et de Thurn, que le prince Maurice Liechteinstein vint relever à Nemours, afin de permettre à Platoff de contourner la forêt de Fontainebleau et de pousser sur la route de Paris [1].

Marche de Seslavin sur Châteauneuf-sur-Loire. — Quant à Seslavin, après avoir évacué Pithiviers, il s'était dirigé sur Châteauneuf-sur-Loire. Ses éclaireurs avaient paru devant cette ville le 16 ; mais accueillis à coups de fusil par quelques postes français, ils avaient dû se replier sur Bellegarde du Loiret.

Diebitsch occupe Montmirail. — A l'extrême droite de la grande armée alliée, le départ de Grouchy, qui, sur l'ordre de l'Empereur, redescendait sur La Ferté-sous-Jouarre, avait permis à Diebitsch d'occuper momentanément Montmirail. Grouchy, cependant, avait eu le soin de prévenir le maréchal Marmont de la présence en face de cette ville du détachement de Diebitsch, et, pour donner au duc de Raguse le temps d'arriver, il avait fait couper les ponts du Petit-Morin. Il se proposait, dans le cas où il apprendrait que les Russes occupaient Montmirail, d'y retourner. En attendant, il avait dirigé de La Ferté-sous-Jouarre sur ce point quelques escadrons de cavalerie légère, pendant qu'il pressait la marche des généraux Leval et Saint-Germain sur Meaux [2].

---

[1] STÄRKE, Eintheilung und Tagesbegebenheiten der Haupt-Armee im Monate Februar (*K. K. Kriegs Archiv.*, II, 1), et Thurn à Schwarzenberg, en avant de Nemours, sur la route de Fontainebleau, 16 février, 10 heures. (*Ibid.*, II, 435.)
Platoff n'avait pas manqué de rendre compte de l'affaire de Nemours avec sa pompe ordinaire :
« Je prends la liberté de féliciter respectueusement Votre Majesté de la victoire que je viens de remporter à Nemours avec une partie de ses troupes. Puissent bientôt les drapeaux victorieux de Votre Majesté flotter après la défaite de l'ennemi du monde, sur les murs de sa fière capitale. » (Rapport de Platoff à l'empereur de Russie, n° 259.)

[2] Grouchy au major général, La Ferté-sous-Jouarre, 16 février. (*Archives de la Guerre.*)

Diebitsch avait profité de ce mouvement pour entrer à Montmirail, entre 7 et 8 heures du matin.

« Après avoir occupé Montmirail, écrit Diebitsch[1], le colonel prince Hilkoff poursuivit l'ennemi jusqu'aux vieilles maisons (Viels-Maisons), où le régiment de cosaques de Wlassoff se joint à lui venant du prince Lubomirsky ; à une petite lieue au delà, ils ont été arrêtés par de fortes patrouilles ennemies.

« Après avoir découvert quelques troupes de cavalerie ennemie sur le chemin de Champaubert, dans les environs de Janvillers, je fis placer des piquets de ce côté. Ce sont les troupes du corps du maréchal Marmont qui, d'après le dire incertain des prisonniers, doit être de 10,000 à 12,000 hommes. Il était hier à Vertus et je crois qu'il prendra la direction d'Orbais à Château-Thierry, parce qu'étant avec mon détachement à Montmirail, sa retraite ne pourra s'effectuer sans danger sur ce point et que marchant sur Arcis, il rencontrerait toute notre armée. En tout cas, je m'arrangerai de manière à être prêt pour recevoir l'ennemi, sans toutefois me compromettre. Je vous[2] avais expédié mes rapports par Arcis et cela me fait présumer qu'ils ne vous parviendront pas de sitôt.

« A Montmirail, j'ai pris 200 hommes et un grand hôpital où se trouvaient beaucoup d'officiers français supérieurs et subalternes, et 1,000 soldats à peu près des nôtres. J'ai délivré nos hommes et ceux d'entre eux qui seront en état de servir, seront adjoints aux grenadiers (2 officiers et 250 soldats). Je les armerai avec des fusils pris aux Français. Mais les 14 officiers et 400 soldats invalides seront immédiatement dirigés sur Sézanne, où ils attendront les ordres de Votre Excellence.

« La ville de Montmirail a été occupée par les tirailleurs et de la cavalerie. »

Diebitsch ne s'était pas trompé dans ses suppositions. Ses partis avaient, en effet, donné contre la tête de colonne de Mar-

---

[1] Rapport de Diebitsch, Maclaunay, 4/16 février, 10 heures du matin. (K. K. Kriegs Archiv., II, 10.)
Nous avons reproduit textuellement ce rapport écrit en français par Diebitsch. Diebitsch reçut le 17 l'ordre de se porter sur Méry.

[2] Bien qu'on ne sache pas à qui ce rapport était adressé, il y a tout lieu de supposer qu'il était destiné à Barclay de Tolly.

mont qui, marchant sur Montmirail et parti avant le jour de Vertus, « avait cru convenable de manœuvrer par Orbais pour être toujours maître de sa direction et pouvoir accepter ou refuser un engagement[1]. » L'avant-garde du duc de Raguse arriva le 16 au soir jusqu'à Corrobert.

Craintes de Schwarzenberg pour sa gauche et ses derrières. — Tous les renseignements parvenus au grand quartier général et les quelques événements de la journée du 16 n'étaient pas de nature à rassurer Schwarzenberg, qui venait de recevoir le rapport (cité précédemment) par lequel Seslavin l'informait du passage de renforts venant d'Espagne et qui, d'après le général russe, devaient avoir en grande partie rejoint à ce moment l'armée de l'Empereur. Une autre cause d'inquiétude vint encore s'ajouter aux craintes déjà si nombreuses et si vives qui, depuis quelques jours, exerçaient une influence néfaste sur les résolutions du commandement supérieur. Bubna mandait que les forces des Français augmentaient journellement, que la levée en masse s'organisait et qu'il prévoyait le moment où il lui serait impossible de se maintenir[2].

Schwarzenberg, qui n'avait cessé d'avoir des inquiétudes pour son aile gauche, se crut obligé de pourvoir immédiatement à la sécurité de ses derrières, de ses lignes de retraite et de ses communications avec la Suisse et avec le Rhin. Craignant qu'un échec sérieux infligé à Bubna n'entraînât la perte de Genève, ou qu'un mouvement énergique d'Augereau lui permît, après avoir écrasé le prince héritier de Hesse-Hombourg, de débloquer Besançon, Belfort et Huningue, le généralissime prit le parti de faire renforcer le corps de réserve du prince héritier de Hesse-Hombourg à Dijon, par le contingent hessois, avec lequel le prince Philippe de Hesse remontait la rive droite du Rhin, et par les réserves autrichiennes qui, sous les ordres du général Kroyher, traversaient la Bavière et se dirigeaient vers Bâle[3].

---

[1] Marmont au major général, Orbais, 16 février, 2 heures après-midi. (*Archives de la Guerre.*)

[2] STÄRKE, Eintheilung und Tagesbegebenheiten der Haupt-Armee im Monate Februar. (*K. K. Kriegs Archiv.*, II, 1.)

[3] STÄRKE, Eintheilung und Tagesbegebenheiten der Haupt-Armee im Monate Februar. (*K. K. Kriegs Archiv.*, II, 1.)

Après avoir, de Bray, le 16 au soir, envoyé à Wittgenstein l'ordre de quitter la position que ce général avait prise à Nangis, il avait prescrit aux IV⁰ et V⁰ corps de s'établir à Montereau et à Donnemarie, chargeant ces trois corps, qu'il laissait seuls sur la rive droite de la Seine, d'observer l'ennemi et de couvrir les passages du fleuve qu'ils devaient repasser s'ils étaient attaqués par des forces supérieures en nombre, en dirigeant leur retraite sur Bray[1].

Le reste de la grande armée continuait à rester échelonné sur la rive gauche de la Seine et le long de l'Yonne, à l'exception de la division du comte Ignace Hardegg.

Mais l'Empereur était déjà arrivé à Guignes avec sa garde, Victor était en avant de Guignes et de Chaumes; sa cavalerie occupait Beauvoir. Oudinot était en avant de L'Étang, sur la route de Mormant. Macdonald était à leur droite, à Yèbles. Pajol flanquait la droite de l'armée française, et la division du général Boyer de Rebeval venait d'occuper à Villeneuve Saint-Georges.

D'ailleurs, dès le lendemain, Schwarzenberg sera fixé sur les intentions de l'Empereur, qui se prépare à faire chèrement payer à Wittgenstein le mouvement imprudent qu'il a pris sur lui d'exécuter le 16 et la précipitation avec laquelle, pour racheter sa fâcheuse initiative, il va se retirer sur Provins, sans même prévenir de sa retraite son avant-garde qu'il sait cependant en contact à Mormant avec la cavalerie française.

Considérations sur les opérations de Schwarzenberg et sur celles des maréchaux. — Si les opérations des maréchaux français sont loin d'être à l'abri de tout reproche, leurs fautes disparaissent complètement devant la grandeur de celles commises pendant cette période par les généraux alliés. Toutefois, c'est le commandement supérieur qui doit être, dans la plupart des cas, rendu seul responsable de leurs erreurs. Ses lenteurs, ses contre-ordres et ses indécisions ont paralysé leurs moyens et leur action, en compromettant à tout instant une situation dont il eût été cependant si aisé de tirer bon parti. C'est, en effet, le com-

---

[1] Le IV⁰ corps avait reçu en réalité deux ordres successifs : l'un l'envoyant à Donnemarie, l'autre à Bray. Mais une faible partie du corps était à peine arrivée du côté de Bray, qu'on lui enjoignit de retourner sur Montereau.

mandement supérieur qui seul laissa à maintes reprises échapper l'occasion de frapper sans danger des coups dont l'Empereur aurait eu bien du mal à se relever, malgré tout son génie, malgré les inépuisables ressources de son esprit et de son énergie.

Pendant qu'il exécutait contre Blücher l'opération qui est assurément une des plus brillantes de sa carrière, Napoléon n'avait pas été secondé par les maréchaux comme il aurait dû l'être. Tant qu'il est là, tout marche bien ; mais à mesure qu'il s'éloigne, les craintes renaissent, les hésitations s'accentuent, la négligence s'augmente. La défense de Nogent par le général Bourmont et le colonel Voirol est un de ces héroïques faits d'armes auquel nos adversaires eux-mêmes ont unanimement rendu justice. Mais la mollesse et l'apathie des maréchaux devaient faire perdre à l'Empereur tout le bénéfice qu'il comptait en tirer. « Je ne conçois pas, écrit-il à Joseph, de Montmirail, le 15 février, à 3 heures du matin, la bêtise du duc de Reggio de ne pas avoir défendu le passage de Bray [1]. »

La défense des passages de la Seine était, cependant, d'autant plus facile à organiser que, dans toute cette partie, la rive droite commande partout la rive gauche qu'elle domine d'environ 50 mètres. Si les maréchaux avaient mieux compris ou mieux exécuté les ordres de l'Empereur, s'ils avaient fait partout, ou tout au moins à Méry et à Bray, ce que Mortier et Gérard avaient fait à Troyes, Bourmont et Voirol à Nogent, l'armée de Schwarzenberg serait restée enfermée entre la Seine et l'Yonne. Si, ce qui était loin d'être impossible, ils avaient su conserver deux ou trois jours de plus leur belle position de la rive droite de la Seine, l'Empereur, alors à Vauchamps, aurait pu parachever la destruction de l'armée de Silésie et après avoir écrasé et anéanti Blücher, il aurait été à même de se porter sur Troyes et de s'emparer de la ligne d'opérations de la grande armée ennemie qui aurait probablement eu le sort de Mack à Ulm ou de l'armée prussienne à Iéna.

Mais pendant qu'il disperse l'armée de Silésie et qu'il espère pouvoir lui donner le coup de grâce, Napoléon apprend à Vauchamps que les maréchaux ont abandonné la Seine et l'Yonne et

---

[1] *Correspondance*, n° 21256.

que, rejetés sur l'Yerres, ils ne sont plus en état d'interdire aux Alliés la route et les approches de Paris. Sans hésiter une minute, sans perdre un instant, il se décide à changer la direction de son mouvement et, laissant un corps d'observation à Étoges et du côté de Château-Thierry, il prend ses dispositions pour reporter ses troupes de la Marne à la Seine. Réparant les fautes de ses lieutenants par la rapidité de ses mouvements, il arrive le 16 au soir à Guignes où sa présence, l'impulsion qu'il imprime aux opérations, l'offensive générale et vigoureuse qu'il reprend aussitôt, vont rétablir les affaires, faire perdre en peu de jours aux Alliés plus de terrain qu'ils n'en avaient gagné depuis le commencement du mois et les obliger à se replier en arrière des positions qu'ils occupaient à la fin de janvier, avant la bataille de La Rothière.

Si l'on considère les opérations de la grande armée alliée forte de plus de 120,000 hommes contre l'armée qui vient d'éprouver le 1er février une sanglante défaite, on voit qu'au lieu de tirer parti de sa victoire, elle suit l'ennemi vaincu avec une lenteur telle qu'elle met huit jours pour franchir les 45 kilomètres qui la séparaient de Troyes. Le mouvement sur Troyes était en somme assez naturel, parce que, comme le dit Clausewitz[1], la poursuite immédiate après la bataille donne toujours les meilleurs des résultats. Mais alors il s'agissait de mener l'ennemi tambour battant, et puisque, en se portant de Piney sur Troyes par une marche de flanc, Napoléon avait renoncé à ses communications directes avec Paris, il fallait se garder de faire exécuter à son tour à la grande armée une marche de flanc qui allait précisément les lui rendre.

Comme nous ne nous proposons ni de rechercher les motifs qui ont amené la séparation des armées et décidé Blücher à se porter sur la Marne, ni de refaire au point de vue critique l'examen détaillé des opérations de la grande armée alliée, nous nous bornerons seulement à dire qu'aussitôt après le départ de l'armée de Silésie et précisément à cause de cette division des forces, on devait d'autant moins rester immobile sur l'Aube et sur la Seine, qu'on pouvait opposer 120,000 hommes d'abord à l'armée battue à La Rothière, puis aux 25,000 hommes des ducs de Bellune et de Reggio. Nous nous sommes demandé sans être parvenus à

---

[1] CLAUSEWITZ, *Critique stratégique de la campagne de France en 1814.*

les découvrir, quelles purent être les raisons qui ont fait choisir à Schwarzenberg, lors de l'attaque de Troyes, le côté qui présentait le double inconvénient d'être à la fois le plus difficile à enlever et le moins dangereux pour Napoléon, surtout si l'on observe que par la direction même de la marche, le généralissime se trouvait plus rapproché du côté dont l'accès était plus facile et d'où il pouvait menacer plus sérieusement l'ennemi.

Tout en admettant, sous les réserves que nous venons de faire, que Schwarzenberg ait eu raison de se porter sur Troyes, on doit reconnaître que rien ne l'empêchait de se diriger de là sur Arcis-sur-Aube et Plancy et de forcer, par ce mouvement, l'Empereur à quitter sa position. « Un mouvement tournant n'a de valeur réelle et de portée qu'après une bataille gagnée. Mais on était content d'avoir un fleuve entre soi et l'armée de Napoléon et on ne se souciait pas de se rencontrer avec lui en rase campagne [1]. » Au lieu de faire exécuter à son armée un mouvement vers la droite, de repasser l'Aube et de pousser par Villenauxe sur Provins et Nangis, pour n'avoir pas besoin de franchir à nouveau la Seine dont le passage à Troyes avait présenté tant de difficultés, Schwarzenberg préfère repasser le fleuve et prendre position sur les routes divergentes de Bar-sur-Seine, Auxerre, Sens, Nogent-sur-Seine et Arcis-sur-Aube. C'est cependant à peu près à ce moment que Napoléon quitte Nogent, et l'on peut se demander pourquoi le commandement supérieur échelonne et dissémine les différents corps de la grande armée de Bohême après la prise de Troyes, pourquoi il interrompt pendant trois jours les opérations de l'armée de Bohême, au moment même où son intervention aurait pu faire tant de mal aux Français. Si on laisse de côté les intrigues du quartier général, si l'on refuse d'ajouter foi aux arrière-pensées politiques que l'on a attribuées alors aux hommes d'État et au généralissime, on est obligé d'admettre qu'en renonçant bénévolement au plan à la fois le plus simple et le plus sûr, en s'éloignant de plus en plus de l'armée de Silésie, en cherchant à déborder la droite de l'ennemi, en divisant sa propre armée en deux groupes distincts et séparés l'un de l'autre, Schwarzenberg avait dû céder à l'une des deux considérations suivantes :

Ou bien, comme il résulte de ses ordres et de la réparti-

---

[1] CLAUSEWITZ, *Critique stratégique de la campagne de France en 1814.*

tion même de ses troupes, dès le 11 février, il a absolument abandonné l'idée de marcher, même lentement, sur Paris. La position qu'il a prise montre qu'il tient avant tout à maintenir ses communications avec l'armée du Sud, avec Dijon. C'est pour cela qu'il dirige son aile gauche sur Sens, et qu'une fois maître de cette ville, le 11 au soir, il arrête sur la rive droite de l'Yonne le prince royal de Wurtemberg, qui aurait pu, sans rencontrer devant lui aucun obstacle sérieux, pousser droit, d'abord sur Moret ou Nemours, puis de là par Fontainebleau sur Paris, en marchant constamment par la rive gauche de la Seine.

Ou bien on peut supposer, non sans raison, que Schwarzenberg a tenu par-dessus tout à avoir constamment la Seine entre l'Empereur et lui. Dès que Napoléon, quittant Nogent, se trouve sur la même rive que lui, le généralissime passe, en effet, sur la rive gauche et fait attaquer Nogent par son aile droite. Le mouvement de sa gauche l'a rassuré sur ses communications avec le prince héritier de Hesse-Hombourg. Les sanglants et inutiles combats de trois jours devant Nogent vont lui procurer, non pas un débouché et une tête de pont, mais une ligne de défense sur la basse Seine. « Il cherche, dit encore Clausewitz, à trouver un coin tranquille entre la Seine et l'Yonne, et même dans ce choix il ne sut prendre les dispositions nécessaires, parce qu'il n'y avait ni clarté, ni unité, ni décision dans son commandement[1]. »

Sans insister à nouveau sur le temps qu'il a perdu à Troyes comme à Nogent, sans revenir sur ces deux grandes haltes de trois jours, aussi peu justifiées l'une que l'autre, on doit se demander encore pourquoi, puisque l'indécision de Schwarzenberg s'était accrue, en raison même de l'incertitude résultant de la séparation des deux armées, au lieu de laisser ses troupes se refaire, le généralissime a préféré les user inutilement dans des marches et contre-marches pénibles, qui n'avaient même pas pour objet ou pour excuse d'assurer leur existence. Enfin, n'est-il pas surprenant de voir que plusieurs jours se passèrent après le départ de l'Empereur, avant qu'on eut au quartier général une idée, même approximative, de l'effectif des corps qu'il avait laissés devant la grande armée alliée. Dans les derniers jours, enfin, quand on eut

---

[1] CLAUSEWITZ, *Critique stratégique de la campagne de France en 1814.*

connaissance des premières défaites de l'armée de Silésie, les inquiétudes qu'on éprouvait sur son sort, la crainte de voir Napoléon revenir à tout moment, les renseignements contradictoires qui tantôt faisaient croire à la retraite de l'Empereur sur Paris, tantôt, au contraire, le montraient en marche sur Châlons, tous ces points obscurs devaient fatalement augmenter l'indécision du commandement, l'empêcher de prendre le seul parti imposé par la situation et qui consistait à battre les maréchaux, pour marcher vivement et résolument sur Paris, en se confiant à la supériorité écrasante du nombre.

L'attitude de l'armée de Bohême, dans les jours qui suivirent La Rothière, pendant la retraite sur Troyes, avait rassuré l'Empereur. Il avait bien prévu ce qui allait arriver en pensant qu'après la séparation des armées, Schwarzenberg songerait d'autant moins à pousser les maréchaux sur Paris qu'il n'avait même pas osé, avec toutes ses forces réunies, poursuivre l'ennemi qu'il venait de vaincre.

Si nous avons critiqué avec Clausewitz les opérations de la grande armée pendant cette période, nous devons justifier Schwarzenberg du reproche de n'être pas resté fidèle, dans l'exécution sur le terrain, aux principes dont il s'était pénétré par la pensée et qu'il avait exposés tout au long lors de la conférence de Trachenberg. Il convient de reconnaître que jamais peut-être général en chef ne s'est trouvé dans un milieu aussi difficile que celui dans lequel il eut à se débattre pendant la campagne de 1814.

Les critiques de toute espèce, les rivalités personnelles, les considérations politiques, l'immixtion continuelle et directe des souverains dans la conduite des opérations, entravaient à chaque pas la pensée et le libre arbitre du généralissime. Pour briser les obstacles qui se dressaient devant lui à tout instant, au lieu de sa prudence et de sa circonspection, du sentiment de sa grande responsabilité et de son esprit fin et délié, il lui eût fallu plus encore qu'une grande force de caractère et une puissance de volonté, la haine irréconciliable de Pozzo di Borgo, la rancune ambitieuse de Stein, l'ardeur toujours juvénile, l'énergie indomptable, la rude brusquerie et surtout l'inébranlable obstination de Blücher et de Gneisenau.

CHAPITRE VIII.

OPÉRATIONS DE L'ARMÉE DE SILÉSIE DANS LA VALLÉE DE LA MARNE, DU 3 AU 16 FÉVRIER 1814.

LA CHAUSSÉE, MONTMIRAIL, VAUCHAMPS, CHAMPAUBERT.

3 février 1814. — Mouvements de Blücher. — La séparation des deux principales masses des Alliés était d'autant moins faite pour déplaire au vieux feld-maréchal que, lui rendant une liberté d'action presque absolue, elle lui permettait de régler, pour ainsi dire, entièrement à son gré sa marche sur Paris et lui laissait la possibilité d'imprimer à ses opérations une impulsion et une vigueur incompatibles avec la circonspection par trop méthodique du prince de Schwarzenberg et les arrière-pensées politiques de son entourage. Pendant que les lenteurs de la grande armée lui faisaient perdre si complètement le contact de l'Empereur que le 2 au soir on ignorait au grand quartier général jusqu'à la direction suivie par les corps français battus à La Rothière, pendant que des affaires d'arrière-garde comme celles de Rosnay et de Villiers-le-Brûlé, jointes à la destruction du pont de Lesmont, donnaient à Napoléon le répit dont il avait besoin, non seulement pour remettre de l'ordre dans son armée, mais pour la ramener presque sans encombre à Troyes, Blücher avait immédiatement commencé son mouvement vers la Marne. Il avait dès ce moment résolu d'opérer sa jonction, d'abord avec York, puis avec les corps de Kleist et de Kapsewitch, encore échelonnés de la Meuse jusque vers la Sarre, pour se porter ensuite par la voie la plus directe sur l'objectif vers lequel ses regards n'avaient cessé de se tourner depuis le mois de novembre 1813. Parti de Braux-le-Comte, où il avait passé la nuit du 2 au 3 février, le feld-maréchal arrivait vers le soir avec son gros à Saint-Ouen ; son avant-garde allait à Humbauville, et ses avant-postes s'étendaient jusque vers Coole.

Sa marche s'était effectuée sans difficulté, puisque l'Empereur avait résolu d'attendre à Troyes la réalisation d'événements qu'il ne faisait encore que prévoir et désirer, et que Marmont, après le brillant combat de Rosnay, s'était replié sur Arcis-sur-Aube.

Mesures prises par York pour arrêter Macdonald. — Combat de cavalerie de La Chaussée. — Grâce aux renseignements fournis par l'interrogatoire des prisonniers et déserteurs, l'affaire de Saint-Amand avait suffi pour détourner momentanément de Vitry l'attention d'York. Afin d'être encore plus complètement au courant de la situation du côté de La Chaussée, le général prussien y avait envoyé dans la journée du 2 février un officier appartenant à l'état-major de l'une de ses brigades, le major von Schütz. Cet officier, après avoir procédé dans l'après-midi à une reconnaissance minutieuse, proposa au général, qui accepta son idée, d'empêcher les Français de recevoir les renforts venant de Châlons en les attaquant dès la pointe du jour avec la cavalerie des généraux von Katzler et von Jürgass et le détachement du colonel von Henckel, pendant que l'infanterie du Ier corps, à l'exception de la brigade von Pirch II, se concentrerait en avant de Vitry-le-Brûlé.

Au moment même où la cavalerie française commençait à déboucher de La Chaussée et à se déployer sur la hauteur en avant de ce village, elle se trouva tout à coup en présence des huit escadrons de dragons du général von Jürgass. Ce général, après avoir quitté Saint-Amand à 5 heures du matin, avait suivi un chemin de traverse rejoignant la grande route à peu de distance de La Chaussée, pendant que le colonel Henckel, avec ses six escadrons de landwehr et un bataillon de fusiliers, marchait d'Aulnay-l'Aître sur La Chaussée en suivant la rive droite du Fion. La cavalerie de Jürgass précédait sur la grande route les escadrons du général von Katzler, qui avaient quitté à la même heure la ferme de Bayarne en deux échelons, le premier de sept escadrons, le second de six. L'avant-garde d'infanterie, sous les ordres du colonel von Warburg, suivait cette cavalerie pour lui servir éventuellement de soutien [1].

---

[1] Composition des brigades prussiennes engagées à La Chaussée : Général von Jürgass : régiment de dragons de Lithuanie, 1er régiment de dragons de la Prusse occidentale : 8 escadrons.
Général von Katzler : régiment de hussards de Mecklembourg-Strelitz (4 escadrons), régiment de uhlans de Brandebourg (2 escadrons), régiment de hussards de Brandebourg (5 escadrons), 1 escadron du régiment de cavalerie nationale de la Prusse orientale, 1 escadron de chasseurs : 13 escadrons.
Colonel comte Henckel : 6 escadrons des 3e et 5e régiments de landwehr de Silésie, 1 bataillon de fusiliers.

Dès que la pointe d'avant-garde eut débouché sur la grande route, Jürgass arrêta sa colonne pour donner le temps à la cavalerie du général von Katzler d'arriver à sa hauteur. Du point où il se trouvait on pouvait, bien qu'il ne fît pas encore complètement jour, se rendre approximativement compte de la force, des mouvements et des intentions des Français. Les sonneries de leurs trompettes et le bruit occasionné par la marche de leur artillerie révélèrent, en outre, au général prussien l'imminence d'une attaque, prescrite d'ailleurs par les ordres de Macdonald. Le général von Jürgass, sentant que les minutes étaient précieuses, avait aussitôt formé sa cavalerie sur deux lignes, précédée par une avant-garde. En première ligne, à droite et près de la grande route, l'avant-garde, composée de deux escadrons. A gauche de cette avant-garde et se reliant avec la droite des escadrons du général von Katzler, le régiment de dragons de la Prusse occidentale, suivi par les dragons de Lithuanie, qui formaient sa deuxième ligne pendant que la cavalerie du général von Katzler se déployait à leur gauche, également sur deux lignes. Quatre escadrons de hussards de Brandebourg formaient sa première ligne, que soutenaient immédiatement deux escadrons de uhlans, et que couvraient à gauche un escadron de hussards de Brandebourg et un escadron de cavalerie nationale. Les hussards de Mecklembourg restaient momentanément en réserve. Ces préparatifs, quoique lestement exécutés, n'avaient pu échapper aux Français, dont la cavalerie occupait les hauteurs en avant de La Chaussée, et dont l'infanterie, couverte par quelques escadrons, se déployait devant Aulnay. Le général von Jürgass fit prendre position de ce côté à une demi-batterie à cheval, à laquelle il donna l'ordre d'arrêter par ses feux les troupes ennemies qui chercheraient à déborder sa droite, pendant que ses escadrons, se portant rapidement contre la cavalerie française, également formée sur deux lignes, venaient donner contre des chasseurs à cheval et des cuirassiers, soutenus par une batterie [1].

Colonel von Warburg : 6 bataillons des 1er et 2e régiments d'infanterie de la Prusse orientale et 2 compagnies de chasseurs.

Les 27 escadrons seuls donnèrent à La Chaussée. L'infanterie arriva lorsque tout était terminé.

[1] La version donnée par le biographe du général-lieutenant von Sohr est quelque peu différente, mais nous semble plus conforme à la vérité.

Bien que la cavalerie française eût réussi à rejeter les dragons de la Prusse occidentale qui s'étaient jetés contre sa gauche, bien que quelques escadrons de cuirassiers eussent eu à la droite des Français l'avantage sur les deux escadrons de hussards et de cavalerie nationale du major von Zastrow, la charge des Prussiens avait néanmoins réussi. Elle était parvenue à culbuter les chasseurs, à les rejeter en désordre sur les cuirassiers, qu'ils avaient entraînés dans leur mouvement rétrograde, et à s'emparer de trois des pièces de la batterie avant même qu'elle ait eu le temps de commencer le feu. Quelques escadrons de cuirassiers avaient cependant tenté un retour offensif et cherché à reprendre les pièces en se jetant contre les escadrons de première ligne qui n'avaient pas encore eu le temps de se reformer. Mais ils durent se replier devant les hussards de Brandebourg qui, soutenus à temps par les dragons de la Prusse occidentale, ralliés à la hâte, et par l'escadron de chasseurs du régiment de dragons de Lithuanie, les poursuivirent vivement jusque dans La Chaussée, où les cuirassiers français furent recueillis à la sortie du village par l'infanterie de la division Molitor.

Pendant ce temps, le colonel Henckel était entré en ligne sur

---

Vers 7 heures du matin, l'ennemi parut vouloir prendre position de ce côté du village. Le général von Katzler donna par suite l'ordre de se jeter sur la cavalerie française supérieure en nombre, au moment où elle essayerait de se déployer. Il accéléra notre attaque d'autant plus que l'on entendait distinctement le bruit causé par le passage à travers La Chaussée de l'artillerie ennemie à laquelle le général ne voulait pas donner le temps de prendre position. La cavalerie prussienne devait donc se former au plus vite en bataille et se jeter aussitôt sur l'ennemi pour l'empêcher de se déployer. En raison même de la rapidité avec laquelle devait s'opérer le déploiement des cavaliers prussiens et par suite des difficultés du terrain, il devint impossible d'attendre l'arrivée de tous les régiments et d'exécuter une charge en ligne comme on en avait eu l'intention. Il en résulta qu'on dut se contenter d'une espèce d'attaque en échelon dans laquelle les régiments, conduits par leurs chefs qui les portaient en avant dès leur arrivée en ligne, chargèrent le plus près possible les uns des autres. Ce genre d'attaque fut exécuté avec beaucoup d'entrain par la cavalerie prussienne et chaque régiment chercha à joindre l'ennemi au plus vite. L'avantage resta de notre côté. Le régiment de hussards de Brandebourg réussit à crever, après un combat acharné, le centre ennemi formé par les cuirassiers, à leur faire pas mal de prisonniers et à s'emparer, au moment où l'artillerie allait se mettre en batterie, d'un obusier, 3 canons et 2 caissons. L'ennemi fut poursuivi et rejeté au delà de La Chaussée, mais il résista encore au delà du village et le combat dura jusqu'au soir. A ce moment, l'ennemi fut obligé de céder le terrain jusqu'à une lieue en arrière à peu de distance de Pogny. (*Aus dem Leben des kœniglich-preussischen General-Lieutenants Friedrich von Sohr.*)

la droite du général von Jürgass; sa cavalerie avait rejeté les lanciers polonais jusque sur la hauteur en arrière de La Chaussée. Son bataillon de fusiliers, dirigé sur sa gauche, s'avançait contre La Chaussée même. Les Français avaient, du reste, évacué ce village pour prendre plus en arrière une position où leur infanterie, déployée sur la hauteur, tirait intelligemment parti du temps qu'il avait fallu à une partie de la cavalerie prussienne pour traverser la localité et se reformer à sa sortie. Le général von Jürgass, avec une partie de ses escadrons, avait préféré contourner le village par le nord, afin de se relier à Henckel et de chercher à déborder la gauche des Français. Sa marche avait été toutefois ralentie par le terrain difficile qu'il avait eu à traverser. On se canonna de part et d'autre pendant un certain temps, jusqu'à ce que l'apparition de la cavalerie prussienne, qui n'avait cessé de s'étendre vers le nord, vint menacer l'extrême gauche des Français, qui se décidèrent alors à continuer leur retraite. Le général von Katzler les poursuivit par la grande route, pendant que Jürgass poussait jusqu'à Pogny. Arrivé sur ce point et après avoir fait chasser les flanc-gardes françaises d'une hauteur où elles s'étaient établies, le général remarqua que son adversaire, obligé de traverser le défilé des Baraques, avait à nouveau déployé sa cavalerie en avant de Pogny, afin de couvrir sa retraite et de gagner ainsi le temps dont il avait besoin pour effectuer le passage de la Moivre. « Je profitai de cette circonstance, dit le général von Jürgass dans son rapport, pour tenter une nouvelle charge; j'attaquai l'ennemi de front avec les dragons de Lithuanie, soutenus en deuxième ligne par ceux de la Prusse occidentale, pendant que la cavalerie de landwehr du comte Henckel le prenait de flanc. Je le rejetai en désordre et le poursuivis jusque dans le village; mais le feu des tirailleurs français, qui garnissaient les haies et occupaient les maisons, arrêta les escadrons prussiens et permit à la cavalerie française de passer la Moivre et de couper le pont derrière elle. »

La nuit commençait à tomber et une grosse batterie établie sur la rive droite de la Moivre avait déjà ouvert le feu, lorsque le général von York arriva sur le théâtre de la lutte. Il était trop tard pour rien tenter de sérieux, avec des troupes exténuées de fatigue, et pour essayer de forcer de nuit le passage de la Moivre d'autant plus que la tête de colonne de l'infanterie commençait seulement à arriver à La Chaussée[1]. York résolut de s'en tenir là ; il poussa toutefois la cavalerie de réserve et le détachement du comte Henckel vers Francheville et Dampierre, afin de menacer la gauche des Français et de reconnaître de ce côté le cours et les passages de la Moivre. Son avant-garde resta sur les bords mêmes de cette petite rivière, sur les positions qu'elle occupait à la fin du combat. L'escadron de landwehr auquel on avait fait remonter le cours de l'Ornain dans la direction de Revigny-aux-Vaches, reçut l'ordre de revenir par Possesse prendre position à l'intersection des routes de Bar-le-Duc à Reims et Châlons et de Vitry à Sainte-Menehould, pour y couvrir l'aile droite.

La 8e brigade occupa La Chaussée et Aulnay ; la 7e, Saint-Amand ; la réserve d'artillerie, Vitry-le-Brûlé.

« Les résultats de ce combat de cavalerie, dans lequel l'ennemi a opposé une résistance acharnée, sont des plus brillants, écrivait York à Schwarzenberg. 7 canons, 6 caissons, 1 étendard[2] et plusieurs centaines d'hommes sont tombés entre nos mains. Les pertes de l'ennemi sont considérables. Les miennes s'élèvent à 150 hommes hors de combat[3]. »

Retraite des Français. — Le maréchal Macdonald avait, presque dès le début de l'affaire, reconnu que la mollesse de sa cavalerie et les indécisions de ses chefs ne lui laissaient guère de chances de faire pencher la balance de son côté. Dès midi, il avait fait connaître la perte de La Chaussée au duc de Valmy et l'avait informé de son mouvement rétrograde sur Pogny. Il s'agissait dès lors pour le maréchal de se préoccuper de la défense de Châlons et de la retraite de ses corps d'armée sur cette ville. Aussi, avant de se rendre à Châlons pour y conférer avec le vieux maréchal Kellermann, avait-il cru devoir laisser à Sébastiani le commandement des troupes engagées entre La Chaussée et Pogny, en le chargeant de battre en retraite à nuit close.

---

[1] Rapport du général von Jürgass sur le combat de La Chaussée, daté de Châlons-sur-Marne, le 5 février ; York à Schwarzenberg et à Blücher, La Chaussée, 2 février, 8 heures du soir. (*K. K. Kriegs Archiv.*, II, 56 et II, 121 a.)

[2] L'étendard dont il s'agit était celui des lanciers polonais. Il avait été enlevé par la cavalerie de landwehr de Henckel.

[3] York à Schwarzenberg, La Chaussée, 2 février, 8 heures du soir. (*K. K. Kriegs Archiv.*, II, 56.)

Tandis que York écrivait le soir, à 8 heures : « L'ennemi occupe vis-à-vis de moi une bonne position. Je crois pourtant qu'il se retirera cette nuit sur Châlons et je le poursuivrai. Si, au contraire, il reste sur sa position, je l'attaquerai demain [1], » Sébastiani exécutait les ordres du duc de Tarente et commençait en assez bon ordre sa retraite par échelons sur Châlons. Le 5e corps vint occuper la ville même ; la division Brayer s'établit à Saint-Memmie ; le 3e corps de cavalerie marchant à hauteur de la queue de la division Brayer, se dirigea vers Compertrix et Coolus, et la division de cavalerie du général Lorge quitta Francheville avec l'ordre de traverser Châlons. La division Molitor devait s'échelonner derrière la division Brayer, et le 2e corps de cavalerie, formant avec elle l'arrière-garde, faisait garder, sur la route même, Chepy et Moncetz, et sur la gauche la ferme de Longeval, afin de surveiller de là la route de Châlons à Bar-le-Duc [2].

A 10 heures du soir, les dernières troupes françaises avaient quitté les rives de la Moivre que l'avant-garde prussienne borda aussitôt ; mais les troupes prussiennes étaient tellement exténuées [3] qu'elles se contentèrent d'observer la direction suivie par les Français en retraite et qu'elles s'arrêtèrent complètement à minuit, afin de prendre quelques heures d'un repos dont elles avaient le plus grand besoin.

Considérations sur le combat de La Chaussée. — L'affaire de La Chaussée mérite d'autant plus qu'on examine de près les procédés employés par les deux cavaleries, qu'elle nous fournit l'exemple, assez rare déjà à cette époque, d'un combat de

---

[1] York à Schwarzenberg, La Chaussée, 3 février, 8 heures du soir. (*K. K. Kriegs Archiv.*, II, 56.)

[2] Macdonald, ordres de mouvement, Vesigneul, 3 février, 1 heure après-midi. (*Archives de la guerre.*)

[3] Le régiment de hussards de Brandebourg du colonel von Sohr, par exemple, s'était mis en route à 4 heures du matin, avait laissé Vitry à sa droite, passé l'Ornain et rejoint la cavalerie du général von Katzler sur la grande route de Châlons un peu après 6 heures, c'est-à-dire une heure avant le moment où les escadrons de tête donnèrent en avant de La Chaussée contre la cavalerie de Sébastiani. Il n'y a donc pas lieu de s'étonner si, le soir, les chevaux des régiments qui avaient chargé à plusieurs reprises dans la journée, étaient harassés de fatigue.

cavalerie contre cavalerie. L'infanterie prussienne arriva trop tard en ligne pour pouvoir prendre part à la lutte, et le rôle de l'infanterie française se réduisit à une tentative de défense de La Chaussée, puis plus tard, vers le soir, à l'occupation par ses tirailleurs des Baraques et du pont de la Moivre. C'est donc à la vigueur de la cavalerie prussienne que revient tout entier l'honneur d'avoir empêché le mouvement du duc de Tarente sur Vitry, à la mollesse et aux fautes des chefs de la cavalerie française qu'incombe toute la responsabilité de l'évacuation de cette place et de la perte de Châlons.

« Je crois, dit avec raison le général von Jürgass à la fin de son rapport, que cette journée fait grand honneur à la cavalerie prussienne. » « Jamais, ajoute le comte Henckel dans le sien, je n'avais pris part à un combat de cavalerie mené, depuis le premier moment jusqu'au dernier, avec autant d'ordre et autant d'entrain. » Et de fait, il est peut-être peu de combats dans lesquels la cavalerie ait opéré avec plus de vigueur, plus d'énergie et plus d'intelligence que la cavalerie prussienne dans ce combat de La Chaussée. Au moment où les deux cavaleries se trouvèrent en présence l'une de l'autre, il n'y avait plus un instant à perdre pour les Prussiens. La moindre hésitation pouvait tout compromettre en donnant aux Français le temps d'amener leurs batteries en position et d'écraser par leur feu les escadrons prussiens. Jürgass et Katzler, tout en se rendant un compte exact de la situation, se gardèrent cependant de rien brusquer ; ils comprirent que l'ordre était la garantie du succès et portèrent leurs escadrons en avant, le premier, dès que le déploiement sur deux lignes fut complètement achevé ; le second, dès que ses régiments de deuxième ligne eurent rejoint ceux de la tête. Évitant de cette façon ces attaques successives, qui ne peuvent amener aucun résultat, ils se trouvèrent ainsi à même de faire soutenir leur première ligne par la deuxième sur les points où le besoin s'en fit sentir, et d'assurer le succès final en combinant une attaque contre le flanc gauche des Français avec les charges qu'ils dirigèrent en personne contre leur front et leur droite. Comme le fait si justement remarquer le général von Colomb dans ses *Beiträge zur Geschichte der preussischen Kavallerie*, le combat de La Chaussée a démontré d'une façon péremptoire l'excellence et la justesse de ces procédés. Il y eut, en effet, comme nous l'avons dit, un moment où une partie de la deuxième ligne de la cavalerie française, résistant vigoureusement, chercha à sauver sa batterie. La première ligne prussienne tout entière, qui s'était laissé entraîner un peu plus loin que de raison par son élan même et par l'ardeur de la poursuite, pouvait aisément être culbutée et mise en déroute. Si les Prussiens n'avaient pas eu des renforts sous la main, si leur deuxième ligne ne s'était pas portée immédiatement au secours de la première, il est plus que probable que les Français auraient repris leur batterie, que leur infanterie, qui s'approchait à ce moment, aurait eu le temps d'occuper plus solidement la lisière du village de La Chaussée et que leur artillerie aurait pu jouer un rôle décisif en obligeant les escadrons prussiens à renoncer aux avantages qu'ils avaient déjà remportés. Le combat lui-même aurait complètement changé de caractère, puisqu'au lieu de poursuivre les Français sur la route de Châlons, il aurait fallu avant tout songer à s'emparer de La Chaussée. La vigueur, le calme et les bonnes dispositions des généraux von Jürgass et von Katzler permirent à la cavalerie prussienne de mener à bonne fin la mission dont elle s'était si bien acquittée jusque-là. Enfin, ces deux généraux, non contents d'avoir déjoué les projets des Français, d'avoir fait échouer leurs premières tentatives et d'avoir remporté sur eux un premier avantage qui n'avait encore rien de décisif, s'empressèrent d'organiser judicieusement la poursuite. Pendant qu'une partie de leurs escadrons traversait La Chaussée, le reste de leur cavalerie contournait le village, se déployait sous les yeux mêmes de l'infanterie française, débordait sa gauche, la forçait à la retraite et assurait définitivement le succès en culbutant la cavalerie française qui, se dévouant pour couvrir la retraite, tentait sur la rive gauche de la Moivre un dernier retour offensif.

La cavalerie prussienne [1] a donc dû son brillant et utile succès

---

[1] La biographie du général von Sohr contient à propos du combat de La Chaussée, où cet officier commandait le régiment des hussards de Brandebourg, l'épisode suivant que nous ne pouvons nous empêcher de citer.

Au moment où le régiment allait commencer à charger, l'impétuosité d'un officier faillit tout compromettre. On venait précisément de faire sonner : *Au galop!* lorsqu'un jeune officier saxon, entré au service de Prusse, le lieutenant comte von der S., poussé par le désir de se distinguer, se mit à crier en levant son sabre : *Suivez-moi! Suivez-moi!* et fit prendre à son cheval le galop de charge. Le 2ᵉ escadron auquel cet officier appartenait, s'ébranlait déjà pour

de La Chaussée à l'observation et à l'application des vieux principes que la cavalerie française paraît à ce moment avoir complètement oubliés, de ces principes qu'elle avait mis en pratique avant les autres cavaleries, qui lui avaient valu tant de triomphes et dont elle avait vulgarisé l'emploi.

Il suffit, en effet, de consulter la correspondance du maréchal Macdonald pour voir que la cavalerie française avait persévéré dans la voie néfaste dans laquelle on avait cru devoir l'engager, qu'elle employait des procédés contraires à l'esprit de l'arme et que peut-être, dans l'espoir de parvenir à suppléer de la sorte au dressage incomplet de ses chevaux, à l'éducation militaire insuffisante de ses hommes, elle continuait à avoir recours à des expédients qui, expérimentés à plusieurs reprises dans le cours de la campagne précédente, n'avaient donné en toute occasion que des résultats défavorables et n'avaient amené que des échecs.

« Au moment, écrit avec sa franchise et sa loyauté ordinaires le duc de Tarente au major-général, où la cavalerie du 2⁰ corps débouchait ce matin [1] de La Chaussée, elle a été rencontrée par vingt escadrons formés en colonne qui l'ont renversée et lui ont pris son artillerie, qui était également en colonne. Votre Altesse peut se figurer le désordre qui s'en est suivi, surtout sur un terrain si favorable à la cavalerie. Notre peu d'infanterie et l'artillerie ont tout sauvé. Elles ont favorisé le passage des nombreux versants jusqu'à la droite de la petite rivière [2], où l'ennemi a été

---

le suivre en s'écartant de la direction qui lui avait été donnée. Sohr s'en aperçut ; sans perdre un instant, il fit sonner : *au trot !* et attendit pour commencer sa charge que le régiment se fût reformé et eût repris sa direction primitive. Après l'affaire, Sohr réunit ses officiers autour de lui et s'adressant au lieutenant, lui dit : « Vous vous êtes conduit en brave et j'aime les officiers qui ont du cœur. Mais moi-même je ne suis pas manchot, et s'il vous arrivait à l'avenir de vouloir marcher sur mes brisées et donner des ordres à ma place, vous risqueriez fort de me voir vous gratifier d'un coup de sabre qui vous ferait passer l'envie de recommencer. »

Ce même Sohr commandait la brigade de hussards qui fut à peu près détruite à Roquencourt, le 1ᵉʳ juillet 1815, par la cavalerie des généraux Exelmans et Piré. Sohr, grièvement blessé, fut fait prisonnier. « Il était, dit Exelmans, enragé comme tous les diables et refusa de se rendre. »

En 1816, le général von Sohr fut appelé au commandement de l'Ecole de cavalerie.

[1] Macdonald au major général, Châlons, 3 février, à 6 heures du soir. (*Archives de la guerre.*)

[2] Il s'agit ici de la Moivre.

arrêté jusqu'à ce moment, où les troupes sont en marche pour se grouper sous Châlons.... L'ennemi a montré 4,000 chevaux, 2,000 hommes d'infanterie et 20 bouches à feu[1]. *Sa cavalerie a été très audacieuse*, et je dois le dire, *la nôtre a pâli à sa vue.* Nous avons beaucoup de détachements, et elle a malheureusement reconnu son infériorité.... Il ne sera guère possible de conserver Châlons plus de vingt-quatre heures. »

La manière dont un juge aussi impartial que le maréchal Macdonald apprécie l'attitude de sa cavalerie pendant l'affaire du 2 février nous fournit le meilleur de tous les arguments que nous puissions invoquer pour justifier nos assertions. On peut, à la vérité, présenter en faveur de la cavalerie française quelques arguments non dénués de valeur; on doit surtout insister sur le peu de cohésion que devaient présenter des régiments composés d'hommes pris au hasard, tirés des dépôts et versés, selon les besoins, dans les régiments dont il s'agissait de relever au plus vite les effectifs. L'esprit de corps devait nécessairement leur faire défaut; d'autre part, le temps avait manqué pour parfaire l'instruction des cavaliers ; les chevaux avaient été rassemblés et réquisitionnés à la hâte. Mais les régiments possédaient cependant un noyau solide, il y restait des vieux cadres et des vieux soldats en nombre suffisant pour maintenir les conscrits. Sans nier l'influence qu'a pu avoir sur l'esprit de leurs chefs la composition défectueuse de ces régiments improvisés, il convient de reconnaître que ce furent surtout les mauvaises dispositions prises par les généraux qui amenèrent ou tout au moins facilitèrent la défaite. Les chefs de la cavalerie française commirent, en effet, plusieurs fautes plus impardonnables les unes que les autres. Ils voulurent une fois de plus essayer d'un procédé qui ne leur avait jamais réussi et qui, d'ailleurs, en contradiction complète avec le véritable esprit de l'arme, était fatalement appelé à ne conduire qu'à des échecs. Ils crurent pouvoir arrêter et briser, dès le début de

---

[1] Le maréchal exagère quelque peu l'effectif des troupes que ses corps eurent à combattre. Il n'entra en ligne du côté des Prussiens que de la cavalerie (27 escadrons) ; l'infanterie ne se composait réellement que du bataillon de fusiliers qui suivait la colonne de Henckel, puisque les brigades venues de Vitry arrivèrent quand tout était fini ; quant à l'artillerie, il n'est question d'elle, ni dans les rapports d'York, ni dans ceux du général von Jürgass, ni dans ceux du colonel Henckel.

l'affaire, l'élan de la cavalerie de Jürgass et de Katzler, en l'attendant de pied ferme et en la recevant à quinze pas par une salve [1]. Cette tactique de combat ne pouvait qu'être fatale à la cavalerie française. Des feux exécutés à cheval ne sauraient jamais avoir d'efficacité et ne parviendront jamais à arrêter une cavalerie bien décidée à aborder la cavalerie adverse. Les escadrons prussiens tinrent d'autant moins compte de cette salve qu'elle ne leur fit, pour ainsi dire, aucun mal et qu'entraînés par l'impulsion même qui résulte du mouvement, ils pénétrèrent dans les escadrons français de première ligne et les culbutèrent avant même que les hommes qui venaient de faire feu eussent eu le temps de mettre le sabre à la main. De plus, comme les généraux français avaient eu la malencontreuse idée de déployer leur cavalerie sur deux lignes parallèles à peu de distance l'une de l'autre, comme ils n'avaient ni réserves plus en arrière, ni soutiens sur leurs flancs, leurs première ligne violemment ramenée par la cavalerie prussienne, vint rompre les rangs de la deuxième et l'entraîna dans son mouvement rétrograde. Exelmans et le duc de Padoue paraissent avoir complètement oublié à La Chaussée que l'attaque à l'arme blanche est l'essence de la tactique de la cavalerie, que le mouvement est la première condition du succès et qu'une cavalerie qui reste immobile, au lieu de se porter à la rencontre de celle qui la charge, est déjà à moitié battue et n'attend qu'une occasion ou qu'un prétexte pour tourner bride avant le choc. Le combat de La Chaussée a démontré une fois de plus que, comme le dit si justement l'auteur des *Exploits et Vicissitudes de la Cavalerie*, s'il est téméraire de vouloir déduire d'une façon absolue la certitude de la victoire de telles ou telles dispositions, il n'en est pas moins vrai « qu'à voir les dispositions prises pour certaines affaires, il n'eût pas été nécessaire d'être

---

[1] La cavalerie française employa à La Chaussée un procédé qui, cependant, lui avait déjà mal réussi en plus d'une occasion et entre autres, moins d'un an auparavant, le 5 avril 1813, au combat de Danigkow ou de Mockern.

Quelques années auparavant, le 30 janvier 1807, Murat venant rejoindre la cavalerie de réserve avait déjà critiqué cette manière de faire de la cavalerie française. « Son Altesse, dit cet ordre du jour, a vu avec peine que les régiments de cavalerie légère avaient reçu la charge de l'ennemi par un feu de mousqueterie. L'expérience a prouvé que c'est le moyen de se faire culbuter. Le prince défend cette manière de combattre et, à l'avenir, il fera mettre à l'ordre de l'armée tout régiment qui commettrait une pareille faute. »

prophète pour prédire qu'il n'en résulterait pas grand'chose de bon[1]. »

Comme nous l'avons vu au chapitre précédent, Wittgenstein avait dû modifier une fois de plus, dès le 2 février au soir, la direction de sa marche et avait envoyé aux colonnes qu'il avait détachées sur Vitry, l'ordre de se porter le 3 sur Eclaron, afin d'être à même de suivre le mouvement qui devait rapprocher le VIe corps du gros de l'armée de Bohême.

Mouvement du corps de Kleist sur Saint-Mihiel et du corps de Kapsewitch sur Nancy. — Quant au corps Kleist, il avait continué sa marche sur Saint-Mihiel ; son avant-garde se cantonnait le 3 au soir à Bouconville et Broussey, la 10e brigade à Thiaucourt et Bény, la 12e brigade à Pont-à-Mousson et Montauville. Le quartier général d'York s'établit à Thiaucourt.

Le corps de Kapsewitch, venant de Mayence, était encore plus en arrière et avait à peine dépassé Nancy.

4 février 1814. — Marche de Blücher sur Sommesous et Fère-Champenoise. — Pendant que l'Empereur envoyait à Marmont l'ordre de se diriger sur Sézanne, Blücher avait résolu de porter son avant-garde sur Fère-Champenoise et d'aller avec son gros à Sommesous, à la croisée des routes d'Arcis à Châlons

---

[1] Parmi les papiers que le général York trouva à La Chaussée et qu'il envoya au prince de Schwarzenberg avec son rapport de Châlons, le 5 février (*K. K. Kriegs Archiv.*, II, 123), se trouve une lettre curieuse écrite par un officier français, la veille même du combat, lettre que nous ne pouvons résister au désir de reproduire ici :

« A Mme Dumas, rue Saint-Nicaise, à Châlons. — La Chaussée, 2 février 1814, 10 heures du soir. — Madame, La route de La Chaussée à Vitry se trouve interceptée par à peu près 1000 chevaux et quelques bataillons d'infanterie. Demain, de bonne heure, nous forcerons l'ennemi à la retraite. Les corps du duc de Tarente et de Sébastiani couchent aujourd'hui à La Chaussée, les corps du duc de Padoue et du général Exelmans à Aulnay. Ces quatre corps déboucheront demain ensemble et doivent donner une leçon à l'ennemi s'il est assez osé pour nous attendre. Le général Montmarie occupe toujours Vitry avec 2,000 hommes.

Il n'a été fait de la journée aucune tentative sur cette ville où nous logerons demain. Ainsi, Madame, rassurez-vous ; bientôt, je l'espère, vous apprendrez l'éloignement de l'ennemi et de votre bonne ville de Châlons surtout... »
(*K. K. Kriegs Archiv.*, II, ad. 123).

et de Paris à Vitry. Il se réservait de régler sa marche ultérieure sur les nouvelles d'York et les mouvements de Macdonald. A son arrivée à Sommesous, Blücher y apprit qu'un parc d'artillerie française de 75 bouches à feu avait passé par cet endroit. Wassiltchikoff n'avait pu le rejoindre et avait seulement réussi à atteindre et à enlever, en avant de Sommesous, un gros convoi de vivres allant de Châlons à Arcis [1]. Ces nouvelles décidèrent Blücher à se porter sur Fère-Champenoise, à laisser le corps d'Olsufieff à Sommesous et à pousser Wassiltchikoff par Fère-Champenoise sur Meaux.

Pendant sa marche sur Sommesous et Fère-Champenoise, le général russe s'était fait flanquer sur sa gauche par Biron qui, parti d'Humbauville et passant par Semoine et Pleurs, arriva à Saint-Rémy fort avant dans la soirée sans avoir rien rencontré en route. De là, il fit savoir au feld-maréchal que les cosaques de Seslavin occupaient déjà Sézanne. Enfin, dans la soirée, Olsufieff mandait à Blücher que les Français avaient, après l'avoir surpris, délogé un régiment de cosaques de Vatry et mis dans le village de l'infanterie et quelque artillerie [2].

Le feld-maréchal informé le 4 au soir de la direction sur Troyes que l'Empereur avait donnée à sa retraite, en avait conclu que, pour le moment du moins, Napoléon ne songeait pas à rappeler à lui les troupes de Macdonald.

Macdonald se décide à défendre Châlons. — Sachant que des partis de cavalerie, qui s'étaient montrés dans la journée du 3 sur la rive gauche de la Marne, occupaient Blacy près de Vitry, ainsi que les villages qui bordent la rivière d'Isson et tenaient le cours de la Coole, le duc de Tarente avait prescrit au duc de Padoue de faire monter à cheval sa cavalerie dès la pointe du jour et d'éclairer avec elle les routes de la rive gauche de la Marne, et au général Simmer d'avoir son infanterie en position à Coolus dès 5 heures du matin.

Une heure plus tôt, Molitor devait se mettre en retraite sur

---

[1] Major Mareschal à Schwarzenberg, Fère-Champenoise, 5 février (*K. K. Kriegs Archiv.*, II, 122.)

[2] Blücher au prince de Schwarzenberg, Fère-Champenoise, 5 février, 2 h. du matin (*K. K. Kriegs Archiv.*, II, 121.)

Châlons, occuper la porte de Vitry, garder avec lui un caisson par pièce et quelques hussards pour s'éclairer, et envoyer le reste de son artillerie parquer sur la rive gauche de la Marne.

Le général Brayer avait ordre de faire un mouvement analogue dans les mêmes conditions et de venir garder la porte Saint-Jean. La défense de la porte de Reims (porte Saint-Jacques) était confié à Sébastiani avec le 5⁰ corps. Le général Exelmans devait couvrir avec sa cavalerie la retraite de Molitor. Arrivé à une lieue de Châlons, il avait ordre de conserver avec lui une partie seulement de sa cavalerie légère et d'envoyer le reste cantonner en arrière de Châlons à Villers-aux-Corneilles, Saint-Pierre-aux-Oies et Thibie. Le maréchal, qui ne se faisait aucune illusion sur sa situation, recommandait à la cavalerie légère d'éviter tout engagement sérieux. Il espérait, grâce à ces dispositions, parvenir à tenir à Châlons au moins pendant vingt-quatre heures. Dans la nuit du 3 au 4, il avait transmis au général Montmarie l'ordre d'évacuer Vitry, de détruire tout le matériel qu'il ne parviendrait pas à emmener, de faire sauter les ponts de la Marne et de l'Isson et de marcher par Maisons-en-Champagne et Faux-sur-Coole, sur Vatry[1].

Attaque de Châlons par le Ier corps prussien. — Un peu après 5 heures du matin, le général von Katzler reprit son mouvement et rencontra, entre 8 et 9 heures du matin, les premières vedettes françaises à peu de distance de Châlons.

York, prévenu de la retraite complète du maréchal Macdonald, rejoignit en personne son avant-garde après avoir donné à son corps l'ordre de pousser sur Châlons. « Macdonald, qui y commandait en chef, avait fait mettre la ville en état de défense. Châlons est protégé par de hautes murailles, des remparts crénelés et des fossés remplis d'eau. On avait placé des pièces sur les saillants, barricadé les portes qu'on avait couvertes par des tambours. Le village de Saint-Memmie, situé au sud de Châlons, en couvre les abords sur la route de Vitry et est séparé de la ville par un large fossé[2]. »

---

[1] Macdonald, ordre de mouvement pour le 4, et général Grundler au général Montmarie. (*Archives de la guerre.*)

[2] York au prince de Schwarzenberg, Châlons, 5 février. (*K. K. Kriegs Archiv.*, II, 123.)

Vers 10 heures du matin, l'avant-garde du Ier corps prussien arriva devant le faubourg, que le général von Katzler se prépara à attaquer. Il fit au préalable sommer la ville de se rendre et de lui ouvrir ses portes. Cette proposition fut repoussée, et Katzler lança, à 11 heures, contre le faubourg de Saint-Memmie deux bataillons de fusiliers et quelques compagnies de chasseurs, qui parvinrent jusqu'à la grande allée située entre ce faubourg et la ville. Écrasés par le feu des grosses pièces de l'artillerie française, décimés par le tir de l'infanterie, les Prussiens durent se replier quelque peu, tout en continuant néanmoins à se maintenir dans le faubourg.

Afin d'éviter des pertes inutiles, York, arrivé sur ces entrefaites sur le lieu du combat, résolut d'attendre l'arrivée de son gros pour donner l'assaut s'il était nécessaire. La cavalerie de réserve, qui avait suivi une fausse direction, ne parut aux environs de Châlons qu'à 3 heures et prit position sur la chaussée de Sainte-Menehould, poussant à droite vers le faubourg de Reims le 1er régiment de dragons de la Prusse occidentale. A 4 heures, lorsque les brigades du prince Guillaume et du général von Horn furent entrées en ligne, on envoya de nouveau un parlementaire, le major comte Brandenbourg, avec ordre de prévenir le maréchal que s'il refusait de rendre la ville on en commencerait immédiatement le bombardement. A 8 heures, le major rapportait une réponse négative. Une batterie de 12 et huit obusiers ouvrirent immédiatement le feu. Le bombardement continua jusqu'à 11 heures. On avait réussi à allumer plusieurs incendies dans la ville, et York se préparait à donner ses ordres pour l'assaut du lendemain, lorsqu'une députation de la municipalité de Châlons, accompagnée par un officier, vint à minuit proposer au commandant du Ier corps de lui remettre, le 5, à 8 heures du matin, la ville que les Français s'engageraient à évacuer à 7 heures. Sur l'ordre de York, le major von Brandenbourg retourna aussitôt à Châlons, auprès de Macdonald qui, cédant aux sollicitations et aux prières du maire et des habitants, finit par consentir à quitter Châlons le 5 au matin[1].

Un incident singulier avait marqué cette soirée. Pendant que son artillerie bombardait la ville, York et son état-major, installés

---

[1] York à Schwarzenberg, Châlons, 5 février. (*K. K. Kriegs Archiv.*, II, 123.)

dans une ferme à peu de distance du faubourg de Saint-Memmie, venaient de remarquer que la fusillade diminuait sensiblement de ce côté, lorsque les ordonnances, qu'ils avaient envoyés dans le faubourg pour leur rapporter quelques bouteilles de vin, revinrent les mains vides et la mine consternée annoncer au général que les hommes occupant Saint-Memmie étaient tous morts. Le colonel Valentini, chef d'état-major d'York, montant immédiatement à cheval, se rendit dans le faubourg et y assista à un spectacle jusque-là sans exemple. Les soldats prussiens gisaient, en effet, à terre, mais ivres-morts au milieu des monceaux de bouteilles de champagne qu'ils avaient trouvées dans les caves et qu'ils avaient consciencieusement vidées. On les fit aussitôt relever par la brigade du général von Horn [1].

Pendant que le major von Brandenbourg discutait et obtenait la capitulation, York venait s'installer de sa personne à Saint-Memmie, et la brigade du prince Guillaume occupait le faubourg de Reims, évacué par les Français en vertu même de la convention; le reste des troupes bivouaquait, à l'exception du 2e régiment de hussards (hussards du corps) qu'on envoyait prendre position à Saint-Martin-sur-le-Pré, sur la route de Reims [2].

Marche de Kleist et de Kapsewitch. — Apparition des cosaques dans le département de l'Aisne. — L'avant-garde du IIe corps prussien atteignit Saint-Aubin-sur-Aire; la 10e brigade et le quartier général de Kleist, Commercy et Vignot; la 12e brigade, Fréméréville et Gironville.

Blücher aurait désiré voir les corps de l'armée du Nord dessiner à ce moment leur mouvement vers Reims. Depuis longtemps déjà il avait écrit à ce propos à Tchernitcheff, dont la réponse lui

---

[1] Le 5 février, nous dit Beitzke dans sa *Vie du général von Sohr*, les hussards devaient bivouaquer dans le faubourg de Saint-Memmie, mais c'est à peine si l'on put y pénétrer. Tout le faubourg était jonché des débris des 50,000 bouteilles de champagne bues par l'infanterie de la brigade Horn, qui avait ensuite jeté les bouteilles vides dans la rue et dont tous les soldats étaient ivres-morts. »
Beitzke en constatant ce fait, commet une erreur. La brigade Horn vint relever à Saint-Memmie l'infanterie et la cavalerie du général von Katzler dont les soldats avaient pillé et vidé les caves. Aussitôt après on entra à Châlons. York fit réunir ses troupes, leur adressa de violents reproches et rendit les officiers responsables d'actes qu'il comptait bien ne pas voir se renouveler.

[2] *Vie du général von Sohr.*

parvint ce jour-là ; mais ce général, commandant l'avant-garde de Winzingerode et envoyé sur Namur, annonçait au feld-maréchal qu'il devrait se borner à envoyer des partis sur la route de Reims [1].

Les hussards noirs de Lützow, arrivés le 3 à Carignan, en étaient repartis le 4 pour Stenay [2], tandis qu'à l'ouest de Mézières, les cosaques occupaient déjà, depuis le 2, Maubert-Fontaine et poussaient, le 4, jusqu'à Aubenton.

5 février 1814. — Blücher a l'intention de se réunir à York à Châlons. — Envoi du corps volant du major von Falkenhausen à Reims. — En apprenant le 4, à Fère-Champenoise, que l'Empereur s'était dirigé sur Troyes, qu'il avait par suite renoncé à se retirer directement sur Paris et à se réunir à Macdonald ; convaincu que, conformément à la dépêche de Schwarzenberg, en date du 3, Arcis-sur-Aube était occupé par l'un des trois corps qui avaient dû passer la rivière à Lesmont ; que Wrède et Wittgenstein, ou tout au moins l'un de ces deux généraux, le reliaient avec la grande armée en marche sur Troyes, Blücher en conclut qu'il pouvait, sans crainte pour ses communications se porter contre Macdonald. Il écrit alors (5 février, 2 heures du matin) de Fère-Champenoise au prince de Schwar-

---

[1] Tchernitcheff au feld-maréchal Blücher, Namur, 29 janvier. (*K. K. Kriegs Archiv.*, II, 121 b.)
Nous reproduisons textuellement cette dépêche écrite en français par Tchernitcheff.
« Monsieur le maréchal, j'ai reçu par l'entremise du major von Falkenhausen, la lettre que lui adressait S. A. R. Monseigneur le prince Guillaume, relative au désir de Votre Excellence sur la direction que notre corps avait à prendre.
« Je me suis empressé de la porter à la connaissance de M. le baron Winzingerode, commandant en chef le corps. Il m'a ordonné de Liège où se trouve son quartier général, de me porter avec le gros de mon monde sur Namur, sans avoir égard à l'ennemi qui se trouve à Louvain et à Bruxelles et que j'avais combattu avec avantage vers Liège.
« Mes troupes légères occupent Dinant et Philippeville et ont des postes sous Givet où l'on a jeté une garnison de 1500 hommes.
« Je regrette infiniment de ce que, n'étant plus corps volant, mais commandant aujourd'hui l'avant-garde du corps, je ne puisse exécuter mes mouvements avec la même rapidité que par le passé. Cependant je ne laisserai pas de diriger de suite de forts partis sur Reims, pour inquiéter vivement l'ennemi en attendant notre arrivée. »
[2] Le général Janssens au maréchal Kellermann. (*Archives de la guerre*).

zenberg : « Si les rapports établissent que l'ennemi se dispose à tenir Châlons, je m'y porterai pour l'en chasser. S'il évacue Châlons, je me joindrai à York et marcherai avec lui sur Paris [1] ». Blücher, nous ne tarderons pas à le voir, devait heureusement pour l'Empereur renoncer, moins de vingt-quatre heures plus tard, à la jonction avec York et commencer, dès le 6, à disséminer ses corps dans l'espoir de couper Macdonald de sa ligne de retraite et de l'obliger à mettre bas les armes. Le feld-maréchal ajoutait dans sa dépêche : « Votre Altesse doit avoir connaissance de la direction donnée par Winzingerode à Tchernitcheff. Quand j'ai su que Tchernitcheff ne se portait pas en personne sur Reims, j'ai dirigé sur ce point le major von Falkenhausen, qui y sera le 12 avec 500 chevaux. Je serai de cette façon renseigné sur ce qui se passe sur ma droite et saurai quelles sont les troupes qui viennent des Pays-Bas. »

Les commandants des deux armées alliées commettaient donc, à peu près au même moment, la même erreur. Tandis que Schwarzenberg ne cesse de redouter une attaque qui, débordant sa gauche, menacerait ses communications avec Dijon, Blücher tout en continuant à marcher sur Châlons, au lieu d'envisager la probabilité d'un mouvement de l'Empereur contre sa gauche et de tenir son armée concentrée, se préoccupe déjà de ce qui se passe sur sa droite et de la marche des troupes qui peuvent venir de Belgique.

Quelques heures à peine après le départ de cette dépêche, on savait au quartier général du feld-maréchal, par les cosaques détachés du côté de Vitry, qu'une colonne française sortie de cette place se dirigeait sur Cernon. Blücher ordonna aussitôt à Sacken de se porter de Fère-Champenoise sur Soudron, à Olsufieff de marcher sur Vatry. Mais, au lieu de partir immédiatement, ces deux généraux perdirent un temps précieux à attendre le retour de leur cavalerie. Dans l'intervalle, on avait amené au feld-maréchal les officiers français pris la veille à Sézanne et, comme on apprit par eux qu'ils faisaient partie d'un convoi d'artillerie de 75 bouches à feu, escorté seulement par 500 à 600

---

[1] Le feld-maréchal Blücher au prince de Schwarzenberg, Fère-Champenoise, 5 février, 2 heures du matin (*K. K. Kriegs Archiv.*, II, 120), et Blücher à Schwarzenberg, Soudron, 5 février, 8 heures soir. (*Ibid.*, II, ad. 120.)

hommes, on prescrivit à 2,500 chevaux de chercher à le rejoindre et l'on ne put, par suite, diriger contre les Français que les troupes établies à Fère-Champenoise et Sommesous. Ces dispositions défectueuses allaient permettre aux généraux Montmarie et Exelmans d'opérer leur jonction avec Macdonald et d'exécuter une retraite qu'il eût été si facile de leur couper.

Mesures prises par Macdonald. — Macdonald n'avait pas perdu un seul instant à Châlons. Après avoir fait miner le pont de pierre, il avait prescrit aux généraux Molitor et Brayer de passer ce pont à 5 heures 1/2, d'envoyer leur artillerie et leurs bagages à Villers-aux-Corneilles ; à Sébastiani de se replier à 5 heures 3/4 et de prendre position en arrière du pont. Son artillerie, soutenue par des pièces de 12, devait, en s'établissant sur les hauteurs, interdire les approches à l'ennemi, permettre au duc de Padoue de s'établir à Saint-Gibrien et Fagnières, et au bataillon de jeune garde laissé par Kellermann à Châlons, d'aller droit à Epernay. Le maréchal espérait parvenir à couvrir les trois routes aboutissant à Châlons et venant d'Epernay, Montmirail et Sézanne, en envoyant sur cette ville la colonne du général Montmarie.

Occupation de Châlons par York. — **Évacuation de Vitry par les Français.** — A 8 heures du matin, le corps d'York entrait à Châlons et « bien que les Français se fussent engagés à laisser tout en état, ils firent néanmoins sauter en se retirant le pont de pierre de la Marne. Le maréchal Macdonald, dont les tirailleurs soutenus par l'artillerie occupent la rive gauche, paraît avoir pris la grande route de Paris avec 10,000 hommes, presque tous de vieilles troupes, qui se sont très vaillamment battus. Le maréchal a une forte artillerie et 1500 chevaux dont beaucoup de cuirassiers[1]. »

« J'éprouve, continuait York, un réel plaisir à annoncer à Votre Altesse que la journée d'hier a plongé le maréchal Macdonald dans le plus profond désespoir. Battu le 3 à La Chaussée, forcé hier de traiter *avec moi*, obligé de quitter sa maison incendiée pendant le bombardement, il a dit à ce moment au maire de Châlons : « Je voudrais que cette bombe m'eût écrasé moi-

---

[1] York à Schwarzenberg, Châlons, 5 février. (*K. K. Kriegs Archiv.*, II, 123.)

« même[1] ». Bien que l'explosion des mines n'eût pas réussi à détruire complètement le pont, elle l'avait cependant assez endommagé pour empêcher York de passer sur la rive gauche et pour immobiliser la plus grande partie de ses forces jusqu'au lendemain (6 février) vers midi.

Combat de Soudron. — Retraite de Macdonald sur Épernay. — L'évacuation de Châlons avait entraîné celle de Vitry. La garnison qui avait ordre de rejoindre le maréchal par la rive gauche de la Marne, avait quitté la ville pendant la nuit du 4 au 5. Après s'être fait précéder par ses équipages, elle avait pris la route de Vatry, afin de se réunir à la cavalerie d'Exelmans envoyée par le maréchal à Bussy-Lettrée. Comme celui de Châlons, le pont de Vitry n'était qu'incomplètement détruit, et le général von Pirch espérait pouvoir dans quelques heures suivre l'ennemi en retraite sur Vertus. La marche qu'allait exécuter le général Montmarie présentait d'autant plus de difficultés que, obligé de filer entre la Marne et Blücher, il courait le risque d'être pris de flanc par la cavalerie du feld-maréchal et d'être rejoint et attaqué sur ses derrières par les troupes de Pirch. Dès 5 heures du matin, deux bataillons, deux escadrons et deux pièces de ce dernier qui avaient pu passer le pont de Vitry, avaient poussé sur les traces de Montmarie et rejoint son arrière-garde à Vésigneul-sur-Coole, sans parvenir toutefois à l'entamer. Mais au lieu de continuer sa marche sans interruption, le général Montmarie crut pouvoir rafraîchir les chevaux du convoi à Bussy-Lettrée. Arrivé à Vatry à 3 heures de l'après-midi, il y opérait sa jonction avec la cavalerie d'Exelmans qui tiraillait depuis le matin contre les coureurs de Blücher. On allait se remettre en marche pour gagner Chaintrix, l'infanterie de Montmarie à l'avant-garde et couvrant la gauche du convoi, la cavalerie d'Exelmans à l'arrière-garde et protégeant la gauche de la colonne, lorsqu'on aperçut des colonnes se déployant en avant de Villeseneux. On reprit néanmoins le mouvement en longeant la rive droite de la Soude, pendant que la cavalerie de Blücher essayait de déboucher et que son artillerie mettait le désordre dans le convoi et épouvantait les conducteurs qui prirent le galop et qu'on arrêta à grand'peine. Grâce à la

---

[1] York à Schwarzenberg, Châlons, 5 féerier. (*K. K. Kriegs Archiv.*, II, 123.)

bonne tenue de l'infanterie et à l'attitude résolue de la cavalerie qui contint les escadrons de Blücher, malgré les pertes sensibles que lui fit éprouver le tir de l'artillerie prussienne et bien qu'à la suite de l'explosion d'un caisson le convoi ait, en dépit de tous tous les efforts des généraux, quitté le champ de bataille, la colonne et la plus grande partie du convoi réussirent à continuer leur marche sur Chaintrix [1].

« Arrivé à Soudron, écrit à ce propos Blücher à Schwarzenberg [2], j'y trouvai environ 2,000 chevaux déployés et qui couvraient la marche d'une colonne de 3,000 hommes d'infanterie escortant un convoi de vivres et de munitions allant de Vitry à Vatry. Je fis attaquer cette cavalerie par mon avant-garde et cherchai en vain à arrêter la colonne qui, protégée par la nuit, continua sa marche. On a, cependant, réussi à lui enlever un canon et 70 voitures. »

La garnison de Vitry et la plus grande partie du convoi étaient sauvées ; mais cet événement n'en força pas moins le duc de Tarente de renoncer à suivre la route de Montmirail ; celle de Sézanne était déjà coupée ; Fère-Champenoise était occupée ; il ne lui restait donc plus que celle d'Epernay pour effectuer sa retraite.

« On a tiraillé toute la journée au pont de Châlons qui est peu endommagé, écrivait-il de Saint-Pierre-aux-Oies, le 5 février à 11 heures du soir, au major-général, mais l'arc de triomphe est tombé et forme une barrière suffisante pour empêcher l'artillerie de passer de 24 heures. Il n'y a que peu d'obstacles pour la cavalerie ; il n'y en a pas pour l'infanterie. L'ennemi a fait filer du monde sur Reims. J'ignore ce qui s'y passe. Je ne reçois des nouvelles d'aucun côté. Tout se désorganise et tend à une dissolution générale [3]. »

Résolutions prises par Blücher et par Macdonald le 5 février au soir. — La situation de Macdonald était évidem-

---

[1] Général Montmarie au ministre de la guerre, Chauconin, près Meaux, 10 février, et Macdonald au maréchal Kellermann, Epernay, 6 février. (*Archives de la Guerre.*)

[2] Blücher à Schwarzenberg, Soudron, 5 février, 8 heures soir (*K. K. Kriegs Archiv.*, II, 120.)

[3] Macdonald au major-général, Saint-Pierre-aux-Oies, 5 février, 11 heures du soir. (*Archives de la guerre.*)

ment peu enviable. Cependant, le maréchal pouvait encore s'estimer heureux d'avoir échappé à une catastrophe à laquelle il n'aurait pas réussi à se soustraire si, au lieu d'appeler Wittgenstein sur l'Aube, on lui avait, dès le soir de la bataille de La Rothière, ordonné de se porter de Saint-Dizier vers la rive gauche de la Marne et de donner, de là, la main au corps d'York.

Arrêté par le rétablissement du pont de Châlons, mais espérant néanmoins parvenir à déboucher par la route de Vertus, York avait prescrit le matin à Pirch de suivre le général Montmarie; il dut, dans l'après-midi, lui envoyer l'ordre de marcher sur Châlons par la rive droite; mais Pirch avait déjà quitté Vitry, et ce fut seulement dans la nuit du 5 au 6 que cet ordre lui parvint. Sa brigade occupait à ce moment Coupetz, Fontaine et Vésigneul-sur-Coole.

Pendant que l'avant-garde de l'armée de Silésie essayait d'enlever le convoi venant de Vitry, Blücher avait reçu la dépêche du 4 février par laquelle Schwarzenberg lui faisait part du mouvement de la grande armée vers sa gauche. Cette résolution du généralissime modifiait sensiblement les dispositions prises à Brienne le 2 février et suffisait pour montrer au feld-maréchal qu'il aurait tort de compter sur une coopération de la grande armée dont les corps allaient forcément s'éloigner de plus en plus des siens. Malgré cela, Blücher semble avoir pensé que la présence de Wittgenstein du côté d'Arcis et la marche de la grande armée suffiraient pour retenir l'Empereur sur la Seine et lui permettraient de continuer son mouvement dans la vallée de la Marne. C'est, du moins, ce qui ressort de la dépêche de Soudron à laquelle nous avons déjà fait plusieurs emprunts. Ne sachant pas encore si Vitry est évacué, Blücher[1] mande à Schwarzenberg qu'une de ses colonnes a passé la Marne et

---

[1] Blücher à Schwarzenberg, Soudron, 5 février, 8 heures du soir. (K. K. Kriegs Archiv., II, 121.)
Le major Mareschal confirmait dans son rapport de Fère-Champenoise, 5 février (K. K. Kriegs Archiv., II, 122) ces renseignements en disant entre autre autres au généralissime : « Le feld-maréchal Blücher va avec ses deux colonnes attaquer Châlons pour couper l'ennemi. L'ennemi se retire sur Vertus et La Ferté-sous-Jouarre, poursuivi par notre cavalerie. Les prisonniers disent qu'York est entré ce matin à Châlons et que Vitry est évacué. L'armée va demain à Vertus et à Epernay. »

pousse devant elle Macdonald et Sébastiani, tandis qu'avec une autre colonne il se dirige sur Montmirail et que sa cavalerie légère (cosaques de Karpoff et corps volant de Biron) continue à se tenir du côté de Sézanne et à se relier à la cavalerie de Pahlen.

« J'ai réussi, disait le feld-maréchal, à séparer le maréchal Macdonald du gros de l'armée ennemie ; je suis maître de la Marne et je puis, néanmoins, dès que Votre Altesse le désirera, me porter sur la Seine. »

Blücher termine en disant qu'il avait avant tout pour but de rallier le corps du général York, auquel dès le lendemain, il va, cependant, donner une direction toute différente, en l'envoyant d'abord sur Epernay, puis sur Dormans. Au moment, en effet, où Blücher écrivait au généralissime, il était tout près d'York. Sacken, Olsufieff et le quartier général étaient à Soudron ; la Marne seule et une distance de 15 kilomètres le séparaient de son premier corps, et tout permet de croire qu'il songeait, en effet, alors à continuer son mouvement sur deux colonnes marchant à égale hauteur et se donnant la main. Il comptait être rejoint à bref délai par le corps de Kleist, dont l'avant-garde était déjà à Baudonvilliers (à une dizaine de kilomètres de Saint-Dizier), la 10e brigade à Combles et Bar-le-Duc, la 11e brigade à Savonnières et Tannois, et par Kapsewitch, dont les troupes étaient arrivées à Stainville.

Enfin, bien que Winzingerode n'eût pas encore commencé son mouvement, ses coureurs se répandaient de plus en plus dans le le département de l'Aisne et commençaient à menacer Laon et Soissons.

6 février 1814. — Premiers mouvements d'York. — Les ordres de Blücher l'envoient sur la route d'Epernay. — La situation paraissait à York tellement claire et tellement simple que, sans même attendre les ordres de Blücher, dès que le pont de Châlons fut redevenu praticable, il avait commencé vers midi à marcher avec le gros de ses forces sur la route de Vertus et s'était contenté de faire suivre Macdonald en retraite sur Epernay, par quelques partis de cavalerie. Croyant que Blücher était encore à Fère-Champenoise, sachant que des cosaques, se dirigeant vers Epernay, s'étaient montrés aux environs d'Avize, entre les deux routes de Paris, il comptait, et ses ordres en fournissent la preuve, opérer de cette façon sa jonction avec le feld-maréchal. Il avait déjà engagé sur la route de Vertus, où son quartier général devait s'établir le soir, son avant-garde, la cavalerie de réserve et la 7ᵉ brigade, lorsqu'un officier de l'état-major de Blücher lui apporta l'ordre verbal de suivre la Marne pour se porter, par Epernay, sur Château-Thierry, pendant que Sacken, puis à une journée de marche Olsufieff et plus en arrière encore Kleist et Kapsewitch, marcheraient sur Vertus et Montmirail. A regret et comme s'il eût, dès ce moment, prévu les suites fatales d'un mouvement qui entraînait forcément le morcellement et la dissémination des corps de l'armée de Silésie, York se rejeta immédiatement sur sa droite. Son avant-garde arriva le soir à Athis et sa cavalerie à Aulnay-sur-Marne. La 7ᵉ brigade s'établit à Saint-Gibrien et le reste du Iᵉʳ corps resta à Châlons jusqu'au lendemain.

Ce mouvement allait permettre à Macdonald de gagner du terrain et faire perdre à l'armée de Silésie le contact immédiat avec les troupes qu'elle comptait poursuivre, déborder et cerner.

Blücher s'est, d'ailleurs, chargé d'expliquer lui-même dans son ordre du 6 signé par Gneisenau, les motifs qui l'ont décidé à ce mouvement :

« Le feld-maréchal Blücher se propose de couper le 11ᵉ corps ennemi en retraite sur Epernay, ou tout au moins de lui enlever tout ou partie des 100 bouches à feu dont les attelages ont été fournis pour la plupart par la réquisition. Le général Sacken marchera, en conséquence, sur la petite route de Paris qui passe par Bergères, Champaubert, Montmirail et La Ferté-sous-Jouarre ; le corps d'York poursuivra le maréchal Macdonald par la grande route d'Epernay et de Château-Thierry, et le IXᵉ corps russe (Olsufieff) avec le feld-maréchal et son quartier général suivra le corps de Sacken à une journée de marche. Le feld-maréchal attend l'arrivée prochaine à Châlons du IIᵉ corps prussien (von Kleist) et du Xᵉ corps d'infanterie russe (Kapsewitch) pour marcher avec toute son armée droit sur Paris. Les corps de Kleist et de Kapsewitch forceront leur marche de manière à être rendus le 10 à Montmirail. Le corps d'York se dirigera sur Château-Thierry et, s'il rencontre des difficultés pour passer la Marne, il obliquera à gauche pour se rapprocher du corps de Sacken.

« Le quartier général sera le 7 à Vertus, le 8 à Etoges, le 9 à Montmirail, où le corps du général Olsufieff prendra position. Le corps du général Sacken viendra le 6 à Vertus, le 7 à Etoges, le 8 à Montmirail. Sa cavalerie continuera à se tenir du côté de Sézanne et à envoyer des partis vers l'Aube et vers la Seine.

« Vitry deviendra, comme Toul, une place d'armes. »

La raison qui a pu motiver cet ordre est sans doute que, ne pouvant engager à la fois tous ses corps sur une seule route, Blücher a voulu profiter de la présence d'une partie du corps Sacken en avant de Soudron pour essayer de couper la retraite à Macdonald. York semble, du reste, n'avoir pas été le seul à être désagréablement surpris par la nouvelle disposition, et le rapport fait par le major Mareschal au prince de Schwarzenberg [1], contient quelques critiques assez vives sur les mouvements et les résolutions de Blücher pendant les journées des 5 et 6 février :

« ..... Si l'on n'avait pas fait la marche forcée d'hier, on aurait pris tout ce qui est sorti de Vitry et détruit complètement le corps de cavalerie de Sébastiani.

« Une brigade de cavalerie et quelques cosaques, poussés le 4 à Sézanne, devaient poursuivre le gros convoi parti de Châlons pour Sommesous. Comme on n'a pas reçu de nouvelles, il y a tout lieu de croire qu'ils n'ont pas atteint le convoi. Kleist avec son corps et Kapsewitch avec 7,000 hommes du corps Langeron sont aujourd'hui à Saint-Dizier.

« Le général Sacken est en marche sur Vertus. Macdonald a avec lui son corps et les 2ᵉ et 4ᵉ corps [2] de cavalerie (Sébastiani et Arrighi). Kellermann a de 10,000 à 15,000 conscrits. L'ennemi a pris la direction de Meaux et a envoyé ses malades à Reims. On ne sait rien ici de la marche de Winzingerode.

« Les Prussiens ont perdu 500 hommes devant Châlons. »

Le 6 au soir, Sacken était arrivé à Vertus, mais Blücher et Olsufieff étaient restés à Soudron. Kleist, qui avait reçu à Bar-le-Duc la nouvelle de l'évacuation de Vitry et de la marche d'York

---

[1] Major Mareschal au prince de Schwarzenberg, Soudron, 6 février, 2 heures après-midi. (*K. K. Kriegs Archiv.*, II, 165.)

[2] Il s'agit manifestement ici non pas du 4ᵉ, mais du 3ᵉ corps de cavalerie. Il y a, en outre, lieu de remarquer que Sébastiani commandait le 5ᵉ corps d'armée et qu'Exelmans était à la tête du 2ᵉ corps de cavalerie.

sur Châlons, laissa son avant-garde continuer seule sur Vitry et marcha directement sur Châlons avec ses deux brigades. Après avoir suivi la voie romaine, ces deux brigades s'arrêtèrent le soir à Contaut-le-Maupas et à Saint-Mard-sur-le-Mont, pendant que Zieten, avec l'avant-garde, arrivait jusqu'à Thiéblemont et Faremont, à peu de distance de Vitry. Le colonel von Swichov resta à Vitry pour y tenir garnison avec un bataillon du IIe corps. Le mouvement entrepris par Blücher n'avait de raison d'être, de chance de réussite que si l'on se décidait à forcer les marches de façon à prévenir le duc de Tarente à La Ferté-sous-Jouarre, à l'envelopper et à le contraindre à mettre bas les armes. En effet, la grande route, la seule qui resta ouverte à Macdonald, après avoir longé la rive gauche de la Marne jusqu'à Château-Thierry, y passe sur la rive droite, s'éloigne de la vallée de la Marne et ne la rejoint qu'à La Ferté-sous-Jouarre, où elle repasse sur la rive gauche et où elle rejoint la route plus courte et plus directe de Châlons par Montmirail, pour continuer sur la rive gauche jusqu'au pont de Trilport.

Position de Macdonald. — État de ses troupes. — Il fallait donc marcher vivement, sans s'arrêter nulle part, et avec tout son monde, si l'on voulait obtenir un résultat, d'autant plus que Macdonald n'allait pas perdre un instant pour essayer d'échapper au danger qui le menaçait. La façon même dont le maréchal avait procédé depuis sa sortie de Châlons ne permettait pas de conserver le moindre doute à cet égard et ne devait pas laisser à Blücher l'espoir de le voir ralentir son mouvement. Les troupes d'York avaient pu constater que le maréchal avait quitté, dans la nuit du 5 au 6, les positions qu'il occupait encore le 5 au soir devant Châlons. Le 6 au matin, la plus grande partie de ses troupes venant, les unes de Champigneul (division Molitor), les autres de Saint-Gibrien, avaient déjà atteint Chouilly. A 10 heures du matin, le duc de Tarente était à Épernay et écrivait au major-général [1] que ne pouvant tenir à Épernay, qui est dans un bas-fond, il se dirigerait sur Dormans. Sa retraite n'avait été inquié-

---

[1] Macdonald, ordres de mouvement, et Macdonald au major-général, Epernay, 6 février, 10 heures du matin, 3 heures après-midi et 6 heures du soir. (*Archives de la Guerre.*)

tée que vers le soir, où les coureurs de Blücher avaient bousculé l'arrière-garde du duc de Padoue, entre Plivot et Chouilly[1].

La correspondance du maréchal nous montre qu'il avait une notion parfaitement nette d'une situation que la faiblesse de ses effectifs et le moral déprimé de ses troupes rendaient encore plus difficile. « Les Russes marchant rapidement par la route de Montmirail, écrivait-il au ministre[2], je hâte ma marche pour couvrir les points importants de passage de Château-Thierry et de La Ferté-sous-Jouarre. J'y envoie d'avance de la cavalerie, des canons et des sapeurs pour préparer les mines, mais j'ignore si j'arriverai à temps. Le général Brayer a une division composée de 300 hommes et un bataillon de 400 à 500 hommes que nous avons ramassés à Châlons. Il forme l'arrière-garde qui va arriver ici. La division Molitor est de 900 à 1000 hommes. Ces deux divisions constituent le 11e corps.

---

[1] On trouve à cette date deux faits assez caractéristiques dans l'*Historique du 1er régiment de uhlans de Brandebourg n° 3*, par le major von Guretzky-Cornitz.

Le major raconte que les troupes prussiennes, après avoir bu le champagne trouvé à Châlons, avaient brisé sur les routes les bouteilles vides. Les éclats de verre provenant du bris de ces bouteilles étaient tellement nombreux que ce fut à peine si la cavalerie et surtout l'artillerie purent parvenir à se servir des routes.

L'autre fait cité par le major n'est pas moins curieux.

Dès que le pont de Châlons fut redevenu praticable, on le fit passer au lieutenant-colonel von Stutterheim qui s'engagea sur la route de Vertus et d'Etoges. Mais cette route ayant été attribuée au corps de Sacken, on lui donna l'ordre de prendre la grande route de Paris. Les Français avaient pu de la sorte gagner de l'avance, et ce fut seulement à hauteur d'Aulnay que le major comte Schmettow parvint à rejoindre l'arrière-garde française avec le 2e escadron des uhlans de Brandebourg. Deux régiments de cavalerie française étaient en bataille à gauche de la route. Trop faible pour les attaquer avec un seul escadron, le major, en attendant l'arrivée du reste de l'avant-garde, se borna à pousser ses flanqueurs contre ceux des Français. Quelle ne fut pas sa surprise lorsqu'il vit les vedettes françaises abaisser leurs carabines ou remettre le sabre au fourreau, agiter des bouteilles de champagne et inviter du geste ses cavaliers à s'approcher. Les uhlans qui avaient pris goût au champagne en traversant Châlons s'étaient déjà rendus à l'invitation des cavaliers français et trinquaient fraternellement avec eux. Ce ne fut pas sans peine que le major parvint à les faire rentrer.

La cavalerie française se replia peu de temps après et alla s'établir le soir en avant de Plivot. Schmettow la suivit jusqu'au moment où, renforcé par trois escadrons, il l'attaqua le soir et la chassa de Plivot.

[2] Macdonald au ministre, Port-à-Binson, 7 février, midi. (*Archives de la guerre.*)

« Le 5ᵉ corps (Sébastiani) est réduit à 800 hommes, dont moitié hors d'état de combattre. Le 3ᵉ corps de cavalerie n'a plus que 500 chevaux ; il a éprouvé un échec hier soir (affaire de Chouilly, le 6). Le 2ᵉ de cavalerie a été engagé tous les jours depuis le 1ᵉʳ, et n'a plus que 8 à 900 chevaux.

« Je ne dois pas vous dissimuler que notre cavalerie est très ébranlée. Notre peu d'infanterie tient encore bon ; elle a donné des preuves de valeur aux affaires de La Chaussée, Châlons et Vatry.

« Le général Montmarie, revenant de Vitry, a de 1100 à 1200 hommes ; le général Simmer en a de 300 à 400 [1]. »

7 février 1814. — Conditions favorables à l'armée de Silésie dès le début de l'opération. — Juste en principe, l'opération entreprise par Blücher devenait dangereuse du moment où, au lieu de s'exécuter avec célérité et par masses, elle se faisait avec lenteur et sans cohésion. Or, les conditions mêmes dans lesquelles se trouvait l'armée de Silésie, dès le jour où elle commença son mouvement, l'empêchaient de satisfaire à ces conditions essentielles. L'envoi de la cavalerie de Sacken sur Sézanne, alors que Sacken et Olsufieff étaient au contraire à Soudron, la marche qu'on avait fait exécuter par la rive droite de la Meuse aux 3,000 chevaux du général Jussefovitch, l'impossibilité de relever devant Metz la cavalerie du général Borosdin assez à temps pour lui permettre d'arriver avec Kapsewitch à Châlons et à Vertus, l'effectif relativement faible de la cavalerie disponible qu'on se crut, à l'exception de celle du Iᵉʳ corps, obligé de tenir en avant du corps Sacken, par suite l'impossibilité de relier les différents corps par des postes de correspondance, sans parler des lenteurs ultérieures du mouvement, peuvent être considérées comme les causes du décousu des opérations de Blücher et des défaites qu'il allait essuyer.

Marches de Sacken, Olsufieff et Kleist. — Affaire de Chouilly. — York à Épernay. — Retraite de Macdonald sur Dormans. — Le 7, conformément aux ordres donnés la veille,

---

[1] Un renfort de 2,000 hommes qui devaient arriver le 7 à La Ferté-sous-Jouarre avec le général Minot, avait quitté Paris le 6 pour rejoindre le corps du maréchal.

Olsufieff remplaça à Vertus Sacken, qui alla à Étoges après avoir rappelé les détachements de cavalerie envoyés à Avize. Les cosaques et la cavalerie de Biron s'étaient portés de Sézanne par Mœurs à Maclaunay, à une lieue environ de Montmirail, pendant que Marmont arrivait avec son corps à Fontaine-Denis, à trois lieues de Sézanne. Derrière le gros de l'armée de Silésie, Kleist [1] avait atteint Châlons, où Kapsewitch ne devait entrer que le lendemain.

Sur la grande route de Paris, York n'avait plus trouvé à Épernay et en avant de cette ville que l'extrême arrière-garde de Macdonald, qui essaya d'arrêter la marche de l'avant-garde du Ier corps dans l'espèce de défilé que les collines forment en se rapprochant de la Marne aux environs de Chouilly. Après un engagement assez vif, les Français furent contraints de se replier, et l'avant-garde d'York traversant Épernay, où le gros du corps s'établit dans la journée, poussa jusqu'à Troissy. La cavalerie de réserve s'arrêta vers le soir à Port-à-Binson ; mais elle n'avait toujours pas réussi à diminuer l'avance prise par Macdonald.

Après avoir envoyé, dès le 5 au soir, Molitor passer la nuit à hauteur de Damery, Macdonald avait installé son quartier général à Boursault. Exelmans, parti le 6 à quatre heures du matin, avait marché de façon à dépasser Dormans et à se cantonner de Saint-Aignan à Monthurel. Molitor avait commencé sa marche à six heures et était venu occuper Saint-Eugène, Crézancy et Fossoy, sur la rive gauche du Surmelin. La brigade du général Montmarie, passant par Ablois-Saint-Martin, avait rejoint la grande route à Mareuil-le-Port et avait pris position en arrière d'Exelmans, au sud-ouest de Dormans, à Soilly et Courthiézy.

Sébastiani et Padoue s'étaient repliés par échelons d'Épernay sur Dormans et avaient trouvé en position, sur les hauteurs en arrière d'Épernay, la division Brayer qui, désignée pour former l'arrière-garde à partir de ce point, réussit à se retirer pied à pied, à contenir les Prussiens et à se maintenir sur les hauteurs

---

[1] Le corps Kleist se composait à son arrivée à Châlons de 17 1/2 bataillons d'infanterie (dont 8 de réserve), de 12 escadrons de cavalerie (dont 4 de landwehr), de 2 batteries (dont 1 à cheval), représentant à ce moment un effectif de 9,000 hommes avec 16 bouches à feu (Blücher à Schwarzenberg ; *K. K. Kriegs Archiv.*, II, 237). Le feld-maréchal fixe dans le même document l'effectif du corps Kapsewitch à 8,000 hommes.

de Dormans, où le duc de Tarente n'entra de sa personne que le soir, pour y donner ses ordres. Il n'avait plus avec lui, y compris tout ce qu'il avait ramassé en route, que 5,000 à 6,000 hommes, sur lesquels, comme il l'écrivait au roi Joseph, les deux tiers à peine étaient seuls en état de combattre [1].

Informé du mouvement de la cavalerie de Sacken sur Montmirail, craignant d'être débordé par ce général et d'être prévenu par lui à La Ferté-sous-Jouarre, le duc de Tarente, malgré la fatigue de ses troupes et l'épuisement de ses chevaux, se décida à faire surveiller, dès le 7 au soir, la route de Montmirail à Château-Thierry et à prescrire aux généraux Simmer, Exelmans et Molitor de forcer leur marche de façon à être rendus le 8 à La Ferté-sous-Jouarre. Ces généraux devaient occuper en avant de la ville, sur la route de Montmirail, une position couvrant le passage des troupes et la route de Meaux. Dès huit heures du soir, le général Simmer prenait la route de La Ferté-sous-Jouarre, avec ordre de faire une halte de trois heures à Château Thierry. Molitor partait à minuit, et Exelmans, qui s'était mis en route à onze heures, devait, en passant à Château-Thierry, détacher les 14e et 24e régiments de chasseurs, après avoir donné l'ordre au général Dommanget de pousser avec eux sur la route de Montmirail, à une lieue en avant de Château-Thierry.

Mouvement de Marmont sur Sézanne. — Au moment où Macdonald prenait ces mesures, le major-général lui mandait que Marmont, parti de Nogent, se dirigeait sur Sézanne, où l'armée pourrait l'appuyer en cas de besoin; que, de là, l'Empereur se porterait sur la route de Montmirail. « Agissez en conséquence, ajoutait le major-général. On envoie de Paris quelques forces à La Ferté-sous-Jouarre. »

La journée du 7 avait donc été mauvaise pour les Alliés. Non seulement on n'avait pu rejoindre et entamer Macdonald, mais

---

[1] Dans sa dépêche au major-général de Dormans, 10 heures du soir, le maréchal ajoutait : « Si je puis donner quelques jours de repos, remettre les armes et les chevaux en état et recevoir des renforts, je livrerai bataille avec ma petite armée. Mais je ne compte guère sur les conscrits de la jeune garde. *Leurs chefs disent qu'ils ne savent pas faire à droite, je crains qu'ils ne sachent que trop le demi-tour.* Où est l'Empereur ? Quels mouvements fait-il ? » (Archives de la guerre.)

le maréchal était désormais presque certain d'arriver à La Ferté-sous-Jouarre avant York, et Blücher était loin de prévoir le danger auquel l'exposait la résolution prise par l'Empereur.

Reims venait de tomber aux mains des Alliés. Laon avait été évacué par les Français; mais la situation de Blücher n'en devenait pas moins d'autant plus critique que, croyant à une concentration générale des forces françaises à Nogent, le généralissime se portait avec tout son monde de ce côté, et que non content d'envoyer Wittgenstein sur Méry, on demandait de plus à Blücher, que l'on considérait comme suffisamment fort pour venir à bout de Macdonald, de faire renforcer le VI° corps par le corps de Kleist. Comme compensation, on lui faisait entrevoir, il est vrai, l'arrivée prochaine de Winzingerode encore à Namur et se préparant seulement à commencer son mouvement sur Binche et Avesnes [1].

8 février 1814. — Marche des corps de Sacken et d'Olsufieff. — La cavalerie de Marmont chasse de Sézanne les cosaques de Karpoff. — Le corps Sacken avait marché sur Montmirail; sa cavalerie, sous Wassiltchikoff, dépassait cette ville et s'engageait sur la route de Château-Thierry, à peu près au moment où la cavalerie de Marmont délogeait de Sézanne les cosaques de Karpoff, qui se replièrent sur Montmirail.

Il semble que l'apparition soudaine de la cavalerie française sur le flanc gauche des corps en marche par la route de Vertus à Château-Thierry aurait dû inquiéter Sacken et Blücher. Mais Sacken croyait sa gauche si bien couverte par le cours du Petit-Morin, qu'il jugea inutile de faire part de cet événement à Blücher et à Olsufieff qui, postés à Étoges, lui paraissaient suffisamment protégés par les marais de Saint-Gond. Blücher ignorant encore et les mouvements de l'Empereur et la direction prise par l'armée de Schwarzenberg, n'aurait sans doute attaché lui-même que peu d'importance à une affaire qu'il aurait considérée comme une simple escarmouche de partisans, alors qu'il s'agissait en réalité du commencement d'une opération menaçant directement son armée. C'est, du moins, ce qui semble résulter de la dépêche qu'il adressa le lendemain 9 à Schwarzenberg :

---

[1] Blücher ne reçut que le 9 février la lettre de l'empereur Alexandre.

« Hier 8, une colonne ennemie venant de Villenauxe s'est dirigée sur Sézanne. C'était, dit-on, le 6ᵉ corps du maréchal Marmont ; mais ces troupes se sont retirées dans la nuit sur La Ferté-Gaucher. La nouvelle que le général Sacken avait pris position à Montmirail a pu décider le maréchal à ce mouvement rétrograde. Je n'ai, d'ailleurs, aucune confirmation officielle ni de la marche ni de la retraite du 6ᵉ corps[1]. »

Blücher était donc parfaitement rassuré, et cependant en raison même de la situation de ses corps, l'affaire de Sézanne, quelque insignifiante qu'elle ait été en elle-même, aurait dû lui donner à réfléchir. Le 8 au soir, alors que Sacken occupait Montmirail, Olsufieff était à 24 kilomètres en arrière à Étoges ; le quartier général du feld-maréchal à 16 kilomètres plus loin, à Vertus ; enfin, Kleist et Kapsewitch[2] à 6 lieues derrière lui à Châlons. Les 40,000 hommes formant la colonne principale de l'armée de Silésie se trouvaient, par conséquent, répartis sur une ligne de plus de 15 lieues de long, à intervalles presque égaux et formant quatre groupes placés chacun à une journée de marche de l'échelon voisin.

Mouvement d'York. — Affaire de Crézancy. — York, de son côté, avait prescrit à son avant-garde de suivre l'arrière-garde de Macdonald sur la grande route, de pousser sur Château-Thierry, pendant que le gros de son corps, quittant Boursault, entre 9 et 10 heures du matin, marchait sur Dormans.

La division Brayer continuait à se replier pas à pas sur le défilé de Crézancy[3] où la brigade Montmarie et la cavalerie du duc de Padoue avaient pris position et arrêtèrent jusque vers le soir l'avant-garde de Katzler. La pointe de l'avant-garde de Katzler n'entra par suite à Blesmes qu'après le départ des derniers postes français pour Château-Thierry. Le reste du corps d'York occupa le 8 au soir : la 7ᵉ brigade Courthiézy, la 1ʳᵉ Soilly,

---

[1] Blücher à Schwarzenberg, Vertus, 9 février (*K. K. Kriegs Archiv.*, II, 237.)

[2] Le corps de Kapsewitch venant de Mayence, arriva le 8 à Châlons. Celui de Kleist y fit halte.

[3] Blücher à Schwarzenberg, Vertus, 9 février (*K. K. Kriegs Archiv.*, II, 237), et Macdonald au major-général, Crézancy, 10 heures matin, et Château-Thierry, 8 février. (*Archives de la guerre.*)

la 8ᵉ, avec le quartier général, Dormans. La cavalerie de réserve du Iᵉʳ corps s'établit à Mareuil-le-Port et à Port-à-Binson.

Macdonald avait consacré la journée du 8 à ramener tout son corps sur la rive droite de la Marne et, dès le 8 au matin, il avait annoncé à Molitor que de sa personne il arriverait probablement dans la nuit à La Ferté-sous-Jouarre avec les généraux Brayer et Montmarie et la cavalerie du duc de Padoue. Il lui avait prescrit d'y choisir une bonne position, de la retrancher et de la couvrir d'abatis. Il n'avait laissé à Château-Thierry qu'une arrière-garde sous les ordres de Sébastiani, auquel il avait recommandé d'établir ses postes dans les faubourgs et de barricader le pont de manière à y aménager un petit passage pour les troupes qu'il aurait à ramener à La Ferté. Il l'avait informé, en outre, de la présence de Marmont à Sézanne et de la marche prochaine de l'Empereur sur Montmirail.

Positions de Marmont et de Ney le 8 au soir. — Le 8 au soir, en effet, une des divisions du 6ᵉ corps était, avec son artillerie et le quartier général de Marmont, à Chapton, Soisy-aux-Bois et Saint-Prix. 400 chevaux postés à la gauche de cette division, à Villeneuve-lès-Charleville et à Charleville, envoyaient des patrouilles sur le Gault et vers la route de Montmirail. L'autre division du 6ᵉ corps occupait Sézanne et y attendait l'arrivée de Ney, dont les deux divisions s'avançaient sur Sézanne, par la route de Villenauxe.

9 février 1814. — Mouvement de Marmont. — Marmont, convaincu que, comme le major-général le lui avait annoncé, l'Empereur arriverait à Sézanne dans la journée du 9, avait, dès le matin, renforcé la cavalerie du général Doumerc de 600 hommes d'infanterie tirés de la division Lagrange. 300 hommes occupèrent le défilé de Saint-Prix ; le reste appuya la cavalerie légère qui, après avoir dépassé Saint-Prix, envoya de Baye des partis sur Champaubert. Les cuirassiers restèrent en arrière de Saint-Prix, à la ferme de Montalard. L'artillerie de Doumerc, à l'exception de deux pièces en batterie sur les hauteurs de Saint-Prix, allait, dès qu'elle aurait été désembourbée, filer sur Soizy-aux-Bois. Le général Maurin continuait à observer de La Villeneuve la route de Sézanne à Montmirail, et le général Delaville, posté jusque-là à Esternay et Beauvais-la-Noue, avait ordre de se porter sur Sézanne et de pousser des partis vers Châlons. L'infanterie du 6ᵉ corps devait rester sur ses positions de Soizy-aux-Bois, Chapton, Lachy et Sézanne. Plus tard, quand il sut, dans la journée, que l'Empereur arriverait le soir seulement à Sézanne et que Ney ne pourrait y être rendu avant midi, le duc de Raguse, convaincu que l'Empereur, obligé d'aller sur Meaux, se dirigerait sur La Ferté, reporta le soir son quartier général et le gros de ses troupes à Sézanne où il se réunit aux deux divisions de Ney, après avoir laissé, entre Chapton et Saint-Prix quelque cavalerie légère et 300 fantassins.

Ce léger mouvement rétrograde présentait, en somme, plus d'avantages que d'inconvénients. On évitait de se montrer à Blücher qui n'avait encore aucune notion de l'opération commencée contre lui. On surveillait le passage difficile du Petit-Morin.

Enfin, et c'était là chose essentielle, le maréchal s'était procuré des renseignements précieux, tant sur la viabilité de la route menant à Champaubert, que sur les troupes qui occupaient cette position. Les corps venant de la Seine se rapprochaient de lui aussi vite que le mauvais état des chemins le leur permettait. Mortier et Grouchy, sur l'ordre de l'Empereur, marchaient sur Sézanne et devaient chercher à arriver le soir même jusqu'à Villenauxe.

L'Empereur lui-même se préparait à quitter Nogent dans l'après-midi pour se rendre le jour même à Sézanne d'où, avec 30,000 hommes (dont 10,000 cavaliers) et 120 bouches à feu, il allait, dès le lendemain, commencer ses opérations contre Blücher.

A ce propos, il est curieux de noter que Marmont, qui avait été le seul à partager les idées et à deviner les projets de l'Empereur, que Marmont, qui réclama plus tard la paternité de cette opération, écrivait précisément, le 9 février, au major-général : « Ce mouvement (le mouvement sur Champaubert) qui, ce matin, nous aurait donné de grands résultats, nous serait funeste demain. » L'Empereur devait se charger de lui démontrer, par des faits, que ses craintes étaient exagérées, ses calculs erronés et que, même exécutée le 10 au lieu du 9, cette opération allait être funeste, non pas à l'armée française, mais au corps d'Olsufieff.

Immobilité du Ier corps prussien. — Katzler à Château-Thierry. — Les mouvements de l'armée de Silésie, pendant la journée du 9, loin de remédier à une situation déjà compromise, n'avaient fait, au contraire, que l'aggraver.

Macdonald, après avoir détruit derrière lui le pont de Château-Thierry, n'avait laissé qu'un bataillon dans cette ville et était arrivé avec ses dernières troupes (division Brayer et brigade Montmarie), à 9 heures du matin à La Ferté-sous-Jouarre, d'où il se proposait de continuer sur Meaux. York, désormais convaincu de l'impossibilité d'atteindre le maréchal, accorda au gros de son corps un peu de repos, dont ses troupes, établies à Dormans et dans les villages en avant de cette ville, avaient le plus urgent besoin.

« Nous espérions pouvoir nous refaire pendant quelques jours, lit-on dans le *Journal du 1er régiment de dragons prussiens* (*Dragons de Lithuanie*), car nous n'en pouvions plus. Nos chevaux étaient déferrés, boiteux, étiques ; notre infanterie avait laissé ses souliers dans les chemins défoncés. En un mot, notre corps entier était absolument épuisé. » L'avant-garde du Ier corps avait, d'ailleurs, seule continué son mouvement. Katzler, arrivé dans la matinée dans les faubourgs de Château-Thierry, avait menacé de bombarder la ville que le bataillon français évacua vers une heure, au moment où l'artillerie prussienne se préparait à ouvrir le feu. Mais, comme il fallait réparer le pont avant de songer à la poursuite, Katzler dut se borner à jeter sur la rive droite quelque infanterie qui passa la Marne en barques.

Combat de La Ferté-sous-Jouarre. — Sur ces entrefaites. Blücher avait prescrit à Sacken de rester à Montmirail. Le feld-maréchal renonçait donc à l'espoir de couper Macdonald. Et cependant, l'avant-garde de Sacken (cavalerie de Wassiltchikoff), bien que maintenue depuis le 5 entre Sézanne et Montmirail parce qu'on n'avait pas voulu la pousser trop loin en avant du corps du général russe, s'avança seule sur La Ferté-sous-Jouarre et déboucha sur ce point, alors que la plus grande partie du corps de Macdonald avait déjà pris position en avant de la ville, sur la rive gauche de la Marne, et que les troupes de Brayer et de Montmarie allaient venir s'établir en arrière de celles de Molitor au château de Moras et sur les hauteurs de Condets.

Attaquées avec impétuosité par la cavalerie de Wassiltchikoff aux environs des Pavillons, pendant une reconnaissance poussée sur la route de Montmirail, les troupes françaises furent ramenées en désordre jusque sur La Ferté-sous-Jouarre. Le château de Moras fut pris et repris trois ou quatre fois, disputé avec un acharnement inouï jusqu'au moment où l'explosion d'un caisson jeta définitivement le désordre dans les rangs des soldats de Brayer et de Molitor, qui abandonnèrent aux Russes Moras et Condets, avec les trois pièces en batterie sur les hauteurs.

La position du maréchal était critique. Il importait de reprendre à tout prix Moras et Condets pour permettre à ce qui était encore dans La Ferté d'en déboucher et de s'écouler. Heureusement pour lui, la division Albert venait d'arriver, et, bien qu'elle ne comptât que 500 à 600 hommes, le retour offensif et la charge à la baïonnette exécutés par cette poignée d'hommes suffirent pour déloger Wassiltchikoff. Se voyant très en l'air, se sachant loin du reste du corps, il craignit de compromettre son avant-garde en l'engageant à fond, renonça à tenter une nouvelle attaque et ramena son monde en arrière sur la route de Montmirail, emmenant avec lui les trois pièces abandonnées par les Français sur les hauteurs de Condets [1].

« Je me suis heureusement tiré de la plus cruelle extrémité, me trouvant entre deux ponts, et ayant en queue York, en tête Sacken [2]. » Tels sont les mots par lesquels se termine le rapport de Macdonald.

« Une partie de mes troupes a combattu, quoique harassée de fatigue, avec une rare intrépidité; l'autre a pris la fuite, et ce n'est pas sans beaucoup de peine que l'on a pu réussir à couvrir La Ferté et l'évacuation. L'infanterie est ébranlée, et le duc de Padoue n'a que peu d'escadrons. Les généraux York et Sacken peuvent opérer demain leur jonction. Je repasse la Marne à Trilport et me replie sur Meaux. Les ponts de Château-Thierry et de La Ferté-sous-Jouarre sont brûlés et rompus [2]. »

Mouvements de Kleist et de Kapsewitch. — Pendant

---

[1] Major Mareschal à Schwarzenberg, Vertus, 10 février, 10 heures du matin. (*K. K. Kriegs Archiv.*, II, 262.)

[2] Macdonald au major-général et au Ministre, Saint-Jean-les-Deux-Jumeaux 9 février, 10 heures du soir. (*Archives de la guerre.*)

cette journée, Kleist et Kapsewitch avaient quelque peu serré sur le centre en venant à Bergères et Vertus ; mais Sacken, qui avait attaché peu d'importance à la nouvelle de la marche des Français sur Sézanne, n'était pas resté à Montmirail et avait marché avec le gros de ses troupes jusqu'à Viels-Maisons.

La ligne occupée par les différents corps de l'armée de Silésie était, par suite, aussi longue que la veille[1], avec cette différence toutefois que la cavalerie de Wassiltchikoff était encore plus en avant aux environs de La Ferté-sous-Jouarre et qu'avant de quitter Vertus pour transférer, dans l'après-midi, son quartier général à Etoges, Blücher, pour se conformer aux instructions du généralissime, avait ordonné à Kleist de se porter le 10 sur Sézanne avec les corps de Kapsewitch et d'Olsufieff[2].

Le quartier général de Blücher retourne d'Etoges à Vertus. — Ordres à Sacken et à York pour la journée du 10. — Napoléon à Sézanne. — Le quartier général de Blücher venait à peine de s'installer à Etoges lorsqu'un officier russe, accourant de Baye, y apporta la nouvelle de l'apparition de la cavalerie française dans ces parages[3]. Il est vrai que, dès que l'on sut que cette cavalerie s'était presque immédiatement retirée, on n'attacha plus aucune importance à cet incident. Le feld-maréchal retourna toutefois à Vertus. Complètement rassuré par le rapport d'Olsufieff qui lui signalait la retraite de Marmont sur Sézanne, il envoya le soir même, par le lieutenant von Gerlach, aide de camp de Müffling, l'ordre à Sacken de concentrer son corps le 10 à Montmirail, de se retirer sur Château-Thierry et sur York, avec lequel il passerait sur la rive droite s'il était attaqué par des forces supérieures en nombre ; de continuer, au contraire, sur La Ferté-sous-Jouarre, dans le cas où il n'au-

---

[1] Major Mareschal au prince de Schwarzenberg, Vertus, 10 février, 10 heures du matin. (*K. K. Kriegs Archiv.*, II, 262.)

[2] Blücher à Schwarzenberg, Vertus, 9 février. (*K. K. Kriegs Archiv.*, II, 237.) D'après le rapport du major Mareschal (*Ibid.*, II, 262), l'avant-garde de Kleist était déjà le 9 à Fère-Champenoise.

[3] D'après les *Kriegsgeschichtliche Einzelschriften*, ce fait se serait passé, non pas le 9, mais le 8 février au soir peu de temps après l'arrivée du feld-maréchal qui aurait transféré son quartier général le 8 février et non le 9 février à Etoges. Blücher aurait même adressé le 8 février d'Etoges une dépêche à Sacken.

rait rien à craindre du côté de Sézanne. Les instructions données à York étaient encore plus sommaires et plus singulières. On lui prescrivait simplement de se porter de Château-Thierry sur Vieils-Maisons et de *courir* au secours de Sacken qui, en marchant le 9 sur La Ferté-sous-Jouarre, avait rencontré l'ennemi en avant de cette ville [1].

Mais, tout en donnant ces ordres, Blücher persistait néanmoins à ne pas croire à un mouvement qu'il considérait encore comme impossible. L'Empereur était cependant déjà tout près de Sézanne où il arriva avec sa garde fort avant dans la nuit. Grâce à l'énergie de ses vieux soldats, au patriotisme des paysans et au zèle du maire de Barbonne, qui requit tous les chevaux du pays, la garde et l'artillerie de l'armée avaient réussi à se tirer des marécages de la forêt de la Traconne et à atteindre Sézanne dans la nuit du 9 au 10. Renseigné par Marmont sur l'état des chemins conduisant à Champaubert, Napoléon se décida de suite à se porter en avant dès le 10 au matin.

10 février 1814. — Marche de Sacken sur La Ferté-sous-Jouarre. — Pendant toute la journée du 9 février, il aurait été encore possible à Blücher de se soustraire aux coups qui le menaçaient. Il avait encore le temps de repasser à hauteur d'Épernay sur la rive droite de la Marne, de ramener sur la montagne de Reims les corps de Sacken, d'York, d'Olsufieff et de Kapsewitch, et de confier au corps de Kleist la garde de Châlons, ou bien encore d'opérer une concentration générale sur Montmirail en y faisant revenir pendant la journée du 10 York et Sacken et en y amenant par une marche forcée de 40 kilomètres les corps de Kleist et de Kapsewitch qui auraient ramassé en passant le corps d'Olsufieff, en admettant toutefois qu'on eût jugé inutile de le diriger dès le 9 au soir sur Montmirail. L'armée de Silésie aurait donc encore pu arriver à effectuer sa concentration le 10 au soir. Mais pour cela, il aurait fallu se rendre à l'évidence, et, bien que les opérations de l'Empereur fussent si naturelles qu'elles auraient dû

---

[1] Blücher à York, Vertus, 9 février soir. — Le comte Nostitz envoyé à Olsufieff à Champaubert, poussa à ce moment une reconnaissance qui lui révéla la présence des Français à Sézanne. Il en informa aussitôt Blücher pensant que le feld-maréchal prescrirait à Olsufieff de se porter de suite sur Montmirail. (NOSTITZ, *Tagebuch, Kriegsgeschichtliche Einzelschriften.*)

sauter aux yeux, les illusions étaient si fortement enracinées dans l'esprit de Blücher et dans celui de Gneisenau qu'elles prévalurent une fois de plus. Aussi, soit qu'il fût obsédé et aveuglé par l'idée de marcher quand même sur Paris, soit que réellement il n'eût pas eu conscience du danger, le feld-maréchal, loin de tenter une concentration sur Montmirail, loin d'avoir recours à ces retraites volontaires qui lui avaient si bien réussi en 1813, aggrava encore sa situation et précipita la catastrophe qui le menaçait par les dispositions mêmes qu'il venait de prendre, le 9 au soir, à Vertus.

Sur son ordre, dès le 10 au matin, Sacken avait repris son mouvement sur La Ferté-sous-Jouarre, que Macdonald avait évacué. Il avait fait commencer les travaux de rétablissement du pont et poussé sur la route de Meaux la cavalerie de Wassiltchikoff qui mena vivement les dernières troupes françaises jusqu'au pont de Trilport et leur enleva trois pièces et quelques caissons pendant cette retraite. Arrêté sur ce point par la destruction du pont, Wassiltchikoff s'établit en arrière des bois de Meaux à Saint-Jean-les-Deux-Jumeaux, pendant que Macdonald, craignant d'être débordé sur sa gauche par un chemin de traverse venant de Château-Thierry et de Montreuil-aux-Lions à Lizy, envoyait Molitor occuper Congis, Villers-les-Rigault et Lizy-sur-Ourcq, avec ordre de surveiller les passages de l'Ourcq et d'en détruire le pont.

Le 5ᵉ corps (Sébastiani) était chargé de la garde du passage de Trilport. La cavalerie de Saint-Germain venait de le rejoindre à Meaux et formait avec celle d'Exelmans, un corps d'un peu plus de 2,000 chevaux avec 5 bouches à feu.

Marche d'York sur Château-Thierry. — Surprise des hussards de Lanskoï à Saint-Fiacre. — York avait reçu dans la matinée à Dormans l'ordre par lequel on le dirigeait de Château-Thierry sur Vieils-Maisons, mais dans lequel on avait jugé inutile de lui indiquer les causes de ce mouvement. Ne comprenant rien à ces nouvelles dispositions qui, l'obligeant à faire un long détour pour atteindre La Ferté-sous-Jouarre, l'éloignaient de la grande route pour le jeter dans de mauvais chemins de traverse, informé par une de ses patrouilles de l'occupation de La Ferté-sous-Jouarre par Sacken, sachant par suite que Macdonald avait pu se dérober et que Sacken n'avait pas besoin de secours, York ne put se résoudre à exécuter complètement un ordre inintelligible pour lui. Désireux, cependant, de connaître les motifs cachés de cette disposition, il envoya le major comte de Brandenbourg au quartier général de Blücher. En attendant, il contremanda le mouvement qu'il avait projeté et se borna à pousser son avant-garde jusqu'à Nogent-l'Artaud. Le gros de son corps vint s'établir dans l'après-midi à Château-Thierry, aux Grandes-Noues et à Viffort.

Macdonald, regrettant déjà la destruction trop hâtive du pont de Trilport, avait fait partir de Meaux la cavalerie de Saint-Germain qui, au lieu de pouvoir déboucher droit sur la route de La Ferté-sous-Jouarre, dut passer la Marne au pont de Meaux et se rabattre ensuite à gauche, à hauteur de Nanteuil. Saint-Germain se proposait de rejoindre la grande route à Saint-Jean-les-Deux-Jumeaux, de continuer sur La Ferté-sous-Jouarre et de communiquer avec l'Empereur en se dirigeant sur Montmirail et en appuyant sa gauche à la Marne. Le détour que le général avait dû faire l'empêcha de pousser au delà de Saint-Fiacre, où il surprit à 5 heures de l'après-midi les hussards d'Alexandria (de la division du général Lanskoï), et leur enleva quelques hommes et quelques chevaux. Peu de temps après cette escarmouche, Sacken qui venait de recevoir l'ordre de Blücher lui prescrivant de revenir sur Montmirail et de là sur Vertus, rappelait toute sa cavalerie sur La Ferté-sous-Jouarre.

Combat de Champaubert. — Pendant que Blücher laissait Olsufieff seul à Champaubert, l'Empereur, quelques heures à peine après son arrivée à Sézanne, reportait en avant le corps de Marmont. On doubla les attelages en se servant de chevaux de réquisition et l'on réussit ainsi à franchir le défilé de Saint-Prix. A 9 heures, la cavalerie de Doumerc, tête de colonne du 6e corps, débouchait sur les hauteurs qui dominent la vallée du Petit-Morin et apercevait devant elle le petit corps russe. Ney avait déjà reçu l'ordre de suivre Marmont, et Mortier devait, dès que toutes ses troupes auraient atteint Sézanne, faire connaître à l'Empereur l'heure à laquelle il pourrait rejoindre si l'on avait besoin de lui.

Informé par ses avant-postes du mouvement des Français,

Olsufieff, manquant de cavalerie, avait immédiatement fait occuper le village de Baye par le général Udom, avec quatre régiments de chasseurs et six bouches à feu. Comme on avait négligé de couper et même de faire garder le pont du Petit-Morin à Saint-Prix, les cavaliers de Doumerc, le franchissant sans encombre, poussèrent jusque vers Baye. Malgré cette négligence, Olsufieff aurait encore pu refuser le combat et se replier, soit sur les bois de la Grande-Laye, soit en arrière d'Étoges. Il eut suffi pour cela de prendre cette résolution immédiatement, avant que les divisions Lagrange et Ricard aient passé le pont de Saint-Prix et reçu l'ordre d'attaquer Baye. Mais loin de songer à la retraite, le général russe ordonna au général Udom de s'engager et de chercher à repousser sur Saint-Prix les Français, qui se renforçaient à tout instant. Le mouvement offensif des chasseurs russes vint se briser contre les escadrons français, soutenus par leur infanterie, et le général Udom ramena toute sa brigade à Baye et dans les bois voisins de ce village.

Aussitôt après avoir passé le Morin, la division Lagrange avait obliqué à gauche, pris position sur le plateau qui s'étend entre Baye et Bannay, prolongé sa gauche vers ce village et mis 12 pièces en batterie. Trop faible pour résister aux troupes qu'il avait devant lui, le général Udom demanda des ordres et des renforts à son chef, qui envoya aussitôt une brigade d'infanterie et 6 pièces occuper Bannay et les bois situés au nord de ce village. Pendant que la division Ricard se portait contre Baye, les Russes avaient réussi à repousser une première attaque dirigée contre Bannay par la brigade Pelleport (division Lagrange). Le corps de Ney, entrant en ligne à ce moment, prit position sur le plateau et toute l'artillerie française écrasa de ses feux le village de Bannay. Il était alors environ 1 heure. Olsufieff avait parfaitement reconnu tous les dangers de sa situation; ses généraux, consultés par lui, avaient été unanimes à se prononcer pour la retraite sur Étoges, et le comte Nostitz, aide de camp de Blücher, lui avait offert d'assumer sur lui la responsabilité du mouvement rétrograde. Cependant, le général russe se décida à continuer une lutte inégale et désespérée à Baye et à Bannay[1]. Mais il pensa que le

---

[1] Les auteurs russes et le comte Nostitz dans son *Tagebuch* prétendent que Olsufieff refusa de se rendre à l'avis de ses généraux, parce qu'on lui avait, à

moment était venu d'envoyer au feld-maréchal un officier pour l'informer de ce qui se passait en avant de Champaubert et surtout pour le prévenir de la présence de l'Empereur.

Un peu avant 3 heures, malgré des prodiges de valeur, les Russes délogés de Bannay par la division Lagrange et une partie des troupes de Ney, chassés de Baye par la division Ricard, se replièrent sur leur droite, sur les bois de Baye, sur leur gauche, sur les bois d'Andecy et de la Potence, cherchant à gagner Champaubert. Craignant d'être coupé de son unique ligne de retraite, Olsufieff avait donné l'ordre au général Poltoratzky d'y tenir jusqu'à la dernière extrémité avec les régiments d'Apcheron et de Nascheburg et 9 pièces de canon. Mais aussitôt après la prise des deux villages et pendant que les troupes russes ne formaient plus dans les bois et dans le terrain accidenté que de longues et minces lignes de tirailleurs en retraite sur Champaubert, l'Empereur avait poussé sur sa gauche la cavalerie de Doumerc avec ordre de déborder la droite des Russes et de déboucher sur la route de Paris, entre Fromentières et Champaubert. Sur sa droite, la cavalerie de Bordesoulle devait prolonger la droite de Ricard. Vivement pressé par l'infanterie française, Olsufieff venait à peine de faire filer son artillerie sur Étoges, de masser son infanterie jusque-là déployée en tirailleurs, lorsque, informé de la présence de la cavalerie sur la chaussée de Fromentières à Champaubert, il prit le parti de tenter à s'échapper en pressant sa marche et en se dirigeant sur Étoges. Il était trop tard : sur sa droite, la cavalerie de Bordesoulle avait déjà atteint l'infanterie de Poltoratzky, l'avait chargée, laissant à peine à ce général le temps de se jeter dans Champaubert [1] que les feux de l'artillerie à cheval et de celle de

---

Brienne, reproché de n'avoir pas occupé le côté de la ville par lequel les Français pénétrèrent sans être remarqués et faillirent même enlever Sacken et Blücher. Ces deux généraux avaient été, à cette occasion, extrêmement durs pour Olsufieff. Sacken avait, en outre, sévèrement critiqué la façon dont Olsufieff avait engagé ses troupes à La Rothière.

[1] L'Empereur n'avait pas attendu la fin de l'affaire pour en informer Macdonald, et, dès 3 heures, le major-général avait envoyé de Baye, au duc de Tarente, la dépêche ci-dessous :

« L'Empereur, comme je vous l'ai mandé, a fait un mouvement de flanc sur l'ennemi : nous avons trouvé l'ennemi à Baye, nous l'avons culbuté. C'était Sacken (a) : il se trouve coupé. Nous sommes à Champaubert ; il paraît

(a) Il semble inutile d'insister sur l'erreur de nom commise ici par le major-général.

Ricard ne tardèrent pas à rendre intenable. Deux parlementaires envoyés par les généraux français, au moment où la cavalerie de Bordesoulle débordait déjà complètement Champaubert et où l'infanterie garnissait la lisière des bois de La Grande-Laye, ne réussirent pas à faire déposer les armes à Poltoratzky qui, sortant de Champaubert et déjà coupé du reste du corps d'Olsufieff, essaya d'atteindre les bois. Les carrés russes chargés de tous côtés par les cuirassiers de Bordesoulle, décimés par les feux de l'infanterie et de l'artillerie française, tinrent bon jusqu'au moment où les munitions venant à leur manquer, plus de 1000 hommes et 10 canons tombèrent entre les mains de Bordesoulle et de Ricard[1].

Olsufieff n'avait pas été plus heureux ; après avoir vainement essayé de se frayer à la baïonnette le passage vers Étoges, il s'était rejeté dans un chemin de traverse, espérant parvenir à gagner ainsi la route d'Épernay à hauteur de Lacaure. Le brouillard et l'impraticabilité du chemin, dans lequel ses soldats durent s'atteler aux pièces, retardèrent encore son mouvement. Entourée de toutes parts par la cavalerie, manquant de munitions, la plus grande partie de sa petite troupe fut prise par les Français à hauteur des Déserts et du Grand-Étang. 1500 hommes avec 15 canons réussirent seuls avec les généraux Korniloff et Udom à rompre le cercle qui les enserrait, à se jeter dans les bois et à se replier sur Port-à-Binson.

« Nous avons sauvé nos drapeaux et notre honneur, » écrivait le lendemain le vieux général Korniloff[2].

« Le général Olsufieff a été attaqué par 6,000 chevaux et 2,000 hommes d'infanterie, dit le rapport du major Mareschal[3]. Il n'avait pas de cavalerie et a été mis complètement en déroute. Il a perdu 9 canons et en a sauvé 15. 2 généraux et 1500 hommes

---

qu'une partie de son corps est sur Montmirail et l'autre en arrière ; il n'est que 3 heures et nous poursuivons l'ennemi avec une nombreuse cavalerie. Je regarde cette affaire comme le présage de beaucoup d'autres succès. » (*Archives de la guerre.*)

[1] *Journal de Poltoratzky.*
[2] Rapport du général-major Korniloff, 30 janvier/11 février, n° 235.
[3] Major Mareschal au prince de Schwarzenberg, Bergères, 11 février, 10 heures matin. (*K. K. Kriegs Archiv.*, II, 287.) — Mareschal ajoute : « Le corps qui a été battu par l'ennemi se composait des 9° et 15° divisions. Les drapeaux de la 15° division et deux de la 9° sont sauvés. »

ont échappé. 4 généraux et le reste de ses troupes manquent. »

La rapidité et le secret de sa marche avaient donc permis à l'Empereur de réaliser la première partie de sa belle conception stratégique. Il a réussi à diriger le gros de ses forces contre une portion de l'armée de Blücher ; il est arrivé sur son flanc et l'a entamée avant que le feld-maréchal ait cru à sa présence, ait ajouté foi aux nouvelles qu'il a reçues le matin et par lesquelles Wittgenstein l'informait du mouvement des Français sur Villenauxe[1]. Mais Napoléon n'avait pas encore atteint le but qu'il s'est proposé : l'anéantissement de son adversaire ; et le feu n'avait pas encore complètement cessé à Champaubert qu'il prenait déjà ses dispositions pour la journée du lendemain.

Ordres de Napoléon après Champaubert. — A 7 heures du soir, il donne à Nansouty l'ordre de partir le soir même avec les 1re et 2e divisions de cavalerie de la vieille garde soutenues par une brigade d'infanterie du 6e corps, de surprendre la garnison de Montmirail et d'envoyer des partis sur Viels-Maisons. La 3e division de cavalerie de la vieille garde partira à 5 heures du matin et sera rendue à Montmirail à 8 heures.

Nansouty, arrivé devant Montmirail pendant la nuit, en chasse le régiment de cosaques laissé sur ce point par le général Karpoff.

Mortier a l'ordre de se mettre en marche à la pointe du jour avec la division de cavalerie du général de France, la 2e division de vieille garde et tout ce qui reste à Sézanne pour venir à Montmirail. Il laissera à Sézanne une arrière-garde de cavalerie et d'infanterie et enverra un fort parti de la division de France sur La Ferté-Gaucher pour se relier avec la division Leval.

Ney suivra le duc de Trévise sur Montmirail et commencera son mouvement à 6 heures du matin.

Dans la lettre qu'il fait écrire à Oudinot[2], l'Empereur prévoit et expose déjà les événements du lendemain : « Nous serons cette nuit à Montmirail et nous trouverons Sacken entre Viels-Maisons et La Ferté-sous-Jouarre ; *il n'aura d'autre retraite que Château-*

---

[1] Major Mareschal au prince de Schwarzenberg, Vertus, 10 février, 10 h. matin. (*K. K. Kriegs Archiv.*, II, 262.)

[2] Major-général à Oudinot, Sézanne, 10 février. (Registres de Berthier, *Archives de la guerre.*)

Thierry. Mais Sacken a 20,000 hommes, ce qui porte l'Empereur à vous ordonner de faire partir les divisions Leval et Rottembourg pour être demain à La Ferté-Gaucher, d'où le général Leval, avec les deux divisions, se dirigera vers l'endroit où il entendra le canon, entre Montmirail et Viels-Maisons. Si la 9e division n'était pas encore arrivée à Melun ou Nangis, et si l'ennemi a déjà commencé une opération offensive avec l'armée qui est à Troyes et menace Montereau par l'Yonne, n'envoyez qu'une division à La Ferté-Gaucher; mais considérez que, Sacken détruit, les affaires prennent une nouvelle face. »

Enfin, Marmont qui, dès la fin du combat de Montmirail, avait été dirigé sur Étoges[1] avec une partie de ses troupes, a l'ordre de faire partir de Champaubert, à 3 heures du matin, la division Ricard avec son artillerie, et de se diriger sur Montmirail, de garder Étoges avec la division Lagrange et le 1er corps de cavalerie, de chercher à se renseigner pendant la nuit du 10 au 11 sur ce que fait Blücher.

« Se dirige-t-il sur Châlons, sur Épernay, écrit le major-général, ou annonce-t-il le projet de nous attaquer? Il faut lui en imposer pour le déterminer à la retraite; cela est important pour nous. Aussitôt qu'il sera constaté que nous n'avons rien à craindre de Blücher et qu'il est décidément en retraite, il faut diriger le général Doumerc sur Montmirail; la cavalerie légère, la division Lagrange et 12 pièces de canon tiendront une position défensive pour masquer Blücher et même le poursuivre. Tâchez d'envoyer quelqu'un sur Vertus et d'avoir des nouvelles[2]. »

Continuation du mouvement de Kleist et de Kapsewitch sur Fère-Champenoise. — Affaire de Linthes. — Bien que les avertissements n'eussent pas manqué à Blücher, bien que le feld-maréchal eut reçu dans la nuit du 9 au 10, et, en tous cas, au plus tard le 10 de bon matin, de Wittgenstein la confirmation officielle du mouvement de l'Empereur et de son armée[3], il

---

[1] Le rapport de Mareschal à Schwarzenberg, Bergères, 11 février, 10 heures matin (*K. K. Kriegs Archiv.*, II, 281) montre que Blücher avait connaissance dès le lendemain de l'occupation d'Etoges. Il croyait, cependant, qu'il n'y avait là que peu de monde.

[2] Registres de Berthier. (*Archives de la guerre.*)

[3] Major Mareschal à Schwarzenberg, Vertus, 10 février, 10 heures matin. (*K. K. Kriegs Archiv.*, II, 262.)

semble que, même au moment où Olsufieff était déjà engagé à Baye, on n'ait attribué que peu de valeur à ces nouvelles et à ce mouvement. On préférait partager l'opinion de Sacken, basée sur les renseignements de Karpoff, de Sacken qui, d'après les termes mêmes employés par Mareschal, n'attachait à ces mouvements qu'une importance tout à fait secondaire. Ce qu'il y a de certain, c'est qu'au lieu d'arrêter Kleist et Kapsewitch, on les laissa continuer de Vertus et de Bergères sur Fère-Champenoise; l'avant-garde de Kleist (général von Zieten) quitta Fère-Champenoise[1] où elle était arrivée la veille, pour pousser par Connantre sur Linthes, où sa pointe, fournie par le 1er régiment de hussards de Silésie, vint donner contre quelques escadrons de lanciers polonais partis de Sézanne en reconnaissance dans ces parages.

Clausewitz, malgré toute sa partialité pour le feld-maréchal, juge, avec une sévérité qu'on n'est pas habitué à trouver dans ses écrits quand il s'agit des opérations de Blücher, le mouvement que Kleist et Kapsewitch exécutèrent, par son ordre, sur Fère-Champenoise : « Comme l'armée française, dit-il *dans sa Critique*, culbutait à ce moment Olsufieff à Champaubert, ce mouvement était déplorable, et Blücher, s'il avait cru à la marche des Français, se serait assurément porté de préférence sur Champaubert. La nouvelle de la défaite d'Olsufieff prouva à Blücher qu'il avait fait un faux mouvement et, afin de couvrir la route de Châlons, il se hâta de reporter, par une marche de nuit, ses deux corps sur Bergères. » La seule excuse de Blücher est d'avoir espéré, dans son ignorance complète de la situation, faire rétrograder l'Empereur par une simple démonstration tentée sur son flanc droit. On pourrait encore, à la rigueur, admettre, en se reportant

---

[1] En publiant dans leurs 5e et 6e livraisons de 1889, le journal du comte de Nostitz, les *Kriegsgeschichtliche Einzelschriften* signalent, à propos du court séjour fait à Fère-Champenoise par Blücher, un épisode assez curieux. Le chasseur de Blücher qui chevauchait toujours immédiatement derrière lui et qui avait pour mission spéciale de lui donner son manteau et de lui bourrer ses pipes, s'était assis sur un banc devant le quartier général. Tenant dans ses mains les rênes de son cheval, il s'était profondément endormi. Réveillé en sursaut au moment du départ, il constata avec stupéfaction qu'il ne lui restait plus que les extrémités des rênes. Le cheval avait disparu avec le manteau et les pipes du feld-maréchal. Blücher, très contrarié de la perte d'objets auxquels il tenait tant, obligea son chasseur à faire l'étape à pied. On retrouva longtemps après le cheval chez les cosaques qui l'avaient volé, mais les pipes et le manteau avaient naturellement disparu.

au *Kriegs Archiv. de Berlin*, C. 13, *IV*, que ce mouvement, entrepris à un moment où le feld-maréchal se croyait encore en sûreté, avait pour but de se conformer aux instructions venues du grand quartier général et réclamant l'envoi sur Nogent du corps de Kleist chargé de relier l'armée de Silésie avec le corps de Wittgenstein (VIe corps de la grande armée).

Ordres expédiés le 10 au matin à York et à Sacken. — Ce n'était pas, d'ailleurs, la seule faute que dût commettre, dans cette journée, le commandant de l'armée de Silésie. En effet, le 10 au matin, il s'était borné à envoyer à York et à Sacken des ordres qui leur parvinrent le soir seulement et qui portent l'empreinte d'une indécision et d'une incertitude bien rares chez le feld-maréchal.

« D'après tous les renseignements, écrivait Gneisenau[1] à York, l'empereur Napoléon se dirige de Nogent-sur-Seine par Villenauxe sur Sézanne où, selon le dire des prisonniers, il aurait même passé la nuit.

« Ce mouvement de l'ennemi peut tendre à une jonction avec le maréchal Macdonald, comme il peut être aussi le commencement d'une opération offensive vers la Marne. Dans ce cas, il me faut concentrer mon armée à Vertus. Si vous n'avez pas encore commencé votre mouvement sur Montmirail, faites-le de suite. Faites bivouaquer votre corps et tenez-le concentré de manière à pouvoir vous porter dans toutes les directions. Poussez votre cavalerie sur la route de Montmirail vers Sézanne.

« Dès que j'aurai des nouvelles précises de la marche de l'ennemi, je vous les communiquerai. Il importe non seulement de conserver le pont de Château-Thierry s'il est rétabli, mais aussi d'y jeter un pont de bateaux afin que, si par malheur l'ennemi coupait votre corps et celui de Sacken de mon armée, vous puissiez vous *sauver* sur la rive droite de la Marne jusqu'à l'arrivée de la grande armée.

« P.-S. — Faites-moi connaître votre position. »

Dans la lettre adressée à Sacken et dont York devait prendre connaissance avant de la lui faire parvenir, le feld-maréchal se

---

[1] Blücher à York, Vertus, 10 février, 7 heures du matin.

contentait de dire au général russe que, « *réuni le* 10 à Montmirail avec le Ier corps prussien, il devait être en état de se frayer le chemin de Vertus dans le cas où l'ennemi se serait établi entre les deux corps et le feld-maréchal. »

Il résulte de ces ordres que l'état-major de Blücher croyait encore à une jonction impossible, puisqu'on savait, du moins en ce qui concerne Sacken, qu'il s'était porté sur La Ferté [1] et qu'on lui avait, d'ailleurs, prescrit de se conformer aux événements [2].

La singulière rédaction de ces ordres, les contradictions qu'ils contenaient, n'étaient pas de nature à éclairer York. En effet, si, comme l'état-major de Blücher paraît l'avoir pensé d'après les termes de l'ordre, York ne s'est pas encore mis en mouvement sur Montmirail, c'est son corps qui, au cas où il faudra faire front contre l'ennemi, se trouvera en première ligne et aura le premier à combattre. Et cependant, c'est à Sacken seul qu'on donne l'ordre de s'ouvrir, de concert, il est vrai, avec le Ier corps, la route de Vertus, tandis qu'on recommande à York « de se *sauver* sur la rive droite de la Marne ».

11 février. — Positions des corps d'York et de Sacken entre 9 et 10 heures du matin. — La réponse d'York à Blücher prouve, du reste, que le commandant du Ier corps prussien avait reconnu la gravité de la situation ; avec son indépendance d'allure et sa liberté de langage ordinaires, il répondait au feld-maréchal que, si l'Empereur continuait son mouvement offensif, il lui serait impossible d'opérer sa jonction avec Sacken. Il ajoutait que, sans nouvelles de Sacken, ignorant la nature des résolutions prises par ce général et ne voulant pas imposer à ses troupes les fatigues d'une marche de nuit, il se décidait à masser, le 11, tout son corps autour de Viffort et à pousser sa cavalerie vers Montmirail.

Mais Sacken, qui avait reçu directement un duplicata de l'ordre de Blücher, avait quitté La Ferté-sous-Jouarre vers 9 heures du soir, après avoir détruit le pont qu'il venait de rétablir. Sans en informer York, qui devait cependant régler ses mouve-

---

[1] Major Mareschal à Schwarzenberg, Vertus, 10 février, 10 heures du matin. (*K. K. Kriegs Archiv.*, II, 262.)

[2] Clausewitz, *Critique de la campagne de* 1814.

ments sur les siens, il avait exécuté une marche de nuit dans l'espoir de devancer l'Empereur à Montmirail. Quoiqu'il eût marché toute la nuit, Sacken n'arriva à hauteur de Viels-Maisons qu'à 9 heures du matin, alors que son avant-garde tiraillait déjà avec les Français du côté de la ferme de la Borde. Bien que ses cosaques lui eussent rendu compte des événements de la nuit, Sacken n'en continua pas moins à s'avancer contre les villages de L'Épine-au-Bois et de Marchais, déjà occupés par les avant-postes français.

York était arrivé avec son gros à Viffort. Il avait appris non seulement que les cosaques de Karpoff avaient été délogés de Montmirail, mais que son avant-garde avait donné dans les postes ennemis du côté de Rozoy et de Fontenelle. Se rendant un compte exact des difficultés d'une situation aggravée encore par la destruction du pont de La Ferté-sous-Jouarre que Sacken avait fait brûler pour prévenir un mouvement de Macdonald sur ses derrières, York essaya une dernière fois de détourner Sacken de ses projets, de l'empêcher de s'engager et de l'amener à consentir à une retraite immédiate sur Château-Thierry. Il lui envoya l'un de ses officiers, le major von Schack, qui rejoignit Sacken à Viels-Maisons au moment où le général allait expédier ses derniers ordres. Convaincu qu'il n'avait devant lui qu'un corps peu nombreux et bien que Schack lui eût déclaré que le Ier corps ne pourrait entrer en ligne que beaucoup plus tard et sans son artillerie qui n'avait pu le suivre, Sacken persista dans sa résolution.

Positions des troupes françaises. — L'Empereur, arrivé à Montmirail, procédait à la reconnaissance du terrain et constatait avec plaisir que les deux corps ennemis n'avaient pas encore opéré leur jonction[1]. La cavalerie de Nansouty, rejointe dès le

---

[1] « Nous sommes entrés à Montmirail à minuit. Avant 4 heures, Sacken a dû savoir l'état de la question. Que fera-t-il aujourd'hui? Se portera-t-il sur Montmirail pour ouvrir sa communication? Il se trouverait ainsi pris entre deux feux. Ou bien abandonnera-t-il la ligne de La Ferté-sous-Jouarre à Montmirail pour se rejeter à Château-Thierry ayant ses communications assurées par la chaussée d'Epernay à Châlons » (Registres de Berthier, *Archives de la guerre*.) L'Empereur, on le voit, comptait sur la coopération de Macdonald et ignorait encore la destruction du pont de Trilport.

matin par les grenadiers à cheval venant de Sézanne, avait déjà rejeté les avant-postes russes au delà de la ferme des Chouteaux. L'Empereur, pour empêcher la réunion éventuelle de ses deux adversaires, résolut de venir prendre position à cheval sur les deux routes de Montmirail à Château-Thierry et de Montmirail à La Ferté-sous-Jouarre. Afin d'arrêter le mouvement qui se dessinait sur sa gauche, il porta immédiatement la division Ricard en colonne de bataillons en masse en avant du Tremblay où elle se déploya. Ney devait s'établir en deuxième ligne avec ses deux divisions à droite et à gauche de ce village. La cavalerie se déploya en soutien de l'artillerie, à hauteur de la ferme des Grénaux, sa gauche à la route, sa droite vers la ferme de Plénois. 500 hommes, tirés de la division Ricard, prolongeaient la droite de la cavalerie vers Bailly et occupaient le bois de Plénois. La division Friant, couverte sur sa droite par la cavalerie du général de France, était en réserve, en colonne par bataillon, à la croisée des deux routes. La division Michel, avec le maréchal Mortier, était en marche sur Montmirail.

Déploiement du corps de Sacken. — Bataille de Montmirail. — A 11 heures du matin, les tirailleurs s'engagent. Sacken, malgré les instances de ses généraux qui l'avaient supplié de prendre position au nord de la route de La Ferté et de rapprocher son front de combat des troupes d'York et du chemin de Château-Thierry, a, au contraire, tenu à déployer ses troupes au sud de cette route et donné l'ordre au 6ᵉ corps d'infanterie russe (général-lieutenant Stscherbatoff) de se porter droit sur Marchais et d'y soutenir les troupes avancées. Une batterie de 36 pièces a pris position en arrière du ravin du Rut-Choiset, qui couvre la position de L'Épine-au-Bois, centre des lignes russes. Une autre batterie s'établit au centre même de la ligne russe, au nord de L'Épine-aux-Bois. A gauche de la grande route, au nord de La Haute-Épine, la cavalerie de Wassiltchikoff et de Karpoff sert de soutien à une batterie chargée de tenir sous son feu les bois en avant de la ferme de Plénois et cherche à se relier par sa gauche avec la cavalerie prussienne du général von Jürgass. Le IIIᵉ corps d'infanterie (général Lieven) est en réserve derrière L'Épine-aux-Bois.

Sacken, décidé à enlever Marchais que les Français venaient d'occuper et à déboucher sur Montmirail par la vallée du Petit-Morin, chargea de l'attaque de ce village le général Heidenreich, auquel il donna quatre bataillons des régiments de Pskoff, Wladimir, Tamboff et Kostroma, deux compagnies de chasseurs, le régiment cosaque de Lukowkin et 6 bouches à feu. Cette colonne, ayant à sa gauche sa batterie qui dut s'arrêter au bord du ravin, à sa droite les cosaques, s'avança vivement sur Marchais [1], sous la protection des batteries russes auxquelles l'artillerie française, encore trop faible, ne répondait que mollement, et parvint à dépasser Courmont. L'Empereur, qui n'attendait que l'entrée en ligne de Mortier pour dessiner par sa droite le mouvement par lequel il espérait couper les communications de Sacken et d'York et pour engager les troupes qu'il tenait encore en réserve, chargea à midi le général Ricard, qu'il venait de placer momentanément sous les ordres de Ney, de se porter du Tremblay sur Marchais, pendant que le général Friant, rendu disponible par l'arrivée de Mortier, viendrait occuper Le Tremblay, que le reste de la 1re division de vieille garde servirait de réserve et que la cavalerie de Nansouty manœuvrerait sur la gauche des Russes.

« Aucun accident de terrain, dit le général Ricard dans son rapport à Marmont [2], ne se trouve sur cette partie du plateau dans l'intervalle qui sépare Le Tremblay de Marchais et qui fut le théâtre d'un combat très long, très opiniâtre et très meurtrier. Ce point, qui formait l'extrême gauche de l'armée française, était très important parce qu'il lui servait de pivot et masquait le grand mouvement que l'Empereur préparait par sa droite. On attaqua et on prit le village jusqu'à cinq fois ; nous eûmes des officiers qui se battirent corps à corps avec des officiers russes, mais nous ne pûmes jamais nous y maintenir à cause de l'énorme supériorité des forces de l'ennemi qui ramenait encore des troupes fraîches, lorsque nous avions successivement engagé tous les corps de ma division. Le village même du Tremblay était au moment d'être compromis, lorsque l'Empereur, sur ma demande, m'envoya un bataillon de vieille garde. A son arrivée, je tentai

---

[1] *Journal du prince Stscherbatoff*, Rôle de son corps à Montmirail. (*Archives topographiques*, cahier n° 50, n° 47353.)

[2] Rapport du général Ricard au maréchal Marmont, Montmirail, 13 février. (*Archives de la guerre.*)

un dernier effort qui ne fut pas plus heureux que les autres. Mes généraux de brigade étaient, l'un blessé, l'autre démonté, tous les chefs tués ou blessés, plus de 60 officiers hors de combat et la troupe harassée. Toutefois, ce dernier mouvement fut, comme les autres, remarquable par l'élan et par l'intrépidité de la troupe. »

Il était alors près de 2 heures. L'Empereur, inquiet des progrès de la droite de Sacken, avait ordonné au maréchal Ney, couvert sur sa droite par la cavalerie de Nansouty et renforcé par une partie de la division Friant et par les sept escadrons de gardes d'honneur du général de France, de se porter en avant jusqu'à La Meulière, de se rabattre de là contre L'Épine-aux-Bois et d'y bousculer la première des deux lignes de Sacken. Le prince de La Moskowa, tirant parti du terrain et profitant de l'extension démesurée du front de Sacken qui venait d'affaiblir sa gauche pour renforcer l'attaque de Marchais, bouscule et crève la première ligne des Russes, oblige les batteries russes à cesser leur feu et contraint Sacken à envoyer à L'Épine-aux-Bois le corps, tenu jusque-là en réserve, de Liewen, dont l'arrivée rétablit momentanément le combat.

Au nord de la chaussée, la cavalerie de Wassiltchikoff avait réussi à arrêter les progrès des cavaliers de Nansouty et à se relier par sa gauche avec la cavalerie prussienne. Mais le général Guyot, envoyé à ce moment par l'Empereur, charge avec les quatre escadrons de service, débouche de La Haute-Épine et culbute les bataillons qui cherchaient à traverser la route de La Ferté, pendant que le général Friant enlève La Haute-Épine que Sacken avait eu l'imprudence de dégarnir. A ce moment, le centre russe est déjà très ébranlé; mais, à droite, Marchais est toujours au pouvoir des généraux Bernodossof et Heidenreich.

Schack avait mis York au courant des motifs pour lesquels Sacken avait persisté à s'engager et des dispositions d'attaque qu'il avait prises. Prévoyant l'issue défavorable que devait avoir un combat livré dans de pareilles conditions, le commandant du Ier corps avait aussitôt fait rebrousser chemin à ses batteries lourdes qui ne pouvaient se tirer des chemins défoncés et les avait renvoyées, avec la brigade du prince Guillaume de Prusse, à Château-Thierry. Toujours prudent et méthodique, il tenait d'autant plus à s'assurer la possession de cette unique ligne de retraite, qu'il craignait de voir d'un côté Macdonald venir inquiéter ses derrières et sa droite, de l'autre des troupes françaises sorties de Soissons l'empêcher de repasser sur la rive droite de la Marne. Quant à ses deux autres brigades (Pirch II et Horn), elles furent dirigées de Viffort sur Fontenelle. Mais les chemins étaient tellement défoncés que la tête de sa colonne (brigade Pirch) ne déboucha à hauteur de Fontenelle qu'à 3 heures 1/2, au moment où Ney dessinait son mouvement et commençait son attaque sur L'Épine-aux-Bois et où la cavalerie française, se prolongeant vers sa droite, cherchait à gagner la route de Château-Thierry. La cavalerie de Katzler s'était déjà déployée entre Rozoy et Fontenelle; la cavalerie de réserve en fit autant entre Fontenelle et Tourneux.

Lorsque York arriva à Fontenelle, Sacken avait engagé tout son monde et perdu La Haute-Épine. Sa gauche était en déroute; son centre ébranlé opposait encore une résistance désespérée, mais inutile. Il ne s'agissait plus de rétablir une situation irrémédiablement compromise, mais de dégager le corps russe s'il en était encore temps. Ordre fut donc donné à la brigade Pirch de prendre position à Tourneux; à la brigade Horn de se former à sa droite, de Tourneux à Fontenelle; à l'artillerie (12 pièces) de se mettre en batterie entre les deux brigades[1]. Il était d'autant plus urgent d'agir et d'agir vite que l'impassibilité héroïque et l'inébranlable solidité des troupes russes les exposaient à être complètement cernées par les Français.

Pendant que la gauche de Sacken, chassée de ses positions, essayait de rejoindre York, pendant que la cavalerie du général Guyot la chargeait, la droite continuait à tenir ferme à Marchais et à y soutenir la lutte sans se préoccuper de ce qui se passait sur le reste du champ de bataille.

Afin de faciliter la retraite des troupes russes que la cavalerie française venait de malmener, afin de dégager les défenseurs de Marchais, auxquels on avait trop tardé à envoyer l'ordre de se

---

[1] Les brigades venaient à peine d'exécuter les ordres d'York, lorsque le général apprit par un officier prisonnier qu'il allait avoir affaire à l'Empereur et aux corps venus de Champaubert où ils avaient écrasé Olsufieff.

Quelques instants après, York recevait une dépêche de Blücher (de Vertus, 10 février, 3 heures après-midi) lui annonçant le mouvement de l'Empereur sur Sézanne et lui prescrivant de venir le rejoindre le 11 à Etoges.

replier, York porta la brigade Pirch en avant de Tourneux et lui prescrivit d'arrêter et de rejeter, si faire se pouvait, la division Michel que Mortier venait d'établir du côté de Plénois. De son côté, Napoléon, décidé à en finir avec la résistance de Marchais, envoyait à la division Ricard un renfort de quatre bataillons de la garde conduits par le maréchal Lefebvre et par le général Bertrand. « Les débris de ma division qui avaient eu une heure de repos, furent réunis en colonne, dit le général Ricard ; tout marcha au village aux cris de : *Vive l'Empereur !* sans tirer un coup de fusil. L'ennemi fut culbuté et rejeté dans les ravins et les bois qui étaient derrière ; on lui tua encore beaucoup de monde ; nous les poursuivîmes la baïonnette dans les reins ; on leur fit 500 à 600 prisonniers. » Le général Ricard oublie de dire que les gardes d'honneur du général de France, débouchant sur les derrières des Russes, leur avaient coupé la retraite et avaient enfoncé leurs carrés. Il est vrai que Stscherbatoff prétend, au contraire, dans son *Journal*, que les défenseurs de Marchais réussirent, pour la plupart, à se faire jour et durent leur salut à deux escadrons du régiment de hussards d'Akhtyrka qui chargèrent les gardes d'honneur, les arrêtèrent et les empêchèrent d'inquiéter la retraite des carrés russes. La brigade Pirch s'était donc inutilement dévouée en s'avançant de Tourneux vers Plénois et Bailly pour sauver Marchais. Après un engagement assez vif, l'infanterie de Michel, soutenue par quelques escadrons de Nansouty, déborda la gauche des Prussiens, les chassa du bois Blanchet et, malgré l'entrée en ligne de la brigade Horn, les rejeta sur Fontenelle. La nuit mit fin au combat.

L'intervention des brigades prussiennes avait néanmoins sauvé les débris de Sacken et permis aux Russes de gagner la route de Château-Thierry ; mais ce combat, quelque court qu'il eut été, avait coûté au Ier corps 31 officiers et 854 hommes que la 1re brigade dut abandonner sur le terrain. Les Russes avaient perdu dans la journée 6 drapeaux, 13 canons et 2,800 hommes, dont 800 prisonniers [1].

---

[1] Le total des prisonniers faits aux Russes et aux Prussiens à Champaubert et à Montmirail est évalué par Berthier à 75 officiers et 2,470 hommes, en tout 2,545, dont 708 pris à Montmirail et 1837 à Champaubert. (*Archives de la guerre.*)

Les Français, dont les pertes s'élevaient à 2,000 hommes, épuisés par les efforts de deux combats consécutifs et exténués par des marches d'une rapidité et d'une difficulté inouïes, bivouaquèrent à 8 heures du soir sur les positions conquises et renoncèrent à la poursuite.

Positions des corps de Sacken et d'York pendant la nuit du 11 au 12 février. — Les débris du corps de Sacken, couverts par la cavalerie de Wassiltchikoff, marchèrent toute la nuit par une pluie battante et arrivèrent au jour à Viffort. Malgré tous les efforts des hommes et bien qu'on eut attelé jusqu'à 50 chevaux de la cavalerie de Wassiltchikoff à chacune des pièces, on dut, cependant, en laisser 3 dans les fondrières du chemin [1].

La cavalerie du général Katzler se tint, pendant la nuit du 11 au 12, entre Tourneux et Fontenelle; les 1re et 7e brigades, sous les ordres de Horn [2], se replièrent à minuit sur Viffort afin de recueillir éventuellement la cavalerie de réserve du général von Jürgass. Cette cavalerie, après être restée une partie de la nuit en présence des postes avancés des Français, prit un chemin de traverse qui rejoint le chemin de Château-Thierry en arrière de Viffort et arriva aux Noues le 12 au matin. Le prince Guillaume de Prusse, établi avec sa brigade à Château-Thierry, y gardait les débouchés des routes de Soissons et de La Ferté-sous-Jouarre. Son artillerie et l'artillerie de réserve étaient en batterie sur la rive droite; le gros de son infanterie, en position sur la rive gauche, en avant de la ville, se faisant éclairer dans toutes les directions par le 2e régiment de hussards (régiment du corps).

Ordre de Blücher. — Ce fut dans une maison isolée, sur la route entre Fontenelle et Viffort, où York, préoccupé des suites probables de l'affaire de Montmirail, avait passé la nuit afin d'être plus près de son arrière-garde, que le comte de Brandenbourg le rejoignit.

Après avoir quitté le quartier général de Blücher, il avait trouvé les Français sur la route de Montmirail à Vertus et avait

---

[1] *Journal d'opérations du général Nikitin* et *Journal d'opérations de Sacken*. (*Archives topographiques*, n° 16643.)
[2] Le général von Pirch II avait été grièvement blessé le 11 février à Tourneux.

dû se rejeter dans un chemin de traverse conduisant à Orbais pour apporter l'ordre par lequel le feld-maréchal enjoignait aux corps de Sacken et d'York de repasser sur la rive droite de la Marne et de se replier en toute hâte sur Reims, point de ralliement général de l'armée de Silésie [1]. Un pareil ordre arrivant dans un tel moment devait avoir des conséquences qu'il était facile de prévoir avec un homme du caractère d'York. Non seulement Sacken avait refusé de se retirer sur la rive droite, alors qu'il était encore possible d'éviter une affaire, mais, au lieu de se déployer au nord de la chaussée de Montmirail, il s'était éloigné du Ier corps pour tenter un mouvement par sa droite. Son obstination avait obligé York à s'engager et, au moment où cette intervention forcée venait de lui coûter près d'un millier d'hommes, le général prussien recevait l'ordre de chercher à exécuter le lendemain une opération qu'il avait voulu faire la veille et qui eût pu alors s'effectuer sans peine, même par la rive gauche de la Marne, sur Épernay, si le général russe avait consenti à se rendre à ses observations et à ses prières. C'étaient là des griefs trop nombreux et trop graves pour qu'un homme de la trempe d'York pût les oublier et les pardonner.

Macdonald à Meaux. — Obligé, par l'épuisement naturel de troupes auxquelles, depuis plusieurs jours, il avait demandé tant d'efforts, à renoncer à une poursuite active et immédiate qui aurait amené des résultats considérables, l'Empereur s'était cependant cette fois résigné sans trop de regrets. Il espérait, en effet, que l'arrivée immédiate de quelque renfort et surtout l'apparition du maréchal Macdonald sur les derrières et sur le flanc des corps qu'il venait de battre, achèveraient leur déroute et leur anéantissement.

Ignorant que, par une précaution hâtive, le duc de Tarente [2] avait fait sauter le pont de Trilport, l'Empereur, pendant le combat de Montmirail, lui avait mandé, à 1 heure de l'après-midi, de

---

[1] Le major Mareschal en écrivant à Schwarzenberg, de Bergères, le 11 février à 10 heures du matin, dit à ce propos : « Le général Sacken était hier à La Ferté, York à Château-Thierry. Ils avaient ordre d'aller à Montmirail. On vient de leur prescrire de chercher à passer, *si faire se peut sans combat*, sur la rive droite de la Marne. » (*K. K. Kriegs Archiv.*, II, 281.)

[2] Le maréchal a vainement essayé de prétendre qu'il n'avait pas donné l'ordre de détruire le pont de Trilport.

marcher de suite avec tout ce qu'il pourrait trouver à Meaux pour se joindre à lui. Le maréchal, obligé d'avouer que la destruction de ce pont l'empêchait de déboucher sur La Ferté-sous-Jouarre, annonçait que, vu l'absence de routes praticables, il allait marcher le 12 au matin par Coulommiers et La Ferté-Gaucher sur Montmirail [1]. Malade et alité, Macdonald avait, d'ailleurs, dû remettre, le 11, le commandement de ses troupes au général Sébastiani qui s'était porté sur La Ferté-sous-Jouarre au lieu d'aller à La Ferté-Gaucher.

L'Empereur avait toutefois été rejoint le 11, à 11 heures du soir, par la jeune garde du général Curial. La cavalerie que lui amenait le général Saint-Germain (2,400 chevaux environ), avait eu pendant la journée des escarmouches avec les cosaques de l'extrême arrière-garde de Sacken, l'avait suivie et était arrivée seulement dans la soirée du 11 aux environs de La Ferté-sous-Jouarre où ce général attendait des ordres.

Blücher avec les corps de Kleist et de Kapsewitch reste immobile à Bergères. — Le 11 au matin, Blücher était à Bergères. Les corps de Kleist et de Kapsewicth, rappelés de Fère-Champenoise, y étaient arrivés de grand matin après une marche de nuit pénible et inutile, puisqu'on resta en place. Le 1er régiment de hussards de Silésie, les cuirassiers de la Prusse orientale et le 7e régiment de cavalerie de landwehr fournissaient les avant-postes du côté d'Étoges, occupé par Marmont. Un parti de cavalerie prussienne, posté à Morains-le-Petit, envoyait des patrouilles du côté de Broussy-le-Grand et de Fère-Champenoise. Mais, bien que de Bergères il eût entendu le canon de Montmirail, Blücher resta immobile et ne tenta pas la moindre démonstration contre les troupes du duc de Raguse [2]. L'Empereur avait été si étonné de cette immobilité, si opposée au caractère de Blücher, qu'il ne le

---

[1] Macdonald au major-général et au roi Joseph, 11 février, 2 heures après-midi, et 12 février, 4 heures du matin. (*Archives de la guerre.*)

[2] On lit à ce propos dans la biographie du général Grolmann (*Militär-Wochenblatt. Beiheft*, 1843) que cet officier, alors colonel et chef d'état-major du corps Kleist, avait, en présence de l'impossibilité de concentrer l'armée de Silésie à Champaubert, conseillé en vain de se retirer sur Reims. Il est curieux de remarquer que Blücher dirigea précisément sur cette ville les corps de Sacken et d'York engagés à ce moment à Montmirail.

D'après le *Journal du comte de Nostitz*, Blücher avait parfaitement entendu

croyait plus à Vertus et pensait qu'il avait dû se retirer sur Épernay ou sur Châlons[1]. L'inaction de Blücher avait également inquiété Marmont qui, tenant à se renseigner sur la force exacte des troupes du feld-maréchal, avait chargé, le 11 au soir, un officier de reconnaître la position du feld-maréchal. Cet officier avait réussi à s'avancer assez pour apercevoir une ligne de feux régulière et suivie, s'étendant de Vertus jusqu'au delà de Bergères et couverte en avant par d'autres feux qui lui révélèrent l'emplacement des avant-postes. Ce rapport confirmait ainsi les renseignements que la cavalerie avait déjà donnés au duc de Raguse et qui lui signalaient la présence de la cavalerie prussienne avec du canon sur la grande route en avant de Bergères. Marmont, qui ignorait encore à ce moment le résultat de l'affaire de Montmirail, puisque sa dépêche est du 12, à 1 heure et demie du matin, mais qui savait que l'ennemi se tenait en forces à deux lieues et demie d'Étoges, ajoutait : « Il est urgent que Sa Majesté prévoie le cas où nous serions attaqués et où nous aurions besoin d'être soutenus[2]. »

12 février 1814. — Blücher continue à rester à Bergères. — Reconnaissance prussienne vers Montmort. — Mais Blücher ne songeait pas encore à attaquer le duc de Raguse. Il n'avait pour toute nouvelle qu'un billet d'York écrit avant le commencement de l'affaire de Montmirail, qu'un indice : le bruit du canon

---

le canon et les feux de salve de Montmirail. Fallait-il rester tranquille à Bergères et Vertus, ou bousculer Marmont pour essayer de prendre part au combat livré par Sacken ? Blücher opinait pour ce dernier parti, mais il finit par céder aux représentations de Gneisenau et de Müffling. On était trop loin de Montmirail pour y arriver encore à temps. On connaissait trop incomplètement les forces qu'on avait devant soi pour être sûr du succès et, de plus, il y avait tout lieu de croire que Sacken et York seraient assez forts pour tenir tête aux Français.

On rejeta de même le projet de marche sur Epernay parce que Gneisenau et Müffling n'admettaient en aucune façon que les corps d'York et de Sacken pussent être rejetés sur la rive droite de la Marne.

Aussi Nostitz ajoute : « Nous restâmes donc, pour ainsi dire, spectateurs impassibles d'un combat qui dura jusqu'à la nuit et se termina par la défaite complète de Sacken abandonné à lui-même. »

[1] Major-général à Marmont, 11 février, 8 heures du soir. (*Archives de la guerre.*)

[2] Marmont au major-général. Etoges, 12 février, 2 heures 1/2 matin. (*Archives de la guerre.*)

entendu pendant la journée du 11, puis le 12 au matin ; mais il espérait que Napoléon, satisfait d'avoir remporté quelques succès contre les corps de l'armée de Silésie, se serait retourné aussitôt contre la grande armée et il s'attendait à voir les troupes postées à Étoges imiter son mouvement et se retirer. Un fait assez insignifiant semblait confirmer les suppositions du feld-maréchal. Comme ses avant-postes lui avaient signalé un mouvement exécuté d'Étoges sur Montmirail par quelques troupes françaises, on fit partir de Bergères le major von Watzdorf, aide de camp de Kleist, avec 50 hussards suivis par deux compagnies. Le major avait ordre de voir si l'ennemi faisait un mouvement vers Épernay, d'occuper, si faire se pouvait, Montmort et de s'assurer si l'ennemi ne cherchait pas, en se prolongeant sur sa gauche par les bois de Vertus, à déborder la position du feld-maréchal. Mais la reconnaissance donna à Loisy-en-Brie contre les avant-postes français dont la chaîne s'étendait jusqu'à Chaltrait-aux-Bois. Sachant désormais que les Français surveillaient la route d'Épernay, Watzdorf se borna à envoyer quelques coureurs à Avize et à Épernay, afin de se procurer des nouvelles et de communiquer avec les corps volants de Colomb et de Lützow qui devaient avoir poussé jusqu'à Épernay. Une autre reconnaissance faite par le comte Nostitz avec un régiment de cavalerie de landwehr de Silésie sur toute la ligne des avant-postes français avait, cependant, permis à Blücher de constater qu'il n'avait devant lui que le petit corps de Marmont[1].

N'ayant avec lui que trois faibles régiments de cavalerie, Blücher, dévoré d'inquiétude, dut se résigner à une immobilité, à une inaction dont il ne pouvait plus sortir qu'en connaissance de cause, dès qu'il aurait reçu des nouvelles positives de ses lieutenants, dès qu'il aurait été informé du résultat de leurs opérations et de la direction qu'ils avaient fait prendre à leurs corps.

---

[1] *Kriegsgeschichtliche Einzelschriften*, Heft, V, 1889 : *Tagebuch des Generals der Kavallerie Grafen von Nostitz*.
Nostitz raconte qu'un parlementaire français, chargé personnellement de remettre à Blücher en personne les décorations appartenant au feld-maréchal et prises par les Français à Étoges, se présenta aux avant-postes. Se conformant aux ordres formels du feld-maréchal, qui avait défendu de laisser parvenir jusqu'à lui des parlementaires, Nostitz renvoya l'officier français, qui refusa de lui confier les objets dont il était porteur. Nostitz ajoute que le maréchal Marmont n'avait saisi ce prétexte que pour savoir d'une façon précise où se trouvait Blücher.

Combat des Caquerets et de Château-Thierry. — Le 12 au matin, le corps Sacken continua sa retraite sur Château-Thierry. Les 1re et 7e brigades prussiennes, formées sur deux lignes par bataillons en masse, à distance de déploiement, à droite et à gauche de la route, à hauteur des Noues, couvertes en avant de leur front par leurs tirailleurs et flanquées par leur cavalerie, étaient chargées de couvrir le mouvement. Elles étaient soutenues par la cavalerie de réserve en bataille à peu de distance derrière elles. Une brigade d'infanterie russe et la cavalerie de Sacken ne tardèrent pas à prendre position à quelque distance de la cavalerie du général von Jürgass.

Dès la pointe du jour, les avant-postes français avaient recommencé à pousser Katzler, qui se replia lentement et, dépassant Viffort, vint se former sur la hauteur des Caquerets, tandis que ses tirailleurs tenaient encore Viffort.

A 9 heures du matin, l'armée française avait repris son mouvement sur deux colonnes : l'une, conduite par Mortier (divisions Colbert et Christiani), marchait par Fontenelle sur Château-Thierry, suivant la colonne du général von Katzler ; l'autre, sous les ordres de l'Empereur en personne, s'avança d'abord par la route de La Ferté, pour se rabattre sur sa droite, entre La Haute-Épine et Viels-Maisons, par Rozoy sur Montfaucon et Essises. La division Ricard, très réduite par les pertes éprouvées à Marchais, avait été laissée à Montmirail ; le général Friant et la cavalerie de Saint-Germain, qui venait de rejoindre, restèrent à Viels-Maisons.

Katzler tenait toujours bon sur sa position des Caquerets, contenant les tirailleurs de la colonne de Mortier qui, d'ailleurs, ne cherchaient pas à gagner du terrain en avant. Il semblait donc évident que les Français voulaient amuser leur adversaire et l'occuper sur son front pour le déborder sur ses ailes. Aussi, dès que le général prussien aperçut les colonnes françaises, il se replia en arrière des hauteurs occupées par la brigade de Horn et de là, sur l'ordre d'York, sur Château-Thierry et la rive droite de la Marne.

On pouvait encore, à ce moment, éviter un combat dont l'issue n'était pas douteuse. L'infanterie française commençait seulement à se déployer et la cavalerie n'avait pas encore prononcé son mouvement contre les flancs. C'était là ce qu'York voulait faire ; mais, bien que Sacken eût reconnu comme lui la nécessité de repasser vivement sur la rive droite, il ne put se résigner à sacrifier les bagages et les convois, et décida, en fin de compte York à tenir sur le plateau. Le gros du corps russe devait aller à Château-Thierry relever la brigade du prince Guillaume, pour lui permettre de prendre position sur les hauteurs de la route de Soissons et de servir de soutien aux brigades prussiennes lors de la retraite finale ; la cavalerie russe était chargée de couvrir le flanc gauche du Ier corps.

Mais, pendant ce temps, les deux colonnes, que les Français avaient dirigées contre les ailes du Ier corps, avaient gagné du terrain ; leurs tirailleurs avaient trouvé le moyen de s'avancer à couvert, facilitant ainsi le déploiement et les progrès du gros et avaient obligé York à ramener ses deux brigades sur une deuxième position en arrière du ravin et de la ferme de la Trinité, dont les bâtiments, fortement occupés par son infanterie, servaient de point d'appui à sa gauche ; sa droite s'appuyait à un petit bois. La cavalerie prussienne de Jürgass, tenue en arrière de l'infanterie, était déployée sur la droite en avant de Nesles ; la cavalerie russe, soutenue par quelques bataillons de chasseurs, s'était formée à peu près à même hauteur, à la gauche vers la ferme de Petit-Balloy.

Les brigades prussiennes venaient de prendre position, lorsqu'on vit apparaître, sur la gauche, une grosse masse de cavalerie française (les divisions Colbert, de France, La Ferrière, Lefebvre-Desnoëttes, conduites par le maréchal Ney), manœuvrant pour déborder la position et couper aux troupes postées sur le plateau la route de Château-Thierry en passant derrière la ferme de Grand-Balloy. « J'avais remarqué ce mouvement, dit le général von Jürgass [1], dirigé de ce côté la cavalerie de la landwehr et fait faire *pelotons à gauche* à la brigade de dragons, lorsque je reçus l'ordre formel de rester en place, parce que notre gauche se trouvait suffisamment protégée par la cavalerie russe. L'ennemi tenait déjà les hauteurs en face de nous, écrasant de ses feux les troupes en retraite du général von Horn. Je venais de me mettre en mouvement pour retourner sur mon an-

---

[1] Rapport du général von Jürgass en date du 17 février sur les combats de Montmirail et de Château-Thierry.

cienne position, lorsque le major von Brandenbourg m'apporta l'ordre de me porter sans retard à l'aile gauche de plus en plus menacée par la cavalerie ennemie. »

La cavalerie russe, à l'exception du régiment de dragons de Smolensk, s'était en effet repliée, dégarnissant l'aile gauche qui n'avait plus pour couverture que la cavalerie attachée à la brigade Horn, le régiment de hussards de Brandebourg, du lieutenant-colonel von Sohr. Avant que les dragons prussiens eussent eu le temps de se déployer, le 10e hussards, qui précédait la cavalerie française, s'était jeté sur la cavalerie de landwehr et était sur le point de la culbuter, lorsque l'intervention opportune des hussards de Brandebourg l'obligea à se replier sur la masse de la cavalerie française qui s'avançait maintenant au trot, les dragons de la garde en première ligne, les cuirassiers et les grenadiers à cheval en deuxième.

Bien que les dragons de Lithuanie eussent un moment réussi à entamer la première ligne française, toute la cavalerie prussienne n'en fut pas moins contrainte à se retirer sur la cavalerie russe. Mais cette cavalerie, qui avait repris position, fit demi-tour et, quittant le plateau sans combattre, elle descendit dans la vallée. La cavalerie française, après avoir malmené les dragons de Smolensk et repoussé une nouvelle charge générale de toute la cavalerie prussienne, était maîtresse du plateau qui domine la vallée de la Marne[1], et du haut duquel elle apercevait à ses pieds, entassés dans la vallée et se pressant vers la ville, les débris en désordre des deux corps de Sacken et d'York. Abandonnés par la cavalerie, débordés sur leur gauche, poussés sur leur front par l'infanterie française, menacés sur leur droite par les escadrons français venant de Nogentel, n'ayant pour appui que le seul régiment de hussards de Brandebourg dont le chef avait refusé de se séparer de la brigade à laquelle il était attaché, les restes des deux brigades prussiennes paraissaient perdus. Les bonnes dispositions de Horn et le dévouement de Sohr[2] allaient cependant permettre à

---

[1] Rapport du général von Jürgass en date du 17 février sur les combats de Montmirail et de Château-Thierry.

[2] La biographie du général-lieutenant von Sohr nous fournit, au sujet des épisodes qui marquèrent les derniers moments de la retraite sur Château-

la gauche de cette troupe de gagner Château-Thierry malgré les charges incessantes de la cavalerie française. Les troupes prussiennes de l'aile droite et le général Heidenreich, avec les régi-

---

Thierry, des détails qu'il nous paraît curieux de mettre sous les yeux du lecteur.

« L'arrière-garde de Katzler, dit Beitzke dans sa *Vie du général-lieutenant von Sohr*, la brigade Horn et la cavalerie de réserve, étaient chargées de couvrir le passage du reste de l'armée. L'arrière-garde de Katzler avait été postée à cet effet sur les hauteurs de Montfaucon ; derrière elle la brigade Horn avait pris position avec sa cavalerie sur sa gauche. La cavalerie de réserve et la brigade von Steinmetz (a), plus rapprochées de Château-Thierry, étaient, elles aussi, encore sur la rive gauche de la Marne.

« Les troupes avancées de Katzler ne tardèrent pas à être rejetées ; la brigade Horn, attaquée et débordée sur sa droite, courait le risque d'être coupée du pont. Il ne restait plus qu'à se retirer vivement, et, comme il s'agissait de traverser un terrain argileux, lourd et détrempé, la retraite s'effectua en désordre.

« A ce moment, on ordonna à Sohr de se porter en avant avec son régiment ; il devait couvrir la gauche et essayer de gagner du terrain en avant. On vit bientôt que presque toute la cavalerie ennemie se portait de ce côté. On fit donc avancer la cavalerie de réserve qui vint, sans se montrer, se former derrière les hussards de Sohr. Enfin, la cavalerie russe prit position en deuxième ligne derrière la cavalerie de réserve. Sohr était à ce moment, et rien que pour cette affaire, sous les ordres du commandant de la cavalerie de réserve, le général von Jürgass. Une grosse colonne de cavalerie ennemie s'avançait contre lui ; mais forcée de défiler entre les différents bâtiments d'une ferme (b), cette cavalerie avait dû rester en colonne et ne pouvait se déployer qu'après avoir passé ce défilé. Sohr rendit compte de ce fait et demanda l'autorisation de charger. On le lui défendit et on lui prescrivit de se borner à surveiller ses mouvements. Lorsque cette cavalerie se fut déployée en masse sur deux lignes, la cavalerie alliée se porta au devant d'elle en emmenant avec elle le régiment de Sohr et suivie en deuxième ligne par la cavalerie russe. La cavalerie française continua de son côté à s'avancer. Le régiment de hussards de Brandebourg vint donner contre le 10ᵉ hussards, le rompit et le rejeta sur la deuxième ligne. Pendant cette charge, un hussard français s'acharna contre Sohr et l'avait déjà gratifié de plusieurs coups de sabre amortis par la fourrure de son dolman, lorsque le capitaine von Schulz et le lieutenant comte d'Arnim vinrent à son secours et le dégagèrent en sabrant le hussard. Le 1ᵉʳ régiment de dragons de la Prusse occidentale qui chargeait à droite de Sohr, n'avait pas été aussi heureux et avait été bousculé par la cavalerie française. Sa retraite avait découvert la droite de Sohr qui dut se retirer. Plusieurs autres régiments furent également forcés de se replier. La cavalerie russe qui formait la deuxième ligne, au lieu de continuer sa marche en avant et de recueillir les escadrons prussiens, fit demi-tour et le tout se replia en assez grand désordre. Mais l'état du chemin empêcha l'ennemi, dont les gros chevaux ne pouvaient se tirer du terrain défoncé, de pousser à fond la poursuite. La cavalerie ennemie avait, d'ailleurs, suivi sans prendre le temps de reformer ses escadrons. Arrivée sur

---

(a) Steinmetz avait remplacé le général von Pirch, blessé la veille.
(b) Il s'agit ici de la ferme de Pétré et de celle de Grand-Balloy.

ments de Tamboff et de Kostroma, devaient être moins heureux. Tournés par les escadrons de service conduits par Belliard, découverts par leurs tirailleurs qui avaient cherché un abri dans les broussailles et les taillis, les carrés furent enfoncés, sabrés et tournés. Les bataillons qu'York avait fait sortir de Château-Thierry furent obligés de se replier devant l'infanterie française, et le général Heidenreich, jugeant toute résistance désormais inutile, fut contraint de mettre bas les armes avec le peu de monde qui lui restait.

Les débris des corps d'York et de Sacken étaient rejetés dans Château-Thierry et l'arrière-garde avait été suivie si vivement, du côté de Nogentel par la cavalerie, du côté d'Etampes par l'infanterie dont les tirailleurs garnissaient les maisons et la rive gauche, que, pour assurer la rupture des ponts et pour empêcher les Français d'éteindre l'incendie allumé au dernier moment sur l'arche sommairement réparée du pont de pierre, la batterie de 12 qu'on avait établie sur les hauteurs de la rive droite dut ouvrir le feu et continuer à tirer pendant que les troupes du

---

les hauteurs couvertes de vignes des bords de la Marne, elle y rencontra des ravins et d'autres obstacles qui l'obligèrent à s'arrêter.

« Sohr en profita pour rallier vivement son régiment et le déployer ensuite dans la vallée. Il parvint de la sorte à observer les mouvements et remarqua ainsi que des troupes prussiennes cherchaient sur sa droite à atteindre Château-Thierry. Décidé à sauver cette infanterie, il lui envoya un demi-escadron afin de se rendre un compte exact de la situation. Mais ce demi-escadron dut presque aussitôt reculer devant l'ennemi qui avait repris sa marche en avant. Sohr rejoignant à ce moment son demi-escadron, vit que le bataillon de fusiliers du régiment du corps, dernière troupe prussienne restant encore sur la rive gauche, harassée et à bout de forces, cherchait à atteindre la ville. Se portant au galop vers ce bataillon, il remonte le moral des hommes auxquels il promet de ne pas les abandonner, parvient à les arrêter et à leur faire former le carré. Puis, comme les cuirassiers français sont obligés de rompre en colonne pour traverser un chemin creux, il les charge, avant qu'ils aient eu le temps de se déployer à nouveau. Obligé de céder devant le nombre, il se replie sur les fusiliers qui, ayant repris courage, se retirent en bon ordre sous la protection de ses hussards. La cavalerie française n'avait cependant pas renoncé à la poursuite et essaya plusieurs fois encore de rompre le carré. Mais à chacune de ses attaques, le bataillon s'arrêtait, recevait la charge par des feux de salve, et aussitôt après l'exécution de ces feux, Sohr chargeait à nouveau, pendant que le bataillon continuait sa retraite. La cavalerie française renouvela infructueusement ses tentatives à quatre reprises. C'est ainsi que le bataillon atteignit, enfin, la grande allée de châtaigniers menant à Château-Thierry. La cavalerie française renonça alors à ses attaques et Sohr, n'ayant plus rien à faire de ce côté, traversa rapidement Château-Thierry pour repasser le dernier de tous sur la rive droite de la Marne. »

Ier corps poursuivaient rapidement leur retraite dans la direction de Soissons.

Les Prussiens avaient perdu, dans les affaires du 12, 22 officiers, 1229 hommes, 6 canons et une partie de leurs bagages; les Russes, 1500 hommes, 3 canons et la presque totalité de leurs équipages. La journée n'avait guère coûté aux Français que 500 à 600 hommes. Rien ne leur aurait échappé si, comme l'Empereur l'avait espéré et comme il l'avait ordonné, Macdonald avait pu déboucher en temps utile sur Château-Thierry, pendant que la cavalerie française culbutait les Russes et les Prussiens sur le plateau de Nesles.

Retraite d'York et de Sacken sur Soissons. — York[1] ne s'arrêta pas longtemps sur les hauteurs de la rive droite de la Marne. S'attendant à être poursuivi par l'Empereur, il avait immédiatement fait filer le prince Guillaume de Prusse[2] qui arriva à minuit à Oulchy-le-Château avec la 8e brigade et la réserve d'artillerie, suivi à quelques heures d'intervalle par les corps d'York et de Sacken. Une partie du 2e régiment de hussards du corps était encore à Montreuil-aux-Lions, surveillant La Ferté-sous-Jouarre; le reste de ce régiment flanquait la marche et s'établit le soir à Vaux-sous-Coulombs, ayant des vedettes à Crouy-sur-Ourcq. Les cosaques de Karpoff restèrent seuls à proximité de la rive droite de la Marne, à Château-Thierry, tandis que les éclaireurs de la cavalerie française poussèrent jusqu'à Dormans.

---

[1] Avant d'évacuer Château-Thierry, les Alliés, et surtout les Prussiens, se livrèrent au pillage le plus effréné et à des actes de barbarie inouïs.
Voir FLEURY, *L'Invasion dans les pays du nord-est*, pages 101 à 107, et le *Procès-verbal du conseil municipal de Paris, séance du 26 février 1814, Procès-verbal de réception de la députation du conseil municipal de Château-Thierry*.

[2] Le prince Guillaume de Prusse se distingua tout particulièrement dans le sac de Château-Thierry. « Il faisait faire un dîner chez moi, écrit le maître de poste, M. Soulière, à M. de La Valette, lorsqu'il fut obligé de battre en retraite. N'ayant pu dîner à la maison, il a emporté tout ce qu'on a pu lui fournir. Il a emmené un de mes anciens postillons, nommé Lejeune, pour lui montrer le chemin de Reims par la traverse. Mon épouse l'a prié de ne pas emmener ce postillon qui n'était pas en état de le suivre : *il lui a répondu que, sur sa parole d'honneur, il ne l'emmènerait qu'une demi-lieue au plus et qu'il le renverrait*. Les barbares l'ont assassiné auprès de Bézu-Saint-Germain. » (FLEURY, page 108.)

Fleury démontre également par des faits que ni les soldats français, ni les habitants de Château-Thierry n'ont exercé de représailles contre les malades et blessés russes et prussiens.

13 février 1814. — York et Sacken continuent leur retraite. — York et Sacken avaient continué leur retraite presque sans s'arrêter.

Le prince Guillaume de Prusse apprit à Oulchy-le-Château, qu'un chemin de traverse, praticable même pour l'artillerie, menait par Mareuil-en-Dôle à Fismes, où il rejoignait la grande route de Mézières à Reims, raccourcissant considérablement la marche à exécuter, d'abord sur Soissons et de là sur Reims. Il en informa aussitôt York et se dirigea sur Mareuil dès qu'il eût reçu l'autorisation demandée. York suivit la même route, et passant par Cramaille et Saponay, Mareuil et le Mont-Saint-Martin, il établit, le 13 au soir, son quartier général à Fismes. Le général von Jürgass, avec ses deux régiments de dragons et quelques bataillons de la brigade du prince Guillaume de Prusse, couvrit sa gauche vers Soissons, poussa jusqu'à Hartennes et rejoignit le soir le gros du corps en s'établissant à Villesavoye. Quelques partis de cavalerie furent envoyés à droite dans la direction d'Épernay.

Le corps de Sacken, après avoir suivi l'une des colonnes d'York jusqu'à Saponay, atteignit Fère-en-Tardenois, où il fut rallié par les cosaques de Karpoff. Ces cavaliers avaient abandonné la rive droite de la Marne à 3 heures de l'après-midi, dès que les troupes françaises eurent réussi à passer la rivière, et ils avaient annoncé à Sacken qu'on avait entendu le canon dans la direction de Montmirail.

Chacun de ces mouvements avait été signalé à l'Empereur[1]. Le prestige attaché à sa seule personne, l'ascendant que sa présence exerçait sur les masses étaient tels que la population de Château-Thierry, oubliant les violences dont elle venait d'être la victime, le reçut en libérateur, se pressa autour de lui et l'ac-

---

[1] Un habitant de Château-Thierry, pris pour guide par Sacken, était revenu en disant que les Russes avaient pris à droite d'Oulchy, se dirigeant sur Reims par Cramaille et Fismes; que le corps russe, marchant dans le plus grand désordre, avait abandonné en route un grand nombre de caissons de munitions; l'artillerie se composait de 18 pièces; on avait dû laisser en chemin un canon dont l'affût s'était brisé, et le général commandant ce corps, répétait que s'il ne pouvait atteindre Châlons, il se brûlerait la cervelle plutôt que de tomber entre les mains des Français. (*Archives de la guerre.*)

Ces renseignements devaient être confirmés un peu plus tard par le maréchal Mortier.

clama. Chacun travailla au rétablissement du pont et, grâce à des barques amenées par les habitants sous le feu même des dernières troupes alliées, on parvint, après avoir tiraillé toute la nuit et toute la matinée, à faire passer quelques compagnies qui balayèrent la rive droite et rejetèrent Karpoff sur l'extrême arrière-garde russe établie aux Chesneaux.

Le maréchal Mortier suit les corps en retraite. — Malgré le zèle des habitants, malgré leur concours dévoué et l'activité fébrile déployée par les soldats, le pont ne fut rétabli que dans l'après-midi.

Le maréchal Mortier, n'ayant pu passer le pont avec la cavalerie des généraux de France et Colbert et la division Christiani qu'à 4 heures, s'arrêta le soir à Rocourt, à six kilomètres d'Oulchy-le-Château [1].

Ordres de l'Empereur. — Le 13 au matin, l'Empereur ignorant encore les mouvements de la grande armée de Bohême, croyant que Nogent tenait toujours et que Blücher s'était retiré sur Épernay ou sur Châlons, avait ordonné, dès 10 heures, au général Ricard de se mettre en marche pour rejoindre le maréchal Marmont. Le maréchal Macdonald devait réunir en un seul, sous le titre de 11e corps, les troupes des 5e et 11e corps, et se tenir prêt à marcher avec ce corps, renforcé de la division de gardes nationales réunie à Meaux [2].

A 2 heures de l'après-midi, l'Empereur reçut des nouvelles de la Seine et de l'Yonne. Le mouvement de la grande armée alliée l'obligea à renoncer à ses premiers projets. S'occupant de tout à la fois, envoyant des ordres à Soissons, à Montereau et à Paris, il prescrivit à Macdonald de se porter sur Montereau, où il voulait réunir, le 15, une armée de 27,000 hommes et de 10,000 chevaux [3]; à Saint-Germain, de se diriger par Coulommiers sur Nangis; au duc de Trévise, de poursuivre l'ennemi et d'appeler les

---

[1] Maréchal Mortier au major-général. (*Archives de la guerre.*)

[2] Major-général au général Ricard et au maréchal Macdonald, 13 février, 10 heures du matin. (*Archives de la guerre.*)

[3] *Correspondance*, n° 21243.

populations aux armes. La garde seule resta encore en place. Mais de graves événements devaient empêcher l'Empereur de se porter de sa personne, dès le 13, au secours des maréchaux Victor et Oudinot, comme il le projetait.

Affaire d'Étoges. — Marmont à Fromentières. — Le 13 au matin, une dépêche de Marmont (partie d'Étoges à 4 heures du matin) avait fait connaître les raisons pour lesquelles le duc de Raguse, n'ayant avec lui que 2,500 hommes et 1800 chevaux, manquant de munitions pour son infanterie, s'était décidé à rester à Étoges et avait cru téméraire de se jeter avec une poignée d'hommes sur les forces très supérieures de son adversaire dont la concentration à Bergères lui avait été signalée par ses avant-postes.

L'immobilité du maréchal avait de plus en plus fait croire à Blücher que le manque de cavalerie mettait dans l'impossibilité de se renseigner, que le duc de Raguse avait reçu pour mission de masquer la marche de l'Empereur sur Sézanne et son mouvement vers la Seine. Les nouvelles qu'il reçut d'York et qui l'informèrent des événements de Montmirail et de la résolution prise par les deux généraux de se retirer sur Château-Thierry, le confirmèrent encore dans ses suppositions et dans sa résolution d'attaquer Marmont, résolution qu'il avait prise le 12 au soir. Blücher espérait encore parvenir à tomber sur les derrières de Napoléon en débouchant à Montmirail.

Rejoint vers 7 heures du matin à Bergères par la brigade de cavalerie du colonel comte von Haack (cuirassiers de Silésie et 8e régiment de cavalerie de landwehr de Silésie et 2 batteries à cheval), qu'il destina à former son arrière-garde, il faisait partir à 9 heures l'avant-garde du général von Zieten. Le colonel von Blücher (fils du feld-maréchal) en formait la pointe avec le 1er régiment de hussard de Silésie, les cosaques, un bataillon de fusiliers et 4 pièces. Le gros de cette avant-garde, sous les ordres de Zieten, se composait des cuirassiers de la Prusse orientale, de 160 chevaux du 7e de cavalerie de landwehr, de la 11e brigade d'infanterie et de 4 pièces, en tout 2,000 hommes et 700 chevaux qui avaient pour soutien 3,000 hommes d'infanterie russe. Derrière eux venaient les corps de Kleist et de Kapsewitch, marchant l'un par la grande route, l'autre par Soulières. Les débris du corps

Olsufieff, environ 1800 hommes, sous le général Udom, restèrent provisoirement à Bergères.

Vers midi et demi, Marmont, posté sur le plateau d'Étoges et qui avait étendu sa gauche pour mieux s'éclairer, aperçut les têtes de colonne de Blücher. L'avant-garde du feld-maréchal essaya de déborder la gauche du maréchal et vint donner contre le poste qu'il avait établi à La Charmoye, pendant que la pointe de l'avant-garde prussienne continuait à se porter droit sur Étoges. Dès que le déploiement fut terminé, Marmont, qui avait pu reconnaître la supériorité numérique de son adversaire et qui avait déjà tout préparé pour son mouvement rétrograde, effectua sa retraite en bon ordre, non sans avoir échangé quelques coups de canon avec l'avant-garde. Après quelques engagements insignifiants entre la cavalerie et l'infanterie de son extrême arrière-garde, il se replia d'abord sur Champaubert, puis sur Fromentières. L'arrivée à Vauchamps de la faible division du général Ricard [1] (800 hommes), porta son effectif total à 3,300 hommes. Dès 7 heures du soir, il informait le major-général de ces événements et le prévenait que si, d'après les renseignements qu'il comptait se procurer, le feld-maréchal prenait position avec le gros de ses forces en avant d'Étoges, il irait le 14, de bonne heure, s'établir à Montmirail [2].

Le 13 au soir, pendant que les troupes de Marmont s'étaient établies entre Fromentières et Janvillers avec le général Ricard derrière elles à Vauchamps et que le général Leval annonçait l'arrivée de sa division à Viels-Maisons et demandait des ordres au major-général [3], l'avant-garde de Zieten s'installait au bivouac en avant de Champaubert. Elle envoyait à gauche des partis vers Sézanne pour se relier aux cavaliers de Diebitsch, ayant le détachement du major von Watzdorf à La Chapelle-sous-Orbais pour se couvrir à droite. Les corps de Kleist et de Kapsewitch s'étaient arrêtés en arrière de Champaubert où Blücher transféra le soir son quartier général.

---

[1] Général Ricard au général Curial, Vauchamps, 13 février. (*Archives de la guerre.*)

[2] Marmont au major-général, 13 février, 7 heures du soir. (*Ibid.*)

[3] Général Leval au major-général, Viels-Maisons, 13 février, 6 heures du soir. (*Ibid.*)

14 février 1814. — Marche de l'Empereur sur Montmirail. — Combats de Vauchamps, Champaubert et Étoges. — A 3 heures du matin, l'Empereur reçut à Château-Thierry l'avis de la retraite de Marmont sur Janvillers et de la marche de Blücher[1]. Sans hésiter un seul instant, il met immédiatement en route le maréchal Ney et ordonne à Leval, qu'il croyait encore à Viels-Maisons, à la cavalerie de Saint-Germain, à Friant et à Curial de se porter en avant de Montmirail à la rencontre du duc de Raguse[2]. « J'espère être moi-même à Montmirail avant 7 heures du matin, pouvoir, avant midi, attaquer l'ennemi et lui donner une bonne leçon. Choisissez une bonne position qui couvre Montmirail. Il est convenable que l'ennemi ne se doute et ne s'aperçoive de rien[3]. »

L'Empereur ne laissait à Château-Thierry, pour garder le pont, que 2 pièces, un bataillon de la division Meunier et 150 chevaux du général de France, que le général Letort devait rejoindre dès qu'il aurait été relevé du côté de Dormans.

A la tête des grenadiers, des bataillons de vieille garde encore à Château-Thierry, de la division Meunier et des divisions Guyot et Laferrière, l'Empereur partit une heure plus tard pour Montmirail[4].

A 4 h. 1/2 du matin, les reconnaissances de Marmont poussées jusqu'à Montmort et La Charmoye, lui faisaient savoir qu'aucune troupe prussienne ou russe n'avait marché sur Épernay et que les corps réunis par Blücher venaient tous sur lui. On avait entendu

---

[1] Nostitz raconte dans son *Tagebuch* qu'on amena à Blücher, à Étoges, un Français se faisant passer pour le comte de Ferrières, se donnant pour un partisan des Bourbons, pour un ennemi mortel de Napoléon. Blücher, séduit par les sentiments de haine contre l'Empereur manifestés par cet homme, le retint à sa table, causa en sa présence de la situation politique et militaire, donna des ordres, se fit lire des rapports. « Le soir, le comte de Ferrières disparut, dit Nostitz, et nous ne le revîmes plus jamais. Faute de preuves je ne saurais me prononcer sur son compte. Mais les événements du lendemain, et surtout le fait que l'ennemi connaissait et nos forces et nos dispositions, tout me porte à croire qu'au lieu d'avoir eu affaire à un zélé royaliste, nous nous sommes trouvés en présence d'un espion de l'Empereur. » (*Kriegsgeschichtliche Einzelschriften*, V. 1889 : Tagebuch des Generals der Kavallerie Grafen von Nostitz.)

[2] Major-général à Leval, Saint-Germain, Friant et Curial. (Registres de Berthier, *Archives de la Guerre*.)

[3] *Correspondance*, N° 21247.

[4] L'Empereur croyant Blücher à Châlons ou à Épernay, pensait avoir affaire à Wittgenstein. (Lettre à Joseph, Château-Thierry, 14 février, 3 heures du matin ; *Correspondance*. N° 21253.)

pendant toute la nuit le bruit de l'artillerie qui arrivait. Le maréchal, qui avait remarqué à Lacaure et surtout à Champaubert, des bivouacs considérables dont les feux n'avaient cessé de s'augmenter, donnait à son petit corps l'ordre de se replier sur Montmirail[1].

Deux heures plus tard, l'armée de Blücher reprenait sa marche dans le même ordre que la veille, et l'avant-garde, après avoir occupé Fromentières, déjà évacué par l'arrière-garde du duc de Raguse, rencontrait au delà de ce village quelques piquets de cavalerie qui se replièrent après un semblant de résistance et abandonnèrent à l'avant-garde de Zieten le village de Janvillers. L'infanterie de Marmont continuait sa retraite jusqu'au delà de Vauchamps, tandis que le maréchal, précédant ses troupes, se rendait de sa personne à Montmirail où l'Empereur venait d'arriver avec la tête de la colonne qu'il amenait de Château-Thierry. Désormais, en mesure de soutenir le duc de Raguse, il lui donna, à 8 heures, l'ordre de s'arrêter, de faire volte-face et de reprendre immédiatement l'offensive.

Vers 6 h. 1/2 du matin, le général von Zieten, avec l'avant-garde du IIe corps, avait dépassé Champaubert et suivi lentement les derniers postes français qui abandonnèrent sans combat la ferme des Déserts, située à l'ouest de Champaubert, à peu près à mi-chemin entre ce village et celui de Fromentières. Continuant sa marche, l'avant-garde prussienne traversa Fromentières et vint donner en sortant de ce village contre trois escadrons français qui se replièrent aussitôt sur Vauchamps. L'infanterie prussienne se déploya alors en colonnes d'attaque à l'ouest de Janvillers et au nord de la chaussée de Montmirail et, quelques instants plus tard, l'un des régiments de Zieten enlevait Vauchamps.

Au delà du village, du côté de la forêt de Beaumont, située au sud de la chaussée, on aperçut en première ligne la cavalerie française et en deuxième l'infanterie et l'artillerie de Marmont. Huit escadrons français tentèrent même à ce moment une attaque contre la gauche de Zieten, attaque que la cavalerie de ce général parvint à repousser. Peu après, l'infanterie française commençant à se reporter en avant sur Vauchamps, Zieten envoya un renfort

---

[1] Marmont au major-général, Fromentières, 14 février, 4 heures 1/2 matin. (*Archives de la guerre.*)

de deux bataillons au bataillon établi dans ce village et mit une batterie en position sur une hauteur au sud de la route [1].

Pendant que Marmont s'établissait en arrière de Vauchamps sur une bonne position facile à défendre, couvrait son front par son artillerie et appuyait sa gauche à un bois d'où il pouvait prendre à revers tout ce qui chercherait à déboucher par la grande route, l'Empereur, profitant de sa supériorité en cavalerie, prescrivait à Grouchy, sous les ordres duquel il avait placé les escadrons amenés par Saint-Germain, de passer par L'Échelle-le-Franc, Hautefeuille et Sarrechamps, de déborder la droite de la position prussienne et, une fois le combat engagé, de la prendre à revers.

Blücher n'avait reçu de son avant-garde que des nouvelles assez vagues. A 9 h. 1/2 seulement, ignorant encore ce qui se passait du côté de l'ennemi, il fit partir de Champaubert le gros des deux corps de Kleist et de Sacken. A 11 heures, il était à Fromentières et y recevait les premiers renseignements précis sur les projets des Français. L'avant-garde lui signalait de Vauchamps la présence de troupes d'infanterie française dans la forêt de Beaumont. De Corrobert, le major von Watzdorf lui faisait savoir que la cavalerie française, qui se massait devant lui, paraissait vouloir se porter entre lui et l'avant-garde. Inquiet pour sa gauche, qui n'était pas sérieusement menacée, Blücher la fit immédiatement renforcer par deux régiments de cavalerie tirés de sa réserve (cuirassiers du Brandebourg et 8e de cavalerie de landwehr, de Silésie). Les Français ne laissèrent pas au feld-maréchal le temps de prendre d'autres dispositions.

La cavalerie de l'avant-garde de Zieten, sortant de Vauchamps vers 10 heures, s'était déployée en avant du village occupé par l'infanterie prussienne, dont les tirailleurs garnissaient la lisière d'un bois situé au nord de la route et s'étendant presque parallèlement à cette route entre le village et le pied du plateau tenu par Marmont. Les 3,000 hommes d'infanterie russe, seul soutien de l'avant-garde, avaient été dirigés vers la gauche et avaient pris position derrière les deux régiments de cavalerie. A ce moment, l'artillerie du 6e corps ouvrit le feu contre la cavalerie prussienne

---

[1] Historique du 1er régiment d'infanterie de Silésie, n° 10; Historique du 1er régiment d'infanterie de Haute-Silésie, n° 22, et Rapport du général von Zieten sur les affaires de Vauchamps et de Champaubert.

et contre le village. Sous sa protection, les deux brigades de la division Ricard se portèrent en avant sur deux colonnes dont l'une marcha vers le village en traversant le bois de Beaumont, pendant que l'autre l'attaquait de front. Zieten, qui avait renforcé par deux bataillons les tirailleurs établis dans le bois, à droite de Vauchamps, n'avait plus en réserve, en arrière du village, que trois bataillons 1/2, qui ne tardèrent pas, eux aussi, à être engagés et grâce auxquels il parvint à repousser l'attaque de front dirigée contre le village. Afin de couvrir son extrême droite contre les mouvements de la cavalerie française, il avait envoyé le 7e régiment de cavalerie de landwehr au delà du petit bois et avait posté un escadron de hussards entre ce bois et Vauchamps. Bien qu'étant très en l'air, bien que le gros des troupes fût encore fort loin de lui, il commit la faute de déboucher de Vauchamps pour poursuivre la brigade française dont il venait de repousser l'attaque. Marmont en profita pour se jeter sur les Prussiens avec son infanterie et son escadron d'escorte, pendant que quatre escadrons de service de l'Empereur, conduits par le général Lion, débordaient le village sur la gauche du 6e corps. Un bataillon du 1er régiment de Silésie est mis en complète déroute; un autre coupé du reste des troupes de Zieten et rejeté sur Sarrechamps est contraint à déposer les armes. Le village de Vauchamps est enlevée et les escadrons de service s'emparent d'une batterie à cheval envoyée à la droite de la ligne prussienne pour soutenir le 7e régiment de cavalerie de landwehr, que ces escadrons viennent de culbuter. Mais le colonel von Grolmann, chef d'état-major du IIe corps prussien, rallie en toute hâte ce qui reste du 7e régiment et ramène quelques escadrons de hussards. Le général Zieten ramasse ce qu'il trouve de cavalerie, et ces deux officiers parviennent à reprendre les pièces qu'ils font filer sur Fromentières. Les restes de la 11e brigade, chassée de Vauchamps, essayaient, pendant ce temps, de rejoindre le gros du corps. Pris à revers par la cavalerie française, avant même qu'ils aient eu le temps de se former en carrés, ils sont sabrés et dispersés par deux régiments de cuirassiers français qui ont débouché à droite de Sarrechamps et qui détruisirent presque entièrement le 3e bataillon du 1er régiment de Silésie et deux bataillons du 10e régiment de réserve. Des cinq bataillons de l'avant-garde prussienne, 532 hommes parvinrent seuls à rejoindre le gros du corps à Janvillers.

Pendant que la cavalerie française culbutait l'infanterie prussienne en retraite sur la grande route, les divisions de cavalerie de la garde de Laferrière et de Lefebvre-Desnoëttes s'étaient engagées, à la gauche de l'avant-garde prussienne, contre les cuirassiers de la Prusse orientale et les hussards de Silésie, les avaient rejetés sur l'infanterie et avaient chargé les 7e et 37e régiments de chasseurs russes qui, formant rapidement les carrés, arrêtèrent les progrès de la cavalerie de la garde et se replièrent sans se laisser entamer [1].

A 9 h. 1/2 du matin, Kleist et Kapsewitch marchant, le premier

---

[1] *Beiheft zum Militair-Wochenblatt* : « On apprend alors (un peu avant midi), dit le général von Zieten dans son rapport, que la cavalerie française déborde en force la droite du village de Vauchamps. J'envoyai aussitôt de ce côté un bataillon d'infanterie qui, posté jusque-là en première ligne, prend position dans un bois à peu de distance et à droite de Janvillers. Une batterie s'établit à sa droite. Elle est couverte à droite par le 7e régiment de cavalerie de landwehr, fort de 160 chevaux. A partir de ce moment, il est facile de deviner les intentions de l'ennemi. Il cherche à déborder les deux ailes avec sa cavalerie. Dans d'autres circonstances, je n'aurais pas hésité à retirer mon infanterie de Vauchamps et à lui faire prendre une nouvelle position plus en arrière ; mais j'avais ordre de conserver à tout prix ce village auquel on tenait d'autant plus qu'on comptait déboucher de là sur Montmirail. En présence des attaques de l'infanterie française, il ne me restait rien d'autre à faire qu'à renforcer, par deux autres bataillons, les deux bataillons qui, après avoir commencé à plier, venaient d'être chassés de ce village. En peu de minutes, ils reprennent Vauchamps. Mais à ce moment, la cavalerie française tombe sur mon aile droite, la déborde, culbute le 7e régiment de cavalerie de landwehr et pénètre dans la batterie. Celle-ci se retire par échelons en tirant à mitraille ; mais elle n'en laisse pas moins la moitié de ses pièces entre les mains de l'ennemi. Je rallie à la hâte les débris du 7e de cavalerie de landwehr et chargeant à leur tête, je réussis à sauver le reste de l'artillerie. L'infanterie française en avait profité pour renouveler ses attaques contre Vauchamps que je donnai l'ordre d'évacuer. Les bataillons qui se repliaient, chargés à la sortie du village par la cavalerie française, sont coupés et cernés et malgré les efforts de ma cavalerie, sabrés et faits prisonniers. »

L'auteur de l'Historique du 1er régiment de la Haute-Silésie n° 22, complète encore ces données et nous fournit des détails intéressants sur la charge contre les carrés russes. « La cavalerie française, écrit-il, ralentie dans son élan par le terrain défoncé, ne peut s'avancer qu'au trot. Elle essaie, néanmoins, d'enfoncer les carrés russes. Ceux-ci la laissent arriver jusqu'à 60 mètres environ et l'obligent par leurs feux de salve et par le tir à mitraille de leur artillerie, à renoncer à ses tentatives. » On trouve, enfin, dans l'Historique du 1er régiment de Silésie n° 10, le chiffre exact des pertes de ce régiment pendant la journée du 14. Elles s'élèvent à 9 officiers, 60 sous-officiers et 883 hommes tués ou blessés ; à 25 officiers, 46 sous-officiers et 758 hommes faits prisonniers, soit pour le régiment, une perte totale de 1781 hommes. Les débris de ce régiment et ceux du 10e régiment de réserve formèrent par la suite un seul bataillon.

à droite, le deuxième à gauche de la chaussée, avaient quitté leurs bivouacs de Champaubert. A midi, les têtes de colonne, après avoir dépassé Fromentières, avaient entendu distinctement le bruit du combat soutenu par l'avant-garde de Zieten. On avait aussitôt donné l'ordre à la cavalerie du colonel comte Haacke de filer au trot par la chaussée pour renforcer et dégager Zieten ; les 10e et 12e brigades se déployèrent sur la crête des petites collines qui s'élèvent à droite de la chaussée à hauteur de Janvillers et s'abaissent en pente douce vers l'ouest. La 10e brigade se forma sur une seule ligne au nord de la chaussée, la tête de colonne servant de pivot et de base à ce déploiement qui s'opéra tout en continuant à marcher sur Janvillers. Mais, pendant que la 10e brigade exécutait cette marche de flanc, le général von Pirch remarqua que la cavalerie française occupait déjà le village situé sur le flanc droit du front que la brigade devait prendre. Il ordonna aussitôt à un bataillon de nettoyer le village. Chacun des autres bataillons exécuta une conversion à gauche dès que le dernier bataillon eût quitté la chaussée, et la brigade fut alors déployée sur le plateau s'abaissant vers Vauchamps, sa gauche en avant de La Boularderie, sa droite à un petit bois. La 12e brigade se déploya en arrière de Janvillers, où elle avait envoyé deux bataillons, étendant sa droite jusqu'au petit hameau des Bièvres. Deux batteries russes, attachées à ces brigades, ouvrirent le feu contre la cavalerie française. Mais leur tir, commencé de trop loin, ne produisit aucun effet, et le prince Auguste de Prusse eut, comme il le dit dans son rapport, la plus grande peine à faire cesser ce gaspillage inutile de munitions. Les Russes de Kapsewitch s'étaient déployés au sud de la chaussée. Appuyant sa gauche au bois des Roises, la cavalerie essaya en vain de couvrir l'aile droite du côté de Sarrechamps.

A ce moment, toute l'armée française accentuait son mouvement en avant. Les deux divisions du 6e corps, en colonne par régiment, s'avançaient des deux côtés de la route ; derrière elles et dans la même formation venaient la jeune et la vieille gardes, suivies par la division Leval. A gauche, Grouchy est sur le point d'achever son mouvement tournant ; à droite, Nansouty a déjà déployé la cavalerie de la garde.

A 2 heures, les débris de la 11e brigade avaient enfin atteint Janvillers, suivis de près par les tirailleurs français. L'artillerie française prend position. Grouchy, au lieu de perdre son temps dans des engagements particls, avait continué sa marche, traversé près de Bièvres le rû de la Fontaine Noire et marché sur La Chapelle-sur-Orbais. Les escadrons de Haacke, côtoyant son mouvement sur l'autre rive du rû, se dirigent sur Champaubert.

Informé de la défaite de Sacken et d'York et de leur retraite sur la rive droite de la Marne, ayant au plus 2,000 chevaux à opposer aux 7,000 cavaliers français, Blücher n'osa pas accepter la lutte sur une position comme celle de Janvillers. Craignant d'être complètement débordé, il donna un peu après 2 heures l'ordre de battre en retraite. Son infanterie, formée en carrés par bataillon, dut marcher des deux côtés de la route exclusivement réservée à l'artillerie et aux équipages. Quelques batteries seulement furent chargées de soutenir les carrés ; le reste de l'artillerie fila au plus vite sur Étoges. Les bataillons de tirailleurs eurent ordre de suivre l'artillerie et d'aller garnir la lisière du bois de La Grande-Laye.

Mais on avait déjà commis deux fautes qui eussent coûté cher au feld-maréchal si l'artillerie à cheval avait pu suivre la cavalerie française. Blücher avait perdu une grande demi-heure en préparatifs superflus, en formations inutiles et, ce qui était plus grave encore, il avait négligé de faire occuper et les villages situés plus en arrière et la lisière des bois voisins de la route par laquelle il allait chercher à se replier.

L'armée de Blücher, obligée de traverser une vaste zone de terrain découvert pour atteindre Champaubert, commença son mouvement rétrograde qui s'exécuta tout d'abord en bon ordre. L'infanterie française se borna à la suivre sans trop la presser, afin de donner à Grouchy le temps de la prendre à revers. Mais le sol profond et marécageux des bords du ruisseau de la Fontaine Noire ralentissait la marche de cette cavalerie, et les Alliés auraient peut-être réussi à la devancer s'ils avaient continué leur marche sans s'arrêter et d'un bon pas.

Un peu après 3 heures, au moment où l'Empereur, maître du champ de bataille, donnait l'ordre à Grouchy de prévenir les troupes de Blücher à Champaubert, la cavalerie prussienne quitta La Cense-du-Rud. Se portant au trot sur La Grange-de-Vaux, au nord de Champaubert, elle se tint à la droite des flanqueurs de Grouchy avec lesquels elle ne cessa de tirailler. A 4 heures, Grouchy était arrivé à hauteur et au sud du Mesnil ; avant de prendre de là sa direction vers la chaussée qui mène de Champaubert à Étoges, il faisait une halte d'une demi-heure pour donner à la queue de sa colonne le temps de serrer sur la tête.

Malgré le tir bien réglé de l'artillerie française, cette première partie de la retraite s'était effectuée en assez bon ordre ; ce fut seulement aux abords de Champaubert qu'une grosse colonne de cavalerie française menaça un moment la droite du IIe corps prussien [1]. Deux bataillons de la 12e brigade, détachés au nord de la route sur l'ordre du général von Kleist, suffirent cependant pour couvrir la marche de la colonne prussienne jusqu'à Champaubert. Là, Blücher trouva un billet de Diebitsch, lui annonçant qu'arrivé à Sézanne il comptait se porter, avec la cavalerie légère de la garde russe, sur Montmirail. Zieten était resté jusque-là à l'extrême arrière-garde avec les troupes russes qui, entrées en ligne au plus fort de l'affaire de Vauchamps, avaient essayé de dégager sa brigade. Ces troupes avaient eu à soutenir, pendant cette marche rétrograde, plusieurs charges de la cavalerie de la garde, appuyée par l'artillerie de la garde [2].

Il semble qu'il eût été encore possible à Blücher d'atteindre, sans trop de peine, les bois en avant d'Étoges et de faire échouer le mouvement enveloppant de Grouchy. Mais le corps russe de Kapsewitch, qui formait la gauche, n'avait pu marcher aussi vite que la droite et avait dû, à cause des attaques incessantes de la cavalerie de la garde, exécuter sa retraite par échelons. Le colonel von Grolmann n'avait pas perdu un seul instant de vue le mouvement de Grouchy. Il s'était constamment tenu à l'extrême droite avec la cavalerie de Haacke et n'avait pas manqué d'appeler l'attention de Blücher, qui marchait avec Kapsewitch, sur le danger que cette cavalerie pouvait lui faire courir. Il avait même, sur l'ordre de Kleist, fait accélérer au IIe corps sa marche sur les bois d'Étoges. Mais la fière attitude des troupes russes, l'ordre parfait avec lequel elles marchaient par bataillons en colonne serrée, se reformant après chaque charge, comblant, en serrant les rangs, les vides produits par l'artillerie française qui les mi-

---

[1] Rapport du prince Auguste de Prusse.

[2] Le général von Zieten dit à ce propos, dans son Journal d'opérations : « La cavalerie française chargea et entoura cinq fois les carrés russes sans parvenir à les entamer. Les bataillons russes ont fait preuve, pendant cette retraite, d'une incomparable solidité et d'un admirable sang-froid. »

trailla pendant deux heures, avaient produit une telle impression sur Blücher qu'il prescrivit à Kleist d'abord de ralentir, puis, peu après, d'arrêter son mouvement et d'attendre à Champaubert l'arrivée du corps de Kapsewitch. Il ne restait plus alors que deux kilomètres à peine à franchir en terrain découvert pour atteindre la lisière des bois de la Grande-Laye, qu'on croyait occupés par les tirailleurs du général Udom. La situation de l'armée de Blücher n'en était pas moins extrêmement grave. La cavalerie de Grouchy venait de se déployer sur quatre lignes. La première de ces lignes formée par la cavalerie légère, la droite à la route de Champaubert à Épernay, la gauche à hauteur du bois, s'avançait déjà au petit trot contre les cavaliers de Haacke, pendant que les cuirassiers, prolongeant la ligne de la cavalerie française, gagnaient les flancs et les derrières de la colonne. Culbutant la cavalerie de Haake, les cavaliers de Grouchy se précipitent sur l'infanterie, la prennent à revers, enfoncent ses carrés, la mettent en déroute et lui enlèvent quatre pièces. Le général Laferrière, profitant de ce désordre, se jette sur le flanc gauche des carrés et augmente la confusion. Il fallait, désormais, pour gagner Étoges, se frayer le chemin à la baïonnette. Pendant que Blücher et les généraux prussiens et russes se mettent à la tête de ce qu'ils peuvent rallier, font former les carrés et essayent d'atteindre la lisière des bois, Grouchy a remonté vers le Nord et s'est engagé avec sa cavalerie sur cette lisière même. Au moment où la colonne en retraite s'en rapproche, il se précipite de nouveau sur elle, enfonce la plupart des carrés, renverse tout et est sur le point d'enlever Blücher, qui n'a que le temps de se réfugier dans un carré.

Mais Blücher, Gneisenau, Kleist, Kapsewitch et le prince Auguste de Prusse réussissent à arrêter les fuyards, à les reformer, à faire mettre quelques pièces en batterie et se frayent, enfin, un chemin jusqu'aux bois [1].

---

[1] Le prince Auguste de Prusse (fils du prince Auguste-Ferdinand, frère de Frédéric II), rend compte en ces termes de la retraite de Champaubert sur les bois d'Étoges :

« Comme on craignait de voir l'artillerie russe et celle des 10e et 12e brigades s'embourber dans le terrain argileux et défoncé, on la fit battre en retraite par la chaussée d'Étoges, et les brigades restèrent sans artillerie. La cavalerie française se rapprochant de plus en plus, on ordonna aux colonnes de bataillon de serrer vers la chaussée, de façon à pouvoir se soutenir réciproquement. Trois fois de grosses masses de cavalerie française tentèrent de

La nuit était venue et le maréchal Ney, craignant de voir sa cavalerie s'égarer et se perdre dans les bois, fit sonner le ralliement, laissant les débris des deux corps continuer sur Etoges une retraite que la cavalerie seule, arrêtée par les feux de quelques carrés et par le tir à mitraille d'une batterie russe, ne pouvait d'ailleurs plus leur couper.

L'état du terrain avait sauvé Blücher en empêchant le général Couin d'exécuter l'ordre de Grouchy et de suivre la cavalerie française avec ses deux batteries [1].

---

rompre trois des faces des carrés de la 12ᵉ brigade ; mais chaque fois leur charge vint se briser contre les feux exécutés sur mon ordre lorsque les cavaliers arrivaient à 30 pas. Après chacune de ces charges, la brigade reprenait sa marche au pas de course, au son de la musique. Mes soldats, animés du meilleur esprit, chantaient des airs de guerre. Un peu avant d'atteindre la forêt d'Étoges, la cavalerie française réussit par une dernière charge, à déborder l'extrême droite du IIᵉ corps en se glissant entre la forêt et la chaussée et fut sur le point de s'emparer du feld-maréchal Blücher et de son état-major. Me plaçant à la tête du 2ᵉ bataillon du 2ᵉ régiment de la Prusse occidentale et faisant pousser des hurrahs à mes hommes, je me portai au pas de course sans tirer un coup de feu au-devant de cette cavalerie qui n'osa pas pousser plus avant. »

[1] Le général Fabvier, dans son JOURNAL, insiste tout particulièrement sur ce fait et examine les résultats considérables qu'aurait amenés l'entrée en ligne de l'artillerie légère de Grouchy :

« A Vauchamps, en 1814, dans la campagne d'hiver, le maréchal Blücher se trouva surpris et fort malmené par l'armée française. On entama ses troupes de toutes parts, on fit beaucoup de prisonniers. Il avait peu de cavalerie, contre l'habitude des troupes prussiennes, et nous en avions un corps assez considérable. L'infanterie prussienne, déconcertée, se resserrant en masse compacte, chercha, à la faveur de la chute du jour, à effectuer sa retraite par la grande route de Châlons.

« Les généraux prussiens, entre autres le maréchal Blücher, faisaient des efforts extraordinaires pour soutenir, par leur exemple, leurs troupes prêtes à se débander. Pendant ce temps il se fit par la gauche de l'armée française un grand mouvement de cavalerie accompagné d'artillerie à cheval pour gagner les derrières de l'armée prussienne.

« Cette colonne y arriva en effet, mais sans artillerie. Le terrain, trop difficile dans cette saison, l'avait retardée. Il est probable que quelques pièces auraient pu suivre, mais les caissons à la Gribeauval ne purent s'en tirer. Qu'arriva-t-il ? C'est que ce mouvement de cavalerie qui devait causer la ruine de l'ennemi, déjà pourtant entamé et vivement poursuivi, ne produisit aucun effet. La cavalerie française se plaça bien sur les derrières et enveloppant circulairement les troupes prussiennes, leur coupait la retraite. Elle tenta plusieurs charges qui furent infructueuses malgré le désordre de l'infanterie ennemie. Quelques pièces d'artillerie auraient suffi pour entamer ces masses compactes en y faisant des ravages et dans lesquelles la cavalerie eût facilement pénétré. Au lieu de cela l'ennemi parvint à réunir quelques pièces d'ar-

Surprise des Russes à Etoges. — Malgré l'obscurité et l'épuisement des quelques régiments qu'il avait réunis autour de lui à Etoges, Blücher se décida à continuer sa marche jusqu'à Bergères. La 8e division russe (général-major prince Ouroussoff, du corps de Kapsewitch), formant l'arrière-garde, devait seule rester en position à Etoges.

L'Empereur et Ney, avec la jeune et la vieille gardes, retournèrent le soir même à Montmirail. La cavalerie de Grouchy et la division Leval bivouaquèrent à Champaubert. Tout paraissait fini, lorsque Marmont, qu'on avait laissé avec la cavalerie de Doumerc dans ce dernier village, reçut de l'Empereur l'ordre de se remettre en marche à 8 heures du soir, de suivre les traces de l'armée de Silésie et de l'attaquer partout où il la trouverait. De Champaubert à Etoges, la colonne principale de Marmont suivit la grande route. Une petite colonne de deux bataillons s'avança par un chemin latéral et tomba bien avant le gros sur le village d'Etoges, occupé par les Russes d'Ouroussoff. Ceux-ci, croyant le combat terminé, pensant que les Français étaient par trop harassés de fatigue pour rien entreprendre, avaient négligé de se garder. Attaqués à l'improviste [1], au moment où ils allaient au bois, à l'eau et à la paille, surpris par les deux bataillons de Marmont, qu'allait soutenir bientôt le gros de ce corps renforcé d'un régiment de la division Leval et qui avait pénétré, lui aussi, dans Etoges sans tirer un coup de feu, les Russes n'eurent même pas le temps de se former, et, à l'exception de quelques hommes qui parvinrent à s'échapper et à rejoindre les avant-postes prus-

---

tillerie à cheval russes et forçant notre cavalerie à s'arrêter, il put achever sa retraite.

« On conçoit ce qu'auraient pu faire, dans une telle circonstance, quelques pièces d'une artillerie bien mobile, capable de franchir les difficultés du sol. Vingt coups de canon auraient sans doute assuré une victoire complète qui eût peut-être décidé du sort de la guerre. »

[1] Le prince Auguste de Prusse dit, à propos de l'affaire d'Étoges, que les Russes se précipitèrent sur ses bataillons et les rompirent. « La cavalerie et l'infanterie française, ajoute-t-il, pénétrèrent en même temps qu'eux dans nos rangs sans tirer un coup de feu, assommant à coups de crosse, lardant à coups de baïonnette, criblant de coups de sabre mes soldats qu'ils poussèrent ainsi jusqu'à la sortie du village, où je parvins à les rallier. Je continuai ma retraite sans être inquiété, jusqu'à Bergères-les-Vertus. » (Rapport du prince Auguste de Prusse. *Kriegs Archiv.* de Berlin, E. 20, S. 19 et E. 25, S. 78, cité par les *Kriegsgeschichtliche Einzelschriften herausgegeben vom grossen Generalstabe*.)

siens du côté de Bergères, la 8ᵉ division tomba tout entière avec son chef, le général Ouroussoff, entre les mains du duc de Raguse. La surprise d'Etoges avait entièrement réussi. Comme dans toutes les opérations de nuit bien conduites et bien préparées, les troupes assaillantes n'avaient perdu que peu de monde, et les résultats obtenus étaient d'autant plus considérables qu'on avait ainsi repris le contact de Blücher, empêché ses troupes de se reposer et augmenté à la fois ses pertes et le désordre de ses corps.

La journée du 14 avait coûté cher à Blücher. Le IIᵉ corps prussien avait laissé sur le terrain 80 officiers, 3,904 hommes et 7 bouches à feu ; le corps de Kapsewitch, plus de 2,000 hommes et 9 canons. La perte totale des Français ne dépassa pas 600 hommes.

Marche d'York et de Sacken. — Les corps battus d'York et de Sacken avaient continué leur mouvement sur Reims. York avait reformé, sous les ordres du prince Guillaume de Prusse, une nouvelle avant-garde qui, composée de la 8ᵉ brigade et de la cavalerie de Katzler, s'était mise en mouvement à 11 heures, avait traversé la ville de Reims, occupée depuis le 13 au soir par les deux escadrons de landwehr du major von Falkenhausen et 150 cosaques de Tchernitcheff (avant-garde de Winzingerode). Cette avant-garde s'était arrêtée le soir à Villers-aux-Nœuds, sur la route de Reims à Epernay, et avait poussé sa cavalerie jusqu'à Villers-Allerand et Sermiers. Le gros du corps, parti de Fismes à 1 heure, se cantonna le soir à Reims même et aux environs de la ville, où York avait donné l'ordre à ses intendants de tout préparer pour remplacer par des chaussures neuves les bottes usées de ses soldats et faire remettre en état celles qu'il serait possible de réparer. Sacken s'établit à Fismes et à Jonchery, où il installa son quartier général. Son arrière-garde (général Karpoff) avait eu quelques petits engagements avec les troupes françaises qui l'avaient suivie à son départ d'Oulchy-le-Château. Le général russe avait eu, du reste, des nouvelles de l'avant-garde de Winzingerode, qui, venant de Laon, devait arriver devant Soissons le 14 au matin.

Les généraux alliés ignoraient encore que cette place avait capitulé après la mort du général Rusca et que le maréchal Mortier, informé de ce fait au moment où il se préparait à malmener Karpoff, s'était arrêté et, en attendant les ordres de l'Empereur, avait pris position en avant d'Oulchy, à l'embranchement des routes de Villers-Cotterets, de Fismes et de Soissons. Enfin, la présence des Cosaques à Epernay, sur la rive droite de la Marne, à Condé et à Baulne sur la rive gauche, avait inquiété les gardes d'honneur envoyés à Dormans et le général Vincent posté à Château-Thierry. Le pont de bateaux de La Ferté-sous-Jouarre ne pouvait être achevé que le 14 au soir.

Premières manifestations du soulèvement national. — En dehors des conséquences politiques et de l'importance des avantages remportés par Napoléon contre l'armée de Silésie, la défaite de Blücher et de ses lieutenants avait déjà eu des suites immédiates. « Tout le pays, lit-on dans le journal de Schack à la date du 14 février, est en mouvement. On nous amenait aujourd'hui cinq paysans pris les armes à la main : trois d'entre eux ont été délivrés en route ; le général York, à la demande de la municipalité de Reims, a fait grâce de la vie aux deux autres. » Partout, en effet, on fait le vide devant les Alliés. Les cruautés et les violences des Cosaques, et surtout des Prussiens, ont exaspéré les populations ; les victoires de l'Empereur leur ont fait espérer une délivrance prochaine. Manquant d'armes, les paysans ramassent celles qu'ils trouvent sur les champs de bataille et forment de petites bandes, battant les bois, prenant ou massacrant les traînards et les isolés. Ce n'est pas encore la levée en masse, le soulèvement général tel que l'Empereur le comprenait et le désirait, et cependant ces rassemblements accidentels, ces bandes improvisées, peu nombreuses, mal armées, sans chef, opérant au hasard, se réunissant aujourd'hui, se dispersant demain, parviennent, dès les premiers jours de leur apparition, à faire beaucoup de mal aux Alliés, les inquiètent sérieusement et les obligent à avoir recours à une série de mesures jugées inutiles jusque-là.

Ce fut, en effet, quelques jours plus tard (le 18 février) que le prince Biron, contusionné à La Rothière par la chute d'un cheval tué sous lui [1], fut envoyé à Nancy pour y prendre le commande-

---

[1] D'après le Tagebuch du comte Nostitz (*Kriegsgeschichtliche Einzelschriften*) qui rapporte le dire de l'aide de camp même de Biron, le major von Strantz, Biron n'aurait pas été contusionné, mais aurait été obligé de quitter l'armée à la suite d'un violent accès de goutte.

ment d'une colonne mobile formée par les bataillons de remplacement des Ier et IIe corps prussiens, par les convalescents, et qui, forte de 4,270 hommes, 742 chevaux et 12 bouches à feu, devait prévenir les soulèvements en Lorraine et assurer la sécurité des lignes de communication.

Le manque de vivres dont l'armée de Silésie souffrait de plus en plus cruellement devait, d'ailleurs, avoir de graves conséquences et décider tout ce qui était encore valide à courir aux armes. La détresse profonde, dans laquelle ils se trouvaient, obligeait les soldats de Blücher à dépouiller les populations rurales de tout ce qu'elles possédaient, et ces réquisitions forcées, ne pouvant s'exécuter sans violence et sans brutalité, allaient hâter le soulèvement partiel de certaines régions.

15 février 1814. — Départ de Napoléon et retraite de Blücher sur Châlons. — Rappelé sur la Seine par les progrès de Schwarzenberg et par la retraite des maréchaux sur l'Yères, l'Empereur, après avoir chargé Marmont de remplir, du côté de Châlons, une mission analogue à celle qu'il avait confiée à Mortier avant de revenir sur Champaubert, quitta Montmirail le 15, comme nous l'avons dit au chapitre VII. Passant par La Ferté-sous-Jouarre et Meaux avec sa garde, qui exécuta cette nouvelle marche, partie à pied, partie en poste, il arriva encore à temps pour arrêter la grande armée et couvrir Paris où, malgré les victoires remportées contre Blücher, l'inquiétude avait pris des proportions alarmantes.

Bien que Marmont n'eût pas essayé d'inquiéter ses avant-postes dans la matinée du 15, Blücher, ne se croyant pas en sûreté à Bergères et à Vertus, avait continué sa retraite et remis ses troupes en mouvement avant le jour. A 9 heures du matin les restes des deux corps de Kleist et de Kapsewitch, arrivés avec lui à Châlons où le feld-maréchal établit son quartier général, traversèrent la ville et allèrent camper en arrière de la ville, entre les routes de Reims et de Sainte-Menehould. Un bataillon de fusiliers resta seul sur la rive gauche de la Marne, dans le faubourg de Marne. L'arrière-garde (la cavalerie du IIe corps, sous les ordres de Zieten), après avoir surveillé les environs de Bergères et de Vertus pendant une partie de la journée, se replia à son tour. Suivie de loin et pendant peu de temps par quelques escadrons français, elle repassa sur la rive droite de la Marne. Il n'y avait plus en avant de Châlons, sur la rive gauche de la Marne, que les partisans de Lützow à Thibie et le corps volant de Colomb, du côté d'Epernay.

Sur la rive droite, la colonne mobile du major von Falkenhausen (deux bataillons et deux escadrons de landwehr), chargée de nettoyer la forêt entre Epernay et Reims, avait eu pendant la journée du 15 plusieurs rencontres avec des bandes de paysans armés.

Le duc de Raguse avait poussé jusqu'à Vertus sans trouver personne. Par des rapports de paysans il avait eu, dès le matin, connaissance de la présence d'un corps de cavalerie régulière du côté de Sézanne [1]. Aussi, craignant d'être coupé de sa ligne de retraite, il se replia sur Etoges, lorsque les ordres de l'Empereur et les lettres de Grouchy l'eurent informé du départ prochain de la cavalerie et de la division Leval. Passant par Montmort et Orbais, il arriva le 16 à Corrobert. Sûr désormais de pouvoir, s'il y était contraint, effectuer sa retraite soit sur Château-Thierry, soit sur La Ferté-sous-Jouarre, il se borna à inquiéter les troupes de Diebitsch et rentra à Montmirail le 17 au matin.

16 février 1814. — Arrivée d'York et de Sacken à Châlons. — Loin de pouvoir, comme il l'espérait, donner à Reims un peu de repos à ses troupes épuisées, York avait reçu de Blücher l'ordre de continuer sur Châlons, où son corps et celui de Sacken devaient être rendus le 16, à midi au plus tard. Réunissant à Villers-aux-Nœuds son avant-garde, chargée de couvrir sa marche, York, parti à 5 heures de l'après-midi, passa la nuit aux Grandes-Loges, arriva le 16 au matin à Châlons et alla bivouaquer face à la ville, sa gauche à la route de Vitry. Informé de la présence, dans la forêt d'Epernay, de grosses bandes de paysans armés, le général York, avant de recevoir l'ordre de Blücher l'appelant à Châlons, avait détaché sur Epernay une colonne mobile de trois escadrons et de deux bataillons qui, sous les ordres du major von Zastrow, devait, avec les partisans de

---

[1] Nous avons exposé en détail, au chapitre VII, les opérations de Diebitsch contre Montmirail, parce que ce général avait été dirigé sur ce point à la tête de troupes appartenant à la grande armée de Bohême.

Lützow et de Colomb, pacifier le pays et désarmer les paysans[1]. York prescrivit par suite au prince Guillaume de Prusse de concentrer son avant-garde à Champfleury et de se faire rallier par Zastrow. Le 16 au matin, le prince Guillaume de Prusse quittait Champfleury, y laissant encore le général von Katzler, chargé d'y attendre l'arrivée de Zastrow, qui le rejoignit à 6 heures du matin avec sa colonne mobile et les deux escadrons de landwehr du major von Falkenhausen. Zastrow avait été attaqué par la cavalerie française et par les paysans, au moment où il évacuait Epernay, et poursuivi par eux jusqu'à Dizy. Colomb, de son côté, avait été forcé de se retirer sur la rive droite de la Marne et de s'établir à Tours-sur-Marne. Katzler, se rendant à Châlons, quitta à son tour Champfleury avec Zastrow. Il laissait à Champfleury Falkenhausen, chargé de suivre le mouvement de Sacken et de servir d'arrière-garde à ce corps qui, parti à 7 heures du matin de Reims, où il était arrivé la veille à midi, rejoignit le 16 au soir les autres corps de l'armée de Silésie à Châlons.

A peine entré à Châlons, Blücher y avait reçu la réponse de Winzingerode, qui lui annonçait l'arrivée certaine de son avant-garde à Epernay pour le 17, et celle de son gros à Reims pour le 18.

Marche de Mortier sur Soissons et Villers-Cotterets. — Ce mouvement de Winzingerode allait permettre au maréchal Mortier de faire suivre l'arrière-garde de Sacken, au delà de Mareuil-en-Dôle, de pousser ses avant-postes au delà d'Hartennes, de chasser devant lui les partis sortis de Soissons, de constater que les Russes avaient évacué cette place et enfin d'aller s'établir à Villers-Cotterets[2], d'où il comptait se diriger sur Compiègne, conformément aux instructions qu'il avait reçues.

---

[1] « Les habitants des campagnes s'arment et me ramènent bon nombre de prisonniers ; l'esprit du pays est excellent. Je vais convoquer les hommes des communes voisines et organiser ce que je pourrai réunir. Envoyez-moi un peu de cavalerie et d'infanterie pour soutenir ce mouvement et profiter de l'élan général qui se manifeste. La levée d'Épernay défend la ville contre la cavalerie ennemie qui se retire. » — Général Vincent au major-général, Château-Thierry, 15 et 16 février. (*Archives de la guerre*), et Moët au général Vincent. (*Ibid.*)

[2] Mortier au major-général, Villers-Cotterets, 16 février. (*Archives de la guerre.*)

Considérations sur les opérations de Blücher et de l'Empereur. — Moins de six jours avaient donc suffi à l'Empereur pour obliger l'armée de Silésie à renoncer à sa marche sur Paris, pour écraser successivement ses différents corps, pour la rejeter des environs de Meaux sur Châlons et pour faire perdre à Blücher plus du tiers de son effectif, la plus grande partie de son artillerie, ses bagages, ses convois et ses équipages.

Sans revenir pour cela sur la critique de détail des opérations de chacune de ces mémorables journées, il nous paraît indispensable de passer sommairement en revue les principaux événements qui ont fait de cette courte période l'une des plus curieuses et des plus instructives de l'histoire militaire et de chercher, d'une part, à remonter jusqu'aux origines et aux causes des fautes de Blücher, de l'autre, à mettre en lumière la méthode de guerre dont l'application judicieuse et l'exécution énergique, après avoir valu à l'Empereur les succès qui ont marqué le début de sa carrière, venaient de lui assurer une fois encore des avantages aussi considérables que ceux qui ont immortalisé la campagne de 1796.

Jamais, peut-être, depuis cette époque, l'idée de l'Empereur n'a été plus claire et plus nette ; jamais ses manœuvres n'ont été plus logiques, plus hardies, mieux raisonnées. Blücher, au contraire, n'est manifestement pas lui-même. Si le génie lui a toujours fait défaut, il y a suppléé dans presque toute sa carrière, sauf à ce moment, par une volonté de fer, une énergie indomptable, une incomparable activité, une foi aveugle et inébranlable dans le succès final. Presque dès le lendemain de La Rothière, nous l'avons vu commettre la faute qui doit le perdre. Lui, qui se précipite d'ordinaire, tête baissée et sans compter, sur le premier ennemi qui s'offre à ses coups, il hésite. Il veut d'abord rejoindre York, courir sus à Macdonald et l'anéantir. Puis, dès qu'il a connaissance de l'évacuation de Châlons, il renonce à cette idée si conforme à son caractère et à ses qualités et commence aussitôt à disséminer ses corps, bien moins parce qu'il méprise son adversaire et parce que la victoire de La Rothière lui a fait croire à l'anéantissement complet des ressources de l'Empereur, que parce qu'il se débat et continuera à se débattre infructueusement entre deux idées opposées, entre deux solutions qui se contrarient entre elles. Il lui est impossible de renoncer à la poursuite de Macdonald qu'il compte bien prendre et couper. Mais, comme il est décidé à pousser sur Paris, il se croit trop faible pour entreprendre une pareille opération avec les seuls corps de Sacken et d'Olsufieff, déjà éprouvés par les pertes subies à Brienne et à La Rothière, et se décide à attendre les corps de Kleist et de Kapsewitch.

« C'était là, comme le dit Clausewitz, chose impossible à réaliser puisqu'il lui fallait, dans ce cas, s'arrêter et marcher tout à la fois. » Il lui fallait choisir entre ces deux partis : ou bien laisser Macdonald continuer sa retraite à son aise, ou bien courir droit à Château-Thierry avec Sacken, prendre Macdonald entre deux feux et renoncer, ce qui n'était pas sans danger, à la jonction avec Kleist et Kapsewitch, dont il aurait été séparé par une distance de plus de 100 kilomètres. Ne pouvant s'y résigner, il préfère avoir recours à un procédé toujours dangereux et toujours fatal, aux demi-mesures. Non content de laisser continuer Sacken dont il a ralenti la marche, il se détourne encore de la route directe quand il a rallié les corps venant de Châlons et se dirige sur Fère-Champenoise, d'où il est lui impossible de se porter sur Montmirail sans revenir à Bergères. C'est, en réalité, ce mouvement, que Clausewitz lui-même est obligé de condamner, qui consomme sa perte. La confiance de Blücher était si grande que, le 10 février, au moment où l'Empereur écrasait Olsufieff à Champaubert, il écrivait de Vertus à sa femme : « Nous ne sommes plus qu'à 15 milles de Paris. Dans huit jours nous serons certainement sous les murs de la capitale et Napoléon perdra vraisemblablement sa couronne [1]. »

Puis, tout d'un coup, après avoir refusé d'admettre la possibilité d'une marche qui amènera l'armée française sur la gauche de son armée, Blücher passe de la sécurité la plus absolue à la crainte la plus irraisonnée, à la timidité la plus illogique.

C'est à cette marche de Blücher sur Fère-Champenoise que Napoléon doit d'avoir trouvé les corps de première ligne de l'armée de Silésie espacés, échelonnés, sans soutien entre eux, répartis sur une longue ligne, sans lien aucun avec le corps d'York qui marche seul à leur droite. La composition des colonnes est aussi défectueuse que les directions qu'on leur a données et que les positions qu'elles occupent au moment où Napoléon se prépare à crever le

---

[1] Von Colomb, *Blücher in Briefen*.

centre de l'armée de Silésie. Non content de laisser Olsufieff seul et en l'air à Champaubert, Blücher a cru inutile d'attacher quelque cavalerie à son petit corps. Lui-même, bien qu'il sache que Kleist et Kapsewitch ne lui amènent que quelques escadrons, il a fait filer toute sa cavalerie en avant de la colonne de Sacken. C'est là une faute qu'on s'étonne de voir commettre à un officier de cavalerie, à un général qui, jusqu'à son dernier moment, n'a cessé d'être avant tout un grand donneur de coups de sabre.

Son immobilité, pendant les journées du 11 et du 12, cette inaction si contraire à son esprit, d'ordinaire si entreprenant s'expliquent d'autant moins qu'il reprendra la marche en avant le 13, à un moment où elle n'a plus de raison d'être, à un moment où elle ne peut plus lui être que funeste.

« Comme le dit Nostitz, on ne voulait pas reculer, on ne pouvait pas avancer, et l'on s'arrêta à Bergères et à Vertus; mais Blücher aurait dû n'en pas bouger et laisser l'Empereur retourner sur la Seine après les défaites qu'il avait infligées à Sacken et à York. »

S'il était, d'autre part, impossible à Blücher, parce que leurs corps appartenaient à deux nations différentes, de confier le commandement en chef à l'un des deux généraux qui opéraient contre Château-Thierry et La Ferté-sous-Jouarre, il devait au moins, par des ordres précis et formels, déterminer nettement leur rôle et caractériser leurs opérations en vue de la bataille qu'il leur ordonnait de risquer, au moment où il les empêchait, comme le voulait York, de se retirer sans combat sur la rive droite de la Marne. Il connaissait à fond le caractère d'York et de Sacken. Il savait que l'un était ardent, ambitieux et brûlait du désir de trouver l'occasion de se distinguer; que l'autre, au contraire, était froid, méthodique, prudent quoique énergique. Il savait que le général russe, trop heureux de trouver une occasion de se mesurer avec l'Empereur, ne perdrait pas un moment pour se porter contre lui; que York, sans être indiscipliné, avait une tendance naturelle à interpréter les ordres et à ne s'y conformer complètement qu'après avoir reconnu la possibilité et l'utilité de leur exécution. Et cependant les instructions qu'il leur envoie sont vagues, parce qu'elles portent l'empreinte du combat qui se livre dans l'esprit du feld-maréchal. Leur obscurité, leurs contradictions sont les causes du deuxième des échecs éprouvés par l'armée de Silésie. Des trois corps qui avaient eu à supporter le choc de l'armée française, le premier était anéanti, les deux autres n'étaient plus que des débris informes, rejetés en désordre, après une lutte héroïque, il est vrai, sur la rive droite de la Marne, mais absolument incapables de tenter un nouvel effort et de prendre, de quelques jours au moins, une part sérieuse aux opérations actives.

Dans de pareilles conditions, on peut comprendre à la rigueur que, croyant l'Empereur de nouveau en marche vers la Seine, Blücher ait tâté la position de Marmont le 13. Abattu un instant, surpris et étonné, il cède encore une fois à son idée fixe. Prenant ses désirs pour des réalités, il s'imagine de nouveau que la route de Paris est grande ouverte devant lui. Le léger avantage qu'il a remporté le 13 contre Marmont, a complètement ramené la confiance dans l'esprit du vieux feld-maréchal. « Je viens de passer trois rudes journées, écrit-il d'Étoges à sa femme [1]. Napoléon m'a, en trois jours, attaqué à trois reprises avec toutes ses forces, y compris la garde. Mais il n'a pas atteint son but et aujourd'hui, *il est en pleine retraite sur Paris.* Demain je le poursuivrai. »

Ses dernières illusions auraient, cependant, dû se dissiper. Dès qu'il voyait le maréchal reprendre résolument l'offensive, le 14 au matin, et bien que le manque de cavalerie l'eût empêché de se procurer des renseignements positifs sur ce qui s'était passé en arrière des positions du duc de Raguse, le feld-maréchal aurait dû se douter du retour et de la présence de l'Empereur [2]. Recommençant la manœuvre qui lui avait tant de fois réussi pendant l'automne de 1813, il lui aurait fallu se dérober et rompre immédiatement le combat, puisqu'il ne pouvait éviter tout engagement, à cause de l'échelonnement de ses troupes et de la grande distance qui séparait l'avant-garde de Zieten des corps de Kleist et de Kapsewitch.

En revanche, dès que le combat est engagé, et au moment sur-

---

[1] Von Colomb, *Blücher in Briefen.*

[2] Nostitz et le lieutenant von Gerlach, s'étant permis d'émettre le 14 au matin quelques doutes sur la possibilité de la marche sur Montmirail, furent vertement tancés par Gneisenau. « De semblables opinions, disait le chef d'état-major de l'armée de Silésie, si elles venaient à être connues des troupes, les démoraliseraient. Du reste, Napoléon devait être à ce moment déjà bien près des bords de la Seine. » (*Kriegsgeschichtliche Einzelschriften* : Tagebuch des Generals der Kavallerie Grafen von Nostitz.)

tout où tout paraît perdu, on retrouve le vrai Blücher, qui, morne et silencieux, accablé de tristesse, a paru jusque-là se désintéresser de tout et n'a même pas essayé d'user de l'influence qu'il exerce sur l'esprit de ses soldats[1]. Entouré de toutes parts, pris de flanc et à revers par la cavalerie française, il ne désespère pas, et c'est à son admirable énergie, à l'exemple qu'il donne, à la froide insouciance avec laquelle il affronte le danger, au calme et au sang-froid dont le vieux feld-maréchal fait preuve dans des circonstances aussi critiques, que les débris des deux corps doivent leur salut. C'est à sa voix que Russes et Prussiens, épuisés par une série de combats plus désastreux les uns que les autres, débusqués successivement de chacune de leurs positions, démoralisés par les pertes que leur cause le feu de l'artillerie française, retrouvent la vigueur nécessaire pour tenter un dernier effort et s'ouvrir la route de Châlons.

Une seule phrase suffit, d'ailleurs, pour peindre Blücher. Lorsque le vieux feld-maréchal, sur le point d'être renversé par une des charges de la cavalerie de Grouchy, vint se réfugier dans un des carrés, il y retrouva Gneisenau et, comme si le présent n'existait déjà plus pour lui, ne songeant qu'à un avenir qui semblait cependant ne pas lui appartenir, il lui dit : « Si je ne suis pas tué aujourd'hui, je ne tarderai pas à réparer tout cela. »

Blücher ne devait malheureusement que trop tenir parole. Le commandant en chef de l'armée de Silésie n'avait pas été abattu par les coups de Champaubert, de Montmirail, de Château-Thierry, de Vauchamps et d'Étoges. L'armée de Silésie n'était pas anéantie, comme l'Empereur l'écrivait à Joseph. L'arrivée de renforts, un repos de quelques jours à Châlons, la volonté de fer de son chef la remettront en peu de jours en état de reprendre la campagne et de venger, moins d'un mois après, les défaites qu'elle venait d'essuyer.

Si les hésitations, les lenteurs, les demi-mesures motivées par le désir d'atteindre à la fois un double objectif, et surtout une appréciation erronée de la situation ont amené les revers de Blücher, la sagacité, la lucidité, la puissance du raisonnement, le coup d'œil et la rapidité des mouvements à travers une région qu'on croyait impraticable ont valu à l'Empereur des succès aux-

---

[1] *Tagebuch des Generals der Kavallerie Grafen von Nostitz.*

quels il n'était plus habitué, des avantages qui, sans un concours fatal de circonstances, auraient pu être décisifs et mettre fin à l'invasion. Préparant pendant sa retraite de Troyes sur Nogent l'opération qu'il veut exécuter, et bien que dans l'impossibilité de pénétrer les causes réelles de la division des armées alliées, l'Empereur est déjà décidé à profiter de la faute commise par ses adversaires pour jeter, sur l'une de leurs deux fractions, toutes les forces dont il peut disposer et atteindre l'armée de Silésie dans une position défavorable qui lui assurera le succès.

Tandis que les instructions de Blücher manquent de leur netteté et de leur précision ordinaires, que le feld-maréchal ne sachant à quel parti s'arrêter, renonce à son laconisme habituel et se perd dans les conjectures et les suppositions, les ordres de l'Empereur sont rédigés dans un style impératif, ferme, véritable reflet de son caractère, dans un style qui ne trahit aucune pensée hésitante, ne permet aucun doute, ne laisse de place à aucune interprétation, qui fixe jusqu'aux détails principaux de l'exécution et prouve que Napoléon possède toujours la décision, la fermeté, la présence d'esprit, le coup d'œil et la lucidité qui ont fait la gloire du général Bonaparte.

Tout, dans cette magnifique opération, a été raisonné, prévu et calculé avec soin. Bien que les corps de Schwarzenberg restent eux aussi échelonnés, bien que pour les atteindre Napoléon n'ait pas de marche longue et difficile à exécuter, il n'hésite pas. Il sait bien que Schwarzenberg reculera devant lui et que, même s'il oblige le généralissime à accepter la bataille, Blücher ne s'arrêtera pas et continuera son mouvement sur Paris. C'était donc sur Blücher qu'il fallait tomber, d'abord parce qu'il était le plus actif et le plus entreprenant, ensuite parce qu'il était numériquement le plus faible, enfin parce que si les maréchaux tenaient bon sur la Seine, on pouvait, après avoir anéanti l'armée de Silésie, déborder la droite de la grande armée, déboucher sur ses derrières, compromettre ses communications et l'obliger à se retirer précipitamment sur la Haute-Alsace et sur le Rhin.

Marcher contre Blücher, apparaître sur la Marne lorsqu'on le croyait acculé à la Seine, c'était là une de ces opérations surprenantes et inattendues qui devait plaire à Napoléon, parce qu'elle ressemblait à une surprise et que, comme toute surprise, elle devait produire son plein effet. Il disposait, pour exécuter cette opération, de deux routes, tout comme Blücher avait de son côté le choix entre deux partis. L'une, celle de Provins à La Ferté-Gaucher, la plus courte, la plus directe, la meilleure, lui permettait de devancer Blücher sur la Marne et le rapprochait de Paris. L'autre, plus longue, plus difficile, impraticable pour tout autre que lui, le menait, par Sézanne, sur le flanc gauche de l'armée de Silésie, lui permettait de la surprendre, de crever son centre et de se placer au milieu de ses corps épars. Dans sa situation il lui fallait avoir recours aux grands moyens, aux mesures décisives. Il n'hésita pas un instant. Passant par les marécages de la forêt de la Traconne, il culbute Olsufieff, et, dès le premier jour de cette mémorable campagne de cinq jours, il a déjà atteint son but : en séparant l'armée de Silésie en deux tronçons, il s'est assuré la supériorité numérique.

De Champaubert, l'Empereur pouvait prendre deux partis : ou se porter à droite contre les corps venant de Châlons, ou se diriger, au contraire, contre ceux qui avaient suivi le duc de Tarente. En allant à droite, en se ralliant à Marmont, on était presque sûr de battre Kleist et Kapsewitch ; mais il n'était pas probable qu'on parviendrait à les couper de leur ligne de retraite sur Châlons et, de plus, on pouvait penser qu'instruit par la rude leçon reçue par Olsufieff, Blücher n'attendrait pas le choc pour se replier. En allant à gauche comme il l'avait résolu pendant que l'on se battait encore à Champaubert, il abandonnait, il est vrai, le duc de Raguse, mais il avait chance d'acculer York et Sacken à la Marne, de les prendre entre deux feux et de les obliger à mettre bas les armes, si, comme il l'espérait, Macdonald, se reportant en avant, débouchait sur leurs derrières.

La seule critique qu'on pourrait adresser à l'Empereur serait d'avoir laissé Saint-Germain et Friant à Viels-Maisons et d'avoir cru inutile de les diriger sur Montmirail où ils auraient été à portée de soutenir Marmont dont la position était assez aventurée.

Lorsque Sacken et York eurent réussi à ramener le reste de leurs corps sur la rive droite de la Marne, l'Empereur avait le projet de retourner directement vers la Seine. Croyant que Soissons tenait encore et que ces deux généraux « allaient, comme il l'écrivait à Joseph[1], se trouver bien embarrassés, » il ne songe pas à passer

---

[1] *Correspondance*, n° 21236.

la Marne à leur suite. Mais, à la nouvelle du mouvement que Blücher a fait sur Étoges, il se hâte de profiter de l'occasion inespérée qui s'offre à lui. Se remettant immédiatement en marche, il se précipite sur Blücher, certain de l'écraser sous la supériorité du nombre et de parachever sa défaite.

En quatre jours il a battu successivement chacun des corps de l'armée de Silésie. « Preuve manifeste, est obligé de s'écrier Müffling, de ce que peut produire l'activité jointe à la décision. »

Ces magnifiques résultats, Napoléon les dut plus encore qu'aux fautes de la coalition, plus encore qu'aux imprudences et aux erreurs de Blücher, à son merveilleux coup d'œil, à la netteté de ses conceptions et à la rapidité de ses mouvements. Jamais, depuis 1796, même dans les marches qu'il fit pour arriver à temps à Dresde, il n'avait tant exigé et tant obtenu de ses troupes. Jamais il n'avait plus complètement démontré qu'on fait la guerre avec la tête du général et les jambes de ses soldats. Jamais, non plus, les hauts talents militaires de l'Empereur ne se sont manifestés avec plus d'éclat. Nulle époque n'a présenté de si beaux exemples, d'aussi utiles leçons, un cours aussi complet d'art de la guerre que cette merveilleuse campagne de six jours dont chacun est marqué par un trait de génie, par des marches inouïes, par de brillantes dispositions, par une nouvelle victoire [1].

Mais jamais, non plus, la fatalité ne l'a poursuivi avec plus d'acharnement, ne lui a fait sentir plus durement son poids que pendant les différentes étapes de cette marche triomphale. Jamais, non plus, la main de la Providence, tout en récompensant ses efforts, en lui donnant à savourer les délices de la victoire, ne s'était aussi complètement appliquée à lui arracher le fruit presque certain de ses admirables combinaisons. La destruction du pont de Trilport, la mort du général Rusca, la chute de Soissons, les

---

[1] Le prince Auguste de Prusse (Voir *Nachlass. Kriegsgeschichtliche Einzelschriften* 2,60) s'exprime en ces termes : « L'étoile de l'Empereur brille de nouveau de son ancien éclat. La série ininterrompue de victoires remportées contre le plus redoutable de ses adversaires semble justifier l'exclamation de Napoléon après Champaubert : « Je suis plus près de Munich que de Paris ». La confiance était revenue. Les soldats étaient électrisés. La levée en masse s'opérait dans la vallée de la Marne et rendait le courage et l'espoir aux populations. Le peuple comparait la situation des Prussiens à celle des Français en Russie en 1812. On s'attendait à voir les Prussiens battre en retraite et se replier de la Champagne vers le Rhin. »

fautes et les négligences des maréchaux qui ont laissé subsister le pont de Bray et ont dû abandonner la ligne de la Seine, leur retraite forcée sur l'Yères, l'empêchent de tirer pleinement et immédiatement parti de ses victoires, de mettre un terme aux horreurs de l'invasion et l'obligent à renoncer à ce mouvement débordant, qui causera sa perte après la bataille d'Arcis, mais qui, exécuté à ce moment, aurait pu contraindre les armées alliées à évacuer le territoire national et assurer le salut de la France.

CHAPITRE IX.

OPÉRATIONS DES ALLIÉS EN BELGIQUE JUSQU'AU DÉPART DE BÜLOW ET A SA MARCHE SUR LAON (26 JANVIER-17 FÉVRIER).

26-30 janvier 1814. — Position des belligérants. — Renseignements recueillis par Maison. — L'avant-garde de Winzingerode à Namur. — Au moment où la trahison des habitants faisait tomber Bois-le-Duc entre les mains du général von Hobe, le général Maison, qui s'était porté sur Louvain pour recueillir le général Castex, occupait dans les derniers jours de janvier, derrière la Dyle et la Nèthe, de Louvain à Malines et Lierre, une position dont la droite était complètement découverte par le départ du duc de Tarente et menacée par la marche de l'avant-garde de Winzingerode sur Namur. Bülow continuait à se tenir près de Bréda. Comme nous l'avons déjà indiqué au chapitre IV, Maison, prévoyant dès cette époque qu'en se conformant aux instructions venues de Paris et en persistant à rester aux environs d'Anvers, il ne tarderait pas à être mis dans l'impossibilité de couvrir les anciennes frontières de la France, avait résolu d'attendre les mouvements de Bülow avant de prendre définitivement un parti. Il avait employé les derniers jours de janvier à préparer sa retraite, tout en faisant surveiller attentivement les environs de Namur. Les renseignements qu'il recueillit lui signalèrent, d'une part, la présence de la cavalerie russe à Namur et l'apparition des coureurs alliés aux environs de Louvain; de l'autre, l'envoi sur la route de Bruxelles de reconnaissances qui avaient poussé jusqu'à Sombreffe. Comme les Russes paraissaient avoir l'intention de se répandre dans le Hainaut dès que le gros de leur avant-garde aurait atteint Namur, de pousser vers Ath et Tournay des partis qui, soulevant les campagnes, auraient compromis sa ligne d'opérations et de retraite, Maison avait, le 28 janvier, donné l'ordre à Castex de se replier sur Bruxelles, tout en tenant encore quelques postes d'infanterie dans la forêt de Soignies, et en poussant des partis de cavalerie à Nivelles. La division Barrois restait pour le moment à Malines.

Le lendemain 29, les mouvements de Winzingerode s'étaient

accentués. L'infanterie russe commençait à arriver à Namur ; la cavalerie légère russe avait été renforcée à Saint-Trond et Tirlemont, et le corps volant du major Hellwig s'était établi à Diest. La position de Maison sur la Dyle et la Nèthe devenait de jour en jour plus mauvaise. Trop faible pour aller attaquer Bülow, qui ne bougeait pas, hors d'état de défendre la Belgique et de couvrir en même temps Anvers, menacé par la présence à Namur de Tchernitcheff, qui pouvait arriver avant lui à Mons et le couper de Maubeuge et de Valenciennes, redoutant enfin une attaque contre Louvain, le général Maison ne cessait de réclamer un ordre l'autorisant à abandonner Anvers à ses propres forces et à se retirer sur la ligne Lille—Condé.

« La Belgique est perdue, écrivait-il de Louvain le 28 janvier au Ministre de la guerre [1], par le fait d'une réunion à Namur de forces auxquelles on n'a rien à opposer, » et il ajoutait que si, avant l'arrivée d'ordres de l'Empereur lui prescrivant d'évacuer la Belgique, il venait à être attaqué, il tâcherait de gagner Gand et d'atteindre Lille, soit par Tournay en remontant l'Escaut, soit par Courtrai en suivant le cours de la Lys.

28 janvier 1814. — Mouvements du corps volant de Hellwig sur Louvain. — Surprise d'un poste prussien à Deleghem. — Or, dès le 28, Louvain avait été attaqué par les Prussiens du major Hellwig, qui n'avaient pu, il est vrai, s'y maintenir et que l'infanterie française avait reconduits sur Tirlemont. Mais ce mouvement avait suffi pour décider le général Barrois à se replier sur Bruxelles et à évacuer Malines, que Maison fit aussitôt réoccuper par un bataillon, 50 chevaux et 2 bouches à feu. Du côté d'Anvers, où les postes de Westmalle avaient déjà été inquiétés le 25, le duc de Plaisance avait envoyé à Lierre le 11e régiment de tirailleurs ; sa cavalerie en avait chassé 150 chevaux prussiens venus d'Herenthals, pendant qu'une reconnaissance de cavalerie et d'infanterie française enlevait à Deleghem un petit poste de cavalerie alliée qui se faisait garder par les paysans. Tous ces indices permettaient de supposer que, par suite de l'arrivée du duc de Clarence (troisième fils du roi Georges III) avec quelques milliers

---

[1] Général Maison au Ministre de la guerre, Louvain, 28 janvier. (*Archives de la guerre.*)

d'hommes, Bülow et les Anglais n'allaient pas tarder à reprendre les opérations chacun pour leur compte.

29-30 janvier 1814. — Mouvements de Bülow et de Borstell. — Retraite de Maison sur Bruxelles.

— Heureusement pour Maison, Bülow, avant de rejoindre Blücher et de quitter la Belgique aussitôt après l'arrivée du IIIe corps fédéral (duc Bernard de Saxe-Weimar), qui n'avait commencé son mouvement de la Saxe vers le Rhin que le 2 janvier, renonça, par condescendance pour le duc de Clarence, à se porter droit sur le Brabant.

Il consentit à prêter une fois encore son concours à une nouvelle tentative contre Anvers, bien qu'il fût convaincu qu'une deuxième attaque de vive force n'aurait pas plus de succès que la première. Le général français échappait ainsi au danger que lui aurait fait courir une opération combinée de Bülow et de Winzingerode contre Bruxelles. Il porta dès lors toute son attention sur sa droite, inquiétée par les mouvements de la cavalerie russe. Les nouvelles qu'il recevait de ce côté étaient loin d'être rassurantes. Les coureurs russes avaient continué le 29 à battre le pays du côté de Fleurus, de Genappe et de Nivelles ; le rassemblement des troupes russes à Namur devenait de plus en plus considérable. Ignorant naturellement les modifications que Bülow avait fait subir à ses projets, ne pouvant prévoir que l'avant-garde de Winzingerode, au lieu de continuer sur Mons, allait, sans pénétrer sérieusement en Belgique, se diriger quelques jours plus tard sur Philippeville et Avesnes, voyant, le 30 au matin, toutes les reconnaissances envoyées de Louvain sur Aerschot, Diest, Tirlemont et Wavre, vivement ramenées sur cette ville, sachant que le général Meuziau, qui y commandait, s'attendait d'un instant à l'autre à être attaqué, Maison quitta Malines et Louvain et se replia sur Bruxelles.

Bülow avait arrêté, avec les Anglais, les dispositions de l'attaque sur Anvers. Mais, tenant par-dessus tout et avant de rien tenter contre cette place, à assurer sa gauche et ses derrières, Bülow commença ses opérations en donnant au général von Borstell l'ordre de le couvrir de ce côté et de pousser dans ce but d'Hoogstraeten, d'abord sur Lierre, puis, si faire se pouvait, sur Malines, et d'y prendre position sur la Dyle. L'avant-garde de

Borstell, sous les ordres du colonel von Sydow (deux bataillons d'infanterie, une compagnie de chasseurs, un régiment de cavalerie (1ᵉʳ hussards du corps) et une demi-batterie d'artillerie à cheval), atteignit le 29 janvier Oostmalle et Westmalle, le 30 Pulderbosch et Sandhoven. Le gros (cinq bataillons, trois régiments de cavalerie, hussards de Poméranie, 4ᵉ régiment de cavalerie de landwehr de la Marche Electorale et régiment de cavalerie nationale de Poméranie, deux régiments de Cosaques et deux batteries, l'une à cheval, l'autre montée), suivait le colonel von Sydow à une petite journée de marche, pendant que la fraction de la cinquième brigade, qu'on avait avec le général von Hobe détachée sur Bois-le-Duc (trois bataillons de landwehr et les uhlans de la Prusse occidentale), devait venir le 30 à Tilburg, le 31 à Turnhout et le 1ᵉʳ février à Herenthals.

31 janvier. — Affaire de Lierre. — Mouvements de cavalerie sur la Senne et sur l'Escaut. — Les renseignements recueillis pendant la marche ayant fait connaître que les Français n'avaient à Lierre que 1500 hommes et quelques bouches à feu, le général von Borstell réunit toute son avant garde à Massenhoven le 31 au matin, et la forma en trois colonnes. L'une, forte de deux bataillons et de la compagnie de chasseurs, devait attaquer Lierre ; trois bataillons et une batterie lui servaient de soutien ; la cavalerie et deux bataillons restaient en réserve.

A 1 heure de l'après-midi, les avant-postes français de Lierre furent attaqués simultanément par trois colonnes débouchant par les routes de Berlaer, d'Herenthals et de Turnhout. Cette dernière colonne s'était divisée afin de fournir les troupes qui prendraient Lierre à revers par la route d'Anvers. Après un combat assez vif et qui leur coûta relativement beaucoup de monde, les Prussiens réussirent à s'emparer de Lierre. Mais, malgré tous les efforts de leur cavalerie, ils ne parvinrent pas à couper d'Anvers le colonel Vautrin qui, se repliant dans un ordre parfait avec son régiment (11ᵉ tirailleurs) et ses 60 chevaux, tira parti des moindres accidents de terrain pour arrêter la poursuite, fit tête à chaque instant, se dégagea sans jamais se laisser entamer, et réussit, sans avoir perdu une seule de ses pièces, à prendre position à Berghem où il laissa un bataillon et ses 4 canons. Borstell s'arrêta de son côté à Bunhout et à Mortsel où il posta un bataillon, trois escadrons et une demi-batterie. Un régiment d'infanterie et la cavalerie française qu'on avait, au bruit du canon, dirigés d'Anvers sur Vremde pour dégager le colonel Vautrin, étaient arrivés trop tard lorsque le colonel avait déjà dépassé la croisée des routes d'Anvers à Lierre et d'Anvers à Malines, et n'avaient pas tardé à revenir à Borgerhout.

Afin de se conformer complètement aux ordres de Bülow, Borstell, croyant Maison encore à Malines et à Louvain, avait immédiatement poussé des partis de cavalerie vers Duffel (sur la Nèthe) et vers Waelhem, dans la direction de Malines, pendant que les cosaques de Tchernizouboff allaient plus au sud vers Louvain. De la sorte, et dès le 31 au soir, il avait eu connaissance de la retraite de Maison sur Bruxelles, de l'évacuation de Malines par les Français et de l'occupation de Louvain par le corps volant du major Hellwig. Ces renseignements mettaient Borstell non seulement à même de pousser le lendemain sur Malines, comme il en avait l'ordre, mais encore d'envoyer un détachement de son avant-garde surveiller à Willebroock les passages de la Nèthe, pendant que le colonel von Sydow allait s'établir sur la Senne à Vilvorde. Plus à gauche encore un poste de 60 chevaux devait se diriger sur Louvain, se relier avec les cosaques de Tchernizouboff à la droite de Winzingerode et inquiéter le flanc droit des positions françaises. A l'extrême droite des positions occupées par Borstell, le colonel Melnikoff avec ses cosaques et le capitaine von Blankenberg prenaient leur direction vers Termonde, Alost et Gand, avec mission de battre l'estrade entre l'Escaut et la Dendre.

Maison évacue Bruxelles. — Ordres à la cavalerie de Castex. — Maison avait profité de l'après-midi et de la soirée du 30 pour réunir tout son monde à Bruxelles. Dès le 31 au matin, il avait fait partir pour Nivelles, afin de s'éclairer de ce côté, le général Castex avec deux bataillons, un escadron et les gendarmes à cheval ; celui-ci devait, s'il n'était pas inquiété, aller le 1er février jusqu'à Roeulx surveiller la route de Charleroi, puis chercher le 2 à pousser jusqu'à Péronnes et à détruire les ponts de la Haine depuis Binche jusqu'à Maurage. En cas de rencontre avec des forces supérieures en nombre, Castex avait ordre de se rejeter de Nivelles sur Braine-le-Comte ou sur Soignies. L'infanterie quitta Bruxelles en deux échelons : le premier avec le général Chambarlhac, sortit de Bruxelles à 9 heures du matin pour gagner le jour même Saintes, en passant par Hal et la route d'Enghien, continuer le 1ᵉʳ février jusqu'à Ath et le 2 sur Tournay où Chambarlhac devait se réunir aux troupes venant du côté de Gand. Le général Barrois, parti à midi, ne dépassa pas dans le principe Anderlecht sur la route de Hal, à peu de distance de Bruxelles. Le général Penne alla à Mons prendre le commandement des quelques troupes qui s'y trouvaient ; le général Meuziau resta seul en avant de Bruxelles, s'éclairant sur les routes venant de Louvain, mais avec l'ordre formel d'éviter tout engagement, de se replier sur la ville, de la traverser et de l'évacuer s'il se voyait poussé par les corps ennemis.

Pendant que l'avant-garde du IIIᵉ corps et le corps franc d'Hellwig facilitaient de la sorte les opérations projetées contre Anvers, Bülow avait quitté le 30 ses cantonnements de Bréda et les Anglais étaient partis de Bergen-op-Zoom et de Rozendaal.

1ᵉʳ février 1814. — Combat de Deurne. — Le 1ᵉʳ février, à 8 heures du matin, les Prussiens se mirent en mouvement sur Wyneghen. Les Anglais, venant par Braschaët sur Merxhem, devaient former la droite de l'attaque. Comme les travaux de Deurne étaient à peine ébauchés, la défense avait, en présence du déploiement considérable des troupes alliées, renoncé à occuper Wyneghem ; mais le duc de Plaisance avait établi des avant-postes à mi-chemin entre Deurne et Wyneghem, fait garder le pont du canal d'Herenthals et chargé le colonel Vautrin de tenir la position de Berghem. La brigade Aymard occupait Deurne et fournissait les avant-postes vers Wyneghem ; la brigade Flamand était en réserve à l'entrée de Borgerhout.

A midi, les Prussiens, après avoir occupé Wyneghem, débouchèrent sur quatre colonnes par Schooten, Wyneghem, Wommelghem et Boorsbeck. Celle du général von Thümen s'avança de Wyneghem par la chaussée de Deurne. Enfilée par les feux de l'artillerie française, elle vint donner auprès du parc de Rivière contre les troupes du général Aymard. Après avoir tenté vainement d'emporter le village, après avoir engagé tout son monde et combattu sans répit de midi jusqu'à 6 heures, Thümen ne parvint à contraindre les Français à lui céder Deurne que lorsque la brigade Krafft menaça de déborder la position du général Aymard, que lorsqu'un de ses bataillons eut réussi à s'approcher du pont de la Schin et après que le duc de Plaisance eut envoyé au général Aymard l'ordre d'abandonner aux Prussiens les ruines fumantes de Deurne. Pensant que l'incendie empêcherait Thümen de déboucher de Deurne, le général commença sa retraite sur Borgerhout dans un ordre parfait et sans se hâter. Mais les troupes prussiennes traversèrent le village au pas de course ; se prolongeant sur leur droite, elles étaient déjà sur le point de couper la retraite à la brigade lorsque le général Roguet s'aperçut à temps du danger qui menaçait le général Aymard. Sans perdre une minute, il lança en avant les deux escadrons de lanciers rouges du chef d'escadrons Briqueville qu'il avait sous la main, pendant que deux des bataillons d'Aymard exécutaient à la baïonnette un retour offensif contre les flancs des Prussiens. Chargés en tête par les lanciers, pris en flancs par les tirailleurs, coupés du pont et du village de Deurne, les Prussiens sortis du village furent jetés dans les marais qui bordent la route et tous ceux qui échappèrent aux lances de la cavalerie et à la baïonnette des fantassins vinrent se noyer sous la glace brisée par leur poids. Thümen obligé d'évacuer Deurne, où la brigade Aymard rentra derrière lui, se replia par la chaussée et dut se borner à ne laisser, pendant la nuit du 1er au 2, devant Deurne, que quelques postes d'observation.

Mouvements et affaires du canal d'Herenthals et de Braschaët. — Les autres colonnes n'avaient guère été plus heureuses. Si la colonne du général von Krafft avait pu, grâce à l'évacuation de Wyneghem, occuper Schooten, que le général Ambert avait défendu assez mollement avant de se retirer sur Merxhem, la colonne de gauche (général von Oppen) avait été arrêtée toute la journée par la résistance des Français au pont du canal d'Herenthals, de sorte que sa cavalerie arriva à Wommelghem le soir seulement et après avoir fait un long détour.

La démonstration faite contre Berghem par quelques troupes du général von Borstell avait été facilement repoussée par le colonel Vautrin. Enfin, à l'extrême droite, les Anglais retardés dans leur marche par le poids de leurs pièces de grosse artillerie, n'atteignirent Braschaët qu'assez tard dans l'après-midi, en chassèrent les Français, mais ne purent inquiéter leur retraite sur Merxhem où ils prirent position.

La belle conduite des troupes françaises à Deurne, l'habileté avec laquelle les généraux Roguet et Aymard avaient su tirer parti du terrain, avaient déjoué les projets des Alliés. Loin d'avoir réussi à surprendre la place et à s'en emparer par un coup de main, l'attaque des Anglo-Prussiens ne leur avait même pas permis de s'approcher suffisamment d'Anvers pour pouvoir en commencer, le soir même, le bombardement. La défense avait gagné un jour et c'était là un avantage considérable pour une place dont la mise en état était loin d'être complète.

2 février 1814. — Prise de Merxhem. — Les Anglais établissent leurs batteries. — Bombardement d'Anvers. — Le 2, au point du jour, à la suite d'un conseil de guerre tenu pendant la nuit, les batteries alliées ouvrirent le feu sur toute la ligne : à 10 heures, les Anglais de Graham attaquèrent Merxhem ; Thümen se reporta de nouveau contre Deurne, et Oppen contre le pont d'Herenthals. Après un combat de plusieurs heures, les jeunes troupes du général Ambert fléchirent à Merxhem et furent obligées de se replier, sous le feu des batteries anglaises, jusque derrière la digue Ferdinand et le pont de Damm ; leur droite au cimetière de Borgherout. Mais, ni à Deurne, ni à Herenthals on n'arriva à briser la résistance des Français, qui profitèrent de la nuit pour évacuer des positions que la retraite du général Ambert et le mouvement des Anglais avaient rendues intenables.

Les seuls avantages recueillis par les Alliés consistaient pour eux dans la possibilité d'établir désormais une batterie de siège à proximité de la digue Ferdinand, en avant de Merxhem ; ils avaient été chèrement achetés par les Prussiens auxquels ces deux journées avaient coûté plus de 700 hommes. Poussés avec activité pendant la nuit du 2 au 3, les travaux de l'attaque étaient suffisamment avancés pour que les Anglais pussent commencer le bombardement le 3 à midi. Mais la place était déjà en mesure de répondre, la flotte n'avait plus rien à craindre du feu des Anglais, et Carnot, dont l'Empereur n'avait pas hésité à accepter les services, venait d'arriver à Anvers. L'issue de l'entreprise tentée par les Alliés n'était désormais plus douteuse, et, lorsque le 6 février les Anglo-Prussiens eurent épuisé leurs munitions, ils s'empressèrent de décamper dans la nuit du 6 au 7 et de renoncer à une opération dont l'insuccès, déjà probable à la suite des combats des 1ᵉʳ et 2 février, était devenu certain en présence des mesures prudentes et énergiques prises par le nouveau gouverneur.

Retraite des Anglais sur Rozendaal (6-7 février). — Arrivée du IIIᵉ corps fédéral à Bréda. — Les Anglais laissant leurs avant-postes à Wyneghem, retournèrent à Rozendaal et Hoogstraeten, en chargeant seulement quelques postes d'éclairer les routes de Schooten, Heeckeren et Braschaët. Bülow, sur le point d'être relevé par le duc de Saxe-Weimar (IIIᵉ corps fédéral), dont les troupes étaient arrivées à Bréda le 5 et le 6, après avoir passé le Rhin à Arnheim, Reenen, Kuylenberg, Bösckam et Vreeswyk, le Whaal à Bommel et Gammeren et la Meuse à Aalsten, n'avait laissé que des avant-postes à Mortsel et se préparait à faire une pointe en Brabant avant de rejoindre à son tour Blücher.

Les Prussiens du IIIᵉ corps ne tardèrent pas à être remplacés sous Anvers par les Saxons et un corps de troupes hollandaises qui occupèrent d'abord Westmalle, Woëst-Wesel, Braschaëet, Lierre et Bunhout, puis se répandirent dans tout le pays, depuis Woëst-Wesel jusqu'à la Nèthe et jusqu'à Bruxelles.

1ᵉʳ février 1814. — Hellwig et Narischkine à Bruxelles. — Borstell, tout en soutenant par sa démonstration contre Berghem l'attaque tentée le 1ᵉʳ février contre Anvers, avait poussé en même temps avec son gros jusqu'à Malines, pendant que le corps volant du major Hellwig, rejoint par les cosaques de Narischkine, entrait de son côté à Bruxelles, après avoir harcelé, pendant toute la nuit du 31 janvier au 1ᵉʳ février, les postes de cavalerie française établis en avant de cette ville. Le général Maison aurait pu tenir, s'il l'avait voulu, quelques jours de plus à Bruxelles. Mais comme la capitale du Brabant n'était pas une de ces positions qu'il fût possible de défendre avec aussi peu de troupes, il crut sage et humain, en présence de la fermentation des esprits et des mauvaises dispositions de la populace, d'épargner à la ville la répression d'une révolte, les horreurs d'un combat inutile, les représailles des partisans, et de la mettre à l'abri du pillage et du sac par une retraite à laquelle il aurait, d'ailleurs, fallu se résigner peu après à la suite de la marche de Borstell et de la concentration des Russes de Winzingerode du côté de Namur.

Positions occupées par Maison. — Sur son ordre, les dernières troupes françaises quittèrent Bruxelles le 1er février. La brigade d'avant-garde vint s'établir à Hal, une autre brigade à Tubize; la cavalerie d'avant-garde cantonnée à Lembecq et Ellebeck, poussa à Ronquières un parti de 400 à 500 chevaux, chargé d'observer le débouché de Nivelles sur Braisne-le-Comte. Le général Ledru des Essarts devait chercher à rassembler des troupes à Tournay; le général Penne avait ordre d'en faire autant à Mons et à Binche, afin de renforcer au plus vite le général Maison qui, avec les 4,000 hommes dont il disposait, cherchait à tenir le plus longtemps possible dans la position qu'il venait de prendre autour de Tubize.

Hellwig n'était pas resté immobile à Bruxelles. Ses partis avaient poussé le soir jusqu'à Alost, et leur apparition avait obligé le petit détachement français de 200 hommes posté à Gand, à évacuer cette ville et à se retirer sur Courtrai dans la nuit du 1er au 2 février.

2 février 1814. — **Affaires de Willebroock, Saint-Bernard et Ronquières.** — Le 2 février, le poste de hussards de Poméranie établi par Borstell à Willebroock, enleva, à l'endroit même où le canal de Bruxelles aboutit à la Nèthe, un convoi de 11 pièces de 16 et de 20 affûts que les Français essayaient de faire filer par eau sur Anvers. Une autre patrouille avait réussi à pénétrer par surprise dans l'abbaye de Saint-Bernard et y avait pris un officier et 40 hommes, avec les 14 voitures de vivres, d'effets et d'équipements militaires qu'ils étaient chargés d'escorter.

Une colonne forte d'environ un millier d'hommes était sortie de Bruxelles, se dirigeant sur Hal; une autre, composée de 800 chevaux, avait pris la route de Nivelles et inquiété le poste français de Ronquières. Enfin, Winzingerode, arrivé en personne à Namur, dirigeait son avant-garde, sous les ordres de Tchernitcheff, sur Philippeville, afin de tâter la place et de l'enlever par un coup de main.

3-4 février 1814. — **Mouvements de la cavalerie alliée.**

— **Reconnaissance de Hal.** — Le 3, les Alliés avaient déjà sensiblement renforcé les troupes qui occupaient Bruxelles. Leur cavalerie s'était montrée simultanément sur toute la ligne des postes français. Mais, en avant de Namur, du côté où Maison s'attendait journellement à une attaque des Russes, qui l'aurait coupé de sa ligne de retraite sur Valenciennes, tout s'était borné à une reconnaissance faite contre le pont d'Havre, par une centaine de cosaques qui s'étaient repliés presque sans combat dans la direction de Binche. Le général en avait conclu avec raison que Winzingerode, n'entreprenant rien de sérieux de Namur sur Mons, allait filer sur les Ardennes, et qu'il ne resterait plus devant lui en Belgique que Bülow et les corps venant du Whaal, qui ne tarderaient pas à commencer leurs opérations contre lui.

4-5 février 1814. — Affaires de Mons. — Les mouvements du 4 février devaient prouver au commandant du 1er corps que ses suppositions étaient parfaitement fondées.

A peine l'avant-garde de Borstell était-elle entrée le 4 au matin dans Bruxelles, que ce général envoya sur Hal un détachement composé d'un bataillon, d'un escadron et d'une demi-batterie, sous les ordres du colonel von Sydow, chargé de chercher, avec le concours des cosaques et d'Hellwig, à connaître les intentions de Maison, toujours à Hal. Le colonel, se postant sur la chaussée, poussant Hellwig sur sa droite et les cosaques sur sa gauche, put aussitôt constater la présence des Français sur la position qu'ils occupaient depuis trois jours ; mais il eut en même temps la bonne fortune d'enlever un courrier porteur de dépêches qui lui firent supposer qu'avant de se mettre en retraite, le général français tenterait quelque chose sur Mons.

Le général Penne, qui occupait cette ville avec 600 à 700 conscrits sachant à peine charger leurs armes, venait d'y être attaqué assez sérieusement dans la matinée par 500 à 600 cavaliers partis de Nivelles et se dirigeant sur Binche. Ces cavaliers avaient infructueusement tenté de pénétrer dans Mons en se jetant à la fois sur plusieurs des portes de la ville. A 11 heures, à la nouvelle que des troupes d'infanterie se portaient sur Mons, Maison y envoya un régiment de voltigeurs, 4 pièces et 100 chevaux, et ordonna à Penne d'attaquer, tout en l'autorisant, s'il était pressé par des forces trop supérieures en nombre, à se retirer sur Valenciennes et Condé. Bien qu'il eût réussi à dégager complètement Mons, le général Penne crut plus sage de n'y pas rester, et le 5, au matin, il se retira sur Valenciennes.

Le général Castex, qui observait Nivelles, avait fait savoir à Maison que le mouvement sur Mons lui paraissait assez sérieux pour le forcer à se replier d'Henripont sur Soignies et Lens, parce qu'il craignait, s'il restait plus longtemps en position, d'être débordé et coupé par les troupes qui occupaient Rœulx.

Ces nouvelles et les mouvements rétrogrades de ses lieutenants devaient avoir pour conséquence d'obliger Maison à quitter sa position de Tubize et de Hal. Toutefois, avant de s'y résoudre, il ordonna au général Obert, son chef d'état-major, de prendre, en passant à Soignies, la cavalerie de Castex et de retourner avec elle le 5 au soir à Mons, où l'on ne trouva personne et où l'on resta jusqu'au 6 au soir. Les coureurs alliés et les partis qui avaient déjà inquiété Penne 48 heures plus tôt, ne se montrèrent qu'au moment où le général se retira et ne songèrent pas à le suivre.

6 février 1814. — Maison se replie sur Ath. — Ordres de mouvements de Bulow. — Désormais trop en l'air à Tubize et à Hal, sachant, par le général Obert, que le général Penne avait évacué Mons à la nouvelle d'un mouvement des Russes sur Philippeville et Maubeuge, Maison, voyant de plus des troupes fraîches déboucher constamment en avant de Bruxelles, se porta le 6 à une bonne journée de marche en arrière, à Ath.

Le 7 au matin, le colonel von Sydow avec deux bataillons, un régiment de hussards et 4 pièces, venait s'installer à Enghien, pendant qu'Hellwig flanquait la gauche de la colonne française en se postant à Lessines.

Le 6 février, le jour même où l'on renonçait à continuer le bombardement d'Anvers, Bülow avait pris la résolution de pousser ses troupes disponibles vers l'intérieur de la Belgique et leur avait donné l'ordre de se concentrer le 8 sur Bruxelles. La convention signée le 7 avec la garnison de Gorcum qui s'engageait à remettre la place le 20, dans le cas où elle n'aurait pas été secourue jusqu'à cette époque, allait lui permettre de disposer de la brigade Zielinsky.

7 février 1814. — Mouvements de Bülow et de Borstell. — Maison à Tournay. — A Lierre, où il avait établi son quartier général et où il se rencontra, le 7, avec le duc Bernard de Saxe-Weimar, Bülow avait déterminé, de concert avec le duc, le rayon d'action attribué à leurs troupes.

Le gros du IIIe corps fédéral (sept bataillons, deux escadrons, deux batteries) devait se diriger dès le 8 de Bréda sur Malines; cinq bataillons, deux escadrons et deux batteries à cheval allaient venir immédiatement à Lierre avec le général von Gablenz pour coopérer au blocus d'Anvers. On adjoignait, en outre, à ce détachement les trois bataillons du 4e régiment d'infanterie de réserve et les deux escadrons de dragons de Brandebourg, laissés devant Anvers par Bülow et désormais chargés de relier Gablenz avec le quartier général de Graham, établi à Groot-Zundert. Les troupes de Borstell (dix bataillons, quatorze escadrons et vingt canons), formant un total de près de 10,000 hommes dont 1,628 chevaux, ainsi que le corps volant du major Hellwig (trois escadrons de hussards, un escadron de chasseurs à cheval volontaires, un bataillon de chasseurs à pied volontaires), étaient également désignés pour rester en Belgique et participer aux opérations ultérieures du duc de Saxe-Weimar, qui ne disposait encore que de 11,000 hommes et de 1,600 chevaux. Enfin, le colonel russe baron de Geismar recevait l'ordre de se porter, avec son petit corps volant (un escadron de uhlans, un de hussards et les cosaques de Tchernizouboff), de Malines à Lessines et de manœuvrer sur les derrières des Français. Nous aurons lieu d'exposer en détail, au chapitre XII, les premiers épisodes de ce raid remarquable de Geismar, pendant les journées du 14 février au 4 mars.

Avec le reste de ses troupes, les 4e et 6e brigades, qui devaient être rejointes plus tard par la 3e brigade (général de Zielinsky) sa réserve de cavalerie, son artillerie et le corps volant de Lützow, Bülow allait quelques jours plus tard prendre de Bruxelles sa direction sur Laon. Tandis que le duc de Saxe-Weimar établissait son quartier général à Bruxelles, Bülow se portait, avec le gros de son corps, à Malines et entrait le 8 à Bruxelles, où il restait jusqu'au 13. Le 9, le gros des troupes de Borstell se rapprochait des positions de Maison et venait à Braine-le-Comte; le général von Hobe, qui formait l'avant-garde de

Bülow, occupait déjà Mons avec trois bataillons, le régiment de hussards de Poméranie et une batterie à cheval.

Comme Borstell et Sydow continuaient à s'avancer, l'un sur Condé et Valenciennes, l'autre sur Ath, et que près de 7,000 hommes du IIIe corps fédéral étaient avec le général Lecoq en marche sur Malines et Bruxelles, Maison se décida, le 9 au matin, à ramener sur Tournay ses troupes, qui occupèrent Leuze, le 8, et à surveiller de cette position centrale sur l'Escaut les routes de Valenciennes, d'Oudenarde, de Courtray et de Menin.

9-11 février. — Pointes de la cavalerie alliée. — Lettre de Maison au Ministre de la guerre. — Les cosaques de Bihaloff étaient entrés le 10 à Gand ; quelques hussards prussiens avaient pris possession de Bruges le 11 ; Ypres était menacé. Dans la nuit du 10 au 11, les habitants y avaient encloué les pièces et jeté à l'eau les projectiles et les munitions. Des coureurs russes et prussiens se montraient aux environs d'Ostende et de Nieuport.

Sur la droite de Maison, la situation n'était pas plus rassurante. Le 10 et le 11, des Cosaques et des coureurs prussiens, venant du côté de Mons, avaient poussé sur Valenciennes jusqu'à Saint-Saulve et Onnaing. Un autre parti, suivi par quelques fantassins, débouchant du bois de Bonsecours et poussant jusqu'à un kilomètre de Condé, avait tiraillé du côté de Vieux-Condé et s'était montré ensuite sur la route de Quiévrain à Condé, avant de se replier sur Peruwels. Plus à droite encore, des cosaques avaient paru vers Landrecies et vers Maubeuge.

La position de Maison était rendue encore plus critique par la désertion dont les efforts de ses officiers ne parvenaient pas à arrêter les progrès. La lettre que le général écrivait de Tournay [1] au Ministre, le lendemain de ces différentes incursions, donne une triste idée de la situation sur la frontière du Nord et des difficultés de toute espèce contre lesquelles Maison avait à lutter :

« J'ai fait tout ce qui a dépendu de moi pour conserver les places. Depuis longtemps j'y avais envoyé les généraux Noury et Maureillan. Le premier a organisé des compagnies de canon-

---

[1] **Maison au Ministre de la guerre**, Tournay, le 12 février. (*Archives de la guerre.*)

niers bourgeois, puisqu'il n'y avait ni soldats ni officiers de cette arme dans plusieurs places. Il a pressé et réglé les travaux et l'armement. Le général Maureillan a fait la même opération pour le génie. Le général Penne a essayé d'organiser les cohortes urbaines ; elles n'existent nulle part et ne veulent pas se former. *En général, l'esprit des habitants est froid et mauvais, plus peut-être qu'en Belgique. Je ne reconnais pas de vieux Français.*

« Je n'avais tiré 500 hommes de Landrecies et du Quesnoy que dans l'espérance de tenir la campagne encore longtemps. Mais du moment que j'ai dû songer à revenir sur Tournay et Lille, je les ai renvoyés dans les places. Landrecies n'est pas à l'abri d'un coup de main et a peu d'approvisionnements : il n'y a que 6 à 700 hommes dans cette place. Le Quesnoy en a 600, Maubeuge 1000.

« Ces deux places sont assez en état et ont quelques vivres. Valenciennes a 2,000 hommes et Condé 600. Quand je suis arrivé ici, il n'y avait presque rien de prévu pour leur approvisionnement. J'ai fait prendre de vive force et puis jeter aujourd'hui dans cette place un envoi de grains assez considérable, et quatre-vingts bestiaux entreront à Valenciennes. Ce convoi est réuni à Maulde. Lille est un peu mieux approvisionnée que les autres. Je presse les rentrées et fais prendre partout militairement. *L'autorité civile est absolument sans pouvoir.* Les habitants n'agissent plus que par les exécutions militaires.

« Je n'aurai pour Lille environ que 4,000 hommes, mais rien absolument à Douai, Bouchain et Cambrai. Votre Excellence aurait dû ne pas retirer récemment de cette région les bataillons du 19e et du 23e. Je n'ai pas un seul homme à mettre dans ces places. J'ai mis à la disposition du général Brenier des bataillons du 29e et du 36e pour garnir Ypres et Nieuport, où il n'y avait rien. Je ne puis faire plus ; je pense que, quelque important que soit Ypres, il eût fallu l'abandonner. Cette ville sera prise par une poignée d'hommes. Les seuls habitants en chasseront la faible garnison qu'on y laissera, si l'ennemi se présente. Du reste, la place n'est ni en état ni à l'abri d'un coup de main.

« *En voulant tout garder, on perdra tout. Je parle à Votre Excellence avec la franchise d'un soldat au désespoir et accablé de douleur en voyant notre malheureuse position.* Je tiendrai ici tant que je pourrai, afin de conserver Douai, où je n'ai pas un bataillon à mettre. Il est inutile que je demande des renseignements au général Brenier. Sa situation m'est connue. Il ne peut disposer de rien. S'il y avait du patriotisme et du dévouement chez les habitants, notre situation serait supportable; mais nous sommes loin de là. Je ne suis pas sans inquiétude pour Valenciennes. L'esprit y est très mauvais, ainsi qu'à Douai. Les habitants disent qu'ils ne veulent pas souffrir un deuxième siège. J'ai ordonné à Carra-Saint-Cyr de se battre contre l'ennemi et contre les habitants, si ces derniers osent trahir leur devoir.

« Il résulte de tout cela que Landrecies, Le Quesnoy, Maubeuge, Condé, Lille et Valenciennes sont à l'abri d'un coup de main, mais ne sauraient soutenir un siège; que Douai, Bouchain, Cambrai, Ypres et Dunkerque sont un peu plus à la merci de l'ennemi. Je ne dois pas le cacher à Votre Excellence, c'est mon devoir de le lui dire. Il n'y a que les bataillons qui défendent les places et les provinces ; le zèle le plus pur, le dévouement le plus absolu et qui durera autant que moi, n'y peuvent rien.

« L'ennemi a fait sommer Condé le 10. Hier, 11, 10,000 hommes se sont approchés de la place; on a tiré quelques coups de canon sur eux. Valenciennes aussi a été sommée. Le général Carra-Saint-Cyr n'a pas voulu recevoir le parlementaire. Il a fait sortir quelques troupes et a repoussé les tirailleurs, qui étaient venus jusque sur les glacis. Le gros ennemi avait pris poste à Saint-Saulve. Landrecies a aussi été tâté par l'ennemi.

« Les troupes que j'ai en tête, et qui sont commandées par Bülow, ont passé l'Escaut à Escanaffles et menacent mon flanc gauche et ma communication avec Lille. J'ai placé hier le général Meuziau en potence sur mon flanc gauche avec trois escadrons de chasseurs et un bataillon. Il a pris poste à Lannoy et observe le ruisseau de l'Espierre depuis Espierres jusqu'à Wattrelos. Le général Henry, qui est à Menin, avait un poste à Courtrai : il a été obligé de l'évacuer. L'ennemi est entré le 10 dans cette ville. Tous ses mouvements ont pour but de m'obliger à quitter mon poste de Tournay, ce que je ne ferai pas pour des mouvements de cavalerie ou d'avant-garde, mais seulement quand le gros du corps de Bülow les appuiera. »

Heureusement pour Maison, Bülow n'allait pas avoir la possibilité d'appuyer les pointes des coureurs et les incursions des cosaques.

13 février 1814. — Marche de Bülow sur Laon. — Pendant que Maison rendait compte au Ministre, le prince royal de Suède, Bernadotte, arrivé à Cologne, avait envoyé à Bülow, dont le corps faisait partie de son armée, l'ordre de concentrer ses troupes à Mons et d'y attendre de nouvelles instructions. Mais le général prussien, informé par Winzingerode des échecs éprouvés par Blücher en Champagne, était déjà décidé à presser le plus vite possible son mouvement vers l'Aisne et à suivre Winzingerode dont nous exposerons un peu plus loin la marche et les opérations.

Rien ne retenait plus Bülow dans un pays évacué par les Français. Les troupes du III° corps fédéral étaient plus que suffisantes pour observer Anvers de concert avec les Anglais et achever la conquête de la Belgique. Avant de commencer sa marche vers la France, Bülow avait même prévenu le duc de Saxe-Weimar que les troupes sous les ordres de Borstell cesseraient avant peu de lui être attribuées. Mais, bien que les deux généraux eussent décidé de diriger Borstell sur la France dès que les derniers échelons du III° corps fédéral auraient rallié et permis au duc de disposer des troupes encore employées devant Anvers, la division tout entière de Borstell n'en resta pas moins en Belgique jusqu'à la fin de la campagne.

Arrivé le 13 à Braine-le-Comte [1], le 14 à Soignies, le 15 à Jem-

---

[1] Maison, rendant compte le 14 février au Ministre, lui exposait en ces termes la situation :

« Je tiens toujours ma position de l'Escaut sur Tournay. D'après mes derniers rapports, l'ennemi a 500 hommes à Thielt, 1500 à Oudenarde, 2,000 à 3,000 à Leuze, infanterie et cavalerie, 4,000 à Ath, quelques milliers de cavaliers sur Mons et Condé, peu d'infanterie. Le corps qui est à Leuze est commandé par Hellwig, celui d'Ath par Borstell. Bülow doit être encore à Bruxelles avec 5,000 à 6,000 hommes. Le prince d'Orange et le duc de Weimar y sont depuis le 9. On prétend que le duc d'Angoulème y est aussi. On annonce qu'il y a à Liège 8,000 Saxons, Russes et Prussiens. Les Anglo-Hollandais se sont retirés sur Bréda depuis le bombardement d'Anvers.

« On annonce l'arrivée en Belgique du prince royal de Suède qui, le 9, n'avait pas encore passé le Rhin ; il serait à Dusseldorf.

« L'ennemi n'avait encore rien à Gand ce matin. Une reconnaissance qu'il a envoyée le 13 sur Courtrai, a été sabrée et poursuivie par la gendarmerie qui a pris un officier et un homme du corps d'Hellwig. Mes flanqueurs de gauche occupent Menin, Tourcoing et Lannoy. » (Maison au Ministre de la guerre, Tournay, 14 février ; *Archives de la Guerre.*)

Dès le départ de Bülow pour Mons, le duc de Weimar avait concentré son corps autour de Bruxelles. Se trouvant trop faible, il avait dès le 14, donné

mapes et le 16 à Mons, Bülow faisait savoir le 17 à Blücher qu'il se remettrait en route dès le lendemain avec 16,000 hommes environ de troupes fraîches.

Le 18, après avoir franchi l'ancienne frontière à Solre-le-Château, il poussait jusqu'à Pont-sur-Sambre. Passant entre Maubeuge et Avesnes qu'il contournait, il était le 19 à Cartignies et le 20 à La Capelle. Prenant de là la grande route par Vervins, Sains et Marle, il entrait à Laon le 24 février.

6 février 1814. — Winzingerode quitte Namur. — Mouvement de Tchernitcheff et des partisans Lützow et Colomb. — Winzingerode, de son côté, était arrivé à Namur le 2 février. Confiant le blocus de Maëstricht au général-major Kniper avec un régiment de cosaques et les dragons de Finlande[1], il avait, sans plus tarder, fait filer son avant-garde sur Philippeville. Toutefois, croyant imprudent de tenter un mouvement à travers les places de la frontière tant que Givet, Philippeville et Maubeuge resteraient aux mains des Français, espérant encore que Bülow se déciderait à entrer en France en même temps que lui, il resta à Namur jusqu'au 6. Voyant alors qu'il ne réussirait pas à forcer Philippeville, il se décida en présence d'un ordre formel de l'empereur Alexandre à quitter Namur, à se porter sur Sombreffe et à prescrire à son avant-garde, sous les ordres de Tchernitcheff, de laisser en arrière un régiment de cosaques destiné à masquer Philippeville et de se porter sur Avesnes. Pendant qu'il essayait de surprendre Philippeville, afin de détourner l'attention des Français et de les induire en erreur sur la direction qu'il comptait prendre, Tchernitcheff avait poussé des partis sur sa droite au nord et à l'ouest de Mons ; d'autres coureurs battaient l'estrade sur sa gauche à Stenay et à Mouzon et en avant de son front sur Maubert-Fontaine, où ils se montrèrent le 2 février, et sur Aubenton qu'un détachement occupa le 4. L'extrême gauche de Tchernitcheff était encore couverte par les corps volants de Lützow qui, venant de Liège par Huy et Rochefort, était arrivé le 3 à Cari-

---

à Gablenz l'ordre de lui envoyer de Lierre deux de ses cinq bataillons et une de ses deux batteries. Gablenz n'avait plus à Lierre que trois bataillons, deux escadrons et une batterie à cheval.

[1] *Journal d'opérations de Winzingerode*, n° 184.

gnan, et de Colomb qui, après avoir opéré sa jonction avec Lützow à Saint-Hubert le 31 janvier, enleva, aux environs de Chiny, une trentaine d'hommes à un escadron français sorti de Sedan et poussa ensuite jusqu'à Carignan, où les deux partisans restèrent du 3 au 8 février, battant l'estrade du côté de Stenay, de Dun et dans la direction de Verdun.

9 février 1814. — Tchernitcheff à Avesnes. — Pointe des Cosaques sur Reims. — Pendant ce temps, Tchernitcheff filait sur Avesnes, dont les habitants empêchaient le commandant de se défendre et ouvraient eux-mêmes, le 9, leurs portes aux cosaques. D'Avesnes, Tchernitcheff envoya immédiatement des partis sur Maubeuge et Landrecies.

La prise d'Avesnes avait une importance réelle pour Winzingerode, en ce que cette place allait désormais lui servir de point d'appui, assurer et couvrir ses communications et lui permettre de se servir sans crainte de la route que Wellington et Blücher suivront un peu plus d'un an plus tard pour marcher sur Paris après la bataille de Waterloo.

Quelques jours auparavant, le 5, les Cosaques avaient poussé de Maubert-Fontaine des reconnaissances vers Rethel. « Trois officiers cosaques ont dîné le 5 à Aubigny chez une dame de ce village, écrivait le général Janssens au maréchal Kellermann[1]. Ils connaissaient les noms des autorités, leur fortune, leurs opinions politiques et disaient qu'ils allaient s'emparer de Philippeville et de Rocroy. »

Un parti de 150 chevaux venu le 6 jusqu'à Rozoy-sur-Serre, avait cerné et enveloppé à Mainbressy un détachement d'infanterie que les paysans et les gardes nationaux chargés de le soutenir avaient abandonné[2]. Il était clair dès lors que Tchernitcheff ne tarderait pas à menacer d'abord Laon, puis Soissons. Le doute était d'autant moins possible que le lendemain 6 des cosaques, passant par Montcornet, franchissaient l'Aisne à Neufchâtel-sur-l'Aisne et réussissaient par une marche audacieuse à s'emparer de Reims.

---

[1] Général Janssens au maréchal Kellermann, Mézières, 9 février. (*Archives de la guerre.*)

[2] Général Berruyer au Ministre de la guerre, Soissons, 5 février, et maréchal Moncey au Ministre, 7 février. (*Archives de la guerre.*)

9-11 février 1814. — **Marche sur Laon.** — Tchernitcheff s'était arrêté d'autant moins longtemps à Avesnes qu'il savait le gros du corps en marche pour le rejoindre. Le jour même de son entrée à Avesnes, ses cosaques se montraient sur sa gauche à Chimay et sur son front à Hirson. Le 10, à la pointe du jour, ils étaient déjà à Vervins et, le soir, ils occupaient Marle. Le 11, un parti, arrivé jusqu'à une petite lieue de Laon, à Chambry, se portait sur le faubourg de Vaux qu'il traversait au galop et apparaissait au pied de la montagne de Laon. Une sortie faite par une cinquantaine d'hommes du train d'artillerie les obligea à se replier sur Chambry. Mais les autorités et les quelques soldats qui se trouvaient à Laon évacuèrent le soir même la ville dont les cosaques du lieutenant-colonel prince Lapoukhine (cosaques d'Ilowaïsky IV et de Dietschkine) prirent possession le 12 dans la matinée. L'avant-garde de Tchernitcheff, tout en s'étendant vers sa droite, continuait, d'ailleurs, sans interruption son mouvement vers Soissons. Le 12, dans l'après-midi, une partie des cosaques de Lapoukhine occupait déjà Crépy-en-Laonnois sur la route de Laon à La Fère; le soir, leurs éclaireurs étaient sous les murs de La Fère, où les autorités et le commandant de la place de Laon avaient cherché un refuge. Dès le 9 et aussitôt après son entrée à Avesnes, Tchernitcheff s'était également étendu vers sa droite. 40 de ses cosaques s'étaient montrés un moment, le 9 au soir, à Guise. Le 11, ils apparaissaient sur les bords de l'Oise, à Origny-Sainte-Benoîte, entre Guise et Saint-Quentin [1]. Enfin, le 13, le colonel Elsenwangen, appartenant au corps des cosaques de Narischkine, sommait Saint-Quentin de se rendre [2]. Amené en présence du maire et du sous-préfet, auxquels il annonça que leur refus ne tarderait pas à leur valoir l'attaque d'un corps considérable, il se retira après avoir demandé et obtenu une déclaration écrite.

Bien qu'on s'attendît à voir cette menace se réaliser, tout resta tranquille du côté de Saint-Quentin parce que Tchernitcheff avait eu besoin de tout son monde pour son opération contre Soissons.

---

[1] Bulletin sur la situation de La Fère, 13 février, 10 heures du matin, et général Sokolnicki au général Dombrowsky, Compiègne, 13 février. (*Archives de la guerre.*)

[2] Maire de Saint-Quentin au Ministre de la guerre et adjudant-commandant Bouchard au Ministre, La Fère, 13 février. (*Archives de la guerre.*)

13 février 1814. — Marche de Tchernitcheff sur Soissons. — Affaire de La Perrière. — Le 13, Tchernitcheff[1], après avoir obtenu de Winzingerode l'autorisation de tenter à ses risques et périls un coup de main sur Soissons, apparaissait avec ses 4,200 hommes devant la place, pendant que le gros du corps de Winzingerode arrivait à hauteur de Laon.

Tchernitcheff se présenta du côté où l'on redoutait le moins une attaque. Son avant garde, sous les ordres du général Benkendorf, vint donner dès le matin à la ferme de La Perrière, sur la montagne de Crouy contre un poste composé de jeunes soldats qui, soutenu à temps par deux compagnies amenées par le général Danloup-Verdun, réussit à tenir depuis le matin jusqu'à 2 heures.

L'entrée en ligne de l'infanterie russe obligea ce poste à céder, non seulement La Perrière, mais même le village de Crouy, et à rentrer un peu après 4 heures dans les faubourgs de Soissons. L'aide de camp de Tchernitcheff, le capitaine Schöning, somma la place de se rendre. Reçu par Danloup-Verdun, qui connaissait les intentions du général Rusca, il se retira, et les cosaques se replièrent lorsqu'on leur eut envoyé quelques coups de canon.

14 février 1814. — Prise de Soissons. — La nuit se passa tranquillement. Mais le 14, à 10 heures du matin, les troupes russes qui s'étaient déployées en avant de Crouy et dont les deux ailes s'appuyaient à l'Aisne, se portèrent en avant, pendant que l'artillerie russe écrasait de ses feux, durant 5 heures, les remparts de la ville.

Au moment où le général Rusca se préparait à exécuter une sortie, il fut frappé mortellement d'un biscaïen à la tête. L'artillerie de la place était déjà réduite au silence. La mort de leur chef acheva de décourager les défenseurs de Soissons, qui lâchèrent complètement pied en voyant déboucher l'infanterie russe.

Tchernitcheff profitant d'une confusion dont il ne connaissait pas encore les causes, avait fait brèche dans les remparts, enfoncé les portes et poussé vers le pont de l'Aisne son infanterie suivie par

---

[1] Tchernitcheff avait avec lui les 19ᵉ et 44ᵉ régiments de chasseurs, le régiment de chasseurs à cheval de Niéjinsk, les uhlans de Volhynie, 4 régiments de cosaques et 8 pièces d'artillerie.

sa cavalerie et par ses cosaques. Soissons était perdu. On essaya encore de tenir au pont qu'on avait négligé de miner. Mais les Russes ne tardèrent pas à forcer le passage et à se répandre dans la ville. Les généraux Danloup-Verdun, Berruyer et Longchamps abandonnant toute leur artillerie, se replièrent avec un obusier et un millier d'hommes. Poursuivis par les cosaques qui s'emparèrent en route du général Longchamps et de 500 hommes, ils atteignirent enfin Compiègne avec quelques hommes après avoir noyé dans un fossé l'obusier et ses munitions [1].

Winzingerode se conduisit à Soissons avec une rare modération : dès son entrée dans la ville, il arrêta le pillage. Le 15 au matin, il fit rendre, par ses troupes, les honneurs militaires aux restes du général Rusca et assista lui-même, avec ses généraux et les officiers supérieurs de son corps d'armée, aux obsèques célébrées en grande pompe.

15-17 février 1814. — Winzingerode évacue Soissons et se dirige vers Reims. — Le 15 au soir, rappelés par Blücher, les Russes évacuaient Soissons sans y laisser de garnison. Le 16, l'avant-garde de Winzingerode reprit son mouvement et poussa, le 17, vers Épernay. Le gros du corps de Winzingerode vint s'établir à Reims où, sur l'ordre de l'empereur Alexandre, il devait rester, en attendant l'arrivée des corps de Woronzoff et de Strogonoff [2].

Les corps volants de Lützow et de Colomb, passant par Saint-Mihiel, Saint-Dizier et Châlons, avaient rejoint l'armée de Silésie, battu le pays sur la droite de Blücher du côté d'Avize et d'Épernay, le 12, et suivi le feld-maréchal dans sa retraite sur Châlons.

Tettenborn, venant du Schelswig, était encore en marche et devait rejoindre Winzingerode le 25 février, le lendemain de l'arrivée à Laon du corps de Bülow.

La jonction avec Blücher était désormais un fait accompli, en ce qui concerne le corps de Winzingerode, et l'arrivée prochaine de Bülow allait mettre avant peu les deux généraux en mesure de participer aux opérations qui aboutirent à la bataille de Laon.

---

[1] Winzingerode à l'empereur Alexandre, Soissons, 14 février. — Hennet, *La Garde nationale mobilisée de Seine-et-Oise en* 1814.

[2] Ordre de l'empereur Alexandre à Winzingerode, Troyes, 20 février, n° 98.

CHAPITRE X.

OPÉRATIONS DANS LE SUD-EST DE LA FRANCE, DEPUIS LE 1ᵉʳ FÉVRIER JUSQU'AUX PREMIERS MOUVEMENTS OFFENSIFS DE L'ARMÉE D'AUGEREAU, LE 17 FÉVRIER.

1ᵉʳ-3 février 1814. — Renforts envoyés à Scheither à Beaune. — Occupation de Chalon-sur-Saône le 4 février. — Par excès de prudence et dans la crainte de compromettre les 14,000 hommes qu'il avait échelonnés de Chalon-sur-Saône jusqu'à Montmélian, Bubna n'avait pas su profiter de la faiblesse des quelques troupes françaises qui essayaient de défendre les abords de Lyon, de tenir bon en Savoie et de couvrir le Dauphiné; d'autre part, il avait commis la faute de se laisser intimider sur la Saône par quelques rassemblements sans consistance, improvisés à l'approche de son avant-garde. Cependant la situation des Français était loin d'être brillante. Le temps d'arrêt inexplicable, apporté par Bubna aux opérations qu'il dirigeait personnellement, avait exercé son contre-coup sur celles du général Zechmeister. Au lieu de percer sur Grenoble et d'enlever par surprise cette place importante, mais désarmée et manquant de tout, il avait préféré se tourner contre la route de Chambéry à Lyon, donnant ainsi aux Français le temps nécessaire pour organiser les forces qui se rassemblaient à Valence et à l'aide desquelles ils espéraient pouvoir tenir jusqu'à l'arrivée des troupes venant de Catalogne.

Les premiers jours de février allaient d'ailleurs, comme les derniers jours de janvier, se passer assez tranquillement. Le 1ᵉʳ février, tout se borna à la mise en route de quelques renforts envoyés par le prince héritier de Hesse-Hombourg au général Scheither pour lui permettre d'enlever Chalon-sur-Saône [1].

Le 3 février, Scheither, parti de Beaune, obligeait par sa seule apparition les Français à évacuer Chagny et à se replier sur Givry et sur Chalon. Sa marche était couverte sur la rive gauche de la Saône par le détachement du major comte Saint-Quentin, et le général Legrand, se croyant trop faible pour résister à cette

---

[1] STÄRKE, Eintheilung und Tagesbegebenheiten der Haupt-Armee im Monate Februar. (*K. K. Kriegs Archiv.*, II, 1.)

attaque, se replia dans la nuit du 3 au 4 sur Buxy, abandonnant Givry et Chalon-sur-Saône au général Scheither. Le major Saint-Quentin, arrivé à Saint-Marcel, passa sur la rive droite dès que le pont fut rétabli.

3 février 1814. — Affaire de La Tour-du-Pin. — Il n'y avait eu le 3, du côté de Zechmeister, qu'une escarmouche insignifiante de cavalerie. Deux pelotons de hussards de Liechtenstein envoyés en reconnaissance sur La Tour-du-Pin, avaient donné dans un escadron de gendarmes français qui les poursuivirent, sans avoir le soin de rester unis. Le lieutenant de hussards, s'apercevant de cette faute, fit volte-face au moment où les gendarmes s'y attendaient le moins, culbuta ceux qui étaient le plus rapprochés de ses hussards, leur enleva quelques hommes et obligea le reste de l'escadron à se retirer en toute hâte.

Sur l'Isère, comme l'écrivait le général Dessaix, toujours posté à La Chavanne, en face de Montmélian, aucun événement ne s'était produit. Les Autrichiens s'étaient contentés de faire parcourir la Tarentaise à leurs détachements et de jeter sur la rive gauche de l'Isère, à hauteur de Saint-Pierre-d'Albigny et de Conflans, quelques partis qui, évitant tout engagement, se retirèrent et repassèrent sur la rive droite, à l'approche des reconnaissances de Dessaix.

L'occupation de Chalon-sur-Saône par le général Scheither et l'arrivée d'une dépêche de Schwarzenberg [1] par laquelle, en donnant avis de la victoire de La Rothière, il invitait Bubna à faire réoccuper au plus vite Mâcon, dont le généralissime regrettait l'évacuation, auraient dû décider le général autrichien à reprendre l'offensive et à faire soutenir, tout au moins par une partie de ses troupes, l'opération sur Mâcon, dont l'exécution était confiée à Scheither.

5 février 1814. — Affaire de Montluel. — Bien que Bubna sût parfaitement tout ce qui se passait à Lyon, il semble que la reconnaissance offensive, exécutée le 5 février par quelques escadrons de cavalerie française sur ses avant-postes de Montluel, ait

---

[1] Schwarzenberg à Bubna, Bar-sur-Aube, 2 février. (*K. K. Kriegs Archiv.*, II, 13.)

suffi pour le faire renoncer à la moindre démonstration du côté de Lyon. L'avantage remporté par la cavalerie française était cependant bien insignifiant. Les avant-postes autrichiens avaient dû, il est vrai, se replier de Montluel sur Meximieux ; mais la cavalerie française, n'étant pas soutenue, n'avait pas osé attaquer cette position et s'était repliée le soir même pour rentrer dans ses cantonnements de Miribel, dès que l'avant-garde autrichienne se fût montrée et eût recueilli ses avant-postes. L'inaction de Bubna était d'autant moins justifiée que l'avant-garde des troupes venant de Catalogne, il le savait fort bien, n'était pas encore arrivée à Nîmes. « On rassemble la garde nationale à Lyon, écrivait-il à Schwarzenberg [1], et je ne crois pas qu'avant longtemps on puisse tenter de Lyon quoi que ce soit de sérieux et de nature à menacer les derrières de l'armée d'opérations. » Bubna aurait donc dû profiter d'une situation si favorable pour lui, pour brusquer les choses, réunir ses forces qu'il avait disséminées, et entreprendre de suite quelque chose, d'une part contre Mâcon, de l'autre contre Lyon et Grenoble. Renseigné comme il l'était, il n'ignorait pas que les quelques bataillons de nouvelle formation, qui avaient rejoint Augereau, étaient les uns sans armes, les autres mal armés ; que les hommes de ces bataillons étaient à peine habillés et incomplètement équipés, sans sacs, sans gibernes, sans instruction ; qu'Augereau manquait d'argent et que les magasins de l'armée française étaient vides. Il y avait, en outre, intérêt pour lui à empêcher les populations de s'armer et de se soulever, et il le sentait si bien que, à propos de l'occupation de Châlon par Scheither, il insistait tout particulièrement sur ce point. « Le général Scheither, écrivait-il dans la dépêche que nous venons de citer [2], a désarmé plusieurs villages en marchant sur Chalon et a fait fusiller, sur mon ordre, un paysan trouvé les armes à la main. Cette exécution a produit un effet salutaire. » Bubna n'avait donc aucun motif pour rester inactif : il ne pouvait même pas, comme Augereau, motiver son immobilité par l'état précaire des troupes placées sous ses ordres. Et cependant, il se borna à prescrire à Scheither de continuer son mouvement sur

---

[1] Bubna à Schwarzenberg, Genève, 7 février. (*K. K. Kriegs Archiv.*, II, 194.)

[2] Bubna à Schwarzenberg, Genève 7 février. (*K. K. Kriegs Archiv.*, II, 194.)

Mâcon et de faire suivre le général Legrand par des partis et par des colonnes mobiles.

6 février 1814. — Occupation de Tournus. — Reconnaissance de Fort-Barraux. — Affaires de Chapareillan. — Scheither, avant de reprendre son mouvement, fit partir le corps volant du lieutenant-colonel Menninger, qu'il dirigea sur Charolles, pendant que le major comte Saint-Quentin occupait, le 6, Tournus sans y trouver de traces des Français.

Zechmeister avait essayé le même jour de pousser une reconnaissance sur la position de Fort-Barraux, en tournant les postes français de Chapareillan. Un bataillon et quatre compagnies partis de Saint-Baldoph, devaient se porter par La Palud à Belle-Combe, au sud de Chapareillan. Un bataillon, deux compagnies, une batterie et deux escadrons de hussards Liechtenstein, marchaient en même temps par la grande route de Grenoble, des Marches, sur Chapareillan et, de là, sur Fort-Barraux. Deux compagnies d'infanterie flanquaient leur gauche en bordant la rive droite de l'Isère. Le général Zechmeister parvint à chasser devant lui, du bois de la Servette et de Cernon, les postes avancés de Chapareillan ; mais ses progrès furent arrêtés par les troupes du général Dessaix, qui tinrent bon à Belle-Combe. Zechmeister, rejeté à son tour, fut suivi si vivement par les Français que, pour donner à ses troupes le temps de se replier, il fut obligé de soutenir deux combats d'arrière-garde, le premier entre Belle-Combe et Belle-Combette, le deuxième à La Palud. A la suite de cette reconnaissance infructueuse, les Autrichiens rentrèrent dans leurs anciennes positions et les Français continuèrent à occuper le poste de Chapareillan, dont le général Dessaix fit renforcer la garnison par 300 hommes envoyés de Pontcharra par le général Marchand [1].

8-9 février 1814. — Scheither à Tournus et à Mâcon. — Le 8 février, Scheither, laissant dix compagnies pour garder Chalon-sur-Saône et Givry, se mit en marche avec le reste de sa brigade, rejoignit le major comte Saint-Quentin à Tournus [1] et arriva le 9 à Mâcon.

---

[1] STÄRKE, *Eintheilung und Tagesbegebenheiten der Haupt-Armee im Monate Februar* (*K. K. Kriegs Archiv.*, II, 1), et comte de Saint-Vallier au Ministre de la guerre, Grenoble, 8 février. (*Archives de la guerre.*)

Le général Legrand, menacé par le raid du lieutenant-colonel Menninger, n'essaya même pas de se porter de Chalon sur Mâcon : il s'empressa de se réfugier de Chalon dans l'Allier et, quand il s'arrêta le 9 à Chevagnes, environ à mi-chemin de la Loire à Moulins, il ne restait plus autour de lui que 180 hommes.

Le même jour, Bubna, souffrant d'une violente attaque de goutte, remettait momentanément le commandement au général Klebelsberg.

10 février 1814. — Mouvement des partis de cavalerie en avant de Mâcon, vers la Grande-Chartreuse et vers Lyon. — Le 10, les partis de cavalerie de Scheither sortirent de Mâcon, pour s'arrêter à 4 kilomètres plus loin, à Varennes et à Vinzelles.

En Savoie, quelques partis s'étaient montrés en avant des Échelles vers la Grande-Chartreuse, tandis que d'autres, observant la route de Lyon à Pont-de-Beauvoisin, paraissaient à La Tour-du-Pin.

11 février 1814. — Marche de Wieland sur Saint-Trivier. — Mouvements sur Trévoux et Villefranche. — Le lendemain 11, on constate un mouvement donnant à croire que Bubna reconnaissait, enfin, les inconvénients de sa position et les périls que pouvait lui faire courir la dispersion inutile et toujours dangereuse de son corps. Le colonel Wieland, laissant deux escadrons seulement à Bourg, alla avec sa brigade à Villars et à Saint-Trivier sur Moignans. Il pouvait, de cette façon, soutenir le major comte Saint-Quentin qui allait repasser aux environs de Thoissey sur la rive gauche de la Saône, se porter sur Montmerle et essayer de pousser jusqu'à Trévoux. Il semble, d'ailleurs, qu'on ait résolu de mettre désormais un peu plus d'ensemble dans les opérations sur la Saône.

Le mouvement de Wieland coïncidait non seulement avec la pointe de Saint-Quentin vers Trévoux, mais avec l'envoi d'un parti de cavalerie de Scheither dans la direction de Belleville et de Villefranche. Un autre parti de cavalerie, passant par Montluel, y réquisitionnait des vivres et des fourrages et les dirigeait sur Meximieux[1].

---

[1] Stärke, Eintheilung und Tagesbegebenheiten der Haupt-Armee im Monate Februar. (*K. K. Kriegs Archiv.*, II, 1.)

Du côté de Dijon, où le prince héritier de Hesse-Hombourg avait établi son quartier général, tout s'était borné jusqu'à ce jour au blocus d'Auxonne et à quelques escarmouches avec la garnison de cette place.

12 février 1814. — Les Français se renforcent en Savoie. — Escarmouche de Saint-Georges. — Inaction d'Augereau. — Le 12, bien que les troupes françaises n'aient fait de mouvement ni en Savoie, ni en Dauphiné, ni sur la Saône, on commença cependant à redouter une reprise imminente des opérations en Savoie.

L'attitude des troupes des généraux Marchand et Dessaix avait donné à réfléchir à Zechmeister. Les renseignements qu'il avait recueillis lui avaient fait connaître l'arrivée de renforts reçus par ces généraux qui disposèrent, dès ce moment : Dessaix de 5,000 hommes, Marchand de 2,000 hommes.

Les reconnaissances envoyées par Scheither avaient aperçu, elles aussi, pour la première fois, des troupes françaises ; mais les deux compagnies et les escadrons postés avec une demi-batterie en soutien de ces reconnaissances à La Maison-Blanche (à 3 kilomètres en avant de Saint-Symphorien d'Ancelles) n'eurent pas à intervenir.

L'une de ces reconnaissances envoyée vers Beaujeu, ne trouva personne ; l'autre, dans sa marche vers Villefranche, avait bien rencontré, aux environs de Saint-Georges de Rencins, un parti de cavalerie française se portant sur Saint-Jean d'Ardière, mais ce parti se retira sans combattre [1].

L'inaction du maréchal Augereau devenait de jour en jour plus incompréhensible. Non seulement il avait permis à Scheither d'enlever sans combat Chalon-sur-Saône et Mâcon et de menacer Villefranche ; mais il n'avait même pas secondé et encouragé les bonnes dispositions des populations dont « l'attitude, disait le capitaine Wüsthof dans son rapport au général Scheither, est manifestement hostile. » L'Empereur, le major général et le ministre de la guerre, ne comprenant plus rien à la mollesse du maréchal, allaient à partir de ce moment lui prescrire presque

---

[1] Capitaine von Wüsthof au général-major Scheither, Maisons-Blanches, 12 février (*K. K. Kriegs Archiv.*, II, 391, *a*), et STÄRKE, Eintheilung und Tagesbegebenheiten der Haupt-Armee im Monate Februar. (*Ibid.*, II, 1.)

journellement de prendre une offensive dont, en raison même des effectifs peu considérables des Autrichiens, on était en droit d'attendre de bons résultats. On ne devait pas non plus lui épargner des reproches dont il fit, d'ailleurs, aussi peu de cas que des ordres mêmes de l'Empereur.

Dès le 12, le Ministre de la guerre [1] lui mandait, avec une raideur peu habituelle chez lui, que « l'on s'étonnait des événements des départements du Mont-Blanc et de l'Isère qu'on eût dû prévenir. »

Il eût suffi, en effet, de faire pénétrer dans le département du Mont-Blanc quelques troupes passant par La Tour-du-Pin et Saint-Genix, pour s'emparer du passage important du col du Mont du Chat, près du Bourget, menacer les derrières des troupes autrichiennes entrées dans l'Isère, les obliger à évacuer le Dauphiné et à renoncer peut-être même à garder le poste des Échelles. Mais ce qui était surtout essentiel et urgent, c'était, comme le disait Clarke : « de ne plus perdre de temps et de repousser immédiatement les Autrichiens le long de la Saône pour rentrer dans Mâcon et dans Chalon et menacer la gauche et les derrières des corps autrichiens de Dijon et de Besançon. » Le Ministre ajoutait encore que : « ce mouvement bien dirigé pouvait avoir une influence considérable sur les opérations de la Grande Armée et faire une diversion très utile en faveur de l'Empereur. »

Le duc de Castiglione aurait d'autant mieux pu commencer son offensive dès le 12, que les troupes d'Espagne le rejoignaient à ce moment. Une première colonne forte de 1300 hommes était déjà entrée à Lyon le 10; une autre, composée de 2,500 hommes suivait à 24 heures d'intervalle; une troisième colonne d'infanterie devait y arriver le 14. Le premier échelon de cavalerie et d'artillerie était attendu le 16, et la queue de la cavalerie le 21 et le 22.

La situation d'Augereau était bien telle que le Ministre de la guerre la représentait à l'Empereur, telle qu'il l'exposait dans cette dépêche du 12 dont nous venons de parler. La modification qui s'était produite dans la situation du maréchal et qui aurait pu lui permettre de prendre l'offensive le 10 ou le 12 au plus tard, était, d'ailleurs, également connue de Bubna. Dès le 12 et le 13, il signalait au grand quartier général et au prince héritier de Hesse-

---

[1] Clarke au duc de Castiglione, 12 février. (*Archives de la Guerre.*)

Hombourg les armements des Français à Lyon et à Grenoble. Il s'attendait à tout instant à voir Augereau prendre l'offensive entre la Saône et le Rhône. Et, cependant, en dehors des renseignements fournis par ses émissaires, il n'y avait encore eu de son côté que des escarmouches, des affaires d'avant-postes qui, quoique insignifiantes, avaient suffi pour l'inquiéter [1].

13 février 1814. — Affaire de Saint-Pierre-d'Entremont. — Craintes de Bubna et du prince héritier de Hesse. — Ordres à Scheither. — Dans la nuit du 12 au 13, deux compagnies franches placées dans les montagnes de la Chartreuse, près d'Entremont, avaient surpris un poste autrichien à Saint-Pierre-d'Entremont [2]. Ce coup de main exécuté par ordre de Dessaix et en dehors de toute intervention de la part du maréchal, avait fait redouter à Bubna un mouvement plus sérieux contre les Échelles.

Les craintes émises par Bubna avaient été confirmées par les nouvelles recueillies par les émissaires de Scheither qui s'était empressé d'informé le prince héritier de Hesse-Hombourg et des préparatifs qu'on faisait à Lyon et de l'arrivée des renforts. L'avant-garde de Scheither était à ce moment à La Chapelle-de-Guinchay, entre Belleville et Mâcon qu'occupait le gros de sa brigade. Ses communications avec Chalon étaient assurées par deux escadrons de hussards qui venaient de le rejoindre et qu'il avait postés à Tournus. Comme les différents renseignements semblaient révéler l'imminence d'une action offensive énergique, le prince héritier de Hesse-Hombourg, pensant qu'Augereau allait agir immédiatement, envoya, dès le lendemain 14, à Scheither, l'ordre de rallier sa brigade qu'il trouvait trop disséminée, de faire rentrer le lieutenant-colonel Menninger et de rappeler à lui les partis qu'il avait expédiés un peu de tous côtés afin de découvrir les projets de l'ennemi. Bien que ces partis eussent annoncé à Scheither l'évacuation de Villefranche et la retraite des postes de cavalerie française vers Lyon, le prince héritier de Hesse-Hombourg n'en avait pas moins fait partir pour Bourg la brigade du général

---

[1] STÄRKE, Eintheilung und Tagesbegebenheiten der Haupt-Armee im Monate Februar. (*K. K. Kriegs Archiv.*, II, 1.)

[2] Comte de Saint-Vallier au ministre de la guerre, Grenoble, 15 février. (*Archives de la guerre.*)

Wimpffen, dont il pouvait à la rigueur se passer devant Auxonne[1].

Le soulèvement des populations contribuait, d'ailleurs, à augmenter les craintes du prince qui venait d'être obligé de procéder au désarmement des habitants de trois localités bien éloignées cependant les unes des autres, Cuiserey, près de Mirebeau-sur-Bèze, Saint-Gengoux-le-Royal et Cluny.

15 février 1814. — Reprise des Échelles et de la Grotte par les Français. — Mais, comme si rien n'eût dû modifier les projets du duc de Castiglione, comme si rien n'eût pu l'obliger à sortir de cette inaction dans laquelle il semblait se complaire, il se borna à écrire au Ministre pour lui annoncer l'arrivée, à Lyon, des premières troupes de Catalogne et à Vienne des six bataillons de la réserve de Nîmes. Il se garda bien de parler de la reprise d'opérations qu'il aurait déjà pu et dû commencer *depuis cinq jours*[2].

Les généraux Dessaix et Marchand étaient heureusement moins timides et moins hésitants que le duc de Castiglione et, le 15, ils attaquaient le général Zechmeister sur toute sa ligne. Après une marche des plus pénibles, durant laquelle les troupes du général Barral avaient été retardées par les eaux, la glace et le passage de nombreux défilés, elles avaient, après 7 heures de combat, réussi à déloger les Autrichiens du poste des Échelles et les avaient obligés à se replier sur Saint-Jean-de-Couz, après leur avoir enlevé le défilé de la Grotte[3].

Une autre colonne française, celle du général Chabert, partie le matin de Voiron, s'était portée, par une marche rapide, sur le pont de Chaille et avait occupé le plateau de la rive gauche empêchant les défenseurs des Échelles, d'abord de recevoir des renforts, puis de chercher à opérer leur retraite par la vallée du Guier. Cette colonne se porta le lendemain 16 sur Pont-de-Beauvoisin où elle ne trouva plus personne[4].

---

[1] Stärke, Eintheilung und Tagesbegebenheiten der Haupt-Armee im Monate Februar (*K. K. Kriegs Archiv.*, II, 1), et prince héritier de Hesse-Hombourg à Schwarzenberg, Dijon, 15 février (*Ibid.*, II, 426).

[2] Augereau au Ministre, Lyon, 14 février. (*Archives de la guerre.*)

[3] Stärke, Eintheilung und Tagesbegebenheiten der Haupt-Armee im Monate Februar (*K. K. Kriegs Archiv.*, II, 1), et Bubna à Schwarzenberg, Genève, 17 février (*Ibid.*, II, 483), et général Marchand au Ministre (*Archives de la guerre*).

[4] Général Chabert au Ministre. (*Ibid.*)

De son côté, le général Dessaix harcelait les Autrichiens à Montmélian. Désirant épargner la ville, il parlementait avec le général autrichien dans l'espoir de le décider à se retirer [1], tandis que le feld-maréchal lieutenant Klebelsberg, s'attendant à voir le mouvement offensif des Français s'accentuer de plus en plus, donnait, le 15 au soir à ses troupes, l'ordre de se concentrer plus en arrière et de couvrir la route de Genève [2].

L'attitude des populations oblige Scheither à s'arrêter. — Malgré l'immobilité d'Augereau, la nouvelle de l'arrivée prochaine des troupes d'Espagne avait suffi pour relever le moral des populations. La présence du général Legrand qui, après avoir dû se retirer jusque vers l'Allier, se reportait en avant avec un millier d'hommes rassemblés à la hâte et tirés des dépôts et se dirigeait vers la Loire, avait décidé les paysans à courir aux armes, à attaquer, à enlever les petits postes, à tendre des embuscades aux petits détachements. Ce commencement de levée avait déjà eu pour résultat d'obliger Scheither à s'arrêter et à concentrer entre Saint-Symphorien-d'Ancelles, La Chapelle-de-Guinchay et Mâcon ses onze compagnies, ses vingt escadrons et sa batterie à cheval. C'était là tout ce qui barrait aux Français la route de Chalon-sur-Saône.

16 février 1814. — Lenteur des opérations en Savoie. — Les hésitations du duc de Castiglione, le manque d'instructions précises et formelles avaient entravé les opérations à peine commencées en Dauphiné et en Savoie. Ce fut vraisemblablement parce qu'il agissait sans ordre du maréchal que, au lieu d'enlever de vive force Montmélian, le général Dessaix préféra négocier avec les Autrichiens et perdre pour le moins deux jours pour déborder une position que l'ennemi déclarait ne vouloir évacuer que s'il était attaqué à la fois de front et de flanc. Pour arriver à ce résultat et ménager la ville, Dessaix, toujours posté à La Chavanne, avait cru bien faire en s'assurant d'abord la route de la Tarentaise, sur laquelle il envoyait le 17 une petite colonne de

---

[1] Général Dessaix au général Marchand. (*Ibid.*)
[2] STÄRKE, Eintheilung und Tagesbegebenheiten der Haupt-Armee im Monate Februar (*K. K. Kriegs Archiv.*, II, 1), et Bubna à Schwarzenberg, Genève, 17 février (*Ibid.*, II, 483).

400 hommes chargée de passer l'Isère le 18 à Conflans, près d'Albertville et de balayer ensuite la route de la rive droite jusqu'à Montmélian. L'humanité du général Dessaix et le manque de direction supérieure allaient le mettre dans l'impossibilité d'agir, avant le 18, contre Chambéry, de concert avec le général Marchand.

Mais, sans parler du temps précieux inutilement perdu devant Montmélian, du retard apporté à l'apparition des Français devant Chambéry, la faiblesse et l'apathie du commandement, qui avaient déjà eu pour conséquence une division regrettable des forces des généraux Marchand et Dessaix, donnèrent au général Zechmeister le loisir de préparer une retraite qu'on aurait pu lui interdire et la possibilité de tenir à Chambéry jusqu'au 19. Avec les 6,000 à 7,000 hommes dont disposaient Marchand et Dessaix, on aurait pu et dû attaquer au plus vite les 2,000 hommes que Zechmeister avait reportés entre Chambéry et Aix, sa droite vers le lac du Bourget, à Voglans, sa gauche appuyée aux montagnes des Bauches au château de Montagny et couverte par un poste de trois compagnies et de 50 chevaux.

5-22 février 1814. — Raid du lieutenant-colonel Menninger.

— Pendant qu'Augereau renonçait sans motif sérieux aux avantages que lui aurait assurés un peu d'activité et de décision, les Autrichiens avaient entrepris et réussi le premier raid de la campagne.

Arrivé à Chalon-sur-Saône le 4 février, le général Scheither avait résolu de se porter sur Mâcon, presque uniquement dans le but de se procurer les renseignements dont le prince héritier de Hesse-Hombourg avait besoin sur ce qui se passait à Lyon, et qu'il lui était impossible de recueillir et surtout de contrôler à si grande distance. N'ayant avec lui que sa brigade, dont les effectifs étaient déjà sensiblement réduits, il lui importait, au moment où il allait exécuter ce mouvement, d'être couvert, sur sa droite, contre les retours offensifs possibles du général Legrand, sur ses derrières, contre les coups de main des paysans et les entreprises des partisans de Damas. Pour ces motifs, le 5 février, au matin, il donna l'ordre au lieutenant-colonel Menninger, du 4ᵉ régiment de dragons (alors régiment de l'archiduc Léopold de Würzburg), de se porter avec un escadron de ce régiment (le 2ᵉ de la division du major) commandé par le capitaine Harrucker, sur Charolles, et de surveiller les mouvements du général Legrand qui, d'après les nouvelles qu'on possédait, avait dû passer sur la rive gauche de la Loire.

Le 7, l'escadron conduit par le lieutenant-colonel Menninger, arrivait à Charolles; le premier escadron de la division du major avait été à ce moment dirigé sur Saint-Marcel, aux portes mêmes de Chalon-sur-Saône, pour y désarmer la population et la punir du concours qu'elle avait prêté au général Legrand. Le 8, un escadron de chevau-légers de Vincent (capitaine Wouvermans), une compagnie de chasseurs (capitaine Mohr) et une section d'infanterie des confins militaires avaient rejoint le lieutenant-colonel à Charolles. L'arrivée de ces renforts permit à Menninger de battre le 9, avec les chevau-légers, tout le pays qui s'étend le long des rives du canal du centre, de fouiller Paray-le-Monial et Digoin, de pousser vers la Loire jusqu'à Bourbon-Lancy, d'enlever quelques péniches chargées de vin et destinées à l'armée française, et de rentrer le soir même à Charolles. Le capitaine Harrucker, avec son escadron de dragons, avait remonté la Loire, passé par L'Hôpital-le-Mercier, Anzy-le-Duc et Marcigny-sur-Loire, établi à Saint-Christophe-en-Brionnais et à la Clayette des postes dont la présence avait pour but d'empêcher les rassemblements que les Français, encore postés à Charlieu, cherchaient à organiser dans les départements de la Loire et du Rhône.

L'effet produit par l'apparition inattendue des cavaliers autrichiens avait été considérable : « Mon département est menacé, écrivait le préfet de l'Allier au Ministre de la guerre. L'ennemi s'est dirigé sur Charolles et de là, sur Paray-le-Monial et Digoin, qu'il occupe. La Loire seule présente un obstacle à sa marche sur Moulins[1] ».

Le 10 et le 11, le lieutenant-colonel continua ses pointes. Traversant Châteauneuf, Charlieu, Vougy, marchant sans s'arrêter à travers une région montagneuse et difficile, il dépassait Saint-Symphorien-de-Lay et débouchait sur la route de Roanne à Lyon. A ce moment, il avait l'intention non seulement d'inquiéter de la sorte les communications de l'ennemi et d'enlever ses courriers, mais il se disposait même à pousser plus avant, à passer sur la

---

[1] Préfet de l'Allier au Ministre, Moulins, 9 février. (*Archives de la guerre.*)

rive gauche de la Loire, à se diriger sur L'Hôpital-sous-Rochefort et Boën, lorsqu'il apprit qu'une grosse colonne française était sortie de Roanne pour se porter à sa rencontre. Le tocsin sonnait dans tous les villages, l'alarme était générale. Il jugea alors prudent de renoncer momentanément à son projet et de se rejeter dans la montagne, sur Saint-Loup, à peu de distance de Tarare d'où il espérait pouvoir surveiller la route de Montbrison à Villefranche, par Tarare. Poursuivi par les gendarmes et tenant avant tout à éviter un engagement qui pouvait aisément amener la perte de son petit corps, il changea de direction et se porta vers Régny.

L'ennemi occupant cette petite ville, Menninger le fit observer par ses vedettes pendant le temps dont il avait besoin pour laisser manger et souffler ses chevaux; puis il remonta vers Thizy, qu'il trouva également gardé.

Le 12 au matin, il se décidait à se replier sur La Clayette, qu'il quittait le soir pour rentrer à Charolles, où, le 13, il recevait un renfort d'un escadron.

Cette pointe hardie avait porté la confusion et la terreur dans ces régions et paralysé les opérations de la levée. « Les coureurs de l'ennemi ont été au delà de Roanne, lit-on dans une dépêche du préfet de l'Allier [1]. La présence de l'ennemi sur la rive droite de la Loire a jeté d'autant plus d'inquiétude sur la rive gauche, qu'on ignore sa force réelle et que les démonstrations faites à Digoin et à Marcigny-sur-Loire, font craindre qu'il ne passe le fleuve si l'on ne se hâte pas de lui opposer une force supérieure. L'ennemi n'a pas encore mis le pied dans mon département, mais quoique l'invasion redoutée n'ait pas eu lieu, sa crainte seule a suffi pour faire beaucoup de mal au gouvernement. »

Aussi, le préfet termine sa dépêche en demandant qu'Augereau sorte de Lyon et prenne sans plus tarder l'offensive, et en affirmant qu'un mouvement sur la Saône suffira pour délivrer toute la région que la présence de l'ennemi vient d'inquiéter.

Augereau avait naturellement été informé de cette incursion bien avant le Ministre, mais cette nouvelle semble l'avoir aussi peu ému que la marche de Scheither sur Mâcon, que les mouvements de la cavalerie autrichienne sur Saint-Trivier, sur Moignans

---

[1] Préfet de l'Allier au Ministre de la guerre. (*Archives de la guerre.*)

et Villars. Il se contenta de diriger le 14, sur la route de Tarare à Roanne, les quelques partisans que Damas [1] était parvenu à réunir et qui, trop faibles pour rien entreprendre, se bornèrent à surveiller les mouvements que Menninger exécuta, du 15 au 22, dans les environs de Roanne, où il allait se montrer de nouveau avant de se replier sur le Charolais.

Le 15 février, en effet, Menninger, après avoir donné deux jours de repos à son monde, sortait de nouveau de Charolles. Il voulait essayer de percer jusqu'à Saint-Étienne afin de détruire la manufacture d'armes. Le 19, il avait déjà atteint, pour la deuxième fois, les environs de Thizy, lorsqu'il reçut du général Scheither l'avis que la brigade avait dû évacuer Mâcon devant des forces françaises supérieures en nombre et se replier sur Chalon-sur-Saône, ainsi que la copie de l'ordre par lequel le prince héritier de Hesse-Hombourg lui enjoignait de faire rentrer la colonne volante. A partir de ce moment, le lieutenant-colonel allait avoir à lutter contre des difficultés autrement sérieuses que celles qu'il avait rencontrées jusqu'ici. La présence de nombreux détachements, la plupart d'un effectif supérieur à celui de ses troupes, le soulèvement presque général des populations des campagnes, organisé et dirigé par des officiers, le danger de voir sa présence signalée immédiatement dès qu'il se montrait sur un point, étaient autant d'obstacles que pouvaient seuls surmonter la présence d'esprit et l'énergie du chef, le courage et l'intelligence de ses officiers, le dévouement et la confiance de ses soldats.

Menninger rallia au plus vite ses détachements, fit rentrer ses coureurs et commença le 20 février, au matin, son mouvement de retraite. Arrivé à Cluny, le lieutenant-colonel en trouva les portes fermées et les murs garnis par quelques milliers de paysans armés sous les ordres d'officiers de l'armée. D'autres bandes de paysans, massées dans la montagne, gardaient les routes et les sentiers et paraissaient décidées à lui en interdire l'accès jusqu'à l'entrée en ligne des troupes régulières venant de Mâcon. Il ne lui restait d'autre moyen que de forcer le passage. Après avoir fait sauter les portes, le lieutenant-colonel Menninger, bien que contusionné et atteint d'un coup de pierre, s'élança

---

[1] Damas, chef des partisans de la 19ᵉ division militaire, au Ministre de la guerre, rapport du 4 mars. (*Archives de la guerre.*)

dans la ville à la tête de ses cavaliers, sabrant et culbutant sur son passage tout ce qui n'avait pas eu le temps de chercher un refuge dans les maisons.

Le lieutenant-colonel réussit ainsi à s'ouvrir le chemin de Saint-Gengoux-le-Royal. Mais son petit corps n'était pas encore hors d'affaire : il allait lui falloir, le lendemain 21, s'ouvrir de nouveau le passage de vive force. Attaqué et entouré de tous côtés par de nombreuses bandes de paysans rassemblés par le maire de Saint-Vincent-des-Prés et qui lui barraient la route de Tournus à hauteur de Colombier-sous-Uxelles, le lieutenant-colonel se trouvait dans une situation encore plus critique que la veille. La moindre hésitation pouvait compromettre son détachement et rendre la retraite impossible.

Pendant que trois pelotons de cavalerie se jetaient sur les paysans postés à Colombier, Menninger se porta, avec sa compagnie de chasseurs soutenue par le reste de sa cavalerie, sur Saint-Gengoux. La simultanéité de ces deux attaques, jointe à l'énergie apportée à leur exécution, en imposa aux paysans, et le lieutenant-colonel, crevant leurs masses, parvint à gagner le chemin de Buxy. Enfin, quoique poursuivi et attaqué jusqu'au soir, le corps volant n'en réussit pas moins, grâce à la vigueur de son chef et à la bonne tenue de ses hommes, à rejoindre la brigade Scheither à Chalon-sur-Saône dans la journée du 22.

C'était à l'immobilité et à la mollesse d'Augereau, plus encore qu'à sa propre activité et à l'intelligence dont il venait de faire preuve, que Menninger avait dû de pouvoir, d'abord pousser jusqu'au delà de Roanne, puis revenir à Chalon-sur-Saône après avoir, avec une poignée d'hommes, causé une perturbation générale, jeté l'alarme, coupé les communications et retardé les armements dans quatre départements.

Renforts envoyés par Schwarzenberg à Dijon. — Comme Bubna et comme le prince héritier de Hesse-Hombourg, Schwarzenberg s'attendait si peu à voir le duc de Castiglione hésiter davantage à prendre résolument une offensive sans danger pour lui, que les nouvelles lui annonçant la marche et l'arrivée des renforts destinés à Lyon, le soulèvement presque général des populations lui avaient inspiré des craintes sérieuses pour la sûreté de ses derrières, pour la conservation de ses communications avec la Suisse et le Rhin. A Augereau débouchant de Lyon, à Marchand et à Dessaix marchant de Grenoble sur la Savoie, il ne pouvait opposer à ce moment, sur la rive droite de la Saône que les quelques troupes du prince héritier de Hesse-Hombourg ; à Genève et à Chambéry que la division de Bubna. Un mouvement un peu énergique du maréchal suffisait pour chasser ces faibles corps devant lui, s'emparer de Genève et mettre fin au blocus d'Auxonne, de Besançon, de Belfort et d'Huningue. Tout en craignant de les voir arriver trop tard, le généralissime crut donc nécessaire de diriger en toute hâte sur Dijon les renforts qu'amenaient d'Allemagne le prince Philippe de Hesse et le général Kroyher.

L'Empereur et le Ministre de la guerre avaient, d'ailleurs, reconnu, eux aussi, que les minutes étaient précieuses et qu'il fallait profiter sans plus tarder d'une situation qui ne pouvait jamais devenir plus favorable à Augereau.

Tous deux avaient nettement signifié au maréchal qu'il fallait, par une offensive immédiate, dont il ne semblait pas comprendre l'importance, obtenir des résultats certains et considérables. « Écrivez au duc de Castiglione, ainsi s'exprimait l'Empereur[1] dans sa dépêche au Ministre de la guerre de Meaux, le 15 au soir, que le voilà bien armé et que je lui ordonne dans les circonstances actuelles de se mettre en campagne pour battre Bubna et inquiéter le flanc de l'ennemi. »

Mais, ni les ordres de l'Empereur, ni les reproches de Clarke, ni l'arrivée de vieilles troupes qui lui assuraient la supériorité du nombre et encadraient solidement les régiments de nouvelle formation, ni les bonnes dispositions de la population qui courait aux armes dès qu'elle se sentait soutenue, ni les renseignements positifs qui ne lui permettaient pas de douter de la faiblesse des corps autrichiens, ni les résultats produits par le petit mouvement que Marchand et Dessaix avaient exécuté de leur propre initiative sur les Échelles et la Grotte, ne purent parvenir à décider Augereau à marcher.

Le 16 février, alors qu'il aurait déjà dû tenir la campagne depuis plusieurs jours, il trouvait encore des prétextes. Répondant à cette date[2] à la lettre par laquelle Clarke lui avait intimé le 12,

---

[1] *Correspondance*, n° 21,272.
[2] Augereau à Clarke, Lyon, 16 février. (*Archives de la guerre.*)

l'ordre formel de commencer immédiatement les opérations, il faisait observer que la division de Catalogne venait à peine d'arriver, que sa cavalerie et son artillerie étaient en retard et arriveraient seulement du 22 au 26. Il se plaignait du manque d'effets d'habillement pour la division de Nîmes, d'armes et d'équipements pour la garde nationale, de la pénurie d'argent, du défaut d'attelages pour l'artillerie, de la rareté des moyens de transport dans les régions déjà ruinées, dans lesquelles il se proposait d'opérer, enfin, de la difficulté de créer des magasins de vivres pour son armée. Au lieu d'agir de suite et de faire connaître la direction probable d'un mouvement général qui aurait déjà dû être en pleine exécution, il se rendait si peu compte de la situation déjà compromise par sa lenteur, il apercevait si peu l'occasion providentielle déjà sur le point de lui échapper, qu'il terminait sa lettre par ces mots, preuve accablante d'une inadmissible incapacité ou tout au moins d'une coupable insouciance : « Je hâterai autant que possible, *quand les troupes seront réunies et reposées*, le moment où je commencerai les opérations ; je les combinerai, en les rattachant au but principal, les rattachant de préférence à celles qui pourront menacer l'ennemi sur ses flancs et faire ainsi une diversion heureuse en faveur de la Grande Armée. »

On ne s'étonnera pas qu'en présence d'une pareille mollesse, l'Empereur ait cru devoir accabler le maréchal de reproches qu'il n'avait que trop mérités. Sans entrer plus avant dans l'examen des différents prétextes que le maréchal, et plus tard ses panégyristes ont invoqués pour son excuse, on peut affirmer que sa malheureuse lenteur a été la cause déterminante de tout le mal, et le point de départ de fautes irréparables. Malgré les ordres pressants et réitérés de l'Empereur, malgré huit dépêches consécutives de Clarke, Augereau, tout en ébranlant ses têtes de colonne le 17, ne commença réellement ses opérations que le 28 février.

Non seulement il donna ainsi aux renforts le temps de rejoindre le prince héritier de Hesse-Hombourg, mais ce long retard, cette période interminable de préparation et de tâtonnement seront encore malencontreusement employés à des mouvements partiels qui ne serviront qu'à donner l'éveil au généralissime, qu'à provoquer l'envoi de Bianchi sur Chalon. Enfin, quand le maréchal se résoudra à commencer sa marche sur Genève, il sera trop tard.

Les corps ennemis seront déjà arrivés sur la Saône, tandis que, huit jours plus tôt, l'armée de Lyon aurait pu s'emparer de Genève sans coup férir et décider peut-être, rien que par ce seul mouvement et par sa seule entrée dans cette place, Schwarzenberg à se replier au plus vite sur la Haute-Alsace et sur le Rhin.

CHAPITRE XI.

OPÉRATIONS DE SCHWARZENBERG ET DE BLUCHER (DU 17 AU 27 FÉ-
VRIER) JUSQU'A LA DEUXIÈME SÉPARATION DES ARMÉES ALLIÉES ET
AU DÉPART DE L'EMPEREUR DE TROYES.

NANGIS, MORMANT, MONTEREAU.

17 février 1814. — Mouvements des corps français. —
Arrivé à Guignes dans la nuit du 16 au 17, l'Empereur n'y perd pas un instant. Les renseignements qu'il a recueillis, les rapports que lui ont adressés les maréchaux, l'ont confirmé dans sa résolution. A 1 heure du matin, il dicte à Berthier ses ordres pour la journée du lendemain. Ney partira à 5 heures pour se rendre à Chaumes, parce qu'il est probable qu'on se battra le matin de bonne heure. Macdonald se rangera en bataille à une lieue en avant de Guignes pour soutenir le mouvement des corps qui vont sur Mormant et Nangis.

La division Leval et la garde viendront également à Guignes avec le comte de Valmy, qui enverra à l'avant-garde la division de dragons d'Espagne du général Trelliard.

La division Charpentier ira d'Essonnes à Fontainebleau et y rejoindra Allix et Montbrun; Pajol poussera sur Montereau, pendant que les troupes du duc de Padoue et de Boyer, sorties de Paris, occuperont Villeneuve-Saint-Georges et Corbeil. L'Empereur en personne marchera sur Mormant avec le 2ᵉ corps, que suivront les 7ᵉ et 11ᵉ corps, puis la garde.

A 4 heures du matin, le 7ᵉ corps est rangé en bataille sur deux lignes, à cheval sur la route de Guignes à Mormant, à hauteur de l'Étang; la cavalerie (Bordesoulle) est en colonnes au sud de la route, sa gauche à hauteur de la première ligne de l'infanterie; l'artillerie des deux divisions a mis quelques pièces en batterie. Devant le 7ᵉ corps, les troupes du 2ᵉ corps sont formées en bataille avant 5 heures du matin en avant du village de Péqueux.

Au point du jour, l'Empereur a rejoint le 2ᵉ corps, qui s'ébranle aussitôt sur trois colonnes : celle de droite est composée de la 1ʳᵉ division (général Chataux); celle du centre comprend la réserve de Paris, aux ordres de Gérard ; celle de gauche, la division Duhesme. Le général Milhaud, avec deux divisions du 5e corps de cavalerie (généraux Piré et Briche), flanque la droite de cette colonne ; le général Kellermann, avec la division Lhéritier, détachée du 5e corps de cavalerie, et la division Trelliard, remplit le même rôle à la gauche.

Retraite de Wittgenstein. — Pahlen est atteint par le 2e corps. — Combat de Mormant. — Au moment où l'armée française commençait son mouvement avec un entrain et une énergie dus à la présence de l'Empereur, Wittgenstein, se conformant aux instructions du généralissime, quittait Bailly, Carrois et Nangis, pour se reporter sur Provins. Il avait envoyé à Pahlen, en lui donnant avis de son mouvement, l'ordre de le suivre avec le gros de l'avant-garde et de ne laisser devant l'ennemi qu'un rideau de cavalerie chargé de rester en position jusqu'à l'arrivée de l'avant-garde du Ve corps. Mais Pahlen, prévenu des mouvements et de la marche des Français par ses vedettes et par les déserteurs, n'avait pas attendu l'ordre de Wittgenstein. Bien qu'il eut, sans aucun retard, formé les huit bataillons de la brigade Rosen en colonne sur la grande route et commencé sa retraite en se faisant couvrir, à droite par les deux régiments cosaques Ilowaïsky XII et Rebrikoff, à gauche par six escadrons (deux de hussards de Soumy et quatre de uhlans de Tchougouïeff)[1], il ne parvint cependant pas à filer assez vite pour échapper à l'Empereur.

Gérard chasse de Mormant les deux bataillons que Rosen y a postés pour masquer la retraite. Chargés et culbutés par les dragons du général Ismert au moment où ils essayent de se reformer, ces bataillons sont obligés de mettre bas les armes.

Sur un ordre donné par Napoléon en personne, l'infanterie du 2e corps se porte au plus vite sur Mormant, que la cavalerie de Milhaud et de Valmy est en train de tourner. La brigade de cavalerie du général Subervie converse à droite, dès qu'elle a dépassé Mormant, et sabre les tirailleurs russes qui s'étaient avancés dans la plaine. En même temps, le général de Piré, avec

---

[1] Six autres escadrons de Pahlen étaient encore détachés du côté de Rozoy et de Melun.

une autre brigade soutenue en deuxième ligne par les dragons de Briche, se porte contre les cosaques, et Valmy, avec ses deux divisions de dragons, exécute le mouvement débordant en passant au sud du village. Décidé à écraser le plus rapidement possible la faible avant-garde de Pahlen, l'Empereur fait presser la marche de son infanterie. Elle traverse au pas de course Mormant, rejoint sans peine les bataillons russes que la cavalerie a déjà entamés au bois de Bisseaux, et les oblige à s'arrêter dans la vaste plaine qui sépare Mormant de Nangis.

Bien que les charges de Kellermann et de Milhaud aient retardé son mouvement, Pahlen espère encore pouvoir gagner Grand-Puits, en sacrifiant une partie de son infanterie. Mais pressée de toutes parts, et surtout au nord de la route par les escadrons de Milhaud, la cavalerie russe complètement rompue se dérobe par une retraite précipitée aux effets meurtriers de l'artillerie en batterie sur la grande route. Elle gagne Nangis dans le plus grand désordre, en abandonnant l'infanterie et l'artillerie de Rosen précisément au moment où les escadrons des 4e et 16e dragons de la division Trelliard, conduits par le général Kellermann en personne, prennent à revers et enfoncent les carrés russes à hauteur de Grand-Puits. L'infanterie de Rosen cherche à son tour son salut dans la fuite. Poursuivis et sabrés par Milhaud et Kellermann, qui laissent derrière eux les canons dont ils viennent de s'emparer, les Russes cernés de tous côtés, sont pour la plupart obligés de mettre bas les armes.

« A 8 heures du matin, lisons-nous dans le rapport du comte Antoine Hardegg[1], le comte Wittgenstein me fit savoir que le comte Pahlen était attaqué par des forces supérieures à Mormant et que j'allais avoir à le recueillir. Quelques instants après la réception de cette nouvelle, je vis arriver cette avant-garde. La cavalerie française la talonnait si vivement que j'eus à peine le temps d'établir mes troupes sur les hauteurs près de la route de Nangis à Donnemarie. »

Wittgenstein[2] informait également Wrède de l'attaque dirigée

---

[1] Feld-maréchal-lieutenant comte Antoine Hardegg, Relation des combats de Nangis et de Valjouan. (*K. K. Kriegs Archiv.*, II, 470, *d.*)

[2] Wittgenstein au comte de Wrède, Nangis, 17 février. (*K. K. Kriegs Archiv.*, II, 470, *a.*)

contre Pahlen, en lui écrivant de Nangis que « la cavalerie ennemie avait chassé de Mormant l'avant-garde du VIe corps et l'obligeait à se replier lestement devant elle. »

On trouve à ce propos plus d'une contradiction dans les rapports mêmes du comte Hardegg. Dans sa relation il prétend, nous venons de le voir, que Wittgenstein l'a informé à 8 heures de ce qui venait de se passer à Mormant, tandis qu'il existe, au contraire, un simple billet de lui, daté de Nangis à 9 heures 1/2 du matin[1], dans lequel il fait savoir à son chef direct, le comte de Wrède, qu'il prend position à Nangis pour recueillir Pahlen. Le comte Hardegg n'aurait pas dû avoir besoin d'un avis de Wittgenstein pour prendre des mesures de précaution et pour s'établir militairement sur une position défensive. Le canon, il est vrai, ne s'était fait entendre qu'après la prise de Mormant ; mais un général, placé presque en première ligne, aurait dû faire meilleure garde et, de plus, l'arrivée du gros de l'avant-garde de Pahlen suffisait en tout état de cause pour le mettre au courant de la situation plus complètement que des ordres qu'il pouvait peut-être ignorer jusque-là et qui rappelaient les troupes du VIe corps à Provins.

Il semble donc que Wittgenstein, dès le début de l'affaire, Hardegg, un peu plus tard, lorsqu'il rédigea son rapport sur les combats du 17, et enfin les officiers chargés de tenir le Journal d'opérations de la grande armée[2] ont cherché à atténuer la gravité des faits et à dégager, les premiers, leur responsabilité ; les autres, celle de certains officiers. Nous pensons, pour ces différentes raisons, que la vérité se trouve dans les lignes que nous lisons à ce propos dans le journal du major prince Taxis[3] : « A 3 heures du matin, écrit le prince, Napoléon pousse sa cavalerie de Guignes sur Mormant, *y surprend complètement l'avant-garde du VIe corps et la division légère du comte Antoine Hardegg (du Ve corps), cantonnée à gauche de la route plus en arrière et qui se gardait sommairement, se croyant couverte en avant par*

---

[1] Feld-maréchal-lieutenant comte Antoine Hardegg au comte de Wrède, Nangis, 17 février, neuf heures et demie du matin.(*K. K. Kriegs Archiv.*, II, 470, b.)

[2] Stärke, Eintheilung und Tagesbegebenheiten der Haupt-Armee im Monate März.(*K. K. Kriegs Archiv.*, II, 1.)

[3] Tagebuch des Majors Fürsten Taxis. (*Ibid.*, XIII, 32.)

Pahlen. Cette division est entraînée par la déroute de l'avantgarde du VI⁰ corps. »

Dans l'intérêt même de la réputation militaire du comte Antoine Hardegg, nous préférons cette version, donnée, d'ailleurs, par un officier de son propre corps d'armée, par un officier que ses fonctions auprès de Wrède mettaient à même de tout savoir, à l'explication fournie par les officiers du VI⁰ corps et, après eux, par les historiens russes.

D'après le rapport de Wittgenstein à Barclay de Tolly [1], Pahlen aurait demandé vainement et à plusieurs reprises au comte Hardegg, posté à Bailly et à Nangis, de le soutenir. Les Russes, ajoutait-il, n'avaient pas agi de cette façon à Kulm. D'après d'autres documents, le comte Hardegg aurait invoqué, pour justifier son inaction, des ordres formels lui interdisant de s'engager et lui enjoignant, en cas de nécessité, de se replier sur Donnemarie. Ce qu'il y a de certain, c'est que Wittgenstein et son chef d'état-major, le général d'Auvray, qui avaient rejoint, en avant de Nangis, l'avant-garde de Pahlen [2] et de Rüdinger, furent euxmêmes sur le point d'être enlevés par les cavaliers français et entraînés ensuite par le flot des fuyards. L'affaire de Mormant avait coûté, d'après les rapports russes, 2,114 hommes et 10 canons à Pahlen. Les bataillons engagés des régiments de Selenginsk et de Revel avaient perdu à eux seuls 1359 hommes. Réduits à un effectif insignifiant, ils ne parurent plus pendant tout le reste de la campagne et se reformèrent à Plotzk.

Wittgenstein tient, d'ailleurs, à enlever au combat de Mormant, en en rendant compte à Schwarzenberg, tout son caractère de gravité. Dans son rapport du même jour [3], il s'attache à expliquer au généralissime les raisons pour lesquelles, par suite de l'établissement de son avant-garde à Mormant, il a dû s'arrêter à

---

[1] Rapport de Wittgenstein à Barclay de Tolly et lettre de Wittgenstein au prince Wolkonsky, de Mériot, 5-15 février, nᵒˢ 267 et 269.

[2] L'avant-garde de Pahlen se composait, à Mormant, de huit bataillons appartenant aux régiments de Smolensk, de Revel, de Selenginsk, d'Esthonie et au 25ᵉ de chasseurs à pied, de 10 escadrons des régiments de hussards de Grodno et de Soumy, des uhlans de Tchougouïeff, des régiments de cosaques Ilowaïsky XII et Rebrikoff, d'une batterie à cheval et de deux pièces d'artillerie montée. Soit : 2,500 hommes, 1800 chevaux et 14 bouches à feu.

[3] Wittgenstein à Schwarzenberg, Nangis, 17 février. (*K. K. Kriegs Archiv.*, II, 468.)

Maison-Rouge afin d'assurer, en cas de besoin, sa retraite sur Bray. Il lui est facile, prétend-il, de revenir de là sur ses anciennes positions, tout en ramenant son quartier général à Provins. « Du reste, ajoute-t-il, il ne faut pas s'illusionner ; mon corps tout entier a à peine la force d'une avant-garde. » Pour ce qui est de l'affaire même de Mormant, il annonce simplement au généralissime que Pahlen, attaqué par l'ennemi, s'est replié « *pour éviter des pertes inutiles* » ; que le comte Antoine Hardegg, posté à Bailly, peut recueillir *au besoin* Pahlen ; enfin, que s'ils sont tous deux contraints d'évacuer Nangis, Hardegg ira à Donnemarie et Pahlen vers Provins. Pour mieux indiquer combien cette attaque de l'ennemi, aux mains duquel il va, quelques instants après, être sur le point de tomber, l'inquiète peu, il donne au généralissime la nouvelle de la présence du corps volant de Lubomirsky à La Ferté-Gaucher et de l'évacuation de Rozoy par les Français. Enfin, il termine en disant : « L'attaque faite par l'ennemi se borne donc à l'exécution d'une simple reconnaissance offensive. »

Sans vouloir insister davantage sur la valeur des explications de Wittgenstein, sur les contradictions qu'on peut relever dans les rapports du comte Hardegg, sur le bien-fondé ou l'injustice des reproches qu'on lui a adressés, il y a lieu de remarquer que l'intervention de ses troupes n'aurait pas arrêté le mouvement de la cavalerie de Milhaud et de Kellermann, soutenue par le 2ᵉ corps et par l'artillerie de Drouot, puisque, malgré la promptitude avec laquelle il battit en retraite, il ne réussit pas plus que Pahlen à se dérober aux atteintes et au choc des escadrons français.

Combat de Nangis. — Pendant que son infanterie prenait position sur les hauteurs en arrière de Nangis, le comte Antoine Hardegg avait fait monter à cheval les uhlans de Schwarzenberg et les hussards Archiduc-Joseph, et les avait déployés entre Bailly et Nangis. Aperçus et chargés d'abord par la cavalerie légère de Piré, qui abandonne un instant la poursuite pour les rejeter sur Nangis, chargés de nouveau par les dragons de Briche, les cinq escadrons autrichiens furent culbutés, malgré une résistance assez acharnée. Entraînés par la cavalerie russe, qui s'enfuit en déroute sur la route de Nangis à Provins, ils sont rejetés par

Rampillon sur les postes de la division du feld-maréchal lieutenant baron Spleny [1]. Après avoir reformé leurs escadrons, Milhaud et Kellermann reprirent la route de Provins et rejoignirent Piré, qui avait continué à sabrer les fuyards et à les poursuivre l'épée dans les reins, jusque vers Maison-Rouge. Toute cette cavalerie culbute alors l'infanterie, qui se sauve en jetant ses armes et accule la cavalerie contre les fossés et les autres obstacles de la route. On s'arrêta. « *De fatigue*, c'est ainsi que s'exprime Bordesoulle dans son rapport [2]. *Sans ce contre-temps, je pense que l'on eût été d'une traite jusqu'à Provins.* » 12 canons, 3,000 prisonniers furent le résultat des charges combinées des corps de cavalerie des généraux Milhaud et Kellermann [3]. « Le désordre est tel, dit à ce propos Taxis [4], qu'on ne défend même pas Nangis, que tous les bagages et quatorze pièces d'artillerie tombent entre les mains de l'ennemi. » Et partageant l'animosité de son général contre le commandant du VIᵉ corps, il ajoute : « Quant à Wittgenstein, il se retire de sa personne et au galop sur Nogent, sans même s'arrêter à Provins. »

A 1 heure de l'après-midi, Wrède, alors à Donnemarie, savait par Hardegg que la division légère était repoussée en arrière de Nangis, que Pahlen était rejeté en désordre, que le VIᵉ corps, hâtant sa retraite après avoir perdu tous ses bagages, était sur le point d'arriver à Provins à midi, enfin que, d'après le dire des déserteurs, il avait devant lui Napoléon et trois des corps de son armée [5].

Il fit aussitôt prendre position à la division du comte Rechberg sur les hauteurs en arrière de Donnemarie, pendant que le comte Antoine Hardegg, cédant à la supériorité numérique des Français qui menacent déjà sa gauche, continue sa retraite.

Oudinot et Kellermann poursuivent le VIᵉ corps sur la route de Provins. — Victor dirigé sur la route de Monte-

---

[1] Feld-maréchal-lieutenant comte Antoine Hardegg, Relation des combats de Nangis et de Valjouan, 17 février. (*K. K. Kriegs Archiv.*, II, 470, d.)
[2] Rapport du général Bordesoulle à Victor. (*Archives de la guerre.*)
[3] Rapport du général Milhaud, 17 février. (*Ibid.*)
[4] Taxis, Tagebuch. (*K. K. Kriegs Archiv.*, XIII, 52.)
[5] Wrède au prince de Schwarzenberg, Donnemarie, une heure après-midi, 17 février. (*K. K. Kriegs Archiv.*, II, 477.)

reau. — L'Empereur ordonne de poursuivre dans toutes les directions. Sur sa droite Victor avec le 2e corps, la réserve de Paris sous Gérard, la division Lhéritier, qui s'est arrêtée à Nangis, et les cavaliers que Bordesoulle a amenés des dépôts du 1er corps de cavalerie, prendra la route de Nangis à Montereau. Son avant-garde a ordre d'y arriver *à tout prix le soir* et d'y rétablir le pont. Oudinot, avec Kellermann, continuera sur Provins et Nogent; Macdonald formera le centre du mouvement à Nangis avec le 11e corps et les divisions Piré et Briche. La garde, épuisée de fatigue par ses marches incessantes et les combats des jours précédents, reste en réserve.

La colonne française de gauche ne rencontra rien devant elle et s'arrêta, l'infanterie à hauteur de Vauvillé, la cavalerie de Kellermann à Maison-Rouge. Les villages en avant de ce dernier endroit étaient bondés de fuyards; mais les chevaux de la cavalerie étaient tellement exténués de fatigue que Kellermann dut renoncer à faire battre le pays et à fouiller les villages de Lizines, Sognolles, Landoy, Saint-Loup-de-Naud et Courton. Il avait cependant reconduit, sur la grande route de Provins, les Russes jusqu'au delà de Vulaines, où la tête de sa cavalerie s'arrêta. Le 4e régiment de dragons continua seul sur Provins, avec ordre de rester aux environs de la ville jusqu'à la nuit ou jusqu'à ce que les Russes l'eussent évacuée. En suivant les cosaques à portée de pistolet, le général Trelliard avait pu se rendre un compte exact de la situation critique de cette cavalerie. Les chevaux des réguliers et irréguliers russes étaient si fatigués que les cavaliers avaient dû mettre pied à terre et traîner leurs chevaux par la bride. Malheureusement, les dragons étaient à peu près dans le même état : le manque de cavalerie fraîche empêcha de tirer parti de l'épuisement et de l'impuissance des Russes. On n'avait aperçu nulle part l'infanterie russe. Cependant, comme Kellermann se trouvait très en l'air et que des partis, sortant des villages qu'il lui avait été impossible de fouiller, avaient suffi pour alarmer ses bivouacs, Oudinot le rappela à Maison-Rouge et chargea une de ses divisions d'infanterie de le couvrir pendant toute la nuit [1].

---

[1] Oudinot au major-général, sur la route de Provins à hauteur de Vauvillé, 17 février. (*Archives de la guerre.*)

Wittgenstein avait continué sa retraite sur Provins dans l'après-midi et laissé les débris des troupes de Pahlen en position à Sourdun.

Combats de Valjouan et de Villeneuve-les-Bordes. —

A la droite des lignes françaises, le comte Antoine Hardegg avait rallié tant bien que mal son infanterie et se retirait sous la protection de ce qui lui restait de cavalerie. Le colonel von Geramb formait l'arrière-garde avec les hussards Archiduc-Joseph et un peu d'infanterie. Le maréchal Victor qui avait rappelé à lui Gérard, arrivé à La Bertauche sur la route de Provins, le serrait de près.

Dès qu'il avait eu connaissance de la retraite d'Hardegg sur Valjouan, Wrède avait donné l'ordre de masser immédiatement, ou tout au moins de faire serrer son corps qui, depuis la veille, occupait des cantonnements étendus et de l'établir sur les hauteurs de Donnemarie pendant que Frimont prendrait position de Villeneuve-les-Bordes à Mons [1]. « Il fallait pour cela un certain temps, et, si l'ennemi n'avait pas dû s'arrêter à Nangis, le ralliement du V⁰ corps eût été impossible [2]. »

Au moment où Victor allait atteindre Hardegg et les Bavarois de La Motte entre Valjouan et Villeneuve-les-Bordes, l'Empereur lui avait mandé que Macdonald, marchant sur Donnemarie et devant occuper le soir Villeneuve, le soutiendrait à sa gauche et que Pajol se portait à sa droite de Melun sur Montereau. Il lui avait, en outre, réitéré l'ordre de pousser vivement les Austro-Bavarois sur Montereau pour les acculer à la Seine, leur enlever tout ce qui resterait en arrière et surtout d'employer la nuit du 17 au 18 au rétablissement du pont [3].

Victor avait donc suivi la retraite d'Hardegg qui, se repliant en assez bon ordre sur Valjouan [4], avait été renforcé en route par

---

[1] Taxis, Tagebuch (*K. K. Kriegs Archiv.*, XIII, 32) et rapport de Frimont (*Ibid.*, II, 792, a).

[2] Taxis, Tagebuch. (*Ibid*, XIII, 32.)

[3] Major-général à Macdonald et à Victor, Nangis, 17 février, trois heures après-midi. (*Archives de la guerre*).

[4] Le régiment de uhlans de Schwarzenberg eut à supporter, près de Valjouan, que la division légère du comte d'Hardegg traversait à ce moment, tout le poids des charges de la cavalerie ennemie. Grâce à plusieurs charges exécutées par les uhlans, la division légère et 2 batteries à cheval, l'une autrichienne,

un régiment de chevau-légers bavarois et un régiment d'infanterie envoyés à sa rencontre. La division La Motte était en position sur une ligne allant de Villeneuve-les-Bordes par La Grande-Maison vers Valjouan. Sur l'ordre de Wrède, Hardegg jeta du monde dans les maisons les plus rapprochées de la route, ainsi que dans les bois à droite de Villeneuve et se relia à gauche avec la brigade bavaroise Habermann. Sa cavalerie s'établit à gauche de la route et en avant de Villeneuve, sur plusieurs lignes. Deux pièces furent mises en batterie sur la route même pour empêcher les Français de déboucher. Les autres pièces étaient en position avec l'artillerie bavaroise à droite de la route et à peu de distance du bois [1].

L'infanterie française s'étant déployée entre Valjouan et Villeneuve, cinq pièces ouvrirent le feu contre Villeneuve. Après avoir canonné Villeneuve et amusé sur ce point les troupes de Hardegg et les bataillons bavarois que Wrède lui avait laissés, Gérard fit attaquer par une de ses brigades Villeneuve-les-Bordes, tandis que la cavalerie de Lhéritier, partie de Valjouan et passant par Les Bordes, manœuvrait sur sa droite contre la cavalerie autrichienne.

Le feu de l'artillerie austro-bavaroise et de l'infanterie d'Hardegg et de La Motte réussit pendant plus de deux heures à empêcher Gérard de s'établir à Villeneuve-les-Bordes; mais en présence des progrès faits sur sa gauche par la cavalerie française qui le débordait et menaçait de le prendre à revers, Hardegg dut abandonner sa position et se replier sur Donnemarie [2]. « C'est au dévouement et au courage de ma cavalerie que je dois d'avoir pu, après le départ de l'infanterie et de l'artillerie bavaroise, effectuer ma retraite. » Tels sont les mots par lesquels se termine le rapport du comte Hardegg, qui reçut sur la route de Donnemarie l'ordre d'aller à Bray où il arriva à 10 heures du soir.

Au moment où l'infanterie d'Hardegg pliait, les dragons du

---

l'autre bavaroise, purent continuer leur retraite et atteindre Villeneuve-les-Bordes. (*Kriegszenen des Schwarzenberg Ulanen Regiments.*)

[1] Feld-maréchal-lieutenant comte Antoine Hardegg à Wrède, Villeneuve, 17 février (*K. K. Kriegs Archiv.*, II, 477, *b*) et rapport de Hardegg (*Ibid.*, II, 470, *a*).

[2] Rapport de Hardegg. (*K. K. Kriegs Archiv.*, II, 470, *a*.)

général Lhéritier auraient pu faire beaucoup de mal aux Autrichiens. « Ils avaient reçu l'ordre de manœuvrer à cet effet, écrit le maréchal Victor[1], mais ils ont manqué cette occasion, ce dont je suis très peiné. Le général Bordesoulle l'a mieux saisie. Il a fait une charge heureuse qui a obligé plusieurs bataillons à jeter leurs armes et à s'enfuir dans les bois. » Le rapport de Bordesoulle[2] à Victor, confirmé par l'historique des uhlans de Schwarzenberg[3], mérite d'être reproduit en entier : « En exécution de vos ordres, j'ai appuyé le mouvement de l'infanterie par un escadron de jeunes hussards et chasseurs qui, après y avoir pénétré en le tournant, y ont sabré quelques centaines d'hommes. Ils ont ensuite chargé un escadron de hussards et quelques uhlans, les ont culbutés et poursuivis jusque dans le bois où ils les ont rejoints et sabrés. Un bataillon d'infanterie les a sauvés ; ils ont donné sur ce bataillon, mais n'ont pu le poursuivre à cause de l'épaisseur du bois. Au moment où je lançais mon escadron de cavalerie légère sur le village, je me suis porté avec mes deux escadrons de cuirassiers sur les uhlans de Schwarzenberg et les hussards de Joseph.

« Cette cavalerie me voyant arriver a repassé sur le côté gauche de la route, où elle a formé cinq escadrons en ligne. Mes cuirassiers, la plus grande partie recrues de quinze jours, ont franchi

---

[1] Victor au major-général, Montigny-Lencoup, 17 février, minuit. (*Archives de la guerre.*)

[2] Général Bordesoulle au maréchal Victor, 17 février. (*Ibid.*)

[3] Le régiment des uhlans de Schwarzenberg se distingua tout particulièrement dans ces circonstances critiques. Le major baron Trach avait pris position pour couvrir la brigade bavaroise Habermann qu'on avait, avec une batterie, postée à l'extrême gauche à Villeneuve. Les masses françaises menaçaient à ce moment de tourner le village et de déborder la position. Malgré le feu extrêmement vif des Français, le major se maintint jusqu'à ce que la retraite de la brigade l'obligea à changer de position. Il avait déjà déployé une partie de son monde en fourrageurs et exécuté plusieurs charges, lorsqu'une troupe de cavalerie ennemie vint charger si vivement la brigade bavaroise, au moment où elle traversait Villeneuve, que cette brigade aurait été complètement perdue si le major Trach n'avait pas réussi à en sauver les débris par une nouvelle charge. Mais cette charge rendait encore plus critique la situation de ses cavaliers qui, entourés de tous côtés, ne durent leur salut qu'au calme et au sang-froid du major baron Trach, du capitaine baron Szamen, du lieutenant baron Stillfried et des sous-lieutenants Thomas et Roll. Ces deux derniers officiers, dont le premier était grièvement blessé, tombèrent aux mains des Français. (*Kriegsszenen des Schwarzenberg Ulanen Regiments.*)

la route et sont tombés sur cette ligne avec une intrépidité qui honorerait de vieilles troupes, l'ont culbutée dans le bois auquel elle était adossée et en ont fait un massacre. Plus de 300 ont été sabrés et sont restés dans le bois, morts ou mourants, sans compter ceux qui ont emporté des coups de sabre. On a fait un prisonnier (un lieutenant des uhlans de Schwarzenberg) et encore n'ai-je pu empêcher qu'il ne soit bien sabré : ces jeunes gens les tuaient sans miséricorde. Comme c'était la première fois qu'ils voyaient l'ennemi, je les ai laissé faire... Toutes les troupes ennemies que j'ai aperçues se dirigeaient sur la route de Donnemarie, probablement pour repasser le pont à Bray. J'ai même remarqué des escadrons qui, venant de la route de Montereau, gagnaient cette direction en grande hâte. »

Si cette retraite avait coûté cher aux Autrichiens, puisque le seul régiment de uhlans de Schwarzenberg y laissa 167 hommes[1], elle avait non moins durement éprouvé la brigade Habermann et surtout le 11e régiment d'infanterie bavaroise, qui perdit à ce moment 7 officiers et 200 hommes. Malgré le dévouement des uhlans de Schwarzenberg, ce régiment aurait été anéanti par l'infanterie française débouchant de La Haie-Jutard, sans l'intervention opportune de la légion mobile du cercle de l'Iller.

Poursuivie sur Donnemarie par Gérard, la division La Motte aurait été obligée de mettre bas les armes, si Victor n'avait pas commis la faute de rappeler à lui toute sa cavalerie aussitôt après l'enlèvement de la position de Villeneuve pour la faire filer sur Salins, et s'il n'avait par suite empêché Gérard de pousser, avec son infanterie, la poursuite avec toute la vigueur qu'il comptait lui imprimer. Loin de le suivre et de l'appuyer, il arrêta Gérard au moment où celui-ci entamait les carrés bavarois et l'obligea même à revenir sur ses pas pour le rejoindre à Montigny-Lencoup, où il avait fait halte à la tombée de la nuit. La division de La Motte dut son salut à cet ordre, d'autant plus incompréhensible que Victor était dans l'impossibilité de continuer le soir même sa marche sur Montereau. Il se contenta d'envoyer sa cavalerie et les dragons de Lhéritier à Salins, pensant que le lendemain on le chargerait d'enlever, de concert

---

[1] Taxis, Tagebuch. (*K. K. Kriegs Archiv.*, XIII, 32.)

avec Oudinot, la position de Donnemarie où il n'y avait déjà plus personne.

Macdonald avait, de son côté, montré aussi peu d'énergie que le duc de Bellune. Apercevant une ligne de feux assez considérable en arrière de Donnemarie, il avait renoncé à y envoyer son avant-garde pour ne pas engager une affaire de nuit et avait fait prendre position à ses troupes à l'embranchement des routes de Nangis, de Bray et de Montereau à La Ferté, à hauteur de Villeneuve-les-Bordes.

Parti vers les 3 heures de Maison-Rouge, Milhaud avait poussé jusqu'à Salins et remarqué, vers le soir, le mouvement du gros du Ve corps sur Bray. Mais la nuit déjà proche la fatigue de ses hommes et de ses chevaux, l'absence de nouvelles du maréchal Macdonald et, par suite, le manque d'infanterie capable de le soutenir l'empêchèrent de rien tenter contre cette colonne et l'obligèrent à s'arrêter à Salins.

La division La Motte, après s'être reformée, filait, en effet, vers la rive gauche de la Seine, tandis que les divisions Spleny et Hardegg prenaient momentanément pied à Éverly et aux Ormes. A 9 heures du soir, la division Rechberg quittait, sur l'ordre de Wrède, les hauteurs en arrière de Donnemarie pour se replier sur Saint-Sauveur-les-Bray. Plus avant dans la soirée, Wrède envoyait à son corps l'ordre de se retirer sur Bray, en laissant toutefois sur la rive droite de la Seine une forte arrière-garde.

Dans la nuit du 17 au 18, les Austro-Bavarois, à l'exception d'un bataillon d'arrière-garde posté à Mouy, repassèrent sur la rive droite et s'établirent à droite et à gauche de Bray [1].

Mouvement de Pajol sur Melun. — Escarmouches du Châtelet. — Pajol s'était mis en route dès la réception de l'ordre de l'Empereur. Défilant par Melun, qu'occupait le général Allix et où ne devait pas tarder à arriver la division Charpentier, il poussa jusqu'à L'Écluse les avant-postes wurtembergeois, que recueillirent deux bataillons et huit escadrons postés en avant de la lisière nord du bois de Valence.

---

[1] Taxis, Tagebuch. (*K. K. Kriegs Archiv.*, XIII, 32) et Stärk, Eintheilung und Tagesbegebenheiten der Haupt-Armee im Monate März. (*Ibid.*, II, 1.)

Pressant la marche de son infanterie et de son artillerie, mais n'entendant pas le canon de Victor, à la tombée de la nuit, il fit prendre position à l'infanterie de Pacthod au Châtelet et tint sa cavalerie devant les avant-postes de la cavalerie wurtembergeoise [1]. Le soir, quelques coureurs des dragons de Lhéritier, venant de Salins, réussirent à pousser jusqu'aux premières maisons de Montereau et à apercevoir les bivouacs des quelques troupes d'infanterie du IV⁰ corps établies sur la rive droite de la Seine [2].

La division Charpentier, dont la pointe d'avant-garde avait eu, à Ponthiéry, une petite escarmouche avec une patrouille de hussards autrichiens, était arrivée à Salins à 6 heures 1/2 du soir. Elle en repartit le lendemain avant le jour pour Fontainebleau, précédée par le général Allix et par la cavalerie de Montbrun [3].

Dispositions prises par Schwarzenberg le 17 mars dans l'après-midi. — A 4 heures de l'après-midi, Schwarzenberg avait été informé à Bray, par Wittgenstein et par Wrède, qui lui avait envoyé le major prince de Taxis, du résultat des combats de Mormant et de Nangis. Son armée était à ce moment à cheval sur les deux rives de la Seine. Il se décida aussitôt à refuser son aile droite et à la ramener sur la rive gauche du fleuve. Le VI⁰ corps reçut l'ordre de venir immédiatement, par une marche de nuit, à Nogent, occuper la ville et la tête de pont qu'elle forme sur la rive droite : il devait y tenir jusqu'à la dernière extrémité. Le généralissime ordonna au V⁰ corps de se replier sur Bray et de s'y défendre à tout prix. Il fit demander à Barclay de Tolly d'envoyer, le 18, à Wittgenstein, une division de grenadiers et une de cuirassiers russes [4] pour servir de soutien au VI⁰ corps, de faire couper le pont de Pont-sur-Seine et garder le passage

---

[1] Pajol au Ministre de la guerre, Le Châtelet, 17 février, huit heures du soir. (*Archives de la guerre.*)

[2] Lhéritier au général Milhaud, Salins, 17 février, dix heures et demie du soir. (*Ibid.*)

[3] Charpentier et Allix au major-général, Melun, 17 février, sept heures du soir. (*Ibid.*)

[4] La 3⁰ division de cuirassiers russes du général Duka rejoignit Pahlen à Sourdun, le 17, dans l'après-midi.

par trois bataillons. Le reste des gardes et réserves russes et prussiennes devait attendre à Trainel des ordres ultérieurs et se tenir prêt à marcher au premier signal. Le gros du Ier corps devait rester aux environs de Pont-sur-Yonne, avec son avant-garde à Villeneuve-la-Guyard et le IIIe corps à Serbonnes. Dès ce moment, comme le prouve, d'ailleurs, la lettre adressée à Blücher, le prince de Schwarzenberg est résolu à ne reprendre l'offensive que lorsque l'armée de Silésie sera en mesure d'en faire autant[1].

Premiers ordres de Schwarzenberg au prince royal de Wurtemberg. — Le généralissime, après avoir communiqué au prince royal de Wurtemberg les instructions qu'il venait d'adresser aux autres corps, lui recommandait de ne pas pousser son avant-garde jusqu'à Valence et de la poster de façon qu'elle ne courût aucun risque d'être coupée par des troupes venant de Donnemarie. Le prince devait garnir Montereau d'infanterie et d'artillerie, en organiser la défense de manière à rester maître de la ville et des ponts et prendre position le 18 à La Tombe, sur la route de Montereau à Bray, de façon à pouvoir, avec le gros de son corps, soutenir, selon les événements, soit la brigade qu'il laisserait à Montereau, soit les troupes du Ve corps à Bray[2].

Cet ordre du généralissime ne parvint au prince royal que fort avant dans la soirée du 17.

Les Français, après avoir enlevé la position de Villeneuve-les-Bordes, s'étaient arrêtés à Montigny-Lencoup ; leur cavalerie avait déjà paru aux environs de Courbeton et leurs coureurs avaient poussé jusqu'aux faubourgs de Montereau. Aussi, le prince royal, rendant compte de ces faits à Schwarzenberg, lui disait qu'en présence d'une attaque qu'il considérait comme imminente, il repliait son avant-garde sur les faubourgs, qu'il les faisait occuper ainsi que le château de Surville par la brigade autrichienne du général Schœffer, qu'il tiendrait bon à Montereau, enfin qu'une de ses brigades irait à La Tombe et l'autre à Marolles-sur-Seine.

---

[1] Schwarzenberg à Blücher, Bray, 17 février. (*K. K. Kriegs Archiv.*, t. II, p. 510.)

[2] Schwarzenberg au prince royal de Wurtemberg, ordre particulier.

Causes pour lesquelles le prince royal reste à Montereau. — L'obscurité des ordres de Schwarzenberg, l'ignorance dans laquelle il laissait ses lieutenants sur tout ce qui avait trait, tant à la direction qu'il comptait donner aux opérations de son armée, qu'au caractère même de ces opérations, aggravait sensiblement la situation déjà bien difficile du prince royal. Une reconnaissance sérieuse et approfondie du terrain avait démontré à ce dernier l'impossibilité absolue de défendre, avec une seule brigade, le défilé de Montereau contre un ennemi s'avançant par la rive droite de la Seine. Pour avoir chance de rester en possession de ce point, il était absolument nécessaire d'établir des troupes en nombre et en force respectables sur le plateau en avant du château de Surville. Il fallait, en outre, occuper non seulement le château et les jardins du château, parce qu'ils dominent le plateau, mais les faubourgs et nombre de maisons situées au pied des hauteurs qui enfilent les routes de Salins et de Valence.

En raison même du commandement des hauteurs de la rive droite de la Seine, en amont comme en aval de Montereau, l'ennemi maître de cette rive pouvait franchir le fleuve sans qu'il fût possible aux défenseurs de la ville de s'opposer à ce passage. Il en résultait donc que l'ennemi, pouvant traverser la Seine, soit en amont à Saint-Germain, soit en aval à l'île de Varennes ou à Tavers, aurait été à même de prendre à revers les troupes qui se seraient contentées de défendre la ville seule de Montereau.

Il était donc impossible pour le prince royal de Wurtemberg de se borner à occuper exclusivement Montereau et d'organiser la défense dans la ville même. La ville ne pouvait servir que de réduit destiné à recueillir les troupes chassées des hauteurs de Surville et obligées de se replier. On pouvait alors disputer, peut-être même interdire à l'ennemi le passage du défilé de Montereau, le rendre en tout cas long et difficile en détruisant les deux ponts au dernier moment et l'obliger à s'arrêter pendant quelques heures.

On ne pouvait donc négliger les désavantages tactiques si nombreux de la position de Montereau que dans le cas où il aurait importé au généralissime de s'assurer pendant un ou deux jours la possession de ce point, pour empêcher l'ennemi d'y franchir la Seine et surtout de se ménager la possibilité d'y faire passer le fleuve à son armée et de reprendre l'offensive au moment et à l'endroit où l'ennemi s'y serait le moins attendu.

Dans ce cas, mais dans ce cas seulement, il y avait lieu de tenir bon à Montereau. On devait alors occuper et défendre les hauteurs de Surville et de Villaron (Les Ormeaux), malgré les dangers que ne pouvait manquer de faire courir aux troupes qu'on y postait, l'existence sur leurs derrières d'un double défilé dont le passage, en cas d'échec, devait être des plus pénibles; elles pouvaient même en être coupées, tant à cause de sa grande proximité de la position que de la configuration même du terrain sur la rive droite de la Seine.

Le IV\ :sup:`e` corps avait entendu sur sa droite, dans la journée du 17, le canon qui tonnait du côté de Nangis, et comme le bruit s'était rapproché de plus en plus, la retraite du V\ :sup:`e` corps lui était déjà connue avant l'arrivée à Montereau des uhlans mis en fuite à Villeneuve.

Le prince royal de Wurtemberg rapprocha aussitôt son avant-garde de Surville et fit rentrer tous les détachements fournis par le IV\ :sup:`e` corps, en leur prescrivant d'être rendus à Surville avant minuit.

A 3 heures du matin, le colonel von Mylius, qui n'avait pas encore été rejoint par l'ordre de revenir sur ses pas et qui avait pris quelques heures plus tôt la route de Forges à Laval, pour aller à Salins avec un escadron du 5\ :sup:`e` régiment de cavalerie wurtembergeoise, mandait au prince royal qu'ayant rencontré trois médecins français se rendant à Montereau, il avait appris par eux qu'un parc d'artillerie les suivait à peu de distance. Le colonel s'était jeté sur ce parc et avait réussi à enlever un canon et un obusier. Il avait également su par ces médecins que Napoléon était arrivé à Nangis et que son armée marchait en deux colonnes, l'une sur Donnemarie, l'autre sur Montereau.

Le prince royal s'empressa naturellement de communiquer ces nouvelles au généralissime, en ajoutant que son avant-garde avait pris position à Surville, que lui-même comptait entreprendre une reconnaissance sérieuse à la pointe du jour et que ses patrouilles venaient de lui signaler l'existence de gros bivouacs de cavalerie ennemie du côté de Laval [1].

---

[1] Prince royal de Wurtemberg au prince de Schwarzenberg, Montereau, 18 février, trois heures du matin. (*K. K. Kriegs Archiv.*, II, 526, a.)

Le prince avait à peine expédié cette dépêche qu'on lui remit la disposition arrêtée par Schwarzenberg à Bray, à 11 heures du soir, et lui recommandant de ne laisser à Montereau qu'une brigade. Il répondit immédiatement à Schwarzenberg en lui exposant les raisons pour lesquelles il lui fallait, ou bien occuper Montereau avec des forces suffisantes, ou bien l'évacuer sur l'heure. « Y laisser quatre bataillons seulement, c'était les exposer à une destruction presque certaine en cas d'attaque. » Il ajoutait que l'envoi du Ier corps à Villeneuve-la-Guyard rendrait la position de Montereau encore plus précaire, intenable même par cela même qu'une fois l'ennemi maître de la rive droite de la Seine et de la rive gauche de l'Yonne, les troupes postées à Montereau se trouveraient dans l'impossibilité de se retirer. Le prince se voyait donc dans la nécessité, en attendant de nouveaux ordres, d'affecter au moins deux brigades à la défense de Montereau et de masser, dès le matin, le reste de son corps à La Tombe, afin d'être en mesure de les recueillir [1].

La réponse ne devait pas se faire attendre. Schwarzenberg modifiant ses idées, peut-être parce qu'il se trouvait en présence d'un fait accompli, répondit en approuvant les mesures prises par le prince royal, tant à Montereau qu'à La Tombe. Comme il était impossible de défendre simultanément tous les passages d'une ligne aussi étendue que la Seine, il lui prescrivait de tenir bon à Montereau pendant toute la journée du 18 [2]. Une lettre ultérieure de Schwarzenberg, écrite de Bray, le 18, dans l'après-midi, et les dispositions pour les journées des 19 et 20, arrêtées à Trainel, prouvent, d'ailleurs, que le généralissime tenait tellement à ce moment à la conservation de Montereau qu'il ordonna au IVe corps d'y défendre le passage de la Seine jusqu'au 19 février au matin.

Positions du Ier corps, de Platoff et de Seslavin. — Bianchi, exécutant pendant la journée du 17 les ordres qu'il avait reçus le matin, avait étendu ses cantonnements vers Villeneuve-

---

[1] Prince royal de Wurtemberg au prince de Schwarzenberg, Montereau, 18 février, quatre heures et demie du matin. (*K. K. Kriegs Archiv.*, II, 526, b.)

[2] Prince de Schwarzenberg au prince royal de Wurtemberg, Bray, 18 février. (*K. K. Kriegs Archiv.*, II, 526.)

la-Guyard. Le comte Ignace Hardegg, renforcé par trois bataillons d'infanterie, lui servait d'avant-garde et se concentrait autour de Moret. Le colonel Simony occupait encore Fontainebleau avec ses hussards et avait poussé des patrouilles de cavalerie jusqu'au dela de la lisière de la forêt[1].

A l'extrême gauche, Platoff était de sa personne à Nemours. Ses cosaques battaient le pays et tenaient les routes menant à Orléans. Enfin, Seslavin avait obligé une colonne française se dirigeant sur Pithiviers, à se replier sur Orléans.

Le 17, au matin, on avait envoyé au prince Maurice Liechtenstein, qui se trouvait encore entre Sens et Saint-Valérien, l'ordre d'aller occuper Nemours avec sa division. On avait en même temps prescrit à Platoff de contourner la forêt de Fontainebleau, d'envoyer par les deux rives de la Seine des partis sur Paris et surtout d'enlever des courriers. On l'avait également prévenu d'avoir à se garder désormais sur sa gauche, l'empereur Alexandre ayant ordonné à Seslavin d'aller relever à l'extrême droite, la cavalerie de Diebitsch et de s'y porter à marches forcées en passant par Montereau et Provins[2]. Quelques heures plus tard Seslavin était, il est vrai, informé qu'il aurait à passer par Villeneuve-sur-Yonne, et Toll, lui ajoutait en *post-scriptum* : « L'armée tout entière m'a l'air de se replier sur Troyes. »

Retraite de Diebitsch sur la grande armée. — Positions de Marmont et de Grouchy. — Par suite de la retraite de l'armée de Silésie sur Châlons, la présence de Diebitsch du côté de Montmirail n'avait plus aucune raison d'être. Trop faible pour entreprendre quelque chose de sérieux, la division de cavalerie légère de la garde russe constituait un groupe cependant trop considérable pour pouvoir se dérober aux atteintes de l'ennemi et se mouvoir en secret comme un corps volant ordinaire. Son détachement qui pouvait avoir une certaine utilité tant que Blücher opérait sur la rive gauche de la Marne, et dont le but consistait à établir un semblant de liaison entre les deux grandes armées alliées, devenait inutile depuis qu'on savait Blücher à

---

[1] STÄRKE, Eintheilung und Tagesbegebenheiten der Haupt-Armee im Monate Februar. (*Ibid.*)

[2] Prince Wolkonsky à Barclay de Tolly, 17 février, n° 87.

Châlons, Winzingerode et Bülow en marche pour le rejoindre et depuis que les deux armées avaient en somme opéré leur jonction. Marmont[1] avait, d'ailleurs, réussi à réoccuper Montmirail. Tournant la ville par Orbais et Fontenelles, il avait chassé la cavalerie de Diebitsch, d'abord des environs de L'Épine, puis de la ville et ensuite de la deuxième position qu'elle avait essayé de prendre à Maclaunay, sur la rive gauche du Petit-Morin. Rejoint en route par le prince Lubomirsky, Diebitsch se replia par Pont-Saint-Prix sur la grande armée.

Marmont, malade, hors d'état de monter à cheval, resta pendant trois jours à Montmirail. Il y donna un peu de repos à ses 2,400 hommes formés de 47 bataillons et à ses 900 chevaux, « le tout usé, comme il l'écrivait le 21 au major-général, par cinquante-trois jours de marche d'hiver et plus de combats où tout ce qu'il y avait de meilleur avait péri. »

Grouchy, avec sa cavalerie et la division Leval, était encore à La Ferté-sous-Jouarre. Induit en erreur par de faux renseignements, il ne savait pas s'il devait rejoindre le duc de Raguse ou se diriger sur Guignes pour suivre le mouvement de l'Empereur. Ce fut le lendemain seulement qu'un ordre du major-général mit un terme à ses hésitations et qu'il se décida à venir conférer à Montmirail avec le maréchal.

Soissons avait été réoccupé le 17 au matin par le 10e hussards. La route de Soissons à Compiègne était libre, et Mortier, qui avait pris position à Villers-Cotterets, savait que les Russes de Winzingerode s'étaient dirigés sur Reims par Berry-au-Bac.

Réorganisation de l'armée de Silésie. — Brûlant du désir de reprendre au plus vite les opérations, Blücher avait employé la journée du 17 à réorganiser ses corps d'armée. Ses bataillons furent uniformément reformés à un effectif minimum de 400 hommes. Les 18 bataillons de ligne du Ier corps combinés entre eux furent, dès le 16 au soir, réduits à 12 ; les 14 bataillons de landwehr à 4. Le Ier corps se composait donc à cette date de 16 bataillons, deux compagnies de chasseurs, deux compa-

---

[1] Marmont au major-général, Montmirail, 17 février, neuf heures et demie du soir. (*Archives de la guerre.*)

gnies de pionniers, 33 escadrons et 86 bouches à feu, représentant un effectif total de 13,679 combattants.

Le IIe corps acheva sa réorganisation quelques jours plus tard et ne comprit plus que 13 bataillons, dont trois de réserve, 40 escadrons et sept batteries, avec un effectif total qui n'atteignit 9,800 hommes qu'après l'arrivée des troupes du général von Klüx.

A l'ancienne répartition par brigades d'infanterie on substitua l'organisation par divisions, dont le commandement fut confié au Ier corps au prince Guillaume de Prusse et au général von Horn, au IIe corps aux généraux von Pirch I et von Klüx, avec cette différence toutefois que l'infanterie tout entière du IIe corps fut placée sous les ordres du prince Auguste de Prusse. Le général von Jürgass conserva le commandement de la réserve de cavalerie du Ier corps. Au IIe corps, Zieten fut mis à la tête de toute la cavalerie après l'arrivée des cuirassiers de Brandebourg, des uhlans de Silésie et des dragons de la Nouvelle-Marche, que le général von Röder amenait de la Meuse et qui, comme l'infanterie du général von Klüx, ne rejoignirent que le 24 février.

Les renforts d'artillerie et d'hommes conduits par le colonel von Lobenthal et destinés, les pièces au IIe corps, les hommes au Ier, rallièrent l'armée de Silésie plus tard encore, le 5 mars.

Les premiers renforts russes fournis par le corps Langeron et venant de Mayence, arrivèrent le 18 à Vitry avec les généraux Korff et Rudsewitch qui amenèrent environ 8,000 hommes [1].

Langeron lui-même devait remettre le blocus de Mayence au duc de Saxe-Cobourg et suivre son premier échelon avec sept régiments d'infanterie et cinq de cavalerie.

L'armée de Silésie, sans compter les corps de Winzingerode et de Bülow, appartenant à l'armée du Nord, allait donc, le 24 au plus tard, pouvoir reprendre ses opérations avec un effectif au

---

[1] Les troupes du général Rudsewitch se composaient des régiments de Staroskol et d'Olonetz, des 29e et 45e régiments de chasseurs (22e division), du régiment de Biélosersk et du 48e chasseurs (de la 17e division), du régiment de cosaques de Sélivanoff II ; celles du général Korff, du régiment de dragons de Kargopol, des régiments de chasseurs à cheval de Siéwersk et de Livonie et du 3e régiment de cosaques de l'Ukraine. (Rapport du général Neidhardt, chef d'état-major de Langeron au prince Wolkonsky, 4 février, n° 19.)

moins égal à celui qu'elle avait avant ses désastreuses opérations sur la Marne [1].

Séance du congrès de Châtillon. — Conseil de guerre de Bray. — Proposition d'un armistice. — Pendant que les plénipotentiaires réunis à Châtillon remettaient à Caulaincourt le projet de traité par lequel la France renonçait à toutes les acquisitions faites depuis 1792; pendant que le duc de Vicence, ne pouvant faire une réponse immédiate à une communication aussi grave, se réservait de proposer aux représentants des puissances coalisées la remise de la conférence à une date ultérieure, l'empereur de Russie, le roi de Prusse et Schwarzenberg avaient tenu à 4 heures à Bray un conseil de guerre dans lequel on avait décidé l'envoi des premiers ordres à Wittgenstein, à Wrède, au prince royal de Wurtemberg et à Barclay, ordres qui semblent indiquer qu'on songeait sérieusement, à ce moment du moins, à défendre la ligne de la Seine. Ce fut à la sortie de ce conseil de guerre que l'empereur Alexandre et Schwarzenberg écrivirent tous deux à Blücher, le premier pour l'engager à marcher sur Fère-Champenoise et Sézanne en laissant Winzingerode sur les bords de la Marne, jusqu'à l'arrivée de Bülow; le second pour informer le feld-maréchal des affaires de Mormant et de Nangis, lui annoncer qu'il lui était impossible de continuer sa marche en avant, et surtout pour lui demander de lui faire connaître les positions occupées par l'armée de Silésie et le moment où cette armée serait en mesure de reprendre l'offensive [2].

Mais avant même que les nouvelles reçues au grand quartier général eussent modifié les projets du généralissime et motivé l'envoi de nouveaux ordres laissant entrevoir la probabilité d'une retraite prochaine sur Troyes, on avait pris au conseil une résolution bien autrement grave, on s'y était décidé à une démarche bien autrement compromettante. Dans la soirée du 17, l'empereur de Russie, cédant à la pression générale, avait autorisé Schwarzenberg à proposer un armistice à Berthier. Un des aides

---

[1] Schwarzenberg, Rapport journalier à l'empereur d'Autriche. (*K. K. Kriegs Archiv.*, II. 357.)

[2] Schwarzenberg à Blücher, Bray, 17 février. (*K. K. Kriegs Archiv.*, t. II, p. 510.)

de camp du généralissime, le comte Paar, avait apporté dans la nuit du 17 au 18, aux avant-postes français, une lettre dans laquelle Schwarzenberg déclarait que, croyant à la signature immédiate des préliminaires de paix, il avait donné à ses troupes l'ordre d'arrêter sans plus tarder tout mouvement offensif. « On m'affirme, ajoutait-il, que vos troupes continuent à marcher et je vous prie, afin d'éviter l'effusion du sang, d'arrêter les hostilités si vous ne voulez pas, de mon côté, m'obliger à les reprendre. »

Le moment était mal choisi. Paar ne parvint pas jusqu'à Berthier, et l'Empereur, écrivant le lendemain à Joseph [1] et faisant allusion à la proposition d'armistice, se bornait à lui dire : « Il est difficile d'être lâche à ce point..... Heureusement qu'on n'a pas laissé entrer l'aide de camp du prince de Schwarzenberg. Je n'ai reçu que sa lettre, à laquelle je répondrai à mon aise. Je n'accorderai aucun armistice qu'ils n'aient purgé mon territoire. »

Il est difficile de découvrir les mobiles qui ont pu amener Schwarzenberg à tenter une pareille démarche. Il connaissait assez l'Empereur pour savoir qu'il n'était pas homme à s'arrêter au moment où il entrevoyait la possibilité de tirer parti de ses victoires et à accorder un armistice qui lui aurait fait perdre tout le bénéfice des avantages qu'il venait de remporter. Une semblable proposition, dans laquelle il pouvait voir comme un symptôme de la faiblesse et du découragement des Alliés, devait avoir pour unique résultat de le rendre plus exigeant, de le décider à envoyer des instructions nouvelles à Caulaincourt et de l'amener à déclarer à Joseph qu'il ne traiterait plus de la paix que sur les bases posées à Francfort.

18 février 1814. — Ordres de l'Empereur. — A ce moment, d'ailleurs, l'Empereur, quoique disposé à accepter une paix solide et honorable, se préoccupait avant tout des opérations du lendemain. Jusqu'à une heure du matin, il avait attendu avec une impatience toujours croissante un rapport de Victor, l'informant de l'arrivée du 2ᵉ corps à Montereau. La lecture de ce rapport, parvenu au quartier impérial un peu après une heure, mit le comble à son exaspération. La lenteur et la mollesse de Victor

---

[1] *Correspondance*, n° 21293.

allaient, à son avis, compromettre le succès de la campagne, et déjà mécontent du peu de vigueur que le maréchal avait déployé à l'attaque de Villeneuve, il chargea le major-général de le blâmer en termes des plus secs, de le mettre en demeure d'expliquer pourquoi il s'était arrêté en route, et de lui dire que ses troupes se plaignaient de ne jamais le trouver et de ne jamais recevoir d'ordres pendant les affaires [1]. Plus nerveux et plus impatient qu'il ne l'avait jamais été, il envoya encore deux heures plus tard, à 3 h. 1/2 du matin, un des aides de camp de Berthier à Victor pour lui intimer l'ordre de porter sur-le-champ à Montereau tout ce qu'il avait de troupes à Salins, les sapeurs et marins de la garde, le génie, les batteries de 12, et d'y arriver au plus tard à 6 heures du matin avec son infanterie. Il lui faisait savoir en outre que Charpentier et Allix marchaient de Melun sur Fontainebleau, enfin qu'il importait de passer au plus vite sur la rive gauche de la Seine, afin de poursuivre vivement l'ennemi. Macdonald avait ordre de venir le 18 à Donnemarie et de continuer ensuite vers Bray; Oudinot et Valmy devaient pousser en avant de Provins, « marcher ferme » et lui envoyer des nouvelles.

Positions du IVe corps le 18 au matin. — Le 18 au matin, le prince royal de Wurtemberg avait achevé de concentrer autour de Montereau les 14 bataillons, 16 escadrons et 4 batteries du corps wurtembergeois et les 5 bataillons, 5 escadrons, 4 batteries et une compagnie de pionniers autrichiens, représentant un effectif total d'environ 15,000 hommes.

Un peu plus de 9,500 hommes, 1000 chevaux et 54 bouches à feu devaient être, dès le début de la journée, affectés à la défense des abords de Montereau. Le 18 au matin ces troupes occupaient, sur l'ordre du prince royal, les positions suivantes : A l'aile gauche, deux bataillons du 10e régiment d'infanterie légère de la brigade wurtembergeoise Stockmayer gardaient le village et les jardins de Villaron [2]. Un bataillon du 9e régiment de chasseurs s'établissait dans les vignes situées près de ce village, du

---

[1] *Correspondance*, n° 21286 et Registres de Berthier; le major-général à Victor, Nangis, 18 février, une heure du matin. (*Archives de la guerre.*)

[2] Le village désigné sous le nom de « Villaron », dans les rapports des généraux Alliés, porte actuellement le nom de « Les Ormeaux ».

côté de Surville; un bataillon du régiment d'infanterie autrichienne Joseph Colloredo, de la brigade Schaëffer, dans les vignes à gauche de la route de Valence. Quatre escadrons de hussards Archiduc-Ferdinand étaient postés entre cette route et Les Ormeaux, et le régiment de chasseurs à cheval wurtembergeois n° 5, en avant du bataillon Colloredo, à cheval sur cette route. Cette cavalerie formait, avec le bataillon autrichien, l'extrême gauche de la ligne de bataille. Une demi-batterie à cheval prit position sur la route de Valence; l'autre demi-batterie en avant du village des Ormeaux.

Au centre, trois bataillons de la brigade Schaëffer (15ᵉ régiment d'infanterie autrichienne, baron Zach) étaient au château de Surville, en avant du faubourg de la rive droite de la Seine. Le bataillon de gauche de ce régiment, sous les ordres du major Collard, devait plus particulièrement servir de réserve et de soutien à l'aile gauche. Le 5ᵉ bataillon de cette brigade (appartenant au régiment Joseph Colloredo) s'établit en avant de Surville, sur le versant du coteau et du côté où le plateau s'abaisse vers Forges, prolongeant la ligne de tirailleurs de la brigade Stockmayer, postée aux Ormeaux et bordant le ravin que l'on rencontre à droite de ce village. Sur la hauteur de Surville, dans la direction des Ormeaux et de là jusque vers la Seine, on avait commencé à creuser des tranchées et à élever une ligne de défense qui, d'ailleurs inachevée, ne put rendre aucun service. Deux batteries autrichiennes avaient pris position en avant de Surville, et deux pièces de 6 avaient été mises en batterie au saillant du parc de Surville, du côté de Salins.

A l'aile droite, le 4ᵉ bataillon de la brigade Stockmayer (un bataillon du 9ᵉ régiment de chasseurs wurtembergeois), mis sous les ordres du général-major Schaëffer, s'était établi au pied de la hauteur de Surville et y occupait quelques maisons isolées dans la direction de Salins et Nangis. Un escadron de hussards Archiduc-Ferdinand fournissait les avant-postes sur cette route, en arrière du château de Courbeton.

Le prince royal de Wurtemberg parcourut toute la ligne de grand matin. Frappé de la faiblesse numérique des troupes qui défendaient la position, il fit aussitôt passer de La Tombe sur la rive droite de la Seine la brigade d'infanterie wurtembergeoise (régiments nᵒˢ 2 et 7) du général Döring avec une batterie de 6 et disposa quatre bataillons des 2e et 7e régiments d'infanterie en arrière des Ormeaux et deux autres bataillons des deux côtés et un peu en avant du village.

La position tout entière était désormais occupée par quinze bataillons et neuf escadrons, soit 8,540 hommes d'infanterie, 1000 cavaliers et 26 bouches à feu. Il ne restait sur la rive gauche que deux batteries (12 pièces) du Ier corps autrichien dont l'une commandait la route de Salins et de Laval, tandis que l'autre était chargée de soutenir l'aile gauche. La brigade de cavalerie wurtembergeoise du général Jett (douze escadrons des 3e régiment de dragons Prince royal, 2e chasseurs à cheval duc Louis, et 4e chasseurs à cheval prince Adam, et une batterie à cheval) avait pris position à peu de distance du faubourg Saint-Maurice, ayant derrière elle, à la ferme de Motteux, les quatre bataillons des 4e et 5e régiments d'infanterie wurtembergeoise, formant avec une batterie, la brigade du prince Hohenlohe[1]. — En tout 4 bataillons, 12 escadrons et 12 bouches à feu.

Bataille de Montereau. — L'Empereur, au lieu de pouvoir, dès le 18 au matin, déboucher comme il le pensait par le pont de Montereau sur la rive gauche de la Seine, avait été obligé de se résigner à une attaque combinée des hauteurs de la rive droite. Pajol, avec sa division de cavalerie, suivie de loin par l'infanterie de Pacthod, devait arriver sur la gauche du prince royal, pendant que le 2e corps et la réserve de Paris attaqueraient sa droite.

A 4 heures du matin, Pajol avait quitté ses positions en avant du Châtelet et s'était mis en marche dans l'ordre suivant : « La brigade Delort, précédée d'une forte avant-garde, éclaire la marche et fouille le terrain. Elle est suivie par la brigade du général du Coëtlosquet, derrière laquelle marchent 800 gendarmes à pied avec une compagnie d'artillerie légère. La brigade de dragons du général Grouvel, qui vient après l'artillerie, précède la division de gardes nationales du général Pacthod, avec laquelle marche une compagnie d'artillerie légère placée au centre de la colonne formée par l'infanterie. Le corps du général

---

[1] *Das Commando des Kronprinzen von Würtemberg in den Feldzügen 1814 und 1815 gegen Frankreich nach amtlichen Quellen herausgegeben von den Offizieren des königlich würtembergischen General Quartiermeisters Stab.*

Pajol se compose à ce moment de 3,000 gardes nationaux, de 800 gendarmes d'Espagne et de 1500 cavaliers. Mais ces cavaliers étaient jeunes et inexpérimentés : il s'en trouvait qui montaient à cheval depuis quinze jours seulement. La plupart ne savaient ni conduire leurs chevaux, ni manier leurs armes. A peine s'ils pouvaient tenir leurs rênes d'une main et le sabre de l'autre : il leur fallait les deux mains pour exécuter un à-droite ou un à-gauche. L'artillerie se trouvait dans des conditions analogues. Enfin, les gardes nationaux n'étaient pas habillés et n'avaient pas l'habitude de la guerre ; les hommes comme les officiers manquaient de sang-froid [1]. »

A 6 heures du matin, à l'entrée du bois de Valence, les éclaireurs signalent la présence des escadrons du régiment de hussards Archiduc-Ferdinand. Le général Delort fait faire halte et envoie une forte reconnaissance, qui revient bientôt prévenir que l'ennemi s'est retiré et que le bois est évacué.

Les postes avancés des hussards autrichiens s'étaient, en effet, repliés jusqu'à la lisière opposée du bois et, de là, jusque vers les positions occupées par l'infanterie postée dans les vignes en avant des Ormeaux. A 8 heures, la cavalerie de Pajol arrivait à la lisière du bois. Maître du débouché, le général veut continuer sa marche vers le plateau de Surville ; mais son peloton de tête est accueilli par les décharges de la batterie placée à l'aile gauche du IVe corps. L'avant-garde française s'éparpille à droite et à gauche, et la colonne entière fait halte...

« La zone où le corps de Pajol opéra seul s'arrête, vers l'est, au chemin vicinal qui relie Les Petites-Maisons, Le Plat-Buisson et Les Ormeaux. Cette zone est traversée du nord-ouest au sud-est par la grande route de Paris à Lyon qui la divise en deux portions inégales, celle de l'ouest la plus étendue. Pour aller de la ferme du Dragon-Bleu à Montereau, il fallait d'abord parcourir une surface plane, puis monter doucement jusqu'au sommet du plateau pour redescendre très rapidement sur Montereau. Pajol avait embusqué ses gendarmes à pied le long de la lisière du

---

[1] Nous avons cru pouvoir imiter l'exemple donné par le général Bonie et citer textuellement de nombreux passages du beau livre que le général Pajol a consacré à la mémoire de son père. Dans d'autres endroits nous avons, au contraire, eu recours à la relation du prince royal de Wurtemberg et au Journal d'opérations de la grande armée.

bois, face au plateau de Surville, et, protégé par ses tirailleurs, il prit ses dispositions de combat.

« La cavalerie avait débouché dans la plaine par des chemins latéraux. La brigade du Coëtlosquet et la brigade Grouvel prirent à gauche et furent établies entre Le Plat-Buisson et Forges, la première en bataille, la deuxième en 2ᵉ ligne à grande distance en colonne serrée. La brigade Delort prit à droite et se déploya devant l'infanterie masquée par les vignes de La Grande-Paroisse [1]. »

Vers 9 heures, une colonne française venant par la route de Salins et de Laval attaqua Courbeton et Saint-Jean, au moment où le prince royal recevait du généralissime l'ordre de tenir à Montereau au moins jusqu'à la nuit. Les Français, repoussés sur ce point, ne renouvellent pas leur tentative et concentrent tous leurs efforts contre Les Ormeaux [2].

« Ce mouvement permet à Pajol de porter sa ligne de bataille en avant du Dragon-Bleu, l'artillerie et l'infanterie à droite et à gauche de la route, la cavalerie aux ailes. A son extrême droite, où la résistance est moins énergique, la brigade Delort commence à déblayer le terrain ; l'infanterie s'ébranle à sa suite pour s'en assurer la possession depuis la route jusqu'à la Seine [3]. »

Deux attaques tentées contre Les Ormeaux, la première par le général Chataux, la deuxième par le général Duhesme, ont échoué. Une troisième attaque, combinée cette fois avec une attaque dirigée de la route de Valence contre le flanc gauche du général Stockmayer, est sur le point de réussir ; mais au moment où le général Chataux est parvenu, par un mouvement tournant, à atteindre les premières maisons du faubourg de Paris, il tombe mortellement blessé : ses troupes s'arrêtent, hésitent. Le prince royal profite de ce flottement pour lancer sur elles le 3ᵉ régiment d'infanterie qui, conduit par le général Döring en personne, rejette les troupes françaises dans la vallée et fait prisonniers le colonel Lecouteulx, aide de camp de Berthier, 4 officiers et 60 hommes, et s'empare de 3 canons [4].

---

[1] PAJOL, *Pajol, général en chef.*
[2] STÄRKE, Eintheilung und Tagesbegebenheiten der Haupt-Armee im Monate Februar. (*K. K. Kriegs Archiv.*, II, 1.)
[3] PAJOL, *Pajol, général en chef.*
[4] STÄRKE, Eintheilung und Tagesbegebenheiten der Haupt-Armee im Monate Februar. (*K. K. Kriegs Archiv.*, II, 1.)

En même temps, la cavalerie du IV⁰ corps, soutenue par un bataillon autrichien s'avance contre Valence et oblige la cavalerie française à rentrer dans le bois.

Il est 11 heures. Le prince royal a jusque-là réussi à conserver toutes ses positions, et le maréchal Victor, déconcerté par cette résistance, se décide à attendre, pour reprendre l'offensive, l'arrivée des renforts que doit lui amener Gérard. Il se borne, pendant ce temps, à pousser contre les positions du IV⁰ corps de longues chaînes de tirailleurs et cherche à tirer parti de la supériorité de son artillerie pour préparer l'assaut final. Le tir de l'artillerie française fait subir au IV⁰ corps des pertes si sensibles, les effectifs fondent à un tel point que, dès 2 heures, le prince royal envoie un de ses aides de camp prévenir le généralissime qu'il essayera de tenir jusqu'au soir, mais qu'il lui est impossible d'en répondre dans le cas où les Français renouvelleraient leur attaque avec des forces supérieures en nombre[1].

Les Français préparaient, en effet, une nouvelle attaque sous la protection de leur artillerie. L'Empereur était sur le point d'arriver sur le champ de bataille. Mais avant même de paraître sur le terrain, de plus en plus irrité contre Victor[2], dont les explications ne l'ont pas satisfait, dont la lenteur et les fautes ont rendu indispensable un combat engagé depuis le matin, lui ont fait perdre toute la journée et vont peut-être le priver du pont de Montereau, il l'a relevé de son commandement et a confié, à une

---

[1] Stärke, Eintheilung und Tagesbegebenheiten der Haupt-Armee im Monate Februar (*K. K. Kriegs Arch.*, II, 1) et Relation de la bataille de Montereau (*Ibid.*, II, 547).

[2] La lettre ci-dessous (Victor au major-général, de Montigny-Lencoup, sept heures du matin), avait fourni à l'Empereur une occasion de se débarrasser de Victor :

« Je vous ai fait connaître les raisons qui m'ont empêché d'arriver hier, 17, à Montereau avec mes troupes. Une partie s'y est rendue d'après mes ordres. Ce sont les dragons de Lhéritier et les sapeurs ; mais ils ont été obligés de revenir à Salins ayant trouvé l'ennemi en très grande force au pont de Montereau.

« Quant à l'accusation que renferme votre lettre sur ce que les troupes de mon commandement se plaignent qu'on ne peut jamais me trouver ni recevoir de moi des ordres positifs sur le champ de bataille, je la regarde comme un outrage que m'adressent ceux qui sont trop lâches pour venir où je suis dans une action où je commande. Je m'en rapporte aux généraux qui servent avec moi pour me justifier relativement aux instructions que je leur donne.

« Je suis encore accusé de n'avoir pas mis assez de vigueur dans l'attaque

heure, le 2ᵉ corps au général Gérard [1] Cet officier général, prenant la direction du combat, fait rentrer les tirailleurs de Duhesme, mal engagés dans un terrain bas, reforme son infanterie et fait peu à peu taire les batteries wurtembergeoises dont le feu a seul permis au prince royal de faire échouer les attaques du 2ᵉ corps.

Vers 3 heures, l'Empereur, arrivé en personne de Nangis, ordonne de former quatre colonnes d'attaque auxquelles il donne pour objectif le plateau de Surville et Montereau et qui marche-

---

de Villeneuve ; j'ai cependant forcé 10,000 hommes avec 3,000 mauvais soldats et cela parce qu'étant à leur tête je leur donne l'exemple. Du reste, je ne fais que mon devoir, mais j'avoue que je ne m'attendais pas à recevoir des insultes pour récompense:

« Ces inculpations sont trop violentes et trop injustes pour que je puisse servir plus longtemps Sa Majesté. Je prie Votre Altesse de la supplier de me permettre de me retirer chez moi. » (*Archives de la guerre.*)

Ému par la nouvelle de la blessure mortelle du général Chataux, gendre de Victor, touché par la douleur du maréchal qui voulait prendre un fusil et marcher comme soldat avec la garde, l'Empereur ne tarda pas à s'apaiser. Ne pouvant plus rendre le 2ᵉ corps au maréchal, il lui confia le commandement de deux divisions de jeune garde. Il ne revint toutefois pas immédiatement sur sa décision, comme Fain le prétend dans son *Manuscrit de 1814*, puisqu'on trouve dans le dossier même du maréchal (*Archives administratives de la guerre*) l'ordre ci-dessous de l'Empereur, en date du château de Surville, le 20 février 1814 :

« Monsieur le duc de Feltre, j'ai été peu satisfait du duc de Bellune, mais pas assez pour ne plus l'employer. Comme il a ordre de se rendre à Paris, je ne verrais pas d'inconvénient à l'employer dans la 13ᵉ ou la 16ᵉ division militaire... »

Mais, ni la lettre de service nommant le maréchal au commandement supérieur de la 13ᵉ division militaire à Rennes, ni l'avis informant de cette nomination le général Frère, commandant cette division, ne furent jamais signés, ni par l'Empereur, ni par le Ministre.

A la date du 23 février, la 2ᵉ direction réclamait ces signatures au Ministre qui répondit en faisant connaître qu'il y avait lieu d'attendre l'arrivée à Paris du maréchal qu'on voulait envoyer à la 16ᵉ division militaire (Lille).

[1] Par une bizarrerie du sort, l'ordre par lequel l'Empereur plaçait Gérard à la tête du 2ᵉ corps, pris le 3 mars au pont de La Guillotière par les cosaques qui furent sur le point de s'emparer de Gérard, est actuellement au *K. K. Kriegs Archiv.* de Vienne, II, 544 :

« Le major-général au général Gérard, au carrefour des routes de Montereau et de Donnemarie, le 18 février 1814.

« Monsieur le général Gérard, le maréchal duc de Bellune ayant demandé à se retirer chez lui, Sa Majesté vous confie le commandement du 2ᵉ corps.

« Conservez tout l'état-major attribué à ce corps, tous les papiers relatifs au service et les ordres que le duc de Bellune a reçus. »

ront, la première par la route de Valence, la deuxième par Les Ormeaux, la troisième sur le château de Surville. Quant à la quatrième, elle débouchera, en se tenant dans la vallée, par la route de Salins et le château de Courbeton, contre l'aile droite du IVe corps et le faubourg de Montereau, pendant que Pajol, dont les troupes forment la colonne de l'extrême droite française, se déploiera en avant du bois de Valence et cherchera à gagner du terrain en avant avec sa cavalerie. La garde est en réserve en avant de Laval, à hauteur de Forges. Le feu convergent de l'artillerie, dirigé sur le château de Surville, préparera et facilitera l'attaque [1].

Pendant ce temps, Gérard n'est pas resté inactif. Les généraux Dufour et La Hamelinaye se sont déjà portés en avant ; à 3 heures, ils ont réussi à s'emparer d'une partie du village des Ormeaux et à obliger les Austro-Wurtembergeois à se concentrer davantage sur le plateau de Surville. « Ce léger mouvement de recul permet à Pajol de déborder Les Ormeaux et d'en achever la prise : il occupe à ce moment une ligne perpendiculaire à la route de Paris et s'approche de Surville, dont les troupes de Gérard commencent à refouler les défenseurs. Le succès avait donné de la confiance aux troupes de Pajol. Quelques bonnes charges de cavalerie, de vigoureux mouvements de l'infanterie rejettent l'aile gauche des Wurtembergeois sur le faubourg Saint-Nicolas, où Gérard, maître enfin du plateau de Surville, dirige son aile droite [2]. »

Les troupes du prince royal étaient épuisées par une lutte acharnée qui durait depuis le matin et par les grosses pertes qu'elles avaient subies. Son artillerie avait déjà la plus grande partie de ses pièces démontées ou hors de service. Menacé sur sa droite, un peu après 3 heures, par une colonne de chasseurs à cheval serrée en masse qui avait débouché de Saint-Germain, de Laval et du château de Courbeton contre Saint-Jean et le faubourg de Montereau [3], il avait cherché à rompre le combat et à s'assurer,

---

[1] STÄRKE, Eintheilung und Tagesbegebenheiten der Haupt-Armee in Monate Februar (*K. K. Kriegs Archiv.*, II, 1), Relation de la bataille de Montereau (*Ibid.*, II, 547) et prince royal de Wurtemberg au prince de Schwarzenberg, Bazoches, 18 février (*Ibid.*, II, ad. 531).

[2] PAJOL, *Pajol, général en chef.*

[3] Relation de la bataille de Montereau. (*K. K. Kriegs Archiv.*, II, 54.)

dans les meilleures conditions possibles, une retraite que la configuration du terrain, la nature et la proximité du défilé rendaient particulièrement difficile et dangereuse. Sa cavalerie et son artillerie avaient déjà repassé le défilé au trot et étaient arrivées sur la rive gauche de la Seine sans avoir éprouvé de pertes trop sensibles. Son infanterie commença sa retraite par échelons. La brigade autrichienne Schaëffer reçut l'ordre de tenir au château de Surville jusqu'à ce que les bataillons wurtembergeois eussent atteint le pont de Montereau. On posta encore quelques compagnies d'infanterie dans les vignes voisines de la route de Valence pour essayer d'arrêter les mouvements dirigés contre cette brigade entièrement en l'air et complètement découverte par la retraite de la cavalerie. Mais Pajol a deviné les intentions du prince royal, et dès qu'il a remarqué ce qui se passe du côté des hauteurs de Surville, il se précipite contre l'infanterie de l'aile gauche, la culbute, la crève et réussit, par la rapidité et l'impétuosité de sa charge, à la rompre complètement. Les troupes du prince royal, hors d'état de se rallier pour tenter un nouvel effort, précipitent avec une telle hâte leur retraite, qu'elle se change en déroute. Les bataillons wurtembergeois, qui, suivis par la division Chataux, se retiraient en échelon des Ormeaux, n'ont pas encore réussi à atteindre le château de Surville, qu'ils sont déjà, ainsi que le régiment autrichien baron Zach, attaqués par les troupes de Duhesme, et d'autant plus en danger d'être coupés de Montereau que le mouvement général ordonné par l'Empereur se dessine de plus en plus contre le centre et la droite du prince royal. L'infanterie alliée, poussée et pressée par l'infanterie française, se précipite en désordre vers la ville et les ponts, essayant de gagner et de descendre au plus vite les pentes escarpées du versant méridional du plateau de Surville[1].

« La retraite de l'ennemi, dit le général Pajol, s'effectuait en désordre à travers la ville de Montereau où l'encombrement devenait épouvantable. Pajol fait alors suspendre le feu de son artillerie qui, postée au premier coude de la route, au point où

---

[1] Stänke, Eintheilung und Tagesbegebenheiten der Haupt-Armee im Monate Februar (K. K. Kriegs Archiv, II. 1). Relation de la bataille de Montereau

commence la descente, mitraillait les masses ennemies entassées dans les rues. Il ordonne au général Delort[1] de s'élancer au galop avec sa brigade sur les ponts de Montereau en suivant la pente rapide de la route qui descend sur la ville. Il le prévient qu'il le suit à la même allure avec les brigades du Coëtlosquet et Grouvel. Le général Delort, après avoir fait mettre le sabre à la main et formé sa brigade en colonne par pelotons, entame son mouvement au trot et fait ensuite prendre le galop. Quand sa colonne est en partie engagée sur la descente, il commande la charge. La brigade s'abat sur Montereau comme une avalanche, renversant tout sur son passage sans être arrêtée par le feu très nourri des deux bataillons du régiment Colloredo postés dans les premières maisons du faubourg pour protéger la retraite, et franchit rapidement les ponts de la Seine et de l'Yonne, sans donner à l'ennemi le temps de les faire sauter. La ville de Montereau est traversée en un clin d'œil et se trouve débarrassée de l'ennemi qui fuit dans toutes les directions et que pousse l'infanterie de la garde et de Gérard arrivant au pas de course par la route de Nangis et le chemin de Surville.

« A la tête de ses deux autres brigades, Pajol[2] suivait également à fond de train la brigade Delort. Après le pont de la Seine où une mine éclata sans enlever la clef de voûte et où il eut un cheval tué sous lui, le général s'arrêta un instant : il jeta le général Grouvel avec ses dragons sur la route de Bray et rejoignit, avec la brigade du Coëtlosquet, le général Delort qui s'était arrêté à la porte de la ville sur la route de Fossard où il eût pu être compromis. Heureusement l'épouvante était trop grande dans l'armée en déroute et c'est en vain que le général Hohenlohe

---

[1] Le général Delort auquel cette charge audacieuse valut, sur le champ de bataille même, le grade de général de division, répondit à l'officier qui lui apportait l'ordre de Pajol : « Je crois, en vérité, que l'on perd la tête de me faire charger avec de la cavalerie semblable. »

[2] Dans un premier rapport sommaire adressé de Montereau au major-général, Pajol s'exprime ainsi : « Saisissant le moment où l'ennemi effectuait sa retraite et où il n'était plus maître de revenir sur ses pas, j'ai fait charger la brigade du général Delort sur la grande route avec l'ordre d'arriver au pont de la Seine avant l'ennemi, ce qu'il a effectué avec la plus grande valeur. C'est là que, me mettant à la tête de ma cavalerie, j'ai fait plus de 300 prisonniers et que j'ai empêché l'ennemi de détruire les ponts. » Et il ajoute : « Je dois dire que le corps de gendarmerie à pied s'est très bien conduit. »

avait essayé plusieurs fois, avec ses deux bataillons de réserve, de rallier les fuyards et de rétablir un peu d'ordre dans la retraite.

« La charge audacieuse de la cavalerie de Pajol terminait glorieusement une bataille engagée depuis huit heures du matin; elle conservait à l'armée française ce que Napoléon demandait à la victoire : les ponts de Montereau. »

Les relations des généraux alliés confirment, d'ailleurs, pleinement, à quelques variantes près, le rapport de Pajol sur cette charge d'une audace inouïe.

« Pendant que les masses de cavalerie française chargeaient mon aile gauche, dit le prince royal de Wurtemberg, et que les quelques bataillons qui défendaient le château de Surville étaient coupés et pris avec les deux pièces en batterie à l'entrée du faubourg, l'ennemi lançait encore contre le château et le faubourg des colonnes d'infanterie. Le désordre se répand dans les troupes. La déroute est à son comble lorsque les troupes du général Chataux débouchent dans le faubourg et au pont en même temps que les Alliés et que le général du Coëtlosquet, à la tête du 7ᵉ régiment de chasseurs à cheval, s'engage pêle-mêle avec l'infanterie autrichienne et wurtembergeoise dans le faubourg, passe le pont avec elle et arrive, toujours avec elle, dans la partie de la ville comprise entre la Seine et l'Yonne. La confusion et le désarroi sont si grands que c'est à peine si quelques hommes s'aperçoivent de la présence des cavaliers français au milieu d'eux. Au même moment l'artillerie de la garde prend position un peu au-dessous du château de Surville. Elle fait pleuvoir sur la rive gauche une grêle de projectiles et met le comble à la déroute qu'augmentent encore les incendies et les coups de feu tirés par les habitants de Montereau sur les troupes qui s'enfuient. » Le prince royal de Wurtemberg lui-même est à plusieurs reprises sur le point d'être pris. Il ne doit son salut qu'au dévouement des officiers qui l'entourent et à un retour offensif exécuté par un bataillon d'infanterie qui, arrêtant un moment l'ennemi, parvient à le dégager. Le prince royal est recueilli par la brigade Hohenlohe qui s'est rapprochée de Montereau; le général Jett reçoit l'ordre de couvrir, avec sa brigade de cavalerie et une batterie, la retraite du IVᵉ corps sur La Tombe. « L'ennemi, ajoute le prince, a poursuivi mollement mon arrière-garde jusqu'à La

Tombe. L'infanterie wurtembergeoise s'est ralliée près de Marolles-les-Bray. Mon gros est ici. L'épuisement de mes troupes et la supériorité numérique de l'ennemi, m'interdisent tout engagement nouveau. Je me replierai donc sur Nogent pour opérer ma jonction avec le corps du comte Wrède[1]. »

Dans l'intervalle, Schwarzenberg qui se proposait de reprendre l'offensive à Troyes depuis qu'il savait, comme nous le verrons plus loin, que Blücher serait en position à Arcis le 21, avait prescrit au prince royal d'aller avec son corps rejoindre les Austro-Bavarois à Bray[2].

La bataille de Montereau avait coûté aux Wurtembergeois et aux Autrichiens : 15 canons, 1430 hommes tués et blessés, dont 56 officiers, et 3,415 prisonniers. Le régiment autrichien Zach avait à lui seul perdu 25 officiers et 1025 hommes, et le régiment Colloredo : 28 officiers et 804 hommes.

Sans la charge de Pajol, la retraite de l'ennemi ne se serait pas changée en déroute et les ponts de Montereau n'auraient pas été conservés[3]. Malheureusement le général Pajol allait être obligé, par ses blessures, de quitter le commandement de cette cavalerie qu'il venait de conduire si brillamment à la victoire. « Témoignez au général Pajol, lui faisait écrire, le 19 février, l'Empereur par le major-général, tout l'intérêt que je prends à ses blessures et la satisfaction que j'ai de ses services, notamment de ceux qu'il a rendus dans la journée d'hier. »

L'Empereur n'avait, du reste, pas oublié les simples cavaliers de la division Pajol et, dès le 18, il avait fait demander les noms des hommes auxquels il devait la conservation du pont de Montereau, « parce qu'il tenait à les récompenser tous ».

Les divisions du 2ᵉ corps, avec les dragons du général Grouvel, occupèrent Fossard après la bataille. Les troupes de la réserve de Paris, destinées à prendre le 19 le chemin de Bray, s'établi-

---

[1] Stärke, Eintheilung und Tagesbegebenheiten der Haupt-Armee im Monate Februar (*K. K. Kriegs Archiv.*, II. 1); Journal d'opérations du IVᵉ corps tenu par le général Baillet de La Tour (*Ibid.*, XIII, 56), Relation de la bataille de Montereau (*Ibid.*, II. 547) et prince royal de Wurtemberg au prince de Schwarzenberg, Bazoches, 18 février (*Ibid.*, II, ad., 531).

[2] Prince de Schwarzenberg au prince royal de Wurtemberg, Trainel, 18 février. (*K. K. Kriegs Archiv.*, II, 531.)

[3] Pajol, *Pajol, général en chef.*

rent au faubourg de Fontainebleau. Les deux autres brigades de Pajol s'installèrent à Varennes, poussant des partis sur les routes de Moret et de Pont-sur-Yonne. La division de gardes nationales de Pacthod resta sur la rive droite de la Seine[1]. Le grand quartier général vint s'établir Montereau et la route de l'armée fut désormais par Paris, Melun et Montereau.

Le Ier corps (Bianchi) repasse sur la rive droite de l'Yonne. — Aux termes de la disposition pour le 18, le Ier corps devait venir se cantonner à Pont-sur-Yonne et ramener en arrière, jusqu'à Villeneuve-la-Guyard, la division légère d'Ignace Hardegg qui se bornerait à laisser quelques postes à Fontainebleau et à Moret.

Outre les deux batteries autrichiennes du Ier corps qui, de la rive gauche de la Seine, avaient puissamment contribué à permettre au prince royal de se maintenir aussi longtemps sur la position de Surville, Bianchi, au moment où il commença son mouvement, avait laissé à Montereau la brigade Hirsch (régiments Jérôme Colloredo et Hiller), qui y perdit pas mal de monde en essayant de défendre les ponts. Cette brigade, après avoir beaucoup souffert, se retira à 9 heures du soir sur Cannes, et empêcha par le feu de sa batterie l'ennemi de s'étendre sur la route de Bray. Elle s'y relia avec le régiment de dragons Riesch et le régiment d'infanterie comte Albert Gyulay, établis aux environs de Fossard et chargés de recueillir éventuellement la division légère Ignace Hardegg. A l'approche de la cavalerie de Pajol et de l'infanterie de Duhesme, qui poussèrent vers Fossard dès que le pont de l'Yonne fut rétabli, et qui obligèrent les dragons de Riesch et l'infanterie autrichienne à se replier par Montmachoux dans la direction de Saint-Sérotin, Bianchi repassa l'Yonne pendant la nuit à Pont sur-Yonne[2]. La division Wied-Runkel, déjà arrivée sur ce point, continua sur Sens, où elle arriva à minuit.

Reprise de Fontainebleau et de Moret par les Français.

---

[1] Gérard et Pajol au major-général, Montereau, 18 février. (*Archives de la guerre.*)

[2] Stärke, Eintheilung und Tagesbegebenheiten der Haupt-Armee im Monate Februar. (*K. K. Kriegs Archiv.*, II, 1.)

— A 10 heures du matin, le général Charpentier, parti de Melun, avait chassé de Fontainebleau le colonel Simony, des hussards de Hesse-Hombourg, et l'avait obligé à se replier sur Moret, que le général Allix était chargé d'enlever. Mais le comte Ignace Hardegg, renforcé depuis quelques jours par l'arrivée de deux bataillons de fusiliers et se reliant par sa gauche aux cosaques de Platoff du côté de Nemours, avait eu connaissance du mouvement de l'Empereur vers la Seine et de la marche des renforts venant de l'armée d'Espagne. Il n'attendit pas l'attaque du général Allix et, dès qu'il eut été rejoint par le colonel Simony, il évacua Moret à 5 heures pour venir prendre position en arrière du canal du Loing. Informé alors de la perte de la bataille de Montereau, invité à accélérer sa retraite, sachant que les Français tenaient déjà la route de Montereau à Moret, Hardegg réussit grâce à son sang-froid et à son habileté à se tirer sans encombre d'une situation aussi critique. Profitant de l'arrivée d'un parlementaire envoyé par le général Allix qui, après avoir échoué dans ses différentes tentatives de forcer le passage du canal, cherchait à obtenir par des négociations ce qu'il n'avait pu arracher par les armes, Hardegg ne consentit à entamer des pourparlers que sous la condition formelle, immédiatement acceptée par Allix, que les Français ne dépasseraient pas le pont du canal avant minuit. Une fois la nuit venue, la division légère décampa et passant par Montmachoux et Saint-Aignan, elle arriva après une marche de nuit des plus pénibles à Saint-Serotin.

Seslavin rappelé d'Orléans sur la droite de l'armée. — A l'extrême gauche des Alliés, Seslavin, après avoir occupé le 17 Châteauneuf-sur-Loire, avait attaqué le 18 à Bionne près de Combleux quelques gardes nationaux soutenus par quelques conscrits. Il avait ensuite fait sommer Orléans de se rendre et menacé en cas de refus, de brûler la ville. Heureusement pour Orléans qui n'aurait pu être secourue à temps, puisque la brigade de dragons du général Sparre se trouvait encore à deux journées de marche, à Salbris, et qu'une de ses batteries était seule arrivée sans escorte à La Ferté-Saint-Aubin, Seslavin[1] recevait à ce mo-

---

[1] Seslavin au général von Geppert, Châteauneuf-sur-Loire, 17 février. (*K. K. Kriegs Archiv.*, II. ad., 583.)

ment l'ordre de se diriger à marches forcées sur l'extrême aile droite pour y remplacer Diebitsch. Avant de quitter Semoy, il avait laissé au maire de ce village, la proclamation suivante :

« Par ordre de Sa Majesté mon Empereur, je laisse la destination de la ville à un autre. Je suis très fâché de ne pas pouvoir accorder la tranquillité aux bons habitants de la ville d'Orléans. J'ai reçu un autre ordre. Je quitte ces lieux et je vole à remporter des victoires plus célèbres. Je ne veux pas brûler la plus belle ville de la France et je la laisse jusqu'à une autre fois. Je suis très fâché que les habitants de la ville furent égarés jusqu'à ce point qu'ils avaient pensé que je ne commandais qu'une masse de brigands. Les malheureux qui se sont sauvés de la ville de Bellegarde et de Châteauneuf pourront vous dire qui je suis et à qui je commande. Je vous renvoie en même temps vos papiers et suis votre serviteur [1]. »

Mouvement du IIIe corps sur Pont-sur-Vannes. — Position des gardes et réserves. — Le IIIe corps (Gyulay) était formé, le 18 au matin, en deux colonnes, l'une à Sergines (division Weiss), l'autre (divisions Crenneville et Fresnel) à Serbonnes, prêtes à se porter en soutien sur les points que l'ennemi viendrait à menacer, soit sur la Seine, soit sur l'Yonne. Mais dans l'après-midi, ce corps ayant reçu l'ordre de se diriger par Villeneuve-l'Archevêque sur Troyes, de façon à avoir défilé le 20 au matin par cette ville et à être déjà sur la route de Maisons-Blanches, Gyulay quitta ses positions, arriva fort avant dans la soirée à Pont-sur-Vannes et cantonna, pour quelques heures seulement, ses troupes à Malay, Noé, Theil, Vareilles et Vaumort. Les grenadiers et les cuirassiers autrichiens du comte Nostitz suivirent le mouvement du IIIe corps.

Les gardes et réserves russes et prussiennes, sous les ordres de Barclay, étaient en partie à Trainel, en partie à Nogent, avec un poste de deux bataillons et de deux escadrons à Pont-sur-Seine [2]. Diebitsch avait rejoint avec la cavalerie légère de la garde russe et passé l'Aube à Plancy.

---

[1] Seslavin au maire de Semoy, 18 février. (*Archives de la guerre.*)
[2] STÄRKE, Eintheilung und Tagesbegebenheiten der Haupt-Armee im Monate Februar. (*K. K. Kriegs Archiv.*, II, 1.)

Mouvement des V⁰ et VI⁰ corps sur Nogent et Bray. — Affaire de Sourdun. — Prise d'un convoi russe. — Du côté de Provins, Oudinot avait repris sa marche dès le 8 au matin, tandis que l'arrière-garde du VI⁰ corps quittait les environs de Provins pour suivre le mouvement de retraite du gros sur Nogent. Les dragons de Trelliard avaient, cependant, réussi à atteindre les cosaques d'Ilowaïsky XII et de Rebrikoff aux environs de Provins et les avaient menés bon train jusqu'au delà de Meriot. Wittgenstein, avec tout son corps et les cuirassiers de Duka, avait repassé la Seine à Nogent.

Après avoir envoyé à Villenauxe une reconnaissance qui n'y rencontra personne, après avoir reconnu la présence de forces considérables sur la rive gauche de la Seine, de Nogent jusqu'à Bray, Oudinot[1] échelonna son corps entre Sourdun et Provins en attendant des ordres.

Le V⁰ corps, après avoir marché toute la nuit, était arrivé à Bray vers le matin. La division Antoine Hardegg avait pris position à Grisy. La brigade Maillot, chargée de la défense du pont de Bray, avait laissé un de ses bataillons sur la rive droite, à Mouy-sur-Seine. Six batteries abritées derrière des épaulements, la division Spleny et le gros des troupes bavaroises s'établirent sur les hauteurs à la sortie de Bray.

Entre 10 et 11 heures du matin, les têtes de colonne de Macdonald, auquel l'Empereur avait donné l'ordre de continuer de Donnemarie sur Bray, apparaissaient à hauteur de Saint-Sauveur, en même temps que la cavalerie française se montrait du côté de Chatenay. Le 5⁰ corps de cavalerie française venant de Salins poussa jusqu'à Saint-Sauveur[2] et vers Everly, où des déta-

---

[1] « Sa Majesté est très contente, écrivait le major-général à Oudinot, le 18, à cinq heures et demie du matin, que vous ayez renvoyé l'aide de camp du prince de Schwarzenberg après avoir reçu la dépêche. Si l'on se présentait pour vous demander la réponse, vous diriez qu'on a envoyé la lettre du côté de Châlons où je suis avec l'Empereur. Cela prouve que l'ennemi est embarrassé. Je dois vous recommander de ne vous laisser amuser par aucune démarche de supposition de paix ou de signature de traité préliminaire. Nous avons fait trop de campagnes contre les Autrichiens pour ne pas connaître leurs ruses, surtout quand ils sont battus. Il paraît qu'ils mettent beaucoup d'importance à savoir où est l'Empereur. » (*Archives de la guerre*.)

[2] Bordesoulle, à l'arrivée de l'infanterie de Macdonald aux environs de Mouy, continua avec les 300 chevaux dont il disposait jusqu'à Milly-sur-Seine. Il y trouva quelques cosaques qui se replièrent sur Mériot et y rallièrent le gros

chements de la cavalerie légère du 3ᵉ corps de cavalerie et les cuirassiers de Bordesoulle enlevèrent, sur la route des Ormes à Bray, un convoi russe de 14 caissons de munitions et des voitures contenant des assignats russes, escorté par une soixantaine d'hommes.

Pendant que Macdonald, pour se rendre compte des difficultés que présenterait une attaque du pont de Bray par la route de Donnemarie, faisait tâter par quelque infanterie Mouy, occupé encore par un bataillon bavarois, Wrède le faisait canonner sans lui faire grand mal. Le duc de Tarente, qui se proposait de tourner le lendemain le pont de Bray, établit ses troupes hors de portée de l'artillerie du Vᵉ corps : la division Boyer prit position aux environs de Mouy, à Saint-Sauveur, ayant pour réserve une brigade de la division Albert à Cutrelles et, sur sa droite, à Vimpelles, la cavalerie du général Laferrière. L'autre brigade de la division Albert était aux Ormes ; une brigade du général Amey à Everly avec le 3ᵉ corps de cavalerie.

Dans la soirée, vers 9 heures, Macdonald avait reçu l'ordre de venir passer la Seine le 19, au pont de Montereau. Il avait aussitôt pris ses mesures pour se mettre en mouvement à 4 heures du matin en passant par Vimpelles-Egligny et Saint-Germain-de-Laval, et en laissant seulement devant Bray deux escadrons chargés de masquer son mouvement. Ney, dont les deux divisions de jeune garde n'étaient arrivées à Nangis que vers 4 heures, allait exécuter, lui aussi, le 19, le même mouvement, en venant par Villeneuve-les-Bordes à Montereau.

« Jusqu'à 3 heures de l'après-midi, Wrède a été parfaitement tranquille, nous raconte le major prince Taxis. La canonnade qu'on entend à sa gauche lui indique que le IVᵉ corps est engagé, mais on lui envoie le colonel Le Couteulx que les Wurtembergeois ont pris et qu'il dirige sur le grand quartier général. Un peu plus tard, Wittgenstein fait, de Nogent, demander à Wrède s'il sait ce que sont devenus deux de ses régiments disparus depuis la veille. Wrède n'en a pas de nouvelles. L'infanterie ennemie vient de faire une démonstration insignifiante. Wrède est

---

d'Ilowaïsky qui se retirait devant Trelliard. On sut par lui que les Russes n'avaient pas rétabli le pont de Nogent et avaient jeté un pont de bateaux en aval du pont de pierre.

absolument sans inquiétude sur sa position, lorsqu'un peu après 3 heures survient le major von Amerongen. Envoyé par le prince royal à Schwarzenberg, il annonce que le IVᵉ corps, battu à Montereau, n'a pas eu le temps de faire sauter le pont. Un peu plus tard, un autre officier du prince royal nous apprend que le IVᵉ corps, après avoir énormément souffert, est en pleine retraite sur Bray[1]. »

Lettre de Wrède au roi de Bavière. — Une lettre que Wrède écrivit (*en français*) au roi de Bavière, de Bar-sur-Aube, le 25 février, et dans laquelle il examine les événements militaires des journées des 17 et 18 février[2], complète encore les renseignements que nous fournit le journal de Taxis :

« Depuis le départ de ma dernière dépêche, expédiée de Donnemarie le 16 de ce mois par le comte de Seefeld, la face des opérations militaires a beaucoup changé, dit Wrède à son roi.

« J'écrirais un roman si je rendais compte à Votre Majesté de toutes les choses incroyables qui se sont passées. Étant on ne peut pas plus fatigué par le commandement de l'arrière-garde qui m'a été confié depuis, je me borne à rendre compte à Votre Majesté qu'aussi vrai qu'il a été que les puissances alliées ont signé des instructions le 15 pour les plénipotentiaires au congrès de Châtillon pour signer les bases des préliminaires projetés, autant il est vrai que le surlendemain, avant que Napoléon ait eu reçu la minute des articles convenus à Châtillon, il avait battu le général comte de Wittgenstein qui, par une faute inexcusable, s'était placé comme un fou. Au reçu de la nouvelle de ce qui était arrivé, j'ai réuni mon corps d'armée pour attirer l'attention de l'ennemi sur moi et pour le dégager autant que possible. J'ai réussi, mais non sans faire couler du sang.

« Le lendemain, le prince royal de Wurtemberg, ayant choisi un point désavantageux pour se battre et ayant derrière lui un défilé difficile, a été battu près de Montereau, où l'ennemi a passé la Seine pêle-mêle avec lui. J'avais repoussé, le même jour, de fortes attaques de l'ennemi près de Bray; mais les événements

---

[1] Taxis, Tagebuch. (*K. K. Kriegs Archiv*, XIII, 32.)
[2] Wrède au roi de Bavière, Bar-sur-Aube, 25 février. (*Archives d'Ellingen*. Lettre citée par le général Heilmann.)

qui avaient eu lieu à l'égard du comte de Wittgenstein et du prince royal de Wurtemberg ont engagé le prince de Schwarzenberg à faire un mouvement rétrograde auquel j'ai servi jusqu'à présent d'arrière-garde. Autant que le temps me le permet, Votre Majesté reçoit sur ces événements un rapport officiel en langue allemande. »

Premiers mouvements de l'armée de Silésie. — Blücher se prépare à reprendre l'offensive. — Dès le 18 au matin, la réorganisation de l'armée de Silésie était déjà suffisamment avancée pour permettre à Blücher de régler les mouvements qu'il comptait ébaucher le 18 et exécuter le 19 contre Marmont et Mortier. Le quartier général, les corps de Sacken et de Kapsewitch restèrent encore sur la rive droite de la Marne. Mais le corps d'York traversa Châlons et la division du prince Guillaume de Prusse poussa sur la rive gauche jusqu'à Écury-sur-Coole; celle de Horn vint à Sogny-aux-Moulins et la réserve de cavalerie de Jürgass à Coolus. Le général von Katzler fut de nouveau placé à la tête d'une avant-garde composée de quatre bataillons d'infanterie, du 2ᵉ régiment de hussards (hussards du corps), des uhlans et hussards de Brandebourg et d'une batterie à cheval. Le corps de Kleist occupa, le même jour, Nuisement-sur-Coole.

Winzingerode restait toujours en position à Reims, et Marmont, n'ayant plus personne devant lui, se proposait de laisser un fort parti de cavalerie à Montmirail, de se diriger sur La Ferté-Gaucher avec Grouchy qui, de là, rejoindrait l'Empereur avec sa cavalerie et la division Leval. Grouchy et Leval s'étaient, d'ailleurs, portés ce jour-là de La Ferté-sous-Jouarre et de Viels-Maisons à Montmirail, où ils avaient opéré leur jonction avec le duc de Raguse.

Du côté de Mortier, tout avait été tranquille. Le maréchal, en attendant l'arrivée à Soissons d'un bataillon de 800 hommes du régiment de la Vistule, y avait envoyé un détachement de 300 hommes de vieille garde et 150 chevaux du général Colbert.

En réorganisant en peu de jours une armée que Napoléon croyait avoir, sinon anéantie, du moins réduite à l'impuissance et contrainte à l'immobilité pour quelque temps, Blücher avait accompli, grâce à son énergie et à sa volonté, un tour de force d'autant plus extraordinaire qu'il avait encore eu à aplanir des difficultés d'une nature toute particulière. Pour des raisons qu'il nous a été impossible de découvrir, peut-être parce qu'au lieu de blâmer Sacken, on avait, en certains lieux, approuvé la hardiesse dont il avait fait preuve en s'entêtant à combattre à Montmirail, York avait sérieusement songé à se retirer. Il n'avait pas fallu moins que de nombreuses sollicitations et une lettre de Blücher au commandant du Ier corps pour le décider à rester à l'armée.

19 février 1814. — Lettre de Schwarzenberg à Blücher. — Premières dispositions pour le 19. — La dépêche de Châlons par laquelle Blücher avait, dès le 17, annoncé au généralissime qu'à partir du 19 il serait prêt à reprendre vigoureusement l'offensive, était parvenue à Schwarzenberg au moment où, à la suite des affaires de Mormant, de Nangis et de Villeneuve-les-Bordes, et avant de rien savoir de la perte de la bataille de Montereau, il venait d'écrire de Bray au feld-maréchal en lui envoyant ses premières dispositions pour les journées des 19 et 20, et en lui disant : « Je serai donc concentré et prêt à combattre en arrière de Troyes le 21. Pour cela il faut que votre armée ait opéré à la même date sa jonction à Arcis-sur-Aube avec le corps de Wittgenstein, afin que vous puissiez reprendre l'offensive le 22 et soutenir celle que je compte prendre. Répondez-moi d'une façon précise à ce sujet, afin de me permettre de combiner mes dispositions ultérieures avec les vôtres. »

Mais dans le courant de l'après-midi, lorsque le prince royal eut mandé au généralissime qu'il se voyait contraint à battre en retraite, Schwarzenberg avait déjà dû apporter quelques modifications aux dispositions mêmes qu'il venait de communiquer à Blücher. Revenu de Bray à Traînel pour conférer avec les souverains, il ordonna aux IVe et V[e] corps de tenir à Bray jusqu'au 19 au soir et de se replier ensuite par Traînel sur Troyes. Le VIe corps devait rester à Nogent ; le Ier corps allait se porter de suite sur Villeneuve-l'Archevêque, en chargeant son arrière-garde de couper le pont de Pont-sur-Yonne lorsque l'ennemi déboucherait en force de Montereau. Le IIIe corps et le gros des gardes et réserves russes et prussiennes recevaient l'ordre de presser leur marche sur Troyes. Le généralissime ajoutait, il est vrai, que « le mouvement sur Troyes avait surtout pour but d'éviter aux corps des combats partiels et de concentrer l'armée de manière que, réunie à celle du feld-maréchal Blücher, elle puisse de nouveau prendre l'offensive. »

Les nouvelles reçues au quartier-général pendant la nuit n'avaient plus laissé aucun doute sur la portée de la bataille de Montereau. En effet, la réparation complète des ponts, à peine endommagés de la Seine et de l'Yonne, pouvait permettre aux Français de se répandre, le 19, entre les deux cours d'eau.

Nouvelles dispositions de Schwarzenberg. — Ordres de Napoléon. — Réorganisation de son armée. — La retraite en arrière de Troyes n'en paraissait que plus nécessaire à Schwarzenberg qui, modifiant de nouveau les dispositions pour les journées des 19 et 20, prescrivit à Wrède de se replier le jour même sur Traînel en masquant sa marche par une division laissée à Bray. Lorsque cette arrière-garde quitterait Traînel le 20, le V⁰ corps devait se diriger sur Prunay-Saint-Jean, au sud de Troyes, y être recueilli par le IV⁰ corps et s'établir en avant des positions des gardes et réserves. Le VI⁰ corps dut venir le 19 à Saint-Hilaire et le 20 à Méry pour aller de là sur Arcis-sur-Aube. Une de ses divisions restera à Nogent tant que Traînel sera occupé par l'arrière-garde du V⁰ corps.

Le 20, le I⁰ʳ corps devra être à Fontvannes, la division légère du prince Maurice Liechtenstein à Villeneuve-l'Archevêque et son arrière-garde à Sens. Le III⁰ corps se massera aux environs de Montgueux. Le quartier général des souverains et du généralissime quittera Traînel le 19 au matin et se transportera à Troyes[1].

Au lieu de pousser vers l'Aube, l'Empereur, renonçant à forcer les passages de Nogent et de Bray, rappelait tous ses corps sur Montereau et perdait, par le temps qu'il allait employer à y faire défiler son armée, les bénéfices immédiats de la victoire qu'il venait de remporter.

Macdonald eut l'ordre de revenir de Bray à Montereau ; Ney d'y arriver de Nangis, Oudinot de Provins, Grouchy et Leval d'y amener tout ce qu'il y avait de troupes du côté de Montmirail. Gérard seul ira sur Pont-sur-Yonne pour passer sur la rive

---

[1] STÄRKE, Eintheilung und Tagesbegebenheiten der Haupt-Armee im Monate Februar. (*K. K. Kriegs Archiv.*, II, 1.)

droite dès qu'il aura réparé le pont. Allix, se dirigera sur Nemours et, de là, s'il n'y trouve personne, sur Pont-sur-Yonne et Sens.

Ces mouvements vont coûter à l'armée française un temps précieux et lui faire perdre le contact de la grande armée alliée. L'Empereur utilise à sa façon l'arrêt forcé qu'il impose à ses troupes. La division Pacthod est affectée au 7e corps (Oudinot). La réserve de Paris est versée dans le 2e corps composé désormais de trois divisions sous les ordres de Gérard. Victor reçoit le commandement d'un corps constitué des divisions nouvellement formées de jeune garde des généraux Charpentier et Boyer de Rebeval. L'une de ces divisions, celle du général Charpentier, doit venir de Fontainebleau à Fossard, celle du général Boyer de Rebeval est en marche de Melun sur Fontainebleau. La cavalerie est, elle aussi, complètement réorganisée. Bordesoulle prend le commandement du 1er corps de cavalerie (division de cavalerie légère du général Merlin et la division de grosse cavalerie placée jusque-là sous son commandement). Le 2e corps de cavalerie, aux ordres de Saint-Germain, se compose de la cavalerie légère du général de Berckheim et de celle de grosse cavalerie de Saint-Germain. Milhaud conserve le 5e corps de cavalerie et ses trois divisions. Pajol est obligé, par ses blessures, de quitter son commandement. Le 3e corps de cavalerie est dissous et remplacé par le 6e corps de cavalerie confié au comte de Valmy et formé de la division de cavalerie légère du général Jacquinot provenant du 3e corps, et des deux divisions de dragons d'Espagne des généraux Trelliard et Roussel. Puis viennent, comme toujours, les reproches et les critiques, quand l'Empereur est obligé de s'arrêter pendant cette campagne où il sait qu'une action rapide, énergique et continuelle peut seule le sauver. C'est d'abord le général Sorbier auquel il fait savoir qu'il a été très mécontent du service de l'artillerie de la ligne pendant la journée de Montereau. « Elle tient ses réserves trop éloignées, ou du moins, on n'a pas la précaution de faire approcher successivement les caissons; cela tient au peu d'officiers supérieurs qu'il y a et au peu de canonniers. Le service de l'artillerie n'est pas assuré. L'infanterie manque de cartouches... » L'état-major de l'artillerie n'est pas plus épargné. L'Empereur rappelle au général que cet état-major doit disposer l'artillerie, pourvoir aux consommations, rectifier les mauvais emplacements pris par les officiers. Après le général Sorbier, c'est Rovigo que l'Empereur tance vertement au sujet des articles des journaux qui « à coups de plume détruisent tout le bien qui résulte de la victoire ». L'Empereur rappelle au Ministre de la police « *qu'il a formé un bureau pour diriger les journaux, qu'il n'est pas question de gloriole et qu'un des premiers principes de la guerre est d'exagérer ses forces et non pas de les diminuer.* Si l'on ne voulait pas dire que les forces de l'Empereur sont immenses, au moins fallait-il ne rien dire du tout. »

Il semble encore à l'Empereur qu'il est utile de faire un exemple qui préviendra le retour des défaillances des commandants de place. Clarke reçoit l'ordre de suspendre le général Montbrun et de l'envoyer devant une commission d'enquête se justifier de la conduite qu'il a tenue à Moret et de sa retraite précipitée sur Essonnes. Enfin, après avoir blâmé tout ce qu'il trouve mauvais, après avoir fait savoir à Caulaincourt qu'il lui défend de rien faire sans avoir reçu des instructions et après lui avoir annoncé qu'il rédigera lui-même un *ultimatum*, il rend justice à la brillante conduite de la cavalerie et la comble de récompenses et de décorations.

Mouvements des corps de Schwarzenberg. — Dans de pareilles conditions, les opérations militaires du 19 devaient se borner à peu de chose. L'une des deux armées se retirait et avait déjà pris de l'avance. L'autre était occupée à passer un défilé long et difficile. Séparée par deux cours d'eau de son adversaire, elle en avait naturellement perdu le contact. Il ne nous reste donc qu'à passer en revue les mouvements exécutés pendant la journée du 19, et à indiquer les positions occupées le soir de ce jour.

Le IVe corps, continuant sa retraite, alla de Bray jusqu'à Saint-Aubin. Wittgenstein, n'ayant pas reçu le deuxième ordre lui prescrivant de tenir à Nogent et de ne céder la ville qu'après une attaque sérieuse, n'ayant encore entre ses mains que la première disposition arrêtée à Traînel le 18 dans l'après-midi et qui l'envoie à Saint-Hilaire, est allé à Pont-sur-Seine où il a été rejoint par les troupes du général Schakhoffskoï, venant du blocus de Landau et par le corps du prince Gortchakoff relevé devant Strasbourg par les Badois. Il n'avait laissé à Nogent que la cavalerie de Pahlen.

Oudinot et Valmy avaient fait tâter d'un côté Villenauxe et de l'autre Pont-le-Roi. Ils n'avaient trouvé à Villenauxe que quelques isolés; mais ils avaient intercepté une lettre de Diebitsch annonçant son mouvement sur Plancy.

Par la maladresse d'un courrier qui s'était égaré, Oudinot avait reçu à 11 heures seulement l'ordre le rappelant à Montereau et ne put, par suite, commencer son mouvement sur Donnemarie que vers 1 heure, laissant momentanément à Provins une brigade d'infanterie, un escadron et deux pièces de canon.

Wrède, après avoir recueilli et laissé filer par la route de Trainel les troupes du prince royal de Wurtemberg, avait ramené sur la rive gauche de la Seine le bataillon posté à Mouy, détruit le pont de Bray et commencé sa retraite à 6 heures du matin. Au lieu de prendre la grande route de Troyes, le général bavarois, bien que le chemin de Trainel fût en très mauvais état, avait préféré suivre le IV° corps afin de le couvrir contre tout mouvement offensif des Français. Son arrière-garde, sous les ordres de Frimont, composée de quatre régiments de cavalerie autrichienne, de sept régiments de cavalerie bavaroise et renforcée des quatre régiments de cuirassiers russes du général Krétoff, quitta Bray à 9 heures seulement et vint se déployer sur les hauteurs de Trainel. Sa droite prit position (dragons de Knesevich et hussards de Szekler) à Gumery; sa gauche (brigades bavaroises Vieregg et Diez), à Trainel, ayant derrière elle en réserve les cuirassiers de Kretoff à Bouy-sur-Orvin, tandis que les uhlans de Schwarzenberg et les hussards Archiduc-Joseph (division légère Antoine Hardegg) s'établissaient en deuxième ligne derrière sa droite, à Fontenay-de-Bossery. Des postes de cavalerie surveillaient les routes de Bray à Nogent et de Sens à Trainel; des patrouilles circulaient sur celles de Thorigny à Pont-sur-Yonne. Wrède avait poussé jusqu'à Mâcon avec le gros du V° corps.

Malgré la neige, Macdonald avait cependant remarqué la retraite des Austro-Bavarois et fait occuper Mouy par le général Amey. On s'occupait déjà de rétablir le pont, lorsque le major prince Taxis se présenta en parlementaire et apporta une dépêche de Caulaincourt pour le major-général[1]. On manquait de poutres

---

[1] Stärke, Eintheilung und Tagesbegebenheiten der Haupt-Armee im Monate Februar (*K. K. Kriegs Archiv.*, II, 1) et Taxis, Tagebuch (*Ibid.*, XIII, 32).

suffisamment longues pour rétablir solidement ce pont, et lorsqu'il fut sommairement réparé, dans la nuit du 19 au 20, il ne put servir qu'à l'infanterie et à la cavalerie.

Le Ier corps autrichien, parti de Pont-sur-Yonne et passant par Gisy-les-Nobles et Thorigny, se cantonna autour de Villeneuve-l'Archevêque à Foissy, Molinons, Lailly, Bagneaux et Vullaine. La division légère Ignace Hardegg, qui lui servait d'arrière-garde, avait quitté Pont-sur-Yonne à midi, coupé le pont et pris par La Chapelle-sur-Oreuse pour s'établir le soir à Thorigny.

Le général Gérard, arrivé avec la plus grande partie du 2e corps à Pont-sur-Yonne, avait été obligé de s'y arrêter, de faire préparer les matériaux destinés à la réparation du pont en attendant l'arrivée d'une compagnie de sapeurs venant de Montereau. Il avait eu connaissance du mouvement des Autrichiens sur Thorigny et Villeneuve-l'Archevêque et savait que Bianchi n'avait rien dirigé de Pont-sur-Yonne sur Sens.

La division Maurice Liechtenstein, qui avait occupé cette ville dans les derniers jours, venait de la quitter après y avoir laissé un simple poste d'observation composé de quelques cavaliers. Elle s'était repliée sur Pont-sur-Vanne et formait l'arrière-garde du IIIe corps en marche sur Saint-Liébaut, où le quartier général de Gyulay s'établit le soir, tandis que ses troupes s'échelonnaient de ce point et de Villemaur jusqu'à Paizy et Saint-Benoît sur Vanne. Plus en arrière, Nostitz était à Fontvannes et Barclay à Villeloup.

Platoff chassé de Nemours. — Platoff, qui avait quitté les environs de Fontainebleau dès la veille, s'était d'abord replié sur Nemours. Mais à l'arrivée du général Allix, et après un engagement à la suite duquel il avait été obligé de se rejeter sur Ormesson et Aufferville, il avait dû abandonner Nemours aux Français pour chercher à gagner, par le pont de Souppes, la rive droite du Loing. Du côté de Fontainebleau, les paysans battaient la forêt pour y ramasser les derniers hussards autrichiens et russes. Seslavin continuait son mouvement rétrograde et était à ce moment avec son corps volant aux environs de Pithiviers.

Blücher concentre son armée à Sommesous. — Si l'armée française avait perdu presque entièrement le contact de l'armée de Schwarzenberg et si, comme l'Empereur l'écrivait à Joseph, à 9 heures du soir, il lui avait fallu toute la journée pour passer cet horrible défilé de Montereau ; si Mortier était toujours à Villers-Cotterets, si Marmont, n'ayant plus rien devant lui, s'était porté avec Grouchy entre La Ferté-Gaucher et Sézanne, Blücher avait mieux employé cette journée. Après avoir reçu la lettre par laquelle Schwarzenberg lui faisait demander si l'armée de Silésie serait en mesure d'opérer sa jonction le 21 à Arcis avec Wittgenstein et de coopérer le 22 à un mouvement offensif exécuté par les deux armées, il avait, avant même de laisser repartir le major comte de Schulenburg chargé de rapporter sa réponse au généralissime, modifié dès le matin les ordres qu'il venait de donner à ses corps. A en juger par ses premiers ordres, le feld-maréchal avait eu l'intention de marcher en deux colonnes et par deux routes sur Sézanne et Montmirail et d'établir en arrière des avant-gardes poussées jusqu'à Étoges et Connantre ses corps sur une ligne allant de Bergères à Fère-Champenoise. Renonçant à ce mouvement aussitôt après l'arrivée du comte de Schulenburg, il ordonna, au contraire, à son armée d'avoir à venir tout entière bivouaquer le 19 sur deux lignes à Sommesous. L'aile droite allait être formée en première ligne par Sacken, en deuxième par le corps de Langeron (corps Kapsewitch et Rudsewitch), l'aile gauche par York et par Kleist. Ce changement de direction s'opéra sans difficulté dans les vastes plaines de la Champagne, et vers midi toute l'armée de Blücher s'installait au bivouac à Sommesous. L'avant-garde de Kleist, sous les ordres de Wassiltchikoff, occupa Fère-Champenoise ; celle d'York, conduite par Katzler, vint à Montepreux. La cavalerie du général Korff fut placée à Connantray en soutien des deux avant-gardes. Winzingerode, suivant l'ordre qu'il avait reçu, occupa Épernay et poussa des partis vers Dormans.

Le 19 au soir, Schulenburg était de retour à Troyes porteur d'une lettre dans laquelle Blücher annonçait que le 21 il serait à Méry, prêt à livrer bataille avec 53,000 hommes et 300 bouches à feu.

20 février 1814. — Schwarzenberg se décide à continuer la retraite. — Dans de pareilles conditions, il semble donc logique de penser qu'on va offrir le 21 la bataille à l'Empereur, puisqu'on est désormais en mesure d'opposer au moins 170,000 hommes aux 60,000 qu'il pourrait au maximum parvenir à mettre en ligne. Telle paraît, d'ailleurs, avoir été, le 20 au matin, la pensée du généralissime. Son armée sera, en effet, tout entière concentrée ce jour-là autour de Troyes, s'éclairant par ses avant-gardes du côté de Sens, de Trainel et de Nogent. L'armée de Silésie qui est déjà à Arcis-sur-Aube, sera le lendemain à Méry. Schwarzenberg lui-même écrit le 20 dans la journée : « J'ai atteint mon but, Napoléon a laissé à Blücher le temps de reformer et de rallier son armée. J'ai ordonné à mes corps de se concentrer à Troyes, ce qui est chose faite à l'heure qu'il est. Blücher est avec 50,000 à 60,000 hommes à Arcis. Demain je l'envoie à Méry, et alors confiant dans l'aide du Très-Haut j'accepterai la bataille. »

Et cependant, bien qu'il n'ait pas encore connaissance des mouvements offensifs d'Augereau, bien que la retraite sur Troyes aille s'effectuer pendant la journée du 20 sans plus de difficultés que la veille, le prince de Schwarzenberg[1] changera d'idée dans le courant même de la journée. Après avoir exposé la situation à l'empereur d'Autriche, il lui proposera de ramener son armée sur Bar-sur-Aube. Pendant que Blücher restera à Arcis, on ira à Brienne, puis, si l'ennemi persiste dans sa marche en avant, le prince continuera sa retraite sur Chaumont et Blücher reculera sur Joinville. Pour des raisons que nous aurons lieu d'exposer un peu plus loin, l'empereur d'Autriche, par une lettre du 21 février, approuva complètement les projets que le prince de Schwarzenberg lui avait soumis.

L'Empereur se porte sur Bray et Nogent. — Tout semble indiquer, d'autre part, que Napoléon regrettait déjà d'avoir rappelé ses corps vers Montereau, de n'avoir pas laissé Macdonald en face de Bray et Oudinot à Nogent. La perte du contact direct avec l'ennemi, l'arrêt que la destruction du pont de Pont-sur-Yonne a imposé à Gérard le décident à faire passer Oudinot et la cavalerie de Valmy au pont de Bray. Nansouty, avec la cavalerie

---

[1] STARKE, Eintheilung und Tagesbegebenheiten der Haupt-Armee im Monate Februar. (*K. K. Kriegs Archiv.*, II, 1.)

de la garde, doit également se servir de ce pont pour déboucher sur la rive gauche et poursuivre l'arrière-garde du V⁰ corps. Il sera suivi par Ney et par la vieille garde. Macdonald, au lieu de passer par Montereau, ira par Bray sur Nogent avec le 5ᵉ corps de cavalerie et partira au plus tard à 7 heures du matin, de façon que ses colonnes ne soient pas coupées par les troupes qui le suivent. Gérard se dirigera avec Allix sur Sens et se reliera à Nogent où l'Empereur va établir son quartier général. Le général Charpentier doit, lui aussi, venir à Bray, pendant que la division Boyer de Rebeval occupera Montereau et que les brigades de la réserve de Paris (du duc de Padoue) iront l'une, celle du général Lucotte à Melun, l'autre à Essonnes [1]. Mais il était déjà trop tard pour prévenir la jonction des deux armées alliées, jonction qu'on aurait pu empêcher en marchant tout de suite, dès le 18 ou au plus tard le 19 au matin, par la rive droite de la Seine.

Mouvements des corps de Schwarzenberg. — Souffrances et privations des Alliés. — Pendant la journée du 20, Pahlen avait ramené sa cavalerie de Nogent sur Châtres et tenait en avant de ce dernier point des postes à Romilly. Le gros du VI⁰ corps s'établissait à Méry, à cheval sur les deux rives de la Seine. Diebitsch, avec la cavalerie légère de la garde russe, était à sa gauche à Vallant-Saint-Georges, et le prince Lubomirsky, sur sa droite à Pleurs, surveillant Villenauxe et Sézanne [2].

Les Français n'ayant pu inquiéter le mouvement de retraite de Pahlen, n'occupèrent Nogent-sur-Seine et Pont-le-Roi que le soir [3]. Leur arrivée sur ces points fut aussitôt signalée à Pahlen par le commandant des quatre escadrons que Wrède avait envoyés en observation de ce côté.

Le gros du V⁰ corps atteignit Fontaine-les-Grès et les Grès. Le général Frimont, avec sa cavalerie et les cuirassiers russes, avait quitté la position de Trainel à 6 heures du matin et passant par Bouy, Charmoy et Avon-la-Pèze, il était venu s'établir à Echemines sur une ligne s'étendant de Saint-Lupien (Sommefontaine)

---

[1] *Correspondance*, nᵒˢ 21321, 21322 et 21323.

[2] Wittgenstein à Schwarzenberg, Romilly, 20 février au matin. (*K. K. Kriegs Archiv.*, II, ad. 575.)

Pahlen à Wittgenstein. (*K. K. Kriegs Archiv.*, II, 633 b.)

par les plateaux de Belleville à Ossey, Orvilliers et Origny-le-Sec. Les cuirassiers étaient plus en arrière à Villeloup et au Pavillon. Frimont se reliait ainsi par sa droite à la cavalerie de Pahlen. Enfin, quatre escadrons de uhlans de Schwarzenberg avaient été postés en observation, deux en arrière de Nogent à Saint-Aubin pour surveiller les mouvements des Français entre Bray et Nogent, les deux autres en soutien à Saint-Hilaire (Faverolles). Dans son dispositif, Wrède ajoutait : « Les deux divisions de cavalerie (quatre escadrons) chercheront à se renseigner sur les mouvements de l'ennemi et se replieront sans s'engager sur le gros des troupes du général Frimont, si elles viennent à être attaquées. Si ce gros était attaqué à son tour, il se replierait en échelons sur l'infanterie qui, au premier avis, se portera en avant par division en échelons pour recueillir la cavalerie [1]. » Ces escadrons se replièrent en effet, lorsque les Français occupèrent Nogent et rétrogradèrent le 20 au soir sur Saint-Hilaire [2].

Bien qu'elles n'eussent pas été inquiétées dans leur retraite, les troupes du Ve corps, et surtout les troupes bavaroises, avaient tellement souffert, avaient enduré de si grandes privations, que Wrède, dans l'impossibilité d'assurer leur subsistance et de subvenir à leurs besoins, envoya le soir même à Troyes, au quartier général, le major prince Taxis, qui venait de rentrer à Bray, de retour de sa mission [3]. Wrède avait chargé son aide de camp de déclarer aux souverains et au généralissime que la situation n'était pas tenable et qu'il fallait : ou bien évacuer le département de l'Aube qui, complètement épuisé, ne se prêtait plus à la guerre défensive et méthodique qu'on paraissait vouloir faire, ou bien livrer au plus tôt une grande bataille.

Taxis ne devait cependant pas lui rapporter une réponse catégorique. On hésitait encore entre une bataille qu'à cause de l'arrivée de Blücher on semblait vouloir donner en avant d'Arcis, et une retraite sur Langres, qu'on préférait sous l'impression des nouvelles reçues de Dijon.

En attendant, du côté des Français, la cavalerie de Milhaud

---

[1] Wrède, Dispositif de marche pour le 20 février. (*K. K. Kriegs Archiv.*, II, 633 a.)

[2] Wittgenstein à Schwarzenberg (*K. K. Kriegs Archiv.*, II, 633) et Pahlen à Wittgenstein. (*Ibid.*, II, 633 b.)

[3] Taxis, Tagebuch. (*K. K. Kriegs Archiv.*, XIII, 32.)

était à Nogent et à Pont-le-Roi ; la division de dragons de Briche à Mâcon. Le 11ᵉ corps était échelonné de Nogent à Courceroy, avec son quartier général à La Motte-Tilly. Le général Amey, qui n'avait reçu qu'à Nogent l'ordre le dirigeant sur Sens, s'était mis en route pour Thorigny et Fleurigny. Les troupes françaises souffraient, d'ailleurs, tout autant que celles de Wrède. « Il n'y a que la division Brayer qui a du pain. Les autres troupes n'en ont pas. La division Albert a plus des deux tiers de son monde en arrière ; il en est de même des autres. La garde a pillé à Bray un convoi de vivres appartenant à mon corps et que j'avais fait ramasser sur la rive droite de la Seine. La vieille route de Troyes est affreuse, ce n'est presque plus qu'un sentier ; si l'on était surpris par le dégel, l'artillerie n'en sortirait pas. Nous sommes au milieu de plaines immenses. Les villages ne sont que des hameaux, et tous sont dévastés... Je n'ai tout au plus autour de moi que la valeur d'un régiment d'infanterie. » Telles étaient en somme les nouvelles, ou plutôt les plaintes, que le maréchal Macdonald transmettait le 20 au soir au major-général [1].

Oudinot avait passé le pont de Bray et était arrivé jusqu'à hauteur de Traînel, précédé par la cavalerie de Valmy. Il essaya de pousser encore ce jour-là jusqu'à Nogent, pour se porter ensuite sur Méry par Romilly.

Le IVᵉ corps (prince royal de Wurtemberg), cantonné de Payns à Barberey-Saint-Sulpice avec sa cavalerie à Villeloup et au Pavillon, manquait de tout, même de pain, et le prince royal de Wurtemberg avait dû, en présence de la détresse de ses troupes, demander à Schwarzenberg l'autorisation de puiser dans les magasins de Troyes [2].

Barclay de Tolly, dont les troupes s'étendaient le long de la Seine de Saint-Lyé à Troyes, avait son quartier général à Saint-Lyé.

Le Iᵉʳ corps avait continué sa marche vers Troyes en resserrant ses cantonnements de Saint-Liébaut à Fontvannes. La division légère Ignace Hardegg lui servait d'arrière-garde à Villemaur.

Le IIIᵉ corps, arrivé aux environs de Troyes, s'était cantonné

---

[1] Macdonald au major-général. (*Archives de la Guerre.*)

[2] P.. .ce royal de Wurtemberg au prince de Schwarzenberg, Barberey-Saint-Sulpice. (*K. K. Kriegs Archiv.*, II, 625.)

à Montgueux, Torvillers, Macey et Prugny, son artillerie à Sainte-Savine, son arrière-garde, la division légère de Crenneville à Saint-Liébaut afin de pouvoir, en cas de besoin, recueillir le prince Maurice de Liechtenstein [1].

Ce dernier était arrivé à Villeneuve-l'Archevêque, d'où il annonçait l'occupation de Sens par quelques escadrons français et l'apparition des premières troupes françaises sur la rive droite de l'Yonne, en avant de Pont-sur-Yonne [2]. N'ayant plus personne sur sa droite depuis le départ du comte Ignace Hardegg, ignorant ce qui se passait du côté de Nogent, le prince, dont la position devenait critique, prenait ses dernières dispositions pour effectuer sa retraite.

A partir de midi, aussitôt après le rétablissement du pont, le général Gérard avait commencé à déboucher de Pont-sur-Yonne. Comme il était sans nouvelles du général Allix, il avait envoyé dès le matin, par la rive gauche de l'Yonne, une forte reconnaissance de cavalerie pour occuper Sens.

Auxerre avait été évacué par les Autrichiens vers midi. Platoff se retirait en hâte par Villeneuve-sur-Yonne. Enfin, les Cosaques de Seslavin, après y être restés deux jours, quittaient Montargis avec leur général et se dirigeaient, eux aussi, sur Villeneuve-sur-Yonne, mais par Ferrières-Gâtinais et Courtenay.

En attendant une réponse définitive de l'empereur d'Autriche l'autorisant à exécuter sa retraite sur Bar-sur-Aube, Schwarzenberg prescrivait au VIe corps de rester le 21 à Méry; aux gardes et réserves de passer sur la rive droite de la Seine et de venir à Villacerf; au IVe corps de traverser Troyes pour s'établir à Saint-Parres-aux-Tertres [3]. Les autres corps de la grande armée restaient sur leurs positions de la veille.

Positions de l'armée de Silésie autour d'Arcis. — Le 20 au soir, l'armée de Silésie, qui avait quitté Sommesous à 7 heures du matin, occupait les positions suivantes : l'avant-

---

[1] Stärke, Eintheilung und Tagesbegebenheiten der Haupt-Armee im Monate Februar (K. K. Kriegs Archiv., II, 1.)

[2] Prince Maurice Liechtenstein au prince de Schwarzenberg, Villeneuve-l'Archevêque, 20 février. (K. K. Kriegs Arch., II, 583.)

[3] Stärke, Eintheilung und Tagesbegebenheiten der Haupt-Armee im Monate Februar. (K. K. Kriegs Archiv., II, 1.)

garde du Ier corps (général Katzler), était à Charny-le-Bachot et Longueville ; le prince Guillaume de Prusse à Rhèges ; Horn à Bessy ; la réserve de cavalerie à Pouan avec le quartier général d'York ; le IIe corps avec Kleist à Villette ; le corps Sacken à Champigny-sur-Aube et à Ormes ; le corps de Langeron au Chêne ; la cavalerie d'avant-garde de Sacken, sous les ordres de Lanskoï et de Wassiltchikoff à Plancy ; la cavalerie du général Korff à Viâpres ; celle du général Borosdin plus en arrière à Mailly.

Ordres de l'Empereur à Marmont. — Pendant que Blücher exécutait ces mouvements, l'Empereur, sachant que le duc de Raguse avait quitté la route de Montmirail, lui prescrivait de prendre position à Sézanne. Ainsi établi sur la route de Vitry, le maréchal pouvait, selon les événements, soit aller sur Arcis-sur-Aube, soit retourner sur Montmirail pour couvrir la route de Châlons. Les instructions que l'Empereur avait chargé le major-général de lui transmettre sont d'autant plus intéressantes qu'elles contiennent, en quelques lignes, l'exposé de la situation du moment. Napoléon commençait par dire au maréchal que Winzingerode s'était porté de Châlons sur Reims et probablement sur Soissons, qu'étant opposé à ce corps, le duc de Raguse devait en suivre les mouvements. Puis, entrant dans le vif du sujet, dans l'examen de la situation telle que l'avaient faite la victoire de Montereau et la retraite de Schwarzenberg sur Troyes, il ajoutait en parlant du généralissime [1] : « Quelle est son intention ? Veut-il livrer bataille à Troyes et rappeler Blücher qui, de Châlons par Arcis-sur-Aube, pourrait être en trois ou quatre jours à Troyes ? Alors il faut qu'il passe par Arcis et vous ne pourrez pas ignorer son mouvement. Ou bien l'ennemi veut-il s'éloigner davantage pour se concentrer et se rapprocher de ses renforts ? Une raison qui peut le déterminer à tenir à Troyes, ce serait le désir de couvrir le congrès de Châtillon-sur-Seine ; mais cette considération pourtant ne serait que secondaire. Nous avons rétabli le pont de Bray, celui de Nogent le sera probablement dans la journée. Une de nos colonnes est déjà à Sens. En

---

[1] *Correspondance*, n° 21320, et major-général à Marmont, Montereau, 20 février, 4 heures et demie du matin. Registres de Berthier. (*Archives de la guerre.*)

résumé (et c'est ainsi que se terminaient les instructions transmises par le major-général), vous devez : 1° couvrir Paris sur les routes de Châlons ; 2° vous réunir à l'armée sur l'Aube et Troyes en même temps que Blücher, si Blücher se réunit à l'armée alliée. »

L'occupation d'Épernay et les renseignements reçus par le maréchal devaient cependant l'empêcher de se porter sur Sézanne et le décider à rester le 21 à Réveillon. Marmont avait, en effet, appris dans la nuit que 400 chevaux, sortis de Dormans, étaient venus s'établir à Paroy, à peu de distance de Crézancy, et que leur présence avait d'autant plus alarmé le général Vincent, posté à Château-Thierry, qu'ils s'étaient annoncés comme avant-garde d'York. Marmont se croyait enfin dans l'impossibilité de prendre la direction de Sézanne par suite du départ de Grouchy, qui s'était séparé de lui pour se diriger, par ordre du major-général, sur Bray. Grouchy, se disposant en effet à continuer le lendemain son mouvement, était parti le 20 au matin de Réveillon pour La Croix-en-Brie avec la cavalerie de Saint-Germain et l'infanterie de Leval venant de La Ferté-Gaucher.

Mortier était à Villers-Cotterets avec la deuxième division de vieille garde, les gardes d'honneur et trois bouches à feu. Manquant de cartouches, il en avait fait demander au général d'Aboville, qui les lui refusa en prétendant qu'il était inutile d'en envoyer à un corps de partisans et que l'on en trouverait à Soissons. Le duc de Trévise ne pouvait se mettre en mouvement avant l'arrivée à Soissons des Polonais qui rendraient disponibles les détachements qu'il y avait envoyés et qu'il lui était d'autant plus impossible de rappeler que les coureurs russes occupaient Mailly et avaient reparu à Fère-en-Tardenois et à Oulchy-le-Château. Le maréchal avait même cru nécessaire de faire appuyer la garnison de Soissons par la cavalerie de Colbert établie, à cet effet, en avant de Villers-Cotterets, à Chaudun, Ploizy et Vauxbuin.

21 février 1814. — Ordres de l'Empereur. — Mouvements des corps français. — Le 21 au matin, l'Empereur est résolu à pousser vivement la marche de son armée sur Troyes. Il espère, malgré la supériorité numérique de la grande armée alliée, atteindre encore Schwarzenberg et l'obliger à accepter, le 23 ou le 24, la bataille sous les murs de Troyes[1]. Macdonald devra porter son quartier général à Saint-Martin de Bossenay et réunir tout son corps d'armée entre Saint-Martin et les hauteurs de Saint-Flavy et de Marigny-le-Châtel, sur la vieille route de Troyes. Le 5e corps de cavalerie reste sous ses ordres. A sa gauche, Oudinot aura son quartier général à Romilly-sur-Seine, sa cavalerie (le 6e corps de cavalerie du comte de Valmy) et son avant-garde à Châtres. L'Empereur qui croit Méry occupé seulement par 4,000 hommes venus de Sézanne, lui ordonne de s'informer si ces troupes y sont arrivées et de s'établir à Méry aussitôt qu'il pourra. Drouot enverra la 1re division de vieille garde à Nogent, la 2e à Pont-sur-Seine. Ney s'approchera de Nogent et s'établira à La Motte-Tilly. Les deux divisions de cavalerie de la garde viendront à Pont-sur-Seine et se cantonneront à Pont, Crancey et Saint-Hilaire. Pacthod se portera sur Saint-Hilaire pour se réunir au corps du duc de Reggio. Charpentier occupera Traînel; Boyer de Robeval, Montereau. La cavalerie de Milhaud enverra des partis sur Sens pour communiquer avec celle de Roussel. Bordesoulle, qui est à Montereau avec quelque cavalerie appartenant aux 1er et 2e corps, marchera de façon à être le 21 au soir à Bray et le 22 à Nogent. Quelques heures plus tard, à midi, Gérard reçoit l'ordre de venir à Villeneuve-l'Archevêque et de faire occuper Marcilly par sa cavalerie. Napoléon fait ordonner au même moment à Macdonald de s'étendre vers sa droite jusqu'au delà d'Avon-la-Pèze, afin de se relier à la cavalerie de Gérard lorsqu'elle arrivera à Marcilly-le-Hayer.

Le major-général termine sa dépêche en disant au commandant du 2e corps : « Nous marcherons sur Troyes par trois routes, lorsque le duc de Reggio sera aux Grès, le duc de Tarente au Pavillon et vous à Villeneuve-l'Archevêque et à La Grange-au-Rez. L'Empereur compte être sur Troyes le 23 et livrer bataille le 24. »

En même temps, l'Empereur change sa ligne d'opérations, qui passera désormais par Brie-Comte-Robert, Nangis, Provins et Nogent, où, ne pouvant rétablir rapidement le pont, il a fait jeter provisoirement un pont de bateaux. A partir du 23 rien ne doit

---

[1] *Correspondance*, nos 21330, 21332, 21334 et Registres de Berthier. (*Archives de la guerre.*)

plus passer par Montereau, et tout ce qui est destiné à l'armée suivra la rive droite de la Seine jusqu'à Nogent.

Influence des nouvelles de Dijon sur les projets de Schwarzenberg. — Envoi de renforts dans le Midi et nouvelle organisation de l'armée du Sud. — Tout paraissait jusque-là justifier la manière de voir de Napoléon. La lenteur de la poursuite, le temps perdu au passage du pont de Montereau, l'avance prise par la grande armée alliée, la tranquillité dont elle avait joui pendant son mouvement sur Troyes, tout, sans parler même de la marche de l'armée de Silésie, permettait à l'Empereur de croire que Schwarzenberg allait lui offrir la bataille ou pour le moins l'accepter. Comme Wrède l'avait fait remarquer au généralissime et comme l'Empereur le savait, une armée aussi considérable ne pouvait faire un séjour prolongé à Troyes Le pays était épuisé et ne pouvait offrir aucune ressource, ni en vivres pour les hommes, ni en fourrages pour les chevaux. Le temps était froid et pluvieux ; le bois faisait défaut. Il était impossible de songer à cantonner une masse d'hommes aussi considérable dans des villages, dans des hameaux pillés, dévastés et pour la plupart incendiés et en ruines. Il fallait donc se hâter de prendre un parti, de choisir entre la continuation de la retraite et une bataille immédiate. Tout semblait indiquer, le 20 au matin, que le prince de Schwarzenberg allait opter pour ce dernier parti. Il se savait soutenu par Blücher. La jonction complète était opérée depuis le 21 au matin, et, pour aborder les positions des Alliés, l'armée française, obligée de traverser les vastes plaines dénudées de la Champagne, se trouvait dans l'impossibilité de lui dérober ses mouvements et de lui cacher ses dispositions. Malgré cela, Schwarzenberg hésitait encore à risquer dans une bataille, dont les conséquences pouvaient être incalculables, le sort de la campagne et de son armée. Les nouvelles parvenues au quartier général à Troyes, dans la nuit du 20 au 21, devaient lui fournir le prétexte qu'il semblait désireux de trouver, surtout à l'approche du moment où il s'agissait pour lui de prendre une résolution dont la responsabilité n'aurait pas manqué de retomber sur lui seul, malgré l'approbation d'un conseil de guerre.

Un courrier du prince héritier de Hesse-Hombourg, arrivé à Troyes dans la nuit du 20 au 21, avait apporté de graves nouvelles du midi de la France[1]. « Augereau a pris l'offensive sur la Saône. Une de ses colonnes a rejeté Scheither sur Chalon-sur-Saône ; une autre menace Dôle et va, si l'on ne parvient pas à l'arrêter, obliger le prince Aloïs Liechtenstein à lever le siège de Besançon. Dessaix et Marchand poussent par la Savoie sur Genève, où Bubna est sérieusement inquiété. »

Livrer dans de pareilles conditions une bataille sous Troyes, s'exposer en cas de défaite à être coupé de sa ligne de retraite par les progrès d'Augereau et par une levée générale de la population déjà très excitée et qu'une victoire de Napoléon aurait électrisée, paraissait chose trop risquée à un général aussi prudent et aussi méthodique que Schwarzenberg. Désormais décidé à abandonner la position de Troyes, il prend immédiatement des mesures pour couvrir ses derrières et se décide à affaiblir sa propre armée pour renforcer le prince héritier de Hesse-Hombourg, essayer d'arrêter Augereau et de sauver Genève. Bianchi, avec le Ier corps et son ancienne division, se portera immédiatement et à marches forcées par Châtillon sur Dijon. Le généralissime place, en outre, sous ses ordres, la brigade de Scheither, la division légère d'Ignace Hardegg, les troupes des généraux Klebelsberg, Wimpffen, Weissenwolff et Lederer, en tout : 54 bataillons, 46 escadrons et 11 batteries. Le prince Philippe de Hesse-Hombourg reçoit l'ordre de hâter sa marche et de venir avec ses 10,000 hommes de troupes fédérales de Bâle à Dijon, où le prince Aloïs Liechtenstein doit envoyer la brigade d'infanterie du général Weigel et les cuirassiers Empereur-François. Le prince héritier de Hesse-Hombourg se rendra immédiatement à Vesoul, au-devant des réserves autrichiennes du général Kroyherr et les amènera au plus vite à Dijon Bianchi devra rejeter l'ennemi et s'emparer de Lyon. Le généralissime le laisse cependant libre, ou de prendre l'offensive immédiatement, ou d'attendre l'arrivée des renforts du prince Philippe de Hesse-Hombourg.

Combats de cavalerie de Saint-Martin de Bossenay et de Saint-Aubin. — Au moment où l'armée de Silésie s'établissait à Méry, où Gneisenau arrivait à Troyes avec le colonel von

---

[1] STÄRKE, Eintheilung und Tagesbegebenheiten der Haupt-Armee im Monate Februar. (*K. K. Kriegs Archiv.*, II, 1.)

Grolmann pour prendre avec les souverains et le généralissime les dernières dispositions de combat, Schwarzenberg avait déjà fait rédiger les dispositions relatives à la retraite et envoyé à ses lieutenants les ordres qui les ramenaient sur la rive droite de la Seine. Toutefois, avant d'expédier ces ordres, le généralissime tenait à s'assurer d'une manière positive de la nature du mouvement que les Français opéraient. Voulant savoir s'il avait devant lui autre chose que de la cavalerie, il avait prescrit aux Ve et VIe corps de pousser une reconnaissance offensive : Wrède, de Saint-Martin de Bossenay sur Saint-Aubin ; Wittgenstein, de Romilly sur Pont-le-Roi.

Le VIe corps se reliant sur sa droite à l'armée de Silésie était à Méry, couvert en avant à Châtres par la cavalerie de Pahlen, renforcée par la division de cavalerie légère de la garde russe conduite par le général Diebitsch. Dès le matin, les cosaques de Pahlen, sous les ordres du général Lissanovitch, avaient momentanément réoccupé Pont-le-Roi qu'ils avaient dû évacuer lorsque, entre 9 et 10 heures du matin, les Français montrèrent des forces respectables du côté de Saint-Hilaire[1]. Oudinot continuant, en effet, son mouvement, avait paru sur Gélannes et obligé les extrêmes avant-postes de Pahlen à se replier de Saint-Hilaire sur Romilly. Après avoir échangé quelques coups de canon, le comte de Valmy ayant remarqué que les Russes déployaient devant lui vingt escadrons de cavalerie régulière, ne s'était pas cru assez fort pour hasarder une charge de cavalerie et s'était borné à continuer sa marche dès que l'infanterie l'eut rejoint. Pahlen ne voulant pas de son côté s'engager à fond et ayant constaté la présence de l'infanterie française, se décida à battre en retraite lorsqu'il eut aperçu d'autres masses de cavalerie française se portant par Origny-le-Sec contre les positions occupées par l'avant-garde du Ve corps. Kellermann le suivit, traversa derrière lui Les Granges et Maizières-la-Grande-Paroisse que deux bataillons occupèrent aussitôt, pendant que sa cavalerie poussait jusque vers Châtres où Pahlen s'arrêta. Le gros du 7e corps s'établit avec Oudinot à Romilly[2].

---

[1] Wittgenstein à Schwarzenberg, Méry, 21 février (*K. K. Kriegs Archiv.*, II, 633) et Pahlen à Wittgenstein, Châtres, 21 février, 9 heures du matin (*Ibid.*, II, 633 b.)

[2] Oudinot au major-général, Romilly, 21 février, 6 heures et demie du soir. (*Archives de la guerre.*)

Le général Frimont avait, sur un ordre direct venu du grand quartier général, envoyé sur Saint-Martin de Bossenay et sur Saint-Aubin, deux escadrons de dragons de Knesevich et deux escadrons de hussards Archiduc-Joseph de la division Spleny pour battre le pays jusqu'à la Seine et rapporter des renseignements précis sur les forces et les mouvements de l'ennemi. Ces quatre escadrons devaient, de concert avec la cavalerie de Pahlen, essayer de pousser jusque vers Nogent. Arrivés à Saint-Martin de Bossenay, ils rencontrèrent la cavalerie française qui se dirigeait vers ce point. Le lieutenant-colonel von Hering, sans même songer à se rendre compte de la situation, se jette aussitôt avec ses deux escadrons de dragons, suivis en deuxième ligne par les hussards, sur l'avant-garde française qu'il ramène jusque sur les hauteurs. Mais il vient alors laisser contre le gros de la cavalerie de Milhaud qui, sans lui donner le temps de se reconnaître et de rappeler ses escadrons, lance sur lui quatre régiments de cavalerie. Bousculé, culbuté, mis en déroute, il est vivement ramené jusqu'à Orvilliers où il est recueilli par les cavaliers de Spleny. Il était alors 3 h. 1/2, et Frimont, averti de ce qui venait de se passer, se porta aussitôt sur Orvilliers avec la brigade Vieregg et les cuirassiers russes [1].

Lorsqu'il arrive à Orvilliers, la cavalerie française a déjà atteint les positions qu'elle doit occuper et s'est établie à Origny-le-Sec et à Ossey-les-Trois-Maisons. C'est d'Orvilliers que Frimont envoie alors des nouvelles à Wrède [2]. Il a, en effet, remarqué que deux fortes colonnes (probablement des nôtres, écrit-il) battaient en retraite par la chaussée de Troyes. C'était, comme nous l'avons dit, la cavalerie de Pahlen qui reculait sur Châtres et Mesgrigny devant les escadrons des généraux Jacquinot et Trelliard. « L'ennemi, ajoute-t-il, semble renoncer à la poursuite de ce côté et veut se jeter sur mon flanc gauche. » Par suite, il se porta à gauche vers Échemines et Belleville pour être plus au centre de sa position et couvrir la route de Traînel au Pavillon, et, comme il

---

[1] Feld-maréchal lieutenant Spleny au général de cavalerie comte Wrède, Billet au crayon du 21 février, 3 heures et demie (*K. K. Kriegs Archiv.*, II, 586 a) et Frimont à Wrède, Billet au crayon, 21 février, 3 heures trois quarts. (*Ibid.*, II, 586 a.)

[2] Frimont à Wrède, Billets au crayon, d'Orvilliers, 4 heures et 4 heures et demie (*K. K. Kriegs Archiv.*, II, 586 b).

lui avait été impossible de se rendre un compte exact des forces des Français, il resta la nuit à Échemines, pendant que la cavalerie de Milhaud occupait Saint-Flavy et Marigny-le-Châtel.

Les gardes et réserves russes étaient restées dans leurs positions le long de la Seine, et le IIIe corps avait fait séjour à Montgueux.

La division légère du prince Maurice Liechtenstein était encore à Villeneuve-l'Archevêque. Ce général [1], croyant que les hussards de Hesse-Hombourg occupent encore Marcilly-le-Hayer et iront de là à Avon-la-Pèze, s'est décidé à rester encore à Villeneuve-l'Archevêque, bien que « je risque, écrit-il à Schwarzenberg, en me conformant aux ordres de Votre Altesse, d'être complètement détruit si je viens à être attaqué par un ennemi supérieur en nombre, puisque mon soutien le plus proche, la division Crenneville, est à cinq grandes lieues de moi. Je redoute d'autant plus une attaque que l'ennemi occupe avec de l'infanterie et de la cavalerie Thorigny et La Postolle, que d'ailleurs il ne s'agit plus d'une troupe de cavalerie venant de Sens, mais d'une brigade de cinq régiments sous les ordres du général Amey qui est postée à peu de distance d'ici. » Liechtenstein, prévoyant une attaque imminente, annonçait au généralissime qu'il commencerait sa retraite à 4 heures. Cette retraite lui paraissait d'autant plus nécessaire que, tout en recevant de Platoff l'avis lui annonçant la présence de l'ataman à Villeneuve-sur-Yonne, il avait appris par un de ses partis que celui-ci avait déjà dépassé Dixmont.

Marche de Bianchi sur Dijon. — Positions des autres corps et de l'armée de Silésie — Ordres de Schwarzenberg pour le 21. — Le IVe corps avait pris position en arrière de Troyes à Ruvigny. Bianchi avait reçu à midi, à Fontvannes, l'ordre qui lui enjoignait d'être rendu le 27 à Dijon. Se mettant immédiatement en route, il arrivait le soir même à Saint-Germain et à Saint-Jean-de-Bonneval pendant que la division légère Ignace Hardegg, qui couvrait sa droite, allait par Chennegy à Saint-Mards-en-Othe.

Les résultats donnés par les reconnaissances des Ve et

---

[1] Prince Maurice de Liechtenstein à Schwarzenberg, Villeneuve-l'Archevêque, 21 février. (*K. K. Kriegs Archiv.*, II, 621.)

VIe corps, les nouvelles que Seslavin, qui passait à bon droit pour le plus habile, le plus intelligent et le plus adroit des partisans alliés, venait de lui faire parvenir de Joigny[1], décidèrent complètement Schwarzenberg à faire continuer aux autres corps de la grande armée leur mouvement rétrograde en arrière de Troyes. « L'ennemi paraissant décidé à continuer son mouvement en avant, ainsi s'exprime la disposition, la grande armée prendra une position militaire sur la rive droite de la Seine, à la sortie des défilés. Le VIe corps s'établira le 22 février sur la rive droite de la Seine, sur les hauteurs de Villacerf. Les gardes et réserves, le IVe corps et le comte Nostitz avec les grenadiers et les cuirassiers autrichiens prendront position de Saint-Parres-aux-Tertres à Rouilly Saint-Loup. Les IIIe et Ve corps, avec la division légère du prince Maurice Liechtenstein resteront encore sur la rive gauche de la Seine et couvriront les routes de Sens et de Nogent à Troyes, jusqu'à ce qu'ils soient obligés de céder devant la supériorité numérique de l'ennemi. L'armée de Silésie restera dans l'angle formé par le confluent de l'Aube et de la Seine, entre Méry et Plancy, couvrant la droite de la grande armée[2].

Blücher avait tenu parole; son quartier général était à Droupt-Saint-Basle, York et Kleist à Droupt-Sainte-Marie, Sacken à Méry et Langeron immédiatement derrière lui.

L'Empereur, croyant Marmont à Sézanne, lui avait fait ordonner d'envoyer de la cavalerie à mi-chemin de Sézanne à Nogent, afin d'assurer les communications avec son armée et de surveiller

---

[1] Rapport de Seslavin, Joigny, 21 février 1814, 10 heures du matin. — « Le quartier général de Napoléon va aujourd'hui de Fontainebleau à Sens, où se trouvent une partie de la garde et 2 régiments de dragons. Napoléon recherche une grande bataille et veut la livrer n'importe où nous chercherons à résister. L'armée ennemie se compose, en fait de cavalerie, de 14 régiments de cuirassiers, 14 régiments de hussards, 24 de dragons et 30 de chasseurs à cheval. Les cuirassiers et la garde se dirigent à gauche de Sens, par la route de Troyes. Toute l'armée, y compris les conscrits, est forte de 180,000 hommes. L'ennemi, venant de Sens, s'est montré aujourd'hui aux environs de Villeneuve-le-Roi. Après quelques escarmouches, le général Platoff a abandonné Villeneuve-le-Roi pour se retirer sur Joigny. Le bruit court, dans l'armée ennemie, qu'on a envoyé un parlementaire à notre armée. Conformément aux ordres de Sa Majesté l'Empereur, je me porte à l'aile droite de notre armée. Si je n'avais pas fait des marches forcées depuis Orléans, j'aurais pu être coupé de l'Yonne. »

[2] STÄRKE, Eintheilung und Tagesbegebenheiten der Haupt-Armee im Monate Februar. (K. K. Kriegs Archiv, II, 1.)

Arcis-sur-Aube. Il l'avait même autorisé à se porter sur Arcis par la rive droite de l'Aube. Tout en le chargeant de continuer, avec Mortier, à couvrir Paris par les routes de Reims, Château-Thierry et Montmirail, il le prévenait que, dans le cas où Blücher se serait réuni à Schwarzenberg, il pourrait être appelé à rejoindre la Grande Armée française, enfin, qu'il préfèrerait le voir, non pas à Sézanne, mais à Fère-Champenoise. Grouchy avait déjà, dès 10 heures du matin, reçu l'ordre de venir à Nogent par le chemin le plus court.

Du côté de Soissons et de Dormans, il ne s'était produit aucun incident valant la peine d'être signalé.

22 février 1814. — Résolution et ordres de Schwarzenberg. — Au lieu des ordres pour la bataille du lendemain, de ces ordres qu'il avait chargé Gneisenau et Grolmann de lui rapporter à Droupt-Saint-Basle, le feld-maréchal allait recevoir, dans la nuit du 21 au 22, une lettre dans laquelle Schwarzenberg, résumant les instructions qu'il venait de donner quelques heures plus tôt à ses généraux, déclarait ne pouvoir risquer une bataille en ayant les défilés de Troyes derrière lui. « Cette situation l'obligeant à prendre position avec le gros de son armée sur les hauteurs en arrière de la ville, il invitait Blücher à tenir bon à Méry, s'il venait à y être attaqué. »

A ce moment déjà, Schwarzenberg a pris une résolution définitive dont il ne veut cependant pas parler encore. Il est décidé, non pas à accepter la bataille à la sortie du défilé de Troyes, mais à se retirer sur Bar-sur-Aube et Chaumont, et, s'il le faut, sur le plateau de Langres. Toutefois, avant de faire connaître ses projets à Blücher, il veut encore entreprendre, le lendemain 22, une de ces reconnaissances générales qui ne peuvent amener que des résultats négatifs et, après cette démonstration, arracher à l'empereur de Russie et au roi de Prusse un consentement qu'il aurait craint de se voir refuser s'il avait nettement exposé son plan le 21 au soir.

« Il est absolument nécessaire » ainsi commence la disposition pour la grande reconnaissance du 22 février[1] « de se procurer des

---

[1] Disposition pour la grande reconnaissance du 22 février, Quartier général de Troyes, 21 février 1814.

renseignements sûrs et précis sur les mouvements de l'ennemi. On emploiera, pour cette raison, la journée de demain (22) à une reconnaissance générale à laquelle on a invité le feld-maréchal Blücher à participer du côté de Méry.

« Son Excellence le feld-maréchald Blücher poussera en avant vers Nogent un corps de cavalerie d'au moins 5,000 à 6,000 chevaux avec quelques batteries à cheval, de façon à arriver à midi précis à hauteur des troupes de la grande armée chargées d'exécuter la reconnaissance.

« Le comte Wittgenstein enverra la moitié de sa cavalerie, une batterie à cheval et la division de cavalerie légère de la garde russe du général Diebitsch par la route d'Orvilliers et d'Origny sur Saint-Hilaire et la ferme du Marais, de façon que cette cavalerie tourne le poste de Saint-Hilaire par la gauche, au moment où la cavalerie de l'armée de Silésie s'avancera de front contre ce village. Le comte Wittgenstein aura à s'entendre avec le feld-maréchal Blücher pour les détails de ce mouvement.

« Le gros du VI⁰ corps, rendu disponible par l'arrivée de l'armée de Silésie à Méry, s'établira au bivouac à Fontaine-les-Grès, de façon à pouvoir servir de soutien à sa cavalerie et appuyer, en cas d'attaque générale, soit l'armée de Silésie à sa droite, soit le V⁰ corps à sa gauche.

« La cavalerie de la garde russe avec son artillerie quittera ses positions actuelles. Elle sera rendue à Saint-Martin-de-Bossenay à midi précis et y servira de soutien à la reconnaissance du comte Wittgenstein.

« Le V⁰ corps sera en position à Prunay à midi et y restera jusqu'à nouvel ordre. La cavalerie de ce corps occupera Avon-la-Pèze et fera partir la moitié de ses troupes avec deux batteries à cheval pour Traînel, de façon que ses régiments soient arrivés à hauteur de ce point à midi précis.

« La division légère du prince Maurice Liechtenstein aura son gros en position à Villeneuve-l'Archevêque, envoyant de fortes reconnaissances sur Thorigny et la route de Sens.

« Le III⁰ corps établira à Villemaur une de ses brigades chargée de recueillir le prince Maurice Liechtenstein.

« Les autres corps resteront sur les positions qu'ils occupent aujourd'hui. On recommande expressément à toutes les troupes envoyées en reconnaissance de se porter en avant en grosses masses et en ordre serré. Dès que l'ennemi les aura aperçues, elles devront prendre le trot afin de surprendre les avant-postes ennemis, de les mettre en déroute et d'arriver en même temps qu'eux sur le gros des corps ennemis.

« Si l'une de ces reconnaissances parvient jusqu'à l'un des points indiqués sans voir l'ennemi, elle continuera à s'avancer prudemment, se reliant à droite et à gauche, autant que le terrain le lui permettra, avec les autres reconnaissances.

« Dès que l'une des reconnaissances verra que la colonne dont elle est le plus rapprochée est engagée avec l'ennemi, et dans le cas où elle ne trouverait pas trace de l'ennemi devant elle, elle détachera, du côté de la colonne qui combat, des troupes qui devront chercher à dégager la reconnaissance attaquée en débordant le flanc de l'ennemi.

« Lorsque la reconnaissance sera terminée, la cavalerie se repliera sur le corps auquel elle appartient en laissant quelques petits postes sur les points évacués par l'ennemi. On cherchera surtout à faire des prisonniers, qui devront être immédiatement dirigés sur mon quartier général.

« J'invite les commandants de la cavalerie à m'envoyer aux Grès, l'un au commencement, l'autre à la fin de la reconnaissance, deux rapports dans lesquels ils me feront connaître ce qu'ils auront vu. »

Ordres de Napoléon. — Toutes ces grandes dispositions, prises d'ailleurs trop tardivement et rendues inexécutables par les événements et les mouvements du 21, étaient superflues. Loin de se porter à la rencontre des Français, les Alliés vont être, au contraire, attaqués par l'Empereur qui, avant de pousser sur Troyes où il compte être le 23, a besoin de couvrir sa gauche et ses derrières en s'assurant du passage de Méry.

Dès la veille au soir, à 9 heures, il a renouvelé et accentué encore les ordres de mouvement donnés à ses corps de première et de deuxième lignes. La réserve de Paris du duc de Padoue doit s'échelonner de Bray à Montereau ; Boyer de Rebeval viendra à Nogent ; Charpentier à Pont-le-Roy ; Grouchy avec sa cavalerie et la division Leval aux Granges ; Bordesoulle ira à Anglure et Plancy pour se relier à Marmont ; Gérard à Villemaur, s'approchant le plus possible de Troyes et communiquant par Faux-

Villecerf avec Prunay que fera occuper Macdonald, destiné à se porter sur Échemines et Le Pavillon. La cavalerie et l'infanterie de la vieille garde se porteront entre Les Granges et Les Grès où Oudinot, dont les avant-postes s'établiront à La Malmaison, aura son quartier général.

L'Empereur tient, en outre, à savoir avant minuit quelle est la situation des convois de vivres. « Vous pouvez expédier tous les ordres, avait-il écrit au major-général le 21 à 9 heures du soir, hormis ceux pour le duc de Reggio, le duc de Tarente et pour le quartier général qui doit venir aux Granges. Ces ordres ne peuvent être expédiés que lorsque je serai certain que le pain est assuré, car nous allons être dans un désert[1]. »

A 11 h. 1/2 du soir, le major-général expédiait l'ordre destiné à Macdonald. Il ajoutait dans celui qu'il envoyait à Romilly pour Oudinot : « L'Empereur regrette que vous ne vous soyez pas emparé ce soir de Méry et que le comte de Valmy n'ait pas sabré la cavalerie ennemie. Il faut avoir Méry demain de bonne heure, se rendre maître de la partie de la ville qui est de ce côté, et, dès que vous y serez, jeter un pont pour prendre l'autre partie[2]. »

Enfin, complétant les mesures qu'il vient d'indiquer, l'Empereur, avant de quitter Nogent, fait prescrire : au préfet de Seine-et-Marne qui doit, sur son ordre, se rendre à Provins, d'expédier journellement à l'armée 40,000 rations de pain, 80,000 de viande, 100,000 d'eau-de-vie ; au comte Daru d'envoyer tous les jours de Paris à l'armée 60,000 rations de pain biscuité, 60,000 de riz, 60,000 de viande et 60,000 d'eau-de-vie ; d'avoir toujours à Nogent, où l'on doit achever les fours en 48 heures, 3,000 quintaux de farine, 500,000 rations d'eau-de-vie et 1,000 bœufs et de tenir toujours ce magasin au complet. Il ajoute : « Si j'étais obligé de rétrograder de Troyes sur Nogent et que ces magasins ne fussent pas formés, l'armée mourrait de faim et tout serait perdu..... Nous sommes en danger de ne savoir comment vivre, car tout le pays d'ici Troyes a été ravagé et le terrain est, d'ailleurs, peu fertile[3]. »

---

[1] *Correspondance*, n° 21345.

[2] Major-général à Macdonald et à Oudinot, 21 février, 11 heures et demie, soir. (Registres de Berthier, *Archives de la guerre*.)

[3] *Correspondance*, n°s 21347 et 21352.

Positions des armées alliées le 22 au matin. — Les corps français s'étaient mis en mouvement dès la pointe du jour; mais la position des Alliés n'était déjà plus celle que Schwarzenberg avait eue en vue lorsqu'il avait fait rédiger les dispositions relatives à la reconnaissance. Le VI⁰ corps, relevé par l'armée de Silésie à Méry, lui avait remis les avant-postes et le pont. La marche des Français rendant toute reconnaissance impossible, Wittgenstein avait reçu l'ordre de passer sur la rive droite de la Seine et de venir à Villacerf. Avant d'exécuter ce mouvement, il avait détruit tous les passages de la Seine depuis Rilly-Sainte-Syre jusqu'à Saint-Benoît-sur-Seine. Pahlen avec l'avant-garde s'arrêta à Chauchigny.

L'infanterie du V⁰ corps avait également, dès le matin, fait un mouvement rétrograde de Savières à Saint-Lyé. Wrède s'y était établi sur une ligne perpendiculaire au cours de la Seine, sa droite appuyée au fleuve, sa gauche à Montgueux. Sa cavalerie, sous le général Frimont, avait quitté, dès le matin, Belleville et Échemines, était arrivée à 9 heures au Pavillon et s'était déployée en bataille sur plusieurs lignes dans la plaine de La Malmaison en avant de l'infanterie du V⁰ corps. La brigade bavaroise Diez formait son arrière-garde. Le comte Antoine Hardegg couvrait la droite de Frimont. Il avait sur la route de Nogent à Troyes, les uhlans de Schwarzenberg et les hussards Archiduc-Joseph et se reliait avec le VI⁰ corps établi sur la rive droite de la Seine à Villacerf. Le général bavarois s'attendait à voir à tout instant les Français pousser en forces vers Troyes par les rives de la Seine et par les routes de Nogent et de Sens à Troyes [1].

Tout en voulant plus que jamais refuser la bataille générale en avant de Troyes, on tenait néanmoins à ne pas céder trop rapidement le terrain et à opposer à l'ennemi des forces qui, suffisantes pour retarder sa marche, ne pourraient, en raison même de leur composition et de leur répartition, s'engager à fond. On avait, par suite, placé en arrière du V⁰ corps, la cavalerie de la garde russe et à sa gauche le III⁰ corps qui s'étendait de Montgueux jusqu'au débouché du défilé de Fontvannes sur la route de Sens.

---

[1] STÄRKE, Eintheilung und Tagesbegebenheiten der Haupt-Armee im Monate Februar. (*K. K. Kriegs Archiv.*, II, 1.)

Le IVᵉ corps resta sur ses positions de Rouilly, en arrière de Troyes.

Combat de Méry. — L'avant-garde d'York, sous les ordres de Katzler, venait à peine de s'installer à Mesgrigny et d'y remplacer les troupes de Pahlen, lorsque l'avant-garde du 7ᵉ corps français (la brigade Gruyer de la division Boyer), l'attaquant vivement, l'en délogea et la poursuivit tambour battant jusqu'à Méry qu'occupaient quelques régiments du prince Stscherbatoff, du corps Sacken. Le général Boyer charge aussitôt la brigade Gruyer de chasser les Russes de la partie de la ville située sur la rive gauche et de déboucher à sa suite sur la rive droite. Pendant que Blücher fait prendre les armes à son armée et la forme en bataille en arrière de Méry à cheval sur la route d'Arcis, Gruyer s'est jeté à la baïonnette sur les Russes, les a culbutés, s'est engagé sur le pont à la suite du régiment d'infanterie du Dniéper, a forcé à la retraite les deux régiments de cosaques du général Tallisin et, à la tête de trois bataillons, parvient, après avoir traversé toute la partie de la ville située sur la rive droite, à en déboucher malgré l'incendie. Arrivé sur ce point, il aperçoit l'armée de Blücher en bataille devant lui. Attaqués par les troupes prussiennes du Iᵉʳ corps, les soldats de Gruyer tiennent bon jusqu'au moment où leur général est blessé. Ils cèdent alors et, suivis par les Russes et les Prussiens, ils se replient sur la rive gauche de la Seine. C'est en vain que l'on essaye à plusieurs reprises de forcer à nouveau le passage. Le général Boyer, obligé d'y renoncer, dut se borner à faire garnir la rive gauche par ses tirailleurs et chercha vainement à sauver le pont que les Russes finirent par incendier [1].

---

[1] Blücher à Schwarzenberg, Droupt-Sainte-Basle, le 22 février (*K. K. Kriegs Archiv.*, II, 649) :

« Lorsque l'ennemi attaqua, aujourd'hui, Méry, un incendie d'une violence inouïe s'est déclaré dans la ville et m'a obligé à en faire sortir mon artillerie au trot. L'infanterie a continué à défendre le pont principal ; mais elle n'a pas pu parvenir à le détruire. La ville a été évacuée dans l'après-midi par mon infanterie, qui craignait, en attendant davantage, de ne plus pouvoir passer par la rue incendiée.

« L'ennemi profita de ce mouvement de retraite, fit passer immédiatement le pont à trois bataillons et déboucha en avant de la ville, dans la plaine, où je e fis attaquer et réussis à le rejeter de l'autre côté du pont. Nous occupâmes usqu'à la nuit la rive droite, et l'ennemi la rive gauche.

Blücher, sachant désormais que le mouvement des Français allait sur Troyes, renvoya, vers le soir, les corps d'York et de Kleist à Droupt-Sainte-Marie. Deux bataillons d'York et deux bataillons de Sacken occupèrent la partie de Méry située sur la rive droite et tiraillèrent presque toute la journée avec les Français. Le corps de Langeron occupa les anciennes positions du VIe corps. Dans la nuit, quelques partis de cavalerie française, ayant réussi à passer l'Aube à gué, alarmèrent le quartier général de Blücher, mais découverts à temps par les avant-postes, ils durent se retirer peu après [1].

La 9e brigade (général von Klüx), appartenant au IIe corps prussien de Kleist, conduite par le général von Röder et venant de Thionville et de Luxembourg, était arrivée à Arcis-sur-Aube.

« J'attends ici vos ordres.

« Un capitaine fait prisonnier dit que c'est le 7e corps (maréchal Oudinot) qui a attaqué Méry, que le 11e corps a pris plus à droite. Le 7e corps se compose de 2 divisions parties en voitures de Bayonne le 19 janvier et arrivées à Meaux le 5 février. Ce corps se compose de 14 bataillons forts d'environ 400 hommes chacun. D'une hauteur occupée par ma gauche, on a vu, à partir de midi, une grosse colonne de troupes des trois armes se porter, par la rive gauche de la Seine, contre Troyes. »

Voir également le rapport du prince Stscherbatoff (*Archives topographiques de Saint-Pétersbourg*, n° 44585).

« L'imprudence de Blücher faillit lui être fatale. Le feld-maréchal s'était, pour se réchauffer, installé près d'un feu allumé dans une maison voisine du pont. Pendant qu'il critiquait les dispositions prises par Stscherbatoff la fusillade avait redoublé d'intensité; les Français dessinaient leur attaque, ils faisaient plier la chaîne des tirailleurs russes. Gneisenau, Valentini, Stscherbatoff et Nostitz décident Blücher à quitter la maison, puis la digue, du haut de laquelle le feld-maréchal observait la marche des affaires. A ce moment, Stscherbatoff et Valentini sont blessés. Nostitz prend le bras de Blücher pour hâter sa marche. Au bout de quelques pas, le feld-maréchal est lui-même atteint à la cheville par une balle qui ne fait que le contusionner, et c'est à grand'peine que Nostitz parvient à le ramener jusqu'au point où ils retrouvent leurs chevaux. Si le feld-maréchal fût resté quelques instants de plus sur la digue, il lui aurait été certainement impossible d'échapper aux tirailleurs français. » (D'après le journal du comte Nostitz.)

[1] Le général Boyer avait, d'ailleurs, remarqué tous ces mouvements et signalé, à 5 heures et demie du soir, la présence de 5,000 hommes d'infanterie entre Méry et les villages sur la route de Villacerf, ainsi que celle de la cavalerie de Blücher qu'il évaluait à 15 escadrons et qui s'était établie en arrière de cette infanterie. A 8 heures du soir, il faisait savoir à Oudinot que les tirailleurs russes et prussiens avaient été renforcés au pont et sur la rive droite et qu'il lui paraissait impossible de rétablir le pont qui continuait à brûler ainsi que la ville. (Général Boyer au duc de Reggio, Méry, 22 février, 5 heures et demie et 8 heures du soir. *Archives de la guerre.*)

Elle se composait de 6 bataillons et demi, des cuirassiers et des uhlans de Silésie, des dragons de la Nouvelle-Marche. Elle reçut l'ordre de rester provisoirement à Arcis.

Pendant le combat de Méry, le gros du 7ᵉ corps avait pris position aux Grès. La cavalerie de Valmy avait rencontré la cavalerie alliée à une demi-lieue des Grès et l'avait menée jusqu'à une portée de canon de La Malmaison; mais de fortes lignes d'infanterie s'étant montrées sur le flanc droit de Valmy, il s'était arrêté et avait placé ses avant-postes sur les hauteurs en deçà de La Malmaison. Le soir, Oudinot faisait savoir au major-général que l'immense ligne de feux qu'il apercevait, prouvait d'une façon positive que les Alliés s'étaient décidés à se retirer sur Troyes [1].

Combat de cavalerie du Pavillon. — A la droite d'Oudinot, la cavalerie de Milhaud avait paru à 1 heure de l'après-midi sur les hauteurs en arrière du Pavillon. Elle s'était déployée à droite et à gauche des moulins à vent et avait poussé une chaîne assez dense d'éclaireurs dans les ravins qu'elle faisait fouiller avec soin; cette chaîne s'avança de là vers La Malmaison.

« Il n'y avait alors, dit Taxis [2], en fait de cavalerie sur la grande route que le régiment des hussards Archiduc-Joseph, très affaibli par les pertes qu'il avait subies le 17 du côté de Donnemarie et de Villeneuve. Vers 7 heures du soir, une forte colonne de cavalerie française débouche sur la chaussée, culbute les hussards qui envoient, par ordre de Wrède, demander des secours au grand-duc Constantin, auquel il reste encore 6,000 chevaux disponibles. La cavalerie française continue à s'avancer; elle est déjà sur le point de prendre une demi-batterie en position à la droite de Frimont et d'enlever Schwarzenberg. Heureusement une charge vigoureuse, conduite par le colonel von Geramb, des hussards Archiduc-Joseph, réussit, grâce à l'obscurité, à dégager le généralissime, et les Français, qui ont seulement voulu tâter les Alliés, cessent leurs attaques. »

Wrède reste alors immobile sur sa position jusqu'à ce qu'il reçoive, à minuit, l'ordre de couvrir la retraite générale de

---

[1] Oudinot au major-général, Les Grès, 22 février. (*Archives de la guerre.*)
[2] Taxis, Tagebuch. (*K. K. Kiegs Archiv. XIII, 32.*)

l'armée sur la rive droite et de tenir Troyes le plus longtemps possible, afin de donner au matériel le temps de filer. « Ainsi finit, sans résultat aucun, écrit Wrède, cette journée dans laquelle on nous avait promis une bataille. Il faut croire que, dans la nuit, le parti de la défensive réussit à se faire écouter une fois de plus, puisque le 23 au matin, les souverains se rendirent à Vendeuvre, suivis jusqu'à Lusigny par Schwarzenberg. »

A 9 heures du soir, Macdonald était arrivé à Échemines [1] et ses reconnaissances, envoyées sur sa gauche et sur sa droite pour communiquer avec Oudinot et Gérard, n'étaient pas encore rentrées.

Les gardes et réserves profitèrent de ce que Macdonald s'arrêta en avant d'Échemines et de ce que Wrède couvrait les abords immédiats de Troyes pour venir, par une marche de nuit, en passant par Pont-Sainte-Marie, occuper à Saint-Parres-aux-Tertres, le débouché de Troyes sur la route de Vendeuvre [2].

Affaires de cavalerie de Molinons, de Saint-Liébaut et de Rozoy. — Marche de Bianchi sur Tonnerre. — La division légère du prince Maurice Liechtenstein n'avait eu que le temps de se réunir, à Fontvannes, aux troupes du feld-maréchal lieutenant comte Crenneville. Dès le matin, la cavalerie du général Roussel avait bousculé à Molinons, en avant de Villeneuve-l'Archevêque, les chevau-légers du régiment de l'empereur, leur avait mis une vingtaine d'hommes hors de combat et enlevé quelques cavaliers et un officier. L'arrière-garde, sous les ordres du prince Gustave de Hesse-Hombourg, que Liechtenstein avait établie, le 22 au soir, à Saint-Liébaut, avait été suivie par les pointes de la cavalerie de Roussel, et ses postes, fournis par les chevau-légers

---

[1] Macdonald au major-général, Echemines, 22 février, 9 heures du soir (*Archives de la guerre.*) Le corps de Macdonald était encore bien peu nombreux et dans un assez triste état. Milhaud n'avait que 1800 chevaux et 12 canons. La division Molitor n'avait qu'un général de brigade et ne comptait que 2,776 hommes. La division Albert représentait un effectif total de 4,004 hommes. Celle d'Amey ne pouvait mettre en ligne que 749 hommes. L'effectif total du 11ᵉ corps, y compris l'artillerie et le génie, mais sans la cavalerie de Milhaud, était de 8,979 hommes avec 28 canons.

[2] Stärke, Eintheilung und Tagesbegebenheiten der Haupt-Armee im Monate Februar. (*K. K. Kriegs Archiv.*, II, 1.)

d'O'Reilly, avaient déjà été inquiétées par la cavalerie française à peu de distance de ce village[1].

Platoff avait eu, lui aussi, dès la veille, une escarmouche avec un parti de cavalerie de la division Roussel (le 26ᵉ dragons) qui avait malmené ses cosaques à Rozoy[2] (à mi-chemin de Sens à Villeneuve-sur-Yonne). Il se retira lestement sur Joigny au moment où le général Allix quittait Nemours pour pousser sur Ferrières et où les Français, venant de Gien, réoccupaient Montargis.

Bianchi, avec le Iᵉʳ corps, avait continué sa marche entre la Seine et l'Yonne par le chemin de traverse de Saint-Phal et arriva le 22 au soir à Avreuil, toujours couvert à droite par la division légère d'Ignace Hardegg qui, laissant un gros poste en flanc-garde à Auxon, avait poussé jusqu'à Ervy[3].

Du côté de Marmont et de Mortier, la journée du 22 s'était passée sans incident. Marmont avait été informé du mouvement que Mortier allait faire de Villers-Cotterets sur Château-Thierry, d'où le duc de Trévise devait être mieux en mesure de couvrir La Ferté-sous-Jouarre et de se porter sur Montmirail.

Ordres de Schwarzenberg pour le 22 au soir. — A la suite des événements de la journée, Schwarzenberg[4] avait ordonné au IIIᵉ corps de se rapprocher de Troyes dans la nuit du 22 au 23, ou au plus tard le 23 au matin, en appuyant sa droite à Sainte-Savine, de façon à couvrir la ligne de retraite qui lui était assignée et qui allait par Les Maisons-Blanches sur Bar-sur-Seine. Le IIIᵉ corps devait avoir devant son front la division légère de Maurice Liechtenstein et sur sa gauche les cuirassiers de Nostitz.

Le Vᵉ corps, laissant une seule division à Troyes avec ordre d'y tenir jusqu'au 24 au matin, devait traverser la ville et venir s'établir à Pont-Sainte-Marie. Le VIᵉ corps et les gardes restaient

---

[1] Prince Maurice Liechtenstein, rapport sur sa retraite, Bar-sur-Seine, 24 février. (*K. K. Kriegs Archiv.*, II, 691.)

[2] Marches de la division Roussel. (*Archives de la guerre.*)

[3] STÄRKE, Einlheilung und Tagesbegebenheiten der Haupt-Armee im Monate Februar. (*K. K. Kriegs Archiv.*, II, 1.)

[4] STÄRKE, Einlheilung und Tagesbegebenheiten der Haupt-Armee im Monate Februar. (*K. K. Kriegs Archiv.*, II, 1.)

à Villacerf et à Saint-Parres-aux-Tertres, prêts à se porter sur les points menacés.

Envoi du colonel von Grolmann à Troyes. — Lettre de Blücher à l'empereur de Russie. — Assez insignifiante en elle-même, si l'on ne considère que les opérations militaires, la journée du 22 est, au contraire, l'une de celles qui méritent d'être soumises à un examen approfondi, tant en raison des événements qui ont marqué les derniers moments du séjour des souverains alliés à Troyes, que des importantes résolutions auxquelles on se décida.

D'une part, c'est Blücher qui, dès qu'il a reçu les ordres lui prescrivant de rester sur la défensive à Méry, dès qu'il a vu le gros de l'armée française continuer son mouvement contre Troyes, accepte le plan élaboré par le colonel von Grolmann. Si l'on approuve ce projet, l'armée de Silésie se séparera de nouveau de la grande armée, marchera par Sézanne sur Meaux et cherchera à opérer en route sa jonction avec Winzingerode et Bülow. Blücher poussera alors avec eux et à la tête de 100,000 hommes sur Paris. Grolmann est aussitôt envoyé à Troyes afin d'amener Schwarzenberg à renoncer à son mouvement rétrograde et de le décider à livrer sans plus tarder une bataille qui décidera du sort de la campagne, une bataille que Blücher se croit assez fort pour risquer de donner rien qu'avec sa seule armée. Le colonel ne doit parler de la séparation éventuelle des deux armées qu'après s'être bien assuré de l'impossibilité de convaincre Schwarzenberg et les souverains.

Lorsque Grolmann arriva à Troyes, il était déjà trop tard pour avoir une chance quelconque d'obtenir le changement désiré. Les ordres pour la retraite étaient expédiés et en partie exécutés. L'armée de Silésie n'était pas, il est vrai, comprise dans les instructions en question, et Grolmann pouvait par suite écrire à Blücher, de Troyes, le 22, à 10 h. 1/2 du soir : « Que force lui était d'attendre au lendemain pour rapporter la réponse définitive, mais qu'il espérait faire accepter la proposition soumise à l'approbation des souverains. »

Afin de faciliter à Grolmann une mission dont il ne se dissimulait ni l'importance ni la difficulté, le feld-maréchal allait, en outre, adresser à l'empereur de Russie une lettre autographe dans laquelle, confirmant et renforçant les arguments exposés par Grolmann, il suppliait Alexandre de l'autoriser à marcher sur Paris après avoir ramassé en chemin Bülow et Winzingerode.

Arrivée à Troyes de lord Castlereagh. — Remise de la lettre de Napoléon à l'empereur d'Autriche et de celle de Berthier à Schwarzenberg. — L'intervention directe de Blücher était d'autant plus opportune que lord Castlereagh, arrivé sur ces entrefaites de Châtillon, venait de déclarer à l'empereur de Russie qu'il croyait le moment venu de se conformer aux ordres de son gouvernement et de profiter de l'occasion pour faire la paix. D'après lui, « la Coalition était sur le point de se dissoudre. »

Enfin, à 5 h. 1/2 du soir, un parlementaire français avait apporté à Troyes, pendant qu'Alexandre conférait avec lord Castlereagh, une dépêche de Berthier pour Schwarzenberg et une lettre de l'empereur Napoléon à l'empereur François [1], lettre dans laquelle Napoléon offrait de montrer son armée à un homme d'un jugement sain, tel que Schwarzenberg, Bubna ou Metternich, et proposait de signer *sans délai* la paix sur les bases que l'Autriche avait posées à Francfort et que lui et la nation française avaient acceptées comme ultimatum.

Tout, à ce moment, semblait plaider en faveur d'une solution pacifique immédiate. Le rapport de Seslavin du 21 février et dont nous avons déjà parlé, avait produit une impression des plus profondes. La lettre de l'Empereur, malgré les exagérations qu'elle contenait, avait ravivé des craintes que les événements de la journée avaient en partie confirmées. On hésitait, on doutait encore; on ne pouvait admettre que l'Empereur eût autour de lui une armée supérieure en nombre à celle des Alliés. On croyait cependant à l'arrivée de renforts considérables tirés de l'armée d'Espagne; on était même d'autant plus disposé à s'exagérer leur force qu'on ne parvenait pas à s'expliquer la provenance et l'origine de la nombreuse cavalerie à laquelle on venait d'avoir affaire. La lettre de l'Empereur, le rapport de Seslavin [2], les dé-

---

[1] *Correspondance*, n° 21.234.
[2] Il y a cependant tout lieu de croire que le rapport de Seslavin n'était pas encore arrivé à ce moment. Il ne figure en effet dans le registre des dépêches reçues qu'à la date du 25 février.

clarations de lord Castlereagh rendaient une bataille impossible ; on se décida donc, en attendant la solution définitive qui devait être prise dans le conseil de guerre du lendemain, à la continuation de la retraite sur Bar-sur-Aube.

23 février 1814. — Conseil de guerre de Troyes. — Les souverains alliés proposent un armistice. — Le 23 février à 8 heures du matin, les souverains, avant de quitter Troyes, tinrent chez le roi de Prusse un conseil de guerre auquel assistèrent Schwarzenberg, les principaux officiers de l'état-major général et les diplomates présents dans la ville. Dans la disposition d'esprit où l'on se trouvait à ce moment, la présence des diplomates ne pouvait laisser aucun doute sur l'issue de ce conseil. On avait commencé la retraite, il fallait donc traiter, arrêter par un armistice les progrès de l'Empereur et l'empêcher de formuler, à la suite de nouveaux succès, de nouvelles prétentions susceptibles de mettre les puissances alliées dans l'impossibilité de consentir à la continuation de négociations qu'on espérait voir aboutir à un traité de paix. On chargea, par suite, le prince Wenzel Liechtenstein, l'un des aides de camp de Schwarzenberg, de remettre sur l'heure à Berthier une lettre dans laquelle les Alliés proposaient un armistice. En attendant le retour du prince Liechtenstein, il importait, tant qu'on ne connaîtrait pas la teneur de la réponse qu'il devait rapporter, de faire bonne contenance et d'essayer d'en imposer à Napoléon par l'attitude des troupes. On résolut, par suite, de défendre pendant toute la journée du 23, le cours de la Seine depuis Bar-sur-Seine jusqu'à Méry et de ne continuer la retraite sur Bar-sur-Aube que lorsque le soir approcherait.

On cherchait de la sorte à réparer les imprudences commises le 21 et le 22. Au moment où, comme le 21, on songeait encore à livrer une bataille en avant de Troyes, on avait agi avec une incomparable légèreté, en négligeant complètement de prendre les quelques mesures de précaution qui seules pouvaient, en cas de défaite, assurer le salut de l'armée, ou en cas d'une retraite à laquelle on pensait déjà, au grand quartier général, rendre possible le mouvement rétrograde. Si l'Empereur avait pu attaquer les Alliés avec toutes ses forces dans la journée, et surtout dans la matinée du 22, les armées de Silésie et de Bohème se seraient trouvées dans une situation des plus critiques. Lorsque Blücher vint relever les Russes à Méry et lorsqu'il fit momentanément occuper Mesgrigny par une faible avant-garde, on n'avait rien fait pour couvrir le pont de Méry. Il devenait dès lors extrêmement difficile aux 50,000 hommes de l'armée de Silésie de déboucher sur la rive gauche, tant que les Français occupaient solidement Mesgrigny. Si Blücher, après avoir réussi à prendre pied sur la rive gauche, devait plus tard, soit après un échec éprouvé par son armée, soit par l'effet d'un mouvement rétrograde de Schwarzenberg, se retirer sur la rive droite, sa retraite par un seul pont devenait une opération presque impossible. A sa gauche, il en était de même pour le VIe corps qui ne disposait en réalité que du seul passage de Villacerf, qu'on avait également trouvé superflu de couvrir par une tête de pont. Le reste de l'armée de Schwarzenberg aurait été obligé de défiler par Troyes dans des conditions non moins défavorables. Les différents corps s'y seraient entassés sans pouvoir parvenir à déboucher sur la rive droite, si les Français les avaient poussés et poursuivis après une bataille gagnée par eux tellement à proximité de Troyes qu'il leur eût été possible d'arriver le soir même et sur les talons des Alliés vaincus jusqu'aux bords de la Seine.

Ordres de Schwarzenberg pour les journées du 23 et du 24 février. — Le 23 au matin, quand les souverains eurent ratifié la résolution que Schwarzenberg avait déjà prise de sa propre initiative, le généralissime remédia à ces graves inconvénients et adopta les mesures nécessaires pour assurer aux gardes et réserves et au IVe corps, le temps dont ils avaient besoin pour se former en colonne de route et exécuter leur mouvement vers Vendeuvre.

Avant de quitter Troyes, le généralissime [1] règle les mouvements que son armée exécutera dans l'après-midi du 23 dans la direction de Vendeuvre. A 4 heures, les gardes et réserves russes et prussiennes commenceront leur mouvement et viendront prendre position en arrière de Vendeuvre. Lorsque le 24 à l'aube elles continueront leur marche sur Bar-sur-Aube, elles laisseront

---

[1] STÄRKE, Eintheilung und Tagesbegebenheiten der Haupt-Armee im Monate Februar. (*K. K. Kriegs Archiv.*, II, 4.)

à Vendeuvre même une division de cuirassiers russes en soutien et à la disposition du prince royal de Wurtemberg. Blücher ne maintiendra qu'une faible arrière-garde à Méry et réglera les mouvements rétrogrades de son armée par une disposition spéciale qu'il prendra en s'inspirant des circonstances.

Le IVe corps suivra les gardes et réserves et s'établira en avant de Vendeuvre. Le prince royal de Wurtemberg fera solidement occuper les ponts de Verrières et de Clérey jusqu'à l'arrivée des cuirassiers de Nostitz, chargés de les couper. Le IVe corps se renforça, d'ailleurs, à ce moment, à Vendeuvre, du 5e régiment d'infanterie, prince Frédéric, des régiments de landwehr n°s 3, 4, 5 et 6, partis du Wurtemberg le 25 janvier et amenés par le général-major von Lalance.

Le VIe corps occupera Villacerf par une arrière-garde et se dirigea sur Piney dès que la nuit sera venue. Le 24, il ira à Dienville et détachera un parti sur Lesmont.

Le IIIe corps, après avoir couvert les abords de Troyes jusqu'à 9 heures du soir, se repliera pendant la nuit par Les Maisons-Blanches sur Bar-sur-Seine. Le prince Maurice Liechtenstein formera l'arrière-garde et exécutera, le 24, le même mouvement avec sa division légère.

Le Ve corps couvrira la retraite de l'armée, tiendra Troyes jusqu'au 24 à 4 heures du matin, se retirera lentement et viendra s'établir en arrière des positions occupées près de Vendeuvre par le IVe corps, auquel il cédera à ce moment la division de cuirassiers russes qui l'avait renforcé pendant les deux derniers jours. Avant de se retirer, il lèvera les ponts de bateaux de Saint-Lyé et de Culoison, et ramènera avec lui les équipages de pont.

Position de l'armée de Silésie le 23 au matin. — Pendant la nuit du 22, l'avant-garde d'York et de Sacken a continué à tirailler, d'une rive de la Seine à l'autre, avec les troupes du général Boyer. Le pont de Méry est détruit. Toute la partie de Méry située sur la rive droite de la Seine est brûlée, et l'incendie du pont a empêché les Français de se porter en avant.

A 9 heures du matin, Blücher[1] fait savoir à Schwarzenberg

---

[1] Blücher à Schwarzenberg, Droupt-Saint-Basle, 23 février, 9 heures du matin. (*K. K. Kriegs Archiv.*, II, 664.)

que l'ennemi se tient tranquille sur la rive gauche de la Seine et s'est borné à relever ses tirailleurs. Toute la partie de la ville occupée par ses troupes est brûlée, à l'exception de trois maisons, et rien n'a passé jusqu'à cette heure sur la route de Troyes ; mais le général Karpoff, établi sur sa droite, lui signale des mouvements de troupes se dirigeant vers sa gauche. Blücher fait surveiller ces troupes, et deux heures plus tard il annonce la marche sur Troyes de grosses colonnes françaises, qui sont déjà à hauteur de Vallant-Saint-Georges.

En attendant le retour du colonel von Grolmann et la réponse de Schwarzenberg et des souverains, l'armée de Silésie reste à peu près immobile pendant toute la journée, se reliant sur sa gauche avec Wittgenstein à Villacerf.

Position du VIe corps. — Wrède se rapproche de Troyes pendant la nuit. — Position du Ve corps, le 23 au matin. — Au VIe corps, on a remarqué également la marche des colonnes françaises signalées par Blücher. Wittgenstein[1] a fait canonner une colonne qui se portait sur Troyes, en longeant la Seine. Il a retardé sa marche en l'obligeant à s'éloigner, à se jeter de côté pour reprendre la chaussée et répondre à l'artillerie russe[2]. Un peu plus tard, quand il quitte Villacerf pour se replier sur Piney, son arrière-garde sous Pahlen s'est reliée, non seulement avec Blücher, mais avec Wrède et règle sa marche sur celle de ces deux généraux. Wittgenstein a, en outre, détaché deux partis de cavalerie, l'un sur la route de Troyes, l'autre dans la direction de Lesmont.

Wrède a quitté, entre minuit et 2 heures du matin, les environs de La Malmaison pour se rapprocher de Troyes. Il n'a laissé en présence des postes français qu'un rideau de cavalerie qui a ordre de se replier à la pointe du jour. Sa 1re division (comte Rechberg) passe la Seine sur un pont jeté à Saint-Lyé et prend position à Sainte-Maure. Sa 3e division (La Motte) défile par Troyes et s'établit de Pont-Sainte-Marie à Saint-Parres aux Tertres. Sa cavalerie, à l'exception des hussards de Szekler et des

---

[1] Wittgenstein au prince de Schwarzenberg, Piney, 23 février. (*Ibid.*, II, 672.)
[2] Il s'agit là de la division Leval en marche pour rejoindre le 7e corps en avant des Grès.

dragons de Knesevich, chargés du service à l'intérieur et en avant de Troyes, se déploye entre les deux divisions d'infanterie. La brigade autrichienne Volkmann (de la division Spleny) et une division bavaroise sont chargées de la défense de Troyes, où Wrède a transporté momentanément son quartier général. Le général Frimont, auquel il a confié la défense de la ville et des ponts de la Seine, prend les mesures nécessaires pour s'y maintenir le plus longtemps possible. Cinq bataillons et une batterie garnissent les vieilles murailles de Troyes ; trois bataillons sont en réserve dans la ville même. Comme on s'attend à être attaqué du côté de La Malmaison, par la chaussée de Nogent-sur-Seine, on barricade la porte de la ville donnant sur le faubourg de Sainte-Savine.

Position du IIIe corps. — A sa gauche, le IIIe corps appuie sa droite au faubourg même de Sainte-Savine et s'étend, par Notre-Dame-des-Prés et Saint-André, jusqu'à Lépine. L'aile gauche du IIIe corps est couverte par les vingt-quatre escadrons de cuirassiers autrichiens du comte Nostitz. La division Crenneville, du IIIe corps, occupe La Grange-au-Rez et y sert de soutien à la division légère de Maurice Liechtenstein arrivée la veille au soir à Fontvannes.

Premiers mouvements de l'armée française. — L'armée française avait, elle aussi, repris sa marche. De la masure où il avait passé la nuit à Châtres, l'Empereur avait, à 4 heures 1/2 du matin, ordonné à Macdonald, dont le corps formait le centre de son armée, de quitter immédiatement Le Pavillon, de manière à se relier sur sa gauche, à hauteur de La Malmaison, avec Oudinot et de communiquer avec Gérard en marche sur La Grange-au-Rez et qui devait former la droite de l'armée. Grouchy recevait au même moment l'ordre de prendre le commandement supérieur des 5e et 6e corps de cavalerie attachés aux corps de Macdonald et d'Oudinot. Le 2e corps de cavalerie devait rejoindre pendant que la division Leval marcherait sur Les Grès et se mettrait à la disposition d'Oudinot. Le général Boyer était chargé de continuer à occuper l'armée de Silésie à Méry. Victor, sous les ordres duquel se trouvaient désormais les divisions Charpentier et Boyer de Rebeval, devait chercher à dépasser Pont-le-Roi et à venir sur Châtres. Un ordre analogue avait été envoyé au prince de La Moskowa.

La cavalerie française rejette Liechtenstein et Crenneville sur Torvilliers. — Combats de Torvilliers et de La Grange-au-Rez. — Dès 9 heures du matin, la cavalerie du général Roussel, partie de Villemaur et de Saint-Liébaut et suivie par le 2ᵉ corps, avait donné contre Maurice Liechtenstein, à hauteur de Macey. « Je me retirai sans m'engager, en tenant mes troupes en colonne, dit le prince Maurice Liechtenstein dans son rapport[1]. Sachant que le feldzeugmeister comte Gyulay était posté à Sainte-Savine et que le feld-maréchal-lieutenant comte Crenneville avait pris position entre La Grange-au-Rez et Sainte-Savine, je m'établis à La Grange-au-Rez pour obliger l'ennemi à se déployer. En agissant de la sorte, je n'avais pas l'intention d'engager mes troupes et j'espérais, au contraire, arriver à continuer ma retraite en *échiquier*. Mais l'ennemi se déployant avec une rapidité inouïe, chargea impétueusement les flancs de ma position, culbuta ma cavalerie et la poursuivit au galop jusque sur la division Crenneville, en arrière de laquelle elle se rallia. »

« La cavalerie s'est reformée sous la protection de l'infanterie. Tout est rétabli et l'ennemi se retire, » lit-on dans un billet au crayon qu'adressait à 1 heure, de Torvilliers, le feldzeugmeister Gyulay au généralissime[2]. La tranquillité, qu'affichait le feldzeugmeister, n'allait pas durer longtemps. « A peine avais-je eu le temps de rallier mon monde tant bien que mal à Torvilliers, nous dit le prince Liechtenstein[3], que l'ennemi, lançant une nouvelle masse de cavalerie contre mes escadrons et contre ceux du feld-maréchal-lieutenant comte Crenneville, nous culbuta, nous poursuivit et nous mit dans une déroute telle que je ne pus réussir à arrêter et à rallier mon monde qu'à Troyes. J'ai perdu une foule d'hommes et de chevaux et, ce qui m'est plus pénible encore, quatre canons[4]. *Il m'est dur de devoir avouer que je n'ai*

---

[1] Prince Maurice Liechtenstein, Rapport sur sa retraite de Villeneuve-l'Archevêque, par Troyes, sur Bar-sur-Seine, Bar-sur-Seine (*K. K. Kriegs Archiv.*, II, 691.)

[2] Gyulay au prince de Schwarzenberg, Torvilliers, 1 heure, 24 février. (*Ibid.*, II, 669.)

[3] Prince Maurice Liechtenstein, Rapport sur la retraite de Villeneuve-l'Archevêque, par Troyes, sur Bar-sur-Seine, Bar-sur-Seine, 24 février. (*K. K. Kriegs Archiv.*, II, 691.)

[4] Il s'agit là de la cavalerie légère du général Ameil placée sous les ordres de Roussel et d'un de ses régiments de dragons. (Voir Marches de la division Roussel du 19 février au 19 mars, *Archives de la guerre*.)

pas reconnu la vieille cavalerie autrichienne. L'ennemi, une fois arrivé dans la région accidentée de Sainte-Savine, a cessé de me poursuivre et son attention a été détournée par l'entrée en ligne de la cavalerie du comte Nostitz... »

Malgré cette intervention opportune de Nostitz et de quelques troupes appartenant au IIIᵉ corps, Liechtenstein avait été vivement poussé jusque dans Sainte-Savine. Frimont venait à peine de faire refermer les portes de Troyes, qui s'étaient ouvertes pour recueillir les fuyards des divisions Liechtenstein et Crenneville, que des chasseurs à cheval français arrivaient déjà à portée de fusil des murs de la ville. Une salve bien envoyée suffit, d'ailleurs, pour les obliger à se retirer[1]. Quelques heures plus tôt, l'avant-garde de Macdonald, précédée par la cavalerie de Piré, avait, en effet, repoussé jusque dans Troyes les avant-postes de Frimont, et c'était à ce moment que celui-ci avait fait barricader les portes qu'on avait dû rouvrir à Liechtenstein. Cette avant-garde, conduite par le général Piré en personne, avait sommé Frimont d'évacuer Troyes et d'épargner à la ville les horreurs d'un bombardement auquel l'Empereur se verrait forcé d'avoir recours si les Bavarois s'entêtaient à vouloir y tenir. Wrède avait fait répondre à cette sommation en déclarant qu'il ne quitterait pas Troyes avant le 24, à 6 heures du matin, et que si les Français essayaient de donner l'assaut avant ce moment, il était décidé à mettre le feu aux quatre coins de la ville.

Pendant que l'aile droite française culbutait Crenneville et Liechtenstein, l'infanterie du centre et de l'aile gauche s'établissait dans les faubourgs, s'approchait de la ville et commençait une fusillade qui dura jusqu'au soir[2].

---

[1] Heilmann, *Feld-marechal Fürst Wrède*, p. 352.

« Je fis canonner l'ennemi à l'instant où il se détourna de nous, dit à ce propos Liechtenstein dans son rapport (*K. K. Kriegs Archiv.*, II, 691). Mais comme le feldzeugmeister comte Gyulay se retirait à ce moment sur Saint-André, une colonne de 1200 chevaux ennemis s'avança par la route de Paris (il s'agit là de la cavalerie légère de Piré), culbuta mon arrière-garde, mais ne la poursuivit que jusqu'à Troyes. Nous pûmes alors nous replier en bon ordre et gagner Maisons-Blanches en passant par Troyes et par Saint-André. »

Le rapport de Liechtenstein confirme pleinement la relation de Nostitz qui est, elle, en complète opposition avec le rapport que Gyulay rédigea sur les derniers incidents de la journée du 23 et sur sa retraite sur Bar-sur-Seine.

[2] Stärke, *Eintheilung und Tagesbegebenheiten der Haupt-Armee im Monate Februar.* (*K. K. Kriegs Archiv.*, II, 1.)

Au moment où, pour dégager Crenneville et Liechtenstein, Gyulay avait envoyé la brigade Czollich et une batterie prendre position sur la route de Sainte-Savine, Nostitz, dont les deux brigades étaient établies sur deux lignes, la brigade de cuirassiers Seymann à Lépine et la brigade Leitner à Saint-Germain, avait poussé la première de ses brigades (brigade Seymann) vers la route de Sens pour menacer la droite de la cavalerie française et arrêter sa poursuite[1]. Il était alors environ 3 heures. L'infanterie française venait de se déployer en avant de Montgueux. Bien qu'il eût l'ordre de se maintenir jusqu'à 9 heures du soir, Gyulay, craignant d'abord de ne pas pouvoir résister si longtemps, puis, s'il se repliait la nuit, d'être atteint, attaqué et écrasé par la cavalerie à la traversée des défilés de Bréviande et des Maisons-Blanches, commença presque aussitôt sa retraite. S'il fallait s'en rapporter à la version même de Gyulay, le feldzeugmeister aurait eu de bonnes raisons pour se retirer. Il se borne, en effet, à dire dans son rapport[2] qu'après « un combat acharné qui dura plus d'une heure et après plusieurs charges de cavalerie, il continua sa retraite, après s'être concerté au préalable avec le comte Wrède. »

La relation du comte Nostitz, qui seul eut à soutenir avec ses cuirassiers tout le poids du combat de Lépine, contredit, malheureusement pour Gyulay, et sur presque tous les points, les assertions du feldzeugmeister. Nostitz, nous l'avons indiqué plus haut, avait poussé, de Lépine vers la route de Sens, la brigade Seymann dont l'apparition avait contribué à dégager Crenneville et Liechtenstein. « A ce moment, une brigade du IIIe corps[3], qui était en position à ma droite, dit Nostitz dans sa relation[4], se replia dès qu'elle eut aperçu l'ennemi et, en même temps, un officier me transmettait *verbalement l'ordre de retraite générale et immédiate sur Maisons-Blanches.*

« Comme je savais d'une façon positive qu'il n'y avait devant moi que de la cavalerie et, comme l'infanterie ennemie était encore assez loin en arrière, je crus devoir porter ces faits à la connaissance du feldzeugmeister comte Gyulay en lui faisant

---

[1] Nostitz, Relation du combat de Troyes, 23 février. (*Ibid.*, II, 666.)
[2] Gyulay à Schwarzenberg, 21 février. (*Ibid.*, II, 683.)
[3] Il s'agit ici de la brigade Czollich.
[4] Nostitz, Relation du combat de Troyes. (*K. K. Kriegs Archiv.*, II, 666.)

remarquer que la retraite ne me paraissait ni nécessaire ni urgente. Le lieutenant-colonel Waldstätten vint alors me trouver et m'annonça que le feldzeugmeister allait renvoyer du monde sur la route de Sens. Je remarquai, en effet, que le IIIe corps dessinait à ce moment un mouvement en avant, mais ce mouvement cessa bientôt et ne tarda pas à être contremandé. Il en résulta que l'ennemi parvint encore à rapprocher son artillerie de Troyes. Peu après, je reçus du feldzeugmeister comte Gyulay une dépêche par laquelle il me communiquait les nouvelles envoyées par Frimont. Cet officier général faisait savoir au feldzeugmeister qu'une grosse colonne ennemie marchant sur Troyes par la route de Paris, les Bavarois se verraient par suite contraints à évacuer Troyes, peut-être avant le 24 au matin. Le feldzeugmeister ajoutait qu'il ne pouvait plus être question de marcher en avant, mais que son avant-garde, qui refusait son aile droite, continuait toujours à tenir bon. Comme on n'entendait le canon, ni du côté de Troyes, ni du côté de Saint-André, je ne pouvais croire que le IIIe corps se fût déjà mis en pleine retraite et eût abandonné ses positions, d'ailleurs fort bonnes. Toutefois, ne voyant rien arriver et n'ayant aucune nouvelle de la brigade, j'envoyai par prudence vers Troyes et Saint-André des patrouilles qui, à leur rentrée, me rendirent compte de la présence de la cavalerie ennemie sur ces points et de l'arrivée des têtes de colonnes d'infanterie ennemie à proximité de Saint-Germain. Il m'était désormais impossible de faire passer à la brigade Seymann, avant l'attaque de l'ennemi, le ravin de Lirçon, qui se trouve entre Lépine et Saint-Germain. J'envoyai aussitôt la brigade Leitner couvrir le défilé de Saint-Germain et recueillir la brigade Seymann qui, sous les ordres du général comte Desfours, exécutait sa retraite en échiquier (*sic*) et dans le plus grand ordre. Deux escadrons du régiment de cuirassiers Sommariva et le colonel de Windischgraetz, avec une partie du régiment de cuirassiers grand-duc Constantin, couvrirent cette retraite et exécutèrent hardiment sept charges contre l'ennemi qui, très supérieur en nombre, pressait vivement la brigade. Ces charges réussirent complètement et les derniers pelotons de la brigade Seymann parvinrent à passer le ravin sans être inquiétés par l'ennemi et, par conséquent, sans éprouver de grosses pertes.

« Pendant ce temps, la brigade Leitner essuyait avec calme le feu de 8 à 10 pièces que l'ennemi avait mises en batterie à petite distance sur les hauteurs de Saint-Germain.

« Comme j'avais un deuxième défilé à traverser et comme il m'était impossible de répondre aux feux de l'artillerie ennemie, enfin comme je croyais le III⁰ corps déjà assez loin en arrière de moi, je continuai ma retraite en bon ordre, l'ennemi ayant cessé de me pousser aussi vivement qu'auparavant, grâce à l'attitude résolue et énergique de mes escadrons, et se contentant de harceler mon arrière-garde.

« Je laissai pendant quelque temps le régiment de cuirassiers Maurice Liechtenstein sur la hauteur, près de La Borde, avec ordre de me servir d'arrière-garde, pendant que ma cavalerie allait par Saint-Pouange et Moussey sur Maisons-Blanches, où je rejoignis enfin l'arrière-garde du III⁰ corps que les tirailleurs ennemis commençaient déjà à faire reculer.

« La nuit tombait à ce moment ; l'ennemi, ayant remarqué l'arrivée de mes troupes, s'arrêta, et je pus exécuter sans trop de difficultés la marche prescrite de Verrières sur Vendeuvre où j'opérai ma jonction avec le IV⁰ corps.

« L'attitude de nos régiments en a imposé à la cavalerie ennemie et l'a seule empêchée de se jeter sur le flanc du III⁰ corps. »

Pendant que les cuirassiers de Nostitz réussissaient à passer la Seine après avoir heureusement exécuté leur retraite sur Les Maisons-Blanches et soutenu l'effort de la cavalerie française, que l'Empereur avait lancée de ce côté dès qu'il eut aperçu le mouvement rétrograde de Gyulay, l'arrière-garde du III⁰ corps avait été constamment reconduite par les Français jusqu'aux Maisons-Blanches. Gyulay n'ayant avec lui ni outils ni pionniers ne put faire sauter le pont. Il y laissa, sous les ordres du major Selby, une arrière-garde composée de deux escadrons de chevau-légers O'Reilly, deux escadrons de chevau-légers de Klenau, un escadron des chevau-légers de l'empereur, un de Rosenberg, soutenus par deux compagnies de chasseurs et une de Croates. A 9 heures, cette arrière-garde après avoir barricadé le pont, dut se retirer sur la rive droite de l'Hozain [1]. Le III⁰ corps passa la

---

[1] Rapport de Liechtenstein (*K. K. Kriegs Archiv.*, II, 691) et Gyulay à Schwarzenberg (*Ibid.*, II, 683).

nuit sur la route de Bar-sur-Seine dans les différents villages à partir de Saint-Parres-les-Vaudes et de Chappes.

L'Empereur devant Troyes. — L'aile gauche française, conduite par l'Empereur en personne, était arrivée sous les murs mêmes de Troyes; une batterie de 12, amenée en position le soir, eut bientôt fait d'ouvrir, vers les 9 heures, une brèche dans les murs, tandis que les obus de Frimont allumaient des incendies dans les faubourgs de Saint-Martin et de Sainte-Savine. Deux assauts tentés par quelques compagnies contre les points les plus faibles de la ville échouèrent. A partir de minuit, l'Empereur décidé à ménager la ville fit cesser le feu sur toute la ligne, et quelques heures après le gros du V° corps commença sa retraite sur Lusigny[1]. Troyes était alors complètement investi par la rive gauche de la Seine; Oudinot, Macdonald et Gérard occupaient les faubourgs Saint-Martin, des Noes et Sainte-Savine; la jeune garde, La Chapelle-Saint-Luc. Les 5° et 6° corps de cavalerie s'étendaient de Saint-Julien à Saint-Léger. L'Empereur était au faubourg des Noes.

Mouvements du Iᵉʳ corps et de l'ataman Platoff. — Le Iᵉʳ corps avait marché jusqu'à Tonnerre et avait atteint la route de Paris à Dijon. Ignace Hardegg s'était établi derrière le Iᵉʳ corps, à Épineuil. Un de ses partis surveillait, du côté de Servigny, la route de Châblis, et un autre observait les passages de l'Armançon, en avant de Tonnerre, à Lizinnes.

Platoff, continuant sa retraite vers l'Armançon, était arrivé à Joigny, tandis qu'Allix, parti de Ferrières le matin et auquel on avait donné ordre de se porter vivement sur Auxerre, s'arrêtait le soir à trois bonnes lieues de lui, à Sepeaux.

Marmont à Sézanne. — **Atrocités commises par les cosaques.** — Marmont était arrivé à Sézanne le 23 dans l'après-midi; mais, manquant de cavalerie, il n'avait pas cru prudent de continuer sur Arcis, d'abord parce qu'il lui semblait, avec raison, plus sage de voir clair dans le mouvement des Alliés avant

---

[1] TAXIS, Tagebuch (*K. K. Kriegs Archiv.*, XIII, 32) et Frimont, Rapport sur la défense de Troyes, les 23 et 24 février (*Ibid.*, II, 792 b).

de redescendre vers l'Aube ; ensuite, parce que Mortier restant à Villers-Cotterets se trouvait à une trop grande distance de lui. Il avait, d'ailleurs, appris ce jour-là qu'il n'y avait plus personne à Vertus et qu'Épernay n'était plus occupé que par 1200 chevaux. Le maréchal réclamait avec d'autant plus d'insistance l'envoi immédiat de la cavalerie qui lui était annoncée, que, Mortier devant venir à Château-Thierry, la présence de ces escadrons dont il avait, lui, le plus grand besoin, devenait parfaitement inutile sur ce point. Quelques partis cosaques s'étaient montrés à Crézancy et à Paroy, où ils avaient commis d'épouvantables excès[1]. Le général Vincent s'y était rendu au grand trot avec 200 gardes d'honneur, suivis par des hommes de la levée en masse ; mais il était arrivé trop tard pour sauver ces villages que les cosaques avaient brûlés. « Dans leur rage, ils mirent le feu sous le lit de la maîtresse de poste qui venait d'accoucher ; ils sabrèrent son mari et l'attachèrent à un arbre parce qu'il était le maire du village... Ils mirent jusqu'à quatre fois le feu sous le lit d'un pauvre petit enfant qui dormait et qui fut sauvé miraculeusement. Il n'y a pas d'infamie dont ils ne se soient rendus coupables[2]. »

Marche de Mortier sur Oulchy-le-Château. — Situation de Soissons. — Mortier[3], après avoir laissé à Soissons les Polonais et une centaine de chevaux, s'était mis en marche pour Château-Thierry, où il comptait arriver le 24, et il s'était arrêté le soir à Oulchy-le-Châtel. Afin de rassurer les habitants et de chasser les coureurs cosaques, il avait détaché depuis la veille 300 chevaux sur Braine et 150 sur Mareuil-en-Dôle. Un parti envoyé à Fère-en-Tardenois n'y avait trouvé personne. 80 cosaques occupaient Fismes. Les éclaireurs russes tenaient, en outre, la route de Soissons à Berry-au-Bac. Maîtres du bac de Vailly et du pont de Quincampoix, ils se répandaient sur la rive gauche de la Vesle et réquisitionnaient impunément sur la route de Reims.

---

[1] Marmont au major-général, Sézanne, 23 février, 4 heures après-midi. (*Archives de la guerre.*)

[2] Général Vincent au ministre, Château-Thierry, 24 février. (*Ibid.*)

[3] Mortier au ministre de la guerre, Villers-Cotterets, 23 février, à midi. (*Archives de la guerre.*)

La garnison de Soissons était trop faible pour s'opposer à leurs pointes et pour encourager les populations prêtes à se soulever et à prendre les armes dès qu'elles se sentaient soutenues.

La situation était d'autant moins rassurante que Mortier signalait une concentration de troupes russes à Reims et insistait sur la nécessité de mettre d'urgence à Soissons une garnison assez forte pour empêcher les progrès des Alliés de ce côté. L'incurie et la négligence avaient pris à Paris de telles proportions que les vingt canons arrivés à Soissons le 23 n'avaient pour toutes munitions que les charges de leurs coffres et que les obusiers avaient été expédiés sans munitions.

L'Empereur accepte la proposition d'armistice. — Malgré une série ininterrompue de succès auxquels il n'était plus habitué, malgré des victoires qui pouvaient lui faire espérer un retour définitif de la fortune, malgré le mouvement rétrograde de Schwarzenberg qui, en éloignant de Paris tout danger immédiat, avait ramené le calme dans les esprits, rendu l'espoir aux plus timorés et fait renaître dans le peuple la confiance et la foi dans le génie de l'Empereur, Napoléon ne s'illusionnait pas sur la gravité de la situation. Blücher, qu'il avait pensé anéantir et que la mollesse des maréchaux l'avait forcé à abandonner avant d'avoir achevé la destruction de son armée, était rentré en ligne avec plus de 50,000 hommes. La retraite de Schwarzenberg l'avait empêché de tomber sur chacun de ses corps, de les écraser les uns après les autres, de leur faire subir le sort d'Olsufieff, de Sacken, d'York, de Kleist et de Kapsewitch et de contraindre, par les coups qu'il comptait leur porter et par le danger résultant de la marche d'Augereau, le généralissime autrichien à se replier en toute hâte sur l'Alsace et sur le Rhin. Napoléon savait fort bien que la supériorité numérique, qu'il s'attribuait dans sa lettre à l'empereur François, appartenait aux Alliés et qu'une bataille perdue pouvait tout compromettre et le remettre aux prises avec des difficultés plus sérieuses encore que celles dont il avait triomphé après La Rothière. L'exagération voulue des rapports pompeux qu'il envoie à Paris, l'arrogance presque comminatoire avec laquelle il a repoussé les premières propositions apportées par le comte Paar, répondent aux nécessités du moment. Dans de pareilles conditions, il est donc tout naturel que l'Empereur ait accueilli favorablement les propositions que le prince Liechtenstein venait de lui remettre à Châtres. L'Empereur, cependant, n'était pas dupe. Il avait vu clair dans le jeu des Alliés; il avait pénétré, comme s'il eût pris part aux délibérations et aux conférences, les motifs réels de cette demande d'armistice. Il savait que la discorde régnait au quartier général et qu'à côté des partisans sincères de la paix gravitaient et s'agitaient les adversaires irréconciliables qui avaient juré sa perte. Il hésita d'autant moins à accéder aux désirs des Alliés et à se déclarer prêt à désigner tout de suite le commissaire chargé de régler les conditions de la suspension d'armes, qu'il était décidé à profiter des avantages remportés, à continuer les hostilités pendant les pourparlers et à lier les mains aux diplomates réunis à Châtillon, en cherchant à faire accepter par les généraux qui représenteraient les puissances aux conférences militaires, les propositions qu'il venait lui-même d'énoncer dans sa lettre à son beau-père et les préliminaires d'une paix fondée sur les bases posées à Francfort par le gouvernement autrichien.

Aussitôt après le départ de Liechtenstein, l'Empereur donna ses instructions au général de Flahaut, qui devait, dès le lendemain, se réunir à Lusigny avec les commissaires désignés par les puissances alliées : le feld-maréchal-lieutenant Duka pour l'Autriche, le général von Rauch pour la Prusse et le général comte Schouvaloff pour la Russie.

Blücher donne les premiers ordres de mouvement vers la Marne. — L'armée de Silésie passe l'Aube. — La mission du colonel von Grolmann n'avait malheureusement pas été inutile; mais Blücher craignait tellement de voir arriver un ordre annulant l'autorisation que l'empereur de Russie et le roi de Prusse [1] venaient de lui donner et interdisant une marche qui

---

[1] Le roi de Prusse avait déjà écrit à Blücher, le 22, une lettre dont nous extrayons le passage suivant : « Le sort de la campagne est désormais entre vos mains. Les souverains alliés et moi nous comptons vous voir justifier notre confiance par l'énergie et la circonspection que vous apporterez à vos opérations. Nous espérons que la décision qui vous est propre ne vous fera pas oublier que c'est de la sûreté de vos succès que dépend le salut de tous les

devait forcément déplaire à plus d'un des conseillers écoutés de l'état-major général et au généralissime lui-même, qu'aussitôt après le retour du colonel, il prit immédiatement les mesures nécessaires pour commencer, dès le lendemain, le mouvement vers la Marne, et que, dans l'après-midi du 23, Gneisenau envoya aux troupes de l'armée de Silésie la disposition suivante :

« La cavalerie, sous les ordres du général-lieutenant von Korff, se mettra en mouvement le 24 février à 2 heures du matin, se portera sur Baudement, y passera le pont de bateaux et occupera Saron-sur-Aube, Marcilly-sur-Seine et Villiers-aux-Corneilles. Un régiment de cavalerie légère poussera vers Sézanne, qu'on croit occupé par l'ennemi.

« Le corps de Kapsewitch partira à la même heure, passera le pont de Baudement et ira s'établir au bivouac à Soyer.

« Le corps de Sacken commencera son mouvement à 3 heures, passera le pont de Baudement et bivouaquera près de cet endroit. Sa cavalerie, chargée de recueillir l'arrière-garde, restera sur les positions qu'elle occupe actuellement.

« Le corps d'York partira à la même heure, suivra le corps de Sacken et s'arrêtera à Granges-sur-Aube, où il campera. Toute sa cavalerie reste sur ses positions actuelles et sert de réserve à l'arrière-garde.

« Le corps de Kleist commencera sa marche à 3 heures, suivra le corps d'York et campera à Anglure. Sa cavalerie, formant l'arrière-garde, restera devant Méry et attendra jusqu'au 24 février, à midi, l'attaque de l'ennemi. Elle se repliera alors lentement sur Baudement et y passera le pont de bateaux. Méry sera évacué à 5 heures du matin ; la garnison actuelle rassemblera tous les habitants et les remettra à la cavalerie, qui ne leur rendra la liberté qu'au moment où l'ennemi débouchera.

« Les bagages partiront immédiatement et passeront l'Aube à Arcis ; on les dirigera de là sur Mailly, où ils attendront des ordres ultérieurs. La garnison d'Arcis rejoindra son corps le 24. Son chef, avant d'évacuer la ville, fera scier les poutres du tablier et des piles, de façon à pouvoir détruire les ponts en un moment. Les 100 chevaux postés à Arcis, détruiront les ponts à

Etats. » (Lettre du roi de Prusse à Blücher, citée par DROYSEN, *Das Leben des Feldmarschalls Grafen York von Wartenburg*, t. II, p. 335.)

midi ; ils continueront à rester à Arcis et signaleront l'arrivée de l'ennemi.

« Les malades et blessés seront évacués par Arcis et Saint-Ouen sur Vitry.

« Le quartier général est à Anglure. L'officier posté à Arcis m'y enverra toutes les communications qui me sont destinées [1]. »

Lettre du prince de Schwarzenberg à Blücher. — L'armée de Blücher se composant exclusivement de troupes russes et prussiennes, il avait été impossible à Schwarzenberg de s'opposer directement au désir et à la volonté d'Alexandre et de Frédéric-Guillaume. Schwarzenberg semble, d'ailleurs, n'avoir pas réussi à pénétrer à ce moment les projets cachés de Blücher et de Gneisenau. Tout porte à croire que le généralissime ne s'était pas encore rendu un compte exact de la gravité et de la portée des opérations qu'ils allaient faire entreprendre à l'armée de Silésie.

« J'ai exposé verbalement, écrit-il à Blücher le 23 février avant de quitter Troyes, au colonel von Grolmann les motifs qui m'empêchent d'accepter pour le moment une bataille. Je propose donc à Votre Excellence de se rapprocher de la Marne par la rive droite de la Seine et d'opérer sa jonction avec le comte Winzingerode et avec Bülow, de façon à diviser l'attention de l'ennemi et à opérer sur ses flancs et ses derrières, pendant qu'il aura affaire avec la grande armée. Je me replie d'abord sur Bar-sur-Aube et je fais couper aujourd'hui même le pont de Lesmont. Le colonel von Grolmann communiquera à Votre Excellence mes idées sur l'ensemble de la situation. »

Il résulte des termes mêmes de cette lettre que l'on s'attendait au quartier général à voir Blücher opérer sa jonction avec Bülow et Winzingerode entre Sézanne et Montmirail. On paraît penser que l'apparition de l'armée de Silésie sur ses flancs et sur ses derrières, en obligeant l'Empereur à envoyer du monde de ce côté, sera de nature à rétablir les affaires de la grande armée et à lui faciliter l'exécution de son mouvement rétrograde. Mais il est bien évident que Schwarzenberg, tout en regrettant de n'avoir pu contraindre l'armée de Silésie à le suivre, est loin de

---

[1] *Archives de la guerre de Berlin* (IV, C. 21, 1).

prévoir la portée et le caractère de la séparation qui est en train de s'effectuer. Dans son idée, l'armée de Silésie est chargée d'une opération secondaire, d'une diversion; mais elle ne doit pas pour cela opérer en dehors de lui, échapper à sa direction, prendre pour son propre compte l'offensive et recommencer une de ces pointes que l'on n'avait pas osé tenter avec toutes les forces réunies des Alliés, parce que, même dans ces conditions, on trouvait encore l'entreprise trop risquée et trop scabreuse. Schwarzenberg redoutait néanmoins de voir Blücher tenter quelque coup de sa façon; mais le feld-maréchal, avec sa brusquerie de vieux sabreur, avait été plus fin et plus habile que le généralissime. Lorsque, vingt-quatre heures plus tard, Schwarzenberg essaiera de reprendre son consentement et lui demandera de revenir vers lui, il sera déjà trop tard pour pouvoir songer à ramener vers l'Aube l'armée de Silésie.

24 février 1814. — Retraite du VIe corps sur Dienville. — Affaire de cavalerie à Pont-Hubert. — Le VIe corps ne s'était arrêté que quelques heures à Piney. Un peu après minuit, Wittgenstein s'était remis en marche. Dans la journée, il avait atteint Dienville et y avait passé sur la rive droite de l'Aube. Son avant-garde, sous Pahlen, quitta Villacerf avant le jour et se replia sur Piney, après avoir détaché sur Pont-Hubert les cosaques d'Ilowaïsky, soutenus par deux escadrons de hussards de Soumy, pendant que les cosaques de Rebrikoff et de Wlassoff devaient continuer à surveiller la Seine du côté de Villacerf jusque vers midi et se replier ensuite sur Charmont. Bien que les Français eussent, comme nous le verrons, occupé Troyes dans la matinée du 24, ce fut dans l'après-midi seulement qu'ils rétablirent le pont du côté de Saint-Hubert et que leur cavalerie attaqua Ilowaïsky qui réussit à se maintenir et se retira à la tombée de la nuit sur Mesnil-Sellières [1]. Pahlen, établi à Piney avec le gros de son avant-garde, avait laissé à Rouilly, en soutien des cosaques, le régiment de hussards de Tchougouïeff. Des partis de cavalerie française venant de la route de Vendeuvre, s'étaient montrés dans la journée à Bouranton, Lambressel et Dosches.

---

[1] STÄRKE, Eintheilung und Tagesbegebenheiten der Haupt-Armee im Monate Februar. (*K. K. Kriegs Archiv.*, II, 1.)

Retraite du Vᵉ corps. — Entrée de l'avant-garde française à Troyes. — Escarmouches de cavalerie de Saint-Parres-aux-Tertres. — A 3 heures du matin, le Vᵉ corps massé jusque-là sur les hauteurs de Saint-Parres-aux-Tertres, s'était mis en mouvement en colonne serrée sur Vendeuvre, l'artillerie en tête de colonne. La brigade Volkmann, dont les sept bataillons (4 du régiment archiduc Rodolphe et 3 du régiment de Jordis) avaient formé la garnison de Troyes avec deux escadrons de hussards de Szeckler, avait commencé sa retraite entre 3 et 4 heures dans le plus grand silence, laissant aux portes de la ville et des faubourgs quelques petits postes que le général Frimont fit soutenir par les deux escadrons de hussards de Szeckler postés vers la sortie du faubourg Saint-Jacques.

Une heure plus tôt, vers 3 heures du matin, l'armée française avait quitté ses positions de la veille et son avant-garde entrait à Troyes au moment où le jour commençait à poindre.

D'après les rapports des généraux alliés[1] qui prétendent qu'aux termes de la convention passée la veille au soir, les deux escadrons de hussards ne devaient évacuer la ville que le 24 février à 7 heures du matin, une partie de la population de Troyes se souleva, prit les armes à 6 heures du matin, maltraita les malades et les blessés qu'on évacuait, massacra les postes laissés à la garde des portes, assaillit à coups de pierres les hussards qui cherchaient à empêcher l'ouverture des portes et tira sur eux du haut des toits. Ce serait ainsi que le général Nansouty, à la tête de quelques escadrons de la garde, aurait réussi à pénétrer dans la ville. Dans aucun rapport français, il n'est, au contraire, question ni de ces massacres, ni de cette violation de la convention, ni des représailles exercées par une population exaspérée par les violences et les mauvais traitements des soldats alliés. Nansouty traversant la ville au grand trot occupe immédiatement le faubourg Saint-Jacques. En attendant qu'une partie de son monde puisse se porter contre les cosaques d'Ilowaïsky, postés entre Pont-Hubert et Créney, il pousse avec le reste de ses escadrons contre Saint-Parres-aux-Tertres, chassant devant lui l'arrière-garde du Vᵉ corps (brigade Volkmann) et les hussards de Szeckler. A Saint-Parres, les troupes en retraite sont renforcées par

---

[1] FRIMONT, Rapport sur la défense de Troyes. (*Ibid.*, II, 792 o.)

les uhlans de Schwarzenberg ; la cavalerie autrichienne fait un retour offensif et oblige les chasseurs à cheval français à s'arrêter et à se replier sur le faubourg Saint-Jacques [1].

Le gros du V⁰ corps a déjà passé la Barse et pris position pour couvrir la marche des convois et des bagages de l'armée, qui défilent à ce moment par Montiéramey. Frimont, avec la cavalerie du V⁰ corps, est en train de se former sur plusieurs lignes derrière le pont de La Guillotière ; son front est couvert par la Barse.

Les cuirassiers et les grenadiers autrichiens de Nostitz ont rejoint le prince royal de Wurtemberg, en position à Vendeuvre ; les gardes et les réserves russes et prussiennes sont en marche sur Bar-sur-Aube.

Retraite du III⁰ corps sur Bar-sur-Seine. — Affaire de cavalerie de Vaudes. — A l'aile gauche des Alliés, le III⁰ corps, allant par la rive gauche de la Seine à Bar-sur-Seine, avait quitté, à 5 heures du matin, les environs de Saint-Parres-les-Vaudes. Gyulay établit son corps sur les hauteurs en avant de la ville, attend sur cette position les ordres ultérieurs du généralissime et envoie sur la rive droite un parti de cavalerie préparer la destruction du pont de Chappes. La division légère de Maurice Liechtenstein a fait halte à Virey-sous-Bar pour recueillir l'arrière-garde de la division Crenneville qui, sous les ordres du major Selby, occupait La Vacherie et Vaudes.

A la pointe du jour, la cavalerie du comte de Valmy passe le pont des Maisons-Blanches, se porte au trot contre Vaudes, bouscule les escadrons autrichiens, — dont les hommes sont démoralisés par les affaires de la veille et qu'on a eu l'imprudence de trop éparpiller, — les culbute et les sabre. Le prince Maurice Liechtenstein recueille à Virey les débris des escadrons de Selby, réussit à arrêter un moment les Français et se replie sur le III⁰ corps [2]. « L'ennemi, dit à propos de cette affaire le prince

---

[1] Frimont, Rapport sur la retraite sur Lusigny (*K. K. Kriegs Archiv.*, II, 792 c), Taxis, Tagebuch (*Ibid.*, XIII, 32) et Stärke, Eintheilung und Tagesbegebenheiten der Haupt-Armee im Monate Februar (*Ibid.*, II, 1).

[2] Stärke, Eintheilung und Tagesbegebenheiten der Haupt-Armee im Monate Februar (*K. K. Kriegs Archiv.*, II, 1) et Gyulay à Schwarzenberg, 24 février (*Ibid.*, II, 683).

Maurice Liechtenstein[1], a attaqué ce matin le major Selby avec son impétuosité ordinaire. *La résistance opposée par notre cavalerie a été loin d'être brillante. Les officiers ont fait des merveilles. C'est ce qui explique le chiffre élevé des pertes que nous avons à regretter en fait d'officiers. Les quatre escadrons de chevau-légers O'Reilly et Klenau, l'escadron de chevau-légers de Rosenberg et l'escadron de chevau-légers de l'Empereur sont presque entièrement détruits. Les deux compagnies de chasseurs et la compagnie de Croates ont été cernées et prises par l'ennemi qui a poursuivi les débris de la cavalerie avec un peu plus de 60 chevaux jusqu'à Virey. La nouvelle de l'armistice a, heureusement pour nous, mis fin au combat.* »

Ordres de l'Empereur, le 24 au matin. — Napoléon à Troyes. — Pendant que la grande armée alliée, sans parler du Ier corps, exécute son mouvement rétrograde en trois colonnes : celle de droite marchant par la route de Piney à Dienville, celle du centre par Lusigny, Vendeuvre et Bar-sur-Aube, et celle de gauche par Bar-sur-Seine sur La Ferté-sur-Aube, l'Empereur a employé les premières heures de la matinée à rédiger les instructions destinées à ses lieutenants[2]. A 6 heures 1/2 du matin, Macdonald a reçu l'ordre d'occuper le faubourg Saint Martin avec son corps et le 5e de cavalerie, de se porter sur Bar-sur-Seine par Les Maisons-Blanches, de retenir les parlementaires aux avant-postes, d'envoyer leurs dépêches au quartier général et de faire attendre les réponses. L'Empereur, comme s'il avait prévu dès ce moment la lenteur inusitée avec laquelle le maréchal Macdonald opérera pendant les jours suivants, insiste sur la nécessité d'occuper Bar-sur-Seine au plus vite et de mettre ainsi la main sur tout ce qui, destiné aux Alliés et venant du côté d'Orléans, sera forcément dirigé sur cette ville. Gérard entrera à Troyes à la même heure avec son corps. La cavalerie de Saint-Germain, se diri-

---

[1] Rapport de Maurice Liechtenstein sur sa retraite de Villeneuve-l'Archevêque sur Bar-sur-Seine, Bar-sur-Seine, 24 février. (*Ibid.*, II, 601.)

[2] C'est à ce moment que Gouaut, dénoncé par la population de Troyes, accusé d'avoir, avec le marquis de Vidranges qui s'est dérobé au châtiment par la fuite, foulé aux pieds un drapeau tricolore, pactisé avec les Alliés et répandu la proclamation de Louis XVIII, est déféré à une commission militaire et fusillé peu de temps après.

geant immédiatement sur le pont de La Guillotière, poussera des partis jusqu'à Lusigny, franchira la Seine et ne s'occupera en aucune façon de ce qui se passe dans la ville ; Saint-Germain établira son quartier général au delà du pont de La Guillotière. Le comte de Valmy restera avec son gros aux Maisons-Blanches où il attendra des ordres qui le dirigeront ou vers Vendeuvre, s'il y a lieu de soutenir Gérard, ou vers Bar-sur-Seine, si l'on veut renforcer Macdonald.

A 10 heures, Oudinot, qui a eu pour mission d'occuper Troyes en attendant l'arrivée de la garde impériale, reçoit à son tour l'ordre de faire relever ses postes en ville, de passer le pont de La Guillotière, de suivre la route de Bar-sur-Aube et de soutenir Gérard.

A 11 heures, l'Empereur fait son entrée à Troyes à la tête de la garde. Au lieu du silence morne et glacial qui l'a accueilli après La Rothière, il est salué par les acclamations enthousiastes d'une foule qui se presse sur son passage. Il est redevenu le sauveur, le libérateur, dont on avait douté un moment. Il a retrouvé tout son ascendant, tout son prestige, toute sa popularité. On a de nouveau foi en lui; on croit plus que jamais en son étoile, en son génie. Le découragement a disparu pour faire place à la confiance la plus absolue. La foule qui se précipite au-devant de lui est tellement dense qu'il a peine à se frayer un passage. Mais le temps presse. Il s'agit de compléter les ordres du matin et de dicter des instructions au général de Flahaut, avant son départ pour Lusigny, que les Alliés viennent de proposer comme lieu de réunion des généraux chargés de discuter les conditions de l'armistice [1].

Le mouvement en avant ne tarde pas à se dessiner et à s'accentuer. Oudinot appuyera, sur la route de Bar-sur-Aube, Gérard, qui doit chercher à arriver le 24 au soir à Vendeuvre avec son corps, la cavalerie de Saint-Germain, la division de cavalerie de la garde du général Laferrière et les dragons de Trelliard. Ney viendra au pont de La Guillotière pour servir de réserve à Gérard et à Oudinot. Macdonald continuera sur Bar-sur-Seine et

---

[1] Le général Duka remplaça comme plénipotentiaire autrichien Langenau qui, primitivement désigné par Schwarzenberg, s'était cassé la jambe.

laissera la division de dragons de Roussel en réserve aux Maisons-Blanches. Le général Pierre Boyer quittera Méry dès qu'il n'aura plus personne devant lui et viendra sur Troyes. Victor se dirigera à petites journées sur cette ville avec la division Charpentier, suivie par celle de Boyer de Rebeval. Le duc de Padoue ira par Nogent et Pont-le-Roi sur Méry.

Le comte de Valmy s'arrête à la nouvelle de l'armistice. — Mais tandis que l'Empereur réglait les mouvements de ses colonnes, le lieutenant-colonel de Waldstätten, de l'état-major du III⁰ corps, s'était porté au-devant de la cavalerie de Valmy, au moment où elle débouchait de Virey. Parlementant avec ce général, il lui communique la nouvelle de l'armistice, et Kellermann, ignorant les ordres formels de l'Empereur, consent à cesser les hostilités jusqu'au 25 à 6 heures du matin. Il se réserve toutefois, s'il en reçoit l'ordre de l'Empereur, la possibilité de les reprendre 3 heures après en avoir informé les avant-postes autrichiens.

Grâce à cette suspension d'armes, Crenneville parvient à recueillir à Bourguignon les débris de son arrière-garde et ce qui reste de la division du prince Maurice Liechtenstein. Gyulay en profite pour établir les deux divisions légères sur les hauteurs : leur gauche à Jully-sur-Sarce, leur droite vers Bourguignon. Une des brigades du III⁰ corps (la brigade Pflüger) est à Bar; la brigade Csollich à Celles et Polisot, la division Weiss en réserve à Neuville-sur-Seine. Le III⁰ corps ne conservera pas longtemps ces positions. Sur l'ordre de Gyulay on ne laisse que des avant-postes sur la ligne qui, partant de Bourguignon, va par Jully aboutir plus à gauche à Vougrey. Les deux divisions légères prennent position aux portes de Bar-sur-Seine; la brigade Pflüger occupe Bar-sur-Seine, Polisot, Celles et Polisy; la brigade Csollich, Neuville. La division Weiss va aux Riceys. Les affaires des 23 et 24 avaient coûté un millier d'hommes au III⁰ corps, dont près de 600 à la division légère de Maurice Liechtenstein.

Lorsque Macdonald arriva à Saint-Parres-les-Vaudes, il était trop tard pour réparer le mal. Grouchy, malgré les ordres que le duc de Tarente avait donnés à Milhaud, avait retenu le 5⁰ corps de cavalerie, et ce corps n'avait rejoint le maréchal qu'à 5 heures, à Saint-Parres-les-Vaudes [1]. On dut se borner à lui envoyer dans la soirée l'ordre de continuer le lendemain son mouvement sur Bar-sur-Seine.

Combats de cavalerie de Lusigny et de Montiéramey. — Pendant que l'aile gauche des Alliés réussissait à se dégager, à se rallier et à se replier sans être inquiétée, l'aile gauche française était arrivée au pont de La Guillotière. A une heure de l'après-midi, Frimont, dont la cavalerie formée sur plusieurs lignes, couvre le village de Lusigny et s'étend sur la rive gauche de la Barse jusque vers Ruvigny, informe Wrède que de grosses masses de cavalerie française ont paru sur les hauteurs en arrière du pont de La Guillotière, que l'infanterie se déploie des deux côtés de la route menant au pont, que l'artillerie prend position et qu'il s'attend à voir l'ennemi attaquer le pont, en forcer le passage et déboucher sur la rive gauche de la Barse. Mais les Français s'arrêtent avant de tenter l'attaque de front, afin de donner à leur cavalerie le temps de déborder la gauche de Frimont, qui refuse cette aile, et Wrède, craignant lui-même d'être tourné par une colonne en marche sur Montreuil, envoie la division Rechberg à La Villeneuve-au-Chêne. Il poste en même temps la brigade de cavalerie de Vieregg à Montiéramey, la division La Motte et l'infanterie autrichienne de Volkmann en arrière de Lusigny, dont la cavalerie de Frimont couvre les approches. A 3 heures, les Français s'ébranlent, se portant en avant sur toute la ligne; ils enlèvent et franchissent le pont de La Guillotière, culbutent les avant-postes bavarois et se dirigent sur Lusigny. Wrède, informé de ce qui se passe en avant de Lusigny, donne l'ordre de battre en retraite. Tandis qu'il laisse trois bataillons de la division Rechberg au débouché du défilé de Montiéramey et qu'il se heurte entre Montiéramey et La Villeneuve-au-Chêne contre des régiments de cavalerie française qui cherchent à lui barrer la route de Vendeuvre, la cavalerie de Nansouty, appuyée par Gérard, presse Frimont. Afin de se dégager et de parvenir à dépasser Lusigny, Frimont est obligé d'opposer aux escadrons

---

[1] Macdonald au major-général, Saint-Parres-les-Vaudes, 24 février, 5 heures soir. (*Archives de la guerre.*)

de Nansouty ses vingt-deux escadrons, qui arrêtent la tête de colonne française et lui donnent ainsi le temps de ramener son monde. Le terrain est cependant trop défavorable à l'action de la cavalerie pour qu'il essaie de continuer la lutte. La cavalerie française, rompue par la charge des régiments de Frimont, s'est reformée rapidement, et, bien qu'on ait neutralisé Lusigny, elle traverse le village que Frimont vient de contourner. Craignant d'être coupé du défilé de Montiéramey, il fait passer la Barse au galop à sa cavalerie qu'il maintient en bon ordre et qui défile ensuite par Montiéramey. La cavalerie française a essayé de la rejoindre, mais, arrivée sur les bords de la Barse, elle est arrêtée par les feux bien dirigés des trois bataillons postés à Montiéramey et obligée par la présence de cette infanterie et par l'obscurité à renoncer à la poursuite. A minuit, Frimont [1] rejoint à Vendeuvre avec ces trois bataillons le Ve corps qui, relevé pour vingt-quatre heures du service d'arrière-garde par le IVe corps, a reçu l'ordre de venir par une marche de nuit jusqu'à Bar-sur-Aube et de laisser à Magny-Fouchard la 3e division de cuirassiers russes [2], afin de renforcer le IVe corps.

Gérard s'arrête le 24 au soir au Ménillot, où il passe la nuit.

Marche du Ier corps. — Le Ier corps a continué son mouvement sur Dijon et s'est échelonné le 24 au soir entre Nuits-sous-Ravières et Aisy-sur-Armançon. La division légère Ignace Hardegg, qui le précède, est à Montbard. Afin de couvrir les derrières du corps et d'assurer les communications avec la grande

---

[1] FRIMONT, Retraite de Lusigny, 24 février 1814. (*K. K. Kriegs Archiv.*, II, 792 d.)

« L'ennemi se portant le 24 vers le soir à l'attaque générale de Lusigny, je reçus l'ordre, avec la cavalerie autrichienne et bavaroise du Ve corps et avec la division de cuirassiers russes du général Kretoff, de couvrir la retraite qui s'effectuait par les défilés de Lusigny, Villeneuve et Vendeuvre.

« Mes troupes se sont acquittées à merveille de la tâche difficile qui leur était confiée et qui consistait à couvrir une retraite s'effectuant par un seul pont, en présence d'un ennemi nombreux et d'une cavalerie enhardie par ses succès.

« Malgré tous les efforts de l'ennemi, mes troupes n'ont pas été rompues et mon arrière-garde elle-même s'est repliée dans le plus grand ordre.

« Les régiments de hussards Archiduc-Joseph et Szeckler et les uhlans de Schwarzenberg se sont tout particulièrement distingués. »

[2] TAXIS, Tagebuch. (*K. K. Kriegs Archiv.*, XIII, 32.)

armée alliée, Bianchi a établi des postes à Ancy-le-Franc et à Fulvy[1].

Le corps volant de Thurn, après avoir donné la veille dans les troupes françaises du côté de Sens, s'est rabattu sur Tonnerre, où il a trouvé, le 24, les cosaques de Platoff et s'est établi à Tanlay, où Thurn se propose d'accorder le lendemain un peu de repos à ses hommes[2].

Le général Allix, qui a marché moins vite que les cosaques de Platoff, n'arrivera à Joigny que le lendemain.

L'armée de Silésie s'établit sur la rive droite de l'Aube. — Les ordres de Blücher n'avaient pas pu être exécutés aussi rapidement que le feld-maréchal l'aurait désiré. La marche de toutes les colonnes sur une seule route et le passage de ponts de bateaux[3], comme ceux de Baudement, ne pouvaient, si l'on voulait éviter le désordre, l'encombrement et la confusion, s'exécuter qu'en y employant plus de temps qu'on ne l'avait pensé dans l'entourage du feld-maréchal. Les troupes de l'armée de Silésie, au lieu de se mettre en mouvement aux heures indiquées, durent passer une partie de la nuit l'arme au pied, en attendant le moment de prendre leur place dans la colonne. Le mouvement s'exécuta cependant de façon à permettre aux différents corps de s'établir sur les points indiqués par la disposition.

La cavalerie de Katzler et celle de Zieten ne quittèrent Méry que vers 4 heures[4], et la brigade française de Boyer, après avoir constaté et signalé à l'Empereur le départ de la cavalerie prussienne, laissa un poste au pont de Méry et se dirigea vers Troyes.

Marmont informé du mouvement de Blücher. — Sur la rive droite de l'Aube, la cavalerie russe du général Korff n'avait trouvé que quelques partis de cavalerie française, qui se replièrent sans combattre sur Sézanne. Deux escadrons de hussards russes

---

[1] Stärke, Eintheilung und Tagesbegebenheiten der Haupt-Armee im Monate Februar. (*Ibid.*, II, 1.)

[2] Thurn au prince de Schwarzenberg, Tanlay, 24 février. (*Ibid.*, II, 685.)

[3] On avait cependant jeté trois ponts de bateaux à Baudement.

[4] La cavalerie de Korff s'était mise en route à 2 heures du matin, suivie par le corps de Kapsewitch. Les corps de Sacken, York et Kleist ne commencèrent leur mouvement que plus tard. (*Kriegs Archiv. de Berlin*, IV, C. 21, I.)

avaient poussé de Courcemain vers Sézanne et donné l'alarme à Marmont. La cavalerie de Bordesoulle [1], arrivée à Barbonne, avait de son côté confirmé au maréchal la nouvelle de la présence de l'armée de Silésie sur la rive droite de l'Aube.

Blücher n'avait donc réussi qu'en partie. Il était parvenu à passer l'Aube sans encombre; mais il lui était désormais impossible de surprendre et d'écraser le duc de Raguse qui, ne se doutant encore de rien à 9 heures du matin et voyant un mouvement général des Alliés vers l'Aube, se disposait à prendre lui-même la direction d'Arcis. Informé par sa cavalerie des dispositions et des mouvements de Blücher, il avait eu l'intention de lui disputer le passage; mais il était trop tard. Une partie de l'armée de Silésie avait déjà pris pied sur la rive droite de l'Aube et comme il l'écrivait le lendemain à Mortier, arrivé le 24 à Château-Thierry [2], il s'était établi sur le plateau de Vindey [3] en arrière de Sézanne, attendant que les Prussiens lui eussent révélé plus complètement leurs intentions pour régler ses mouvements en connaissance de cause. Le maréchal croyait, d'ailleurs, tellement à une attaque à laquelle il lui était impossible de résister avec le peu de forces dont il disposait, qu'il avait ordonné, le 24 au soir, au général Ricard de faire prendre les armes à sa division le 25 avant le jour et « de redoubler de vigilance pour éviter toute surprise que pourraient causer les rôdeurs. »

Renforts reçus par Winzingerode. — La fortune cependant ne devait pas se lasser de favoriser Blücher. Au moment même où il passait l'Aube, alors qu'il se préparait à appeler à lui Bülow qui arrivait ce même jour à Laon et Winzingerode posté à Reims, de nouveaux renforts venaient de rejoindre le général russe et de porter l'effectif de son corps à 19,000 hommes avec 80 bouches à feu. Woronzoff, parti de Cologne le 8 février, avait, en effet, rallié

---

[1] Bordesoulle avait reçu l'ordre de rejoindre Marmont à Sézanne en allant de Nogent à Anglure et, de là, à Sézanne.

[2] La dépêche adressée par Marmont, le 24 à 9 heures du matin, au ministre de la guerre prouve que le duc de Raguse croyait encore à ce moment au mouvement général des Alliés sur l'Aube. Il pensait que ce qui restait à Epernay était une arrière-garde sur le point de se retirer sur Châlons. Il demandait au ministre des renforts d'infanterie et le priait de diriger sans perdre un moment la cavalerie restée à Château-Thierry sur Pleurs, Salon et Allibaudières.

[3] Marmont à Mortier, La Ferté-Gaucher, 25 février. (*Archives de la guerre.*)

la veille Winzingerode à Épernay et, le lendemain, Tettenborn, venant de Trèves et passant par Stenay, allait, après avoir livré près de Vouziers un combat assez vif à des bandes de paysans armés soutenus par des gendarmes et des gardes forestiers, renforcer son effectif des quatre régiments cosaques de Grebtzoff II, de Komissaroff, de Soulina et de Denisoff IX. La colonne du général Strogonoff seule était encore en arrière et ne devait rejoindre Winzingerode que quelques jours plus tard.

Conférence de Lusigny. — Première séance. — Pendant que la cavalerie de la garde et le corps de Gérard malmenaient Frimont, les commissaires militaires s'étaient réunis à Lusigny. Schwarzenberg y avait passé une partie de la matinée, afin de donner de vive voix ses instructions au général Duka. Le commissaire prussien, le général von Rauch, ne reçut ses instructions que dans l'après-midi; il résulte cependant de la lettre qu'il écrivit dans la matinée à Blücher, pour le prévenir de l'ouverture de la conférence, qu'à ce moment les Alliés comptaient gagner du temps et amener l'Empereur à consentir à une suspension des hostilités, qui ne pouvait profiter qu'à eux seuls. « Lusigny a été neutralisé, écrit le général von Rauch[1], les avant-postes des armées alliées s'établiront à une demi-lieue en arrière de ce point, ceux des Français à une demi-lieue en avant. J'attends encore des instructions détaillées. Le prince de Schwarzenberg est ici pour nous les remettre. Les souverains sont à Vendeuvre.... Je suis dans la chambre même du prince de Schwarzenberg et il m'est impossible d'en dire, pour le moment davantage à Votre Excellence. »

Il suffira, d'ailleurs, de comparer les instructions données, d'une part au comte Schouvaloff, de l'autre au général Flahaut, pour se convaincre que malgré les concessions de détail, les seules qu'on pût se faire de part et d'autre, il était absolument impossible d'arriver à un accord.

« M'étant décidé à accepter les propositions d'un armistice mis en avant entre les puissances alliées et l'empereur des Français, je vous ai désigné pour négocier et conclure cette transaction.

---

[1] Lettre du général von Rauch à Blücher, Lusigny, 24 février.

En conséquence, vous vous rendrez à Lusigny. Vous recevrez du feld-maréchal prince Schwarzenberg les pleins pouvoirs et les instructions détaillées. La condition principale est que les débouchés des Vosges restent au pouvoir des armées alliées. Si donc la ligne de l'Aube n'est point acceptée pour démarcation, c'est celle de la Marne que les souverains alliés sont convenus de regarder comme la plus utile pour la grande armée jusqu'à Châlons, et pour celle du Nord, une ligne qui, en partant de ce point, suivrait la Vesle jusqu'à son embouchure dans l'Aisne, puis cette rivière jusqu'à son confluent avec l'Oise, point qui terminerait la ligne de démarcation. Quant à l'armée d'Italie et à celle de lord Wellington, vous suivrez, pour la première, les instructions du prince de Schwarzenberg, et, pour la seconde, celles qui vous parviendront dans la journée [1]. »

Si, à ces ordres d'Alexandre, on compare les instructions bien autrement précises, mais aussi bien plus rigoureuses, données à Flahaut, on verra qu'en raison du rôle que l'Empereur lui impose et en présence des divergences essentielles qui ne peuvent manquer de se produire dès l'ouverture des conférences, une issue négative était à peu près certaine. « Il est bien entendu, dit l'Empereur [2], que pendant toute la durée des conférences il n'y aura pas d'armistice.... Ce ne sera que du moment de la signature et de l'échange des ratifications que l'armistice aura lieu. Cela est important, car je n'entends pas être lié. Je ne puis accorder d'armistice qu'autant que je serai certain de la paix et je ne puis être certain de la paix qu'autant qu'on aura consenti à admettre les bases proposées à Francfort. » Cet article dont l'Empereur fait la base de toute négociation, ce préambule qui est pour lui une condition *sine quâ non*, l'Empereur s'attend bien à le voir donner lieu à de vives réclamations et provoquer de nombreuses difficultés. Il prévoit si bien que les commissaires se retrancheront derrière l'insuffisance de leurs pouvoirs, qu'il défend à Flahaut d'entrer dans aucune discussion avant que cet article ne soit accepté et d'ouvrir la bouche tant que ce ne sera pas fait. Pour ce qui est de la ligne de démarcation ultérieure, de celle derrière laquelle

---

[1] Ordres de l'empereur Alexandre au comte Schouvaloff, Vendeuvre, 12/24 février. (*Journal des pièces expédiées*, n° 107.)
[2] *Correspondance*, n° 21359.

les armées se tiendront jusqu'à la signature du traité de paix pendant la suspension d'armes, l'Empereur demande que les Alliés se concentrent en Franche-Comté, en Alsace, en Lorraine, et évacuent la Belgique. La ligne sera la Meuse depuis son embouchure jusqu'à sa source, et, depuis là, une ligne qui passera entre Vesoul et Langres et viendra mourir, par la Franche-Comté, sur la Suisse. Enfin, comme s'il avait redouté de la part de son délégué trop d'urbanité, trop de condescendance, même dans la forme, Napoléon ajoutait : « Le général Flahaut doit avoir un langage honnête, mais ferme. »

Lorsque la conférence tint séance, il ne pouvait plus être question, ni de la cessation d'hostilités qu'on avait continuées aux environs mêmes de Lusigny, ni de la ligne de démarcation dont parlait le général von Rauch, puisque les troupes alliées se retiraient en toute hâte sur Bar-sur-Aube. Les commissaires alliés cédèrent sur ce point, mais ils n'en résistèrent que plus opiniâtrement sur le préambule qu'ils ne pouvaient admettre sans engager par leur consentement les négociateurs de Châtillon.

La première séance n'avait amené aucun résultat ; elle avait, au contraire, fait surgir des obstacles presque impossibles à aplanir. D'ailleurs, s'il faut en croire Wrède, l'insuccès de la mission confiée à Taxis avait complètement dissipé les dernières illusions de Schwarzenberg. Le major, envoyé en parlementaire dans la matinée et chargé de réclamer la cessation immédiate des hostilités, n'avait pu dépasser les avant-postes français. Le généralissime, découragé et désabusé, eut un moment l'intention de dissoudre la conférence avant sa réunion. S'il se ravisa, ajoute l'historiographe de Wrède, ce fut uniquement parce qu'il espérait malgré tout gagner le temps nécessaire pour faire filer ses convois et son artillerie. Avant de quitter Lusigny, il recommanda aux commissaires de traîner les choses en longueur. Dès ce moment, il était évident que la conférence n'aboutirait pas à une entente et « toutes les négociations pouvaient jusqu'à un certain point être considérées comme une véritable farce[1]. »

---

[1] HEILMANN, *Feld-Marschall Fürst Wrède*, p. 353.

25 février 1814. — **Ordres de l'Empereur.** — L'impatience et l'inquiétude de l'Empereur n'avaient fait que croître pendant l'après-midi du 24 et la nuit du 25. Ne connaissant pas encore l'issue de la première séance de la conférence de Lusigny et désirant une paix honorable, il craignait de voir les commissaires alliés refuser leur adhésion aux conditions qu'il avait posées. Il fallait donc de toute façon se préparer à continuer les opérations et chercher à les pousser avec toute l'énergie et l'impétuosité possibles. Il s'agissait pour lui de tirer parti de la démoralisation de la grande armée alliée, du désordre qui était la conséquence de ses victoires, et d'un découragement que les privations et les fatigues rendaient de jour en jour plus général. Mais il reconnaissait aussi qu'il lui était désormais impossible de réparer la faute commise après Montereau. Le temps qu'on a perdu au passage de la Seine et la marche que l'on vient de faire sur la rive gauche de ce fleuve ont permis à Blücher de quitter Méry. L'armée de Silésie va-t-elle par Arcis sur Châlons ou se porte-t-elle contre Marmont et Mortier pour opérer sa jonction avec Winzingerode et Bülow ? Schwarzenberg, qui s'est dérobé depuis le 18 et qui n'a cessé de presser sa retraite, va-t-il s'arrêter et accepter en arrière de Troyes la bataille que l'Empereur recherche, la bataille qu'il comptait livrer en avant de ce défilé ? Telles sont les questions que Napoléon se pose et qu'il lui est impossible de résoudre. Et cependant les moments sont précieux. L'Empereur, quoique victorieux, se trouve dans une situation qui ressemble par plus d'un point à celle dont il a su miraculeusement se tirer après La Rothière et Rosnay. Mais cette fois encore, il ne lui est possible de prendre une résolution que lorsque les renseignements qu'il attend lui auront fait connaître les mouvements et les intentions de son adversaire. Forcé de rester à Troyes, avant même d'expédier les instructions qui régleront la marche de Gérard, d'Oudinot et de Macdonald, il cherche à savoir ce qui se passe sur la rive droite de l'Aube et à découvrir ce qu'est devenu Blücher.

Victor, qui prend le 25 février le commandement des divisions Charpentier et Boyer de Rebeval, est le premier dont il s'occupe. *A 4 heures 1/2 du matin,* le major-général lui envoie l'ordre d'arrêter les divisions Charpentier et Boyer de Rebeval où elles se trouvent et de se rendre de sa personne à Méry. « Il s'y passe, lui écrit-il [1], des choses extraordinaires. L'ennemi repasse sur la rive droite de l'Aube d'où il vient. » Comme l'Empereur n'a pas encore en mains le rapport de Marmont sur les événements du 24, force lui est de se borner à mettre le duc de Bellune au courant du peu qu'il sait à ce moment. Marmont, qui était le 23 à Sézanne, voulait le 24 s'approcher d'Arcis ; Bordesoulle n'avait pas pu arriver à Plancy avec ses 800 chevaux. Wathier était à Romilly avec 300 cavaliers. Il y avait donc urgence pour le maréchal à se rendre de suite à Méry et, après s'être renseigné, à donner des ordres au duc de Padoue et aux généraux Boyer, Charpentier et Boyer de Rebeval. Puis, comme il le faisait toutes les fois où les circonstances lui paraissaient revêtir un caractère exceptionnel de gravité, l'Empereur avait encore fait écrire directement à Wathier de rester à Romilly, à Boyer de Rebeval de ne pas bouger des Grès et au général Pierre Boyer de se porter sur Nogent, s'il croyait cette ville sérieusement menacée, et de ne faire, en aucun cas, un mouvement sur Troyes.

Il fait ensuite ordonner à Ney de venir avec les divisions Meunier et Curial et la cavalerie de Corbineau par Feuges jusqu'à Aubeterre, et c'est seulement lorsqu'il a expédié ces instructions qu'il envoie à 7 heures 1/2 les ordres qui poussent Macdonald sur Bar-sur-Seine et son avant-garde dans la direction de Vendeuvre. Gérard, placé sous les ordres d'Oudinot, auquel l'Empereur confie le commandement supérieur des 2e et 7e corps, continuera sur Vendeuvre et préviendra Napoléon s'il trouve l'ennemi en position avec des forces supérieures. Enfin, Valmy quittera la route de Bar-sur-Seine pour aller, lui aussi, sur Vendeuvre.

La grande armée de Schwarzenberg se met en retraite vers l'Aube. — Dès la pointe du jour, l'Empereur put, d'ailleurs, se convaincre que Schwarzenberg, loin d'accepter la bataille, continuait, au contraire, sa retraite avec une précipitation que rien ne motivait, imposant au gros de son armée des marches de nuit qui achevaient de la démoraliser et qui faisaient fondre ses effectifs avec une rapidité inouïe. La grande armée alliée, exécutant les mouvements prescrits par le généralissime avant son

---

[1] Major-général à Victor, Troyes, 25 février, 4 heures 1/2 du matin. (*Archives de la guerre.*)

départ de Vendeuvre, allait prendre position entre Bar-sur-Aube et Colombey-les-Deux-Églises.

Les gardes et réserves, parties de Bar à 5 heures du matin, s'établissaient avec le quartier général à Colombey-les-Deux-Églises et chargeaient un régiment de cavalerie de déblayer derrière elles la route de Bar-sur-Aube à Langres.

Le VIe corps, quittant Dienville, échelonnait son arrière-garde de Dienville à Trannes et venait à Ailleville, après avoir détruit tous les passages de l'Aube, entre Lesmont et Dienville, et laissé quelques cosaques seulement entre Piney et Dienville.

Le Ve corps, arrivé à 8 heures du matin à Bar-sur-Aube, s'établissait à cheval sur la route de Colombey-les-Deux-Églises ; la 2e division de cuirassiers russes du général Kretoff s'arrêtait en avant de Bar sur la route d'Ailleville. Un régiment d'infanterie et un bataillon de chasseurs restaient seuls sur la rive gauche de l'Aube.

Le IVe corps, bien que formant l'arrière-garde, avait suivi le mouvement général de l'armée et s'était contenté de faire masquer sa retraite par une brigade d'infanterie et par sa cavalerie.

Conseil de guerre de Bar-sur-Aube. — La presque totalité de l'armée de Schwarzenberg avait donc repassé sur la rive droite de l'Aube ou était, pour le moins, sur le point d'atteindre et de traverser cette rivière, au moment où, sur la demande formelle de l'empereur Alexandre, le conseil de guerre se réunit le 25 février à 8 heures du matin dans la maison occupée par le roi de Prusse, dans la chambre même du général de Knesebeck, malade et dans l'impossibilité de sortir. Le moment était on ne peut plus habilement choisi. Le ton hautain que Napoléon avait employé dans sa lettre à l'empereur François, les conditions inacceptables que le commissaire français venait de poser à Lusigny et le refus de Napoléon de consentir à la cessation immédiate des hostilités avaient modifié la manière de voir de Schwarzenberg et des représentants les plus autorisés du parti de la paix. A la crainte et à l'affolement des journées précédentes avaient succédé une tranquillité et une confiance relatives depuis qu'on avait réussi à gagner la rive droite de l'Aube sans livrer de bataille. En présence du silence persistant de Caulaincourt qui, attendant des instructions, n'avait pas pu répondre au projet de traité qu'on lui avait remis le 17, lord Castlereagh et les diplomates anglais, abandonnant les idées qu'ils avaient défendues quelques jours auparavant, déclaraient de nouveau que, pour arriver à la solution désirée, il fallait continuer la guerre plus énergiquement que jamais. Hardenberg et Knesebeck partageaient maintenant leur opinion. Metternich, qui commençait à voir que l'on n'obtiendrait rien de Napoléon, était sur le point de faire cause commune avec eux. La situation s'était, en moins de trente-six heures, modifiée du tout au tout. Il s'agissait donc de mettre fin à un état de choses qui avait fait son temps. Il était évident désormais qu'on n'arriverait pas à s'entendre sur les préliminaires d'une paix durable en continuant, comme on l'avait fait jusque-là, à traîner les choses en longueur et à subordonner en quelque sorte les opérations militaires aux considérations politiques.

Le conseil, auquel assistèrent, en dehors des trois souverains, Schwarzenberg et Radetzky, le prince Wolkonsky et Diebitsch, Knesebeck et Metternich, Nesselrode, Hardenberg et lord Castlereagh, allait avoir à se prononcer à la fois et sur les instructions qu'il convenait de donner aux plénipotentiaires de Châtillon et sur l'établissement d'un nouveau plan d'opérations.

Sur le premier point, l'accord s'établit presque immédiatement ; on résolut de pousser vivement les négociations et d'agir avec une entente complète, afin de démontrer à l'Empereur que les liens qui unissaient les puissances coalisées, étaient plus solides et plus étroits que jamais.

La question des opérations militaires était moins facile à trancher. On finit cependant par s'entendre. On décida, presque sans discussion, qu'on n'accepterait pas la bataille à Bar-sur-Aube et que la grande armée alliée, dès qu'elle y serait contrainte par l'ennemi, se replierait sur Langres, y appellerait à elle ses réserves et ses renforts, y combattrait si l'on cherchait à la pousser plus loin, ou reprendrait l'offensive dans le cas contraire. Le conseil approuva également sans grande discussion la formation de l'armée du Sud, ainsi que les instructions données à Bianchi et au prince héritier de Hesse-Hombourg.

Mais les difficultés n'en furent que plus sérieuses dès qu'on en vint à discuter les opérations de l'armée de Silésie, que Schwarzenberg n'avait pas encore renoncé à entraîner dans sa retraite.

Pour triompher de la résistance et de l'opposition du généralissime, l'empereur de Russie, poussé à bout, dut déclarer que si l'on essayait d'arrêter Blücher, il irait le rejoindre à la tête de l'armée russe. Le roi de Prusse déclara naturellement qu'il imiterait la conduite du tzar. Blücher obtint ainsi gain de cause. Sa lettre avait produit son effet. L'armée de Silésie allait pouvoir, avec l'assentiment du conseil, continuer une marche que le feldmaréchal était, d'ailleurs, bien décidé à ne pas interrompre, même dans le cas où il aurait été rappelé sur l'Aube par les souverains. Le conseil de guerre donnait à Blücher non seulement les corps, déjà entrés en France, de Bülow et de Winzingerode, mais même le corps fédéral du duc de Saxe-Weimar, que le prince royal de Suède devait relever en Belgique. On lui confiait 100,000 hommes à la tête desquels il pouvait marcher sur Paris; on lui laissait une liberté d'action d'autant plus complète qu'on chargeait le prince royal de Suède, qui disposerait du corps suédois, du corps de Wallmoden, du contingent danois et des troupes hanovriennes et néerlandaises, de couvrir ses communications. En un mot, c'était l'armée de Silésie qui devenait, à partir de ce moment, la grande armée, c'était à elle qu'incombait la tâche principale, tandis que l'armée de Schwarzenberg n'avait plus à jouer qu'un rôle absolument secondaire.

« *The Emperor of Russia and the King of Prussia have determined,* » écrivait lord Castlereagh [1] à son gouvernement, en sortant du conseil de guerre. Vingt-quatre heures avaient changé la face des choses, et les décisions du conseil étaient en contradiction absolue avec les instructions contenues dans la lettre que Schwarzenberg avait adressée à Blücher dans l'après-midi du 24, avant de quitter Vendeuvre. Doutant, à ce moment déjà, de la possibilité d'une entente résultant de la conférence de Lusigny, n'ayant pas réussi à amener, comme il l'espérait, la cessation des hostilités, le généralissime y disait au feld-maréchal: « La réunion et la concentration de toutes nos forces deviennent d'autant plus urgentes que nous pourrions bien avoir à porter un coup décisif le 26 ou le 27. Je compte donc que Votre Excellence aura, comme je le lui avais proposé, dirigé sa marche d'Arcis

---

[1] Lord Castlereagh, *Correspondence*, III, 1. 289-290.

sur Dienville et viendra opérer, entre Eclance et Maisons, sa jonction avec la grande armée. Prière de me dire si je puis compter sur cette jonction, afin de me mettre en mesure de régler en conséquence les mouvements de mon armée et de me préparer à attaquer l'ennemi de concert avec vous. »

Le conseil de guerre de Bar-sur-Aube s'était chargé de rendre inutile la réponse que le généralissime demandait à Blücher[1] et que celui-ci lui expédiera, d'ailleurs, le 26 au matin, d'Esternay.

Mais non content d'avoir imposé au conseil de guerre ses volontés, du moins sur les points qui l'intéressaient le plus vivement, Alexandre avait tenu à faire ressortir, dans un ordre envoyé à Blücher, le rôle prépondérant qu'il avait joué à Bar-sur-Aube et à revendiquer la paternité des graves résolutions qu'il avait réussi à faire prendre : « Je ne tarde pas un instant à vous informer[2] que dans un conseil tenu aujourd'hui en présence de LL. MM. l'empereur d'Autriche et le roi de Prusse, les résolutions suivantes ont été adoptées :

« On a jugé utile, dans les circonstances actuelles, d'imprimer un caractère défensif aux opérations de la grande armée et de vous mettre à même, Monsieur le Maréchal, de prendre une offensive très vigoureuse contre l'aile gauche de l'armée française et sur ses communications. En conséquence, la grande armée va continuer son mouvement rétrograde par Chaumont sur Langres. Arrivée sur ce point, elle se dirigera suivant les circonstances et les mouvements de l'ennemi d'après l'effet que vos opérations auront produit sur lui. Pour que vous puissiez les exécuter avec plus de chances de succès, il a été décidé que les corps de Winzingerode, de Bülow et l'armée saxonne, sous le commandement du duc de Weimar, seraient mis à votre entière disposition et placés sous vos ordres immédiats. Les chefs de ces trois corps reçoivent aujourd'hui des instructions analogues à ce but ; vous les trouverez ci-jointes sous cachets volants, et je vous prie de les leur faire tenir le plus tôt possible.

---

[1] On trouvera un peu plus loin la réponse de Blücher à cette lettre de Schwarzenberg. Elle prouvera que, comme nous l'avons dit, le feld-maréchal était, dès son départ de Méry, décidé à se séparer de l'armée de Schwarzenberg et à opérer pour son propre compte.

[2] Ordre de l'empereur Alexandre à Blücher, Bar-sur-Aube, 25 février. (*Journal des pièces expédiées*, n° 109. En français dans l'original.)

« Aussitôt que vous aurez combiné vos mouvements avec ces différents corps, on désire que vous commenciez vos opérations dont on ne saurait que se promettre le plus heureux résultat, lorsqu'elles seront fondées sur la prudence et qu'elles seront principalement dirigées contre l'armée ennemie. On vous invite à nous donner de vos nouvelles le plus souvent possible et à prendre les précautions nécessaires pour la sûreté des courriers. »

Insuccès de la conférence de Lusigny. — Avant de partir avec Alexandre pour Chaumont, le roi de Prusse pouvait donc, en écrivant de son côté au feld-maréchal Blücher et en lui disant qu'il tenait désormais le sort de la campagne dans sa main, commencer sa lettre par ces mots : « L'armistice projeté n'aura pas lieu ; considérez mes instructions d'hier comme nulles et non avenues. »

En effet, malgré les efforts de Duka et de Flahault, malgré les concessions que ce dernier fut autorisé à faire le 27, les commissaires se séparèrent le 28 sans être parvenus à s'entendre.

Les opérations militaires du 25 entre l'Aube et la Seine et la poursuite de l'armée de Schwarzenberg ne pouvaient, en tout état de cause, présenter qu'un intérêt secondaire à côté des graves résolutions prises par les souverains alliés. Des circonstances particulières avaient, toutefois, contribué à leur enlever une partie de leur importance. Schwarzenberg, dans la crainte de voir ses lieutenants s'engager malgré lui et l'obliger à livrer bataille contre son gré, n'avait cessé depuis l'évacuation de Troyes de presser l'écoulement de ses colonnes et d'imposer à ses troupes, déjà découragées par la retraite et affaiblies par les privations, des marches forcées et des marches de nuit presque continuelles et d'autant plus inutiles que la poursuite n'avait plus ce caractère d'énergie, de violence et de rapidité que Napoléon avait coutume de lui imprimer. L'Empereur n'y avait jamais affecté qu'une faible partie de ses forces, et, le 25 surtout, au moment où il n'avait plus en réalité devant lui qu'une arrière-garde du prince royal de Wurtemberg du côté de l'Aube et le IIIe corps vers Bar-sur-Seine, il se préoccupait tout autant, si ce n'est plus, de ce qui se passait sur sa gauche et derrière lui que des mouvements de Macdonald, d'Oudinot et de Gérard.

Affaire de cavalerie de Magny-Fouchard. — On croit Napoléon en marche sur Bar-sur-Seine. — Le prince royal de Wurtemberg, qui avait pris ce jour-là le commandement de l'arrière-garde, avait eu de la sorte tout le temps de faire filer le gros de son infanterie, par Bar-sur-Aube, sur Dolancourt et n'avait laissé sur le Landion au défilé de Spoy qu'une brigade d'infanterie chargée de couvrir la vieille route de Bar-sur-Aube. Sa cavalerie légère, soutenue par les cuirassiers russes de Duka établis à Magny-Fouchard, et auxquels les cuirassiers de Nostitz servaient de réserve à Maison-des-Champs, observait Vendeuvre. Vers 2 heures, quatre escadrons français débouchent de Vendeuvre et tâtent les chasseurs à cheval wurtembergeois, qui les repoussent vers le village. L'avant-garde du 2ᵉ corps sort à ce moment de Vendeuvre et se porte sur Magny-Fouchard.

« J'avais des raisons majeures pour éviter un engagement sérieux, je repliai donc mon avant-garde en arrière du village, écrit le prince royal à Schwarzenberg[1], et tout se borna à une simple canonnade. D'après le dire des prisonniers, l'Empereur, avec le gros de ses forces, se serait porté hier vers sa droite laissant seulement un corps à Troyes et un sur Bar-sur-Aube. Je ramène ce soir mes avant-postes jusque vers Dolancourt. Wrède reprenant demain le service des avant-postes sur l'Aube, j'irai de mon côté à Bricon et Château-Villain. »

La nouvelle, que le prince royal de Wurtemberg envoyait au généralissime, décida Schwarzenberg à écrire de suite à Barclay de Tolly. Il lui demandait de prescrire à une partie de la cavalerie légère de la garde russe de se diriger sur Courban et Montigny-sur-Aube et de le renseigner sur les mouvements de l'ennemi[2]. Quant au prince royal, il devra avec son corps et le IIIᵉ chercher, lui aussi, à se renseigner du côté de l'Aube, et, si l'ennemi est moins nombreux que lui, l'attaquer lorsqu'il débouchera de Bar-sur-Seine.

Retraite du IIIᵉ corps. — Affaire de cavalerie à

---

[1] Prince royal de Wurtemberg au prince de Schwarzenberg, Bar-sur-Aube, 25 février (*K. K. Kriegs Archiv.*, II, 720) et Journal d'opérations du IVᵉ corps (*Ibid.*, XIII, 56).

[2] STÄRKE, Eintheilung und Tagesbegebenheiten der Haupt-Armee im Monate Februar. (*K. K. Kriegs Arch.*, II, 1.)

Landreville. — Renseignements fournis à l'Empereur par Macdonald. — Marche du Ier corps. — Gyulay, en effet, n'a pas attendu pour quitter Bar-sur-Seine l'expiration de la convention passée la veille avec Kellermann. Il avait reçu dans la nuit l'ordre de se replier sur La Ferté-sur-Aube et s'était mis en marche à 5 heures du matin par la route de Fontette. A 8 heures du matin, la cavalerie légère de Macdonald entrait à Bar-sur-Seine, n'y trouvait plus personne et s'élançait à la poursuite de l'arrière-garde du IIIe corps [1]. A 10 heures, Milhaud rejoignit cette arrière-garde, fournie par la division légère du prince Maurice Liechtenstein, la chargea à Landreville et la poussa jusqu'au delà de Loches, à hauteur d'Essoyes. La présence de cette cavalerie et la direction donnée à la poursuite que Milhaud ne poussa pas très vivement, firent croire à Liechtenstein que les Français occupaient Châtillon-sur-Seine et le décidèrent à prendre par Fontette pour gagner La Ferté-sur-Aube. Pendant ce temps, Gyulay a reçu en route un ordre qui lui enjoint de se porter, non plus sur La Ferté, mais sur Colombey-les-Deux-Églises. Dans l'impossibilité d'arriver encore le 25 sur ce point, il passe l'Aube à Clairvaux, établit la division Weiss à Longchamp, la division Fresnel à Maranville et Vaudrémont, et la division Crenneville à La Ferté-sur-Aube [2].

Le rapport que Liechtenstein adressa au généralissime à son arrivée à La Ferté-sur-Aube, et la nouvelle que la cavalerie française a barré au prince le chemin de Dijon et a occupé Châtillon, parvinrent à Schwarzenberg après le renseignement que venait de lui

---

[1] Les deux rapports de Macdonald contenaient des indications très précises sur la marche des Autrichiens. « Depuis le 23, dit-il dans l'un, l'ennemi file sur quatre directions : Tonnerre, Châtillon, La Ferté et Vendeuvre. On estime à 20,000 hommes de toutes armes ce qui suit la première direction ; à 7,000 à 8,000 ce qui est sur la deuxième ; à 7,000 ce qui a passé par la troisième ; aux bagages et à quelques mille chevaux ce qu'on a vu sur la quatrième. Platoff (a) a passé par ici. » Dans le deuxième, il confirme ces renseignements. « C'est sur La Ferté et Châtillon que s'est dirigé l'ennemi. 20,000 hommes ont suivi, dit-on, la route de Chaource à Tonnerre. Je ne conçois pas cette direction. » (*Archives de la guerre.*)

(a) Le général Allix n'ayant pu atteindre Platoff, avait envoyé au major-général des papiers interceptés et appartenant au général Kaïssaroff. Entré à Joigny le 24 à midi, il y avait laissé un bataillon et était arrivé à Auxerre le 25 à 2 heures. Platoff était à ce moment à Boudreville, sur la rive droite de l'Aube.

[2] STÄRKE, Eintheilung und Tagesbegebenheiten der Haupt-Armee im Monate Februar. (*K. K. Kriegs Archiv.*, II, 1.)

envoyer le prince royal de Wurtemberg et d'après lequel l'Empereur marcherait avec le gros de ses forces sur Bar-sur-Seine. Ces nouvelles suffirent pour réveiller des craintes mal éteintes et pour faire redouter au généralissime de voir l'armée française le prévenir sur le plateau de Langres en passant par Arc-en-Barrois. Il s'empressa de renouveler, pendant la nuit, l'ordre primitivement donné au prince Maurice de Liechtenstein et lui prescrivit à nouveau de se porter sur Dijon, de s'assurer de ce qu'il y avait à Châtillon-sur-Seine et d'aller le 26 à Courban.

Le Ier corps était arrivé à La Villeneuve-les-Convers et son avant-garde (la division Ignace Hardegg) avait poussé jusqu'à Chanceaux, à une journée de marche de Dijon, tandis que son arrière-garde s'était arrêtée au Frêne.

Ordres donnés par l'Empereur dans le courant de la journée du 25 février. — L'Empereur avait, lui aussi, reçu dans le courant de la journée les premiers renseignements, encore incomplets, il est vrai, qu'il attendait avec tant d'impatience. Dès 2 heures, il a fait prescrire au général Roussel de revenir avec sa cavalerie sur Troyes, et, à Charpentier, de voir s'il est possible d'établir deux petits ponts entre Payns, Villacerf et Mergey, ou bien à Saint-Lyé et Saint-Benoît-sur-Seine pour se porter directement de Payns sur Arcis-sur-Aube. Deux heures après, à 4 heures, Roussel a ordre de dépasser Troyes, d'aller à Pont-Sainte-Marie afin de communiquer avec Ney qui est à Aubeterre et d'envoyer une reconnaissance sur Piney.

Une demi-heure plus tard, les nouvelles qui lui sont parvenues lui permettent déjà de donner des instructions plus précises. La dépêche de Marmont vient de lui arriver ; le maréchal lui annonce qu'il a reconnu, le 24, la présence de Blücher avec 8,000 à 9,000 chevaux sur les hauteurs d'Anglure. Il ordonne, en conséquence, à Victor de marcher de façon à pouvoir se réunir à Ney qui, déjà arrivé à Aubeterre, sera le lendemain avant le jour à Arcis ; au duc de Padoue de rester à Nogent « jusqu'à ce qu'on voie entièrement clair dans l'opération de Blücher ».

Marche de l'armée de Silésie sur Sézanne et Esternay. — Le 25, à 9 heures du matin, l'armée de Silésie, conformément aux ordres de Blücher, avait repris, en deux colonnes, son mouvement sur Sézanne ; l'une, celle de gauche, formée par les corps russes de Sacken et de Langeron, partie de Baudement et de Soyer et flanquée sur sa gauche par la cavalerie de Sacken, prend la direction de Barbonne. La cavalerie du général von Korff lui sert de réserve. L'autre, celle de droite, composée des Ier et IIe corps prussiens, suit, à partir d'Anglure, la grande route menant à Sézanne par Chichey. La cavalerie d'York, dont le corps ouvre la marche, côtoie la droite de la colonne ; celle de Kleist reste en réserve. La brigade du général von Klüx, partant de Plancy et passant par Pleurs et Saint-Rémy, doit opérer, dans ce dernier endroit, sa jonction avec la colonne prussienne. Elle est suivie à distance par les renforts amenés par le colonel von Lobenthal, venant de Soudé-Sainte-Croix par Poivres-Sainte-Suzanne à Pleurs.

« Vu notre grande supériorité numérique sur l'ennemi, disait encore Blücher[1], nos ailes de cavalerie devront l'envelopper par un mouvement tournant concentrique exécuté hors de portée du canon ; elles épieront un mouvement favorable pour se jeter sur lui. Si l'ennemi tient ferme, les deux colonnes principales le canonneront pendant que la cavalerie exécutera son mouvement enveloppant. Je marcherai avec la deuxième colonne. Si l'ennemi bat en retraite avant l'arrivée de l'infanterie, les ailes de cavalerie le poursuivront jusqu'à la nuit en lui faisant le plus de mal possible et en le débordant constamment. Les cosaques surveilleront la rive droite de l'Aube. Les blessés seront évacués sur Vitry ; le convoi restera entre Pleurs et Courcelles jusqu'à la fin du combat. On fera observer les environs de Villenauxe, afin de savoir si l'ennemi se renforce de ce côté. »

Le feld-maréchal avait, au début de cet ordre, fait connaître à ses lieutenants la présence de Marmont à Sézanne avec 6,000 hommes et 1500 chevaux. « Notre opération a pour but, ajoutait-il, d'écraser et de bousculer le maréchal, d'obliger Napoléon à détacher du monde contre nous et à arrêter l'offensive de son armée principale. »

Blücher ne devait, cependant, pas réussir à atteindre le but qu'il s'était proposé, et, comme York lui-même le reconnaît, Marmont

---

[1] Ordres de Blücher pour le 25, Anglure, 24 février. (*Kriegs Archiv.* de Berlin, c. 21, I, 22.)

manœuvrant avec une réelle habileté, contraignit le feld-maréchal à se déployer et à prendre des dispositions d'attaque. Se retirant alors lentement, en bon ordre et par échelons, répondant pendant sa retraite à l'artillerie du feld-maréchal, il parvint, après avoir quitté Vindey, à gagner d'abord Esternay, puis La Ferté-Gaucher, et à s'établir sur la rive droite du Morin, sans que la cavalerie de Blücher ait pu entamer même son arrière-garde et lui enlever un seul homme. Ses avants-postes se tinrent le soir et toute la nuit sur la rive gauche du Grand-Morin, à Moutils[1].

Marmont, par une dépêche expédiée de La Ferté-Gaucher, à 7 heures du soir, avait informé le Ministre et Mortier de la marche de Blücher et de la retraite successive de position en position qu'il venait d'exécuter. Il les avait prévenus des mouvements qu'il comptait exécuter le lendemain en se repliant par Rebais sur La Ferté-sous-Jouarre pour en conserver le pont et s'y relier avec le duc de Trévise. Le maréchal insistait encore, dans sa lettre au Ministre, sur la nécessité d'envoyer d'urgence des renforts à son corps par trop faible et hors d'état de s'opposer aux entreprises de Blücher.

En quittant Anglure, Blücher, afin de bien faire connaître ses résolutions à Schwarzenberg, l'avait mis au courant de son mouvement sur Sézanne et avait eu soin d'ajouter que, de là, il comp-

---

[1] « Ce matin, l'ennemi a débouché sur plusieurs colonnes : infanterie, cavalerie et artillerie, avec des forces telles qu'il ne pouvait venir à l'esprit de le combattre sans avoir une position avantageuse. Je me suis donc retiré d'abord sur Esternay. L'ennemi a jeté à notre poursuite de 7,000 à 8,000 chevaux avec de l'artillerie qu'il a fait soutenir à distance par de l'infanterie. Arrivés sur le Morin, nous y avons pris position ; mais, l'ennemi ayant tourné les marais et craignant qu'une forte colonne, qui était dirigée sur la Traconne, ne débouchât sur nos flancs, j'ai continué mon mouvement et suis venu prendre position ici (La Ferté-Gaucher). Mes troupes sont sur les deux rives du Morin et j'ai mes avant-postes à Moutils.

Demain 26, à la pointe du jour, toutes mes troupes auront repassé le Morin et je serai en position, en arrière de la ville, sur les hauteurs, dans la direction de Rebais. C'est sur ce point que je ferai ma retraite et de là sur La Ferté-sous-Jouarre, si j'y suis forcé. Je prends cette direction, afin de me relier avec le maréchal Mortier et de couvrir le pont de La Ferté-sous-Jouarre jusqu'à son arrivée, qui sans doute ne tardera pas. J'attends avec impatience des nouvelles de ce mouvement ; je ralentirai le mien autant que je le pourrai ; mais je ne puis répondre de rien, attendu que les forces que j'ai en présence sont bien considérables. » (Marmont à Mortier et au ministre de la guerre, La Ferté-Gaucher, 25 février, 7 heures du soir ; *Archives de la guerre.*)

tait opérer par la vallée de la Marne afin d'inquiéter Paris (*um eine Jalousie auf Paris zu geben*).

La colonne de gauche de l'armée de Silésie (les corps russes) s'arrêta à Esternay ; sa cavalerie seule avait suivi l'arrière-garde de Marmont. La cavalerie prussienne de Katzler s'établit à Saint-Martin-du-Boschet ; celle de Jürgass ne dépassa pas Neuvy, observant les environs de Réveillon. Arrivés à Mœurs, à peu près au même moment où Marmont arrêtait la cavalerie à Esternay, York et Kleist avaient reçu l'ordre de prendre à droite et de se diriger sur Tréfols, afin de gagner La Ferté-Gaucher par la rive droite du Morin. Kleist s'arrêta le soir à Champguyon, York aux Essarts[1]. La brigade de Klüx et la cavalerie du général von Röder ne rejoignirent le II⁰ corps qu'assez avant dans la nuit. L'armée de Silésie qui, à partir de Sézanne, avait marché sur une seule route, s'avançait désormais par les deux rives du Morin. Blücher coucha le 25 au soir à Esternay[2].

Le général Bordesoulle, n'ayant trouvé devant lui que les cosaques venus de Conflans-sur-Seine jusqu'à Périgny-la-Rose, s'était établi en avant de la Saulsotte, sur les hauteurs entre Plessis-Barbuise et La Villeneuve-au-Châtelot. Il avait entendu de là le canon du côté de Sézanne, mais n'avait pu savoir ce qui s'y était passé parce que ses partis, arrêtés par la cavalerie russe, avaient été obligés de rétrograder. Il se hâta naturellement, dès 4 heures de l'après-midi, de prévenir le major-général et de la marche de Blücher et de son intention de rejoindre le lendemain le corps en retraite de Marmont, et de l'immobilité des Alliés du côté de Nogent, qu'occupaient les troupes de la réserve de Paris sous les ordres du duc de Padoue.

Les nouvelles que Mortier, arrivé à Château-Thierry, envoyait au Ministre n'étaient guère plus rassurantes. Il signalait la marche des troupes alliées par la route de Laon à Soissons. Pinon et Chavignon étaient aux mains de la cavalerie russe et prussienne. A Fismes, il y avait des cosaques et de l'infanterie. Mortier, qui avait, lui aussi, entendu le canon de Sézanne et d'Esternay, avait envoyé sur Montmirail une reconnaissance afin de se procurer des nou-

---

[1] York avait, en outre, détaché un escadron de dragons spécialement chargé de surveiller Montmirail.
[2] Tagebuch des Grafen Nostitz (*Kriegsgeschichtliche Einzelschriften*).

velles de Marmont. La marche de cette reconnaissance avait été signalée aux généraux prussiens, et deux escadrons du 2ᵉ hussards de Silésie, soutenus par deux escadrons du régiment de cavalerie nationale de Silésie, avaient reçu l'ordre de partir, le 25 au soir, pour Montmirail et de pousser de là des pointes vers Épernay, Château-Thierry et La Ferté-sous-Jouarre.

Remarques sur les opérations des armées alliées pendant la journée du 25 février. — Avant de passer à l'examen des mouvements et des opérations du lendemain, il nous paraît indispensable d'essayer de mettre en lumière les traits principaux du caractère de Blücher et de Schwarzenberg, que les événements du 25 peuvent, mieux que tout autre moment de la campagne, servir à faire ressortir.

Blücher n'a encore, le 25 février, qu'un peu plus de 50,000 hommes : il ne sait ni où, ni quand, ni comment les renforts sur lesquels il compte, et dont il a besoin pour être sûr du succès, parviendront à le rejoindre. Il est, depuis quelques jours, sans nouvelles de Winzingerode ; il ignore encore si on l'autorisera à se faire rejoindre par les troupes de ce général et par le IIIᵉ corps prussien de Bülow. (Sa lettre d'Anglure, 8 heures du matin, est là pour en faire foi.) Il n'a reçu aucune réponse du quartier général. A-t-on approuvé ses projets? A-t-on admis l'idée de sa marche sur Paris? Va-t-on, au contraire, le rappeler en arrière et chercher à l'entraîner dans le mouvement rétrograde de la grande armée? Ce sont là autant de points noirs et douteux, autant de difficultés qu'un caractère autre que le sien hésiterait à trancher. Dans son entourage même, on n'est pas entièrement d'accord. L'énergie, la persévérance, l'audace de Blücher, loin de faiblir, s'accroissent en raison même des obstacles qu'il prévoit et qui peuvent s'opposer à la réalisation de ses projets. Il rejette loin de lui (et avec lui tout son état-major, tous ses conseillers, même ceux qui cherchent à modérer son élan) toute idée de réunion avec la grande armée et tout mouvement qui le fera reculer et céder du terrain à l'ennemi. Mais il lui reste encore, après avoir passé l'Aube, à choisir entre deux routes, entre deux moyens d'atteindre son but, entre deux modes d'opérer sa jonction avec ses renforts.

Il peut, et c'est là ce que Müffling, entre autres, lui proposait, se porter soit par Étoges et Épernay, soit par Fère-Champenoise et Châlons sur Reims, s'y réunir à Winzingerode et appeler à lui Bülow, et même le duc de Saxe-Weimar, pour marcher ensuite sur Paris à la tête de forces imposantes. Le succès est certain, il est vrai, mais il n'est pas immédiat. L'opération ne présente aucun danger, ne lui fait courir aucun risque ; mais elle ne menace pas directement l'ennemi. Elle permet à Marmont et à Mortier de conserver leurs positions actuelles, au gouvernement de préparer et d'achever la défense de Paris, d'y accumuler des moyens et des ressources et de donner aux formations nouvelles la cohésion qui leur manque, l'habillement, l'équipement, l'instruction et les armes qui leur font défaut. Elle a surtout l'inconvénient de laisser l'Empereur, libre de ses mouvements, tranquille pour sa gauche et ses derrières, continuer et presser ses opérations contre la grande armée qui accentuera et accélérera sa désastreuse retraite. L'armée de Schwarzenberg, si Blücher se résout à prendre ce sage parti, parti que recommandent la méthode et la prudence, n'existera plus, et ses débris en déroute auront repassé les Vosges au moment où, à son tour, il débouchera de Reims et commencera sa marche sur Paris.

Il peut encore, mais il s'expose alors à de réels dangers et court peut-être au devant de défaites plus graves et plus décisives que celles qu'il a essuyées à Champaubert, Montmirail et Étoges, prendre des bords mêmes de l'Aube la route de Paris, descendre la vallée de la Marne avec ce qu'il a de monde autour de lui, appeler ses renforts qui ne le rejoindront que plus tard et pousser résolument vers le but que, depuis l'automne de 1813, il rêve d'atteindre à tout prix, vers le point dont la prise mettra fin à la résistance de l'ennemi. Il ne se dissimule en aucune façon les dangers d'une pareille entreprise ; mais les avantages qu'elle présente et les résultats qu'elle peut donner sont si considérables qu'il n'hésite pas un moment et que, dès le 25 au matin, il est irrévocablement décidé à tenter un mouvement qui doit, en obligeant l'Empereur, ou tout au moins une partie de ses forces, à revenir sur lui, contraindre Schwarzenberg à renoncer malgré lui à la retraite sur Chaumont et sur Langres. La haine et la passion remplacent chez Blücher le calcul, les combinaisons savantes et le génie.

Les mouvements que Schwarzenberg a fait exécuter ce même

jour à son armée sont d'une toute autre nature et portent, eux aussi, l'empreinte du caractère même du prince. Depuis Montereau, il n'a plus été sérieusement inquiété. Mais surtout depuis qu'il a quitté Troyes, la poursuite a perdu le peu d'intensité et de vivacité qu'elle a pu avoir jusque-là. La grande armée souffre du froid et de la faim. Elle est plus démoralisée qu'au lendemain d'une grande bataille perdue. Une retraite prolongée par les routes mêmes que peu de temps auparavant elle avait suivies en pensant qu'elle arriverait presque sans combat sous les murs de Paris, l'a complètement désorganisée. Le désordre et la confusion règnent partout. Le découragement est général. Des marches de nuit inutiles ont porté de graves atteintes à la discipline et ont enlevé aux hommes le peu d'énergie, d'espoir et de confiance qui leur restait. L'armée sème sur les routes d'innombrables traînards que les paysans ramassent ou massacrent. Il semble que Schwarzenberg néglige de tenir compte de la situation morale de son armée et qu'il ne veuille pas voir que la continuation du mouvement rétrograde va briser les derniers liens qui maintiennent encore ses soldats. On pouvait donc penser qu'en présence d'une poursuite peu active il ralentirait sa retraite et renoncerait aux marches de nuit dès qu'il aurait passé le défilé de Troyes et atteint la rive droite de la Seine. Il n'en fit rien et la plupart de ses corps exécutèrent encore, du 24 au 25, des marches de nuit qui n'avaient d'autre raison d'être que de les amener, au prix de fatigues inouïes, quelques heures plus tôt sur la rive droite de l'Aube où le généralissime ne comptait, d'ailleurs, pas leur accorder un repos devenu indispensable. La direction même de ces marches laisse beaucoup à désirer. On se préoccupe uniquement d'atteindre au plus vite un but qu'on recule chaque jour; on néglige de régler les marches, d'éviter les croisements de colonnes, d'attribuer à chaque corps une route par laquelle il pourra marcher et d'épargner aux troupes des détours inutiles. C'est ainsi qu'au lieu de ramener directement le gros du IV⁰ corps de Vendeuvre à Bar-sur-Aube et de l'y arrêter, on crut devoir le diriger de là sur Dolancourt, sans penser que le même ordre rappelait le gros du VI⁰ corps de Dienville à Ailleville et que, par suite, le IV⁰ corps allait, pour marcher de Dolancourt-sur-Bar, suivre en sens contraire la route même par laquelle le VI⁰ corps venait sur Ailleville. On avait également oublié qu'en envoyant à

Dolancourt le IV⁰ corps, on coupait en deux le VI⁰ corps dont le gros occupait les hauteurs de Lignol en arrière de Bar, et dont l'avant-garde se tenait entre Dienville et Trannes. Cette faute était d'autant plus grave et plus incompréhensible que déjà à ce moment on avait l'intention de diriger le prince royal vers La Ferté-sur-Aube et de charger de nouveau le V⁰ corps (Wrède) du soin de fournir l'arrière-garde.

La marche qu'aux termes des deux ordres successifs de Schwarzenberg, le III⁰ corps devait faire, dans la seule journée du 25, était absolument inexécutable. Pour se rendre de Bar-sur-Seine à Colombey-les-Deux-Églises, le III⁰ corps avait, en passant par La Ferté-sur-Aube, plus de 60 kilomètres, et en passant par Saint-Usage et Clairvaux, 52 kilomètres au moins à parcourir. On avait, d'ailleurs, tant au grand quartier général qu'à l'état-major du III⁰ corps, trouvé superflu de conserver le contact avec les troupes de Macdonald. On avait jugé inutile de laisser une arrière-garde (la division légère Maurice Liechtenstein) à Fontette, d'où elle aurait pu signaler à temps la marche des troupes françaises qui, suivant les vallées de l'Arse et de l'Ource, devaient chercher à gagner la vallée de l'Aube par Saint-Usage et Essoyes. La retraite sur Colombey-les-Deux-Églises n'avait été qu'incomplètement préparée. Les ordres n'avaient pas été suffisamment raisonnés et l'exécution du mouvement fut, ce qu'elle devait être, essentiellement défectueuse. Jusqu'à l'Aube, la retraite s'était opérée avec un certain ordre et une certaine méthode. Elle s'était effectuée par trois routes : l'une centrale, la plus courte, suivie par le gros (les gardes, le IV⁰ et le V⁰ corps), passant par Vendeuvre ; l'autre, celle de droite, attribuée au VI⁰ corps allant par Piney sur Dienville ; la troisième à gauche, la plus longue de toutes, par laquelle le III⁰ corps devait, par Bar-sur-Seine et Essoyes, arriver à La Ferté-sur-Aube. La colonne du centre aurait donc dû, ce qui n'eut pas lieu, régler sa marche sur celle des colonnes qui la flanquaient et qui avaient de 15 à 20 kilomètres de plus à parcourir.

Mal étudiée dans ses détails, insuffisamment préparée, contrariée à plusieurs reprises par la présence et l'intervention des souverains, modifiée par des chefs qui profitaient du moindre retard dans la transmission des ordres pour agir à leur guise et formuler leur manière de voir, la retraite sur Troyes, sur Bar-sur-Aube, sur Langres, cette retraite que les détracteurs de Schwarzenberg n'ont pas manqué de critiquer avec autant d'injustice que de passion, allait précisément faciliter à Blücher l'exécution de son audacieux projet. Ceux-là mêmes qui avaient le plus admiré, moins d'un an auparavant, les retraites de Blücher se dérobant devant l'Empereur étaient les plus ardents à condamner la prudence du généralissime.

La situation faite à Schwarzenberg était, d'ailleurs, loin d'être aussi simple que celle de Blücher. Sans parler même de la responsabilité écrasante qui incombait au généralissime, il faut se rappeler que Schwarzenberg avait à lutter journellement contre des intrigues de toute espèce, contre d'incessantes compétitions, à faire accepter aux souverains des résolutions qui auraient dû émaner de lui seul. Son initiative était enrayée et son autorité contestée à tout instant.

Obligé de ménager les souverains, leurs ministres, leurs conseillers, leurs favoris, de sacrifier à ces nécessités de chaque jour une bonne partie du temps qu'il lui aurait fallu consacrer à la direction et à la préparation des opérations, Schwarzenberg, on doit lui rendre cette justice, paraît s'être inspiré, pendant toute cette campagne, du mot du cardinal de Retz, et n'a cessé de se rappeler que : « La source ordinaire du manquement des hommes est qu'ils s'effrayent trop du présent et qu'ils ne s'effrayent pas assez de l'avenir. »

On comprendra donc que, connaissant à fond le caractère de ses deux adversaires, Napoléon ait eu besoin d'attendre des nouvelles précises ou positives pour prendre, dans des circonstances aussi graves, une résolution d'où pouvaient dépendre le sort de sa dynastie et le salut de la France. Les renseignements qu'il possédait ne lui suffisaient pas encore pour renoncer aux opérations contre Schwarzenberg et, d'autre part, en présence d'un adversaire aussi résolu et aussi entreprenant que Blücher, il lui était impossible de s'éloigner de l'Aube et de la Marne en accentuant la poursuite contre la grande armée.

Parce qu'il avait marché sur Troyes au lieu de rester sur la rive droite de la Seine, parce qu'au lieu de se porter sur Plancy et Méry au lendemain de Montereau, il avait espéré amener Schwarzenberg à accepter la bataille en avant de Troyes, il dut se résigner à y rester pour ainsi dire immobile pendant près de trois jours dans l'attente d'événements que sa marche par la rive droite de la Seine aurait conjurés et à laisser prendre à Blücher une avance qui aurait pu causer la perte de l'armée de Silésie mais qui, par l'inqualifiable mollesse et par la criminelle faiblesse de Moreau va être la cause déterminante de la désastreuse bataille de Laon.

Wrède s'est, d'ailleurs, chargé de caractériser et de juger en quelques mots l'attitude des deux chefs des principales armées alliées pendant cette journée du 25. « Rien, s'écrie-t-il, n'est plus admirable que la décision, surtout dans de pareilles circonstances. » La lettre qu'il écrit en français à son roi, le 25 au matin, jette d'ailleurs trop de lumière sur l'ensemble de la situation pour que nous hésitions à la reproduire textuellement :

« On m'a fait l'honneur de m'appeler hier au soir[1], écrit-il de Bar-sur-Aube le 25 février au roi de Bavière, à un conseil de guerre qui s'est tenu à Troyes où, conformément aux instructions des souverains alliés, le prince Wenceslas de Liechtenstein a été envoyé au prince de Neufchâtel avec une lettre du prince de Schwarzenberg pour offrir une suspension d'armes. Par sa réponse, l'empereur Napoléon a paru très disposé à l'accepter et enfin il y eut hier à Lusigny[2] une conférence entre le général autrichien Duka et le général russe Schouvaloff, le général prussien Rauch et le général français Flahault. Mais l'empereur Napoléon s'est permis, dans cette circonstance, toutes les ruses militaires qui peuvent être propices à la perfidie. Heureusement, moi qui commandais l'arrière-garde, je n'en fus pas la dupe et je m'en tirai bien. En attendant les puissances alliées, vu que Monsieur de Flahault a proposé une suspension d'armes ayant pour conditions les bases de Francfort, ont envoyé cette nuit-ci l'ordre à leurs commissaires de suspendre toute négociation pour une suspension d'armes, et je pense que les ministres, au Congrès de Châtillon, recevront dans les vingt-quatre heures un ultimatum avec l'ordre, dans le cas où il ne serait pas accepté dans un court délai par la France, que le congrès sera regardé comme dissous. Il s'entend que, dans les circonstances présentes, on se désistera

---

[1] Wrède commet là une erreur de date. Le conseil de guerre de Troyes eut lieu le 23 et non le 24 février.
[2] Il s'agit là de la première séance de la conférence de Lusigny.

des prétentions exagérées qu'on avait faites dans l'ivresse de succès éphémères. Ayant eu l'honneur d'être admis dans différentes conférences qui ont eu lieu depuis, j'ai toujours le projet d'agir avec modération sans désespérer pour cela que de petits revers soient de nature à mettre obstacle à l'obtention d'une paix honorable et solide pour le salut et le repos de l'Allemagne.

« *Malheureusement l'armée est un peu démoralisée, moins par des échecs que par l'indiscipline.*

« u reste, aussi ferme que le caractère de l'empereur Alexandre se montre, *autant son armée paraît faire des vœux pour la paix et pour un retour dans sa patrie.*

« L'empereur d'Autriche est toujours fidèle dans les principes et le roi de Prusse, avec qui j'ai eu l'honneur d'avoir un très long entretien, se prononce d'un côté pour la modération et, de l'autre, déploie une grande fermeté pour la persévérance dans cette lutte jusqu'à ce qu'elle puisse se terminer honorablement.

« Voilà où les choses en sont venues dans l'espace de dix jours et voilà aussi le désavantage qui en est résulté par de petites fautes militaires qui ont été commises.

« Il y a eu ce matin ici une très longue conférence entre les puissances alliées avant leur départ de cette ville, dans laquelle il fut décidé que la grande armée alliée se rapprochera de Langres pour y attendre ses renforts, tandis que l'armée du général Blücher doit reprendre l'offensive et manœuvrer sur les derrières de l'ennemi ; si celle-ci marche sur lui, alors *la soi-disant grande armée*, qui a été affaiblie depuis, doit avancer et marcher sur les derrières de l'ennemi. *Il y a à opposer à tout cela que les vivres manquent partout et que l'indiscipline de l'armée a beaucoup exaspéré les habitants. L'armée de Votre Majesté a été très heureuse dans tous ces événements et elle n'a pas encore été battue,* — mit Ausnahme am 17[1] — *mais hommes et chevaux sont bien fatigués.*

« L'empereur Napoléon a dit avant-hier au prince Liechtenstein : « Si je pouvais une fois bien frotter ce diable de Wrède, » ce qui, je pense, pourra bien arriver tôt ou tard.

« Le prince de Hohenzollern est arrivé ce matin porteur de

---

[1] En allemand dans le texte ; signifie : A l'exception du 17.

deux gracieuses lettres que Votre Majesté a daigné m'écrire, ainsi que d'une dépêche ministérielle qu'il lui a plu de m'adresser. J'aurais bien des choses militaires et politiques à dire à Votre Majesté, mais je dicte ma lettre les yeux fermés et n'en pouvant plus[1]. »

26 février 1814. — Schwarzenberg commente le nouveau plan d'opérations. — Premiers ordres pour le 26 février. — Le nouveau plan d'opérations arrêté par le conseil de guerre de Bar-sur-Aube, en réduisant la grande armée à un rôle absolument secondaire, avait provoqué un mécontentement général. La perspective peu réjouissante de la continuation de la retraite avait été aussi vivement critiquée par les officiers qui craignaient de voir leurs hommes leur échapper, que par les généraux qui ne parvenaient pas à comprendre les motifs d'un mouvement rétrograde désormais sans raison. Aussi le généralissime, avant même d'expédier les ordres de mouvement pour la journée du lendemain, avait cru nécessaire d'exposer les motifs de ces opérations dans une sorte de circulaire qui souleva autant de critiques que les résolutions mêmes du conseil.

Le fait est assez rare et assez important pour mériter d'être signalé, et c'est assurément une des seules fois où un généralissime, pour calmer un mécontentement général et d'ailleurs justifié, ait eu recours à un pareil moyen. « J'ai cherché, disait Schwarzenberg aux commandants de corps, à remédier dans la limite du possible aux inconvénients inséparables d'un mouvement rétrograde, en vous invitant d'une part à veiller au strict maintien de l'ordre et de la discipline, et de l'autre à assurer l'exécution ponctuelle des dispositions. Dans les circonstances actuelles, au moment où les opérations de la grande armée et celles de l'armée du feld-maréchal Blücher vont devenir décisives, il m'a paru indispensable de faire connaître aux commandants de corps l'ensemble du plan d'opérations, afin de bien préciser de cette façon l'idée qu'on doit se faire des mouvements de l'armée. La grande armée se rapprochant de ses réserves, qui ont déjà passé le Rhin, pendant qu'une grosse partie de ses

---

[1] *Archives d'Ellingen*, Papiers de Wrède. Lettre citée par Heilmann.

forces prendra l'offensive dans le midi de la France, restera momentanément sur la défensive jusqu'à ce que le feld-maréchal Blücher, rejoint par les généraux Bülow et Winzingerode, ait commencé ses opérations offensives sur les flancs et les derrières de l'ennemi, l'ait obligé à diviser ses forces et ait donné de la sorte à la grande armée, renforcée par l'arrivée de troupes fraîches, la possibilité de frapper le coup décisif.

« C'est dans ce sens que MM. les commandants auront à redresser, dans les limites qu'ils jugeront nécessaires, les appréciations erronées; c'est dans ce sens que, du haut en bas de l'échelle hiérarchique, on devra agir, pour l'intérêt général, sur l'esprit et le moral des troupes. Je profite de cette occasion pour recommander aux commandants de corps d'éloigner du rayon d'action de l'armée les énormes convois de bagages qu'elle traîne avec elle. »

Moins de 24 heures plus tard, au moment où la séparation des armées françaises était chose faite, alors que les nouvelles reçues dans la journée du 26 avaient mis fin à une retraite qu'on avait l'intention de pousser jusqu'à Langres, le généralissime devait regretter amèrement d'avoir, dans un commentaire inutile et nuisible, essayé de motiver les causes plus ou moins réelles des mouvements qu'on allait contremander au moment même où ils avaient à peine reçu un commencement d'exécution.

Les ordres de mouvement pour le 26 portent naturellement l'empreinte de l'esprit qui régnait au grand quartier général lors de leur rédaction. La retraite continuait. Les gardes et réserves russes et prussiennes vont sur Chaumont et Langres. Le IVe corps quittera ses positions de Bar avant le jour, cédera le service d'arrière-garde au Ve corps, défilera de nuit par la ville, ramènera sur la rive droite de l'Aube, qu'elle passera à Fontaine, la cavalerie laissée sur la rive gauche, se couvrira par une faible arrière-garde, se dirigera sur Blessonville et Montsaon et, renforcée par les grenadiers autrichiens de Klenau, fera occuper par ses têtes de colonne Château-Villain et La Ferté-sur-Aube. Le IIIe corps devra aller à Arc-en-Barrois, sur la route de Langres. La 2e division légère (prince Maurice Liechtenstein) ira à Châtillon-sur-Seine pour assurer les communications entre la grande armée et Bianchi. Platoff restera à Boudreville; Seslavin, du côté de Châtillon-sur-Seine. Le V⁰ corps évacuera Bar-sur-Aube, prendra position en arrière de la ville et empêchera l'ennemi de déboucher. Le VI⁰ corps laissera son arrière-garde (Pahlen) à Ailleville, enverra à Vignory un fort parti qui détachera sur Joinville. Le gros du corps s'établira militairement à Colombey-les-Deux-Églises, servant de soutien au V⁰. Si le V⁰ corps réussit à déboucher sans encombre de Bar-sur-Aube, il se repliera sur Colombey, et les deux corps réunis continueront leur mouvement sur Chaumont. Le V⁰ corps s'établira alors en arrière de cette ville; le VI⁰ en avant, de manière à recueillir son arrière-garde postée à Ailleville. Cette arrière-garde restera sous les ordres de Wrède jusqu'au moment où, arrivé à Chaumont, le comte de Wrède sera relevé par Wittgenstein, renforcé à cet effet par la division de cuirassiers de Krétoff. On occupera les hauteurs de Spoy jusqu'au départ du IV⁰ corps de Bar-sur-Aube. Le quartier général sera à Chaumont.

Ordres de l'Empereur. — Nuit du 25 au 26 et matinée du 26 février. — Pendant toute la nuit, l'Empereur n'a évidemment songé qu'au mouvement de Blücher, aux mesures de nature à arrêter le feld-maréchal ou à lui permettre de le rejoindre, à la direction à imprimer aux opérations que, dès ce moment, il est décidé à entreprendre contre l'armée de Silésie. A 3 heures 1/2 du matin, il dicte ses ordres à Berthier [1]. La division Pierre Boyer ira à Arcis et prendra les ordres de Ney. Napoléon fait dire à Victor que dans peu d'heures il verra assez clair dans les affaires pour envoyer des ordres de mouvements aux divisions Charpentier et Boyer de Rebeval. Il ordonne au général Sparre de venir droit de Sens, où il doit être, à Troyes. Quelques heures plus tard, il lui prescrira de rejoindre à Arcis-sur-Aube, Roussel, qui va s'y mettre à la disposition de Ney. Le prince de La Moskowa est parti à 4 heures du matin avec ses deux divisions d'Aubeterre pour Arcis-sur-Aube, où Corbineau a dû faire réparer le pont et d'où, après avoir poussé des partis sur Dosnon et Herbisse, il a cherché à envoyer par des paysans, à Marmont, l'avis du mouvement qui se prépare et qu'il a déjà commencé.

---

[1] Registres de Berthier. (*Archives de la guerre.*)

C'est à 6 heures 1/2 seulement que l'Empereur pense à Oudinot et à Gérard, et qu'il leur ordonne de pousser de Vendeuvre et de Magny-Fouchard sur Bar-sur-Aube. A 8 heures il prescrit à Macdonald, qui est à Bar-sur-Seine, d'aller sur Châtillon-sur-Seine, d'y faire entrer sa cavalerie, d'y organiser la garde nationale pour garder le congrès et de se rapprocher ensuite de La Ferté-sur-Aube.

La poursuite vers l'Aube va donc être moins vive encore que les jours précédents, et cependant les gardes et réserves, au lieu de marcher à leur aise, continuent leur retraite presque à marches forcées. On affecte de croire que le mouvement offensif d'Augereau sur la Saône a pris de telles proportions que Langres est déjà menacé, et c'est pour cette raison que les gardes parcourent en trois jours les 120 kilomètres qui séparent Troyes de Langres.

Mouvements des IIIe et IVe corps. — A l'aile gauche de la grande armée, les ordres de Schwarzenberg se sont exécutés sans encombre. Le IIIe corps continuant à profiter de l'avance qu'il avait pu prendre en décampant le 25 de grand matin et en quittant Bar-sur-Seine avant l'expiration de la suspension d'armes convenue avec Kellermann, n'avait laissé pendant la nuit du 25 au 26, du côté de Fontette, qu'un poste de chevau-légers de Rosenberg, qui s'est replié le matin après avoir constaté la présence de la cavalerie française à Vitry-le-Croisé et Essoyes, et celle du corps volant de Seslavin à La Ferté-sur-Aube, où les cosaques avaient réparé le pont détruit la veille par les troupes de Gyulay [1].

La direction donnée le 26 au IIIe corps en marche sur Arc-en-Barrois, tandis que Macdonald se dirigeait vers Châtillon, devait permettre aux IIIe et IVe corps d'exécuter leur mouvement sans apercevoir l'ennemi. Arrivé à Arc-en-Barrois sans avoir recueilli la moindre nouvelle, Gyulay avait essayé de s'en procurer en envoyant aux renseignements des partis de cavalerie et 200 cosaques qu'il avait trouvés à Courban. Ces reconnaissances

---

[1] Fresnel à Gyulay, Château-Villain, 26 février, 10 heures du matin (*K. K. Kriegs Archiv.*, II, 742.)

poussèrent à 11 heures du matin jusqu'à deux lieues au delà de Châtillon, sans découvrir les troupes françaises, dont l'avant-garde ne devait se montrer que plus tard à Montliot[1]. Fresnel qui, de Château-Villain, avait pris la direction de Longchamp, n'avait naturellement rencontré personne dans ces parages[2].

Le prince royal de Wurtemberg, après avoir évacué Bar-sur-Aube et remis le service d'arrière-garde au Ve corps, avait continué sur Blessonville et Château-Villain, il s'était borné à faire savoir dans l'après-midi au généralissime qu'il s'entendrait avec Guylay pour attaquer l'ennemi en avant de Châtillon et que ce mouvement lui prendrait deux jours de marche[3].

Dans ces conditions, la marche de Macdonald, dont les troupes ne poussaient, d'ailleurs, en avant qu'assez lentement, ne pouvait présenter qu'un intérêt secondaire. Arrivé le 26 à 10 h. 1/2 du matin à Mussy-l'Évêque (Mussy-sur-Seine), ne sachant s'il doit entrer à Châtillon, il fait demander à Caulaincourt s'il peut continuer à marcher et ne reprend son mouvement qu'à midi. Le soir, ses troupes sont : la division légère de Piré et une brigade de la division Brayer à Fontette et Champignol ; la division de dragons de Briche à Essoyes et Grancey-sur-Ource ; celle de Lhéritier sur la route de Mussy-sur-Seine à Châtillon, à Charrey-sur-Seine et Villiers-le-Patras, précédée par son avant-garde qui occupe Montliot. Le quartier général et la division Albert à Mussy. On n'a pas aperçu les troupes du IIIe corps et l'on a seulement appris que le 26 de grand matin un corps de cavalerie qu'on suppose être celui de Platoff, a traversé la grande route se dirigeant sur Arc-en-Barrois, que les bagages et les parc des Alliés ont filé sur Langres et que Bianchi a marché de Bar dans la direction de Tonnerre.

Position du Ier corps et de la division légère Maurice Liechtenstein. — Ordres à Platoff. — Le Ier corps a déjà atteint Saint-Seine et au moment où Macdonald envoie sa dépêche, la division légère d'Ignace Hardegg est entrée à Dijon.

---

[1] Gyulay à Schwarzenberg, Arc-en-Barrois, 26 février. (*K. K. Kriegs Archiv.*, II, 743.)

[2] Fresnel à Gyulay. (*Ibid.*, II, 742.)

[3] Prince royal de Wurtemberg à Schwarzenberg, Château-Villain, 26 février. (*Ibid.*, II, 730.)

Ses avant-postes sont à Perrigny-lès-Dijon; un corps volant est parti pour Sombernon[1].

Le prince Maurice Liechtenstein avait reçu, avec un retard de 12 heures, à La Ferté-sur-Aube, l'ordre de se porter sur Châtillon et de là sur Dijon, où sa division légère devait rejoindre le Ier corps. Il n'avait pu arriver que vers 10 heures du soir à Montigny-sur-Aube et, comme il lui restait encore plus de 8 lieues à faire pour atteindre Châtillon, comme le parti qu'il avait envoyé à Boudreville lui avait fait connaître que le corps de Macdonald n'occupait pas encore Châtillon et que Platoff était à Courban, il avait arrêté ses troupes épuisées de fatigue[2].

L'ataman n'allait, du reste, pas tarder à recevoir l'ordre de quitter les environs de Châtillon où sa présence devenait inutile. Dès le 26 au matin, Schwarzenberg annonçait, de Colombey-les-Deux-Églises à Barclay, que Blücher avait passé l'Aube sur deux colonnes à Anglure pour opérer sa jonction avec les corps de Bülow et de Winzingerode. Trouvant avec raison qu'il était plus que jamais indispensable de rester relié avec le feld-maréchal et d'assurer les communications avec l'armée de Silésie à l'aide d'un corps volant ayant pour mission de faire connaître à tout instant ses mouvements et ceux de l'ennemi, il invitait Barclay à diriger immédiatement l'ataman entre l'Aube et la Marne[3]. La présence de Platoff était d'autant moins nécessaire à l'aile gauche de la grande armée que Seslavin[4] se trouvait déjà de ce côté avec ses

---

[1] Stärke, Eintheilung und Tagesbegebenheiten der Haupt-Armee. (*K. K. Kriegs Archiv.*, II, 1.)

[2] Prince Maurice Liechtenstein à Schwarzenberg, Montigny-sur-Aube, 26 février. (*Ibid.*, II, 747.)

[3] Schwarzenberg à Barclay de Tolly, Colombey-les-Deux-Eglises, 26 février. (*Ibid.*, II, 732.) Platoff reçut son ordre de mouvement le lendemain 27 avec l'injonction d'avoir à adresser ses rapports directement et personnellement au généralissime.

[4] Bien que les deux dépêches ci-dessous, envoyées par Seslavin à Toll détaché à ce moment auprès du prince royal de Wurtemberg, n'aient pu exercer aucune influence sur les opérations, parce qu'on connaissait à cette époque les mouvements de l'Empereur et des maréchaux, nous avons néanmoins cru devoir les reproduire ici, pour faire ressortir combien il importe que les généraux de cavalerie contrôlent leurs renseignements avant de les expédier.

« Le général-major Seslavin au général-lieutenant von Toll. — La Ferté-sur-Aube, 26 fév. 1814, 10 h. du soir. (Reçu à Champignol, le 28 février.)

« D'après le dire des prisonniers, toute l'armée ennemie, la garde y compris, se porte sur Dijon. On a laissé à Merrey (près de Bar-sur-Seine) une division

cosaques et que son corps volant suffisait parfaitement pour renseigner le commandement.

Mouvements du VIe corps et position du Ve corps. — Combat de Dolancourt. — Occupation de Bar-sur-Aube.

— Le VIe corps avait, dans la matinée du 26, quitté Ailleville et passé par Bar-sur-Aube, pour venir prendre position à peu de distance de Colombey-les-Deux-Églises, à Pratz, où il se renforça de huit bataillons de réserve arrivés de Dantzig. Son avant-garde, sous Pahlen, resta vers Lignol à proximité et un peu en arrière de la gauche du Ve corps. Une partie du régiment cosaque de Wlassoff était partie pour Vignory.

Au lieu de diriger sur Blessonville, Château-Villain et La Ferté-sur-Aube le Ve corps, déjà en position à Bar-sur-Aube et qui aurait eu moins de chemin à parcourir, le généralissime prescrivit à Wrède de se charger de nouveau de l'arrière-garde et de relever les troupes du IVe corps, en avant de Bar. Un pareil mouvement devait forcément faire perdre un certain temps et contrarier, en outre, l'écoulement de colonnes qui allaient marcher en sens contraire sur la même route.

Se conformant aux ordres du prince, Wrède envoya à Arsonval la division légère du comte Antoine Hardegg, soutenue par

---

de cavalerie forte de 3,000 chevaux (hussards, dragons et chasseurs à cheval) qui, sous les ordres du général Piré, doit couvrir la marche sur Dijon et, le cas échéant, la retraite. Napoléon était hier encore à Troyes. Son armée marche sur une très longue colonne. On ne devrait donc pas laisser échapper l'occasion de l'attaquer pendant sa marche, d'autant mieux que Napoléon compte sur notre retraite.

« Je n'ai pas pu me retirer avant-hier d'Auxon sur Les Maisons-Blanches, mais je me suis porté en droit sur Bar-sur-Seine et, comme les Autrichiens ont le lendemain évacué cette ville sans tirer un coup de fusil et comme l'ennemi l'a occupée, j'ai ramené mon détachement sur Ville-sur-Arce, Viviers et Fontette et j'ai été suivi pas à pas par l'ennemi. J'avais laissé à Fontette un poste qui en a été chassé aujourd'hui par l'avant-garde du général Piré. Je suis avec mes troupes à La Ferté-sur-Aube où des troupes wurtembergeoises arrivent à l'instant et m'annoncent qu'elles attaqueront l'ennemi demain. J'agirai en me conformant aux événements et vous prie de communiquer au porteur les ordres généraux de mouvement de l'armée. »

« Le général-major Seslavin au général-lieutenant von Toll. — La Ferté-sur-Aube, 27 février 1814, 9 h. 1/2 matin.

« L'armée ennemie se porte sur Dijon et Besançon où l'on attend l'arrivée du vice-roi d'Italie. On va concentrer toutes les forces de ce côté. Dès que je me serai plus complètement renseigné, je vous adresserai un autre rapport. »

deux régiments de cavalerie du général Spleny, alors à Ailleville, et établit le gros de son corps formé sur deux lignes, sur les hauteurs qui s'élèvent à l'est de Bar-sur-Aube aux environs de Lignol, l'artillerie sur le front de la position. Les cuirassiers russes de Kretoff furent placés en réserve à Lignol et quelques escadrons de cavalerie bavaroise furent laissés sur la rive gauche de l'Aube, en avant de Bar.

Tous les mouvements prescrits par Schwarzenberg étaient exécutés et Wrède venait à peine d'achever son déploiement qu'il recevait à Lignol les ordres pour les journées des 27 et 28, ordres qui avaient exclusivement trait à la retraite générale sur Langres.

A 11 heures du matin, les deux corps français placés sous les ordres d'Oudinot (2e et 7e corps) s'étaient portés sur Bar-sur-Aube. Vers 1 heure, les têtes de colonnes françaises débouchent par la route de Magny-Fouchard à Dolancourt. Cette colonne, composée de troupes d'infanterie et de cavalerie et soutenue par deux batteries d'artillerie dont les boulets balayent le pont de Dolancourt que les Alliés ont négligé de détruire, attaque, après une canonnade d'une certaine durée, les troupes de Hardegg, force le passage de l'Aube, démolit les barricades élevées à la sortie du pont et oblige Hardegg à se replier sur ses soutiens. La cavalerie française passe rapidement le pont de Dolancourt, poursuit l'infanterie autrichienne qui se retire de position en position, d'abord d'Arsonval sur Ailleville, puis sur Bar-sur-Aube. La cavalerie bavaroise, chassée des hauteurs de Spoy, vient de traverser cette ville après avoir failli être débordée et tournée à plusieurs reprises dans sa retraite de Spoy sur Bar. Wrède voyant l'ennemi en force lui abandonne Bar sans combat vers 5 heures du soir; puis, exécutant les ordres du généralissime, il continue sa retraite et ramène tout son monde sur les hauteurs de Lignol[1], se contentant d'arrêter par le feu de son artillerie les progrès des Français qui essayent vainement de déboucher de la ville et y établissent la division Duhesme.

La nuit commence à tomber et la fusillade a cessé. Oudinot, voyant que le Ve corps ne paraît pas disposé à lui abandonner les hauteurs de Lignol, fait prendre position à l'autre division du

---

[1] Relation des combats de Bar-sur-Aube (*K. K. Kriegs Arch.*, II, 780 et II, 780, *a;* Rapport de Frimont (*Ibid.*, II, 792, *c*).

2e corps aux Filles-Dieu (Val des Vignes); le 7e corps s'établit à sa gauche, la division Leval à Vernonfays, s'étendant jusque vers le bois de Lévigny, soutenue en arrière par la division Rottembourg.

La division Pacthod reste sur la rive gauche de l'Aube, au pont de Dolancourt, avec la plus grande partie de l'artillerie qu'Oudinot a cru devoir laisser en arrière, de crainte de l'engager et de la compromettre dans le long défilé d'Arsonval à Bar-sur-Aube. Le gros de sa cavalerie a dû également, à cause de la rareté des fourrages, rester sur la rive gauche à Spoy.

Combat de nuit dans les faubourgs de Bar. — Vers 7 heures du soir, un aide de camp de Schwarzenberg était arrivé à Lignol, porteur d'un billet au crayon du généralissime, expédié de Colombey-les-Deux-Églises à 5 heures 3/4 et enjoignant à Wrède de se maintenir à tout prix à Bar-sur-Aube, de ne rien céder à l'ennemi, et l'informant, en outre, de l'annulation des ordres déjà donnés pour le lendemain.

En présence d'un ordre aussi formel, bien qu'il fasse déjà nuit noire, Wrède va essayer de reprendre la ville. Un bataillon du 8e régiment d'infanterie bavaroise réussit à y pénétrer et à s'y maintenir même pendant quelque temps. Mais, attaqué par des forces supérieures en nombre qui cherchent à lui couper la retraite, le bataillon, obligé de se frayer un chemin à la bayonnette, regagne à grand peine les faubourgs après avoir perdu 14 officiers et 300 hommes [1].

Une dépêche de Blücher et l'arrivée du major Mareschal décident Schwarzenberg à arrêter son mouvement rétrograde. — Une ruse de Blücher, une fausse nouvelle que sa haine lui avait dictée, une nouvelle qui ne devait être vraie que 24 heures plus tard, avait amené ce changement imprévu. Le feld-maréchal, aussitôt après avoir reçu la lettre par laquelle Schwarzenberg l'informait de Vendeuvre, le 24, que l'armistice n'aurait pas lieu et l'invitait à se rapprocher de lui, en marchant sur Arcis et Dienville, avait, sans perdre une minute, fait partir sa réponse d'Esternay le 26 à 8 heures du matin.

---

[1] Relation des combats de Bar-sur-Aube. (*K. K. Kriegs Archiv.*, II, 780.)

Bien que la lettre, écrite à Anglure le 25 au matin, ne pût plus laisser aucun doute sur la direction qu'il avait déjà commencé à donner aux opérations de l'armée de Silésie, il avait cru nécessaire d'accentuer encore plus le caractère des résolutions qu'il avait irrévocablement prises. « J'ai reçu cette nuit, écrivait-il d'Esternay le 26 à huit heures du matin à Schwarzenberg, vos lettres du 24 au matin et au soir. J'ai eu le regret d'y constater l'existence d'un malentendu qui ne peut avoir été causé que par la perte d'une dépêche. J'ai agi conformément aux instructions verbales qui m'ont été communiqués par le colonel von Grolmann.

« Mes avant-gardes ont poussé hier l'ennemi jusqu'à La Ferté-Gaucher et se tiennent en vue de cet endroit. Si je voulais revenir sur mes pas, il me serait impossible d'opérer ma jonction avec Votre Altesse à l'époque indiquée et j'exposerais mon armée aux plus grands dangers. J'espère, au contraire, que ma marche sur Paris et sur les derrières de l'Empereur dégagera votre armée.

« Je jetterai le 27 mes ponts sur la Marne, et une partie de l'armée de Silésie pourra paraître devant Paris le 1er mars.

« Si l'armée du Nord me rejoint d'ici là, je pourrai lui abandonner les opérations sur Paris et me porter de la Marne vers la Seine[1]. »

Aussitôt après avoir expédié cette dépêche, Blücher avait pensé qu'elle ne suffirait peut-être pas pour couper court à une retraite qu'il avait condamnée, à laquelle il avait toujours refusé de se joindre et dont, malgré les avantages qu'il comptait remporter, les conséquences pouvaient être dangereuses pour lui. Ne sachant rien des mouvements et des intentions de l'Empereur, il imagina d'envoyer au quartier général le major Mareschal, l'officier autrichien qui suivait les opérations de l'armée de Silésie. Il avait chargé cet officier de rendre compte du passage de l'Aube, de la marche contre Marmont et d'insister sur le fait que Napoléon n'avait dirigé contre la grande armée dans sa retraite sur Vendeuvre, Bar-sur-Aube et Bar-sur-Seine que Macdonald et Oudinot, tandis que le gros de l'armée française rassemblé à Méry était en marche contre lui.

---

[1] Blücher à Schwarzenberg, Esternay, 26 février, 8 heures du matin.

A 3 heures, Mareschal arrivait à Colombey-les-Deux-Églises, y trouvait le roi de Prusse et Schwarzenberg au moment même où Wittgenstein, venu lui aussi à Colombey, annonçait que l'ennemi poussait la poursuite de plus en plus mollement. Vivement pressé par le roi de Prusse intimement convaincu du départ de Napoléon, sollicité par Wittgenstein qui, soutenu par Frédéric-Guillaume, s'efforce de lui démontrer que la continuation du mouvement rétrograde n'a plus de raison d'être et que le moment d'agir est venu, Schwarzenberg se décide à envoyer à Wrède l'ordre de conserver Bar-sur-Aube et s'engage à reprendre l'offensive dès le lendemain.

Le revirement que la mission de Mareschal vient de produire dans l'esprit du généralissime est d'autant plus surprenant, la concession faite au roi de Prusse est d'autant plus remarquable qu'on peut, grâce à une lettre écrite par Schwarzenberg à la princesse, peu d'heures auparavant [1], se rendre compte de l'idée

---

[1] Extrait d'une lettre du prince de Schwarzenberg à la princesse. — « Colombey-les-Deux-Eglises, 26 février 1814.
« L'empereur Napoléon avait rassemblé toutes ses forces pour nous livrer bataille à Troyes. Cette volonté bien arrêtée de son côté était déjà un premier motif pour la lui refuser. Mais le motif principal pour éviter la bataille, — et c'était là une considération capitale que je ne devais pas négliger, — était qu'un échec, d'ailleurs toujours possible et suivi d'une retraite de Troyes jusqu'au delà du Rhin, aurait entièrement anéanti notre armée. Toute la campagne d'hiver avait exclusivement pour but de surprendre l'empereur Napoléon, d'empêcher ses préparatifs et de le contraindre ainsi à consentir à une paix avantageuse pour nous. Comment pouvait-on me prêter l'intention de m'entêter dans une opération ne reposant sur aucune base, alors que, comme c'est ici le cas, la paix est le but auquel nous tendons, but auquel pour des raisons quelconques il était impossible d'atteindre. Livrer une bataille décisive à un ennemi qui, grisé par quelques affaires avantageuses pour lui, combat pour son existence, sur son propre territoire, au cœur même d'un pays où tous les paysans courent aux armes, à un ennemi qui a derrière lui sa capitale d'où il tire tout ce dont il a besoin, c'est là tenter une entreprise qu'une inéluctable nécessité peut seule justifier. Nous sommes un ramassis de nations ; nous souffrons du triste mal d'avoir à porter sur nos épaules trois souverains.
« Dès que les opérations ont commencé, nos propres traînards ont pillé nos convois ; car avec des peuples pareils il faudrait, pour empêcher sur une aussi grande ligne les excès et les pillages, pouvoir établir une autre armée sur les derrières de l'armée d'opérations. Il est, par suite, impossible de faire suivre les magasins chargés de pourvoir aux besoins d'une pareille masse de troupes. Tout cela était prévu ; tout cela a été redit cent fois ; mais on n'y a pas plus fait attention qu'à l'importance de la vallée de la Saône. Il a fallu, pour qu'on s'en occupe, que l'ennemi débouche de Lyon pour agir sur nos communications. Avais-je, dans cette situation, le droit de livrer au cœur même de la

qu'il se faisait alors de la situation. Il n'y a donc pas lieu de s'étonner si, ainsi que nous le dirons par la suite, les opérations offensives auxquelles il a dû donner son consentement, se borneront, en somme, à de grosses reconnaissances et à une marche des plus lentes, et aboutiront à un nouvel arrêt à Troyes. Un incident imprévu a suffi pour réduire à néant les grandes résolutions arrêtées au conseil de Bar-sur-Aube, pour ramener à Troyes une armée dont le chef était quelques instants auparavant décidé à se replier sur Langres.

Marche de l'armée de Silésie. — Le 26, à la pointe du jour, les deux colonnes de l'armée de Silésie ont repris leur marche sur **La Ferté-Gaucher**. Leurs cavaleries d'avant-garde y arrivent presque simultanément, les Prussiens par la rive droite du Grand-Morin, les Russes par la rive gauche, vers les 9 heures du matin. L'arrière-garde de Marmont évacue alors la ville après avoir incendié le pont du Morin.

Blücher avait pensé que, de La Ferté-Gaucher, le duc de Ra-

France une grande bataille sans penser à mes flancs, à mes derrières, au soulèvement des paysans et à la présence des souverains?

« Peu m'importe que des journalistes, que des membres du *Tugendbund* et autres gens du même acabit, s'écrient : « Que de grandes choses on aurait pu « faire, s'il y avait eu un autre homme à la tête de cette belle armée. » Mais, quant à moi, je ne saurais plus jouir paisiblement à Worlik (le château favori du prince en Bohême) de tout ce que le ciel m'a donné, si ma conscience me criait : « Tu n'as pas eu le courage de t'élever au-dessus de l'opi- « nion publique; tu as transigé avec tes convictions et c'est pour cela qu'une « belle armée a été anéantie et que sa destruction a assuré le triomphe de la « France ! »

« Mon refus de livrer bataille m'a valu d'amères critiques et de durs reproches. Mais je suis resté inébranlable et rien n'aurait pu me faire changer d'opinion. J'ai opéré ma retraite derrière l'Aube dans l'ordre le plus parfait. Blücher a pris à droite pour se réunir à Bülow et à Winzingerode. Il aura de la sorte une armée de 120,000 hommes entre Soissons et Reims. De cette façon, l'ennemi sera obligé de partager ses forces et son attention. Mes réserves sont entre Chaumont et Langres. Je peux donc, dans le cas où Augereau chasserait mes corps de la vallée de la Saône, voler de suite à leur secours et, dans le pire de tous les cas, recueillir ceux qui bordent l'Aube. De la position que j'occupe, je menace les corps ennemis qui continueraient leur marche en avant, je couvre le mouvement de mon armée de réserve qui se rapproche de moi et j'espère gagner le temps nécessaire pour pouvoir judicieusement répartir ces renforts. Je crois avoir bien manœuvré. Et maintenant que l'on crie tout ce que l'on voudra. Je suis rassuré et tranquillisé parce que j'ai l'intime conviction d'avoir bien agi. »

guse prendrait par Coulommiers sur Meaux, afin de couvrir la route de Paris. La présence de l'arrière-garde française à La Ferté-Gaucher avait décidé le général von Katzler à repasser sur la rive droite du Morin, en amont de La Ferté-Gaucher, à Saint-Martin-des-Champs, à opérer sa jonction avec la cavalerie de Zieten et la réserve de cavalerie du Ier corps. A l'exception de la cavalerie russe, il ne restait à ce moment, sur la rive gauche du Morin, aux abords de La Ferté, que l'infanterie d'avant-garde du Ier corps prussien, sous les ordres du lieutenant-colonel von Klüx. Mais Marmont avait deviné les intentions du feld-maréchal : dès la veille, il s'est décidé à se replier par Rebais sur La Ferté-sous-Jouarre. Il tient d'abord à rejoindre Mortier. Il veut ensuite déjouer le projet de Blücher, qui essayera de déborder sa droite et de le couper de Paris en exécutant un mouvement convergent par Coulommiers et par Rebais. Pendant que le feld-maréchal, auquel on a signalé la retraite de l'arrière-garde française sur Rebais, ordonne à York et à Kleist, qui sont arrivés à Meilleray, de prendre leur direction à droite par Saint-Barthélemy et pousse les Russes sur la route de Coulommiers, Marmont, qui a vu filer des troupes de toutes armes pour Coulommiers, s'est mis lui-même en mouvement pour ne pas être devancé par l'armée de Silésie. Il semble du reste que le feld-maréchal aurait pu aisément pénétrer les projets de Marmont. Il aurait dû prévoir que Marmont, cherchant avant tout à opérer sa jonction avec Mortier, allait se diriger sur La Ferté-sous-Jouarre. Dès lors, la route de Rebais était la seule qu'il pût suivre, d'abord parce qu'elle était de beaucoup la plus courte, ensuite parce que le maréchal était sûr de pouvoir repasser la Marne, pour peu qu'il eût envoyé du monde au pont de La Ferté-sous-Jouarre, et, enfin, parce qu'il évitait de cette façon les plaines de Coulommiers, où il avait tout à craindre de la nombreuse cavalerie russe et prussienne qu'il avait vu escadronner autour de lui dans sa belle retraite de Vindey sur La Ferté-Gaucher.

Au lieu de se rendre à l'évidence dès qu'il vit l'arrière-garde française filer par la route de Rebais, Blücher ordonna à York de pousser sur Rebais et d'envoyer la réserve de cavalerie jusqu'à Saint-Ouen sur le Petit-Morin ; à Kleist d'aller jusqu'au Petit et au Grand-Montgoins et jusqu'à Ru-de-Veroux ; à Sacken d'atteindre Coulommiers pendant que Kapsewitch s'arrêtera le soir à

Chailly. Grâce aux erreurs de Blücher, Marmont, continuant sa retraite en bon ordre, put, sans être entamé, prendre position avant 5 heures à La Ferté-sous-Jouarre. Il y trouva des nouvelles de Mortier qui, laissant le général Vincent à Château-Thierry avec l'ordre de se retirer s'il y était contraint, soit sur Grandchamp, soit sur Lizy-sur-Ourcq, s'était mis en marche pour le rejoindre à La Ferté. Les deux maréchaux avaient, dès ce moment, résolu de quitter La Ferté-sous-Jouarre dans la nuit du 26 au 27, pour se replier par Sammeron, sur Trilport et Meaux, points vers lesquels Marmont avait eu la précaution d'envoyer du monde dès son arrivée à La Ferté-sous-Jouarre. La jonction des deux maréchaux que Blücher cherchait à empêcher était désormais chose faite.

Le 26 au soir, le feld-maréchal et York étaient tous deux à Rebais; Kapsewitch à Chailly, Sacken à Coulommiers, le prince Guillaume de Prusse à Rebais et à Saint-Denis-lès-Rebais. Kleist n'avait pu arriver aussi loin qu'on le voulait : son infanterie s'était arrêtée à Doué, sa cavalerie seule avait été jusqu'à Ru-de-Veroux. La cavalerie de Katzler (Ier corps), qui avait poussé plus avant, cherchait à savoir si les Français avaient détruit le pont du Morin, près de La Ferté-sous-Jouarre.

Le colonel von Lobenthal, parti à 4 heures du matin de Soudé-Sainte-Croix, avait rencontré, entre Poivres et Mailly, le convoi qui se repliait rapidement devant les troupes françaises débouchant d'Arcis. Un escadron de hussards, envoyé en reconnaissance, avait confirmé ce mouvement.

Le général Korff, avec 4,000 chevaux environ, était resté à La Ferté-Gaucher pour couvrir les derrières. Des cosaques surveillaient l'Aube et étaient entrés en force le soir à 7 heures 1/2 à Villenauxe. Des partis de cavalerie prussienne, dirigés la veille sur Montmirail et poussant jusqu'à Le Gault, avaient appris que des piquets de chasseurs à cheval et de dragons en étaient partis dans la nuit du 25 au 26, se dirigeant sur La Ferté-sous-Jouarre. A Montmirail, ils avaient trouvé des cosaques du corps Winzingerode, et à Vieils-Maisons trois escadrons de hussards du régiment de cavalerie nationale de Silésie. Les cosaques de Tettenborn, à ce moment à Ay, y recueillirent la première nouvelle du mouvement de Blücher : ils devaient être désormais plus spécialement chargés de suivre et d'observer les mouvements de l'Empereur et de renseigner à la fois Winzingerode et Schwarzenberg.

La fortune, toujours favorable à Blücher, devait l'éclairer encore plus complètement sur les projets et les mouvements de ses adversaires. Dans la nuit du 25 au 26, ses coureurs, battant tout le pays entre Épernay, Château-Thierry et La Ferté-sous-Jouarre, avaient réussi à s'emparer d'un officier de l'état-major de Mortier. Par les papiers trouvés sur lui, par les réponses qu'il eut la faiblesse de faire, Blücher, à qui on l'avait amené le 26 au matin, apprit d'une manière positive que le duc de Trévise, couvert par une faible arrière-garde de 500 hommes et de 300 chevaux, sous les ordres du général Vincent, quittait Château-Thierry pour rejoindre le duc de Raguse à La Ferté-sous-Jouarre, et que de là les deux maréchaux, à la tête d'une dizaine de mille hommes, comptaient se replier sans plus tarder de La Ferté sur Meaux.

Bülow détache Thümen sur La Fère. — Pendant que Winzingerode dirigeait, sur l'ordre du généralissime, Tettenborn sur Ay, Bülow chargeait le général von Thümen, avec deux compagnies de fusiliers, deux bataillons d'infanterie de réserve, quatre escadrons de cavalerie de landwehr de Silésie et une batterie montée, de reconnaître La Fère et d'essayer de s'en emparer. La possession de cette place, située au confluent de La Serre et de l'Oise, à peu près à égale distance de Laon et de Saint-Quentin, commandant la route de Compiègne, remplie de matériel et renfermant des magasins bien pourvus, avait d'autant plus de prix pour les Alliés que non seulement elle assurait leurs communications avec Avesnes et la Belgique, mais qu'elle leur permettait d'utiliser des ressources qu'une campagne d'hiver rendait plus rares et plus précieuses pour eux.

Napoléon informé de la marche de Blücher. — **Ordres de mouvement.** — A peu près au moment où Mareschal arrivait à Colombey, Napoléon avait reçu vers 2 heures 1/2, à Troyes, les premières nouvelles positives du mouvement de Blücher contre Marmont et de la canonnade de Sézanne. Sachant désormais à quoi s'en tenir, il avait immédiatement prescrit à Ney de déboucher sur la rive droite de l'Aube, et à Roussel, que la brigade de

Sparre allait rejoindre le lendemain, de rallier le prince de La Moskowa.

Deux heures plus tard, après avoir, dans sa première dépêche, mis le maréchal au courant de la position des corps les plus rapprochés de lui, après lui avoir fait connaître la présence de Victor à Méry, de Padoue à Nogent et même celle de Mortier à Château-Thierry, l'Empereur a définitivement décidé le mouvement.

A 4 h. 1/2 il prescrit à Ney [1], qu'il charge « d'imprimer à tout cela la direction convenable », de marcher tout de suite pour arrêter Blücher et dégager Marmont. Padoue qui est à Nogent y passera le pont et opérera sa jonction avec Bordesoulle que l'Empereur croit toujours du côté de Villenauxe. Victor débouchera de Méry et se reliera par sa droite avec le prince de La Moskowa. L'Empereur ne s'illusionne que sur un seul point : il ne croit pas que Blücher ait pris une avance aussi considérable ; il espère le rejoindre en une ou deux marches et, dans cette croyance, il termine les dépêches qu'il adresse à Ney, à Victor, à Padoue et à Bordesoulle, par ces mots : « Il ne faut, sous aucun prétexte, laisser Blücher s'établir à Sézanne. » Il espère que l'approche de Ney et de Victor sur les derrières du feld-maréchal, de Padoue et de Bordesoulle sur son flanc gauche et la présence des corps français entre Sézanne et Vitry, l'obligeront à renoncer à ses opérations « si toutefois il en a eu d'autres que de regagner Châlons ». Mais, de toute façon, et tout en espérant encore qu'une simple démonstration suffira pour arrêter Blücher, il est fermement décidé à dégager Marmont à tout prix, et c'est ainsi que *le 26, à 8 heures du soir*, il fait écrire au duc de Raguse par le major-général : « L'armée impériale est en mouvement : Ney a passé à Arcis-sur-Aube et marche sur les derrières de Blücher. Vous pouvez vous faire soutenir par Mortier, si cela est nécessaire [2]. »

Le 26, dès qu'il a eu connaissance de la marche de Blücher, l'Empereur a donc mis en mouvement toutes les troupes qu'il compte emmener avec lui. Ney, Victor, Padoue, Bordesoulle et Roussel, les brigades de Boyer et de Sparre ont déjà franchi l'Aube ou ont reçu l'ordre de passer au plus vite cette rivière.

---

[1] *Correspondance*, n° 21384.
[2] Registres de Berthier. (*Archives de la guerre.*)

Ney et Victor forment l'avant-garde. La garde les suivra de près. Sébastiani est chargé de la défense de Troyes. Une brigade et 500 chevaux, détachés du corps de Macdonald y gardent le parc de l'armée et le quartier général. Dès ce moment, le plan de l'Empereur est définitivement arrêté : il marchera contre Blücher. Le 26 au soir, il a approuvé les mouvements faits par Macdonald, lui a interdit d'entrer à Châtillon et lui a prescrit de porter le lendemain son quartier général à La Ferté-sur-Aube ou à Clairvaux, afin d'être plus près de Bar-sur-Aube et plus à même de soutenir Oudinot et Gérard. En attendant les derniers renseignements qui le décideront à quitter Troyes de sa personne et à donner, le 27 au matin, à Macdonald, le commandement supérieur de son corps et de ceux d'Oudinot et de Gérard, avec lesquels il devra masquer sur l'Aube le départ du gros de l'armée, l'Empereur a rendu un décret ordonnant la levée de 3,000 hommes dans chacun des départements qui ont été occupés par les Alliés (Aube, Yonne, Seine-et-Marne, Drôme, Isère, Mont-Blanc et Côte-d'Or) et dans tous les autres départements, au fur et à mesure qu'ils seront évacués. Il fait, en outre, adresser aux commandants de Mayence et de Metz des dépêches leur prescrivant de sortir de ces places et de le rejoindre en tombant sur les derrières des Alliés.

Dès le 26, nous nous trouvons donc en présence de trois opérations bien distinctes exécutées simultanément par l'armée française : la première, sur la Marne, où Marmont et Mortier essayent de tenir tête à Blücher et de ralentir sa marche sur Paris ; la deuxième, sur les derrières de Blücher que Napoléon va essayer de rejoindre et d'arrêter pour dégager les maréchaux ; la troisième, sur l'Aube et sur la Seine où Macdonald, Oudinot et Gérard sont chargés de contenir l'armée de Schwarzenberg.

Observations sur les opérations du 17 au 27 février. — C'est surtout à propos de sa retraite prolongée qu'on a été sévère, injuste même, pour le généralissime des armées alliées et qu'on a prodigué les critiques les plus acerbes à une prudence qui peut, au premier abord, paraître excessive. Si, comme nous avons essayé de le démontrer à plusieurs reprises, lorsque nous avons exposé les opérations qui ramenèrent la grande armée des bords de l'Yères jusque sur la rive droite de l'Aube, il est évident qu'on aurait pu éviter cette certaines fautes, il est non moins certain qu'on a généralement refusé de rendre à Schwarzenberg la justice qui lui est due. On n'a pas apprécié impartialement les difficultés tout exceptionnelles de sa situation, difficultés qui ressortiront aisément d'un résumé que nous croyons utile de faire. Nous venons, en effet, d'arriver à un de ces moments que Clausewitz aurait décoré du nom pompeux de *Crisis in den Feldzügen*, à un de ces moments où le sort de toute une campagne et l'existence des nations dépendent des résolutions des chefs de leurs armées. Si les temporisations, peut-être quelque peu exagérées, de Schwarzenberg dans une retraite dont les détails d'exécution ont assurément laissé à désirer, et, d'autre part, si le mouvement de l'Empereur de la Marne vers la Seine et ses opérations contre Blücher ont été généralement critiqués avec une sévérité qui touche à la partialité, l'audace de Blücher et la victoire de Laon ont fait oublier des actes de désobéissance et d'indiscipline, que seul il pouvait se permettre et que, malgré l'approbation tardive donnée par les souverains à des faits déjà accomplis, on n'aurait pas manqué de lui reprocher à bon droit si le succès n'avait pas couronné son entreprise.

Comme nous avons déjà eu l'occasion de le dire, le retour subit et inattendu de l'Empereur, son arrivée à Guignes, alors qu'on le croyait sur la route de Châlons, avaient surpris Schwarzenberg à un moment où les différents corps de son armée étaient disséminés sur une ligne concave allant de Nogent, par Sens et Villeneuve-la-Guyard, à Montereau et Nemours; la transmission défectueuse des ordres, le peu d'empresssement apporté à leur exécution par des généraux toujours disposés à la critique, toujours prompts à saisir l'occasion d'agir à leur guise, d'incessantes velléités d'indépendance jointes à des jalousies et à des rivalités personnelles avaient amené les affaires de Mormant, de Nangis et de Valjouan. Mais ces échecs ne pouvaient avoir de graves conséquences parce que l'Empereur, au lieu de déboucher par Sézanne sur les derrières de Wittgenstein, avait dû revenir par Meaux, et malgré toute la rapidité de ses mouvements, n'avait pu, en raison même de la direction qu'il lui avait fallu donner à sa marche, renouveler la manœuvre qui venait de lui réussir contre les corps de Blücher. Comme les corps de grande armée occupaient les sommets d'un triangle formé par

Nogent, Montereau et Sens, il était impossible à Schwarzenberg de songer à organiser, en présence même de l'ennemi, la défense de la ligne de la Seine. Dès ce moment, le généralissime, tout en gardant le silence sur des projets qu'il craignait de ne pouvoir faire accepter aux souverains, avait déjà conçu le plan de se dérober devant Napoléon. Mais il était également décidé à céder dans le principe le terrain pied à pied, jusqu'à ce qu'il sache sur quel point l'Empereur cherchera à forcer le passage, et jusqu'à ce qu'il ait réussi à faire rentrer ce qui se trouvait sur la rive gauche de l'Yonne. C'est pour atteindre ce double résultat, qu'il autorise en fin de compte le prince royal de Wurtemberg à défendre Montereau. Il aurait pu, il est vrai, concentrer à Trainel dès le 18, les trois corps qu'il avait laissés sur la rive droite de la Seine, et préparer la destruction des ponts, afin d'être en mesure d'écraser les têtes de colonnes françaises au moment où elles auraient tenté de prendre pied sur la rive gauche de la Seine. Mais il risquait dans ce cas de voir l'Empereur, au lieu de chercher à forcer le passage, l'amuser par une démonstration, faire filer le gros de ses forces par la rive droite de la Seine, le devancer à Plancy et à Bar-sur-Aube et l'empêcher de continuer sa retraite au delà de Troyes.

Le combat de Montereau, qu'on aurait pu rompre sans inconvénient plus tôt, avait fourni au généralissime les indications dont il avait besoin pour régler ses mouvements ultérieurs. A partir du 18 au soir et surtout du 19 au matin, il sait à quoi s'en tenir. Il lui est facile de voir que l'Empereur le suivra vers Troyes dans l'espoir de lui livrer bataille. Tout autre généralissime, placé dans la situation de Schwarzenberg, aurait vraisemblablement cédé aux sollicitations des souverains, aux supplications de ses généraux, à la pression qu'on exerçait sur lui et consenti à risquer une bataille.

Il est évident que si l'on compare les effectifs des belligérants et si l'on se borne à considérer la supériorité numérique des Alliés, on doit avec les détracteurs de Schwarzenberg condamner une retraite que rien ne semble justifier et dont l'exécution mal étudiée se fit dans de mauvaises conditions.

Mais, d'autre part, si l'on jette un coup d'œil sur l'état moral de la grande armée alliée et sur l'impression produite d'abord par les échecs de Blücher, puis par les affaires de Mormant, de

Nangis, de Villeneuve-les-Bordes et de Montereau, si l'on tient compte des privations endurées par les soldats, des pertes causées par les marches, les maladies et la rigueur de la température, de la presque absolue impossibilité d'assurer l'existence des troupes dans des régions dévastées et naturellement peu fertiles; enfin, de la distance considérable à laquelle se trouvaient encore les renforts attendus, on ne pourra s'empêcher de reconnaître que Schwarzenberg a fait preuve de sagesse en refusant la bataille en avant comme en arrière de Troyes, en obligeant peu à peu les souverains à le laisser se replier et se dérober, tout en entraînant l'Empereur à sa suite. La présence des souverains, leur incessante intervention tant dans les affaires politiques que dans les opérations militaires, les réclamations de Blücher et de ses conseillers qui s'entêtent à recommencer la marche sur Paris ou qui réclament à grands cris une bataille immédiate, obligent le généralissime, non pas à modifier des résolutions fermement et irrévocablement arrêtées dans son esprit, mais à user de ruse et d'adresse pour arracher péniblement aux monarques une approbation et un consentement auxquels les Alliés devront une bonne partie de leurs succès. Schwarzenberg a dans ces circonstances difficiles, fait preuve pendant ces dix jours d'une puissance de caractère remarquable, d'une force de volonté, d'un sang-froid, d'un coup d'œil dont on chercherait vainement à contester l'opportunité, d'une fermeté qui a utilement servi les intérêts de la Coalition. Il a eu à ce moment le courage de braver la critique et de mépriser des reproches qui, précisément parce qu'ils étaient immérités, n'en étaient que plus durs et plus cruels. Loin de changer d'idée, il n'en a eu cette fois qu'une seule, et malgré les blâmes, malgré les sollicitations de toute espèce, il a trouvé en lui-même, dans le sentiment de ce qu'il considérait comme son devoir, la force et le calme nécessaires pour résister aux pressions et pour rester inébranlable. Ne pouvant parvenir à convaincre les souverains, ne disposant pas de l'autorité nécessaire pour contraindre Blücher à lui obéir, il cède au conseil de guerre de Bar-sur-Aube sur tous les points relatifs aux opérations de l'armée de Silésie et se contente de réclamer et d'obtenir le droit de faire exécuter à sa propre armée les mouvements que seuls il croit de nature à sauvegarder l'intérêt général, à assurer le résultat final sans rien livrer au hasard et sans courir l'aventure d'une défaite dont les conséquences eussent pu ruiner et détruire la coalition. Il suffit, comme nous l'avons fait, de relire la correspondance intime de Schwarzenberg pour s'apercevoir de la sévérité, de l'injustice de Clausewitz à son égard, pour reconnaître que le grand écrivain militaire se laissait égarer par la passion et la partialité lorsque, appréciant la conduite de Schwarzenberg à ce moment critique de la campagne, il prétend dans sa *Critique* que « L'absence de plan est la seule excuse qu'on puisse donner de tous ces mouvements. »

S'il est hors de doute que l'initiative de Blücher et l'offensive prise par l'armée de Silésie à Méry le 23 février, ont amené un changement aussi complet qu'imprévu dans la conduite des opérations et ont puissamment contribué au succès de la campagne, on doit également reconnaître que la manière d'agir du feld-maréchal et la façon dont il s'affranchit vis-à-vis du généralissime d'une dépendance qui lui pèse, donnent, par plus d'un point, prise à la critique. Quoique placé à la tête de l'armée de Silésie, quoique indépendant et libre de ses actions dès qu'il opère sur un théâtre de guerre séparé, Blücher n'en relève pas moins du généralissime. Mais c'est là une idée que le feld-maréchal semble s'être refusé à admettre. Autant il tient à être immédiatement et aveuglément obéi par les généraux sous ses ordres, autant, d'autre part, il est jaloux d'une liberté d'action qui ne saurait être illimitée tant qu'il opère de concert avec la grande armée. A partir du moment où il s'est remis en marche de Châlons sur Arcis, il aurait dû renoncer à ses velléités d'indépendance et se résigner à une obéissance passive.

Battus tous deux, Schwarzenberg et Blücher ont éprouvé le besoin d'opérer une deuxième fois leur jonction et de réunir leurs forces pour être en mesure de résister à l'Empereur. Mais, comme après La Rothière, à peine cette jonction s'est-elle effectuée que les dissentiments renaissent, que Blücher réclame la bataille immédiate qu'on lui a promise et se refuse à suivre Schwarzenberg dans sa retraite au delà de l'Aube. Il s'offre, il est vrai, à donner seul la bataille que Schwarzenberg évite parce que l'Empereur la désire. L'expérience que Blücher vient de faire et qui a failli entraîner la perte totale de son armée, n'a modifié ni ses idées ni son caractère. Il condamne tout ce qui ressemble à une retraite; il ne comprend que l'offensive, il ne voit que Paris. Sa situation personnelle diffère, il est vrai, de celle de

Schwarzenberg. Il se sait secrètement soutenu par l'empereur Alexandre et par Frédéric-Guillaume III. Il a déjà rendu tant de services qu'on n'ose critiquer ses opérations, même les plus périlleuses et les plus hasardées. On connaît tellement son caractère entier et cassant que les souverains eux-mêmes se gardent bien de le soumettre au régime que Schwarzenberg a dû se résigner à accepter et dont, grâce à son adresse et à son habileté, il réussit même à tirer parti. On a, en un mot, laissé prendre au feld-maréchal de telles habitudes de liberté et d'indépendance qu'on a renoncé même à essayer de les lui faire perdre. Pendant que Schwarzenberg s'efforce de tout prévoir, de tout calculer, Blücher cherche déjà les moyens d'échapper à une situation qui lui pèse. Le généralissime aura beau lui demander son concours, lui exposer les raisons qui militent, à son sens, en faveur de la continuation de la retraite, Blücher se refuse à admettre la nécessité de ce mouvement rétrograde. Il vient à peine d'arriver sur la Seine qu'il a déjà pris la résolution de recommencer, dans des conditions, plus favorables, il est vrai, que la première fois, sa pointe sur Paris et de régler ses mouvements de telle sorte qu'il soit impossible de le rappeler en arrière et de l'entraîner à la suite de la grande armée.

Avant même d'avoir reçu les ordres et les autorisations qu'il affecte de demander, il a repassé l'Aube, et comme le dit Fain : [1] « Sa retraite cachait un des plus hardis projets de la campagne. » En se séparant de la grande armée alliée, en arrêtant par ses opérations la retraite de Schwarzenberg, il se propose d'arrêter et de changer en même temps la marche même des événements. Il ne croit pas violer les préceptes du grand Frédéric [2], à qui il a entendu tant de fois répéter que « la division des forces mène à des défaites en détail », parce qu'il est décidé à se conformer en revanche à un autre précepte du grand roi, et qu'il pense avec lui que « les troupes ne peuvent jamais être employées plus utilement qu'à des attaques en force ». Et c'est parce qu'on a voulu retarder ces attaques en force, parce qu'il croit le moment venu d'y avoir recours, qu'il a tenu à se séparer de la grande armée alliée immédiatement après l'avoir rejointe. Il est certain que

---

[1] Fain, *Manuscrit de 1814*, p. 138.
[2] Frédéric II, *Instructions*, chap. X.

l'Empereur s'élancera à sa suite dès qu'il aura connaissance d'un mouvement qu'il réussit à lui cacher pendant près de trois jours. C'est sur ce mouvement qu'il compte, et cependant, au lieu de songer à se réunir avant tout avec les renforts qu'il trouverait à Reims et à Laon, il préfère risquer le tout pour le tout et chercher à opérer sa jonction avec Winzingerode et Bülow, non pas sur la Marne et sur l'Aisne, mais le plus près possible de Paris. La passion et la haine lui inspirent ces opérations hasardeuses, ces résolutions imprudentes que la moindre résistance sérieuse ou qu'un obstacle imprévu peuvent lui rendre fatales et qui auraient dû amener sa perte, si au lieu d'un Moreau il y avait eu à Soissons un Daumesnil. Mais le tempérament de Blücher ne s'accommodait pas avec le calcul, le raisonnement et la logique. La fortune devait donner raison au feld-maréchal Vorwärts, récompenser ses fautes, ses imprudences et sa témérité et prouver que dans les cas où la sagesse ne peut rien, l'audace est la sagesse la plus salutaire.

Il est, d'ailleurs, juste de reconnaître que le parti pris par l'Empereur aussitôt après la bataille de Montereau avait permis à Blücher d'entreprendre une opération que Napoléon aurait pu prévenir et empêcher. Au lieu de perdre deux jours au passage du défilé de Montereau, il aurait dû, comme il le pouvait et comme, d'ailleurs, il voulut le faire plus tard en ordonnant d'enlever Méry, charger Gérard de déboucher seul de Montereau pendant que le gros de son armée aurait marché par la rive droite de la Seine. Il suffisait, pour arriver sur l'Aube avant Blücher, au lieu de commencer par rappeler Macdonald et Oudinot sur Montereau, de les laisser continuer de Donnemarie, Provins et Nogent sur Plancy. Il est vrai qu'à ce moment l'Empereur croyait en avoir fini pour quelque temps du moins, si ce n'est pour toujours, avec l'armée de Blücher.

C'est probablement pour cette raison, qu'espérant amener Schwarzenberg à accepter la bataille en se portant directement contre lui, il renonça de plein gré aux avantages résultant d'une marche qui lui permettait de réparer le préjudice que lui avaient causé le 17 la lenteur et le manque d'énergie de Victor, d'arriver en deux jours sur le flanc droit et sur les communications de Schwarzenberg, de se placer entre lui et Blücher et de se relier à Marmont. Lorsque l'Empereur y songea, il était déjà trop tard.

Blücher avait non seulement passé l'Aube, mais son avant-garde qu'il s'empressa, d'ailleurs, de replier, avait déjà débouché de Méry sur la rive gauche de la Seine. L'Empereur le sentait si bien qu'au moment de quitter Troyes pour suivre une deuxième fois Blücher, il écrivait à Clarke[1] : « Si j'avais eu un équipage de ponts de dix pontons, la guerre serait finie et l'armée du prince de Schwarzenberg n'existerait plus... Mais, faute de bateaux, je n'ai pu passer la Seine où il aurait fallu que je la passasse et à volonté. » En réalité, et l'Empereur le savait bien, il n'aurait pas été besoin de passer la Seine. Un mouvement rapide par la rive droite de la Seine l'aurait débarrassé de l'armée de Bohême, aurait empêché la réunion des deux armées alliées et mis le comble au désarroi et à la confusion qui régnaient au quartier général des souverains.

Quand l'Empereur arriva à Méry, la jonction était déjà faite et le mal était irréparable.

Pour la deuxième fois, à dix jours d'intervalle, il lui faudra, afin de couvrir Paris, abandonner l'armée qu'il poursuit avant d'avoir achevé sa déroute et son anéantissement. Le temps qu'il a perdu au défilé de Montereau et la faute qu'il a commise en s'engageant sur la rive gauche de la Seine vont le contraindre à retirer le bras au moment où, prêt à frapper, il espère enfin écraser un adversaire qui a jusque-là échappé à son étreinte, à renoncer à ses meilleures chances et à abandonner un succès certain pour entreprendre de nouvelles opérations et pour voir la capitulation de Soissons renverser toutes ses combinaisons, déjouer toutes ses espérances et sauver le plus acharné et le plus redoutable de ses adversaires[2].

---

[1] *Correspondance*, n° 21379.

[2] Clausewitz, résumant dans sa *Critique stratégique* les opérations de l'Empereur pendant cette période de la campagne, ne peut s'empêcher de rendre à l'Empereur la justice qui lui est due. « Parti de Montmirail le 15 février, Bonaparte est le 16 à Guignes, à 12 milles (92 kilom.) de ce point. Le 17, il attaque déjà les avant-gardes de Wittgenstein et de Wrède. Le 18, c'est le tour du prince royal de Wurtemberg, à Montereau. Bien qu'il se serve pour cela des troupes un peu reposées des maréchaux, que ses propres troupes soient restées quelque peu en arrière, on ne saurait trop admirer son activité et la rapidité de ses coups. L'HISTOIRE N'OFFRE RIEN DE SEMBLABLE. Le 23, il est devant Troyes, c'est encore un mouvement très rapide, car il y a plus de 15 milles (115 kilom.) de Montereau à Troyes. Enfin, le 26, il en repart pour se jeter nouveau sur Blücher. »

CHAPITRE XII.

OPÉRATIONS DU DUC DE SAXE-WEIMAR EN BELGIQUE, DEPUIS LE DÉPART DE BULOW JUSQU'A LA TENTATIVE DE MAISON SUR AUDENARDE (5 MARS).

14-16 février 1814. — Positions et mouvements des troupes de 1re ligne du duc de Saxe-Weimar et de Maison. — Occupation de Courtrai et de Menin. — Jusqu'à l'arrivée du général von Thielmann et de la division formée par le contingent d'Anhalt et de Thuringe, et depuis le départ de Bülow, en y comprenant la forte brigade prussienne de Borstell et le corps volant d'Hellwig, le duc de Saxe-Weimar n'avait eu à sa disposition qu'un nombre de combattants à peu près égal à celui avec lequel le commandant du IIIe corps prussien avait opéré avant lui en Belgique. Mais, au lieu d'employer ses 15,000 hommes aux opérations contre Maison, le duc crut plus urgent de renforcer les corps d'investissement de Berg-op-Zoom et d'Anvers, d'occuper solidement la Flandre et Bruxelles, d'y appeler une partie du détachement qu'il avait établi à Lierre, sous les ordres du général von Gablenz.

Il voulait ainsi se relier avec Anvers et attendre l'entrée en ligne de ses renforts avant de reprendre la campagne. Il ne lui restait en première ligne et en présence de Maison, que les Prussiens de Borstell (5e brigade du IIIe corps), le corps volant de Hellwig, du côté de Tournay [1], et les quelques bataillons et escadrons saxons du général Lecoq, du côté de Condé, à Leuze et à Péruwelz. Il est vrai qu'on avait imposé au duc de Saxe-Weimar une tâche à laquelle tout l'effectif qu'il avait primitivement sous ses ordres aurait à peine suffi, puisqu'on l'avait chargé d'interdire à la garnison d'Anvers toute sortie ayant un caractère offensif, de tenir tête à Maison et d'assurer en même temps les communications de Bülow avec les Pays-Bas.

Le duc avait de plus trouvé Maison appuyé sur les places et

---

[1] La 5e brigade (Borstell), 10 bataillons, 14 escadrons et 20 bouches à feu, représentait un effectif de 8,090 hommes et 1628 chevaux. Le détachement de Hellwig se composait de 3 escadrons de hussards, 1 de chasseurs à cheval volontaires et 1 bataillon de chasseurs à pied volontaires.

établi à Tournay sur une bonne position, d'où il lui était facile de prendre à son choix l'offensive sur Gand ou sur Bruxelles, de communiquer sur sa droite avec Condé et Valenciennes et de couvrir Lille et Douai.

L'interruption momentanée des opérations actives ne pouvait que profiter à Maison. Malheureusement pour lui, il disposait à ce moment de si peu de monde qu'il lui était impossible de tirer parti de la situation et qu'il dut se borner à surveiller les quelques mouvements exécutés pendant les journées des 14 et 15, par les troupes de première ligne.

Le 13 février, une petite reconnaissance envoyée sur sa gauche, à Menin, n'y avait rencontré personne, mais avait signalé des mouvements de troupe sur la droite des lignes du duc de Saxe-Weimar.

Le 14 au matin, Maison sait déjà qu'il a sur sa gauche 1500 hommes à Audenarde et quelques coureurs à Hulste, qu'Hellwig est à Leuze avec 300 chevaux, Borstell à Ath avec 4,000 hommes et qu'un millier de chevaux bat la campagne vers Mons et vers Condé. A ce moment, ses flanqueurs de gauche se tiennent encore à Courtrai, Menin et Lannoy; le général Barrois occupe Tournay; le reste des troupes garde l'Escaut depuis Valenciennes jusqu'à Bossut, sur la route d'Audenarde. Mais dans la journée, Borstell se portait de Leuze par Renaix sur Audenarde, pendant que le colonel de Geismar prenait à Renaix ses dernières dispositions avant de commencer le raid dont nous étudierons en détail la première partie à la fin de ce chapitre, raid qui allait, dès le lendemain, inspirer à Maison de réelles préoccupations pour sa gauche.

Le 15, Maison commence à être sérieusement inquiet. Courtrai est tombé entre les mains des Alliés. Une grosse colonne d'infanterie avec du canon, sortie de Leuze, a atteint Ramecroix et tiré à mitraille contre les reconnaissances françaises. La situation de Maison s'aggrave de minute en minute, malgré le départ de Bülow, malgré l'immobilité momentanée du duc de Saxe-Weimar. Le mouvement sur Audenarde et Courtrai, où Hellwig arriva le 15, un peu après Geismar, semblait être le prélude de manœuvres tendant à déborder sa gauche pour l'obliger, en menaçant sa communication de Lille, à abandonner Tournay. L'apparition à Ramecroix de la colonne venant de Leuze, était de nature à lui donner encore plus de soucis. Il pouvait, non sans raison, penser que, pendant qu'on déborderait sa gauche, on allait chercher à l'amuser par une attaque de front et à l'envelopper par sa droite. Maison, ne pouvant toutefois se décider à quitter une position aussi avantageuse que celle de Tournay, uniquement parce que le corps volant d'Hellwig occupait Courtrai et Menin, se borna le 15 à renforcer, sur sa gauche qui lui semblait plus immédiatement menacée, les troupes de Lannoy et de Tourcoing. Malgré l'attitude résolue des troupes envoyées en reconnaissance en avant de Ramecroix, il se croyait en mesure de résister à Tournay à une attaque de front. Comme une pareille attaque lui semblait d'autant plus improbable qu'il était difficile d'aborder sa position avec quelque chance de succès, il résolut d'y rester encore quelque temps afin de couvrir Douai, de se lier par ses postes à Condé et Valenciennes, et d'essayer de gagner le temps dont il avait besoin pour avancer l'armement et la mise en état de défense des places.

Le 16, les mouvements des partisans qu'il redoutait sur sa gauche ne s'étaient pas accentués; mais les Alliés ayant, en revanche, montré de plus en plus de monde sur Tournay, Maison, dans la crainte de tout perdre en voulant tout garder, se détermina à abandonner le lendemain la ligne de l'Escaut et à ramener ses troupes sur la Marque. Il conserva toutefois Wambrechies et Le Quesnoy sur la Deule, et, plus à gauche encore, Armantières sur la Lys, et garda sur sa droite Barrois et Castex à Tressin et Bouvines.

17 février 1814. — Maison se replie sur Lille. — Le 17 au soir, le mouvement de retraite s'était exécuté sans encombre, et Maison établissait son quartier général à Lille. Cette retraite était peut-être quelque peu prématurée et on peut, jusqu'à un certain point, lui reprocher de n'avoir pas attendu une attaque, avant de se décider à abandonner la ligne de l'Escaut. Mais il faut considérer que Maison ne disposait à ce moment, en dehors des garnisons des places, que de 3,600 hommes et de 800 chevaux, que l'esprit des populations était déplorable, enfin que Tchernitcheff était déjà depuis longtemps à Avesnes.

D'ailleurs, dès le 15, Audenarde avait été occupée par 3,000 hommes. Il était déjà trop tard pour ramener d'Ypres la garnison et le matériel de la place, et, aussitôt après le départ de Maison de Tournay, Borstell y entra avec 5,000 hommes, un millier de chevaux et 14 bouches à feu. En restant à Tournay, Maison aurait vraisemblablement pu arrêter les Prussiens et les Saxons pendant plusieurs jours ; mais, et c'est là ce qui le détermina à sacrifier la ligne de l'Escaut, il risquait de compromettre sérieusement le sort des troupes appelées à former presque exclusivement la garnison de Lille.

Maison venait à peine d'exécuter sa retraite sur la Marque qu'il recevait de l'Empereur l'ordre de se porter en avant et de ramasser toutes les garnisons, « afin de rappeler Bülow à la défense de la Hollande [1] ». La réponse de Maison au Ministre, en donnant une idée exate de la situation, justifie son mouvement rétrograde et prouve également que le duc de Saxe-Weimar aurait eu beau jeu si, le lendemain même du départ de Bülow, il avait énergiquement et résolument pris l'offensive.

« Il faut, écrit Maison [2], que l'Empereur soit complètement trompé sur mes forces et sur celles de l'ennemi, pour m'avoir fait donner cet ordre. » Produisant, à l'appui de son dire, les états de situation de son corps, dont l'effectif total s'élève, en y comprenant les gendarmes et les artilleurs, à 4,907 hommes, 1,730 chevaux et 20 canons, il ajoute : « J'espère que Sa Majesté verra qu'avec d'aussi faibles moyens, on ne peut faire mieux que d'avoir un commencement de garnison dans les places pour fermer les portes, garder l'armement et les munitions dans les ouvrages, aujourd'hui qu'elles sont en partie armées, et *empêcher que les habitants ne les ouvrent à l'ennemi pour éviter un bombardement.*

« Je n'ai pas d'armée, je n'en ai jamais eu ; je n'ai amené sur les places que 2,200 hommes de la division Barrois, 900 du 12ᵉ voltigeurs et un bataillon de 500 hommes du 72ᵉ. Ces 3,600 hommes assurent la possession de Valenciennes et de Lille ;

---

[1] Ministre de la guerre au général Maison, Paris, 4 février. (*Archives de la guerre.*) En envoyant le lendemain à l'Empereur son rapport sur la situation, Clarke lui disait à propos de cette lettre : « J'ai écrit au général Maison suivant les ordres de Votre Majesté, pour qu'il fît une autre guerre à Bülow et qu'il n'enfermât pas trop de monde dans les places ; mais il en a si peu que mes exhortations et son zèle ne pourront guère changer l'état des choses. »

[2] Maison au Ministre de la guerre, Lille, 19 févr. (*Archives de la guerre.*)

on ne peut le faire à moins. Le reste de l'infanterie qu'il y a dans les places, excepté un bataillon du 25ᵉ à Landrecies et au Quesnoy, *ne vaut pas la peine d'être compté et ne peut être mis en campagne....* Voilà ma prétendue armée. »

Soumettant ensuite les choses à un examen plus détaillé et plus approfondi, il s'efforce de prouver à l'Empereur qu'il a cessé d'être bien renseigné : « Je ne crois pas, dit-il, que les troupes qui sont passées par Avesnes, pour se diriger sur Soissons, soient celles de Bülow. Ce corps, je l'ai annoncé, est russe et pouvait être de 20,000 à 25,000 hommes sous Tchernitcheff et Winzingerode. C'est le premier qui a pris Avesnes. J'assure à Votre Excellence que le petit corps de Hellwig, qui a toujours été l'avant-garde de Bülow, était encore sur Péruwelz le 15, et qu'il y avait vers la même époque 2,000 hommes d'infanterie, 1000 chevaux et quelques cosaques sur Audenarde, le 14..... L'ennemi, continuait le général, a jeté toutes ses forces sur la frontière. Il a sur Tournay 6,000 à 7,000 hommes, cavalerie et infanterie, avec 14 canons; sur Courtrai, 2,000 à 3,000 hommes, et 1000 chevaux sur Cassel et Hazebrouck. Ces troupes sont sous les ordres du général Borstell et font partie du corps de Bülow; raison de plus pour croire que ce général n'est pas sur Soissons, du moins avec toutes ses troupes. » Passant ensuite à l'exposé de ses mouvements et des opérations qu'il compte entreprendre, il annonce l'envoi d'une colonne mobile sur les traces de Geismar et fait savoir qu'avec quelques escadrons et quelques bataillons de la division Barrois, il se portera le 20, en descendant la Deule, sur Menin et Ypres..., qu'il cherchera ensuite à marcher sur Courtrai, menaçant ainsi Gand pour essayer de donner la main à la garnison d'Anvers, « *bien qu'il n'ait nullement envie de le faire.* »

« Je ne crois pas, dit-il à ce propos, qu'il convienne que je perde, ni mes communications avec Lille, ni la faculté de couvrir cette place. J'y laisserai moins de 1800 hommes en marchant avec mes deux colonnes sur Cassel et Courtray; j'espère seulement que mon opération couvrira quelque temps la grande trouée entre Lille et Nieuport, rassurera Ypres, inquiétera l'ennemi pour Gand et par conséquent pour Bruxelles. *Mais l'esprit des habitants est mauvais..... Il n'y a qu'à Landrecies et Maubeuge où l'on ait montré de meilleures dispositions. A Valenciennes, à Douai, ici même, si l'ennemi tentait un bombardement, la garni-*

son aurait autant à faire pour se défendre contre les habitants que contre l'ennemi. »

20 février 1814. — Position du IIIe corps fédéral. — Pendant que Maison exposait ainsi et sa situation et ses projets au Ministre, pendant que Gorcum, qu'on n'avait pu secourir, ouvrait ses portes au général von Zielinsky qui se mettait aussitôt après en route pour rejoindre Bülow, le duc de Saxe-Weimar avait, le jour même, modifié assez sensiblement la position et la répartition de ses troupes. Afin de couvrir celles qui occupaient Tournay et Courtrai, le duc de Saxe-Weimar envoya à Mons le général-major von Ryssel avec 3 bataillons saxons, 1 bataillon prussien, 8 escadrons (dont 5 prussiens et 3 saxons) et 1 batterie à cheval. La cavalerie du général von Ryssel devait assurer la communication avec Avesnes, par des postes établis à Beaumont, à Solre-sur-Sambre, Givry, Ciply, Cuesmes, Quaregnon, Jemmapes et Hautrage, surveiller Maubeuge, Valenciennes et Condé, et se relier, par Bury, avec les 4 bataillons, les 2 escadrons et la batterie et demie du général Lecoq. Ce général, établi à Leuze et à Ath, y servait de réserve aux troupes de Borstell, surveillait Condé par le détachement du colonel von Brand, établi à Bury et à Basècles, et constituait un échelon intermédiaire entre Mons et Tournay. Borstell était à Tournay avec 9 bataillons, 7 escadrons et 3 batteries.

Il avait poussé des partis et établi des postes sur la rive gauche de l'Escaut : sur sa gauche, de Péruwelz, vers Saint-Amand-les-Eaux, à la croisée des routes de Condé et de Valenciennes ; sur son front, en avant de Froidmont, dans la direction d'Orchies et de Douai ; sur sa droite, par Orcq et Marquain, d'une part sur Lille, de l'autre sur Lannoy. Hellwig occupait, avec un bataillon et quatre escadrons, Courtrai et Menin ; ses coureurs battaient le pays vers Lille, pendant que les cosaques de Byhaloff restaient à Gand et que le général von Gablenz[1] ne bougeait pas de Lierre d'où il assurait, avec les Anglais, le blocus d'Anvers.

Se croyant encore trop faible pour reprendre l'offensive avant d'avoir été rejoint par le prince Paul de Wurtemberg qui, après

---

[1] Le général von Gablenz avait avec lui 6 bataillons, 4 escadrons et une batterie.

avoir passé le Rhin à Duisburg, le 12 février, avec la division d'Anhalt-Thuringe, composée de troupes de nouvelle levée, sema pas mal de monde en route, et par les landwehrs saxonnes du général von Thielmann, le duc de Saxe-Weimar avait voulu, en disposant son armée de Mons jusqu'à Courtrai, établir un cordon, une longue ligne de postes d'observation vis-à-vis des positions du corps de Maison, et s'opposer, de cette façon, aux entreprises éventuelles du général français, appuyé sur Ypres, Lille, Douai, Valenciennes, Condé et Maubeuge.

21 février 1814. — Byhaloff s'empare du Sas de Gand. — Le 21 février, Byhaloff[1] qui, avec ses cosaques, battait le pays autour de Gand, s'était porté contre le Sas de Gand. Arrivé devant ce petit fort, il avait fait mettre pied à terre à ses cosaques qui commençaient à en tenter l'escalade au moment où le commandant se décida à capituler et à se rendre avec sa garnison forte de 106 hommes, y compris 7 officiers. La prise d'une bicoque comme le Sas de Gand ne pouvait produire qu'un effet moral. Elle privait cependant les Français d'un poste qui leur servait à correspondre avec Anvers et qui allait désormais faciliter les communications des Alliés avec l'Angleterre.

23 février 1814. — Tentative d'Hellwig sur Ypres. — Escarmouche de Menin. — La reddition du Sas de Gand, les

---

[1] Le colonel Byhaloff avait à ce moment près de 80 ans. C'était le type du vrai Cosaque. Ne parlant et ne comprenant aucune langue étrangère, il traînait à sa suite un vieux juif polonais qui lui servait d'interprète, de secrétaire, parfois même de chef d'état-major. Comme spécimen des rapports du colonel Byhaloff, nous avons cru intéressant de reproduire ici celui que, quelques jours après la prise du Sas de Gand, il adressait au commandant en chef du III⁰ corps fédéral :

« A Monsieur le duc, comte de Weimar.

« Monsieur le comte, j'ai reçu votre lettre avec grand plaisir et je vois que vous aurez la bonté de rendre compte à S. M. l'empereur *Allexander* et au roi et de leur faire valoir non seulement mes mérites, mais le fait que j'occupe le même grade depuis 1799, soit depuis quatorze ans. Je vous prie donc, M. le comte, de ne pas m'oublier.

« J'ai l'honneur de vous faire connaître que je vous recommande mes *brave officiers* qui ont risqué leur vie au Sas de Gand et ont forcé les Français à capituler. Je vous prie, M. le comte, d'exaucer ma prière pour mes officiers afin qu'ils aient de plus en plus de zèle.

« Je vous demande, M. le comte, des décorations, pour 20 cosaques qui sont gravement malades depuis la prise de la forteresse. Faites votre possible, afin que les hommes aient encore plus de zèle. »

ouvertures et les promesses faites par les habitants d'Ypres, avaient inspiré à Hellwig le projet de s'emparer de cette place, dont la garnison ne comptait que 500 hommes. Renforcé par 2 bataillons d'infanterie et 4 bouches à feu que le général von Borstell consentit à mettre à sa disposition et à lui envoyer à Menin, laissant une faible partie de son corps à Menin et à Courtrai, Hellwig se porta vers Ypres. Parvenu dans l'après-midi en vue de la ville, il ouvrit immédiatement le feu contre les ouvrages, espérant que les bourgeois se voyant soutenus se soulèveraient en sa faveur. Mais, à sa grande surprise, l'artillerie de la place lui répondit vigoureusement, et le parlementaire qu'il envoya pour sommer le commandant de se rendre, dut revenir sur ses pas sans avoir pu s'acquitter de sa mission. Ce revirement, auquel Hellwig était loin de s'attendre, était dû à une circonstance toute fortuite : Maison venait d'envoyer à Ypres le général Solignac. Lui-même était aux environs de Bailleul, et les habitants le sachant à proximité, intimidés par la présence du général Solignac, n'avaient pu donner suite à leurs projets. Dès la tombée de la nuit, Hellwig se replia sur Menin. Le détachement qu'il y avait laissé, vivement attaqué dans la journée, avait eu quelque peine à se maintenir. Comme on pouvait redouter une nouvelle tentative des Français contre Menin, et même contre Courtrai, Borstell autorisa Hellwig à garder ses deux bataillons et ses quatre pièces qu'il lui prescrivit d'établir à Courtrai.

La tentative sur Ypres devait, dans l'idée du duc de Saxe-Weimar, servir à détourner l'attention de Maison et à masquer au général français les premiers mouvements des partisans de Geismar, en lui inspirant des craintes sérieuses pour sa gauche. Elle avait, en outre, pour objet de faciliter l'exécution des reconnaissances offensives que l'aile gauche alliée dirigeait contre Condé et surtout contre Maubeuge, dont la possession aurait permis au IIIe corps fédéral de communiquer directement avec Bülow, posté aux environs de Laon, et de se relier, par là, avec l'armée de Silésie.

23-25 février 1814. — Raid de Solms sur Le Cateau-Cambrésis. — Dès le 23 au matin, le général von Ryssel avait fait partir de Mons par l'ancienne voie romaine (chaussée Brunehaut) un parti de cavalerie qui, sous les ordres du lieutenant comte de

Solms, devait filer entre Maubeuge et Le Quesnoy pour se diriger sur Le Cateau-Cambrésis. Ce détachement passa la nuit aux environs de Bavay. Le lendemain 24, Solms, après avoir enlevé à Jolimetz quelques voitures transportant du bois au Quesnoy et mis en fuite la faible escorte de ce convoi, continua à se porter rapidement par la voie romaine sur Le Cateau. Environ à une demi-lieue de cette ville, des prisonniers espagnols, qui venaient de s'échapper, apprirent à Solms qu'un autre convoi de prisonniers, se rendant avec une faible escorte de Landrecies à Cambrai, avait déjà dépassé Le Cateau. Solms, obliquant aussitôt à droite, atteignit le convoi à Inchy-Beaumont, délivra les prisonniers et les ramena avec lui au Cateau où il fit rafraîchir ses chevaux. A 3 heures, il quittait Le Cateau ; mais, au lieu de prendre vers le sud, par Étreux et La Capelle, pour regagner de là Avesnes et Mons, Solms commit l'imprudence de se replier par le chemin même qu'il avait suivi à l'aller. A hauteur d'Englefontaine, ses éclaireurs, renseignés par les paysans, le prévinrent de la présence des Français qui lui avaient tendu une embuscade à Jolimetz. Solms se jeta aussitôt dans la forêt de Mormal et arriva péniblement à Hargnies où il passa la nuit, attendant pour repartir qu'il eût été rejoint par les Espagnols. Le 25, à 10 heures du matin, il reprenait sa marche sur Mons ; mais, en avant de Bavay, il vint donner contre une centaine de chasseurs à cheval qui, sortis de Maubeuge, l'avaient devancé et lui barraient la route. Abandonnant les Espagnols qu'il avait délivrés la veille, il parvint à grand'peine à se frayer un passage et finit par rentrer à Mons, par la route de Jemmapes, après avoir été chaudement poursuivi jusqu'à Blangies.

24-25 février 1814. — Reconnaissance de Maubeuge. — Escarmouche de Jeumont. — Avant d'entreprendre les reconnaissances offensives sur Condé et sur Maubeuge, on avait commencé par pousser deux escadrons de hussards d'Ath sur Quiévrain, où un demi-bataillon d'infanterie saxonne avait été placé en soutien. Le 24, le général von Ryssel partait de Givry et venait s'établir entre Solre-sur-Sambre et Jeumont. Son extrême avant-garde de cavalerie arrivait encore assez à temps pour empêcher, après une courte escarmouche, un parti français de couper le pont de la Sambre, à Jeumont. A sa droite, du côté de Condé, le général Lecoq massait son monde en arrière de Péruwelz à Bury, Basècles et Blaton. Mais au même moment, Maison avait ordonné au général Carra-Saint-Cyr de sortir le 25 au matin de Valenciennes avec le 12e voltigeurs, un bataillon du 72e, quatre canons et ce qu'il pourrait rassembler de cavalerie, pendant que lui-même opérerait sur Courtrai et que Castex irait sur Tournay.

Carra-Saint-Cyr devait, en passant, ramasser la garnison de Condé, aller de là à Péruwelz, y prendre position et établir à Bury son avant-garde chargée de pousser des reconnaissances sur la route de Leuze. Un bataillon partait en même temps de Bouchain pour remplacer à Valenciennes les troupes de Carra-Saint-Cyr.

Le général von Ryssel, après avoir formé ses troupes en trois colonnes à cheval sur la Sambre, avait, dès le matin, poussé vers Maubeuge, d'un côté par Assevent, de l'autre vers le bois de Roussies; mais reçu à coups de canon dès qu'il arriva à portée et voyant qu'il ne réussirait pas à enlever la place par un coup de main, il se replia dans l'après-midi.

25 février 1814. — Reconnaissance de Condé. — Le général Lecoq ne s'était pas tiré à aussi bon compte de sa reconnaissance sur Condé. Laissant son artillerie à Péruwelz, qu'il avait quitté vers 9 heures du matin, traversant les bois de l'Ermitage, il avait occupé Vieux-Condé, garni de troupes la lisière du bois, appuyé sa gauche à l'inondation, ayant devant lui le village de Macou, et sommé la place de lui ouvrir ses portes. Vers 3 heures de l'après-midi, Lecoq, resté jusque-là immobile devant la place dont il faisait reconnaître les abords, aperçut la tête de la colonne de Carra-Saint-Cyr. Ce général, arrivé à hauteur de Fresnes, y avait appris que les Saxons cherchaient à jeter un pont sur l'Escaut, en aval de Condé à Hergnies. Défilant rapidement par la place, il avait pris la route des bois de l'Ermitage et de Bon-Secours éclairant sur sa gauche la route de Tournay par sa cavalerie, qu'il dut bientôt faire soutenir, afin de lui permettre de tenir bon contre les troupes que Lecoq avait postées à Vieux-Condé. Pendant ce temps, le reste de la colonne de Carra-Saint-Cyr débusquait les Saxons de Macou, les obligeait à se replier sur la lisière de la forêt et parvenait, après un combat assez vif, précédé d'une canonnade d'une certaine durée, à pousser dans le bois jusqu'à hauteur de la route menant au château de l'Ermitage. Apprenant à ce moment que sa gauche était contrainte de reculer du côté de Vieux-Condé, devant la droite du général Lecoq, Carra-Saint-Cyr arrêta sa colonne et se rabattit sur Vieux-Condé que les Saxons évacuèrent seulement à la nuit pour se retirer sur la ferme de la Solitude. Croyant avoir rempli la mission qui lui avait été confiée, Carra-Saint-Cyr n'osa s'engager à la suite des Saxons et ramena ses troupes à Condé et à Valenciennes. Le 26 au matin, Lecocq revint dans ses anciennes positions à Leuze, et le général von Ryssel rentra à Mons.

Sorties des garnisons d'Ostende et d'Anvers. — Affaire de Bouvines. — Maison chasse Hellwig de Menin. — La garnison d'Ostende avait exécuté, elle aussi, une sortie et réussi à inonder les environs de la ville ; enfin, la garnison d'Anvers inquiétait, du côté de Mortsel, les troupes du général von Gablenz.

Le 25 février, alors que le prince Paul de Wurtemberg entrait à Bruxelles avec la division d'Anhalt-Thuringe, composée des trois bataillons de ligne Gotha, Anhalt-Bernburg, Schwarzburg, des deux bataillons de landwehr de Gotha et de Weimar, des deux compagnies de chasseurs à pied volontaires et de l'escadron de chasseurs à cheval volontaires, à l'effectif total de 3,480 hommes, Maison avait, de son côté, attaqué les positions de Borstell. La cavalerie de Castex, soutenue par quelques fantassins, avait rejeté la gauche des avant-postes prussiens qui, après un engagement assez vif, s'étaient repliés jusqu'en arrière de Bouvines. Puis, n'ayant pu rejoindre la colonne avec laquelle Hellwig avait espéré enlever Ypres, Maison avait continué sa marche et chassé de Menin le major prussien qui se retira sur Courtrai.

Hellwig avait, heureusement pour lui, reconnu à temps le danger qui le menaçait et s'était dérobé par la retraite au mouvement tournant, s'effectuant par Armentières d'une part, par Halluin de l'autre, à l'aide duquel Maison espérait l'envelopper à Menin. Irrité des reproches immérités que l'Empereur ne lui ménageait guère, Maison ne s'arrêta pas à Menin. Voyant que le duc de Saxe-Weimar se bornait à des reconnaissances, d'ailleurs peu sérieuses, sur Condé et sur Maubeuge, ne voulant pas se laisser enfermer dans Lille et profitant de l'immobilité de Borstell, il résolut de tenter une pointe sur Gand et d'essayer de s'y réunir avec la division Roguet qui, si elle réussissait à sortir d'Anvers où sa présence n'était pas absolument nécessaire, pouvait lui rendre de réels services et lui permettre de tenir la campagne avec des effectifs moins dérisoires.

26 février 1814. — Maison à Courtrai. — Le 26 au matin, continuant sa marche par Halluin, Lauve et Marcke, il avait, après un léger engagement, obligé Hellwig à abandonner Courtrai et à se replier sur Audenarde. En même temps une autre colonne française poussait droit de Menin par Wevelghem sur Courtrai. Le 27, Maison envoya de Courtrai, où il établit son quartier général, de fortes patrouilles sur Audenarde, occupé par Hellwig, pendant qu'il faisait reconnaître à sa droite la vallée de l'Escaut, jusqu'en aval d'Avelghem. Un de ses bataillons revenait en même temps de Wevelghem s'établir en arrière, à Menin, pour servir d'échelon aux troupes de Courtrai et de soutien au bataillon qui allait prendre position à la croisée des routes de Tourcoing, Mouscron et Aelbecke. A son extrême gauche des patrouilles poussées à Gheluveld, Ledeghem et Moorslede observaient les routes d'Ypres, d'Ostende et de Bruges.

Tous ces mouvements de Maison semblaient révéler l'intention bien arrêtée de prendre l'offensive et d'essayer par une manœuvre vers sa gauche de parvenir jusqu'à Gand pour y donner la main à la garnison d'Anvers. Le duc de Saxe-Weimar pouvait craindre, si les troupes du 1er corps réussissaient à s'établir à Gand, de voir Maison, agissant de concert avec les troupes sorties d'Anvers, se rabattre sur Bruxelles et tenter de le prendre à revers. Heureusement pour le duc, l'arrivée de la brigade d'Anhalt-Thuringe lui permettait de renforcer Borstell qui, n'ayant plus que quatre bataillons à Tournay, commençait à s'inquiéter, et d'opposer sur tous les points des forces de deux à trois fois supérieures en nombre aux quelques troupes que Maison était arrivé à grande peine à pouvoir affecter aux opérations actives.

Pendant que le duc de Saxe-Weimar avisait aux moyens de couvrir ses positions et s'estimait heureux d'avoir contenu un ennemi plus faible que lui, Maison était, à son grand regret, obligé de s'en tenir à des opérations auxquelles sa faiblesse ne lui permettait pas de donner autant d'ampleur qu'il l'aurait voulu. En effet, pour entreprendre les mouvements sur Ypres, Menin et Courtrai, il lui avait fallu réunir presque tout ce qu'il avait de troupes disponibles. En enlevant des places tout ce qu'il pouvait en faire sortir sans compromettre leur sûreté, il n'avait pu ramasser que 5,000 hommes dont « plus de moitié, disait-il, sont des enfants sachant à peine porter leur fusil et qu'on a grande peine à tirer des maisons ». Dans de pareilles conditions, il ne pouvait songer à entreprendre une opération sérieuse et de longue haleine ; il devait se borner à inquiéter son adversaire, à battre ses corps isolés et à l'obliger à faire observer ses mouvements par des forces supérieures aux siennes. C'était là le seul système qu'il lui fût possible d'adopter, et c'est pour cette raison que Maison tiendra jusqu'à la fin de la campagne son petit corps réuni et toujours en activité.

C'est également pour cette raison qu'avant d'avoir concentré à Courtrai toutes ses troupes disponibles, il renonça à tenter quoi que ce soit sur Audenarde et se résigna à garder les positions qu'il venait d'occuper sur l'aile droite du duc de Saxe-Weimar.

Malgré tous ses efforts, Maison ne parvenait cependant pas à satisfaire l'Empereur. Se refusant à admettre la présence de forces quelque peu considérables en Belgique, convaincu, d'autre part, que Maison pouvait rassembler de 15,000 à 18,000 hommes, avec lesquels, après avoir rejeté sans peine en Hollande tout ce qui se trouvait devant lui, il tomberait ensuite sur les derrières des Alliés, Napoléon reprochait au général « de ne pas montrer toute l'énergie que réclamaient les circonstances, de se renfermer dans les places et d'ajouter foi aux faux rapports des Alliés qui le trompaient et n'étaient pas aussi nombreux qu'ils l'annonçaient. »

Bien qu'à de certains moments l'Empereur eût semblé se rendre à l'évidence et reconnaître que Maison ne pouvait pas tenter d'opérations sérieuses, puisqu'il lui écrivait de battre la campagne, soit à la tête de toutes ses troupes, soit comme partisan, le mécontentement causé par les difficultés de toute espèce contre lesquelles l'Empereur avait à lutter, par la mauvaise volonté, la mollesse et l'apathie de certains généraux, reprenait toujours le dessus et l'empêchait de juger froidement les choses[1].

---

[1] C'est ainsi que le 23, Napoléon écrivait à Joseph (*Correspondance*, n°

Maison n'était, du reste, pas homme à accepter, sans essayer de se justifier, des reproches qu'il savait ne pas mériter. Dans la correspondance qu'il échange avec Clarke, chargé de lui transmettre ces critiques, il réfute avec la brusquerie qui lui est propre et qui lui a déjà valu plus d'une disgrâce, les blâmes qui lui sont adressés. Répondant, le 24, au duc de Feltre[1], il ne craint pas de le prier de dire à l'Empereur qu'en retirant des places tout ce qui s'y trouve, il aurait réuni à peine la moitié des forces indiquées, et que, bien qu'il ait perdu la confiance de l'Empereur, il continuera à servir avec zèle et dévouement. « Ce n'est pas ma faute, s'écrie-t-il, si l'Empereur n'a jamais voulu croire à l'existence de forces ennemies en Belgique. » Il va même plus loin encore et déclare au Ministre que « ce n'est pas sur de faux calculs ou sur des suppositions que l'on peut appuyer une opération de guerre, que la Belgique a été et est encore noyée de troupes et qu'il n'aurait pu y tenir avec une poignée d'hommes. » Sa conscience ne lui reproche rien ; il croit avoir bien servi en retardant de tout son pouvoir la marche des masses qui l'entourent. Ne pouvant les battre, il est resté dix-neuf jours au milieu des corps manœuvrant autour de lui et sur son front, et, en se repliant encore lentement de Louvain sur Lille, il croit avoir assuré, jusqu'à un certain point, la défense des places. Il ajoute qu'il ne se fait aucune illusion sur sa situation, qu'il va marcher sur Ypres, Carra-Saint-Cyr sur Péruwelz, Castex par Bouvines sur Tournay, et il termine fièrement sa dépêche par ces mots : « Je ferai tout pour bien servir Sa Majesté comme je l'ai fait jusqu'ici, malgré tous les désagréments que j'ai eus, et, si Sa Majesté m'ôte sa confiance, je me résignerai à mon sort et me consolerai dans l'espoir que mon successeur, s'il est plus heureux que moi, ne sera jamais ni mieux intentionné, ni plus dévoué à son prince et à sa patrie. »

Enfin, le lendemain, quand il a commencé son mouvement, quand il est arrivé à Ypres, il revient à la charge et déclare à Clarke, plus vivement encore que la veille : « Qu'il n'a jamais été enfermé dans les places, qu'il a toujours tenu la campagne en

---

21356) : « Je suis mal servi dans le Nord. Le général Maison est un homme qui a l'esprit étroit et pas d'énergie. »

[1] Maison au Ministre de la guerre, Lille, 24 févr. (*Archives de la guerre.*)

avant de Lille et sur la Marque, que son projet a toujours été de manœuvrer entre les places, de s'appuyer sur elles, d'empêcher que l'ennemi ne les bloque ou ne les enlève, et que son opération sur Ypres prouve qu'il avait de lui-même adopté ce système. »

Les mouvements que Maison venait d'exécuter depuis le 23, l'occupation de Courtrai, l'apparition des reconnaissances françaises en vue d'Audenarde, l'insuccès des tentatives de Lecoq et de Ryssel sur Condé et Maubeuge avaient alarmé le duc de Saxe-Weimar. Craignant toujours de voir Maison réussir à déboucher par Gand sur Anvers et menacer Bruxelles, il maintint provisoirement sur ce dernier point la division d'Anhalt-Thuringe qui avait besoin de compléter son armement et son équipement et qui devait, le cas échéant, se porter sur Alost et Termonde pour surveiller Gand et Anvers. Le bataillon de fusiliers qui formait jusque-là la garnison de Bruxelles en partit le 27 pour Enghien, d'où ce bataillon était en mesure d'aller renforcer les troupes de Borstell à Tournay.

1ᵉʳ mars 1814. — Affaire de cavalerie de Bouvines et de Camphin. — Le 1ᵉʳ mars, le duc de Saxe-Weimar et Borstell avaient cru le moment venu pour essayer de débusquer Maison de Courtrai et combiner une attaque venant d'Audenarde avec celle qu'exécuterait simultanément une colonne partant de Tournay. Pendant que le major Hellwig pousserait d'Audenarde sur Courtrai, une colonne de troupes prussiennes et saxonnes aux ordres du colonel von Hobe et forte de trois bataillons, trois escadrons et huit bouches à feu, devait se porter de Tournay sur Warcoing et y rallier les deux bataillons et les deux canons, que Borstell avait cédés à Hellwig depuis l'expédition d'Ypres et qui, venant d'Audenarde, rejoindraient le colonel von Hobe par Avelghem. Mais au moment où Hobe allait se mettre en route, Maison, prévenu par les généraux Castex et Meuziau de l'arrivée de renforts sur la Marque, avait craint, avec juste raison, de voir Borstell essayer de le rappeler de la route de Courtrai sur Lille. Insuffisamment renseigné par ses reconnaissances sur les projets et les mouvements de son adversaire, et ne voulant agir sur sa gauche qu'après avoir tâté les Prussiens sur son front, Maison déboucha de Bouvines avec

1500 hommes, une partie de la cavalerie de Castex et quatre pièces. Sa droite, passant par Cysoing, Bourghelles et Wannehain, occupa le bois d'Epelchin et chassa de Bourghelles les deux compagnies d'avant-postes qui ne purent se replier sur Froidmont que grâce à l'intervention d'un escadron de uhlans de la Prusse occidentale. Cet escadron, après avoir réussi à arrêter les lanciers français, fut chargé en flanc, bousculé, sur le point d'être cerné et eut beaucoup de peine à battre en retraite sur les soutiens en position à Marquain. Maison[1] s'arrêta alors à Lamain et y resta quelques heures. Voyant que Borstell ne renforçait pas ses lignes en avant de Tournay, il ramena vers le soir ses troupes derrière la Marque et les Prussiens réoccupèrent, après son départ, les postes de Camphin et de Bourghelles.

Cette sortie inattendue de Maison au moment où Borstell le croyait avec tout son monde à Courtrai, avait obligé le duc de Saxe-Weimar à remettre au lendemain l'opération d'Hellwig et du colonel von Hobe, à diriger sur Warcoing l'escadron de hussards posté jusque-là à Bury, à faire sortir la division d'Anhalt-Thuringe de Bruxelles, où le prince Paul de Wurtemberg ne laissa que deux bataillons et un escadron, et à la répartir entre les postes d'Alost et de Termonde.

2 mars 1814. — Combat de Courtrai. — Le 2 mars, à 6 heures du matin, le colonel von Hobe quittant Ramignies se dirigeait sur Courtrai. Son avant-garde (1 bataillon, 1 demi-escadron de hussards et 2 pièces d'artillerie à cheval) donna à 9 heures, à hauteur de Coyghem, contre les vedettes françaises, les rejeta sur un poste d'infanterie établi à Belleghem et parvint sans peine à obliger les Français à abandonner ce village. L'avant-garde, conformément aux ordres du colonel von Hobe, s'arrêta sur ce point masquant le mouvement qui s'exécutait vers la droite dans la direction de Sweveghem. Hellwig, sorti le matin d'Audenarde, avait commencé par chasser les avant-postes français de Sweveghem à 10 heures. Il avait ensuite continué à se porter sur Courtrai, pendant que le colonel von Hobe, défilant

---

[1] Maison, avant d'entreprendre l'opération sur Gand, continuait à réunir des troupes tirées des places et organisait un parc d'artillerie pour ravitailler ses batteries de campagne.

par Sweveghem, remontait jusqu'à Harelbecke occupé depuis midi par les hussards du major Hellwig et les cosaques de Byhaloff. Arrivé à 3 heures à Harelbecke, Hobe dirigeait aussitôt sur Cuerne une colonne d'un bataillon et demi, un escadron et deux pièces, avec ordre de s'assurer des ponts de la Lys et de l'Heule, de couper la communication avec Bruges et de menacer la gauche et les derrières des troupes françaises postées à Courtrai.

Avant que ces mouvements fussent exécutés, les Français avaient déjà repris l'offensive. Les tirailleurs du général Barrois repoussent les Prussiens de Belleghem sur Coyghem et, de là, sur Warcoing où ils sont recueillis par les hussards saxons.

Hellwig n'est pas plus heureux du côté de Sweveghem. Obligé de reculer devant une colonne française sortie de Courtrai, il est rejeté jusque sur Heestert et ne peut laisser à Sweveghem qu'un piquet de cavalerie, renforcé dans la soirée par un escadron et deux compagnies qu'Hobe y envoie pour couvrir sa gauche. Hobe se tient pendant la nuit à Harelbecke et à Cuerne, ne sachant encore quel parti il prendra le lendemain. Bien que son poste de Cuerne l'ait prévenu, à 9 heures du soir, de l'arrivée à Courtrai de trois bataillons et d'une batterie, le colonel von Hobe se décide néanmoins à tenter d'enlever Courtrai par une attaque de nuit.

3 mars 1814. — Retraite de Hobe et de Hellwig. — Découvert par les Français qui l'accueillent à coups de canon et qui, quelques heures plus tard, vont dès le 3 à la pointe du jour, chasser ses postes et ceux d'Hellwig de Sweveghem, Hobe se retire par la grande route de Bruges sur Ingelmunster et se dirige ensuite sur Thielt par Deynze. Les Français n'inquiètent guère sa retraite et se contentent de s'établir à Cuerne, pendant que, au contraire, ils suivent, jusque au delà d'Heestert, Hellwig qui s'est empressé de rentrer dans la matinée du 3 à Audenarde.

4 mars 1814. — Mesures prises par le duc de Saxe-Weimar. — Le lendemain 4, les deux corps de Hobe et de Hellwig changent de position entre eux. Hellwig vient à Deynze couvrir la droite de Hobe qui occupe Audenarde et pousse quelques avant-postes vers Courtrai afin de se relier au gros du corps de Borstell. Les insuccès des différentes entreprises qu'on venait de tenter, l'énergie avec laquelle les Français ont résisté sur tous les points, leurs velléités manifestes de reprendre l'offensive, l'habileté avec laquelle Maison a su tirer parti des lignes intérieures en inquiétant simultanément la gauche et le front des Alliés, avant de dessiner un mouvement plus important sur leur droite, la concentration à Courtrai de forces relativement considérables, l'imminence d'un mouvement sur Audenarde et sur Gand, la marche d'un petit corps de cavalerie française qui, suivant la route de Courtrai à Gand et passant la Lys à Saint-Éloy-Vive, n'aurait trouvé devant lui à Gand que les cosaques de Byhaloff, ont inspiré des craintes sérieuses au duc de Saxe-Weimar. Décidé à tout mettre en œuvre pour conjurer le danger avant qu'il ne fût trop tard, le duc transféra, le 4 mars, son quartier général d'Ath à Tournay, fit venir à Leuze le bataillon de la garde saxonne et une demi-batterie de 12, renforça Hobe à Audenarde et appela à Ath le 4, et à Tournay le 5, le gros de la division d'Anhalt-Thuringe, que les bataillons de landwehr prussienne venant de Gorcum, remplacèrent à Termonde et à Alost.

Grâce à ces dispositions et aux renforts fournis par la brigade Zielinsky, le duc espérait pouvoir résister aux entreprises de Maison qui, ayant fait sortir des places tout ce qu'il était possible d'en tirer, se disposait à continuer son mouvement le 5 mars.

Ces opérations en l'éloignant de sa base, mais en le rapprochant d'Anvers, avaient pour objet de lui permettre d'opérer sa jonction avec la division du général Roguet.

14 février-4 mars 1814. — Opérations du corps de partisans du colonel von Geismar. — De tous les partisans alliés, le colonel von Geismar est incontestablement celui dont le petit corps remplit le plus brillamment sa mission. Tant pour cette raison qu'à cause des résultats surprenants dus à la hardiesse et à la rapidité avec lesquelles elles furent conduites, ses opérations méritent d'être étudiées en détail et avec un soin tout particulier. Colonel de cavalerie au service de la Russie, aide de camp du duc de Saxe-Weimar, le baron de Geismar, aussitôt après son arrivée à Bruxelles [1], avait été chargé, par le comman-

---

[1] Tagebuch des Streifcorps unter Befehl des kaiserlichen russischen Obersten

dant du III᷊ᵉ corps fédéral, d'organiser un corps volant. Sa mission consistait dans le principe à couvrir la droite du III᷊ᵉ corps, à menacer la gauche de la petite armée française du Nord, à la déborder, à se glisser entre la double rangée des places fortes, à couper ou, tout au moins, à inquiéter les communications de Maison avec l'intérieur de la France, à jeter le trouble, la confusion et la terreur dans les départements les plus voisins de l'ancienne frontière et à chercher, enfin, à se relier à la droite du III᷊ᵉ corps prussien (Bülow).

Le 14 février, le colonel rassemble à Leuze, entre Ath et Tournay, un petit corps volant composé du régiment de cosaques du Don (régiment de Tchernizouboff, fort de 540 chevaux), d'un escadron de uhlans saxons (major von Berge) et d'un escadron de hussards saxons (major von Fabrice), forts à eux deux d'environ 260 chevaux.

Geismar emmène avec lui le major comte Pückler, un des aides de camp du duc de Saxe-Weimar, et le major von Brandenstein, ancien officier wurtembergeois, servant comme volontaire dans l'armée russe.

Au moment où les trois détachements du corps volant se réunissaient à Leuze, le duc de Saxe-Weimar avait remis à Geismar les instructions suivantes :

« Le colonel von Geismar doit, avec son corps volant, partir de l'aile droite de l'armée alliée pour opérer sur l'aile gauche française. Il se glissera, en choisissant le point qui lui semblera le plus favorable, entre les places de Lille, Douai et Arras, se dirigera vers la Normandie où des mouvements populaires en faveur des Bourbons ont chance de se produire. Il encouragera ces manifestations, annoncera aux partisans de l'ancienne dynastie l'arrivée certaine et prochaine des princes, déclarera que les Alliés sont fermement décidés à respecter l'existence de la France, cherchera par ses proclamations à gagner les populations à leur cause et dispersera tous les rassemblements armés. Partout où il passera, il annoncera que son corps forme la pointe d'avant-garde d'une armée marchant par Arras et Amiens sur

---

von Geismar während dem Feldzuge 1814 (*Journal d'opérations du corps volant sous les ordres du colonel russe von Geismar, pendant la campagne de 1814*). (*K. K. Kriegs Archiv.*, IV, 178.)

Paris. Afin d'accréditer ce bruit, il lèvera des réquisitions destinées à cette armée avec laquelle il s'efforcera de rester en communication, grâce à l'envoi de petits détachements qu'il expédiera de temps en temps. »

Il s'agissait avant tout, pour Geismar, de prendre pied sur la rive gauche de l'Escaut, et cette première opération était d'autant plus difficile que les Français avaient ou détruit tous les ponts entre Valenciennes, Condé et Tournay, ou fortement occupé les quelques passages encore existant. Il convient de remarquer, en outre, que l'Escaut est navigable à partir de Condé et qu'il n'existe, aucun gué dans toute cette partie de son cours. Le colonel dut donc, en partant le 14 février de Leuze, se résigner à s'enfoncer dans la Flandre orientale et à se diriger sur Renaix où il arriva le 14 au soir.

Le 15, Geismar passe l'Escaut à Audenarde, pénètre dans la Flandre occidentale, se dirige vers la Lys et vers Courtrai qu'occupait à ce moment un poste français fourni par le détachement établi à Menin. Le bourgmestre s'empresse d'ailleurs, aussitôt le départ des Français de Courtrai, d'apporter les clefs de la ville à Geismar, qui y arrête ses partisans. D'après les renseignements qu'il se procure à Courtrai, Geismar, croyant qu'il n'y avait que peu de monde à Menin, conçoit le projet d'enlever cette ville le lendemain. Mais les patrouilles envoyées sur la Lys, lui ayant signalé la présence à Menin d'une troupe relativement considérable d'infanterie française, le colonel préfère renoncer à une entreprise qui peut intempestivement appeler l'attention sur lui. Il prend alors le parti de laisser Menin à sa gauche et de se diriger sur Messines, d'y recueillir de nouveaux renseignements et d'essayer ensuite de pénétrer dans le département du Nord, en se glissant entre Ypres et Lille.

Le 16 au matin, au moment où les partisans quittent Courtrai, ils échangent quelques coups de fusil avec une reconnaissance française qui, sortie de Menin et se dirigeant sur Courtrai, ne tarde pas d'ailleurs à se replier. Geismar, continuant sa marche sans incident, arrive dans l'après-midi à Messines. Dès que ses patrouilles lui confirment l'occupation de Menin par de l'infanterie française, il renonce définivement à se diriger sur cette ville. La position de Messines n'était cependant pas sans danger pour le corps volant; Geismar, couvert sur sa gauche par la Lys, y avait, il est vrai, peu de chose à redouter du côté de Lille; mais il était, en revanche, assez rapproché d'Ypres pour pouvoir craindre une attaque sur sa droite. A partir de ce moment, le service que Geismar va exiger de ses cavaliers et de ses cosaques, ne cessera plus d'être des plus rudes. Jusqu'à la fin de son raid, jusqu'à la fin de la campagne, ses hommes vont être presque constamment sous les armes et à cheval. Malgré les rigueurs de la température et même lorsque le corps volant passera la nuit dans une petite ville et loin de l'ennemi, les cavaliers coucheront à la belle étoile, la bride au bras, camperont sur les places et, de préférence même, en dehors des lieux habités. Quand, par hasard, le colonel croira pouvoir les autoriser à occuper une ferme, une grange ou une grande maison isolée, les portes en resteront ouvertes et seront fortement gardées; les chevaux seront toujours sellés et une partie du corps volant fournira des postes extérieurs. Malgré ces rudes épreuves, les partisans n'eurent que peu de malades, parce qu'ils ne manquèrent jamais de vivres.

Pendant la nuit du 16 au 17 février, Geismar entoure Messines d'avant-postes qui sont, du reste, attaqués par des partis venus de Menin. La vigilance des cosaques déjoue ces attaques et ne contribue pas peu à décider les Français à évacuer Menin.

Le 17, à trois heures du matin, le corps volant quitte Messines dans le plus grand silence, se dirigeant vers la Flandre française, sur Bailleul. A peu de distance de cette ville, sa pointe donne dans un petit poste de quatre gendarmes, en sabre un et en prend deux, mais le quatrième réussit à s'échapper et à donner l'alarme. Accélérant sa marche, Geismar parvient à pénétrer dans Bailleul, avant que l'infanterie qui l'occupait ait pu courir aux armes et se former, et lui enlève une vingtaine d'hommes. Il y remet en liberté un officier anglais, un officier hollandais et un certain nombre de prisonniers, pour la plupart des matelots anglais. Apprenant que le sous-préfet s'est empressé de mettre sa personne et la caisse de l'arrondissement en sûreté à Cassel, où il se croit suffisamment protégé par la garnison, Geismar, laissant seulement à ses hommes le temps de donner l'avoine, reprend sa marche à dix heures du matin. Arrivé à une demi-lieue de Cassel, il aperçoit une colonne de 400 hommes venant d'Hazebrouck et se dirigeant vers la ville qui domine toute la plaine environnante et qu'entourait encore une enceinte continue formée par un vieux mur crénelé et flanqué de tours carrées. Un vieux château-fort s'élevait sur le sommet de la colline dont les flancs, sans être escarpés au point de rendre l'escalade impossible, étaient couverts de vergers et de jardins faciles à défendre et fournissant d'excellents abris aux tirailleurs.

La colline se termine à l'est par un espèce d'éperon qui constitue un excellent réduit.

Dès que Geismar a découvert l'infanterie française, il lance contre elle sa cavalerie qui, ralentie à chaque instant par les coupures, les fossés et les obstacles de tout genre, ne parvient pas à la rejoindre et à l'empêcher d'entrer à Cassel. Trois ou quatre cents conscrits qui se trouvaient déjà dans la ville, garnissent aussitôt les remparts, tandis que l'infanterie venant d'Hazebrouck se déploie dans les jardins sur les flancs de la colline et occupe l'éperon.

Quoique ne s'illusionnant en aucune façon sur les difficultés que présenterait à un corps de cavalerie l'enlèvement d'une pareille position, Geismar est cependant décidé à tenter l'entreprise.

Il croit nécessaire de frapper dès le début un grand coup dont la réussite ne peut manquer de démoraliser complètement l'ennemi et de répandre la terreur devant lui.

Il espère aussi que la rapidité de l'attaque lui en facilitera l'exécution, en paralysant les moyens de la défense.

Il était alors environ trois heures de l'après-midi. Une attaque à cheval, une charge de cavalerie ne pouvant avoir aucun succès, Geismar fait mettre pied à terre aux hussards saxons et à une soixantaine de cosaques armés de carabines, qu'il charge de rejeter l'ennemi dans la ville. Les hussards se portent à gauche de la chaussée de Lille, pendant que les cosaques se dirigent au contraire vers la droite, en sonnant la charge.

Les tirailleurs saxons et cosaques ouvrent simultanément un feu assez vif auquel l'infanterie française répond vigoureusement, sans parvenir à arrêter l'élan des Saxons et des Russes qui, abrités par les arbres fruitiers, gagnent insensiblement du terrain. Malgré cela, l'engagement paraissait cependant prendre une tournure défavorable pour les partisans. Les cosaques, meilleurs tireurs et mieux armés que les hussards saxons peu familiarisés avec le combat à pied, ont réussi à chasser les Français du versant oriental de la colline; mais il n'en a pas été de même à gauche de la chaussée où les hussards ne se maintiennent que péniblement.

Pressé d'en finir et obligé de secourir les hussards, Geismar se décide à brusquer l'attaque. Il ordonne alors aux hussards et aux cosaques auxquels il a fait mettre pied à terre, de se reporter vigoureusement en avant, pendant que l'escadron de uhlans saxons, débouchant par la chaussée, chargera à l'improviste l'infanterie française et l'obligera à se retirer précipitamment sur la ville, dans laquelle les uhlans profitant du désordre et de la confusion, essayeront de pénétrer à sa suite.

Le résultat de cette attaque ne devait pas répondre aux espérances de Geismar. Seuls les tirailleurs français les plus rapprochés de la ville sont contraints à se replier. Ils ferment aussitôt les portes, tandis que les autres, moins vivement pressés, protégés d'ailleurs par les clôtures des jardins, se glissent dans la ville par d'autres issues et viennent aussitôt garnir les remparts. C'est en vain que les partisans tentent d'enfoncer à coups de hache les palissades qui couvrent les portes de la ville et que les uhlans saxons essayent une charge aussi téméraire qu'inutile contre une compagnie d'infanterie qui, postée en avant de la porte, à l'un des coudes de la route, attend les uhlans, les laisse arriver à bonne portée, les reçoit par des feux de salve bien dirigés et les oblige à se retirer en désordre. Des cinq officiers de l'escadron, l'un, le major von Berge, est tué dans cette charge; trois autres sont blessés et le cinquième est fait prisonnier. L'affaire de Cassel a, en outre, coûté une quinzaine d'hommes au corps volant.

Le coup de main sur Cassel était définitivement manqué. Geismar, légèrement blessé lui-même, jugeant avec raison que de nouvelles tentatives ne peuvent que compromettre le sort de son corps, craignant, en outre, de démoraliser ses hommes en usant leurs forces dans des attaques inutiles qui lui ont déjà fait perdre trop de monde, donne à la tombée de la nuit le signal de la retraite et se replie sur Hazebrouck.

Le 18 au matin, il charge une reconnaissance de cent cosaques, conduite par le major comte Pückler, de tourner Cassel. La garnison et le sous-préfet avaient quitté la ville et s'étaient dirigés sur Saint-Omer, ne laissant à Cassel que quelques hommes qui se replièrent également après avoir esquissé un semblant de résistance. Pückler, à son retour à Hazebrouck, reçut l'ordre de se rendre à Bruges et d'aller organiser, dans la Flandre occidentale, le soulèvement contre le gouvernement impérial.

Le 19, après avoir levé à Hazebrouck une forte contribution, le corps volant passe la Lys entre Aire et Saint-Venant, prend par Lillers et arrive à Pernes. Informé sur ce point de la présence du préfet du Pas-de-Calais à Saint-Pol, où les Français n'ont que peu de monde, Geismar conçoit le projet d'enlever de nuit le préfet et la garnison. Il exécute son mouvement avec tant de rapidité que la garnison, composée de 100 hommes, 170 conscrits et quelques gendarmes, n'a pas le temps de prendre les armes. Mais le préfet réussit à s'échapper au milieu de l'obscurité. Les conscrits sont désarmés et renvoyés dans leurs foyers et quelques prisonniers alliés remis en liberté [1].

Le 20, après avoir fait détruire par un de ses partis le poste télégraphique de Morbecque, à peu de distance d'Hazebrouck, Geismar se dirige sur Doullens, entouré à cette époque de murailles en ruine, mais possédant en revanche une citadelle en bon état. Il a si bien réussi à cacher sa marche qu'il pénètre dans la ville sans qu'on ait eu connaissance de son approche. Avant que la garnison ait pu se renfermer dans la citadelle située sur une hauteur voisine, les cosaques enlèvent dans la ville une trentaine d'hommes qui s'y promenaient s'y croyant en parfaite sécurité, pendant qu'une patrouille atteint, sur la route d'Arras, une douzaine de voitures chargées de munitions et d'argent.

Brûlant du désir de venger l'échec éprouvé à Cassel, Geismar, bien que n'ayant avec lui que de la cavalerie et qu'un seul canon, veut encore s'emparer de la citadelle qu'il fait aussitôt investir.

Traverser avec une poignée d'hommes un pays hérissé de places fortes, s'engager dans une région dans laquelle le moindre signal eût suffi pour provoquer un soulèvement général encouragé et facilité par la présence de troupes régulières, était déjà une opération hardie. Ce n'était cependant qu'un jeu d'enfant à côté de la résolution téméraire que venait de prendre Geismar. Tenter d'enle-

---

[1] Les cosaques ayant découvert et pillé un magasin de jouets, la plupart d'entre eux sortirent de Saint-Pol avec des masques sur la figure.

ver avec de la cavalerie une citadelle située à peine à 40 kilomètres des places d'Arras, d'Amiens, d'Abbeville et d'Hesdin, songer à en faire le siège en règle, concevoir l'idée de s'y établir et d'y rester, réussir à se maintenir quatre jours au cœur même d'un pays ennemi, c'est là ce que Geismar est décidé à risquer, c'est là le tour de force qu'il va parvenir à accomplir, malgré les attaques qu'il prévoit et qu'il semble en quelque sorte rechercher et provoquer. Il est, en effet, impossible d'admettre qu'un chef de partisans, aussi hardi, mais en même temps aussi habile que Geismar, ait, rien que par gloriole, pour satisfaire son amour-propre, exposé son corps à des dangers dont il connaissait toute la grandeur, pour se donner l'inutile plaisir d'enlever une bicoque comme la citadelle de Doullens. Il nous semble, au contraire, que Geismar avait de bonnes raisons pour tenter une pareille entreprise. Il tenait, à tout prix, à attirer à ce moment l'attention des troupes françaises, à jeter partout le trouble et le désordre, à empêcher ou du moins à suspendre l'envoi de renforts destinés à Maison et à faciliter ainsi les opérations que le duc de Saxe-Weimar ne devait pas tarder à entreprendre en Belgique.

Dès son arrivée à Doullens, il somme le commandant de la citadelle de lui en ouvrir les portes et, sur son refus, il commence à faire fabriquer des gabions, des fascines, et à faire rassembler des échelles.

Le 21 au matin, une patrouille de 40 chevaux saxons qu'il a envoyée sur la route d'Arras vient se heurter, à environ deux lieues de Doullens, contre une colonne française sortie d'Arras et forte d'environ 1000 hommes d'infanterie, dont 500 de garde nationale, et d'un escadron de cavalerie. L'officier qui commandait la reconnaissance, après avoir donné avis de l'approche de l'ennemi, se replie lentement sur un petit bois dans lequel il s'établit, pendant que Geismar, ne laissant devant la citadelle que les uhlans, le rejoint au plus vite avec ses cosaques.

Les Français, qui ont continué à s'avancer, s'arrêtent d'abord un instant à la vue des cosaques ; puis, reprenant leur mouvement presque aussitôt, ils quittent la route à hauteur de Mondicourt pour se porter à droite et se déployer en terrain découvert entre cette route et un petit bois, en négligeant d'occuper le village de Mondicourt, situé à gauche de la route.

Geismar, ne voulant pas s'éloigner davantage de Doullens, a

arrêté ses cavaliers. Sa première ligne est formée par les cosaques, et la deuxième par les hussards saxons. Au lieu d'attendre l'attaque des partisans ou de les obliger par son feu à faire volte-face, l'infanterie française continue à s'avancer tambour battant, déployée sur une seule ligne en laissant des intervalles entre les diverses parties de cette ligne flanquée de chaque côté par quelques cavaliers.

Au moment où la ligne française s'arrête et où son aile droite se prépare à exécuter un feu de peloton, Geismar, mettant le sabre à la main, se jette avec ses cosaques sur cette longue ligne, traverse les intervalles laissés libres et renverse les serre-files. Se retournant presque immédiatement, il charge à revers la ligne déjà rompue et bouscule les cavaliers français qui essayent d'arrêter les cosaques par des feux de salve.

Les hussards saxons, restés jusque-là en soutien, chargent à leur tour malgré les efforts de leurs officiers qui essayent de garder l'unique réserve dont dispose le colonel. Ils tombent sur les Français au moment où ceux-ci essayent de former les carrés, et les obligent à se rejeter en hâte et en désordre dans les bois en arrière de Mondicourt, d'où les débris de la colonne regagnèrent Arras à la nuit, laissant entre les mains des partisans trois officiers et une vingtaine d'hommes.

Geismar avait habilement profité des fautes commises par les Français qui, ne voyant que ses cosaques, avaient négligé de faire prendre position à leur infanterie, soit sur la lisière du bois, soit à Mondicourt, et n'avaient pas songé à les attirer dans une embuscade facile à leur tendre en poussant en avant leurs hussards qui auraient essayé de les entraîner à leur suite. Tout, en effet, semble indiquer que les Français s'attendaient à voir les cosaques tourner bride à leur approche.

L'échec éprouvé par la colonne d'Arras eut, d'ailleurs, des conséquences immédiates. Le commandant de la citadelle ayant perdu tout espoir de se voir secourir, capitula le soir même et livra à Geismar des magasins abondamment pourvus d'armes et de munitions. Le colonel trouva, en outre, dans la citadelle quelques officiers anglais et espagnols et une centaine de soldats espagnols qu'il remit en liberté. Une partie de ces prisonniers renforcés par ceux que Geismar avait déjà délivrés les jours précédents et qu'on arma avec les armes trouvées dans les magasins, forma sous les ordres du lieutenant von Ziegler (des uhlans saxons), avec un sous-officier et six uhlans et hussards, la garnison que Geismar laissa dans la citadelle.

Le 22 au matin, le général Henry se mettant à la tête des troupes battues la veille à Mondicourt et renforcées par 150 gendarmes et 150 hommes du 10ᵉ tirailleurs de la garde, revient prendre à Mondicourt une position défensive. L'approche de cette colonne a été, comme la veille, signalée à Geismar; mais l'avis lui en parvient au moment même où ses patrouilles envoyées sur la route d'Amiens lui annoncent qu'une autre colonne, forte d'environ 300 hommes d'infanterie et d'un escadron de lanciers, se montre au sud de Doullens. Chargeant le major von Brandenstein d'observer cette colonne et de couvrir la ville avec une centaine de cosaques, il se porte en personne et sans perdre une minute, avec le reste de son petit corps, contre le général Henry. Une partie de l'infanterie française a occupé le village. Le général a posté sur la grande route les gendarmes à cheval, soutenus par un autre groupe d'infanterie établi à leur gauche dans un boqueteau. Le reste des gendarmes et les hussards forment sa droite qu'il a quelque peu refusée.

Geismar déploie de son côté sur la route même la moitié de son escadron de hussards saxons; à gauche et à environ 100 mètres, l'autre demi-escadron; à droite et à même distance, la moitié de l'escadron de uhlans. Les cosaques, formant quatre groupes, prennent position à sa gauche dans la plaine. Le deuxième demi-escadron de uhlans reste en réserve sur la chaussée. Les hussards ont l'ordre de chercher à couper les gendarmes du village de Mondicourt, pendant que les uhlans essayeront, soit de débusquer l'infanterie, soit de tourner le village même. Mais, à la vue des dispositions prises par les Français, Geismar s'aperçoit de suite qu'il ne gagnera rien en attaquant leur centre et qu'il expose au contraire ses cavaliers enserrés par les fossés de la route à être décimés par les feux de l'infanterie. Un mouvement de ce genre pouvait être d'autant plus dangereux que les gendarmes semblaient décidés à tenir ferme.

Tout se borna donc de ce côté à l'échange de quelques coups de fusil, pendant que les cosaques et la cavalerie française de l'aile droite s'engageaient assez sérieusement. Les Français avaient, cette fois encore, négligé de faire garder par leur infanterie la lisière du petit bois de Gros-Tison. Ce bois était, il est vrai, à une certaine distance de leur ligne et son occupation aurait allongé outre mesure leur front de combat, mais il eût été sage d'y envoyer quelques tirailleurs dont la présence et les feux auraient suffi pour tenir les cosaques en respect et les obliger à rester à distance.

Ceux-ci ne tardent pas à remarquer qu'ils ont le champ libre de ce côté et, voulant attirer en plaine la cavalerie française, afin de la séparer de l'infanterie, ils esquissent et renouvellent leurs démonstrations contre cette cavalerie jusqu'au moment où ils réussissent à entraîner les gendarmes à leur suite et à leur faire dépasser la lisière du petit bois dans lequel une partie des leurs s'est embusquée sans se montrer. Pris de flanc par ces derniers, chargés de front par ceux qu'ils poursuivent et qui ont rapidement fait volte-face, les gendarmes sont culbutés, mis en déroute et laissent entre les mains des cosaques un chef d'escadron, deux officiers et trente hommes. L'aile droite française était en déroute; mais l'infanterie conserva ses positions jusqu'au soir, et le général Henry n'osant attaquer Geismar, attendant d'autre part l'arrivée et l'intervention de la colonne venant d'Amiens, se replie sur Arras, décida à continuer le lendemain sa route sur Amiens par un chemin détourné.

Le détachement du major von Brandenstein avait, pendant ce temps, réussi à arrêter, entre Beauval et Doullens, la colonne venue d'Amiens qui, n'entendant pas le feu du général Henry et craignant d'avoir bientôt affaire avec le corps entier de Geismar, effectua sa retraite d'abord sur Beauval, puis sur Amiens.

Le 23, les Français n'ayant plus rien tenté contre Doullens, Geismar[1] emploie sa journée à remettre la citadelle en état, à l'armer et à l'approvisionner avant de se remettre en route.

Le colonel russe, bien que complètement isolé avec son petit corps, a donc réussi à se maintenir pendant quatre jours à Doul-

---

[1] Maison, en rendant compte des événements de Doullens, en annonçant au ministre qu'il ne peut rien détacher contre Geismar, ajoute : « Je crains qu'il n'ait le projet de favoriser un débarquement d'Anglais à l'embouchure de la Somme ou des débarquements partiels de brigands destinés à établir un foyer d'insurrection bourbonienne ; il faudrait deux bataillons, du canon et quelque cavalerie pour battre cet agent de désordre et de brigandage... » (*Archives de la guerre.*)

lens, à repousser trois attaques, à faire capituler la citadelle et à appeler sur lui l'attention des Français ; mais il lui est désormais impossible de songer à s'arrêter plus longtemps à Doullens. Dans la nuit du 23 au 24, ses espions et ses émissaires l'informent que les Français renforcés par l'arrivée de quelques escadrons de cavalerie et de quelques pièces de canon, se disposent à renouveler leurs attaques le 24 ou le 25, et surtout à les combiner, en débouchant simultanément d'Arras, d'Amiens et d'Abbeville. Comme il s'attend, en outre, à voir les populations, revenues de leur stupeur du premier moment, se soulever à l'approche des troupes françaises et prendre les armes contre un détachement dont il leur a été possible de constater la faiblesse, il se met en marche le 24 au soir et se dirige, en passant par Albert, sur Bray-sur-Somme, afin de se rapprocher de l'Oise et de la route vraisemblablement suivie par Bülow. Après avoir fait à Bray une courte halte de quelques heures, il y passe la Somme et continue au lever du jour son mouvement sur Roye, dont les habitants ont l'intention de se défendre. Mais, l'avant-garde de Geismar a marché si vite et pénétré si rapidement dans la ville, qu'avant même que les habitants aient pu se remettre de leur surprise et fermer les portes, les cosaques ont déjà enlevé les gendarmes et commencé à se faire livrer les armes. Geismar croit néanmoins plus prudent de ne pas établir son corps à Roye même et préfère le faire camper hors de la ville.

Ce fut à Roye qu'il entendit parler pour la première fois des victoires remportées par l'Empereur à Champaubert, Montmirail et Étoges, de la retraite de Schwarzenberg sur la rive gauche de la Seine, et du mouvement rétrograde des Prussiens et des Russes de Soissons sur Laon. Dans ces conditions, à la veille d'un soulèvement général qui lui paraissait aussi certain qu'imminent, il lui était impossible et de continuer sur Paris et de s'arrêter dans ces parages. Il lui fallait faire d'autant plus diligence pour se rapprocher de Bülow, qu'en raison des événements, on devait avoir vraisemblablement modifié du tout au tout le plan général des opérations. Levant son camp sans bruit, dans la nuit du 25 au 26, il pousse rapidement vers Noyon, où il arrive à 2 heures du matin, à la surprise générale d'une population disposée, comme celle de Roye, à se défendre. Après avoir bivouaqué pendant quelques heures seulement sur la place du

Marché, désarmé les habitants, remis en liberté les prisonniers alliés, échangé ses chevaux éclopés contre des chevaux frais et réquisitionné les vivres dont il a besoin [1], Geismar, remontant le cours de l'Oise par la rive droite, se dirige sur Chauny, où il compte effectuer son passage sur la rive gauche et se rapprocher ensuite de Laon.

Son avant-garde, qui a pris une assez grande avance pendant la marche, se présente seule à l'entrée de la ville. Les habitants, qui s'étaient armés pour se défendre et qui se préparaient à couper les ponts, laissent cette avant-garde pénétrer dans la ville. Croyant avoir affaire à des fuyards, ils s'empressent de refermer les portes derrière elle, la prennent ensuite entre deux feux, lui tuent deux cosaques, en blessent trois et font les autres prisonniers. Mais le bruit de la fusillade est parvenu jusqu'au gros du corps; Geismar arrive au galop devant les portes, les fait enfoncer à coups de hache et se précipite dans la ville, sabrant tout ce qui se trouve sur son passage les armes à la main. Maître de Chauny, il exige le rétablissement immédiat des ponts, accorde aux habitants deux heures pour faire ce travail et lui payer une forte contribution, consistant en argent, drap, cuir, toile, vivres et fourrages, et menace le maire de mettre la ville à feu et à sang.

Au bout du temps fixé, les ponts sont suffisamment remis en état pour permettre aux cosaques et aux Saxons de passer l'Oise en tenant leurs chevaux par la bride.

Le gros du corps va bivouaquer à Sinceny ; les uhlans saxons s'établissent au pont de l'Oise et dans le faubourg de la rive gauche. Le colonel resta sur ce point pendant les journées des 26, 27 et 28 février.

Mais le 26, les Français renseignés sur la faiblesse de la garnison laissée au château de Doullens avaient réussi sans peine à le reprendre, et le lieutenant von Ziegler avait dû se rendre à discrétion.

Le 27, l'effectif du corps volant n'était plus que de 354 cosaques, 99 hussards saxons et 58 uhlans prussiens, en tout 511 chevaux.

---

[1] Geismar, afin de conserver à son corps toute sa mobilité, ne traînait avec lui aucune voiture. Ses hommes et ses chevaux vivaient sur le pays, et ses officiers réquisitionnaient les vivres et les fourrages sur les points où ils faisaient une halte de quelques heures.

Le 28, Geismar apprit à Sinceny que Bülow, après avoir fait enlever La Fère par le général von Thümen, débouchait de Laon, et avait combiné avec Winzingerode une opération contre Soissons. Il résolut, en conséquence, de reprendre l'offensive, et n'ayant plus rien à faire à Chauny, qu'il remit aux Prussiens, il en repartit le 1er mars pour Noyon.

Les partisans y restèrent quelques jours, se bornant à envoyer des reconnaissances dans toutes les directions et principalement sur Roye, où elles ne trouvèrent personne, et sur Compiègne. Reçues à coups de fusil au pont de Francport, elles crurent à la présence d'une forte garnison. Les cosaques réussirent cependant à enlever sur la route de Compiègne un courrier porteur de dépêches importantes, que le général Maison avait confiées au général Henry et que celui-ci avait cru pouvoir remettre à une estafette. Geismar, comme nous le verrons plus loin, ne quitta Noyon que le 8, lors de la retraite de Blücher de Soissons sur Laon.

Sauf l'échec éprouvé à Cassel et qui n'exerça, d'ailleurs, aucune influence sur le résultat ultérieur de son raid, Geismar avait, grâce à la rapidité de sa marche, à son énergie et à sa hardiesse, réussi dans tous ces différents coups de main, qu'on peut à bon droit citer comme des modèles. Il aurait cependant mieux fait de ne laisser personne à la citadelle de Doullens et de faire sauter cet ouvrage après s'y être ravitaillé. C'est vraisemblablement le parti qu'aurait pris Geismar si des raisons particulières ne l'avaient obligé à exposer l'officier et les hommes auxquels il confia la garde de la place, aux risques d'une captivité presque certaine. Le lieutenant von Ziegler et les cavaliers saxons qu'on lui adjoignit étaient malades, épuisés de fatigue, hors d'état d'en supporter de nouvelles. Les prisonniers mis en liberté auraient retardé la marche du corps volant, si Geismar avait essayé de les traîner à sa suite. Enfin, il pensait encore que Bülow, dont il n'avait pas de nouvelles à ce moment, serait, s'il poussait de ce côté, heureux de trouver dans la citadelle de Doullens des magasins, un dépôt et un point d'appui.

Se conformant aux ordres du duc de Saxe-Weimar, Geismar, avant de pénétrer sur le territoire français, avait rédigé à Courtrai une proclamation qu'il répandit et fit afficher partout où il passa dans sa marche de l'Escaut à l'Oise. Cette proclamation est d'autant plus curieuse que pour la première fois, et avant même que les souverains alliés eussent pris une décision relative aux Bourbons, un officier à leur service, autorisé, il est vrai, par son chef direct, y parlait de la restauration de l'ancienne dynastie :

« Courtrai, 15 février 1814.

« Français !

« L'avant-garde du troisième corps de l'armée d'Allemagne a dépassé les frontières de l'ancienne France. Ne craignez pas que nous imitions l'exemple que vos compatriotes nous ont donné en Allemagne. Nous savons distinguer ces soldats effrénés, instruments odieux d'un tyran sanguinaire, du paisible habitant qui ne doit qu'à leur audace les maux qu'il endure aujourd'hui. Je tâcherai, autant qu'il sera en mon pouvoir, de les adoucir pour vous, ces maux que la guerre entraîne avec elle. Ayant repoussé la force par la force, nous ne voulons plus employer que la douceur pour gagner votre amitié.

« Restez donc sans crainte dans vos foyers, au sein de vos familles ; pensez que nos augustes souverains n'ont porté la guerre au milieu de votre patrie que pour assurer, enfin, à l'Europe cette paix générale si nécessaire au bonheur de l'humanité, et recevez avec confiance et cordialité des guerriers qui ne viennent pas chez vous en conquérants, mais pour vous délivrer d'un joug aussi honteux qu'insupportable.

« Français ! L'aurore d'un nouveau jour commence à luire pour vous ! Vous retournez à vos anciens maîtres et *le trône de la France, trop longtemps déshonoré par un usurpateur, sera de nouveau occupé par cette illustre famille des Bourbons*, dont les malheurs ont fait gémir l'Europe pendant tant d'années. Louis XVIII, votre compatriote, votre roi légitime est arrivé sur le continent, déjà des milliers de ses sujets se sont réunis autour de lui. Ne soyez pas les derniers à suivre un si bel exemple, ne tardez pas à changer un tyran étranger contre un père né parmi vous. C'est votre propre gloire, Français, qui vous y oblige ; c'est votre intérêt commun à tous. Nos armées victorieuses sont aux portes de Paris ; deux batailles gagnées dans les plaines de cette capitale ont achevé la perte de votre oppresseur. Vous n'avez plus rien à craindre de sa vengeance, et des temps plus heureux récompenseront le zèle que vous montrerez aujourd'hui à faire triompher la bonne cause. »

Cette proclamation de Geismar était accompagnée de l'avis suivant :

« On fait savoir que tous les conscrits et tous autres qui voudront se battre pour la cause des Bourbons, seront commandés par Louis Frichard, surnommé Louis XVII, qui marche avec un corps des troupes alliées, sous les ordres du soussigné ; ils seront bien nourris, habillés et payés.

« *Signé* : Le baron de Geismar, colonel aux gardes de Sa Majesté l'empereur de toutes les Russies, chevalier de plusieurs ordres et commandant d'un corps de cavalerie légère. »

Transmise le 22 février par le chef d'état-major du IIIe corps fédéral, le général baron de Wolzogen [1], au quartier général des souverains, la proclamation de Geismar et son annexe valurent au duc de Saxe-Weimar, un blâme d'autant plus sévère que les reproches de l'empereur de Russie semblaient s'adresser à Geismar.

« Sa Majesté l'empereur, lui écrivait le prince Wolkonsky [2], est très mécontente de la conduite du colonel de Geismar, qui a pris sur lui de lancer une proclamation, et qui s'est permis d'entrer en relations avec un aventurier tel que Frichard. De semblables procédés sont d'autant plus répréhensibles que Sa Majesté a interdit la publication de proclamations qui n'auraient pas été préalablement soumises à son approbation et défendu aux officiers de s'occuper d'affaires politiques. »

Le tzar donnait une fois de plus une preuve de cette droiture et de cette loyauté qui devaient faire oublier le rôle actif qu'il joua dans les conseils des Alliés et lui valoir, bien qu'il fût l'âme de la coalition, la sympathie qu'on refusait à la servilité de Frédéric-Guillaume III, à la faiblesse et à la versatilité de l'empereur François.

---

[1] Rapport du général Wolzogen au prince Wolkonsky, pièce n° 427.
[2] Prince Wolkonsky au duc de Saxe-Weimar, 5 mars, pièce n° 147.

CHAPITRE XIII.

OPÉRATIONS DES ALLIÉS SUR LA SAÔNE ET EN SAVOIE, JUSQU'A L'ENTRÉE EN LIGNE DE L'ARMÉE DU SUD (3 MARS).

17 février 1814. — Augereau commence son mouvement en divisant ses forces. — Les lenteurs et les hésitations d'Augereau auraient encore pu être réparées, si, profitant d'une supériorité numérique sensiblement augmentée par l'arrivée des divisions de Catalogne, le maréchal eût immédiatement pris l'offensive et se fût porté vivement, avec toute son armée, soit sur Genève, soit sur Mâcon et Chalon. En agissant en masse dans une de ces deux directions avec les 25,000 hommes dont il disposait, en stimulant par sa présence le patriotisme de populations qui n'attendaient que son apparition pour courir aux armes, il eût brisé sans peine le semblant de résistance que lui auraient opposé les troupes autrichiennes et crevé sans effort la longue ligne faiblement occupée par un adversaire trop peu nombreux pour garder un front aussi étendu.

Au lieu de procéder de cette façon simple et logique, d'essayer de se faire pardonner ses fautes passées par le coup décisif qu'il aurait inévitablement porté à la cause des Alliés, le duc de Castiglione préféra diviser ses forces et agir à la fois sur la rive droite de la Saône et entre cette rivière et l'Ain. C'était, de toutes les combinaisons auxquelles il pouvait s'arrêter, de beaucoup la moins avantageuse, par cela même qu'elle n'était guère de nature à amener un résultat décisif. En opérant de la sorte, il pouvait momentanément gagner quelque peu de terrain, mais il lui était absolument impossible d'exercer par le contre-coup résultant de semblables mouvements, une influence sérieuse et utile sur le principal théâtre de la guerre. Enfin, au lieu de se mettre en personne à la tête de l'une de ses colonnes, Augereau persista à rester à Lyon, où il croyait encore sa présence indispensable.

Le singulier mouvement auquel il s'était arrêté commença le 17 au matin.

Le général Pannetier, avec une brigade de la 2ᵉ division de Catalogne et le 13ᵉ régiment de cuirassiers, suivit la rive droite de la Saône pour se porter par Villefranche sur Mâcon, en chasser Scheither et se relier sur sa droite avec le général Musnier, lorsque ce général, marchant entre la rive gauche de la Saône et l'Ain, serait arrivé à Bourg.

En jetant un rapide coup d'œil sur les ordres de mouvement du 17, on voit qu'Augereau, bien qu'il ait eu tout le temps de combiner un plan d'opérations, agissait sans idée précise et ignorait encore si, après l'enlèvement de Meximieux, il dirigerait Musnier sur Pont-d'Ain ou sur Genève. Les instructions qu'il avait données au petit corps opérant en Savoie, sont tout aussi vagues; il charge les généraux Marchand et Dessaix de faire une puissante diversion en menaçant *Chambéry ou tout autre point qu'ils jugeront convenable*.

L'armée de Lyon, au lieu d'avoir un objectif unique, a donc pour but de marcher, d'une part sur Mâcon, de l'autre sur Bourg; de nettoyer les départements de l'Ain et de Saône-et-Loire, pendant qu'on opérera en Savoie une simple diversion, par laquelle Augereau espère menacer Genève. La réserve de Nîmes (général Bardet) viendra de Vienne à Lyon, et les partisans de Damas remplaceront le général Pouchelon du côté de Tarare.

Ordres donnés à Klebelsberg. — Mais Bubna, en présence de la supériorité numérique d'Augereau, a déjà prescrit au feld-maréchal-lieutenant Klebelsberg, opérant du côté de Lyon entre la Saône et le Rhône, de repasser sur la rive gauche de ce fleuve, dès que les troupes du maréchal sortant de Lyon, se porteront, soit vers Meximieux, soit vers Trévoux, et de revenir par Pont-d'Ain, Nantua et Seyssel, prendre position derrière le Fier. Il y rejoindra Zechmeister et tous deux se chargeront de couvrir Genève. Le colonel Wieland, qui a sa retraite assurée sur Besançon, doit rester à Bourg, et le général Scheither a été informé de la présence de 25,000 hommes de troupes françaises à Lyon[1].

Le général Zechmeister, s'étant concentré depuis le 16 entre Chambéry, où il n'avait laissé qu'un petit poste, et Aix, Dessaix en avait profité pour passer, le 17 au matin, l'Isère sur deux points en aval de Montmélian et occuper la ville, pendant que

---

[1] Stärke, Eintheilung und Tagesbegebenheiten der Haupt-Armee im Monate Februar. (*K. K. Kriegs Archiv.*, II, 1.)

le général Marchand, venant de Fort-Barraux, débouchait par Les Marches. Le 17 au soir, les troupes de Marchand et de Dessaix étaient arrivées aux portes de Chambéry et s'établissaient à Leisse et Barberaz.

18 février 1814. — Premiers mouvements des Français. — Marchand et Dessaix devant Chambéry. — Affaire de Meximieux et de Loyes. — Sorti de Lyon, le 17 au soir, avec une partie de sa division, le général Musnier, après avoir rallié à Miribel les troupes qui lui appartenaient, avait continué le 18 sa marche sur Meximieux, en avait débusqué, après un engagement de peu de durée, les avant-postes du colonel Wieland (chasseurs à pied et hussards Empereur Ferdinand), qui s'étaient repliés sur Loyes. Malgré quelques charges exécutées par les hussards, ces avant-postes, craignant d'être tournés par l'infanterie française qui avait filé par les hauteurs, durent continuer leur retraite sur Pont-d'Ain et furent suivis jusqu'à peu de distance de la ville par la cavalerie française [1].

19 février 1814. — Retraite de Scheither. — Évacuation de Chambéry. — Prise de Bourg et retraite de Wieland. — A la première nouvelle des mouvements offensifs des Français sur la rive droite de la Saône, le général Scheither eut d'abord l'idée de tenter une diversion sur Villefranche et d'essayer de faire surprendre Tarare ; mais au moment où il se préparait à diriger le lieutenant-colonel Meininger sur Tarare, il apprit que le général Legrand avait déjà débouché de Roanne et que le général Pannetier, arrivé vers le soir à Villefranche, avait obligé ses troupes légères à se replier sur la route de Mâcon. En présence de ces mouvements, Scheither renonça à toute entreprise offensive et rappela tous ses détachements à Mâcon, où il espérait encore pouvoir tenir tête à l'ennemi.

En Savoie, Zechmeister prenait ses dernières mesures pour évacuer Chambéry et s'établir sur la bonne position qu'il avait choisie au nord de cette ville.

---

[1] Colonel Wieland au prince Aloïs Liechtenstein, Saint-Amour, 20 février (*K. K. Kriegs Archiv.*, II, ad 637), prince héritier de Hesse-Hombourg à Schwarzenberg, Dijon, 20 février (*Ibid.*, II, 588), et STÄRKE, Eintheilung und Tagesbegebenheiten der Haupt-Armee im Monate Februar (*Ibid.*, II, 1).

Le 19, la colonne chargée de remonter la rive droite de la Saône s'est portée de Villefranche contre le général Scheither, dont la cavalerie française repousse les avant-postes. Le général autrichien, après avoir essayé vainement de tenir à Mâcon, qu'il est obligé d'abandonner au général Pannetier, se replie, toujours suivi par la cavalerie française, jusqu'à Saint-Albain, où il s'arrête le 19 au soir dans l'espoir de pouvoir y rester jusqu'au moment où il aura été rejoint par le corps volant du lieutenant-colonel Meininger, détaché sur Roanne. Le prince héritier de Hesse-Hombourg, inquiet des progrès des Français sur la rive droite de la Saône, a donné à la brigade de cuirassiers autrichiens du général Kuttaleck et à deux bataillons l'ordre de se porter en toute hâte sur Chalon-sur-Saône, afin de renforcer ou de recueillir, en cas de besoin, les troupes de Scheither[1].

C'est à Meximieux que se séparent les deux routes qui vont de Lyon, l'une à Bourg, l'autre à Genève. Au lieu d'ordonner à Musnier de pousser avec toute sa division dans l'une de ces deux directions, Augereau lui avait prescrit de marcher avec le gros de sa division par Chalamont contre Bourg-en-Bresse et de diriger en même temps la brigade Pouchelon sur Pont-d'Ain. A 9 heures du matin, le général Musnier culbute deux escadrons de hussards de Blankenberg, en position à Chalamont. Attaquant aussitôt les avant-postes de cavalerie de Marlieux, il les coupe de Bourg et arrive si vivement et si rapidement à 4 heures de l'après-midi en vue de cette ville, que le colonel Wieland a à peine le temps de se porter au-devant de lui jusqu'aux portes de la ville. « J'ai cependant réussi à m'y maintenir jusqu'à la nuit, écrit-il à Aloïs Liechtenstein. J'ai dû alors défiler par la ville et par le faubourg où des paysans bien armés et intelligemment embusqués ont tiré sur mon arrière-garde.[2] »

Il ne restait à ce moment à Wieland que deux escadrons comptant en tout 150 chevaux, un bataillon de 300 hommes du régiment de Vogelsang, une batterie à cheval et une compagnie d'in-

---

[1] Stärke, Eintheilung und Tagesbegebenheiten der Haupt-Armee im Monate Februar (*K. K. Kriegs Archiv.*, II, 1), et prince héritier de Hesse-Hombourg à Schwarzenberg, Dijon, 20 février (*Ibid.*, II, 588).

[2] Colonel Wieland au prince Aloïs de Liechtenstein, Saint-Amour, 20 février. (*K. K. Kriegs Archiv.*, II, ad 637.)

fanterie de *Gradiscaner Grenzer* (Confins Militaires). Sa position était d'autant plus critique qu'il était sans nouvelles des escadrons que le général Musnier avait culbutés le matin à Chalamont et à Marlieux, et qu'il croyait en retraite sur Mâcon. Le moindre effort eût donc suffi pour disperser les quelques troupes qui lui restaient. L'attitude des populations augmentait encore ses inquiétudes. Aussi, bien que Musnier se fût arrêté le 19 au soir à Bourg et eût jugé inutile de le faire harceler par sa cavalerie pendant sa retraite sur Saint-Amour, le colonel Wieland se préparait déjà à se replier, conformément aux ordres de Bubna, sur Lons-le-Saunier et Poligny et, de là, sur le corps de blocus de Besançon, dès que les troupes de Musnier déboucheraient de Bourg. Il lui paraissait d'autant plus impossible de songer à tenir à Saint-Amour que, d'après les renseignements qu'il avait recueillis sur sa route, un millier de paysans armés et de montagnards du Jura se portaient vers Lons-le-Saunier pour inquiéter sa retraite [1].

Le prince Aloïs de Liechtenstein n'était guère plus rassuré que Wieland et, dès qu'il eut reçu la dépêche par laquelle le colonel l'informait de sa retraite sur Saint-Amour, il avait aussitôt fait part au prince de Schwarzenberg, « des craintes sérieuses qu'il ne pouvait s'empêcher d'avoir pour le blocus de Besançon et de Salins, dans le cas où l'ennemi accentuerait encore son mouvement offensif. » Il avait même demandé au généralissime de lui faire connaître ce qu'il aurait à faire à l'approche de l'ennemi [2].

Tout semblait indiquer que le maréchal avait pris le parti d'agir résolument par les deux rives de la Saône, d'une part, contre Chalon et Beaune ; de l'autre, contre Lons-le-Saunier, Poligny et Dôle, de façon à faire lever le siège de Besançon et à se porter vivement sur Dijon à la tête de ses deux divisions, qui auraient opéré leur jonction au sud de cette ville. C'était là, puisqu'il semblait avoir renoncé dès le début à un mouvement en masse contre Genève, la seule opération utile et rationnelle qu'il

---

[1] Colonel Wieland au prince Aloïs de Liechtenstein, Saint-Amour, 20 février. (*K. K. Kriegs Archiv.*, II, *ad* 637.)

[2] Prince Aloïs de Liechtenstein au prince de Schwarzenberg, Vaire, 20 fév. (*K. K. Kriegs Archiv.*, II, 637.)

pût encore tenter, la seule opération qui eût répondu à ce que l'Empereur était en droit d'attendre de lui. Il se serait de la sorte conformé aux instructions que l'Empereur venait de confier la veille, à Nangis, au comte Tascher de La Pagerie, se rendant en Italie auprès du vice-roi et chargé de signifier une fois de plus ses volontés au duc de Castiglione : « Tu diras à Augereau, » ainsi s'exprime le comte Tascher dans le rapport qu'il remit au vice-roi, et dans lequel il expose au prince Eugène les différentes instructions de l'Empereur, « de marcher sur-le-champ tête baissée sur Mâcon et Chalon, sans s'occuper des mouvements de l'ennemi sur sa droite. Il n'aura à combattre que le corps du prince de Hesse-Hombourg, composé des troupes de nouvelle levée des petits princes allemands, commandées par des officiers de la noblesse allemande sans aucune expérience de la guerre. Il doit les vaincre et ne pas s'effrayer du nombre [1]. »

Mais Augereau n'avait jamais eu une pareille pensée. Dès le 19 au soir, il écrivait au général Pannetier : « Si, comme je le présume, vous êtes à Mâcon, communiquez de suite avec le général Musnier, et, comme il attaquera demain Pont-d'Ain, envoyez, si vous croyez qu'il n'y ait pas de danger, une garnison à Bourg, pour que Musnier ait toutes ses forces disponibles [2]. »

Il semble donc qu'Augereau dirigea Musnier sur Bourg uniquement afin de lui permettre de tourner Pont-d'Ain, et qu'il imposa à ses troupes un détour inutile, qu'il perdit un temps précieux, rien que pour éviter une attaque de front, dont le résultat eût été cependant d'autant moins douteux que la faible avant-garde de Klebelsberg était absolument hors d'état de se maintenir à Pont-d'Ain. D'autre part, puisqu'après deux jours de marche, il croyait déjà nécessaire de détacher des troupes de la division Pannetier sur la rive gauche de la Saône, il eût été plus logique de prévoir quelque peu l'avenir et, de toute façon, de donner, dès le 17, un objectif unique aux deux divisions qu'il venait, enfin, de se décider à mettre en mouvement.

Combat de Rages. — Le 19 au matin, les Français, après

---

[1] Rapport du comte Tascher de La Pagerie au vice-roi d'Italie.
[2] Augereau au général Pannetier, Lyon, 19 février, 9 heures du soir. (Archives de la guerre.)

avoir occupé Chambéry, en débouchent sur trois colonnes pour attaquer Zechmeister, qui a pris position à Rages, sa droite à Voglans sur le lac du Bourget, sa gauche à Château-Montagny. Les Français se sont déployés sur les hauteurs de la Croix-Rouge, et ont poussé une colonne à droite, vers Montagny; leur colonne de gauche a pris vers La Motte et s'avance par la vallée de la Leisse. Après un combat des plus vifs, les Français ont réussi à s'emparer de Rages, lorsque le colonel comte Zichy, remarquant le désordre qui règne dans leurs rangs, se jette sur leur gauche avec deux escadrons de hussards Liechtenstein, la sabre, la culbute et la ramène vivement jusque sur la position de la Croix-Rouge, en lui enlevant une soixantaine d'hommes. La gauche de Zechmeister parvient, grâce à la charge des hussards, à se maintenir au château de Montagny, et son centre réoccupe Rages. Une attaque de nuit tentée par la droite française contre le château de Montagny, lui en assure la possession pendant un moment; mais les Autrichiens l'en délogent de nouveau, s'y réinstallent et conservent leurs positions pendant les journées du 20 et du 21 [1].

Les troupes françaises, épuisées par l'inutilité des efforts qu'elles ont faits le 19, restent sur leurs positions sans renouveler leurs attaques.

20-21 février 1814. — Retraite de Zechmeister sur Nantua. — Évacuation de Nantua le 21 février. — Le 20 et le 21, Musnier ne fit pas plus de mouvements dans la direction de Saint-Amour contre le faible détachement du colonel Wieland, que Dessaix contre les troupes de Zechmeister, entre Chambéry et Aix. Comme Musnier avait ordre de revenir de Bourg sur Pont-d'Ain, le général Klebelsberg, qui n'avait guère avec lui que 1800 hommes, aurait pu se replier tout à son aise sur Nantua si sa retraite n'avait été inquiétée par des paysans armés [2]. Le général Pouchelon avait seul réussi, parce qu'on l'avait laissé suivre la route directe de Pont-d'Ain à Nantua, à atteindre l'ar-

---

[1] Général Zechmeister, Relation du combat de Chambéry, Rages, 20 février (*K. K. Kriegs Archiv.*, II, 640 a), STÄRKE, Eintheilung und Tagesbegebenheiten der Haupt-Armee im Monate Februar (*Ibid.*, II, 1), et Bubna à Schwarzenberg, Genève, 21 février (*Ibid.*, II, 640).

[2] STÄRKE, Eintheilung und Tagesbegebenheiten der Haupt-Armee im Monate Februar. (*K. K. Kriegs Archiv.*, II, 1.)

rière-garde de Klebelsberg, aux ordres du colonel Jünger. Cette arrière-garde parvint néanmoins à passer sur la rive gauche de l'Ain au pont de Neuville, au moment où la tête de colonne de Pouchelon y arrivait. Le colonel autrichien eut, du reste, à combattre constamment jusqu'aux environs de Cerdon et à se défendre pendant toute sa retraite contre les bourgeois et les paysans qui, du haut de leurs montagnes, faisaient rouler des blocs de pierre et des rochers sur ses troupes. Ce ne fut qu'à grand'peine qu'il parvint à ramener ses pièces, et au lieu de s'arrêter à Cerdon et d'y prendre position, comme on le lui avait prescrit, il se vit contraint à continuer sa marche jusqu'à Saint-Martin-du-Fresne [1].

Musnier, parti de Bourg, avait été, malgré l'empressement mis par les populations à rétablir le pont du Surand, tellement retardé dans sa marche qu'il n'avait pu arriver aux environs de Neuville-sur-Ain que pour voir de loin l'arrière-garde autrichienne filer devant le général Pouchelon. Confiant à cette brigade le soin de suivre les Autrichiens sur la route de Nantua, et laissant un bataillon au pont de Neuville, Musnier revint le 21 au matin à Bourg. Le bataillon laissé à Neuville devait, avec la brigade Pouchelon et des troupes venant de Bourg, exécuter, le 21, un mouvement combiné sur Nantua. Mais aussitôt après avoir reçu le rapport du colonel Jünger, Klebelsberg s'était empressé d'évacuer cette ville et de filer, suivi de près par son arrière-garde, sur Châtillon-de-Michaille d'où il devait sur l'ordre de Bubna, gagner les bords du Rhône, repasser sur la rive gauche, prendre position derrière le Fier [2] et y opérer sa jonction avec Zechmeister. Klebelsberg s'était contenté de laisser au pont de Bellegarde une petite arrière-garde chargée de retarder la marche des troupes françaises s'avançant par la route de Lyon. Ce détachement devait ensuite se replier sur le fort de l'Écluse.

---

[1] Le colonel Jünger dans son rapport au général Klebelsberg, de Saint-Martin-du-Fresne, 20 fév. (*K. K. Kriegs Arch.*, II, 640 *b*) s'exprime en ces termes: « Pendant toute ma retraite à partir de Pont-d'Ain, des paysans armés occupaient les crêtes, barraient les vallées, tiraient sur mes troupes et faisaient pleuvoir sur elles une grêle continuelle d'énormes blocs de pierre et de rochers. »

[2] Bubna à Schwarzenberg, Genève, 21 février. (*K. K. Kriegs Archiv.*, II. 640.)

Bubna avait également recommandé de laisser un petit poste de cavalerie à Saint-Claude.

20 février 1814. — Retraite de Scheither sur Chalon-sur-Saône. — Affaire de Tournus. — Scheither, suivi de près par la cavalerie du général Pannetier, harcelé de tous côtés par la population qui s'armait et se soulevait à l'approche des troupes françaises, n'avait pas cru prudent de rester, comme il se l'était proposé, à Saint-Albain. Ne pouvant, à cause du terrain coupé, se servir de sa cavalerie, craignant d'être débordé par un ennemi plus nombreux que lui, secondé et renseigné par les habitants, il se replia le 20 au matin sur Chalon, laissant à Tournus un parti de cavalerie chargé d'observer la marche des Français. Mais ce détachement, attaqué quelques heures après son départ à Tournus même par une bande de paysans armés qui lui blessèrent deux officiers et plusieurs hommes, fut à son tour contraint de se replier en toute hâte [1].

A la réception de ces nouvelles, le prince héritier de Hesse-Hombourg, avant de se mettre en route pour hâter l'arrivée des réserves venant d'Allemagne, avant de confier au général Lederer le commandement intérimaire des troupes alliées de la rive droite de la Saône, avait envoyé de Nuits à Beaune un renfort de dix compagnies de grenadiers, un escadron et demi de cuirassiers Archiduc-Albert, trois escadrons de cuirassiers de Lorraine et deux batteries. En cas de progrès des Français, les troupes autrichiennes de la rive droite de la Saône devront venir prendre position à Corpeau, à deux kilomètres au nord de Chagny, y tenir bon et couvrir les derrières de la grande armée.

L'inquiétude était d'autant plus vive au quartier général de Dijon, qu'on y était toujours sans nouvelles du lieutenant-colonel Meininger et que les paysans avaient coupé le général Scheither d'un de ses partis envoyé à Saint-Gengoux. On s'entourait, d'ailleurs, de toutes sortes de précautions à Dijon. Un escadron de cuirassiers de Lorraine avait été dirigé sur la route d'Autun qu'on croyait nécessaire de surveiller, et le colonel von Hammerstein, avec deux escadrons de hussards, avait dû passer la Saône à

---

[1] Stärke, Eintheilung und Tagesbegebenheiten der Haupt-Armee im Monate Februar. (*K. K. Kriegs Archiv.*, II, 1.)

Chalon et s'établir à Saint-Marcel pour observer les mouvements des Français sur la rive gauche de la rivière. Enfin, le prince héritier de Hesse-Hombourg avait fait prévenir le prince Aloïs de Liechtenstein et l'avait invité à prendre les mesures qui lui sembleraient de nature à empêcher l'ennemi de déboucher de Lons-le-Saunier sur Salins ou sur Quingey[1].

Ordres de l'Empereur à Augereau. — Ce n'était pas seulement à Dijon, au quartier général du prince héritier de Hesse-Hombourg, que le mouvement des colonnes françaises sorties de Lyon avait jeté l'alarme. Dès que l'on eut appris à Troyes que les troupes d'Augereau étaient sorties de Lyon, oubliant les difficultés au milieu desquelles se débattait la grande armée, on y avait cherché à parer de suite aux dangers que le duc de Castiglione, avec un peu d'activité et de promptitude, ne pouvait manquer de faire courir aux lignes de communications de Schwarzenberg. Bien que le généralissime se crût hors d'état de résister aux forces que l'Empereur avait mises en ligne devant lui, il n'hésita pas un instant à faire partir le 21 février pour Dijon, un corps d'armée entier sous les ordres de Bianchi. La belle conception stratégique de l'Empereur aurait donc pu produire tout son effet et aurait réussi à coup sûr si Augereau avait été moins mou, moins apathique et surtout plus obéissant, et si, dès le 16 ou le 17 février au plus tard, il eût marché, comme il en avait reçu à plusieurs reprises l'ordre formel, sur Genève encore dégarnie de troupes, pour se reporter de là, par Vesoul, sur la principale ligne de communications de la grande armée de Bohême, soulevant le pays et chassant devant lui les faibles corps échelonnés sur la ligne d'étapes des Alliés, depuis la frontière de Suisse jusqu'au plateau de Langres.

Au lieu de marcher avec toutes ses troupes sur Genève et de prendre une offensive qui ne lui faisait courir aucun danger, il préféra disséminer ses troupes, courir au-devant d'échecs inévitables et substituer ses propres idées à l'une des plus belles conceptions stratégiques de l'Empereur. Il semble, du reste, qu'Augereau n'ait ni compris la grandeur du rôle qu'il était appelé à

---

[1] STARKE, Eintheilung und Tagesbegebenheiten der Haupt-Armee im Monate Februar. (*K. K. Kriegs Archiv.*, II, 1.)

jouer, ni senti le poids de la responsabilité qu'il encourait devant son souverain, devant son pays et devant l'histoire en prenant sur lui de désobéir et de compromettre par son apathie et ses fausses manœuvres l'issue de la campagne et le salut de la France.

C'est ainsi que, dans la nuit du 20 au 21, au moment où le désarroi était à son comble aux quartiers généraux du prince héritier de Hesse-Hombourg et de Schwarzenberg, le maréchal prescrivait à Musnier de s'établir solidement sur la ligne Bourg—Pont-d'Ain—Ambérieux, d'envoyer des partis à Cerdon, des postes aux passages de l'Ain, de mettre un général à Bourg, un autre à Ambérieux, et de s'emparer de Nantua pendant que Marchand et Dessaix, encore entre Chambéry et Aix, iraient sur Genève, et que Pannetier resterait seul sur la rive droite de la Saône en avant de Mâcon. L'inconscience du duc de Castiglione apparaît au grand jour et dans toute son étendue dans la lettre qu'il adresse au duc de Feltre. Rendant compte de ses premiers mouvements, il semble tout étonné, tout émerveillé des résultats insignifiants que ses opérations décousues lui ont valus et ne comprend pas qu'en disséminant ses forces, en agissant par petits paquets, il s'est d'ores et déjà mis dans l'impossibilité de frapper le coup décisif sur lequel l'Empereur compte à bon droit et qui doit couronner les victoires remportées contre Blücher et Schwarzenberg. Les ordres ne lui ont cependant pas manqué, et jamais, peut-être, on n'en a donné d'aussi formels et de plus précis. Les avis, les réprimandes se sont succédé sans interruption depuis son arrivée à Lyon. Enfin, au moment même où le Maréchal s'enorgueillissait des succès dérisoires remportés contre une poignée d'hommes qu'il aurait dû chasser devant lui et anéantir, Clarke lui signifiait sur un ton plus pressant et plus impératif que jamais les volontés de l'Empereur.

« Sa Majesté, lui écrivait le Ministre [1], m'ordonne de vous dire qu'Elle veut que vous sortiez de Lyon et que vous réunissiez vos troupes pour marcher sur Genève et le canton de Vaud. Je donne le même ordre aux généraux Marchand et Dessaix. Mais comme ces généraux ne peuvent et ne doivent agir que de concert, c'est

---

[1] Ministre de la guerre à Augereau, Paris, 20 févr. (*Archives de la guerre.*)

à vous, Monsieur le Maréchal, de leur donner des instructions pour combiner leurs mouvements avec les vôtres.

« Sa Majesté me charge de dire à ces généraux et vous invite à leur répéter que les Autrichiens que vous avez devant vous ne sont pas à compter ; que tous les avis s'accordent à les faire considérer comme de misérables troupes et qu'avec de l'audace et de l'activité, *tout cela disparaitra devant vous comme le brouillard.*

« Sa Majesté me charge encore de vous dire, et je me plais à vous transmettre les expressions *flatteuses* dont Elle se sert, que dans cette occasion importante, *vous devez oublier vos 56 ans et ne vous souvenir que des beaux jours de Castiglione.*

« Vous vous rappellerez que Sa Majesté, l'armée et la France ont les yeux sur vous, que les moments pressent, que des difficultés de circonstances ne doivent pas vous arrêter et qu'avec une volonté énergique, on parvient à vaincre tous les obstacles… Au moment où je termine, je reçois une nouvelle lettre de Sa Majesté qui compte que vous vous mettez en marche et ne doute pas que vous fassiez beaucoup de mal à l'ennemi. »

Mais, ni cette lettre, ni celles qui allaient la suivre presque journellement, ni les ordres formels et directs de l'Empereur ne devaient parvenir à décider Augereau à quitter Lyon, à se mettre en personne à la tête de ses troupes, à lui rendre l'ardeur, l'activité et l'énergie dont il avait fait preuve 18 ans auparavant et qui lui avaient valu quelques années plus tard le titre de duc et le bâton de maréchal.

Le lendemain, Clarke revenant par ordre de l'Empereur sur le même sujet, prescrivait à Augereau d'entrer immédiatement en campagne, de chercher à s'emparer de Genève et de se porter de là dans le canton de Vaud. Il essayait de lui faire comprendre que seul ce mouvement était capable d'opérer une grande et utile diversion et que si la marche du maréchal dans les départements de Saône-et-Loire et de l'Ain donnait quelques avantages momentanés, elle ne pouvait avoir, sur l'ensemble des opérations, la même influence que les mouvements prescrits par l'Empereur. Il terminait cette dépêche par ces mots : « *Évitez le danger de fatiguer vos troupes par des opérations partielles et épargnez leurs forces pour les faire agir ensemble, par grandes masses, de manière à obtenir des résultats décisifs. Il n'y a plus un instant à perdre : agissez de suite contre Bubna qui ne pourra pas résister.*[1] »

Inaction d'Augereau pendant la journée du 21 février. — Malgré ces ordres si formels et si précis, qui n'étaient que la répétition d'ordres antérieurs bien connus de lui, Augereau n'entreprit absolument rien pendant cette journée du 21. En Savoie, Marchand et Dessaix continuèrent à observer les positions des Autrichiens en avant d'Aix. Trop faibles pour tenter de nouvelles attaques, ils n'y entrèrent que le 22 au soir, après le départ de Zechmeister, auquel Bubna, qui ne peut croire un instant que les Français aient un autre objectif que Genève[2], expédie, le 21, l'ordre de se replier et de venir derrière le Fier opérer sa jonction avec le général Klebelsberg.

Non content de tout compromettre par ses lenteurs et sa désobéissance, Augereau commet encore d'autres fautes. Il laisse passer par Lyon un officier des troupes de Nassau, le lieutenant-colonel von Mantz, bien qu'il sache que cet officier se rende de là à Genève. Mantz met Bubna au courant de ce qui se passe sur le Rhône. Il lui raconte que Lyon regorge de soldats, qu'il y a vu les 4e et 12e régiments de hussards arrivés de Catalogne et forts chacun de 600 chevaux ; qu'il a rencontré à Cerdon le général Ordonneau avec les 20e, 24e et 67e de ligne, une batterie et un régiment de hussards, le général Musnier à Neuville et le général Pouchelon à Pont-d'Ain. Il lui apprend, en outre, qu'une autre colonne avec les cuirassiers remonte la rive droite de la Saône ; enfin, qu'Augereau a opposé plus de 6,000 hommes aux 3,000 du général Zechmeister[3].

En outre, Augereau a complètement arrêté Pannetier, qui reste immobile à Tournus, pendant que Scheither continue à occuper, avec une poignée d'hommes, Chalon-sur-Saône et Givry. C'est de cette façon que le duc de Castiglione encourage le soulèvement général du pays et stimule le zèle des paysans. Malgré

---

[1] Ministre de la guerre à Augereau, Paris, 21 février. (*Archives de la guerre.*)

[2] Bubna au prince de Schwarzenberg, Genève, 21 février. (*K. K. Kiegs Archiv.*, II, 640.)

[3] Bubna au prince de Schwarzenberg, Genève, 21 février. (*K. K. Kriegs Archiv.*, II, 640.)

cela, on s'arme de tous les côtés. Les gens de Charolles, Perrecy-les-Forges, Toulon-sur-Arroux, Paray-le-Monial, Saint-Bonnet-de-Vieille-Vigne, Martigny-le-Comte, Mont-Saint-Vincent, Genouilly, Mont-Cenis, Blanzy-sur-Bourbince, Saint-Eusèbe et Saint-Vallier, — en un mot, tout le pays depuis Charolles et Cluny jusques vers Autun et Sennecy, — sont déjà sous les armes[1] et inquiètent sérieusement les partisans du lieutenant-colonel Meininger. Il suffirait de montrer qu'on est décidé à agir, pour que la Bourgogne toute entière se levât et s'insurgât, pour qu'on tirât encore quelque profit des opérations qu'on a eu le tort de pousser sur la rive droite de la Saône.

Sur la rive gauche de la Saône, les hussards de la légion allemande se sont quelque peu avancés et battent le pays du côté de Louhans.

On redoute de plus en plus un mouvement sur Lons-le-Saunier et sur Besançon, mouvement auquel le colonel Wieland, encore à Saint-Amour, serait hors d'état de s'opposer, surtout depuis que les troupes de Klebelsberg se sont repliées sur Nantua et sur Châtillon-de-Michaille.

Le prince Aloïs de Liechtenstein, convaincu qu'il va être avant peu forcé de lever le siège de Besançon, s'attend tellement à être attaqué qu'il a envoyé sa grosse artillerie à Bâle et qu'il a fait reconnaître à Baume-les-Dames une position sur laquelle il se retirera en cas de besoin et essayera de tenir à tout prix[2].

22 février 1814. — **Retraite de Wieland sur Lons-le-Saunier et de Zechmeister sur Rumilly et Annecy.** — Dans la matinée du 22, une colonne française s'était dirigée de Bourg sur Saint-Amour. Mais entre temps le colonel Wieland a appris que les Autrichiens ont évacué Pont-d'Ain, se dirigeant sur Nantua; il ignore, il est vrai, ce qui s'est passé depuis la veille au matin, parce que le soulèvement général l'empêche de communiquer, soit avec Scheither, soit avec Klebelsberg[3]. N'ayant

---

[1] Rapport du général Bard sur les opérations des partisans de Damas, du 20 au 26 février. (*Archives de la guerre.*)

[2] STÄRKE, Eintheilung und Tagesbegebenheiten der Haupt-Armee im Monate Februar. (*K. K. Kriegs Archiv.*, II, 1.)

[3] Prince Aloïs Liechtenstein à Schwarzenberg, Grand-Vaire, 22 février. (*Ibid.*, II, 668, *a.*)

avec lui que deux bataillons, six faibles escadrons et une batterie à cheval, informé par le détachement qu'il a établi à Saint-Julien de la présence sur sa gauche de nombreuses bandes de paysasn armés, sachant que les reconnaissances envoyées de Saint-Julien dans la direction d'Arinthod ont été arrêtées et ramenées par les montagnards, il a quitté Saint-Amour, à 2 heures de l'après-midi et est arrivé à 9 heures du soir à Lons-le-Saunier. Il y a pris position et a reçu du prince Aloïs Liechtenstein, qui va l'y faire renforcer et dont la cavalerie surveille la route de Quingey à Arbois, l'ordre de s'y maintenir [1]. « L'insurrection est générale dans tout ce pays, écrivait le colonel Wieland au prince Liechtenstein, le lendemain de son arrivée à Lons-le-Saunier [2]. La preuve en est que le parti fort d'une demi-compagnie et de vingt hussards, que j'avais tenu à Saint-Julien, a été, en se repliant sur Saint-Amour, escorté et reconduit à coups de fusil. Ni le sous-officier que je vous ai envoyé le 20, ni celui que j'ai expédié à Genève ne sont revenus. »

Pendant ce temps, Klebelsberg s'est rapproché du Rhône et se prépare à donner la main à Zechmeister, qui a quitté Aix dans la nuit du 21 au 22 [3], suivi de loin par les troupes françaises. Ces dernières occupent Aix et se contentent de maintenir le contact avec son arrière-garde. Se conformant à l'ordre de Bubna qui le rappelle derrière le Fier, Zechmeister s'est replié sur Rumilly et Annecy. Il a laissé à Albens, au point de jonction des routes venant de Rumilly et d'Annecy, une arrière-garde de six compagnies, un escadron et un canon, sous les ordres du colonel Benczeck. Le colonel comte Zichy a occupé Rumilly avec deux bataillons, deux escadrons et quatre bouches à feu, et, comme Zechmeister a détaché à Faverges quatre compagnies et un escadron chargés de couvrir sa gauche et de surveiller les routes venant de la haute Isère et de l'Arly, il ne reste avec lui à Annecy que neuf compagnies, deux escadrons et six bouches à feu.

---

[1] Prince Aloïs Liechstenstein à Schwarzenberg. (*K. K. Kriegs Archiv.*, II, 689.)

[2] Colonel Wieland au prince Aloïs Liechtenstein, Lons-le-Saulnier, 23 février. (*Ibid.*, II, 689 a), Bubna à Schwarzenberg (*Ibid.*, II, 726), et Marchand à Saint-Vallier (*Archives de la guerre*).

[3] Bubna à Schwarzenberg (*K. K. Kriegs Archiv.*, II, 726), et Marchand à Saint-Vallier (*Archives de la guerre*).

23 février 1814. — Prise d'Albens. — Le 23 février, la situation était déjà moins favorable aux Français. Klebelsberg se rapprochait de plus de plus en plus du Fier et allait avant peu pouvoir opérer sa jonction avec Zechmeister. Mais les généraux Marchand et Dessaix, renforcés par l'arrivée de 1500 hommes environ amenés par le général Serrant, avaient heureusement pour eux continué leur mouvement et, le 23 au soir, leur avant-garde, s'emparant d'Albens, obligeait les postes autrichiens à se replier sur Rumilly [1].

Aucun mouvement n'avait été tenté sur la rive droite de la Saône. Les Français ne bougeant pas à Tournus, Scheither était resté à Chalon-sur-Saône.

24 février 1814. — Affaire de Rumilly et d'Annecy. — Le 24, les troupes françaises, arrivées la veille à Albens, débouchent sur les deux routes de Rumilly et d'Annecy. Le général Dessaix se porte d'Albens sur Rumilly, culbute les troupes du comte Zichy et les rejette derrière le pont Coppet, que Zichy a fait barricader. Une partie de sa cavalerie descendant le Fier par la rive droite, se hâte d'aller occuper le pont de Saint-André.

A droite de Dessaix, le général Serrant s'est dirigé sur Annecy et a enlevé lestement le pont du Chéran à Alby. Il presse les Autrichiens qui, essayant de l'arrêter, ont pris position à une petite lieue d'Alby, à Saint-Sylvestre. Débusqués des bois qu'ils occupent, ils tentent encore une fois de prendre pied vers Sainte-Catherine et sont, en fin de compte, obligés de se replier sur Annecy. A 3 heures, les troupes de Serrant sont aux portes de la ville. Zechmeister a jeté un bataillon dans le château qui domine Annecy et fait prendre position au reste de ses troupes sur la grande route. Obligé d'abandonner Annecy, après deux heures de combat, il passe le Fier et se retire par la route de Cruseilles [2]. Les Français, épuisés par leur marche et les combats qu'ils ont eu à livrer, n'inquiètent pas sa retraite et s'arrêtent au bord du Fier.

Pendant la nuit, Zechmeister passe sur la rive droite des Usses,

---

[1] Bubna à Schwarzenberg, Genève, 25 février, 8 heures du soir. (*K. K. Kriegs Archiv.*, II, 726.)

[2] Bubna à Schwarzenberg, Genève, 25 février, 8 heures du soir (*K. K. Kriegs Archiv.*, II, 726), Rapports de Dessaix à Marchand et à Saint-Vallier et de Marchand à Saint-Vallier (*Archives de la guerre*).

au pont de la Caille, et ramène le gros de son corps à Cruseilles. En même temps, il envoie l'ordre à Zichy de quitter la vallée du Fier et de venir s'établir à Frangy, sur la rive droite des Usses. De son côté, Klebelsberg, auquel Bubna a renouvelé le 25 l'ordre de venir au plus vite soutenir Zichy, est arrivé à Seyssel et a continué sur Clermont.

Le 24 au soir, les troupes françaises occupent les positions suivantes : à partir de leur droite qui est à Annecy et à Rumilly, où elle a devant elle Zechmeister et Zichy derrière les Usses, de Cruseilles à Frangy et Klebelsberg à Clermont, leurs lignes se dirigent sur Frangy. Elles passent de là par Nantua où se tient la brigade Pouchelon, et remontent vers Bourg où Musnier est toujours arrêté, pour aboutir à Tournus, sur la rive droite de la Saône. Elles continuent à n'avoir devant leur centre que Wieland à Lons-le-Saunier et, devant leur gauche, Scheither dont les avant-postes, sous les ordres du colonel von Hammerstein, viennent journellement jusqu'aux portes de Tournus. La prise d'Annecy et de Rumilly, la perte de la ligne du Fier ont obligé Bubna à concentrer ses troupes derrière les Usses et à profiter des quelques jours qui lui restent encore pour organiser la défense de Genève.

25 février 1814. — Bubna a concentré ses troupes en avant de Genève. — Le 25, Klebelsberg, qui a envoyé deux de ses escadrons à Genève, est arrivé avec le reste de ses troupes à Frangy, d'où il va le lendemain prendre position avec les généraux Klopfstein et Zechmeister sur la ligne Saint-Julien—Archamps. La brigade Zechmeister forme sa droite et s'établit de Saint-Julien à Bardonnex, observant la route de Rumilly. Un détachement de cavalerie et d'infanterie couvre sa droite à Bernex ; la brigade Klopfstein se cantonne à gauche de Landecy, à Archamps, pendant que les Français se contentent de passer le Fier, le 25, à Brogny et à Coppet, d'envoyer des reconnaissances à Seyssel et d'occuper les hauteurs de Clermont. Le 26, ils se portent sur la rive droite des Usses, au pont de la Caille et à Frangy, d'où ils chassent les avant-postes autrichiens, et Klebelsberg, trouvant sa position trop étendue, se concentre entre Saint-Julien et Landecy [1].

---

[1] Klebelsberg à Bubna, Saint-Julien, 27 février (*K. K. Kriegs Archiv.*, II, 781), et Bubna à Schwarzenberg, Genève, 28 février (*Ibid.*, II, 835).

Dès le 25, Wieland et Scheither avaient constaté tous deux des symptômes alarmants. Un des partis que Wieland avait envoyés à Saint-Amour, n'avait pu y arriver et avait trouvé les Français établis à Cuiseaux. Il avait reçu en même temps la nouvelle de la marche de 2,000 hommes de troupes françaises sur Poligny. Ne sachant quel parti prendre, le colonel s'était empressé de communiquer ces nouvelles au prince Aloïs de Liechtenstein, en lui demandant des renforts [1].

Du côté de Chalon, Scheither croyant, d'après les rapports de ses reconnaissances, que les Français se sont renforcés à Tournus et se disposent à le chasser de Chalon-sur-Saône [2], prend ses dispositions pour se replier, comme il en a reçu l'ordre, derrière la Dheune, et venir s'établir à Corpeau. Ce n'étaient que des partisans et des paysans armés qui avaient alarmé à la fois Scheither à Chalon et le lieutenant-colonel Meininger posté du côté de Givry depuis qu'il avait, le 22, réussi à rejoindre Scheither. Des partisans français, soutenus par un bataillon d'infanterie, occupaient, en effet, Buxy depuis le 24, et c'étaient leurs mouvements et leur apparition du côté de Givry qui avaient inquiété Scheither.

26 février 1814. — Affaire des partisans et des paysans armés à Marloux et à Givry. — Évacuation momentanée de Chalon. — Le 26 février, ces partisans surprennent et enlèvent un poste d'infanterie à Marloux. Appuyés par un bataillon du 7ᵉ de ligne, ils se proposent de déloger quatre escadrons du régiment de dragons de Toscane, qui sont à Givry. Attaqués de tous les côtés à la fois, les dragons abandonnent Givry jusqu'à ce que, recueillis à temps par 400 hommes du régiment Argenteau, ils réussissent à en chasser à leur tour les gardes nationaux et les partisans et à s'y réinstaller pendant quelques heures. Mais, trompé par les renseignements qu'il a recueillis et étonné de l'acharnement et de la solidité dont les paysans ont fait preuve, le lieutenant-colonel Meininger ne croit pas prudent de rester plus longtemps à Givry. Après avoir prévenu Scheither, il se retire

---

[1] Colonel Wieland au prince Aloïs Liechstenstein, Lons-le-Saunier, 25 fév. (*K. K. Kriegs Archiv.*, II, 775 *b*.)

[2] STÄRKE, Eintheilung und Tagesbegebenheiten der Haupt-Armee im Monate Februar (*K. K. Kriegs Archiv.*, II, 1), et Bianchi à Schwarzenberg, Saint-Seine, 27 février (*Ibid.*, II, 775).

sur Chagny dans l'après-midi du 26. Scheither, dont la droite est désormais découverte, abandonne au même moment Chalon et se replie pour se rapprocher des troupes du général Lederer en position à Corpeau [1].

L'avant-garde de Bianchi était, comme nous l'avons dit au chapitre XI, arrivée à Dijon le 26 au soir.

Ordres et reproches adressés à Augereau. — L'inaction prolongée d'Augereau, la dissémination de plus en plus prononcée de ses troupes, sa persistance à rester de sa personne à Lyon au lieu de se mettre à la tête de son armée, les prétextes inadmissibles qu'il ne cesse d'alléguer, ont augmenté le mécontentement de l'Empereur. Loin de se conformer aux instructions qu'il a reçues, Augereau a cru se justifier en faisant valoir, dans une lettre adressée le 16 au ministre, toutes sortes de considérations dont aucune n'était assez sérieuse pour avoir chance de convaincre Napoléon et pour se faire pardonner son impardonnable lenteur et sa criminelle désobéissance. Clarke avait aussitôt communiqué à l'Empereur cette lettre dans laquelle le duc de Castiglione déclarait qu'il lui était impossible de commencer des opérations dans un pays difficile avec des troupes composées en partie de conscrits et de gardes nationaux, à peine instruits, mal habillés, incomplètement équipés, insuffisamment armés.

Ces arguments, derrière lesquels se dissimulaient mal une mollesse et une apathie qu'on ne croyait pas devoir trouver chez lui, lui avaient valu une éloquente et véhémente réponse de l'Empereur.

« Mon cousin, lui écrivait-il de Nogent, le 21 février [2], le ministre de la guerre m'a mis sous les yeux la lettre que vous lui avez écrite le 16. Cette lettre m'a vraiment peiné. Quoi ! six heures après avoir reçu les premières troupes venant d'Espagne, vous n'étiez pas déjà en campagne ! Six heures de repos leur suffisaient. J'ai remporté le combat de Nangis avec la brigade de dragons venant d'Espagne qui, de Bayonne, n'avait pas encore

---

[1] Stärke, Eintheilung und Tagesbegebenheiten der Haupt-Armee im Monate Februar (*K. K. Kriegs Archiv.*, II, 1), et rapports de Damas et du général Bard (*Archives de la guerre*).

[2] *Correspondance*, n° 21343.

débridé. Les six bataillons de la division de Nîmes manquent, dites-vous, d'habillement et d'équipement et sont sans instruction. Quelle raison me donnez-vous là, Augereau ! J'ai détruit 80,000 ennemis avec des bataillons n'ayant pas de gibernes et étant mal habillés ! Les gardes nationales, dites-vous, sont pitoyables. J'en ai ici 4,000 venant d'Angers et de Bretagne, en chapeaux ronds, sans gibernes, avec des sabots, mais ayant de bons fusils ; j'en ai tiré un bon parti. Il n'y a pas d'argent, continuez-vous, et d'où espérez-vous tirer de l'argent ? Vous ne pourrez en avoir que quand nous aurons arraché nos recettes des mains de l'ennemi. Vous manquez d'attelages : prenez-en partout. Vous n'avez pas de magasins : ceci est par trop ridicule. Je vous ordonne de partir douze heures après la réception de la présente lettre. Si vous êtes toujours l'Augereau de Castiglione, gardez le commandement ; si vos soixante ans pèsent sur vous, quittez-le et remettez-le au plus ancien de vos officiers généraux. La patrie est menacée et en danger ; elle ne peut être sauvée que par l'audace et la bonne volonté, et non par de vaines temporisations. Vous devez avoir un noyau de plus de 6,000 hommes d'élite ; je n'en ai pas tant et j'ai pourtant détruit trois armées, fait 40,000 prisonniers, pris 200 pièces de canon et sauvé trois fois la capitale. L'ennemi fuit de tous côtés sur Troyes. Soyez le premier aux balles. Il n'est plus question d'agir comme dans les derniers temps ; mais il faut reprendre ses bottes et sa résolution de 93 ! Quand les Français verront votre panache aux avant-postes et qu'ils vous verront vous exposer le premier aux coups de fusil, vous en ferez ce que vous voudrez ! »

Et l'Empereur ajoute encore : « Réunissez tout ce qui est à Grenoble et dans la 7e division militaire, et tâchez d'entrer dans le pays de Vaud. »

Deux jours plus tard, après avoir chargé l'Impératrice d'agir auprès de la duchesse de Castiglione, Napoléon s'adressant à Clarke, s'écrie : « Il faut qu'Augereau marche, qu'il fasse comme moi, qu'il se fasse honneur ! »

Le comte de Bondy, préfet du Rhône, a reçu également l'ordre de voir le maréchal, de lui renouveler les instructions de l'Empereur, de le pousser à agir résolument et en masse. Quelques jours s'écoulent encore. Le 25, on a appris que malgré toutes les démarches faites auprès de lui, malgré des ordres de plus en plus formels, de plus en plus pressants, Augereau, n'ayant pu prendre sur lui de se conformer aux volontés de l'Empereur, ne s'est pas mis en mouvement, et Clarke, auquel Napoléon a écrit deux fois encore à ce sujet, mande au duc de Castiglione : « Sa Majesté n'est pas satisfaite de vos dispositions. En poussant ainsi des détachements dans différentes directions, vous allez chercher tous les points où sont les forces disséminées de l'ennemi, au lieu de *frapper au cœur* en allant droit au foyer principal d'où partent les coups. Sa Majesté m'ordonne, en conséquence, de vous réitérer ce que je vous ai mandé trois fois par son ordre : Vous devez réunir vos troupes en une seule colonne, vous mettre à la tête et marcher, soit sur le pays de Vaud, soit sur le Jura et la Franche-Comté, au cas que l'ennemi s'y trouve rassemblé, et pousser devant vous le corps de Bubna si vous ne parvenez pas à le battre de manière à l'anéantir…. *C'est par la réunion des masses qu'on obtient de grands succès et qu'on en tire de grands résultats.* Sa Majesté a des motifs très positifs de penser que l'ennemi est très effrayé des mouvements qu'il suppose que vous devez faire et auxquels il doit, en effet, s'attendre. Il sera bientôt rassuré si vous vous amusez à faire faire des courses à des détachements, en restant tranquillement à Lyon de votre personne. C'est en vous mettant à la tête des troupes comme Sa Majesté le veut et en agissant vigoureusement, que vous parviendrez à faire une grande et utile diversion. Vous êtes appelé, Monsieur le Maréchal, à rendre en cette occasion de très importants services et à mériter par votre activité et votre énergie de nouveaux titres de gloire. Je n'ai rien à ajouter à d'aussi puissantes considérations. »

27 février 1814. — Ordres de mouvement d'Augereau. — Malgré cela, Augereau se décide seulement à opérer dans la direction qui lui était tracée depuis si longtemps, lorsqu'il a reçu la nouvelle des succès remportés par Marchand et Dessaix en Savoie. Le 27 février, après avoir perdu inutilement douze jours, après avoir tenu la division Musnier immobile pendant sept grands jours à Bourg, il donne enfin à Musnier l'ordre de partir le jour même de Bourg, pour Saint-Amour, Lons-le-Saunier, Les Chiettes, Morez, et d'être le 3 mars à Nyon. Le général Bardet, parti de Lyon le 24 pour Nantua, où il doit arriver le 27, opérera sa jonction avec Marchand en passant, soit par le pont de Seyssel, soit par celui de Bellegarde et le fort de l'Écluse, si l'on parvient à le prendre. Le général Pouchelon, qui est à Châtillon-de-Michaille, précédera les troupes de Bardet et ralliera Marchand sur Genève; enfin, Pannetier et la cavalerie de Digeon quitteront Mâcon pour se porter par Lons-le-Saunier sur le pays de Vaud.

Bianchi à Dijon. — Rentrée des Alliés à Chalon et à Givry. — Mais l'inaction d'Augereau avait duré trop longtemps. Elle avait permis à ses adversaires de se reconnaître et de se concentrer, à Bubna de presser les travaux de défense de Genève, de ramener les troupes de Klebelsberg et de Zechmeister en avant de cette ville; à Wieland et à Scheither, de ramasser leurs détachements épars et de conserver des positions dont il eût été facile de les débusquer avec un peu d'énergie, aux renforts de se rapprocher, enfin à Bianchi d'arriver à Dijon.

Sur les fausses nouvelles transmises par le prince Maurice de Liechtenstein, et qui lui annonçaient la présence à Châtillon-sur-Seine de fortes colonnes françaises marchant sur Dijon, Bianchi avait cependant renvoyé la division légère du comte Ignace Hardegg à Is-sur-Tille, fait occuper Val-Suzon par une brigade et poussé des partis sur Saint-Seine et Sombernon [1].

Les patrouilles que, sur l'ordre de Lederer, le général Scheither avait dirigées sur Chalon, n'y ayant aperçu que peu de monde, Lederer prescrivit à Scheither et au lieutenant-colonel Meininger de reprendre de suite, à Chalon et à Givry, les positions qu'ils avaient abandonnées la veille. A cet effet, Lederer renforça Meininger de six compagnies placées en soutien à Marloux et relia Scheither à Meininger par un demi-escadron établi à Champforgeuil et par des postes d'infanterie à La Loyère, soutenus en arrière par les grenadiers, un escadron de cuirassiers et deux pièces d'artillerie en position sur les hauteurs entre Chagny et La Loyère [2].

A 2 heures, Scheither réoccupa Chalon presque sans combat.

---

[1] STARKE, Eintheilung und Tagesbegebenheiten der Haupt-Armee im Monate Februar. (*K. K. Kriegs Archiv.*, II, 1.)

[2] Lederer à Bianchi, Beaune, 27 février. (*K. K. Kriegs Archiv.*, II, 797 a.)

Damas et ses partisans ne pouvant plus se replier par Sennecey sur Tournus, se dirigèrent plus à l'ouest vers Sercy et Saint-Gengoux, Scheither rentra de son côté à Givry, et les 600 gardes nationaux et paysans qui avaient dû évacuer Chalon se replièrent sur Bissey et Buxy [1].

Affaires de Saint-Ambreuil et de Saint-Léger. — Une des patrouilles de cavalerie que le colonel von Hammerstein avait, après la rentrée des Alliés à Chalon, poussée sur la route de Tournus, était tombée à Saint-Ambreuil, dans une embuscade tendue par les paysans. Sérieusement compromise, elle avait été contrainte à se replier entre Saint-Loup-de-Varennes et Saint-Rémy [2]. Sur la droite de Scheither, deux escadrons des cuirassiers de Lorraine (de la brigade du général Kuttalek) avaient été à 4 heures de l'après-midi surpris à Saint-Léger sur Dheune par 400 paysans armés, débusqués du village et obligés de se retirer sur Saint-Gilles. Les paysans avaient également tendu une embuscade sur la ligne de retraite des cuirassiers près de Dennevy. Forcés de passer par un chemin étroit et encaissé, les cuirassiers, fusillés par les paysans, laissèrent une soixantaine d'hommes sur le terrain [3].

Bien que dans l'impossibilité de se procurer des renseignements et des émissaires, Lederer et Bianchi avaient cependant constaté l'absence de troupes régulières et de forces quelque peu respectables aux environs de Chalon, et l'immobilité prolongée des Français en avant de Mâcon leur avait fait croire à un mouvement sérieux de l'armée de Lyon contre Genève.

Combat d'Archamps. — Le 27 au matin, le général Dessaix déboucha par la route de Rumilly en avant de Chaumont. Ne

---

[1] Lederer à Bianchi. Beaune, 27 février. (*K. K. Kriegs Archiv.*, II, 793 *a*.)

[2] Colonel baron Hammerstein au général Scheither, Saint-Rémy, 27 février. (*Ibid.*, II, 798 *c*.)

[3] Général Bard, rapport sur les opérations des partisans (*Archives de la guerre*), et général Lederer au général Bianchi, Beaune, 27 février (*K. K. Kriegs Archiv.*, II, 798 *a*).

« J'ai prescrit une enquête sur ce fait inouï dont le commandant est responsable, écrit le général autrichien. Je punirai sévèrement les villages dont les habitants ont pris part à ce coup. Malgré tous mes efforts pour me procurer de bons émissaires, je n'arrive pas à connaître les forces de l'ennemi. »

trouvant rien devant elle, cette colonne s'avança jusque près de Saint-Julien ; mais à la suite du combat qui s'était engagé à sa droite contre la gauche autrichienne postée à Archamps, elle revint un peu plus en arrière et s'établit sur une ligne s'étendant de Viry à L'Éluset. Pendant ce temps, une colonne française, qui s'était avancée par la route d'Annecy, avait commencé par chasser devant elle les postes autrichiens de Moisin, Neydens et La Place et avait attaqué à une heure le village d'Archamps. Tournant cette position en se glissant le long de la montagne, les Français avaient réussi à s'emparer du village. Délogés par un retour offensif des Autrichiens, qui avaient reçu des renforts, ils n'avaient pas tardé à y rentrer et s'y étaient maintenus jusqu'au soir. Attaqués de front et menacés sur leur gauche par des troupes qui, venant de Saint-Julien et de Ternier, cherchaient à leur couper la retraite en enlevant Neydens, les Français abandonnèrent alors Archamps et, un peu plus tard, Neydens et Moisin, et se replièrent par le Chable vers le Mont-Sion, où ils passèrent la nuit[1].

Bien qu'il n'ait pas eu une issue favorable pour les Français, ce combat, dont l'existence est contestée par Koch, avait sérieusement inquiété Bubna. La dépêche qu'il adresse de Genève à Schwarzenberg le 28 au matin, prouve une fois de plus que si Augereau avait opéré en masse contre cette ville et si l'on avait eu seulement le 27 ou le 28 des forces suffisantes pour agir énergiquement, on aurait encore réussi à s'en emparer presque sans combat. « Nous sommes restés maîtres d'Archamps, écrit-il à Schwarzenberg[2], en perdant toutefois tant de monde que si l'ennemi attaque de nouveau, nous serons obligés de nous replier sous le canon de Genève. Mes officiers, épuisés de fatigue, sont presque tous malades. Je manque de vivres pour mes troupes et de fourrages pour mes chevaux. Les communes cachent tout ce qu'elles ont et je n'ai pas les moyens d'envoyer des partis lever des réquisitions. Comme on se bat à deux lieues de Genève, j'ai

---

[1] Bubna à Schwarzenberg, Genève, 28 février (*K. K. Kriegs Archiv.*, II, 835). STÄRKE, Eintheilung und Tagesbegebenheiten der Haupt-Armee im Monate Februar (*Ibid.*, II, 1), Général Dessaix au général Marchand, Carouge, 9 mars (*Archives de la guerre*), et Klebelsberg à Bubna, Saint-Julien, 27 février (*K. K. Kriegs Archiv.*, II, 781).

[2] Bubna à Schwarzenberg, Genève, 28 février. (*Ibid.*, II, 835.)

mis la ville en état de siège. La ville et ses habitants ont vingt jours de vivres. J'ai fait filer mes bagages sur Berne. »

28 février 1814. — Positions sur l'Aire. — Le lendemain 28, Dessaix fait canonner, de l'Éluset et de Viry, les positions autrichiennes de la Côte. Tout se borne, d'ailleurs, à des escarmouches sans importance, parce que, comme Marchand l'écrit au ministre en lui accusant réception des ordres qui le dirigent sur Genève et que Clarke lui a envoyés au nom de l'Empereur, « il attend depuis deux jours le mouvement des troupes qui doivent le soutenir et lui permettre de débusquer Bubna, qu'il sait réuni en avant de Carouge et qu'il croit plus fort et plus nombreux que lui. » Cette dépêche de Marchand démontre, d'ailleurs, que les lieutenants du maréchal étaient loin d'approuver le déplorable système adopté par Augereau.

« En agissant isolément, je croirais commettre, écrit-il à ce moment au duc de Feltre, une faute d'autant plus grave que je sais maintenant que les troupes du maréchal commencent seulement un mouvement pour se porter de Bourg sur le canton de Vaud, où elles ne doivent arriver que le 3 mars. » Et il ajoute : « Je surveille l'ennemi et crois d'autant moins devoir me compromettre qu'il me faut, après chaque combat, me ravitailler à Chambéry ou à Fort-Barraux. Le trajet est long et c'est là surtout ce qui m'oblige à agir avec prudence. » Enfin, comme s'il avait voulu, lui aussi, réfuter point par point les excuses qu'Augereau avait cherché à faire accepter à l'Empereur, il termine en disant : « Mes soldats se sont aguerris [1]. »

Dans le courant de la journée du 28, le général Pouchelon, venant de Seyssel, avait renforcé de deux bataillons les troupes opérant directement contre Genève.

Occupation de Lons-le-Saunier. — Le général Musnier avait commencé à exécuter les ordres du duc de Castiglione. Une de ses brigades, sous les ordres du général Ordonneau, avait chassé sans peine Wieland de Lons-le-Saunier et l'avait rejeté sur Poligny [2]. En continuant à pousser dans cette direction et surtout si

---

[1] Général Marchand au Ministre, 28 février. (*Archives de la guerre.*)
[2] STÄRKE, Eintheilung und Tagesbegebenheiten der Haupt-Armee im Monate Februar. (*K. K. Kriegs Archiv.*, II. 1.)

un pareil mouvement eût été exécuté huit ou dix jours plus tôt, les Français, maîtres de la route de Dôle à Auxonne, auraient pu sans peine faire lever le blocus d'Auxonne et rendre Dijon intenable. La situation était loin d'être la même, le 28 février.

Rassuré par la présence de Lederer à Chagny, Scheither avait, sans s'en inquiéter cette fois, été informé par les rapports d'une patrouille envoyée sur sa gauche à Louhans, de l'entrée des Français à Lons le-Saunier. Un pareil mouvement exécuté en temps utile l'eût, quelques jours plus tôt, décidé à se replier au plus vite sur Beaune et sur Dijon. Au moment où cette nouvelle lui parvint, il se souciait d'autant moins de ce qui se passait sur la rive gauche de la Saône, que s'il n'avait, pour ainsi dire, plus rien devant lui, il se savait couvert sur sa droite par les cuirassiers de Lorraine qui, soutenus par l'infanterie autrichienne, avaient réoccupé Charrecey et Saint-Léger sur Dheune et surveillaient les routes menant d'Autun à Dijon et à Chalon.

Mesures prises par Bianchi. — Le général Bianchi voulant se rendre un compte exact de ce qui se passait à Chalon-sur-Saône et en finir avec les plaintes incessantes de Scheither, était parti de Dijon[1] pour se rendre à Chalon ; mais il s'arrêta à Beaune, jugeant par les rapports reçus en route qu'il était inutile d'aller plus loin. Sachant désormais d'une façon positive que les Français avaient peu de monde sur la rive droite de la Saône, il avait prescrit à Scheither de tenir à Chalon ; à Lederer, de l'y faire renforcer par quatre bataillons et un escadron de cuirassiers et de le pousser le lendemain sur Tournus. Comme la division légère du prince Maurice Liechtenstein était sur le point d'arriver à Is-sur-Tille, Bianchi avait résolu de ne laisser que quelques compagnies à Dijon et de se porter avec le gros du Ier corps, le 1er mars, à Nuits. Il comptait être arrivé à Beaune le 2 mars.

Tel était le résultat obtenu par les lenteurs d'Augereau, par ces lenteurs auxquelles il cherchait à donner l'apparence de combinaisons stratégiques. Dans une de ses dépêches à Clarke, dans celle qu'il expédiait DE LYON le jour même[2] où Bianchi revenait

---

[1] Bianchi à Schwarzenberg, Dijon, 28 février. (*Ibid.*, II, 798.)
[2] Augereau au ministre de la guerre, Lyon, 28 février. (*Archives de la guerre.*)

de Beaune après avoir reconnu la situation, il essayait encore de faire croire, en se basant sur ce que les Autrichiens avaient tenu quinze jours auparavant Mâcon et Meximieux, qu'il fallait d'abord les culbuter pour se faire et s'ouvrir un passage. Il insistait surtout sur le fait que les troupes de Chalon et de Mâcon faisaient partie du corps du prince héritier de Hesse-Hombourg et non de celui de Bubna. Ne parlant plus cette fois de l'instruction insuffisante, de l'habillement et de l'équipement incomplets de ses troupes, il affirmait qu'il importait de dégager le pont de Mâcon avant de se porter *en masse* vers la Suisse. C'était, à en croire le maréchal, un mouvement préparatoire et indispensable qui se rattachait au but principal d'une opération qu'il venait seulement de commencer après en avoir, il est vrai, dénaturé le caractère et modifié la direction. Il allait même jusqu'à prétendre qu'il n'avait pas eu recours à des détachements isolés, et cependant, au moment où il écrivait, ses troupes, au lieu d'être concentrées, étaient plus disséminées et plus éparses que jamais.

Il avait, d'ailleurs, fallu tant de temps à Augereau pour enlever le pont de Mâcon et déboucher de Meximieux, que Bianchi avait pu entrer en ligne et que ses troupes s'étendaient de Dijon à Châlon-sur-Saône, au moment où le maréchal se préparait à quitter Lyon de sa personne pour se rendre à Lons-le-Saunier et prendre la direction d'opérations désormais impossibles.

1er mars 1814. — Positions de Bianchi. — Le 1er mars au matin, deux des divisions du Ier corps (Bianchi et prince de Wied) étaient établies autour de Dijon. La division légère d'Ignace Hardegg, relevée à Is-sur-Tille par Maurice Liechtenstein, était à Cîteaux ; Lederer à Beaune et Chagny ; Scheither à Chalon. Bianchi se reliait sur sa gauche avec Besançon par la division Wimpffen postée à Auxonne. Il n'allait pas tarder, d'ailleurs, à être rejoint par des renforts venant d'Allemagne, dont une partie avait déjà dépassé Bâle, se dirigeant à marches forcées sur Dôle.

L'abandon des environs de Tournus par les troupes françaises, rappelées par Augereau sur la rive gauche de la Saône, lui avait laissé le champ libre. Ce mouvement avait eu encore l'inconvénient de décourager les paysans et les gardes nationaux qui, renonçant aux entreprises qui leur avaient si bien réussi et qui avaient inquiété si sérieusement les généraux alliés, déposèrent pour la plupart les armes et rentrèrent dans leurs villages dès qu'ils ne se virent plus soutenus [1].

Combat de Saint-Julien. — Le 1ᵉʳ mars au matin, pendant que le général Bardet s'emparait du fort de l'Ecluse, les généraux Serrant et Dessaix se portaient contre les positions autrichiennes de Saint-Julien et d'Archamps. Dès 8 heures du matin, l'avant-garde du général Serrant avait chassé les avant-postes de la gauche autrichienne de Moisin et de Neydens. A 10 heures, les troupes de Dessaix débouchent à leur tour sur trois colonnes : celle de droite doit passer derrière le château d'Ogny et déborder les Autrichiens, celle du centre (général Pouchelon) marche par la grande route sur la Côte; celle de gauche par Viry sur Songy, pendant que le général Serrant à l'extrême droite se porte contre la Place et Archamps. Le combat s'engage aussitôt sur les deux ailes. L'aile gauche française s'empare de Crache et de Thairy. Au centre, Pouchelon s'avance sans peine sur les traces des Autrichiens, qui se replient sur le plateau de Saint-Julien, où Kiebelsberg a établi une grosse batterie. La colonne de droite, celle de Dessaix, se dirigeant à ce moment contre la gauche de la position de Saint-Julien, est déjà sur le point d'en chasser les Autrichiens [2], lorsque des troupes fraîches, débouchant de Landecy, se jettent sur son flanc droit, la font plier et l'obligent à reculer. Au même moment, la cavalerie autrichienne essaie d'enlever l'artillerie de Dessaix. Reçue par des volées de mitraille et par les feux des soutiens de ces pièces, elle échoue dans son entreprise et disparaît du champ de bataille. La droite de Dessaix s'est ralliée pendant ce temps et la colonne du général Serrant, qui a culbuté ce qu'elle avait devant elle, va opérer sa jonction avec les troupes de Dessaix, lorsque la nuit et une neige abondante mettent fin au combat. Les troupes françaises restent sur leurs positions en face de Saint-Julien.

N'ayant pas reçu de renforts, et certain, d'ailleurs, que Dessaix

---

[1] Général Bard, rapport sur les opérations des partisans. (*Archives de la guerre.*)

[2] Starke, Eintheilung und Tagesbegebenheiten der Haupt-Armee im Monate März 1814. (*K. K. Kriegs Archiv.*, I'I, 4.)

parviendra à forcer le lendemain la position de Saint-Julien, Bubna envoie à Klebelsberg l'ordre de rétrograder dans la nuit du 1er au 2 mars derrière l'Arve, de se replier avec son infanterie sous le canon de Genève et de faire filer sa cavalerie qui ira rejoindre par Yverdun les autres troupes autrichiennes [1].

2 mars 1814. — Retraite des Autrichiens derrière l'Arve. — Le 2 au matin, les troupes autrichiennes se replièrent sans être inquiétées derrière l'Arve. Pendant la journée du 2, elles laissèrent encore à Carouge quelques avant-postes qui se retirèrent vingt-quatre heures plus tard, en détruisant les ponts, lorsque les généraux Dessaix et Serrant vinrent s'y établir. « Je m'attends à être bloqué avant peu. D'ailleurs, il me serait impossible de quitter Genève, même si je le voulais.... Le pays de Gex tout entier a pris les armes et s'est levé contre moi, écrit Bubna [2]. »

Dans la journée, le général Bardet, après avoir mis une petite garnison au fort l'Écluse, est arrivé avec son gros à Saint-Genis-Pouilly, à la croisée des routes de Lyon et de Nantua à Genève.

Marche de Musnier et d'Ordonneau à travers le Jura. — Pendant que Marchand, Dessaix, Serrant et Bardet arrivaient sous les murs de Genève, le général Musnier, entré à Lons-le-Saunier le 28 février, avait établi ses avant-postes à Saint-Germain-les-Arlay et à Château-Chalon, et continué, lui aussi, son mouvement vers Genève. Le 1er mars, il était aux Petites-Chiettes, le 2 à Morez, et traversait le passage des Rousses avec l'aide des habitants qui frayèrent à ses troupes une route à travers la neige. Ordonneau qui avait pris les devants, débouchait dans le canton de Vaud, à Saint-Cergues. A ce moment, Dessaix sommait Bubna de lui rendre Genève, et le général autrichien, s'attendant à être complètement investi, se hâtait de faire filer sa cavalerie sur Yverdun et se disposait à résister de son mieux dans une place peu susceptible de défense [3].

---

[1] Bubna à Schwarzenberg, Genève 2 mars, 8 heures du soir. (*K. K. Kriegs Archiv.*, III, 44.)

[2] Bubna à Schwarzenberg, Genève, 2 mars, 8 heures du soir (*Ibid.*, III, 44), rapport journalier à l'empereur d'Autriche du 6 mars (*Ibid.*, III, 111). « La position de Bubna est critique; il faut à tout prix le dégager et rejeter l'ennemi en arrière du confluent de la Saône et du Rhône. »

[3] Bianchi à Schwarzenberg, Dijon, 2 mars. (*Ibid.*, III, 42.)

Augereau se porte contre Besançon et rappelle Musnier.
— Le 2 mars, Augereau est enfin arrivé à Lons-le-Saunier. Mettant le comble aux fautes qu'il n'a cessé de commettre, avant même d'entrer dans le Jura, il prend une détermination qui, en sauvant Genève, le mettra désormais dans l'impossibilité absolue de remplir sa mission.

Dans l'idée du maréchal, Genève doit nécessairement tomber avant peu de jours entre les mains de Dessaix et de Marchand. La retraite de Bubna, obligé de se jeter dans les montagnes de la Suisse, sera très difficile. Marchand et Dessaix lui paraissant suffisamment forts pour se charger à eux seuls de la prise de Genève et de la poursuite de Bubna, il a résolu de se porter avec le gros de ses forces de Lons-le-Saunier contre Besançon, et de contraindre le prince Aloïs Liechtenstein à en lever le blocus.

En conséquence, il envoie à Musnier l'ordre de rappeler les troupes qui se sont montrées à Saint-Cergues, de repasser lui-même le Jura et de revenir immédiatement, par Saint-Laurent et Champagnole, se former à sa droite et opérer sa jonction avec les troupes que Pannetier et Digeon amènent de la rive droite de la Saône. Bien qu'il soit impossible de comprendre les motifs de cette bizarre et imprudente détermination, on peut cependant affirmer que le maréchal en avait déjà conçu le projet avant d'arriver à Lons-le-Saunier.

En effet, de Pont-d'Ain, le 1er mars, il indique dans une dépêche au général Bardet les mouvements qu'il aura à exécuter de concert avec les généraux Marchand et Pouchelon, après la prise de Genève, dont on confiera la garde au général Dessaix et à 1000 hommes. Mais le lendemain, arrivé à Bourg, il change d'idée. « Si vous n'avez pas encore passé par le fort l'Écluse ou par Seyssel, écrit-il au général Bardet, venez avec le général Pouchelon me rejoindre à Lons-le-Saunier. Si vous avez passé, dites au général Pouchelon de vous quitter et de me joindre à Lons-le-Saunier. » Cette correspondance suffit, il nous semble, pour prouver que, loin de se conformer aux ordres de l'Empereur en renforçant Marchand et en liant ses mouvements avec les siens, le maréchal, non content de lui abandonner tout le poids de l'opération contre Genève, lui enlève même les quelques renforts dont l'entrée en ligne a décidé, lors des affaires de Saint-Julien, les Autrichiens à se replier derrière l'Arve.

Imprudente au plus haut degré, contraire à tous les ordres qu'il avait reçus, cette détermination était en outre déplorable. Dégageant les derrières de Bubna, laissant devant lui des forces trop faibles pour enlever Genève et insuffisantes pour en faire le siège en règle, Augereau découvre en outre la route de Lyon au moment où il est trop tard pour avoir chance d'arriver en temps utile sur le Doubs, au moment où les réserves autrichiennes approchent à grands pas, où Bianchi, afin de dégager Genève, en menaçant les propres lignes de retraite du maréchal, a pris la résolution de descendre la Saône, d'y rappeler et d'y retenir les Français jusqu'à l'arrivée des troupes fraîches venant de Bâle et du Haut-Rhin.

Mesures prises par Bianchi. — Dès le 1er mars, dès qu'il a eu connaissance de l'arrivée de Bianchi à Dijon, Schwarzenberg [1] lui a recommandé de tenir à tout prix cette position qui couvre l'aile gauche de la grande armée, et d'ouvrir au plus vite une communication avec Mâcon. Maurice Liechtenstein sera chargé d'échelonner la position de Dijon et de la relier à l'armée du généralissime. Bianchi [2] ignore encore la force des troupes qu'il a devant lui sur la route de Mâcon, mais on lui a affirmé qu'il y avait, la veille, 300 gendarmes, un régiment de hussards, un régiment de dragons, un régiment d'artillerie légère armé de fusils et 4,000 hommes d'infanterie française à Lons-le-Saulnier, que l'ennemi s'est borné à faire quelques mouvements insignifiants en avant de cette ville. Il s'est décidé alors à garder avec lui le détachement du lieutenant-colonel comte Thurn, qui suppléera quelque peu à l'insuffisance de sa cavalerie. Sachant que le prince de Hesse ne doit pas tarder à venir le soutenir entre le Rhône et la Saône avec 24 bataillons et 42 escadrons qui seront à Dôle le 8 mars, il prend le parti de descendre la rive droite de la Saône avec toutes ses forces, et ordonne à Wimpffen, qui ne doit laisser qu'une brigade devant Auxonne, de se mettre immédiatement en marche pour appuyer ses opérations contre Lyon [3].

---

[1] Schwarzenberg à Bianchi et à Maurice Liechtenstein, Colombey, 1er mars. (*K. K. Kriegs Archiv.*, III, 2.)
[2] Bianchi à Schwarzenberg, Beaune, 2 mars. (*Ibid.*, III, 42.)
[3] Stärke, Eintheilung und Tagesbegebenheiten der Haupt-Armee im Monate März. (*Ibid.*, III, 1.)

3 mars 1814. — Le 3 mars, Bianchi est informé que la grande armée alliée se prépare à reprendre l'offensive vers la Seine. Wimpffen s'est mis en route, et le mouvement en avant va commencer le jour même.

Le général Scheither qui forme l'avant-garde de Bianchi sur la rive droite de la Saône, envoie des partis de cavalerie en avant de Chalon, sur les deux rives de la rivière, à gauche à Louhans, devant lui à Tournus, à droite à Autun.

L'ancienne division de Bianchi, maintenant sous les ordres du général Bakony, va de Dijon à Citeaux; celle du prince de Wied-Runkel, à Beaune, d'où elle rejoindra les troupes de Lederer, à Chagny. Ignace Hardegg a ordre de passer sur la rive gauche de la Saône, à Seurre. Wimpffen a remis le blocus d'Auxonne au général Rothkirch et marche sur Dôle, où il passera le Doubs. Le corps de Bianchi formera le centre de l'armée autrichienne, dont les troupes du prince héritier de Hesse-Hombourg ne tarderont pas à constituer l'aile gauche [1].

Pendant ce temps, Augereau n'ayant pas conscience des dangers de sa situation, prépare, avec la quiétude la plus absolue, avec l'insouciance la plus complète, l'exécution de plans irréalisables. Un nouvel acte d'indiscipline [2], une faute plus impardon-

---

[1] STÄRKE, Eintheilung und Tagesbegebenheiten der Haupt-Armee im Monate März. (*K. K. Kriegs Archiv.*, III, 1.)

[2] Le 28 février, Clarke avait pris la peine inutile de renouveler en ces termes, à Augereau, les ordres de l'Empereur : « Sa Majesté veut toujours *que vous réunissiez les troupes sous vos ordres.* Vous rassemblerez ainsi 25,000 hommes et le prince Borghèse vous en enverra 8,000 à Chambéry... Avec ces forces, *vous devez marcher droit à l'ennemi, culbuter Bubna, reprendre Genève, menacer les communications de l'ennemi avec la Franche-Comté et faire lever le siège de Besançon.....* L'Empereur a dans son armée beaucoup d'hommes qui sont encore en habits de paysan et beaucoup de troupes de ligne qui ne sont sous les drapeaux que depuis peu de jours. Quelque jeune que soit l'infanterie française, elle est plus brave que les Wurtembergeois, Autrichiens ou Bavarois. Celle que vous avez, amalgamée aux vieilles et braves troupes d'Aragon, est excellente contre Bubna. *Deux plans d'opérations se présentent pour vous. L'un consiste à se porter sur les derrières de l'ennemi par la Suisse ; l'autre à marcher directement sur Dijon pour faire jonction avec la Grande Armée.* »

L'Empereur, ajoutait Clarke, laissait le choix à Augereau entre ces deux plans, mais de toute façon il réclamait l'occupation immédiate de Genève et une réponse formelle et catégorique quant au choix. (*Archives de la guerre.*)

Cette lettre de Clarke n'est, d'ailleurs, que la réédition d'une dépêche de cinq jours plus ancienne et par laquelle l'Empereur reprochait au maréchal d'avoir disséminé ses troupes pour des expéditions de détail d'un ordre secondaire,

nable encore que les précédentes vont achever d'anéantir les effets des combinaisons stratégiques que le génie de l'Empereur a conçues, détruire les espérances qu'on a fondées sur son énergie et consommer la perte de la France, qu'à défaut de l'activité qu'il n'a plus, son obéissance aux ordres donnés aurait peut-être réussi à sauver.

---

lorsqu'il eût été si important de les tenir réunies et de les faire agir en masse. Le même jour, 23 février, on avait donné ordre au prince Camille Borghèse d'envoyer 6,000 hommes et 12 canons à Marchand et à Augereau, et Clarke avait terminé sa lettre en lui disant : « Il faut donc réunir vos troupes, marcher en avant et culbuter Bubna qui ne peut vous résister. Je pense d'ailleurs que les ordres de Sa Majesté vous auront déterminé à agir d'une manière plus conforme à ses intentions et que ma lettre vous trouvera déjà en mouvement. » (*Archives de la guerre.*)

ERRATA ET ADDENDA

Page 60, 1re ligne, au lieu de : *20 février*, lire : **10** *février*.
Page 90, 9e ligne, au lieu de : *Arcis*, lire : ARCES.
Page 111, 5e ligne, au lieu de : *Générel*, lire : GÉNÉRAL.
Page 133, 17e ligne, au lieu de : *occuper*, lire : ARRIVER.
Page 150, 16e ligne, au lieu de : *leurs première*, lire : LEUR PREMIÈRE.
Page 153, 14e ligne, au lieu : *d'York*, lire : KLEIST.
Page 153, 7e ligne, au lieu de : *confié*, lire : CONFIÉE.
Page 164, 12e ligne, à partir du bas de la page, au lieu de : *le convoi*, lire : CE *convoi*.
Page 176, 11e et 12e lignes, à partir du bas de la page, au lieu de : *cavalerie*, lire : CAVALERIE.
Page 177, 6e ligne, au lieu de : *4*, mettre : *1*.
Page 177, note, au lieu de : *4*, mettre : *1*.
Page 182, 3e ligne, à partir du bas de la page, au lieu de : *nommes*, lire : HOMMES.
Page 183, 10e ligne, au lieu de : *s'est*, lire : S'ÉTAIT.
Page 184, 14e ligne, au lieu de : *se diriger*, lire : LA *diriger*.
Page 191, 16e ligne, à partir du bas de la page, au lieu de : *Bernodossof*, lire : BERNODOSSOFF.
Page 204, note 1, 3e ligne, au lieu de : *dans les pays*, lire : *dans les* DÉPARTEMENTS.
Page 214, note, 2e ligne, au lieu de : *haute Silésie*, lire : LA *haute Silésie*.
Page 253, 7e ligne, à partir du bas de la page, au lieu de : *Schelswig*, lire : SCHLESWIG.
Page 264, 1re ligne, au lieu de : *dont il*, lire : DONT ON.
Page 286, 12e ligne, après : *la nuit déjà proche*, mettre : **;** .
Page 288, note 1, 2e ligne, au lieu de : *t. 2, p. 510*, lire : II, 510.
Page 324, note, devant *Pahlen*, ajouter : **3**.
Page 329, 10e ligne, à partir du bas de la page, après : *rappeler*, ajouter : IMMÉDIATEMENT.
Page 334, 14e ligne, au lieu de : *laisser*, lire : DONNER.
Page 334, 15e ligne, au lieu de : *donner*, lire : LAISSER.
Page 335, 8e ligne, à partir du bas de la page, au lieu de : *pour le 21*, lire : *pour le* **22**.
Page 342, note, 2e ligne, à partir du bas de la page, au lieu de : *e fis*, lire : LE *fis*.

Page 342, note, 1re ligne, à partir du bas de la page, au lieu de : *usqu'à*, lire : JUSQU'A.

Page 351, 13e ligne, à partir du bas de la page, au lieu de : *usqu'au*, lire : JUSQU'AU.

Page 365, dernière ligne, à partir du bas de la page, au lieu de : *Lambressel*, lire : LAUBRESSEL.

Page 373, note 1, 2e ligne, au lieu de : *Ibid.*, lire : K. K. KRIEGS ARCHIV.

Page 393, 13e et 14e lignes, à partir du bas de la page, au lieu de : *ne comptait, d'ailleurs, pas*, lire : NE COMPTAIT PAS D'AILLEURS.

Page 393, 3e ligne, à partir du bas de la page, au lieu de : *Dolancourt-sur-Bar*, lire : DOLANCOURT SUR BAR.

Page 402, 7e ligne, à partir du bas de la page, au lieu de : *parc*, lire : PARCS.

Page 409, 6e ligne, au lieu de : *suffi*, lire : N'EN A PAS MOINS SUFFI.

Page 409, note, 2e ligne, à partir du bas de la page, au lieu de : *tout ce que*, lire : TANT QUE.

Page 410, 20e ligne, au lieu de : *pour*, lire : SUR.

Page 420, 10e ligne, au lieu de : *peuvent*, lire : PEUT.

Page 424, 8e ligne, au lieu de : *troupes*, lire : POSTES.

Page 424, 8e ligne, à partir du bas de la page, au lieu de : *lui reprocher*, lire : REPROCHER AU COMMANDANT DU Ier CORPS.

Page 432, 9e ligne, au lieu de : *dans*, lire : SUR.

Page 437, 11e ligne, à partir du bas de la page, au lieu de : *dirigeait*, lire : DIRIGEA.

Page 440, 2e ligne, au lieu de : *du IIIe corps*, lire : DE CE IIIe CORPS.

Page 441, 18e ligne, après le mot : *aussitôt*, ajouter le mot : APRÈS.

Page 457, 10e ligne, à partir du bas de la page, au lieu de : *Meininger* lire : MENNINGER.

Page 458, 8e ligne, au lieu de : *Meininger*, lire : MENNINGER.

Page 463, 6e ligne, à partir du bas de la page, au lieu de : *Meininger*, lire : MENNINGER.

Page 468, 7e ligne, au lieu de : *Meininger*, lire : MENNINGER.

Page 472, 2e ligne, à partir du bas de la page, au lieu de : *Meininger*, lire : MENNINGER.

Page 476, 6e, 7e et 9e lignes, à partir du bas de la page, au lieu de : *Meininger*, lire : MENNINGER.

TABLE DES MATIÈRES

CHAPITRE VII.

OPÉRATIONS DE LA GRANDE ARMÉE DE BOHÊME DANS LA VALLÉE DE LA SEINE DU 3 AU 16 FÉVRIER.

	Pages.
2 FÉVRIER 1814. Situation générale de l'armée de Bohême. — Retraite de l'armée française sur Troyes. — Mesures prises par l'Empereur..	1
Inaction des Alliés. — Schwarzenberg modifie ses ordres.	2
Mouvement du Ier corps.	3
L'Empereur prend ses dispositions pour défendre Troyes.	5
Position de la division légère Ignace Hardegg et du corps volant de Thurn.	6
Mouvement de la division Maurice Liechtenstein, des gardes et des réserves.	6
Conséquences de la destruction du pont de Lesmont.	7
Marmont à Arcis. — Marche du VIe corps (Wittgenstein).	8
4 FÉVRIER 1814. Conséquences des hésitations et des lenteurs des Alliés, leur mouvement vers leur gauche.	9
Mouvement offensif des Français en avant de Troyes.	10
Combats de Saint-Thibault et de Clérey.	11
Positions du Ier corps et des réserves le soir. — Reconnaissances de cavalerie et affaire d'Aubeterre.	13
Position des autres corps alliés.	15
Marmont évacue Arcis le 4 février au soir.	15
Lettre de Schwarzenberg à Wrède et à Blücher. — Nouveaux ordres.	17
5 FÉVRIER 1814. Mesures prises par Napoléon.	19
Affaires du pont de la Guillotière et des Maisons-Blanches.	20
Marche du IIIe corps et mouvement des IVe, V^e et VIe corps, de la cavalerie de Pahlen et de Seslavin.	21
Idées de Wittgenstein sur la situation.	22
Renseignement fourni par Seslavin.	23
Ordres directs donnés par Barclay de Tolly à Seslavin.	24
Ordres de l'Empereur.	26
6 FÉVRIER 1814. Position du Ier corps, des gardes et réserves. — Reconnaissances et escarmouches de Villebertin, Moussey et Isle-Aumont.	27
Pointe d'un parti de cavalerie sur la vieille route de Paris.	29
Position du IIIe corps sur la Barse.	29
Mouvement du IVe corps vers Laubressel.	30
Immobilité du Ve corps et mouvements du VIe corps.	31
Mouvements de Seslavin et de Thurn. — Position de Platoff.	32

	Pages.
Retraite de l'Empereur sur Nogent....................	32
Ordres de Schwarzenberg pour la journée du 7...........	35
Lettre de l'Empereur de Russie à Blücher................	37
7 FÉVRIER 1814. Mouvements du IVᵉ corps.................	37
Mouvements des IIIᵉ, Vᵉ et VIᵉ corps. — Affaire du pont de Méry.	38
Mouvements du Iᵉʳ corps. — Remarques sur le service des avant-postes. — Corps volant de Thurn..................	40
Mesures prises par l'Empereur à Nogent le 7 février........	42
Première séance du congrès de Châtillon................	45
8 FÉVRIER 1814. Immobilité de l'armée de Bohême.........	47
Escarmouche de cavalerie vers Romilly.................	49
Lettre de l'Empereur de Russie.......................	50
État de l'armée française...........................	51
Mesures prises par Napoléon. — Organisation donnée aux corps laissés sur la Seine...........................	52
Mouvement des cosaques sur Nemours et Montargis........	54
9 FÉVRIER 1814. Immobilité du gros de l'armée de Bohême. — Reconnaissance de Sens................................	56
Affaire de cavalerie aux Granges, à Romilly et à Gélannes......	57
Mouvements du VIᵉ corps...........................	58
Opérations du corps volant de Platoff..................	59
Ordres de Schwarzenberg pour la journée du 10 février........	60
L'Empereur se porte contre Blücher. — Organisation et répartition des forces françaises. — Marche sur Sézanne...........	62
10 FÉVRIER 1814. Mouvements des Iᵉʳ et IIIᵉ corps............	64
Marche du IVᵉ corps...............................	64
Mouvement et position des réserves....................	65
Mouvements des Vᵉ et VIᵉ corps. — Combat de Saint-Aubin....	65
Ordres de Schwarzenberg pour les journées des 11 et 12 février. — Premières nouvelles de la marche de l'Empereur........	67
Lettre de Wrède au roi de Bavière.....................	68
11 FÉVRIER 1814. Combat de Nogent.....................	72
Prise de Sens....................................	76
Affaire de Ville-Saint-Jacques........................	77
Mouvement des cosaques sur Moret, Montargis, Nemours et Château-Landon....................................	78
Occupation d'Auxerre..............................	78
Mouvements des Iᵉʳ et IIIᵉ corps.......................	79
Nouvelles de la marche de l'Empereur et du combat de Champaubert..	79
Schwarzenberg modifie ses ordres.....................	81
12 FÉVRIER 1814. Opérations des Vᵉ et VIᵉ corps contre Nogent et Bray..	83
La cavalerie de Rudinger passe la Seine. — Évacuation de Nogent.	85
Mouvements des gardes et réserves et de la cavalerie de Diebitsch.	86
Halte du IVᵉ corps aux environs de Sens. — Marche du corps volant de Thurn sur Saint-Valérien.....................	89
Mouvements des Iᵉʳ et IIIᵉ corps. — Marche de Platoff sur Nemours et Fontainebleau. — Seslavin à Montargis...........	90
Schwarzenberg modifie ses ordres à la nouvelle de la prise de Sens..	90
13 FÉVRIER 1814. Schwarzenberg ne se décide pas à marcher au secours de Blücher.................................	94

	Pages.
Marche du VIe corps sur Villenauxe	93
Combat de Cuterelles et de Luisetaine	94
Le IVe corps reçoit trop tard les ordres du généralissime. — Son séjour à Sens arrête les Ier et IIIe corps	98
Affaire du corps volant de Thurn à Vollot. — Affaire des cosaques à Chapelle-la-Reine. — Mouvement de Seslavin vers la Loire.	99
Position des gardes et réserves. — Diebitsch à Sézanne	101

14 FÉVRIER 1814. Ordres de Schwarzenberg pour les journées des 14 et 15 février... 101

Les maréchaux opèrent leur jonction à Nangis. — Mouvements du Ve corps. — Escarmouche de Rampillon et affaire de Valjouan.	102
Position du VIe corps. — Marche de Diebitsch sur Montmirail	104
Mouvement de Macdonald sur Guignes. — Pajol occupe le Châtelet.	104
La division Ignace Hardegg et le corps volant de Thurn occupent Montereau. — Positions des Ier et IIIe corps et des gardes	106
Affaire de Chapelle-la-Reine	107
Marche de Seslavin sur Pithiviers	107
Positions de l'armée de Bohême le 14 février au soir	108

15 FÉVRIER 1814. Ordres de Schwarzenberg........................... 109

Retraite des maréchaux sur l'Yerres. — Mouvements des Ve, VIe, IVe et Ier corps	109
Prise de Moret par la division Ignace Hardegg	112
Affaire de Pithiviers. — Mouvements des alliés d'Auxerre sur Gien.	116
Mouvement du IIIe corps. — Position des gardes et de Diebitsch.	116
Nouvelles positives de l'armée de Silésie	117
Conseil de guerre de Nogent. — Ordres de Schwarzenberg pour les journées des 16, 17 et 18 février	118
Influence exercée par les défaites de l'armée de Silésie sur les idées politiques des souverains alliés	121
Positions de l'armée française le 15 février au soir	123

16 FÉVRIER 1814. Arrivée à Pont-sur-Seine du général von Haacke. — Nouveaux ordres de Schwarzenberg..................................... 125

Positions de l'armée française le 16 février au matin	125
Mouvements du VIe corps	126
Mouvement du Ve corps	128
Reconnaissance de Melun et de Brie-Comte-Robert par le IVe corps.	128
Occupation de Fontainebleau et prise de Nemours	129
Marche de Seslavin sur Châteauneuf-sur-Loire	130
Diebitsch occupe Montmirail	130
Craintes de Schwarzenberg pour sa gauche et ses derrières	132
Considérations sur les opérations de Schwarzenberg et sur celles des maréchaux	133

CHAPITRE VIII.

OPÉRATIONS DE L'ARMÉE DE SILÉSIE DANS LA VALLÉE DE LA MARNE DU 3 AU 16 FÉVRIER 1814.

La Chaussée, Montmirail, Vauchamps, Champaubert.

3 FÉVRIER 1814. Mouvements de Blücher	139
Mesures prises par York pour arrêter Macdonald. — Combat de cavalerie de La Chaussée	140

	Pages.
Retraite des Français...	144
Considérations sur le combat de La Chaussée...	145
Mouvement du corps de Kleist sur Saint-Mihiel et du corps de Kapsewitch sur Nancy...	151
4 FÉVRIER 1814. Marche de Blücher sur Sommesous et Fère-Champenoise...	151
Macdonald se décide à défendre Châlons...	152
Attaque de Châlons par le 1er corps prussien...	153
Marche de Kleist et de Kapsewitch. — Apparition des Cosaques dans le département de l'Aisne...	155
5 FÉVRIER 1814. Blücher a l'intention de se réunir à York à Châlons. — Envoi du corps volant du major von Falkenhausen à Reims...	156
Mesures prises par Macdonald...	158
Occupation de Châlons par York. — Évacuation de Vitry par les Français...	158
Combat de Soudron. — Retraite de Macdonald sur Épernay...	159
Résolutions prises par Blücher et par Macdonald le 5 février au soir...	160
6 FÉVRIER 1814. Premiers mouvements d'York. — Les ordres de Blücher l'envoient sur la route d'Épernay...	162
Position de Macdonald. — État de ses troupes...	165
7 FÉVRIER 1814. Conditions favorables à l'armée de Silésie dès le début de l'opération...	167
Marches de Sacken, Olsufieff et Kleist. — Affaire de Chouilly. — York à Épernay. — Retraite de Macdonald sur Dormans...	167
Mouvement de Marmont sur Sézanne...	169
8 FÉVRIER 1814. Marche des corps de Sacken et d'Olsufieff. — La cavalerie de Marmont chasse de Sézanne les cosaques de Karpoff...	170
Mouvement d'York. — Affaire de Crézancy...	171
Positions de Marmont et de Ney le 8 au soir...	172
9 FÉVRIER 1814. Mouvement de Marmont...	172
Immobilité du 1er corps prussien. — Katzler à Château-Thierry.	174
Combat de la Ferté-sous-Jouarre...	174
Mouvements de Kleist et de Kapsewitch...	175
Le quartier général de Blücher retourne d'Étoges à Vertus. — Ordres à Sacken et à York pour la journée du 10. — Napoléon à Sézanne...	176
10 FÉVRIER 1814. Marche de Sacken sur la Ferté-sous-Jouarre...	177
Marche d'York sur Château-Thierry. — Surprise des hussards de Lanskoï à Saint-Fiacre...	178
Combat de Champaubert...	179
Ordres de Napoléon après Champaubert...	183
Continuation du mouvement de Kleist et de Kapsewitch sur Fère-Champenoise. — Affaire de Linthes...	184
Ordres expédiés le 10 au matin à York et à Sacken...	186
11 FÉVRIER 1814. Positions des corps d'York et de Sacken entre 9 et 10 heures du matin...	187
Positions des troupes françaises...	188
Déploiement du corps de Sacken. — Bataille de Montmirail...	189
Positions des corps de Sacken et d'York pendant la nuit du 11 au 12 février...	194
Ordre de Blücher...	194
Macdonald à Meaux...	195

Pages.

 Blücher avec les corps de Kleist et de Kapsewitch reste immobile à Bergères.. 196
12 février 1814. Blücher continue à rester à Bergères. — Reconnaissance prussienne vers Montmort.. 197
 Combat des Caquerets et de Château-Thierry..................... 199
 Retraite d'York et de Sacken sur Soissons....................... 204
13 février 1814. York et Sacken continuent leur retraite............ 205
 Le maréchal Mortier suit les corps en retraite.................. 206
 Ordres de l'Empereur.. 206
 Affaire d'Étoges. — Marmont à Fromentières...................... 207
14 février 1814. Marche de l'Empereur sur Montmirail. — Combats de Vauchamps, Champaubert et Étoges................................... 209
 Surprise des Russes à Étoges.................................... 219
 Marche d'York et de Sacken...................................... 220
 Premières manifestations du soulèvement national................ 221
15 février 1814. Départ de Napoléon et retraite de Blücher sur Châlons.. 222
16 février 1814. Arrivée d'York et de Sacken à Châlons.............. 223
 Marche de Mortier sur Soissons et Villers-Cotterets............. 224
 Considérations sur les opérations de Blücher et de l'Empereur... 225

CHAPITRE IX.

OPÉRATIONS DES ALLIÉS EN BELGIQUE JUSQU'AU DÉPART DE BULOW ET A SA MARCHE SUR LAON (26 JANVIER-17 FÉVRIER).

26-30 janvier 1814. Position des belligérants. — Renseignements recueillis par Maison. — L'avant-garde de Winzingerode à Namur.. 234
28 janvier 1814. Mouvement du corps volant de Hellwig sur Louvain. — Surprise d'un poste prussien à Deleghem....................... 235
29-30 janvier 1814. Mouvements de Bülow et de Borstell. — Retraite de Maison sur Bruxelles.. 236
31 janvier 1814. Affaire de Lierre. — Mouvements de cavalerie sur la Senne et sur l'Escaut... 237
 Maison évacue Bruxelles. — Ordres à la cavalerie de Castex..... 238
1er février 1814. Combat de Deurne................................. 239
 Mouvements et affaires du canal de Herenthals et de Braschaet... 240
2 février 1814. Prise de Merxhem. — Les Anglais établissent leurs batteries. — Bombardement d'Anvers................................. 241
 Retraite des Anglais sur Rozendaal (6-7 février). — Arrivée du IIIe corps fédéral à Bréda....................................... 242
1er février 1814. Hellwig et Narischkine à Bruxelles............... 242
 Positions occupées par Maison................................... 243
2 février 1814. Affaires de Willebrook, Saint-Bernard et Ronquières. 243
3-4 février 1814. Mouvements de la cavalerie alliée. — Reconnaissance de Hal... 244
4-5 février 1814. Affaires de Mons................................. 244
6 février 1814. Maison se replie sur Ath. — Ordres de mouvement de Bülow.. 245
7 février 1814. Mouvements de Bülow et de Borstell. — Maison à Tournay... 246
9-11 février 1814. Pointes de la cavalerie alliée. — Lettre de Maison au ministre de la guerre.. 247
13 février 1814. Marche de Bülow sur Laon.......................... 250

6 février 1814. Winzingerode quitte Namur. — Mouvement de Tchernitcheff et des partisans Lützow et Colomb.................. 251
9 février 1814. Tchernitcheff à Avesnes. — Pointe des cosaques sur Reims... 252
9-11 février 1814. Marche sur Laon............................. 253
13 février 1814. Marche de Tchernitcheff sur Soissons. — Affaire de La Perrière.. 254
14 février 1814. Prise de Soissons.............................. 254
15-16 février 1814. Winzingerode évacue Soissons et se dirige vers Reims... 255

CHAPITRE X.

OPÉRATIONS DANS LE SUD-EST DE LA FRANCE DEPUIS LE 1er FÉVRIER JUSQU'AUX PREMIERS MOUVEMENTS OFFENSIFS DE L'ARMÉE D'AUGEREAU LE 17 FÉVRIER.

1-3 février 1814. Renforts envoyés à Scheither à Beaune. — Occupation de Chalon-sur-Saône le 4 février............................ 256
3 février 1814. Affaire de La Tour-du-Pin..................... 257
5 février 1814. Affaire de Montluel............................. 257
6 février 1814. Occupation de Tournus. — Reconnaissance de Fort-Barreaux. — Affaires de Chapareillan........................ 259
8-9 février 1814. Scheither à Tournus et à Mâcon.............. 259
10 février 1814. Mouvements des partis de cavalerie en avant de Mâcon, vers la Grande-Chartreuse et vers Lyon................ 260
11 février 1814. Marche de Wieland sur Saint-Trivier. — Mouvements sur Trévoux et sur Villefranche........................ 260
12 février 1814. Les Français se renforcent en Savoie. — Escarmouche de Saint-Georges. — Inaction d'Augereau.............. 261
13 février 1814. Affaire de Saint-Pierre-d'Entremont. — Craintes de Bubna et du prince héritier de Hesse. — Ordres à Scheither....... 263
15 février 1814. Reprise des Echelles et de la Grotte par les Français... 264
L'attitude des populations oblige Scheither à s'arrêter.......... 265
16 février 1814. Lenteur des opérations en Savoie.............. 265
5-22 février 1814. Raid du lieutenant-colonel Menninger........ 266
Renforts envoyés par Schwarzenberg à Dijon.................... 270

CHAPITRE XI.

OPÉRATIONS DE SCHWARZENBERG ET DE BLUCHER (DU 17 AU 27 FÉVRIER) JUSQU'A LA DEUXIÈME SÉPARATION DES ARMÉES ALLIÉES ET AU DÉPART DE L'EMPEREUR DE TROYES.

Nangis, Mormant, Montereau.

17 février 1814. Mouvements des corps français................. 274
Retraite de Wittgenstein. — Pahlen est atteint par le 2e corps. — Combat de Mormant.. 275
Combat de Nangis.. 279
Oudinot et Kellermann poursuivent le VIe corps sur la route de Provins. — Victor dirigé sur la route de Montereau.......... 281
Combats de Valjouan et de Villeneuve-les-Bordes.............. 282
Mouvement de Pajol sur Melun. — Escarmouche du Châtelet.... 286
Dispositions prises par Schwarzenberg le 17 mars dans l'après-midi.. 287

	Pages.
Premiers ordres de Schwarzenberg au prince royal de Wurtemberg..	288
Causes pour lesquelles le prince royal reste à Montereau.......	289
Positions du Ier corps, de Platoff et de Seslavin...............	291
Retraite de Diebitsch sur la grande armée. — Positions de Marmont et de Grouchy..................................	292
Réorganisation de l'armée de Silésie......................	293
Séance du congrès de Châtillon. — Conseil de guerre de Bray. — Proposition d'un armistice................................	295
18 FÉVRIER 1814. Ordres de l'Empereur.......................	296
Positions du IVe corps le 18 au matin....................	297
Bataille de Montereau.................................	299
Le Ier corps (Bianchi) repasse sur la rive droite de l'Yonne......	309
Reprise de Fontainebleau et de Moret par les Français........	309
Seslavin rappelé d'Orléans sur la droite de l'armée............	310
Mouvement du IIIe corps sur Pont-sur-Vannes. — Position des gardes et réserves.....................................	311
Mouvement des Ve et VIe corps sur Nogent et Bray. — Affaire de Sourdun. — Prise d'un convoi russe......................	312
Lettre de Wrède au roi de Bavière.........................	314
Premiers mouvements de l'armée de Silésie. — Blücher se prépare à reprendre l'offensive................................	315
19 FÉVRIER 1814. Lettre de Schwarzenberg à Blücher. — Premières dispositions pour le 19...................................	316
Nouvelles dispositions de Schwarzenberg. — Ordres de Napoléon. — Réorganisation de son armée........................	317
Mouvements des corps de Schwarzenberg....................	319
Platoff chassé de Nemours................................	321
Blücher concentre son armée à Sommesous...................	321
20 FÉVRIER 1815. Schwarzenberg se décide à continuer la retraite....	322
L'Empereur se porte sur Bray et Nogent.....................	323
Mouvement des corps de Schwarzenberg. — Souffrances et privations des Alliés..	324
Positions de l'armée de Silésie autour d'Arcis.................	327
Ordres de l'Empereur à Marmont...........................	328
21 FÉVRIER 1814. Ordres de l'Empereur. — Mouvements des corps français...	329
Influence des nouvelles de Dijon sur les projets de Schwarzenberg. — Envoi de renforts dans le Midi et nouvelle organisation de l'armée du Sud...	331
Combats de cavalerie de Saint-Martin-de-Bossenay et de Saint-Aubin.	332
Marche de Bianchi sur Dijon. — Positions des autres corps et de l'armée de Silésie. — Ordres de Schwarzenberg pour le 22....	335
22 FÉVRIER 1814. Résolution et ordres de Schwarzenberg...........	337
Ordres de Napoléon......................................	339
Positions des armées alliées le 22 au matin...................	341
Combat de Méry..	342
Combat de cavalerie du Pavillon...........................	344
Affaires de cavalerie de Molinous, de Saint-Liébaut et de Rozoy. Marche de Bianchi sur Tonnerre............................	345
Ordres de Schwarzenberg pour le 22 au soir.................	346
Envoi du colonel von Grolmann à Troyes. — Lettre de Blücher à l'empereur de Russie..................................	347

	Pages.
Arrivée à Troyes de lord Castlereagh. — Remise de la lettre de Napoléon à l'empereur d'Autriche et de celle de Berthier à Schwarzenberg..	348
23 février 1814. Conseil de guerre de Troyes. — Les souverains alliés proposent un armistice..	349
Ordres de Schwarzenberg pour les journées du 23 et du 24 février..	350
Position de l'armée de Silésie le 23 au matin.................	351
Position du VIe corps. — Wrède se rapproche de Troyes pendant la nuit. — Position du Ve corps le 23 au matin.............	352
Position du IIIe corps..	353
Premiers mouvements de l'armée française.................	353
La cavalerie française rejette Liechtenstein et Crenneville sur Torvilliers. — Combats de Torvilliers et de La Grange-au-Rez.	354
L'Empereur devant Troyes..	359
Mouvements du Ier corps et de l'ataman Platoff.............	359
Marmont à Sézanne. — Atrocités commises par les cosaques.....	359
Marche de Mortier sur Oulchy-le-Château. — Situation de Soissons.	
L'Empereur accepte la proposition d'armistice.................	361
Blücher donne les premiers ordres de mouvement vers la Marne. — L'armée de Silésie passe l'Aube..........................	362
Lettre du prince de Schwarzenberg à Blücher.................	364
24 février 1814. Retraite du VIe corps sur Dienville. — Affaire de cavalerie à Pont-Hubert.....................................	365
Retraite du Ve corps. — Entrée de l'avant-garde française à Troyes. — Escarmouches de cavalerie de Saint-Parres-aux-Tertres..	366
Retraite du IIIe corps sur Bar-sur-Seine. — Affaire de cavalerie de Vaudes...	367
Ordres de l'Empereur le 24 au matin. — Napoléon à Troyes....	368
Le comte de Valmy s'arrête à la nouvelle de l'armistice.......	370
Combats de cavalerie de Lusigny et de Montiéramey...........	371
Marche du Ier corps..	372
L'armée de Silésie s'établit sur la rive droite de l'Aube........	373
Marmont informé du mouvement de Blücher..................	373
Renforts reçus par Winzingerode...............................	374
Conférence de Lusigny. — Première séance....................	375
25 février 1814. Ordres de l'Empereur...........................	378
La grande armée de Schwarzenberg se met en retraite vers l'Aube.	379
Conseil de guerre de Bar-sur-Aube...........................	380
Insuccès de la conférence de Lusigny.........................	384
Affaire de cavalerie de Magny-Fouchard. — On croit Napoléon en marche sur Bar-sur-Seine......................................	385
Retraite du IIIe corps. — Affaire de cavalerie à Landreville. — Renseignements fournis à l'Empereur par Macdonald. — Marche du Ier corps..	386
Ordres donnés par l'Empereur dans le courant de la journée du 25 février...	387
Marche de l'armée de Silésie sur Sézanne et Esternay..........	387
Remarques sur les opérations des armées alliées pendant la journée du 25 février..	391
26 février 1814. Schwarzenberg commente le nouveau plan d'opérations. — Premiers ordres pour le 26 février..................	398

	Pages.
Ordres de l'Empereur. — Nuit du 25 au 26 février et matinée du 26 février..	400
Mouvements des IIIe et IVe corps............................	401
Position du Ier corps et de la division légère Maurice Liechtenstein. — Ordres à Platoff...................................	402
Mouvements du VIe corps et position du Ve corps. — Combat de Dolancourt. — Occupation de Bar-sur-Aube..............	404
Combat de nuit dans les faubourgs de Bar...............	406
Une dépêche de Blücher et l'arrivée du major Mareschal décident Schwarzenberg à arrêter son mouvement rétrograde.........	406
Marche de l'armée de Silésie............................	409
Bülow détache Thümen sur La Fère......................	412
Napoléon informé de la marche de Blücher. — Ordres de mouvement..	412
Observations sur les opérations du 17 au 27 février.......	414

CHAPITRE XII.

OPÉRATIONS DU DUC DE SAXE-WEIMAR EN BELGIQUE, DEPUIS LE DÉPART DE BULOW JUSQU'A LA TENTATIVE DE MAISON SUR AUDENARDE (5 MARS).

14-16 FÉVRIER 1814. Positions et mouvements des troupes de première ligne du duc de Saxe-Weimar et de Maison. — Occupation de Courtrai et de Menin...	422
17 FÉVRIER 1814. Maison se replie sur Lille....................	424
20 FÉVRIER 1814. Position du IIIe corps fédéral................	427
21 FÉVRIER 1814. Byhaloff s'empare du Sas de Gand............	428
23 FÉVRIER 1814. Tentative d'Hellwig sur Ypres. — Escarmouche de Menin..	428
23-25 FÉVRIER 1814. Raid de Solms sur le Cateau-Cambrésis......	429
24-25 FÉVRIER 1814. Reconnaissance de Maubeuge. — Escarmouche de Jeumont...	430
25 FÉVRIER 1814. Reconnaissance de Condé....................	431
Sorties des garnisons d'Ostende et d'Anvers. — Affaire de Bouvines. — Maison chasse Hellwig de Menin..................	432
26 FÉVRIER 1814. Maison à Courtrai...........................	433
1er MARS 1814. Affaire de cavalerie de Bouvines et de Camphin.....	436
2 MARS 1814. Combat de Courtrai.............................	437
3 MARS 1814. Retraite de Hobe et de Hellwig.................	438
4 MARS 1814. Mesures prises par le duc de Saxe-Weimar.........	438
14 FÉVRIER-4 MARS 1814. Opérations du corps de partisans du colonel von Geismar...	439

CHAPITRE XIII.

OPÉRATIONS DES ALLIÉS SUR LA SAÔNE ET EN SAVOIE JUSQU'A L'ENTRÉE EN LIGNE DE L'ARMÉE DU SUD (3 MARS).

17 FÉVRIER 1814. Augereau commence son mouvement en divisant ses forces..	455
Ordres donnés à Klebelsberg..............................	456
18 FÉVRIER 1814. Premiers mouvements des Français. — Marchand et Dessaix devant Chambéry. — Affaires de Meximieux et de Loyes..	457

	Pages.
19 février 1814. Retraite de Scheither. — Évacuation de Chambéry. — Prise de Bourg et retraite de Wieland....................	457
Combat de Rages................................	460
20-21 février 1814. Retraite de Zechmeister sur Nantua. — Évacuation de Nantua le 21 février.......................	461
20 février 1814. Retraite de Scheither sur Chalon-sur-Saône — Affaire de Tournus....................................	463
Ordres de l'Empereur à Augereau....................	464
21 février 1814. Inaction d'Augereau pendant la journée du 21 février	467
22 février 1814. Retraite de Wieland sur Lons-le-Saunier et de Zechmeister sur Rumilly et Annecy.......................	468
23 février 1814. Prise d'Albens........................	470
24 février 1814. Affaire de Rumilly et d'Annecy.............	470
25 février 1814. Bubna a concentré ses troupes en avant de Genève..	471
26 février 1814. Affaire des partisans et des paysans armés à Marloux et à Givry. — Évacuation momentanée de Chalon............	472
Ordres et reproches adressés à Augereau..............	473
27 février 1814. Ordres de mouvement d'Augereau............	475
Bianchi à Dijon. — Rentrée des alliés à Chalon et à Givry......	476
Affaires de Saint-Ambreuil et de Saint-Léger...............	477
Combat d'Archamps.............................	477
28 février 1814. Positions sur l'Aire.......................	479
Occupation de Lons-le-Saunier.......................	479
Mesures prises par Bianchi.........................	480
1er mars 1814. Positions de Bianchi......................	481
Combat de Saint-Julien............................	482
2 mars 1814. Retraite des Autrichiens derrière l'Arve...........	483
Marche de Musnier et d'Ordonneau à travers le Jura..........	483
Augereau se porte contre Besançon et rappelle Musnier........	484
Mesures prises par Bianchi.........................	485
3 mars 1814..	486
Errata et Addenda....................................	489

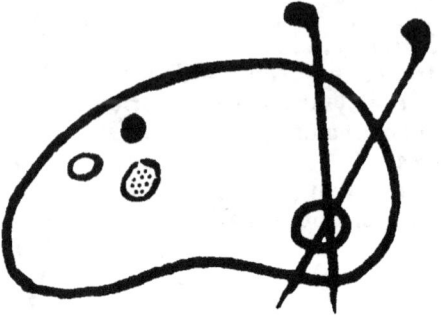

Début d'une série de documents en couleur

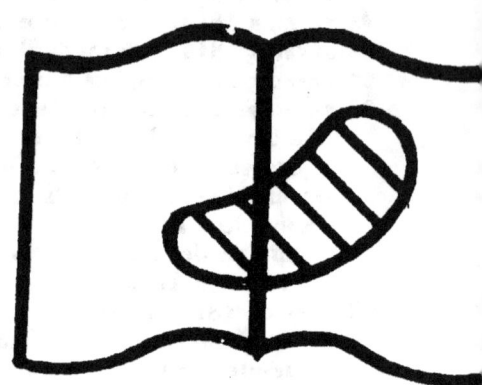

Illisibilité partielle

MARCHES ET POSITIONS JOURNALIÈRES

Extrait de la Carte de France dressée

LÉGENDE

Française
de Silésie (Blücher)
lliée (Schwarzenberg) Armée de Bohême

en avant

ou retraite

Échelle 1: 345.000

ÈRES DES ARMÉES DU 3 AU 16 FÉVRIER.

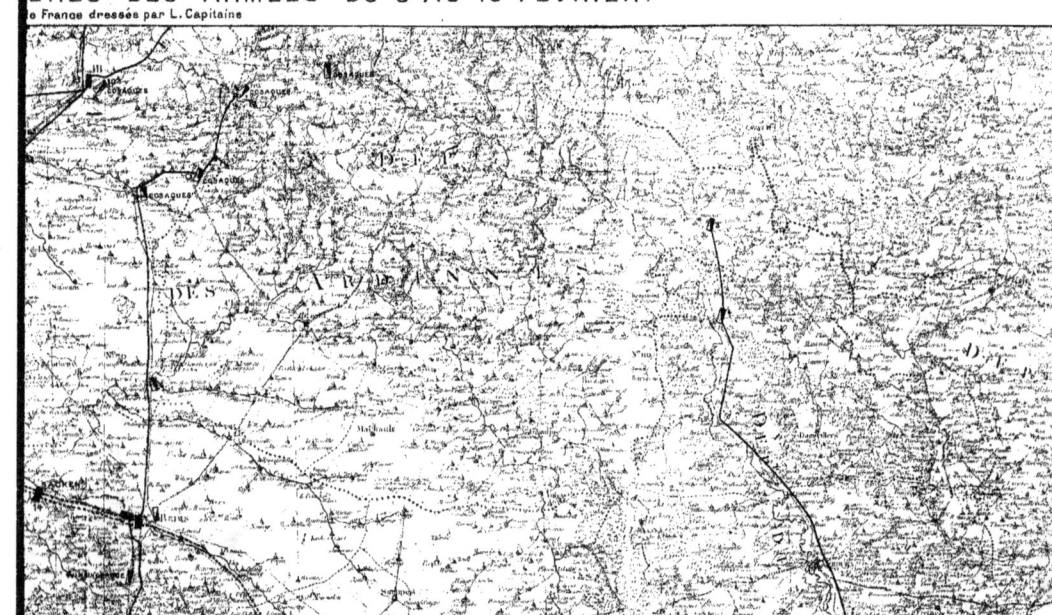

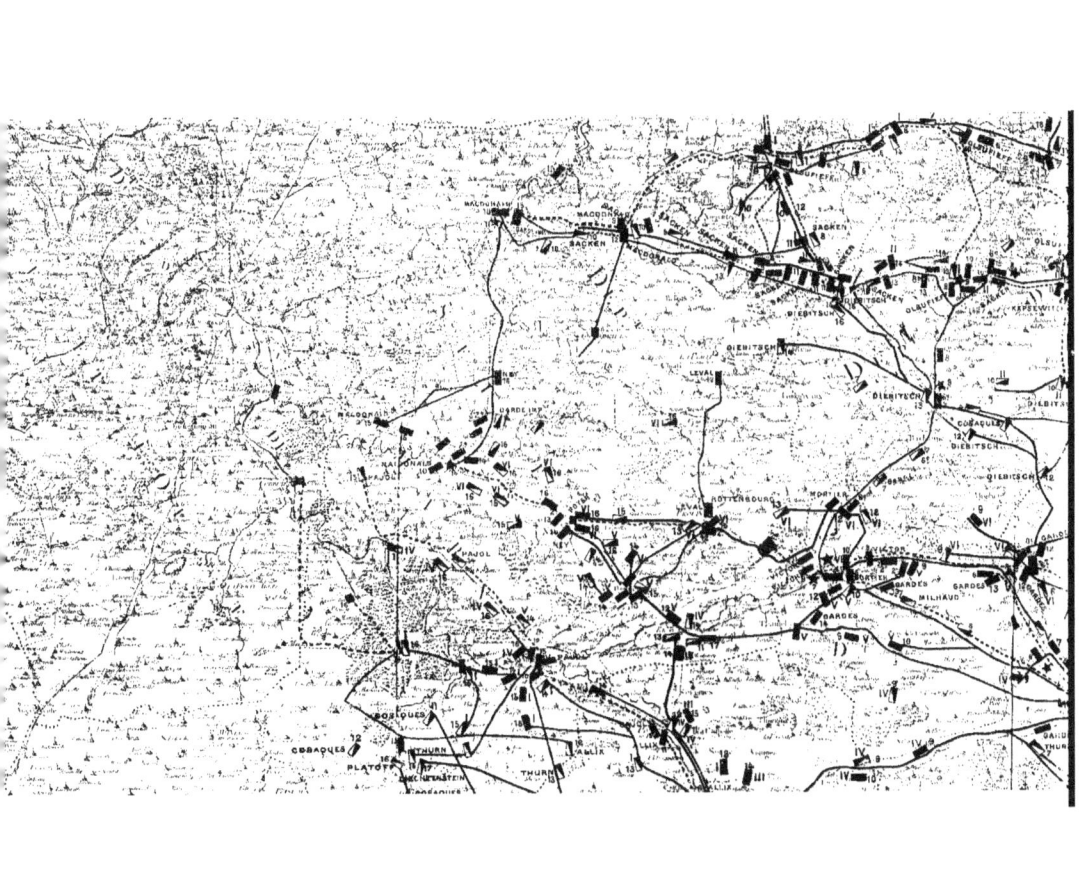

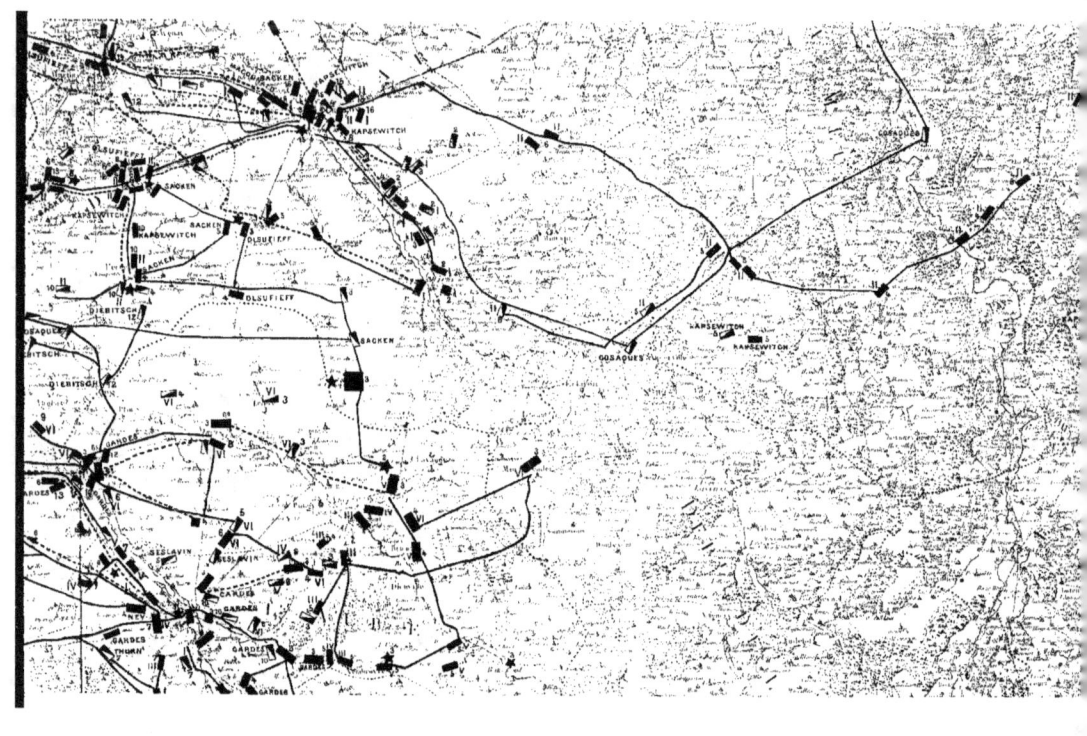

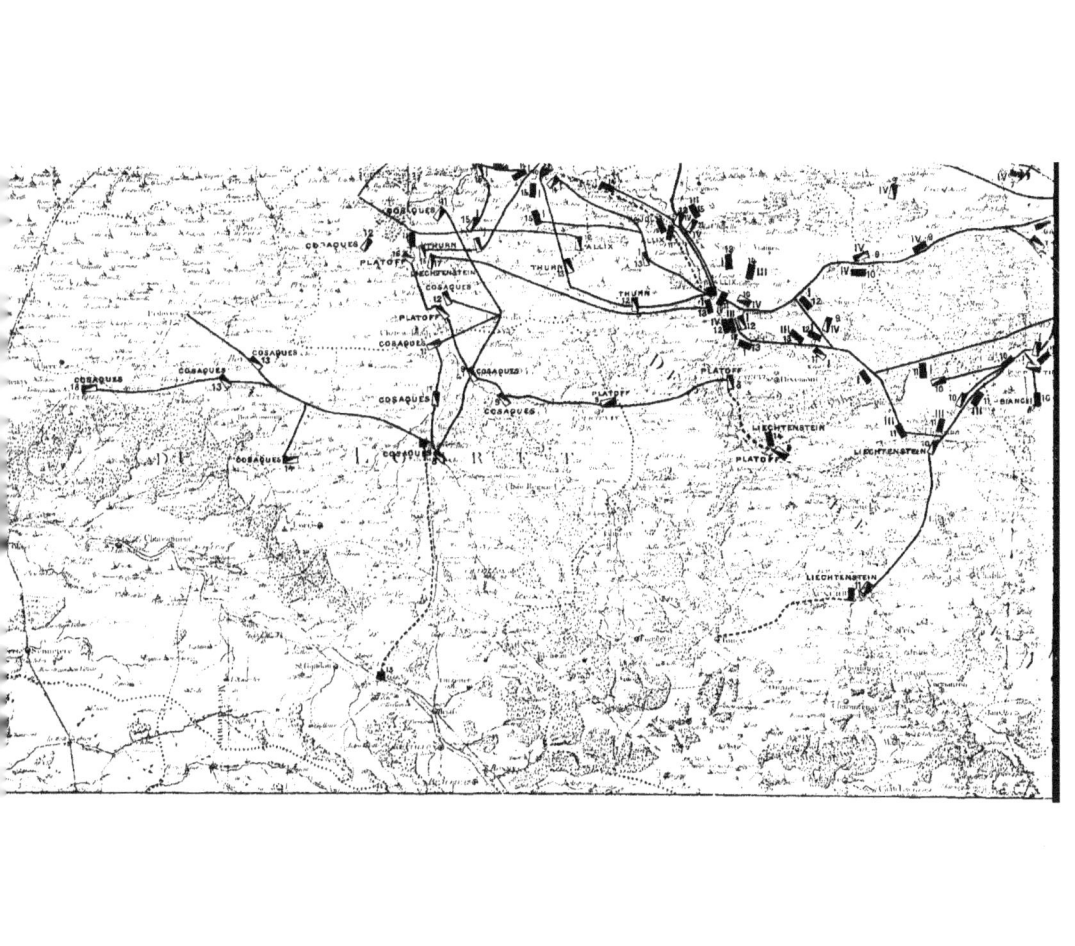

MARCHES ET POSITIONS DES ARMÉES PENDA[NT]

Extrait de la Carte de France dres[sée]

LÉGENDE

- [...]ée Française
- [...]ée de Silésie (Blücher)
- [...]mée Alliée (Schwarzenberg) Armée de Bohême

- [...]es en avant
- [...]es en retraite

Échelle : 1:345.600

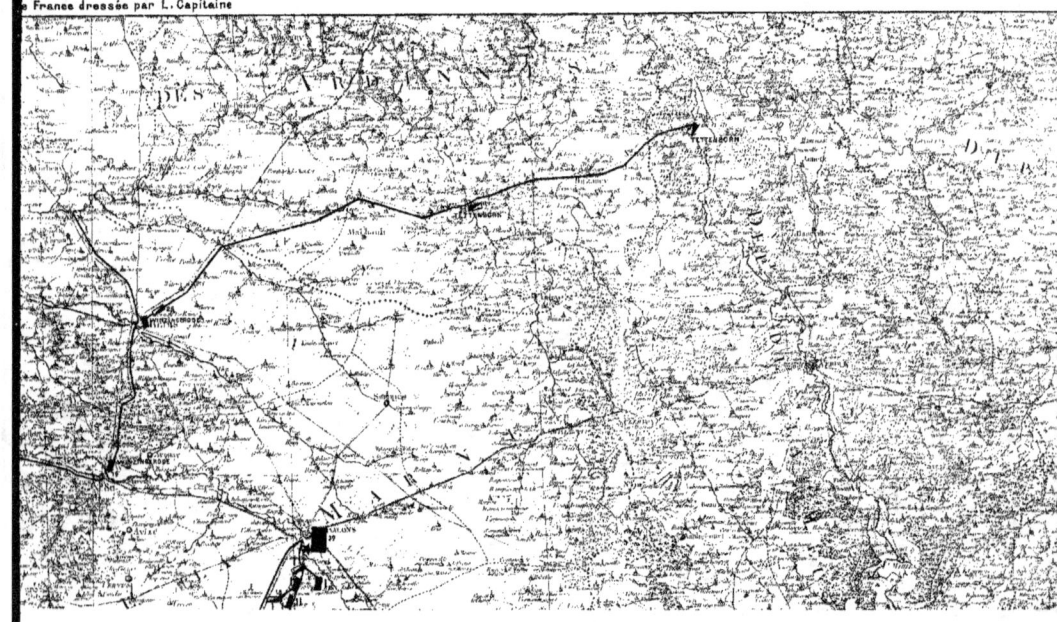

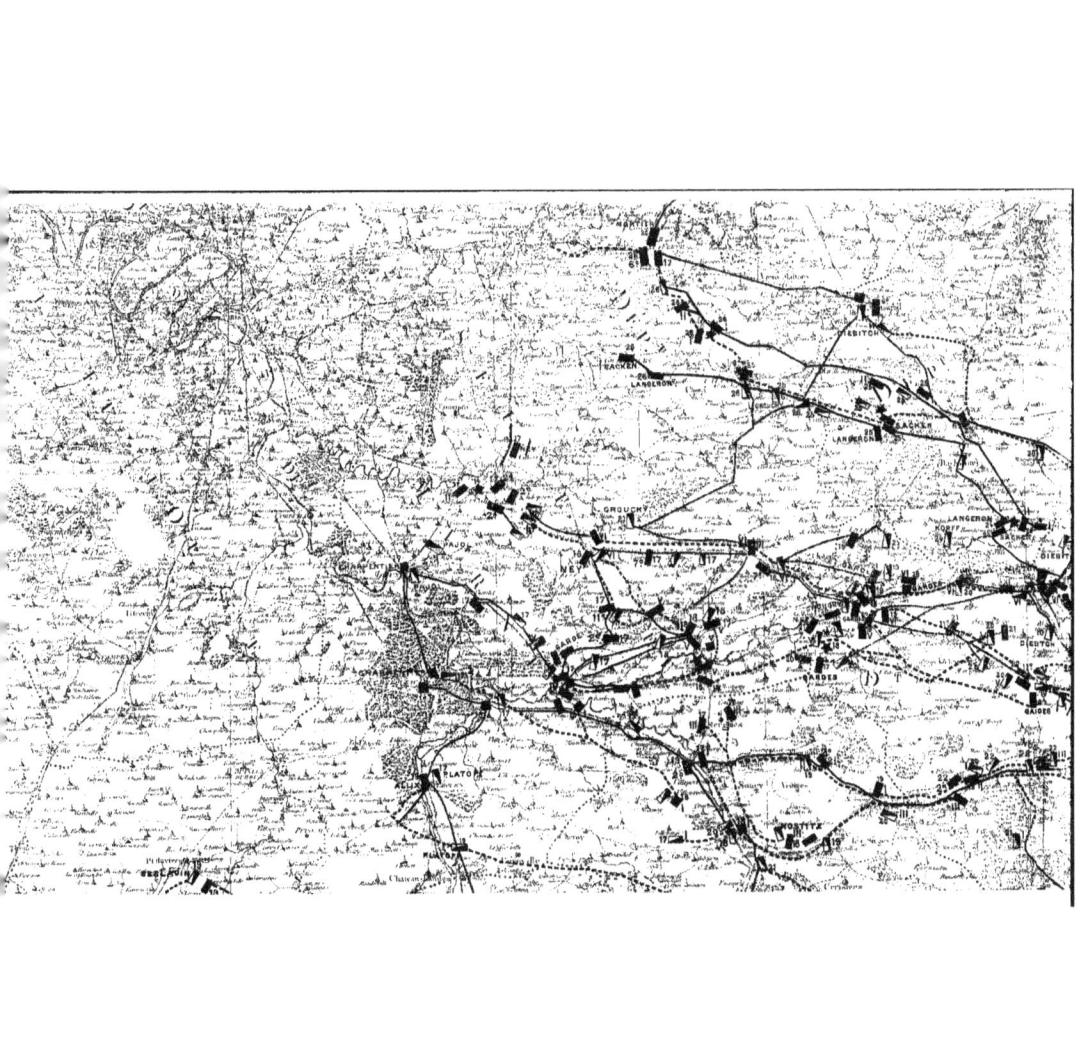

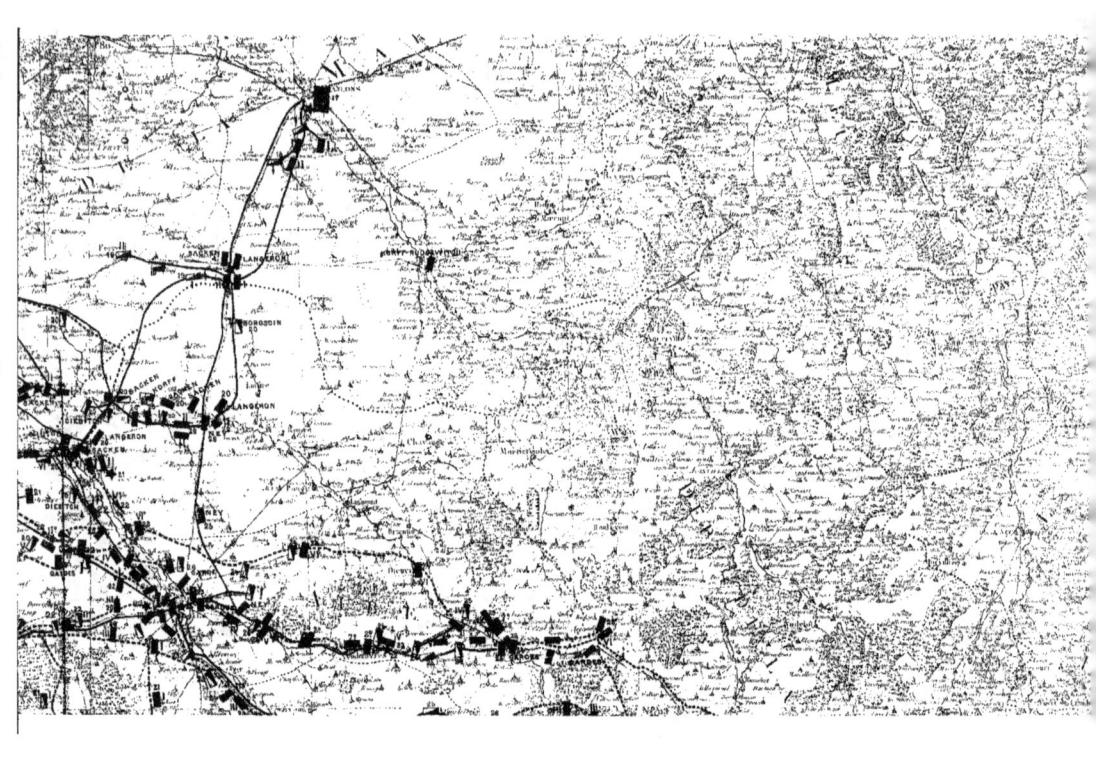

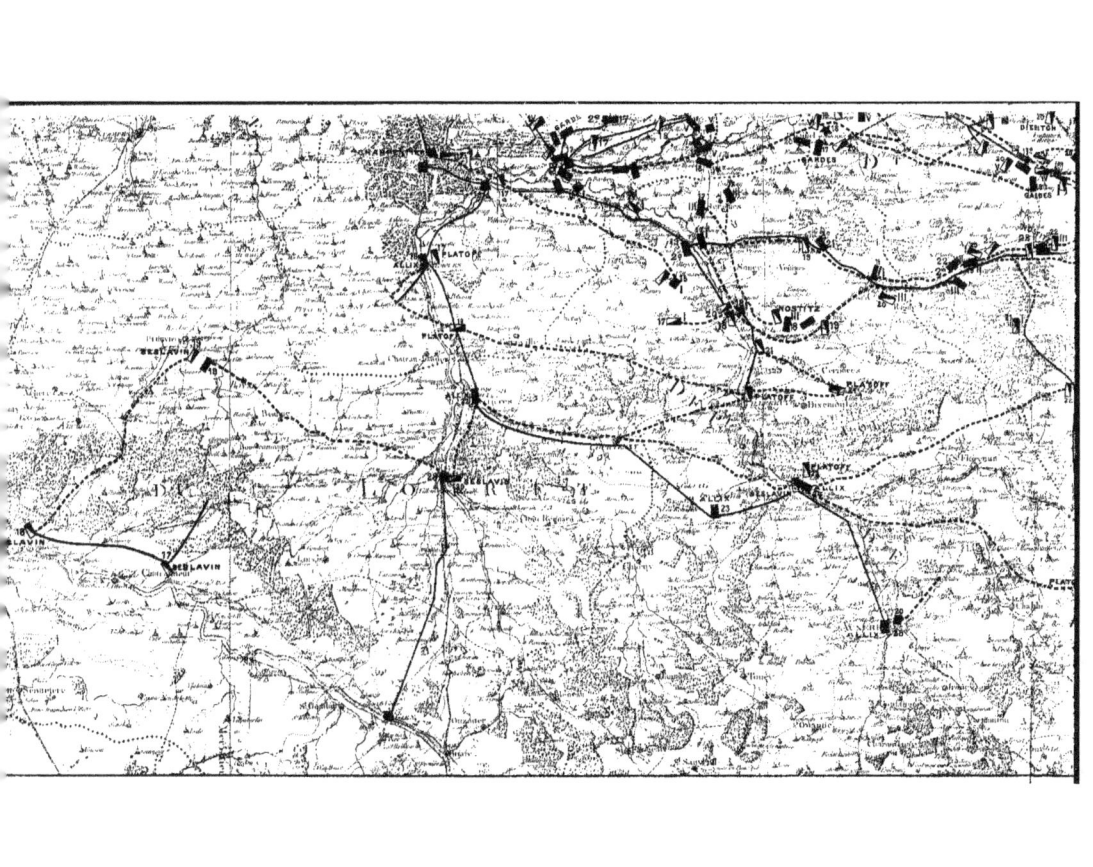

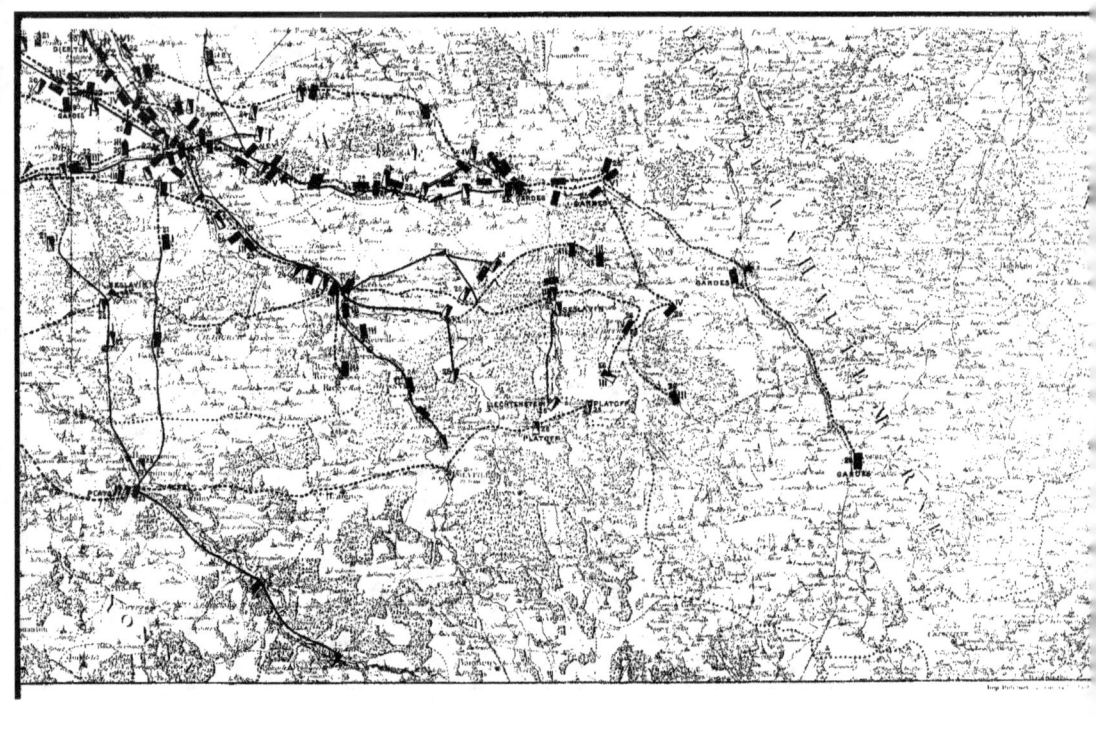